日本情报中的
近代中国报刊史料汇编

第一册

秦绍德　主　编
许金生　副主编

复旦大学出版社

主编简介

主编 秦绍德，法学博士，复旦大学新闻学院教授、博士生导师。长期从事中国新闻史、报业理论与实践、舆论生态与主流媒体、宣传心理等领域的研究。参与国家社科基金重大项目《中国新闻事业史》（多卷本）、《中国地区比较新闻史》（三卷本）的编撰工作，主持国家社科基金重大项目《"走基层、转作风、改文风"与加强和改进新闻舆论工作研究》。个人专著有《上海近代报刊史论》《宣传心理学》等，论文有《论"申报·自由谈"》《上海城市发展和传播》等几十篇。

副主编 许金生，祖籍镇江，1962年生于江苏如皋如城，1985年本科毕业于复旦大学外文系，先后获复旦大学历史学系硕士、日本立命馆大学博士学位。原复旦大学国际文化交流学院教授。研究领域主要有近代中日关系史等，著有《近代日本对华军事谍报体系研究》《无声的炸弹——传单上的抗日战争》《近代日本对华宣传战研究》等。

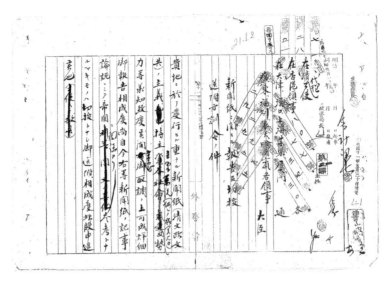

图 1　1908 年 5 月日本外务省给驻华外交机构下达的指令，要求对所在地报纸进行调查

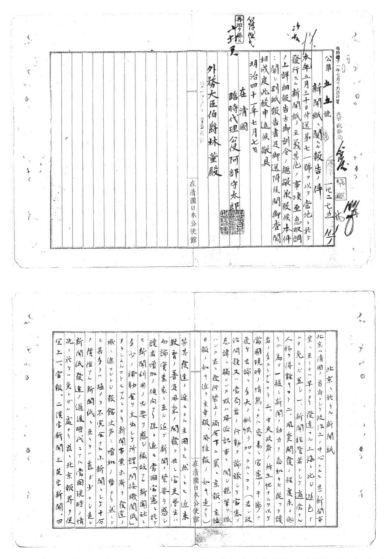

图 2　日本驻北京公使馆 1908 年 7 月上呈给外务省的有关报纸的调查报告（部分）

图3 1909年10月日本外务省给驻华外交机构发出的对所在地报纸进行定期调查的指令

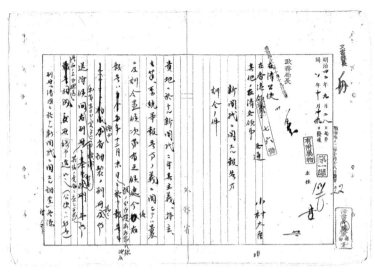

图4 1923年末外务省给在华外交机构下达的有关报纸、通讯等调查报告的撰写体例

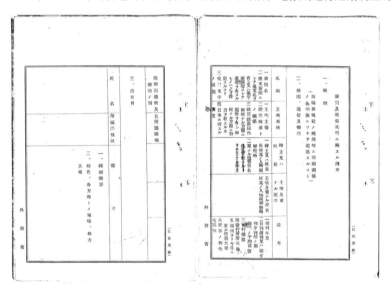

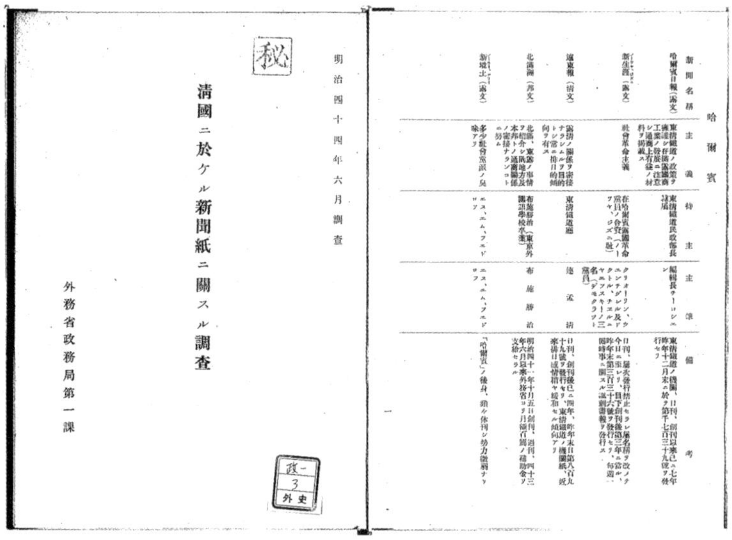

图5 1911年外务省根据驻华外交机构上呈的调查报告编辑印制的汇编集封面、正文(部分)

总　目　录

前言 ……………………………………………………………………………………… 1

凡例 ……………………………………………………………………………………… 1

定期调查报告 …………………………………………………………………………… 1

调查杂录 ……………………………………………………………………………… 1587

附录 …………………………………………………………………………………… 1691

  一、校勘参考书目 ……………………………………………………………… 1693

  二、翻译资料来源——日本外务省外交史料馆及其案卷号 ………………… 1695

  三、俄文报刊译名一览表 ……………………………………………………… 1696

  四、日本在华调查的中国城市（地方）………………………………………… 1699

  五、日本外务省1909—1937年调查中国报纸、通讯社涉及的地方一览表 … 1700

参阅文献 ……………………………………………………………………………… 1705

日本外务省对中国近现代报刊的调查资料 ……………………………… 周振鹤 / 1707

宣传战的前奏：近代日本在华报刊定期调查活动探析 ………………… 许金生 / 1711

前　言

2014年，许金生主编的《近代日本在华报刊通信社调查史料集成（一九〇九——一九四一）》（日文影印版，线装书局2014年版）（以下简称《史料集成》）出版后，我们治中国新闻史的同仁不禁喜出望外。因为这是日本人当年收集的有关中国报纸、刊物、通讯社情报的第一手资料。为便于不谙日文的读者阅读、使用这批资料，我们以鼠吞大象的气概，决定对此书进行翻译、校勘，同时对这批资料做进一步的整理与补充工作。

本书资料来源于日本外务省外交史料馆。据《史料集成》介绍，甲午战争以后，日本外务省开始注意调查中国各地的报刊发行情况。1908年下令所有在华外交机构按照规定项目对中国报刊等展开调查。这是对在华报刊普查的开始。第二年，即1909年，外务省又下令今后每年调查一次，并指定调查项目，规定报告格式、报告提交时间。普查由此成为定期调查。外务省收到各地报告后，当年或隔年汇编成册，内部印发给相关部门。这种定期调查至少持续到1937年全面侵华战争爆发前。

经查，这种报告集从1909年至1937年29年间，缺1914年、1921年、1923年、1927年、1935年五年。为使史料尽可能完整，《史料集成》的编者又从外务省外交史料馆觅得1923年、1927年各地日本领事馆的原始报告，自行编辑补入。

除了定期普查报告之外，还有一些专题调查报告，大都为七七事变前后日本外交机构等为对华战事需要而作的调查，如《有关上海"小报"的调查》（1929年）、《有关七七事变后上海发行的左倾报纸等的调查》（1937年）等。《史料集成》将专题调查报告一并收入，编成一册。本书也悉数翻译，不作更改。

以上情报报告集的日文原件现存于日本外务省外交史料馆，已解密向公众开放。为方便读者查核，特将相关档案卷号附录于后（见附录二）。

定期普查报告的对象，涉及在中国土地上发行的中文、英文、日文、法文、德文、俄文等各语种的报刊，还有中外通讯社和通讯员。其中报刊的总数，1909年，中外文报刊仅122种，1919年达到378种，1925年达到495种，1933年达到542种；受调查的通讯社，从1919年的20家激增至1925年的227家。

定期普查报告涉及的城市，一般以日本领事馆所在地及管辖的地方为主。1909年的报告集有北京、天津、哈尔滨、长春、吉林、铁岭、奉天（今沈阳）、安东、辽阳、牛庄、芝罘（今烟台）、济南、青岛、上海、苏州、杭州、南京、芜湖、汉口、长沙、重庆、成都、福州、厦门、汕头、广东、香港等27个城市。1915年的报告集增至40个城市。1922年的报告增至50个城市，其中东北的城市突然增多，增加了抚顺、本溪湖、四平街、珲春、开原、掏鹿、农安等。1929年的报告集增至62个城市。1936年的报告集激增至89个城市，不仅东北地区增加，而且内地也有增加，如在安徽竟深入到巢县、宣城、当涂、屯溪镇、大通、无为、含山、六安、阜阳等，中西部亦延伸到开封、洛阳、西安、贵州。显然,定期普查城市的拓展和深入,和日本侵华的脚步是同步的。

各地调查报告形成和上呈的时间,一般是在当年年底或翌年年初。而外务省汇总各地报告,编辑印刷发行一般是翌年下半年。所以在报告集中阅读到的内容,一般是前一年调查所得的统计,至多是当年上半年的补充加入。本书中,因1923年和1927年这两年是译者据原始报告汇集的,所以都标示了当年的调查时间。

本史料汇编从《史料集成》翻译编辑而来,翻译是基础性工作,翻译的质量决定本书的质量。本书的翻译遇到一些特定的困难。报告集是当年日本外务省根据各地领事的书面报告排字印刷的,而各地领事的原始报告不少是手写的(越是早期越是如此),有些报告字迹十分潦草,即便是油印的,也不乏字迹模糊之处,因此排版印刷时误排的情况大量存在,尤其是中外人名,甚至原文有些文字因印刷质量差而难以辨认。为此,我们贯彻"尽量保持原貌"的原则,除通过校勘纠正明显的差错外,保留不同年份的地名次序,保留同一报刊不同年份的创刊日期、人名差异,保留原文的叙述等,以利于研究者获得对原貌的认知。

但需要说明的是,对有些地名、编排、撰述的内容"保持原貌",并不意味着翻译者、编辑者对此认同。如原文中有些地名完全是日本入侵者的称谓,比如"满洲国""南满""间岛"等。又如有些年份的地名编排、人口统计,将中国东北地区、台湾地区、香港地区和内地割裂开来。再如报告中大量的对相关事件、相关人物的评价,明显是站在日本入侵者的立场上进行褒贬。译文虽然照原意翻译,但绝不表示我们认同其立场和观点,只是保留研究所需要的"原貌"而已,务请读者理解。

本书的学术价值除提供确切的翻译之外,还包括校勘的工作。情报史料的翻译,最重要的要求就是要力求准确。而校勘的任务是辨误,然后纠正或存疑(在缺少可靠依据纠误的情况下存疑,提出存疑也是一种发现)。事实表明,《史料集成》的原作者是日本派驻中国各地领事馆的情报人员,他们进馆的时间有长短,对当地报刊的了解有深浅,加之对中国社会文化的隔膜,因此情报的准确程度是参差不齐的,许多地方有差错和偏误。而1909年至1937年的我国社会,处于战乱不断、政局多变的动荡之中,各地的报刊时兴时衰,转营、更名屡见不鲜。不时更换的日本情报人员要将报刊的来龙去脉调查清楚绝非易事,发生错误是难免的。由此可见,校勘不可或缺。

校勘的对象是报刊名、创刊年月、办报人、主笔、办报地点、刊期等,这些构成报刊存续的基本要素。不首先将这些搞清楚,就无法探究报刊创办的原因和背景,更遑论研究其他。报刊的具体创办背景、政治倾向、经济来源、组织变动等不属于本书的校勘对象,属于使用相关研究者的任务。校勘要斟酌研究,但校勘不等于研究,校勘只是研究的基础。本书校勘的依据是中国新闻史现有史籍,包括报刊名录、编年史、地方新闻(报刊)史志、资料集、图书馆藏报目录等(详见本书"校勘参考书目",附后)。以上基本上属于间接证据,可直接、最有力地佐证各报刊构成要素的是至今散存于各地的当年报刊实物和档案材料。但由于年代久远,历经时局变动和战乱,大多数报刊实物、原始档案已经散失了。本书要依据直接史料校勘已力不能及。相信后来的研究者一定能完成这个任务,以纠正本书未及纠正之偏误。本书的校勘成果以脚注的方式加以体现。

本书是一份宏大的极其难得的史料集成。它涵盖了我国近三十年间从东北到华北,从华东到华南,从中部到西部几十个城市的报刊、通讯社等新闻事业概况。具体到每一个城市,它勾勒出不同年份在同一城市的报刊和新闻界的概貌(尽管也有缺漏),对几个新闻中心城市叙述尤其详细,如北京、上海、天津、汉口、广州。现有的中国新闻通史,往往只有重大新闻事件的纵向概述,较少有同年份全国新闻界的俯瞰;现有的地方新闻史著作也往往只有重要报刊的阐述,较少兼顾到面上的各类不同的报刊。至于对各个城市的外国人办的外文报刊,更是鲜有专著介绍和研究。现在有了这本资料集,我们可以全方位地"巡视"全国新闻事业,并展开相应的研究了。在军阀混战的旧中国,由于地方割据、政权频繁更迭,我国没有统一的持续进行的全国报刊、通讯社的调查统计。即使个别人做了一点(如 1934 年胡道静的《上海的日报》、1936 年许晚成的《全国报馆刊社调查录》等),也勉为其难,无法周全。反倒是日本人"替"我们做了这件事。

  自然,日本人并不是特意为我们做的。日本外务省展开的对中国主要城市报刊、通讯社的长期跟踪调查,完全是为日本侵华战争做准备的。没有一个国家会无缘无故对邻国的新闻事业如此上心。在今天看来,日本人做了一件"大好事",客观上为我们保存了一份反映中国近代报刊与通讯社概貌的完整的史料。日本人的情报是当年的即时记载,在间接史料中价值很高。"从周边看中国",认识"自我",他人的调查评价也可以丰富我们的视角。只要对其立场、观点保持清醒的认识,昔日"敌人"的情报也是可以为我所用的。而且因为是为日本侵华采集的情报,对其真实性、准确性有严格的要求,这恰恰提高了本书的可信度。

  粗粗浏览一遍,可以发现本书中蕴藏着丰富的有价值的史料,其中有许多是我们过去不曾注意的,或者注意到但没有认识到全貌的。例如,1905 年日俄战争以后,日本开始向中国新闻界渗透,用金钱收买股权控制,或直接在华办报。在华外文报刊中,日文报刊实际上是最多的。有一个时期,东北的一些城市甚至只有日文报刊,而无中文报刊。又如,1916—1919 年,广东的新办报刊达到一个高潮,但寿命都很短,其背景错综复杂。再如,本书对通讯社在中国的出现、兴起,以及各地通讯社名录有详细的统计,这恰恰是以往新闻史所忽略的。以上举例可以说是挂一漏万,本书所提供的历史线索千头万绪,相信后来的研究者一定会抓住头绪,展开一个又一个研究。

本书 2016 年在上海市委宣传部主管的社科基金中立项。研究课题组由复旦大学秦绍德、许金生、林溪声、邹波等四位教师组成。许金生、邹波负责翻译工作,译文由许金生审定;秦绍德、林溪声负责校勘工作,由秦绍德最终定稿。复旦大学外文学院硕士研究生龚莲娜、李喆兮、王晓雨、刘麦琪等参与了翻译工作。复旦大学出版社编辑史立丽自始至终参与了史料汇编的定向、版本设计、释疑、审阅等工作。本书在出版阶段获得了上海市促进文化创意产业发展财政扶持资金资助。在此一并致谢。

本书的编纂属于科研基础性工作,我们愿意为夯实中国新闻史的基础做铺路石。今日的中国越来越开放,中外文化交流越来越频繁,中国新闻史的研究工作在这样的大背景下,一定会开拓出更广阔的天地!

编者
2020 年 10 月

凡 例

一、关于本书的内容与编排

(1) 本书包括两部分内容：一是日本外务省所编定期调查报告，从 1909 年至 1937 年，每年一集，共 26 集，缺少 1914 年、1921 年、1935 年；另一部分为外务省等的专题调查报告(在此称为"调查杂录")，共计 10 篇。

(2) 各年定期普查报告以地名为次序编排。不同年份的排列次序存在差异。1909—1920 年大体按由北而南的城市排列。1922—1924 年则按"东北地区""华北、西北等地区""华东、华中等地区""华南等地区"等分区域进行编排(其中 1923 年为译者自行辑录，按照 1922 年次序进行排列)。1925—1926 年则将北京、上海、奉天、天津、汉口、广东置于最前面，其他城市按字母顺序排列。1928—1934 年，日本外务省情报部将日本以外的报刊调查情报编成《外国的报纸》上下两卷，将中国列入"上卷"，卷内次序按省排列，如"奉天省""吉林省"等，大连、香港附后(1927 年由译者自行辑录，次序参照 1928 年)。而从 1930 年起，又按"东北地区""华北、西北地区"等进行排列。1932—1934 年，又将所谓"满洲国"从中国剥离，按"满洲国"，中华民国北部、中部、南部次序排列。1936—1937 年则完全按照"满洲国"，中国北部、中部、南部次序排列，封面已无"外国的报纸"的字样。地名次序的频繁变动给读者带来不便，但为了保持普查报告集的原貌，本书不作任何调整。

(3) 从 1915 年起，定期普查报告设"概况"一栏，对重要城市的新闻界进行介绍。计有：

1915 年　北京、上海、广东

1916 年　北京、上海

1917 年　北京、上海

1918 年　北京、上海、广东

1919 年　北京、广东

1920 年　北京、广东、上海

1922 年起则不再将重点城市的概况单列，而在各城市统计表前专设一段"概况"，适当介绍。有的城市"概况"的内容非常细致，如哈尔滨。

(4) 从 1909 年至 1927 年(1923 年除外)，各年定期普查报告末均附有报纸及通讯社统计表。此后则未见。

二、关于翻译

(1) 原文中的年号纪年一律改为公元纪年。

(2) 原文中的日文人名、报刊名等，均照录，不作翻译(唯日文汉字改为中文汉字)。

(3) 原文中的西文报刊名、人名也照录，不翻译。使用日文假名的报刊名，翻译时尽量还原为西文原名(如俄文报刊),如有约定俗成的名称的,则译成中文。使用日文假名标注的非日本人姓名(一般是欧美人)也译成中文,如"ファーガソン"(Ferguson),译为"福开森"。

(4) 原文出现的货币单位(如弗、元、圆、两、海关两等),考虑到近代中国货币制度的复杂性,一律照录。

(5) 对于原文中明显的印刷错误或因字形接近导致的人名、地名的错误,直接进行校改;无法辨认之处以"■"标示。

(6) 近代中国的通讯社,作为正式名称一般用"通讯社",但也有用"通信社"的。由于无法一一确认各通讯社原名称,翻译过程中仅对日本通讯社保留"通信社"名称,对于其他国家的通讯社,则统一译为"通讯社"。

(7) 同一份报纸、同一人名,在同一年或不同年份出现不一致时,除进行校勘改动外,一般照样翻译,并以前一年为基准加注提示。

(8) 关于近义词的翻译,一般尊重原意,将日文中的近义词和中文中的近义词加以比照。如常见的有"创刊""创办""创立""创设"等词,表示报刊正式出版日期的大都用"创刊",隐含新闻机构(报社、通讯社)设立日期的则可用"创办""创立""创设"。

(9) 报告中提及的"广东""云南",很多情况下实际上分别指"广州""昆明",由于很难加以辨别,全部按原文进行翻译。

(10) 1909年至1927年(1923年除外)的调查报告附有报纸及通讯社统计表,表中的数据与前文的实际数量可能存在不一致之处,均照录原文。

三、关于校勘

(1) 对定期报告中报刊名、创刊年月、办报人、主笔、办刊地点、刊期等要素的校勘,为提高准确性都争取有更多的文献与原文比对佐证。若有两处及两处以上的史料证据一致证实原报告错误时,则在注释中采用一致的结论;若两处及两处以上证据不一致时,则在注释中保留不同的解释,标注为"一说……,一说……";若只有孤证,则在注释中标注为"一说……"。

(2) 各年报告中存在大量因印刷错误或字形接近导致的人名、地名等的差错,编者通过查阅史料文献、比对原始报告并结合前后年份的不同表述进行了大量校改。但很多知名度不高的人名,因缺乏相关史料记载,难以判断,均予以保持原貌,对于前后年份不一致之处,则作注进行说明。

四、关于本书立场

(1) 原文中有些地名等,如"南支那",带有歧视性,翻译时一般以现代地名替代,但如果涉及一些固有名词,比如报刊名称等时,则保留原貌。

(2) 报告者出于其立场,在对发生的事件、相关人物进行评价或描述时,除了有明显的褒贬之外,用词遣句也带有浓烈的色彩。为保持原貌,照原样翻译,但绝不代表编者认同其立场与观点。

(3) 原文中有时涉及中国台湾地区、东北三省等中国领土时,将其从中国本土割离开来进行表述;有的年份在记载各地人口数量时,也将台湾人口归入日本进行统计。为保持原貌,以上均照原样翻译,但并不代表编者认同其损害我国主权和领土完整的行为。

以上几点,务请读者利用时严加甄别。

定期调查报告

目 录

(秘)1909年1月印刷　　关于中国报纸的调查　　外务省政务局第一课 …………………………… 1

(秘)1910年5月印刷　　关于中国报纸的调查　　外务省政务局第一课 …………………………… 17

(秘)1911年6月调查　　关于中国报纸的调查　　外务省政务局第一课 …………………………… 35

(秘)1912年6月调查　　关于中国报纸的调查　　外务省政务局 ………………………………… 53

(秘)1913年6月印刷　　关于中国报纸的调查　　外务省政务局 ………………………………… 77

(秘)1915年5月印刷　　关于中国报纸的调查　　外务省政务局 ………………………………… 105

(秘)1916年6月印刷　　关于中国报纸的调查　　外务省政务局 ………………………………… 131

(秘)1917年6月印刷　　关于中国报纸的调查　　外务省政务局 ………………………………… 161

(秘)1918年6月印刷　　关于中国报纸的调查　　外务省政务局 ………………………………… 199

(秘)1919年9月印刷(1918年末调查)　　关于中国报纸及通讯的调查　　外务省政务局 ……… 233

(秘)1920年9月印刷(1919年末调查)　　有关中国(附远东西伯利亚)报纸及通讯的

调查　　外务省情报部 ………………………………………………………………………… 271

(秘)1922年6月15日　　有关中国(附香港、西伯利亚)报纸、通讯的调查　　外务省情报部 ……… 313

1923年初报告的各地报刊、通讯社、通讯员状况 ……………………………………………… 377

(秘)1924年5月6日　　有关中国(附香港)报纸及通讯的调查　　外务省情报部 …………………… 425

(秘)1925年7月　　中国(附香港)的报纸及通讯的调查　　外务省情报部 …………………………… 549

(秘)1926年7月　　有关中国(附香港)报纸及通讯的调查　　外务省情报部 ………………………… 629

(秘)1927年11月　　有关中国(附大连、香港)报纸及通讯的调查　　外务省情报部 ………………… 719

(秘)1928年11月印刷　　外国的报纸(上卷)(亚洲、非洲、大洋洲之部)　　外务省情报部编纂 …… 823

(秘)1929年版　　外国的报纸(上卷)——亚洲部分　　外务省情报部编纂 ………………………… 903

(秘)1930年版	外国的报纸(上卷)(中国各地)	外务省情报部	969
(秘)1931年版	外国的报纸(上卷)(中国各地)	外务省情报部	1045
(秘)1932年版	外国的报纸(上卷)("满洲"及中国部分　附大连、香港)	外务省情报部	1127
(秘)1933年版	外国的报纸(上卷)("满洲国"及中华民国部分　附大连、香港)	外务省情报部	1209
(秘)1934年版	外国的报纸(上卷)("满洲国"及中华民国部分　附大连、香港)	外务省情报部	1291
(秘)1936年版	"满洲国"与中国的报纸、杂志	外务省情报部	1383
(秘)1937年版	"满洲国"与中国的报纸	外务省情报部	1491

(秘)1909年1月印刷

关于中国报纸的调查

外务省政务局第一课

关于中国报纸的调查
目　录

哈尔滨 …………………… 4	长沙 …………………………… 10
长春 ……………………… 4	重庆及成都 …………………… 10
吉林 ……………………… 4	南京及芜湖 …………………… 11
铁岭 ……………………… 4	苏州 …………………………… 11
奉天 ……………………… 5	杭州 …………………………… 11
安东 ……………………… 5	上海 …………………………… 11
辽阳 ……………………… 5	福州 …………………………… 13
牛庄 ……………………… 5	厦门 …………………………… 13
天津 ……………………… 6	汕头 …………………………… 13
北京 ……………………… 7	广东 …………………………… 14
芝罘、青岛及济南 ……… 9	附录　香港 …………………… 14
汉口 ……………………… 9	中国报纸统计表 ……………… 16

报纸名称	主　义	持有人	主　笔	备　考
哈　尔　滨				
远东报(中文)	似乎秉持妨碍日中两国国人感情的态度	直属中东铁路长官官房	连慕秦①	中东铁路机关报②
Харбинский вестник[哈尔滨日报](俄文)	登载有益于通商的材料,以公平为主旨		斯金菲利德(社论记者)、季先科③(主编)	中东铁路机关报,编辑社位于中东铁路官厅内④
Харбин(俄文)	不偏不倚,没有固定的主义	中介商	塞尔吉乌斯波列契卡	发行量少
Вѣстникъ Востока[东方通讯](俄文)	社会革命主义,总是反对中东铁路的政见		莱文奇科雷鲁⑤(主笔兼主编)民主党	发行量超过前两者,哈尔滨的各报纸总是持有社会主义、革命主义倾向⑥
长　春				
长春日报(日文)				没有影响力,油印,广告日报⑦
吉　林				
吉林官报(中文)	登载奏议、公牍、告示等,兼收录时事见闻			吉林官书刷印局发行,隔日发刊,1907年7月创办,发行量未超过五百份⑧
吉林白话日报⑨(中文白话)	开发民智			政府所有,官书印刷局发行,1907年7月创办,发行量一千份上下(日报)⑩
吉林日报(中文)			顾植(日本法政大学毕业)	自治会的机关报,作为《吉林公民日报》的后身,应为去年农历10月15日于咨议局准备处发刊⑪
铁　岭				
铁岭新闻(日文)	以商业报道为目的	木户作次郎(三重县人)	木户作次郎	涉及当地日中官方交涉的重要秘密事件,以及其他政治问题时,接受铁岭日本领事馆的指示。为登载铁岭日本领事馆令、铁岭居留民会⑫、南满铁道株式会社铁岭出张所等公告的报纸,购阅者大部分为当地官民,一部分销往日本、中国南方、韩国,发行量四百份(隔日发行)

---

① 主笔连文行(梦清),此处可能是音译。
② 创刊于1906年8月14日。
③ 亦译季申科。
④ 中东铁路商业部主办,1903年6月23日创刊。
⑤ 亦译列文齐格列尔。
⑥ 1907年2月创刊。一说同年10月底停刊。1909年调查为何还列入,存疑。
⑦ 1909年1月1日创刊,主编箱田琢磨。一说1910年创刊。
⑧ 吉林公署官报局编印出版,1907年8月创刊,初创时为两日刊,1908年11月后改为旬刊。
⑨ 亦译作《吉林白话报》。
⑩ 1907年8月4日创刊。
⑪ 1908年11月17日创刊。"自治会"系吉林地方自治会。
⑫ 当地日侨组织,下同。

定期调查报告　　(秘)1909年1月印刷　　关于中国报纸的调查

(续表)

报纸名称	主　义	持有人	主　笔	备　考
铁岭商况日报(日文)	与《铁岭新闻》相同	鲤江宪治	鲤江宪治	购阅者逐渐增加,发行量二百五十份。与《铁岭新闻》相同,影响力无值得特笔之处
奉　天				
盛京时报(中文)		中岛真雄(主要出资人)	一宫房次郎	每年由外务省补助六千圆,中岛真雄实为社长,但对外未公开其名。1906年10月3日创办①,发行量四千份(日报),资本九千圆
东三省日报(中文)	渐进改革主义	主持人　童某(赵将军②执政时期任学务公所官吏)	汪洋	赵将军执政时期完全是其机关报,现在仍未丧失其半官报性质,在各知县知州中购阅者众多,此为受惠于上述赵将军时期之关系。由于主笔即为所通报的持有排日主义之主笔,其停刊后因与总领事馆关系而对我国怀有恶感③
内外通信(日文)		合田愿	合田愿	1907年7月1日创办,资本金三百圆
南满日报(日文)		安东贞元	安东贞元	1908年12月1日发行,奉天总领事馆从1908年12月1日起每月补助三十圆
安　东				
安东新报(日文)	营业主义	小滨为五郎(旧军政署中文翻译)	南部重远	有影响力,有中文附录,旧木材厂的机关报,1906年创办④
安东タイムス[安东时报](日文)	介于日中两国之间,谋求政治、经济上的融和	金村长	上田务	1907年创办,与《安东新报》对抗⑤
东边时报(中文)			萧镇	与《安东タイムス》属于同一经营者
辽　阳				
辽阳新报(日文)⑥		渡边德重(山梨县人)	渡边德重	隔日发行,影响力微弱的小报纸
牛　庄				
营商日报(中文)			胡廷骧(广东人)	商务总会的机关报,发行量一千份,商务总会干部的股份组织⑦
满洲新报(日文)	商业的发达	冈部次郎	星健之助	受居留民会保护,发行量三千五百份⑧

---

① 一说9月1日创刊(中国近代报刊名录),一说主笔菊池真二,又一说是10月18日创刊。
② 即赵尔巽。
③ 1907年创刊。
④ 1906年10月17日创刊。
⑤ 1907年6月创刊。
⑥ 疑为《辽阳每日新闻》,1908年3月10日创刊。
⑦ 1908年创刊。
⑧ 1908年2月11日创刊,一说1909年2月创刊(曾虚白:《中国新闻史》),1909年创刊(戈公振:《中国报学史》)。

(续表)

报纸名称	主　义	持有人	主　笔	备　考
天　津				
北洋官报(中文)		原以袁世凯为主裁,现由杨总督掌管		袁世凯的机关报,具备普通报纸样式,1903年创办,发行量六千份①
法政学报(中文)		总办　袁祚廙	吴兴让	作为工厂负责人,有日本人下村孝光等两人。发行量五千七百份②
大公报(中文)	素来带有俄国色彩,近来向日本示好	股份组织	英敛之	有北京、天津的一流报纸之称,针对中流以下社会而一直发行白话报。1902年创办,发行量五千多份
天津日日新闻(中文)		经营者　方若		1901年以来每月从天津日本总领事馆得到四十元的补助,原为日本机关报《国闻报》之后身,发行量五千多份③
中外实报(中文)		德国人德璀琳、汉纳根、杨荫廷	杨竹卿、王硕辅	1904年创办,发行量一千两百份,是《时报》《直报》《商务日报》的后身④
商报⑤(中文)		巡警总局加以监督,刘承萨和刘孟扬两人负责经营	颜理卿、王瀛孙	作为巡警总局总办赵秉钧的机关报而创办,朱淇(现《北京日报》主笔)以及已故岛川毅三郎都为创刊而尽力。1905年创立,发行量三千份⑥
津报(中文)		袁克定	陆嘉纳(留日出身)	袁世凯长子袁克定的机关报,1905年创办,发行量七百份⑦
竹园白话报(中文白话)		丁国端	丁国端	1907年创办,发行量八百份⑧
时闻报(中文)		李大义		1906年创办,发行量三百份
益知开心报(中文)		李风柱、殷文藻	黑硕彦	1908年2月创办,发行量三百份(日刊)
北清时报(日文)		重组合作	西村博、足立传一郎	天津日本领事馆从1903年以来每月提供五十元的补助,至1907年4月
北支那每日新闻(日文)		社长　丰冈保平	小田桐勇辅	1903年5月创办,天津日本领事馆从1903年开始每月提供五十元补助,从1908年5月开始为志愿股份
China Times[中国时报](英文)			科恩	与中国官宪以及日本有联系,对日中两国示好

---

① 又名《直隶官报》,1902年12月25日创刊。
② 全名《北洋法政公报》,1906年9月创刊。
③ 原名《咸报》,1899年创刊,1900年改本名,维新派报纸《国闻报》1898年3月27日(光绪二十四年三月初六)盘给日本人西村博,同年12月停刊。似西村博利用《国闻报》资产创办《咸报》。故此说《日日新闻》为日机关报《国闻报》后身。
④ 1904年9月1日创刊。
⑤ 又名《天津商报》。
⑥ 1905年12月26日创刊。
⑦ 1905年10月13日创刊。
⑧ 1907年9月10日创刊。

(续表)

报纸名称	主　义	持有人	主　笔	备　考
Peking and Tientsin Times［京津泰晤士报］（英文）				日俄战争结束之后对日本不友好
China Critic［中国评论］（英文）				日俄战争中称 China Review，俄国创办的机关报纸，约前年由 Peking and Tientsin Times 合并发行，改称现名。现仍为俄国机关报，对日本不友好
L'Echo de Tientsin［天津回声报］（法文）				有着对日本友好的倾向
Courrier de Tientsin（法文）				对日本不友好
Tageblatt für Nord-China［北清］（德文）				德国的机关报纸，对日本无好意
北　京				
政治官报（中文）		由政治官报局长黄碧臣鞍掌		政治官报局发行，1907年10月26日创办，发行量一万零一百份，和日本的官报相同
商务官报（中文）	刊登经济论集、其他一般与贸易相关的法令与译书			农工商部的机关报，1906年4月5日创办①，由农工商部内商务官报局发行
学部官报（中文）	网罗与学事有关的事项			学部的机关报，1906年7月创办②，值得中国教育相关工作者阅读
顺天时报（中文）	评论、叙事严实	上野岩太郎	津田武	我方补助的机关报，发行量约三千份，1902年创办③
北京日报（中文）	以前没有一定的主义，现在提倡立宪	社长 朱淇	杨小欧	前身为1904年、1905年间创办的《北京报》，1905年、1906年间改为现名，被视为袁世凯派的机关报。发行量两千七八百份左右，影响力不可小视④
北京大同日报（中文）	主张大同主义（即倡导满汉和睦，回藏团结，全国官民共同努力），亦标榜立宪	社长 恒钧	康子铎、乌泽声	五万元的公司组织，满洲人一方的机关报，1908年3月创办，发行量两千份以上，名气出人意料地高⑤
弨报（中文）		社长 朱通儒		发行量很小，没有价值的小报⑥
中央日报（中文）	主张革新主义和速开国会	社长 陆鸿逵	黄敦怿、黄国康	1908年5月创办⑦，与张之洞有间接的关系，是杨度一派的机关报，发行量八百至一千份，在少壮官吏及学生中博得好评，其影响力不可小视

---

① 1906年4月28日创办。
② 1906年8月26日创刊。
③ 1901年10月创刊。
④ 前身为1904年8月创刊的《北京报》，1905年8月16日改名《北京日报》。
⑤ 前身为东京出版的《大同报》月刊，1908年3月27日改为日刊，在北京出版。
⑥ 1906年创刊。
⑦ 一说1908年4月1日创刊。

(续表)

报纸名称	主　义	持有人	主　笔	备　考
爱国报(中文白话)	立宪	社长 丁宝臣(回教徒)	文凯窳、金义齐	与民政部右侍郎赵秉钧有关,发行量约五千份。所谓白话报,是使用北京官话记载的报纸。有些报纸对实业界及中等以下社会之影响不可小觑,尤其是《爱国报》,影响最大①
进化报(中文白话)	立宪	社长 蔡友梅	杨曼青	稍有庇护满洲人的倾向,发行量大约两千份②
京都日报③(中文白话)	立宪	社长 萧德林	勋锐、王子真	发行量约两千份④
京话实报(中文白话)	奖励实业	社长 浑佩延⑤		发行量约两千份⑥
京话北京时报⑦(中文白话)	立宪	社长 志仲悌	斌小村	发行量约一千五百份
女报⑧(中文白话)	以启蒙妇女界为主义	社长 张展云		全体社员为女性,发行量大约一千五百份
星期画报(中文)				周刊,发行量两千五百份
开通画报(中文)				三天发行一次,发行量一千五百份
两日画报(中文)				隔天发行,发行量一千五百份
益林画报(中文)				三天发行一次,发行量一千五百份
日新画报(中文)				月刊,发行量一千份⑨
北京日日画报(中文)				日刊,发行量七八百份
Chinese Public Opinion(英文)	以中国为主体收回权益	社长 朱淇	黄庶植(广东人,在欧美留学过)及其他两名	1908年5月2日创办,隔日发刊,发行量四百份,针对各国对华政策,特别是我国在"满洲"的设施频繁加以攻击,北京唯一的欧文报纸。就欧文报纸这一点而论,北京完全属于天津欧文报纸的势力范围
北京的各国通讯员及特派员:《时事新报》为龟井陆良,《报知新闻》为桑田丰藏,《大阪朝日新闻》为上野岩太郎(实为顺天时报社的宇野海作),《大阪每日新闻》为丰岛捨松,电报通信社为高宫议,路透社为考特,伦敦 Times 为莫理循,《科隆日报》⑩、上海东亚 Lloyd⑪、《汉堡新闻》⑫、《柏林日报》⑬为库里格,美国联合通讯社为迈克尔·密克。				

---

① 1907年创刊。
② 1907年4月5日创刊。
③ 又名《官话京都日报》。
④ 1908年3月29日创刊。
⑤ 似应为谭天池。
⑥ 1909年出版。
⑦ 又名《官话北京时报》。
⑧ 又名《北京女报》。
⑨ 1907年发行。
⑩ 根据日文发音,接近 Kölnische Zeitung。下同。
⑪ 应该是 Der Ostasiatische Lloyd,此报的日本名称与原文比较接近。下同。
⑫ 根据日文发音,应该是 Hamburger Nachrichten。下同。
⑬ 根据日文发音,应该是 Berliner Tageblatt。下同。

(续表)

报纸名称	主　义	持有人	主　笔	备　考
芝罘、青岛及济南				
芝罘日报(中文)	所论公平	平石五郎	王怡萱	1907年创立,后逐步发展,发行量六百份,有影响力,于芝罘发行
渤海日报(中文)	提倡保护国粹和新学,学术性报道居多	陈纪云、王箸夫、倪显庭及其他经营者	陈纪云、倪显庭	1908年7月创立,发行量一千份,在知识界有影响力,于芝罘发行
山东日报(中文)	收回山东省权益	王橘杖、郝士庄	王子纯	1908年6月创立,于芝罘发行,经营不顺
Chefoo Morning Post(英文)	不偏不党	J.Silverthorne	J.Silverthorne	前身为日俄战争中俄国政府的机关报芝罘 Daily News,于芝罘发行
同益报(中文)	所论与《青岛新闻》相同	天主教传教团	主笔为德国人Knesberg,将德文翻译为中文刊载	1903年创立①,发行量一千份,德国政府机关报,对于日本尤其关注,于青岛发行
胶州报(中文)	宣扬收回权益	李成恩	李元清	实际上接受德国补助,该国的半官方报纸,1903年创办,发行量五百余份,是中文报纸中最受欢迎的报纸之一,于青岛发行②
青岛时报(中文)		匡和同	杜笑芙	上海、青岛等地中国商人的机关报,发行量四百余份(周刊),于青岛发行③
Tsingtauer Neueste Nachrichten[青岛新闻](德文)		Fink	von.Kroppt	德国政府机关报,1903年创办,发行量两千余份,在青岛最有影响力,对日本尤为关注,事无巨细皆登载,于青岛发行
山东日日官报(中文)	无固定主义	邹文兴	沈景臣	中国御用报纸,于济南发行④
简报(中文)⑤ 官话日报(中文)⑥		沈景文	邹星一	两报纸为同一报社发行,一为书面语体,一为口语语体,发行量少,于济南发行。在山东省,政治思想在一般民众间未得到普及,人民也倾向保守,导致报业发展不顺。经营者多为海外,尤其是日本归来的留学生
汉　　口				
公论新报(中文)(附属《现世报》)	似为稳健的半官方报纸,为湖北官场辩护	宦海之	曹赓坡、蔡偓仙	1906年创立,资本六千元中有两千元为官款,汉口报界的霸主⑦

---

① 据《中国近代报刊名录》,1901年《清议报》合编本记,与该报交换的各地报刊名录中有《同益报》,故创办日期待考。
② 1901年11月创刊。
③ 1908年4月创刊。
④ 1908年始发行。
⑤ 1903年创刊。
⑥ 1906年3月创刊。
⑦ 1906年10月18日创刊。

(续表)

报纸名称	主　义	持有人	主　笔	备　考
中西日报(中文)①	民权民智之扩大、发展	中国商人凤竹荪等出资	凤竹荪	1906年创立,资本金约一万元,发行量约三千份
江汉日报(中文)	与《中西日报》相同	姜旭溟	姜旭溟、胡雪	为《南昌日报》的后身,发行量一千五百份左右②
鄂报(中文)		汪康年、李伯晋	段壁臣、王明甫	1906年11月下旬发行,发行量不到一千份,影响力不强
艺林报(中文)				文学、艺术方面之一小报纸
武昌日报(中文)			包柚斧	1907年创立,发行量一千份左右,完全是湖北官方的御用报纸
汉口日报(日文)③		冈幸七郎	冈幸七郎	
Hankow Daily News(英文)		Ross Reid		1906年创立,完全以营利为目的
Hankow Mail(英文)			Tribe	1908年创立,营利性报纸,实际为英、中两国人合办
长　沙				
长沙日报(中文)		候补知县苏镜清	张馨、蒋喧	湖南官方的机关报,海外报道仅为转载上海报纸而已,即使在湖南省也无影响力④
重庆及成都				
广益丛报(中文)	以向一般民众广泛普及知识为目的	曹韫伯	杨叔尧、雷仲武	持有人曹韫伯的父亲曹漱珊于1902年创立,从内外报纸杂志收集材料,刊载政事、文学、教育等方面的报道、评论。每月发行三期,一年三十二期,于重庆发行⑤
商会公报(中文)	以增进一般商人的商业知识为目的	曹漱珊	吴梦湘、雷仲武、杨叔尧	1905年创立,每月发行四期,一年四十四期,内容主要为各港口商业方面的相关报道、评论,被视为重庆商会的机关报,于重庆发行
四川官报(中文)		成都官宪	官委员	1904年创刊⑥,官方的机关杂志,每月发行三期,一年发行三十二期,于成都发行
成都日报(中文)	无固定主义	成都官宪	官委员	1905年创刊⑦,日刊,报道官方情况及各地形势,官方的机关报,深受上层绅士的喜爱,于成都发行

---

① 原名应为《汉口中西报》,本处报名似不确。创办人应为王华轩,非凤竹荪。
② 1908年3月17日创刊,8月15日被查封。
③ 戈公振《中国报学史》载1908年,误;应为1907年8月1日由《汉皋日日新闻》改组出版。
④ 1905年4月19日创刊。
⑤ 应为1903年4月16日创刊。
⑥ 1904年3月7日创刊。
⑦ 一说1904年11月3日创刊。

(续表)

报纸名称	主　义	持有人	主　笔	备　考
南京及芜湖				
南洋官报(中文)				南洋大臣发行,定期刊物,于南京发行①
南洋商务报(中文)				由南洋商务局定期发行,于南京发行②
芜湖日报(中文)			谭明卿	仅转载上海报纸等的报道,于芜湖发行
苏　州				
江苏旬报(中国)	营利的目的	某中国人	白井勘助	创立于1908年11月24日,旬刊,中文杂志
杭　州				
浙江日报(中文)	作为开设国会的准备,谋求普及自治制及其他	股份制(资本金两万弗,实缴一万两千弗)总理为徐老泉	胡晴波	创立于1908年5月③,发行量两千五百份,在学界有影响力,资本金两万弗
(言文一致体)白话报(中文白话)④	以在商界及中流阶层以下普及知识为目的	股份制	未设固定主笔	创立于1898年,原为周刊,1905年转为日刊,发行量一千五百份,主笔孙耦耕退社以后影响下降
京话日报(中文北京官话)⑤	以向中流阶层以下普及知识为目的			发起人为杭辛斋、贵翰香、穆诗樵、冈田龟丸⑥,应为1908年11月末发行
上　海				
时报(中文)	立宪主义	名义上的持有人为宗方小太郎,经理是狄楚青,由有志人士出资	刘孝寔	发行量约为一万七千份,1904年创立
中外日报(中文)		清朝官吏,经理汪康年	汪仲容	中国政府的机关报,发行量约一万一千,1898年创立
神州日报(中文)		官绅张謇等	何雨震	发行量约六千份,1907年创立
新闻报(中文)		盛宣怀及其他商人	姚伯欣	发行量约为一万一千份,1891年创立⑦
申报(中文)		上海道台	张蕴和	发行量约为一万份,1871年创立。与旧《沪报》合并而成⑧

---

① 1904年2月16日创刊,初为二日刊,1909年1月起改为五日刊。
② 1906年9月18日创刊。
③ 创刊于1908年5月24日。
④ 疑为《杭州白话报》,1901年6月20日创刊,本为旬刊,1906年改为日刊。
⑤ 疑为《浙江白话报》。
⑥ 原文模糊,似"九"似"丸"。
⑦ 应为1893年2月17日创刊。
⑧ 《申报》为英国人安纳斯脱·美查于1872年4月30日创刊。而《沪报》为英字林洋行所办,创刊于1882年5月18日。

(续表)

报纸名称	主　　义	持有人	主　笔	备　　考
舆论日报(中文)		上海道台	于估人	发行量约为三千份,1908年创立
时事报(中文)		上海道台	雷君曜	发行量约为三千份,1907年创立
上海日报(日文)		井户三郎①		
North China Daily News[字林西报](英文)②	与 London Times 一致	North China Daily News & Herald, Ltd.	Montague Bell	公共租界的机关报,发行量约为三千份,是在华英文报纸的巨擘,另外还发行名为 North China Daily Herald 的周刊杂志,内容是 Daily News 的摘录
Shanghai Mercury[文汇报](英文)③	中立	The Shanghai Mercury Ltd.	R.D.Neish	因怡和洋行成为大股东,似乎隶属该公司系统。发行量两千五百份,为晚报,仅次于 Daily News,另外发行名为 Celestial Empire 的周刊摘要
China Gazette[捷报](英文)④	排日主义	Henry O'Shea	Henry O'Shea	俄国的机关报,发行量约为四五百份,在英国人中亦多少有些影响力,另外发行名为 China Gazette Weekly 的周刊摘要
Shanghai Times[上海泰晤士报](英文)⑤		Dr.Ferguson	John O'Shea	美国及中国的机关报,发行量约为五百份,并无显著影响力⑥
L'Echo de Chine[中法汇新报](法文)⑦	拥护法国政策	The Oriental Press	M.Honestier	法国总领事馆的机关报,在法国人中有影响力
Ostasiatische Lloyd[德文新报](德文)⑧	拥护德国东洋政策	Der Ostasiatische Lloyd	Carl Fink(兼经理)	德国的机关报,发行量五六百,除了德国人,购阅者很少
Le Courier de Chine[中国差报](法文)⑨	反对 L'Echo de Cbine 的立场			为反对法国租界现制度而专门创立的周刊
The Union(英文)	独立不偏	W.A.Kahler	W.A.Kahler	在海关人员及海员中有读者,发行量一千五百份以上
Saturday Review(英文)	没有确定的主义,但有时会对日本恶加抨击		Capt Kiston	发行量四百份左右
Eastern Sketch(英文)			H.Heyter	周刊
Sundy Sun(英文)			G.Colingwood	周刊
Mirror(英文)		Canaidan		

---

① 1904年3月16日创刊,由《上海新报》改名而来。马光仁《上海新闻史》认为主笔为井手三郎,有"手"与"户"一字之差,且本资料注为持有人,非主笔。
② 1864年7月1日创刊。
③ 1879年4月17日创刊。
④ 1894年7月2日创刊。
⑤ 1901年创刊。
⑥ 戈公振《中国报学史》:"带亲日之色彩。"
⑦ 1897年7月1日创刊。
⑧ 全名应为 Der Ostasiatische Lloyd,1886年10月1日创刊。
⑨ 1896年6月创刊。

(续表)

报纸名称	主　义	持有人	主　笔	备　考
Bund(英文)		Tavers		周刊
Sport and Gossip(英文)		J.D.Clark		周刊
Social Shanghai(英文)				月刊社交杂志
Godown(英文)	评论股界情况	Broker Gordius Nielson	Broker Gordins Nielson	Nielson 与 China Gazette 的 O'Shea 一起居住
福　州				
闽报(中文)	公平无私,拥护我方对福建政策	前岛真(熊本县人)	前岛真	台湾总督府机关报,每年接受两千四百圆补助,发行量一千二三百份,基本受中国官绅重视,一周发行三次①
福建新闻(中文)	标榜开风气以资社会公益	施涵宇	日本法政学堂出身　何绣先	接受福建学务所一年一千两百元补助,发行量未达一千份。1907年创刊②,甚是幼稚,经营不振,以转载上海报纸为主
The Foochow Daily Echo[福州每日回声报]③(英文)	以转载上海报纸电讯栏、登载广告为主	葡萄牙人米塞斯·罗萨里奥(福州印刷公司④之持有人)		区区广告报纸,发行量不足一百份
厦　门				
厦门日报(中文)	谋求铺设福建铁路,意在筹集股金	以黄猷为代表的法人组织	黄猷	福州铁路公司总办陈宝琛之机关报,且受同公司保护,影响力虽不及《全闽新日报》,但多数寄给在南洋群岛工作的中国劳动者,以资募集股金。资本金七千圆,一股十圆之法人组织⑤
全闽新日报(中文)	以向中国鼓吹日本之文明并且巩固台湾人之基础为目的	以江保生为代表的法人组织	江保生(台湾人)	扶植居住于当地的台湾人的影响力的机关报,1907年8月创办⑥。其影响力在与《厦门日报》的竞争中稍占优势,资本金一万圆,一股一百圆之法人组织
汕　头				
岭东日报(中文)	保皇	杨季岳(代表)	沈士友、杨季岳	康有为派之机关报,1902年创办,影响力最大,资本金两万弗
中华新报(中文)	革命	梁少慎(代表)	梁少慎、陈佩忍	孙逸仙派之机关报,影响力与《岭东日报》几在伯仲,1908年5月创办⑦,资本金一万二千弗

---

① 1898年1月创刊,1937年停刊。
② 应为1906年9月创刊。
③ 1873年创刊。
④ 原文是"ブリンチング、ブレッス",英文可能是"printing press",暂且如此翻译。以下各年份均如此处理。
⑤ 1907年12月创刊。
⑥ 一说9月创刊,似公历与农历的差别。接受日统治下的台湾总督府津贴。
⑦ 一说1908年4月创刊。

(续表)

报纸名称	主　义	持有人	主　笔	备　考
汕头公报(中文)	不明	蔡竹铭①(代表)	崔璜溪、蔡竹铭	汕头官商之机关报,1906年创办,资本金一万弗
双日画报(中文)	不明	曾杏村(代表)	曾杏村	购买者为社会下层,1907年创办
广　东				
国事报(中文)②	国政改革		郑谷诏	维新党即保皇派唯一的机关报,其潜在影响力不可小觑。《国事报》占据广东报业最高位,发行量七千份,司理人为徐勤
羊城报(中文)③	排斥日货事件发生后与《七十二行商报》无大差异	钟锡芬	谭汝俭	司理人为本省东莞县之举人莫伯伊。排日事件发生后,盛传与《七十二行商报》共同被德、美等在广外国商人买通。发行量四千份(日刊)
七十二行商报(中文)		黄景棠	广东自治会首班、秀才罗少翱	报如其名为广州全市商业团体七十二行之机关报,实则是广东富绅中的野心家黄景棠之机关报。发行量两千五百份④
时敏新报(中文)	民权主义的一种	在广东的浙江人及国事报馆员等占据股东的大部分	陈新亚、梁藻云	发行量约二千份⑤
总商会报(中文)	半官半民	基本为广东总商会之当事者	全灌育(兼司理人)	广东总商会之机关报,发行量约二千份
岭海报(中文)	民权主义	苏某		发行量约一千份,司理人袁荣初⑥
国民报(中文)	革命主义		苏灵凤	革命党之机关报,在广东报业极无影响力,发行量一千份上下⑦
安雅报 旧名安雅书局世说编(中文)	略有官方色彩	梁石柱	范公谠、詹宪慈	发行量一千份以下,无影响力⑧
附录　香港				
商报(中文)	保皇	社长　方子节	伍宪庵、徐君冕	保皇党(即康有为一派)机关报,辰丸事件⑨时极力煽动"抵货运动",创业四年⑩

---

① 一说为"蔡德铭"。
② 1906年9月18日创刊。
③ 报名应为《羊城日报》,1903年2月12日创刊。
④ 1906年9月15日创刊。
⑤ 1909年初改此名,原名《时敏报》。
⑥ 1898年春创刊。
⑦ 1906年11月30日创刊。
⑧ 1900年冬创刊。
⑨ 又称"二辰丸事件"。1908年,澳门商人柯某购买日本军械,由日轮"二辰丸"运抵澳门海面,被清廷缉获。日人提出抗议后,中方赔偿损失并且谢罪。由此引发抵制日货运动。
⑩ 1904年创刊。

定期调查报告　　（秘）1909年1月印刷　　关于中国报纸的调查

(续表)

报纸名称	主　义	持有人	主　笔	备　考
中国日报(中文)	革命	社长　冯自由 （早稻田出身）	冯自由	纯革命党之机关报,总是攻击政府,将辰丸事件归罪于政府失政。发行量二千份,创业四年①
世界公益报(中文)	革命	社长　林筑琴	黄世仲	革命党之机关报,论调与《中国日报》相同。发行量一千八百份,创业五年②
中外新报(中文)		社长　赵两川	陆伯周	关于辰丸事件,一直反对日本政府,但不如《商报》激烈。发行量八百份,创业四十年,印刷所设在 Daily Press 社内③
华字日报(中文)	中立	社长　颜杏甫	林紫虬	中立,在辰丸事件中倾力煽动"抵货运动",与 China Mail 社有关系,在其社内设有印刷所。发行量二千份,创业三十余年④
循环日报(中文)	无固定主义	社长　温俊臣	温俊臣	关于辰丸事件,与《华字日报》笔调相同,发行量九百份,创业四十年⑤
实报(中文)	中立	社长　潘兰史	潘兰史	关于辰丸事件虽无过多论及,但近来与其他报纸步调一致,发行量六百份,创业一年⑥
维新报(中文)	中立	社长　冯贡世	钟叔词	关于辰丸事件虽无过多论及,但近来其态度与《实报》相同,发行量三百份,创业三十年⑦
Hongkong Daily Press (英文)	温和	Y.J.Murrow	T.Wright	香港政厅机关报,对日本表示同情,1877年创办,踏实有信誉,发行量最大
South China Morning Post[南华早报](英文)	无值得特别记载之处	股份制 董事长 Dr.W.Noblc	Geo.T.lLoyd(兼经理)	主笔为澳洲人,因此时有排日倾向,但并无系统,影响力次于 Daily Press⑧
The China Mail(英文)	无固定主义	表面为股份制,实为合资。Geo. Murray Bain 任董事长	原为 W.H.Donald,自 1908 年 9 月 1 日起应为 Brown	1885年创办,晚报,历来登载中伤日本的报道
Hongkong Telegraph[香港电讯报](英文)	亲中派(排日)	合资组织 经理 J.P.Praya	A.W.Brebner	股东全为中国人,大部分为香港中国商人,1881年创办,虽在香港报纸中影响最小,但登载最不利于日本的中伤报道者,即为此报

---

① 1900年1月25日创刊。
② 1903年12月29日创刊。
③ 1858年创刊,原为英文《孖剌报》的中文晚刊。
④ 1872年创刊。
⑤ 1874年1月5日创刊,中国人自办的最早报刊之一。
⑥ 1907年春创刊。
⑦ 报名应为《维新日报》,1879年创刊。
⑧ 1903年11月7日创刊。

中国报纸统计表

地　名	中文	英文	法文	德文	俄文	日文
哈尔滨	1	—	—	—	3	—
长　春	—	—	—	—	—	1
吉　林	3	—	—	—	—	—
铁　岭	—	—	—	—	—	2
奉　天	2	—	—	—	—	2
安　东	1	—	—	—	—	2
辽　阳	—	—	—	—	—	1
牛　庄	1	—	—	—	—	1
天　津	10	3	2	1	—	2
北　京	20	1	—	—	—	—
芝罘、青岛及济南	8	1	—	1	—	—
汉　口	6	2	—	—	—	1
长　沙	1	—	—	—	—	—
重庆及成都	4	—	—	—	—	—
南京及芜湖	3	—	—	—	—	—
苏　州	1	—	—	—	—	—
杭　州	3	—	—	—	—	—
上　海	7	13	2	1	—	1
福　州	2	1	—	—	—	—
厦　门	2	—	—	—	—	—
汕　头	4	—	—	—	—	—
广　东	8	—	—	—	—	—
附录　香港	8	4	—	—	—	—

(秘)1910年5月印刷

关于中国报纸的调查

外务省政务局第一课

关于中国报纸的调查
目　录

哈尔滨 …………………………… 20	长沙及衡州 …………………………… 27
长春 ……………………………… 20	重庆及成都 …………………………… 27
吉林 ……………………………… 20	南京及镇江、芜湖① ………………… 28
铁岭 ……………………………… 21	苏州 …………………………………… 28
奉天 ……………………………… 21	杭州 …………………………………… 28
安东 ……………………………… 21	上海 …………………………………… 28
辽阳 ……………………………… 21	福州 …………………………………… 30
牛庄 ……………………………… 21	厦门 …………………………………… 30
天津 ……………………………… 22	汕头 …………………………………… 30
北京 ……………………………… 23	广东 …………………………………… 31
芝罘、青岛及济南 ……………… 25	附录　香港 …………………………… 31
汉口及南昌 ……………………… 26	中国报纸统计表 ……………………… 32

---

① 目录原文为"南京及芜湖"，而正文标题为"南京及镇江、芜湖"。从正文内容看，应该包括"镇江"。故采用正文标题。

报纸名称	主　　义	持有人	主　笔	备　　考
哈　尔　滨				
Харбинский вестник[哈尔滨日报](俄文)①	拥护中东铁路的政策,关注俄国在东北地区的商业工业发展,登载有益于通商的材料	隶属中东铁路民政部长	主编　季先科②	中东铁路机关报,日报,创办以来已有七年,去年12月末发行第一千七百三十九号
Новая жизнь[新生活](俄文)	社会革命主义,反对中东铁路及俄国政府的政策	在哈尔滨的俄国革命党员合资(新生活社)	克里奥林、温奇格雷鲁、医生切亚耶夫斯基③三名(民主党党员)	日报,至今为止屡次被禁止发行,屡次改名,目前正值创办后的第三年,去年年末发行第三百三十六号。每周发行一次关于时事的讽刺画报
Железнодорожная жизнь[铁道生活](俄文)	铁路问题研究	乌索夫(中东铁路代办事务专员)	乌索夫	周报,前年创办,去年12月发行第三十七号
远东报(中文)	以密切俄中关系为目的,总是持有排日倾向	中东铁路厅	连慕秦④	日报,创办后已有四年,去年最后一天发行第八百九十九号,中东铁路的机关报
滨江日报(中文)	鼓吹自主独立、收回权益	滨江厅同知何子章⑤	施辛芸	1907年12月创刊⑥,去年最后一天发行第二百九十七号
北满洲(日文)	介绍中国东北北部、东俄的情况,致力于密切我国与当地通商关系	布施胜治(东京外国语学校毕业)	布施胜治	1908年10月5日创刊,周报
Харбин[哈尔滨](俄文)	没有固定的主义	屠鲁基尼克合作组织	阿·伊·基鲁米克奇	日报,创办以来经历五年,其间持有人发生过改变,去年10月触犯法规被禁止发行,近来发行得到解禁
长　春				
吉林日报(中文)	有使用排外口吻之倾向		顾冰一	1909年10月上旬将此报从吉林迁移至长春发行,每月从巡抚和颜道台处获得补助二百两,吉林官方机关报⑦
吉　林				
吉林自治日报(中文)	目的在于启蒙政治知识,培养地方自治能力,改良社会	吉林全省自治筹办处	吴复齐	吉林自治筹办处机关报,发行量两千份上下

---

① 亦译《哈尔滨新闻》或《哈尔滨公报》。
② 亦译季申科。
③ 亦译克列奥林、列文齐格列尔、切尔尼亚夫斯基。
④ 应为连文行(梦清)。
⑤ 即何厚琦。
⑥ 应为1908年12月创刊。
⑦ 前身为吉林自治会1908年6月29日创刊的《公民日报》。同年11月17日改本名创刊,1909年10月停刊。颜道台即颜世清。

(续表)

报纸名称	主 义	持有人	主 笔	备 考
吉林官报(中文)				吉林公署官报局编辑,登载谕旨、奏章、评论、紧急电报、重要公文、政略纪闻等,发行量六百份上下
铁 岭				
铁岭新闻(日文)	以商业报道为目的,为登载铁岭日本领事馆、铁岭居留民会①、南满铁道株式会社铁岭经营管理人员发布公告的报纸	木户作次郎(三重县人)	木户作次郎	日报,发行量六百五十份,购阅者大部分在东北地区,一部分在韩国、中国南方、日本
铁岭商况日报(日文)	与《铁岭新闻》相同	鲤江宪治(兵库县人)	鲤江宪治	日报,油印报纸,发行量二百五十份
奉 天				
盛京时报(中文)		中岛真雄(主要出资人)	一宫房次郎(正在东京游学)	1906年10月3日创刊,资本金一万圆,每年由外务省补助四千五百圆,发行量四千份
奉天醒时白话报(中文)	排外主义	合资组织 主持人 张兆麟	孙笙谱	1909年2月创刊,发行量七百份
东三省日报(中文)	渐进改革主义,抱有一些排日思想	主持人 童某	汪洋	民政司机关报,每月补助三百元,发行量四千份
内外通信(日文)		合田愿	合田愿	1907年7月创刊,日报,资本金三百圆,二面、三面为油印
南满日报(日文)		柳原蛟	柳原蛟	1908年12月创刊,奉天总领事馆从1908年12月起每月补助三十圆
安 东				
安东新报(日文)	营利主义	小滨为五郎	南部重远	有影响力,旧木材厂的机关报,1906年创办
满汉日报(日文)	介于日中两国之间,谋求政治、经济上的融和	野口多内	野口多内	1907年创办,与《安东新报》对抗,由《安东タイムス》改名而来
安东每夕新闻(日文)	营利主义	嘉纳三治	嘉纳三治	1908年11月创刊
辽 阳				
辽阳新闻(日文)②		渡边德重(山梨县人)	渡边德重	隔日发行,影响力微弱的小报纸
牛 庄				
营商日报(中文)	商务的发达	商务总会	胡廷骧(广东人)	商务总会的机关报,该会干部的股份组织,发行量五百份

① 当地日侨组织。
② 亦译《辽阳每日新闻》。

(续表)

报纸名称	主　义	持有人	主　笔	备　考
白话亚东报(白话中文)	标榜扩张民权、民智,带有阻害日中民众感情的态度	郭俊臣(营口人)	孙蔚韬(辽阳人)	于哈尔滨发行的远东报馆的分馆,现使用俄国领事馆文书郭俊臣的名义。1909年9月1日创立,发行量六百份。订阅者少,每月亏损严重,俄国领事馆对其补助
天　津				
北洋官报(中文)①	发布奏折、谕旨等的官报	直隶省官营,袁祚廙掌管	唐莲生	1903年创刊②,主要登载奏议、上论、公牍、指示、章程等,偶尔登载普通事项,发行量两千余份
法政学报(中文)	研究法政	总办　袁祚廙	吴兴让、徐仲华	发行量五百份
大公报(中文)	素来带有俄国色彩,近来向日本示好	股份组织　经理　英敛之	英敛之	1902年创刊,有北京、天津的一流报纸之称,发行量约五千份
天津日日新闻(中文)③	标榜进步主义,也以商业发展为主旨	方若	方若	一向与日本有关。刊登俗闻,发行量五千份
中外实报(中文)	德国人的机关报,抄录各报纸的报道	德国人德璀琳、汉纳根	杨树勋、王士濮	1904年创刊,发行量一千份左右
商报(中文)④	天津商务总会的机关报,关注商务,时有排日的倾向	商务总会总理王贤宾	刘仲誉、颜礼卿、王谝孙	1905年创刊,发行量五百份左右
忠言报(中文)	直隶总督端方的机关报	孙颀	孙颀、杨建元	发行量九百份左右,近期会停刊⑤
民兴报(中文)	以代表舆论为主义	刘孟扬	刘孟扬	发行量一千八百份,略微不振,处于经营困难的状态⑥
时闻报(中文)	低级小报纸,无值得特别记载的主义	名义人　佐藤铁治郎	李大义	发行量六七百份
天津日报(日文)	在天津日侨的机关报	合伙创办,无特定社主	西村博、小田桐勇辅	由《北清时报》《北支那每日新闻》合并改名而成,1910年1月创刊,发行量八百份
The China Times[中国时报](英文)	一向对日本友好,近来建立特别密切关系	股份有限公司　经理 T.G.Fisher	W.C.B.Cowen	1909年松本君平入社,开始掌管本报的日中部门。从天津海关道得到补助,发行量七八百份。资本金为六万五千弗,目前有将其减少至一半的计划
Peking and Tientsin Times[京津泰晤士报](英文)	普通报纸的格式,无特色,评论多为投稿	Tientsin Press Ltd.(股份制) 经理　G. Collinwood	主笔代理 A.Donaldson	英国人的机关报,对日不友好,发行量八九百份,资本金九万七千两

① 又名《直隶官报》。
② 应为1902年12月25日创刊。
③ 又名《日日新闻》。
④ 又名《天津商报》。
⑤ 1909年创刊。
⑥ 1909年3月7日创刊。

(续表)

报纸名称	主　　义	持有人	主　笔	备　　考
China Critic[中国评论]（英文）	无主义,主要致力于刊载工商业报道及广告	North China Printing & Printing Co., Ltd.（股份制）	G. L. Norrisnewman	晚报,因以往原因对日本无好意,发行量不明,资本金三万两
Tientsin Sunday Journal（英文）	无主义	原先与 China Times 有关的意大利人 F. H. Borionis	F. H. Borionio①	周刊,发行量二百份
Le Courrier de Tientsin（法文）	以在津法国人为主的基督教派传教士的机关报	股份制 经理 E. Cinndifort	Mareel Van Ler Berghe	对日不示好,资本金三万法郎,发行量二三百份以内
L'Echo de Tientsin[天津回声报]（法文）	在津法国租界当局的机关报	法国商人的合资组织	法国人 Marcel Sanlais	向日示好,资本金约二百法郎,发行量二三百份以内
Tageblatt für Nord-China（德文）	在津德国人的机关报,以为德国人伸张利益为目的	股份制 经理 O. Tenner	B. Petzold	很少评论日本的事情,发行量极其少
China Tribune（英文）		松本君平	松村利男	周刊,发行量五百份
北　　京				
政治官报（中文）	刊登宫廷录事、上谕、奏折、官厅事项,类似日本的官报	宪政编查馆附属的政治官报局（发行所）		1907 年 10 月创办②,日刊官报,每天从官报局发送到各省督抚,督抚再发送到各府州县。内容都是官府的资料,因而准确,是了解中国现时官场动静的好资料
商务官报（中文）	刊登经济论集以及一般与农工商相关的上谕、法律、奏折、统计报告、译文	农工商部内商务官报局（发行所）		农工商部的机关报,1906 年 4 月创办③,每月发行三次（五、十五、二十五日共发三期）,是中国经济研究者的参考资料
学部官报（中文）	网罗与学事有关的事项	学部官报局（发行所）		学部的机关报,1906 年 7 月创办④,值得中国教育相关工作者阅读
交通官报（中文）	网罗与交通有关的事项	邮传部图书通译局官报处（发行所）		邮传部的机关报,1909 年 7 月创办⑤,每月发行一次,是研究中国日新月异的交通状况的好资料
顺天时报（中文）	促进中国的开发以及日中两国的友好交往	社长　上野岩太郎	津田武	我方补助的机关报,1902 年创办⑥,作为北京最早的报纸,以稳妥的观点、报道为主,在官场之中被阅读

---

① 持有人与主笔应该是同一人,但名字的最后一个字母不同,原文如此。
② 应为 1907 年 11 月 5 日创刊。
③ 1906 年 4 月 28 日创刊。
④ 应为 1906 年 8 月 26 日创刊。
⑤ 应为 1909 年 8 月 30 日创刊。
⑥ 应为 1901 年 10 月创刊。

(续表)

报纸名称	主　义	持有人	主　笔	备　考
北京日报(中文)	作为主义没有值得特别记载之处。社长朱淇巧妙地与该国官方交往,同时又迎合民间的舆论	社长　朱淇	杨小欧	本报的前身为1904、1905年间创刊的《北京报》,1905、1906年之交改为现名。曾为袁世凯派的机关报,现在又作为外务部的机关报,从外务部每月得到若干补助,另外据说从美国纽约《先驱报》特派员奥尔处每月得到一些情报费
中国报(中文)	标榜立宪的革新主义	社长　黎宗岳	朱通儒、陈绍庚、严启衡	本报前身为去年夏天发刊于北京的《国报》①,因在"满洲悬案"处理时刊登了秘密电报而被禁止发行。后改名为《中国报》,表面上将发行所设于天津奥匈帝国租界内(实际上在北京发行),于1909年10月开始发刊。本报与上海《神州日报》气脉相通,交换电讯,留日出身的记者居多
帝国日报(中文)	以大同革新为主义,主张国会速开	陆鸿逵	康士铎、恒石峰、张公权②	本报前身为杨度(袁两广总督的幕僚)任主裁的宪政公会的机关报《中央大同报》(1908年《北京大同报》与《中央日报》合并改名而成),于1909年间被禁止发行,1909年12月末开始改名为《帝国日报》发行
爱国报(中文白话)		社长　丁宝臣	李树年	社长丁宝臣是著名回教徒,因而本报纸为回教徒所爱读。发行量一万五千左右,在北京白话报中最有影响力
京都日报③(中文白话)		编辑兼发行　萧德霖		
京话实报(中文白话)		发行　谭家骧	编辑　谭佩庭	
铎报(中文白话)		编辑兼发行　那幸		
北京新报(中文白话)		编辑兼发行　金辅臣		
畿辅公言报(中文白话)		编辑兼发行　赵郁卿		赵是在哈尔滨发行的俄国机关报《远东报》的北京特派员,在日俄战争时身份相当于俄国的间谍,中俄混血
北京晚报(中文白话)				《京话实报》发行的晚刊
北京选报(中文白话)				摘录北京的白话报(口语报纸)所刊登的内容
通报(中文白话)		社长　关锡衡	编辑　潘智达	
京师画报(中文画报)		社长　德瀚臣	编辑　王辅卿	
北京日日画报(中文画报)		社长　曹象怡	编辑　田子卿 发行　冯孟陵	

---

① 一说其前身为日本东京出版的《国报》杂志,待考。
② 即张嘉璈。
③ 又名《官话京都日报》。

(续表)

报纸名称	主义	持有人	主笔	备考
北京醒世画报（中文书报）		社长　韩九如	编辑　张凤纲 发行　恩树人	
浅说日日新闻画报（中文书报）		社长　姚月侪	编辑　柳赞臣 发行　何华臣	
画图日报（中文书报）		发行　杨兢夫	编辑　杨稺三	
新铭画报（中文书报）		发行　杨丽川	编辑　杨云舫	
Peking Daily News[北京日报]（英文）		名义上为中国人持有，实权归于美国人，与纽约《先驱报》的记者奥尔有关	奥尔	美国的机关报，前身为 Public Opinion。该报负责人李心灵回广东后，该报被盘给美国人，改名后发行。奥尔鼓吹美中同盟、排日主义，在中伤日中关系方面舞弄毒笔，在锦爱铁路问题上，总是拥护斯特雷特派①
Peking Post（英文）	发表以中国为主，兼及欧洲及日本方面的消息	社长　莱塞尼（俄国人）		1910年1月发刊，发行时日尚浅，性质不明，据称似乎是斯特雷特派的机关报，近来刊登反对齐锦铁道敷设的新闻，报道并不属实，依据发行至今的报道内容看，像是俄国的机关报

外国新闻记者

　　日本通讯员：在北京的日本通讯员有"大阪每日"的丰岛捨松、"东京时事"的鹫崎与四二、"朝日"的神田正雄、"报知"的石川安次郎及电报通讯社的高宫议，共计五名。

　　欧美通讯员：在北京的欧美通讯员是，伦敦 Times 的莫理循，路透社的考特，美国联合通讯社的迈克尔·密克，担任德国机关报上海东亚 Lloyd、德国本国《科隆日报》《汉堡新闻》以及《柏林日报》等诸社通讯员的库里格，上海 North China Daily News 通讯社的瓦隆②（该通讯员亦给伦敦 Daily Mail、纽约 Evening Post 寄发通讯，目前对我方感情友好），纽约《先驱报》通讯员奥尔等。

	芝罘、青岛及济南			
芝罘日报（中文）	所论公平	平石五郎	无主笔，日中两国记者共7名，其中桑治贞治郎为主要人物	1907年创立，发行量约六百份，近期致力于开发中国人的知识，未来发展有望。出资人主要为中国人李循芳，于芝罘发行
渤海日报（中文）	保存国粹，提倡新学	总办　李凤五 另有共同经营者数人	丁训初	1908年7月创立③，发行量约五百份，近期报社发展低迷，维持困难。主张收回主权，对于日本人及其他外国人鲜有好意，报道内容稍优于《芝罘日报》，于芝罘发行
Chefoo Morning Post（英文）	不偏不党	J.Silverthorne	J.Silverthorne	稳健的报纸，影响力微弱，发行量七十份，于芝罘发行
胶州报（中文）	亲德	李承恩	吐萧芙	每月由德国政厅补助一百弗，于青岛发行
青岛时报（中文）	亲德	总办　丁敬臣	同前	股份制，资本三千元，每月由德国政厅补助一百弗，于青岛发行

---

① 一说1910年12月创刊，存疑。本报告印刷于1910年5月，可能在此之前已创刊。原文是"ストレート派"，音译成"斯特雷特派"。

② 原文为"ワールン"，可能是"Waughroon"。

③ 关于该报创办时间，另有1903年、1906年之说，待考。

(续表)

报纸名称	主 义	持有人	主 笔	备 考
山东汇报(德文)		Kropff	同前	持有人兼主笔库劳普夫为退役陆军中尉,厌恶日本,对于日本无好意。每月由德国政厅补助若干,于青岛发行
青岛新闻(德文)	德国政厅机关报	Walther	Seeker	每月获得若干补助,于青岛发行
益报(中文)	同上	李盛恩	李元清	德国政府的机关报,对日本尤为关注,于青岛发行
官报(中文)	无固定主义	萧某	邓某	主要评论山东省的新政,资本为官方出资,于济南发行
简报(中文)	同上	沈景臣	王某	主要抄录各报的报道,股份制,于济南发行
官话日报(白话中文)	同上	秦介如	王某	主要刊载北京发生的事,股份制,于济南发行
济南日报(中文)	同上	汪筹熙	周炳如	抄录奏折,官商合办,于济南发行①
山东日日新闻(中文)	同上	纪某	黄某	刊载山东省大小事件,股份制,于济南发行,不日会陷入停刊的厄运
汉口及南昌				
公论新报(中文)	稳健,为官场辩护	宦海之	宦海之	1906年创立,资本六千元,发行量两千份,于汉口发行
中西日报(中文)	民权、民智之扩大、发展	凤竹荪	凤竹荪	1906年创立,资本一万元,发行量三千份,于汉口发行
政学日报(中文)	准官报	郑南溪	郑南溪	1909年创立,创办费两千元,每月由道台临时补助,发行量一千份,于汉口发行
鄂报(中文)		汪康年	汪康年	1906年创立,资本三千元,发行量一千份,于汉口发行
趣报(中文)		胡少拙	胡少拙	文学、艺术方面之一小报,于汉口发行
湖北官报(中文)		总督府	于吉宜	纯官报,每十天发行一份,于汉口发行②
汉口日报(日文)		冈幸七郎	冈幸七郎	1907年8月创立,资本金一千五百元,发行量五百份
Hankow Daily News(英文)		Ross Reid		1906年创立,营利性经营,于汉口发行
Hankow Chronicle(英文)		Archibald		1909年创立,营利性经营,于汉口发行
江西日日官报(中文)		巡抚衙门		官报,刊载一般新闻,发行量两千份,于南昌发行③
宪政日报(中文)	促进民智发展	股份制	朱某	发行量五百份,于南昌发行

① 原名《新济南报》,1905年5月4日改本名。
② 1905年4月5日创刊,在武昌出版。
③ 1907年在九江创刊,后迁至南昌。

(续表)

报纸名称	主　义	持有人	主　笔	备　考
长沙及衡州					
长沙日报(中文)		候补知县苏镜清	张馨、蒋暄	日刊,湖南政府的机关报,并无影响力,发行量五千份,于长沙发行①
湘路新志(中文)		龙璋、童光业	黄不夫、刘髯	主张湖南铁路商办者的机关报,月刊,发行量约五千份,于长沙发行②
群报(中文)③		陆季恺		主要收集、摘录各地报纸的报道,每五天发行一次,发行量两千份,于长沙发行
湖南自治报(中文)		贺羽阶	陶祐曾	助力于研究与宣扬自治制度,每月发行两次,发行量约五百份,于长沙发行④
粹报(中文)		陆季恺		与《群报》相同,每月发行三次,发行量两千份,于长沙发行
教育官报(中文)				提学使衙门的通报,月刊,发行量不多,于长沙发行
湘南新报(中文)		陈天民	张弋群、王伟	日刊,于衡州发行,湖南省唯一的民权报纸,强烈主张回收主权,发行量约一千六百份
重庆及成都					
广益丛报(中文)	目的在于向一般民众广泛普及知识	曹韫伯	杨叔尧、雷仲武	持有人曹韫伯的父亲曹漱珊于1902年创立,从内外报纸杂志收集材料,刊载政事、文学、教育等方面的报道、评论,每月发行三期,于重庆发行
商会公报(中文)	以增进一般商人的商业知识为目的	曹漱珊	吴蔓湘、雷仲武、杨叔尧	1905年创刊,每月发行四期,主要内容为各港口商业的相关报道、评论,重庆商业总会的机关报,于重庆发行
崇实报(中文)	所论公平,以宗教为主	重庆天主堂		法国天主堂的机关报,周刊,于重庆发行
四川官报(中文)		成都官宪	官方委员	1904年创刊,官方的机关杂志,每月发行三期,于重庆发行
成都日报(中文)	无固定主义	同上	同上	1905年创刊,日刊,报道官方情况及各地形势,官厅的机关报,上层绅士喜爱阅读,于重庆发行
通俗日报(中文)	无固定主义	傅宗榘		1908年创刊,日刊,于成都发行⑤
通俗画报(中文画报)	历史、风俗、讽刺、修身画等	同上	周筱松	1909年创刊,月刊,作为《通俗日报》的副刊,于成都发行

---

① 1905年4月19日创刊。
② 1909年11月22日创刊。
③ 应为《群报摘要》。一说为1907年底创刊。
④ 1909年创刊。
⑤ 1909年3月11日创刊。

(续表)

报纸名称	主 义	持有人	主 笔	备 考
南京及镇江、芜湖				
南洋官报(中文)		总办 赵贻书		南洋大臣的官报,内容主要分为京朝法政、两江奏牍、外省新政、艺文存略四部分,每五天发行一次,于南京发行①
南洋商务报(中文)		商务总局发行		每月十五日、三十日发行两次,商业、工业杂志,于南京发行②
江南日报(中文)		白井勘助	编辑 李兆芝 发行人 杨晴江	日刊,主要刊载商业新闻,规模小,无发展希望,于镇江发行
皖江日报(中文)	自由主义	谭明卿	潘鲁庵	前身为《芜湖日报》,为博中国人欢心,时常登载排日报道,于芜湖发行③
安徽白话报(白话中文)				每月于上海、安庆两地发行三次,内容非常具排外性,但似乎无大影响④
苏 州				
苏台日报(中文)	营利的目的	白井勘助	白井勘助	1908年11月创立,将《江苏旬报》改名而成的日刊中文报纸。纸面为两页,刊登小说和青楼的报道
杭 州				
官报(中文)	报告、政令	浙江布政使主宰		1909年创立,每月发行,发行量为三百份
浙江日报(中文)	作为开设国会的准备,谋求普及自治制	股份制	张仲铭	1908年5月创立,资本两万弗,发行量为四千份,在官场有信誉
全浙公报(中文)⑤	标榜收回权益	股份制	吴复斋	1909年5月创立⑥,资本两千弗,发行量为五千份,虽然没有信誉,但是关于实业的材料丰富
危言报(中文)	勒索敲诈	股份制	何飞剑	1909年6月创立,资本五百弗,每日发行量四百份,完全没有信誉
浙江白话新报(中文白话)				1909年12月《浙江白话报》和《白话新报》合并改名而成
上 海				
时报(中文)	主持宪政	名义持有人为我国人宗方小太郎,实际持有人为狄楚青	刘孝宝	日刊,发行量为一万六千份

① 1904年4月1日创刊。
② 1906年9月18日创刊。
③ 许多资料说是1910年12月21日创刊,也有说是12月2日创刊。可是本调查报告是1910年5月印刷的,已见到《皖江日报》,创刊应在这之前。1919年的报告说是1909年11月创刊,似有可能。
④ 1908年10月5日在上海创刊。
⑤ 前身为《杭州白话报》。
⑥ 一说约在1910年1月创刊。

(续表)

报纸名称	主　　义	持有人	主　笔	备　　考
中外日报(中文)	官僚派	陈屺怀	洪樵苓	日刊,发行量约为三千份
神州日报(中文)	半官僚派	汪寿臣、张虎臣	钟璞臣、姜于才	日刊,发行量约为八千份
新闻报(中文)	营利主义	汪汉溪	姚伯欣	日刊,发行量约为八千份
申报(中文)	官僚派	席子佩	张蕴和	日刊,发行量约为一万份
舆论时事报(中文)	没有一定的主义	张敬垣	雷君辉	日刊,发行量约为六千份①
天铎报(中文)	官僚派	陈屺怀	张佛天	日刊,发行量约为一千份②
国风报(中文)	梁启超的机关报,以开发民智为主义	何国桢	何国桢	日刊,发行量约为三千份③
上海日报(日文)		井手三郎		
North China Daily News[字林西报](英文)	论调仅仅出于维持英国的利益,在政治上主张保守党方面的观点	North China Daily News & Herald, Ltd.	英国人 Montague Bell	公共租界的机关报,发行量约三千份,中国英文报纸的巨擘。另外发行名为 *North China Herald* 的周刊,内容为 *Daily News* 的摘录
Shanghai Mercury[文汇报](英文)	英国的报纸,但对日本以及德国抱有好感	The Shanghai Mercury Ltd.	爱尔兰人　R. D.Neish	虽然大股东是英国人,德国人的持股亦不少,发行量约为两千五百份,晚报,另外发行名为 *Celestial Empire* 的周刊摘要
Shanghai Times[泰晤士报](英文)	为中国发声,反抗外国权益	美国人　Ferguson	爱尔兰人 John O'Shea	中国和美国的机关报,发行量约为一千份以内
China Gazette[捷报](英文)	曾持强烈亲日主义,日俄战争中变为亲俄主义,然而去年年中完全收敛排日的笔锋,时常反对 *Shanghai Times*	Henry O'Shea	爱尔兰人 Henry O'Shea	发行量约为五百份,另外发行周刊摘要。主笔是泰晤士报的 O'Shea 的兄弟,但是彼此关系不和
L'Echo de Chine[中法新汇报](法文)	拥护法国的政策	The Oriental Press	A.Monestier	法国总领事馆以及耶稣会的机关报,在法国人中具有影响力
Der. Ostasiatische Lloyd[德文新报](德文)	拥护德国的东方政策,对日本抱有好感	Der. Ostasiatische Lloyd	Carl Fink	作为德国在远东的机关报,最有影响力,周刊
Bund(英文)		A.Seon	C.W.Clifford	周刊
Capital and Commerce(英文)		Sassoon		今年2月发行,是与商业、经济有关的周刊杂志
China Weekly(英文)④		Mrs.Shorrock		登载社交界的报道,周刊
Mirro(英文)		M.Taveres		

---

① 1909年4月21日由《舆论日报》和《时事报》合并而成。
② 1910年3月11日创刊。最初创办人为汤寿潜。
③ 1910年2月20日创刊。实际主持人为梁启超。
④ 1909年创刊。

(续表)

报纸名称	主 义	持有人	主 笔	备 考
The National Review[中国公论西报](英文)	拥护中国,频繁发表排日论调	中国电报局工作人员、广东人唐元堪	英国印度军退役士官 Captain Walter Kiston	前身是 Saturday Review 周刊①
The Torch(英文)	中立			
Social Shanghai(英文)				月刊,社交性杂志
福 州				
闽报(中文)	公平无私,拥护日方对福建的政策	前岛真	前岛真	每年接受台湾总督府两千四百圆补助,发行量超两千份,一周发行三次,受到中国官绅重视
福建新闻(中文)	标榜开风气以资社会公益	施景琛	廖德全	接受福建学务所一年一千两百元补助,1907年创刊,日报,发行量超一千份
调查录(中文)	以各类调查为目的	公立桥南公益社	严汉卿	1909年创刊,每月发行两次,除调查外,还刊登政治评论,发行量超一千份
商业杂志(中文)②	以奖励实业为目的	商业研究所	郑兰孙	发行量数百份,每月发行两次
法政杂志(中文)	以研究法律、政治为主	郑锡光	何琇先	福建法政学堂之机关杂志,发行量数百份,每月发行一次
The Foochow Daily Echo[福州每日回声报](英文)	以转载上海报纸、登载广告为主	葡萄牙人米塞斯·罗萨里奥(福州印刷公司之持有人)		发行量二三百份
厦 门				
厦门日报(中文)	谋求铺设福建铁路,意在筹集股金,对日本无好意	福建铁道公司		福州铁道公司之机关报,资本七千元,发行量六七百份
全闽日报(中文)③	旨在向中国鼓吹日本文明,同时为台湾人谋取方便	法人组织代表,台湾人江保生	江保生	1907年8月创刊,资本金六千五百元,发行量约一千份
汕 头				
岭东日报(中文)	无主义	杨季岳(代表)	李子干	1902年创刊,资本银两万元,由汕头绅商出资,股份制
汕头公报(中文)		蔡竹铭(代表)	崔璜溪、蔡竹铭	1906年创刊,资本银一万元,由汕头绅商出资,股份制,汕头官民之机关报
中华新报(中文)	以立宪为主	梁少慎(代表)	陈佩忍、梁少慎	1908年5月创刊,资本银一万元,由汕头绅商出资,股份制

---

① 1907年1月创刊。
② 似为《福州商业公报》,1910年创刊,旬刊。
③ 应为《全闽新日报》。

(续表)

报纸名称	主　义	持有人	主　笔	备　考
晓钟日报(中文)	无主义	沈友士(代表)	邓蕅香、沈友士	1909年创刊,资本银八千元,由汕头绅商出资,股份制
图画新报(中文)	无主义	吴子寿(代表)	林仔肩、吴子寿	1909年2月创刊,资本银二千元,由德商元兴洋行买办郭丽州出资
广　东				
国事报(中文)	立宪		罗璪云	保皇党之机关报,广东日报中发行量最大,其潜在影响力不可小觑,发行量约八千份
羊城报(中文)	中立	莫任衡	谭荔垣	持有人莫氏为广东咨议局议员,在官民中有影响力,因此内容很扎实
时敏报(中文)	民权	岑侣豪	陈新吾	持一种民权主义,总是刊登反抗官宪的报道
七十二行商报(中文)	实业	黄景棠	罗少翱、陈乡云	广东自治会之机关报,最为致力于排斥洋货、振作国货,近来针对粤汉铁路,登载相反评论
安雅报(中文)	联合官场	梁君武	詹菊隐	创办最早却无影响力,发行量少
国民报(中文)	革命	李少庭	邓悲观	孙派之机关报,近来刊登反抗日本的报道
南越报(中文)①	革命	苏凌凤	卢岳生	
粤东公报(中文)	无固定主义	陆伯海	邓紫垣	发行时日尚短,影响力微弱②
广东总商会报(中文)	商务扩张	谢瓖材	黄仲持	以奖励实业为主
天趣报(中文)	文艺	孔仲南	招袁③	多为烟花巷的报道④
广东公言报(中文)	革命	陈庆琛	袁荣初	
附录　香港				
商报(中文)	保皇	社长　康怀民	康怀民	发行量二千余份
中国日报(中文)	革命	社长　冯自由 出资人　李柏	冯自由	发行量一千五百份
寔报(中文)	中立	社长　招安甫 出资人　梁仁甫	潘泽民	发行量一千五百份
世界公益报(中文)	革命	社长　林竹琴	黄世仲	发行量一千五百份
循环日报(中文)	无固定主义	社长　温俊臣	温俊臣	发行量一千余份
华字日报(中文)	中立	社长　颜杏甫	颜杏甫	发行量二千八百余份
中外新报(中文)	无固定主义	社长　冯焕如	冯焕如	发行量一千余份
维新报(中文)	中立		钟叔洞	发行量三百余份,此报社目前出让中

---

① 1909年6月22日创刊。
② 1909年创刊。
③ 此处人名疑有误。
④ 1905年创刊,为《岭海报》副刊。

(续表)

报纸名称	主　义	持有人	主　笔	备　考
时事画报(中文)	革命	社长　黄伯淑	谢英伯	1909年8月创刊,是每月发行三次的中国杂志,发行量一次二千余份①
香港日报(日文)	无固定主义	社长　松岛宗卫	松岛宗卫	1909年9月1日开始发行,发行量三百份
Hongkong Daily Press(英文)	香港政厅机关报	Y.J.Murrow	主笔兼经理 B.A.Hale	与政厅签订特约,登载有关邮政事务的公告以及立法部委员会议录,接受政厅每年三百弗的补助,发行量九百至一千份,香港日、英报纸中购阅者最多
South China Morning Post[南华早报](英文)	无主义	股份制	主笔兼经理 Geo.T.Lloyd	1906年创刊,早报,曾在"抵货运动"时采取对日本不利的态度,但近来逐渐对日本展示出好意。发行量一千份左右,另兼营印刷业
China Mail(英文)	中立,与其他报纸相比有宗教趣味	合资组织	B.A.Brown	1845年创办,晚报,发行量八百至九百份,影响力次于 Daily Press
Hongkong Telegraph[香港电讯报](英文)	中国人之机关报	合资组织 经理 J.P.Bragn(葡萄牙人)	A.W.Brebner	1881年创刊,发行量四五百份,辰丸事件时极力煽动"抵货运动"
Hongkong Government Gazette(英文)	香港政厅官报			周刊,有中、英文双语,发行量三百份
The Hongkong Weekly Press and China Overland(英文)				香港 Daily Press 的周刊
The South China Weekly Post(英文)				South China Morning Post 的周刊
The Overland China Mail(英文)				China Mail 的周刊
Hongkong Telegraph Weekly(英文)				Hongkong Telegraph 的周刊
Yellow Dragon(英文)				在皇仁书院的学生中发行

中国报纸统计表

地　名	中文	英文	法文	德文	俄文	日文
哈尔滨	2	—	—	—	4	1
长　春	1	—	—	—	—	—
吉　林	2	—	—	—	—	—
铁　岭	—	—	—	—	—	2
奉　天	3	—	—	—	—	2
安　东	—	—	—	—	—	3

---

① 1905年9月在广州创刊,1907年冬停刊,1909年在香港复刊。

(续表)

地　名	中文	英文	法文	德文	俄文	日文
辽　阳	—	—	—	—	—	1
牛　庄	2	—	—	—	—	—
天　津	9	5	2	1	—	1
北　京	23	2	—	—	—	—
芝罘、青岛及济南	10	1	—	2	—	—
汉口及南昌	8	2	—	—	—	1
长沙及衡州	7	—	—	—	—	—
重庆及成都	7	—	—	—	—	—
南京及镇江、芜湖	5	—	—	—	—	—
苏　州	1	—	—	—	—	—
杭　州	5	—	—	—	—	—
上　海	8	10	1	1	—	—
福　州	5	1	—	—	—	—
厦　门	2	—	—	—	—	—
汕　头	5	—	—	—	—	—
广　东	11	—	—	—	—	—
附录　香港	9	10	—	—	—	1

(秘)1911年6月调查

关于中国报纸的调查

外务省政务局第一课

关于中国报纸的调查
目　录

哈尔滨 …………………………… 38	长沙 …………………………… 46
长春 …………………………… 38	重庆及成都 …………………… 46
吉林 …………………………… 38	南京、镇江、芜湖、安庆① ……… 46
铁岭 …………………………… 39	杭州 …………………………… 47
奉天 …………………………… 39	上海 …………………………… 47
安东 …………………………… 40	福州 …………………………… 48
辽阳 …………………………… 40	厦门 …………………………… 49
牛庄 …………………………… 40	汕头 …………………………… 49
天津 …………………………… 40	广东 …………………………… 50
北京 …………………………… 42	附录　香港 …………………… 50
芝罘、青岛及济南 ……………… 44	中国报纸统计表 ……………… 52
汉口及南昌 …………………… 45	

---

① 目录原文为"南京及芜湖",正文实际内容还包括镇江、安庆,此处以正文为准。

报纸名称	主　义	持有人	主　笔	备　考
哈　尔　滨				
Харбинский вестник[哈尔滨日报]①（俄文）	拥护中东铁路的政策，关注俄国在东北地区的商业、工业发展，登载有益于通商的材料	隶属中东铁路民政部长	主编 季先科②	中东铁路机关报，日报，创刊以来已有七年③，去年12月末发行第一千七百三十九号④
Новая жизнь[新生活]（俄文）	社会革命主义	在哈尔滨的俄国革命党员合资（新生活社）	克里奥林、温奇格雷鲁、医生切亚耶夫斯基⑤三名（民主党党员）	日报，至今为止屡次被禁止发行，屡次改名，目前正值创刊后的第三年⑥，去年年末发行了第三百三十六号⑦。每周发行一次关于时事的讽刺画报
远东报（中文）	目的是密切俄中关系，总是持有排日倾向	中东铁路厅	连孟清⑧	日报，创刊已有四年⑨，去年最后一天发行了第八百九十九号⑩。中东铁路的机关报，近来排日情绪有稍稍缓和的倾向
北满洲（日文）	介绍中国东北北部、东俄的情况，致力于密切我国与此地的通商关系	布施胜治（东京外国语学校毕业）	布施胜治	1908年10月5日创刊，周报，1910年6月以来每月由外务省补助一百圆
Новый край[新边境]（俄文）	多少带有社会党派气息	艾斯·艾姆·费德洛夫	艾斯·艾姆·费德洛夫	《哈尔滨》的后身，频频停刊，影响力微弱
长　春				
长春公报（中文）			魏毓兰	长春府及长春商务总会的机关报，发行量五百余份⑪
长春日报（日文）			箱田琢磨（福冈县人）	发行量三百份
吉　林				
吉林自治旬报⑫（中文）	以启蒙政治知识、培养地方自治能力、社会改良为目的	吉林全省自治筹办处		去年11月以来作为旬报，由吉林自治筹办处科员编辑，未另设主笔，发行量八百份上下
吉林官报（中文）				吉林公署官报局编辑，登载谕旨、奏章、评论、紧要电报、重要公文、政界纪闻等，发行量六百五十份上下

---

① 亦译《哈尔滨新闻》或《哈尔滨公报》。
② 亦译季申科。
③ 1903年6月创刊，创刊应已有八年。
④ 此数据与1910年一样，没有更新。
⑤ 亦译克列奥林、列文齐格列尔、切尔尼亚夫斯基。
⑥ 1907年11月创刊，应是创办后的第四年。
⑦ 此数据与1910年一样，没有更新。
⑧ 应为连文行（梦清）。
⑨ 1906年3月创刊，创刊应已有五年。
⑩ 此数据与1910年一样，没有更新。
⑪ 1910年1月创刊。
⑫ 似为1910年《吉林自治日报》的接续。

(续表)

报纸名称	主 义	持有人	主 笔	备 考
吉长日报(中文)	政府的机关报		顾冰一	一度于长春发行,去年9月再次回到当地发行,与长春时代相比排外口吻明显减少。吉林民政使每月补助银四百元,发行量三千份上下
铁 岭				
铁岭新闻(日文)	以商业报道为目的	下村修(高知县人)	滨田结城	1908年9月创刊,日报,发行量六百份,购阅者大部分来自东北地区,一部分来自韩国、中国南方、日本。为登载铁岭日本领事馆、铁岭居留民会、南满铁道株式会社铁岭经营管理人员公告的报纸
奉 天				
盛京时报(中文)		中岛真雄	中西正树	1906年10月3日创刊①,资本金一万圆②,每年由外务省补助三千六百圆,发行量三千份
奉天醒时白话报(中文)	排外主义	合资组织 主管 张兆麟	孙笙谱	1909年2月创刊,日报,发行量七百份
东三省日报(中文)	渐进改革主义	主管 童某	汪洋	民政司机关报,每月补助两百元,在各知县、知州中购阅者居多,多少抱有排日思想,发行量三千份
内外通信(日文)		合田愿	合田愿	1907年7月创刊,日报,资本金三百圆,主要用于登载广告,发行量六百份
南满日报(日文)		柳原蛟	柳原蛟	1908年12月创刊,奉天总领事馆从1908年12月起每月补助三十圆,用作公告费
微言报(中文)		股份制 社长 李梦崧		1910年5月23日创刊,日报,发行量三百份,资本银五千元
大中公报(中文)		合资组织 社长 袁昆乔	沈毅(兼任《东三省日报》记者,具有排日思想,曾留学日本)	1910年7月21日创刊③,日报,发行量八百份,资本银四千元
东三省商报(中文)	振兴实业	股份制 经理 张镇卿	徐品三	1910年10月11日创刊,《奉天商务日报》的后身,1911年4月24日改名,日报,发行量四百五十份,资本银两千五百元
宪政进行报(中文)	鼓吹宪政	股份制 经理 黄式农(湖南人)	木子真(据说曾任北京帝国日报馆事务员)	资本金一万元,1911年5月8日创刊,发行量五百份
奉天白话报(中文)		股份制 经理 清春如	张立石	资本金一千元,1911年5月23日创刊,日报,发行量两三百份

---

① 应为1906年9月1日创办。
② 1909年调查记载资本为九千圆。
③ 应为1910年7月10日创刊。

(续表)

报纸名称	主　　义	持有人	主　　笔	备　　考
疾呼报(中文)	激进改革主义	经理 袁昆乔	高满堂	1911年6月6日创刊,发行量约两百份,资本未定
奉天商务日报(中文)	振兴实业	股份制 经理 张舜五	左雨农	1911年5月28日创刊,发行量两三百份,资本银两千五百元
安　　东				
安东新报(日文)	好载社会新闻	小滨为五郎	南部重远	有与民团①等民间团体结托之倾向,1906年创刊,发行量约一千两百份
满汉日报(日文)	注重日中外交,对政治抱有兴趣	野口多内	野口多内	1907年6月创刊,发行量八百五十份
每夕新闻②(日文)	下层社会的娱乐			1908年11月创刊,发行量约六百份
安东商报(中文)	振兴商业	魏金鉴	刘又来	1910年1月创刊,同年5月停刊,同年9月再刊,资本约一万元,发行量六百份,安东商务会的机关报
辽　　阳				
辽阳新报③(日文)		渡边德重(山梨县人)	渡边德重	隔日发行,无影响力
牛　　庄				
营商日报(中文)	商务的发达	商务总会	胡廷骧(广东人)	商务总会的机关报,该会干部的股份组织,发行量七百份
白话亚东报(白话中文)	标榜扩张民权民智,自恃有俄国领事做后盾,似有阻害日、英、美三国与中国之间感情的态度	郭俊臣(营口人)	许绍裘(安徽人)	于哈尔滨发行的远东报馆的分馆,现使用俄国领事馆文书郭俊臣的名义。1909年9月1日创刊,发行量三百份,读者少,每月亏损严重,俄国领事馆对其补助④
满洲新报(日文)	不偏不倚	社长 冈部次郎	星健之助	1908年2月11日创刊以来,当地官有财产管理委员会每月补助银五百圆,一直到9月为止才停止。日刊,发行量约一千份
天　　津				
北洋官报⑤(中文)	发布奏折、谕旨等的官报	北洋官报局总办 冯汝桓	吴竹林	1903年创刊⑥,主要登载奏议、上谕、公牍、指示、章程等,偶尔登载普通事项,发行量三千两百余份
大公报(中文)	原先带有俄国色彩,近来向日本示好	股份制 负责人 英敛之	英敛之	1902年创刊,发行量约两千八百份左右

---

① 即"居留民团",当地日侨组织。下同。
② 亦译《安东每夕新闻》。
③ 亦译《辽阳每日新闻》。
④ 此段介绍与1910年相同。
⑤ 又名《直隶官报》。
⑥ 应为1902年12月25日创刊。

(续表)

报纸名称	主 义	持有人	主 笔	备 考
天津日日新闻①(中文)	标榜进步主义,而且以商业发展为主旨	方若	方若	一向与日本有关,刊登俗闻,发行量三千五百份
中外实报(中文)	德国人的机关报,抄录各报报道	德国人德璀琳、汉纳根	杨树勋、王士濮	1904年创刊,发行量一千份左右
商报②(中文)	天津商务总会的机关报,注意商务,时有排日的倾向	李向辰	刘仲护、王瀛孙、颜理堂③	1905年创刊,发行量一千四百份左右
民兴报(中文)	以舆论代表为主义,近来对日本示好	刘孟扬	刘孟扬	发行量两千份左右
时闻报(中文)	无固定主义	名义持有人佐藤铁治郎	李大义	发行量一千五百多份
北方日报(中文)	以激进民论之木铎为主义		贺培桐、戴彬	1900年创刊,发行量两千余份④
天津日报(日文)	我国在天津侨民的机关报	股份制 经理 贺培桐	足立传一郎、西村博	由《北清时报》《北支那每日新闻》合并改名而成,1910年1月创刊,发行量五百份,因缺乏资金,纸面萎靡不振
经纬报(中文)	标榜振兴殖产兴业	李镇桐	李镇桐	发行量一千余份
进化报	仅报道市井俗事琐闻	李云藻	杨达三	不起眼的小报,发行量两百余份
天津白话报(白话中文)		单学琴	刘孟扬	《民兴报》的分支,发行量两千份左右
国声报(中文)		北方日报社员集资而成,无特定报主		《北方日报》的分支,登载市井琐事,无影响力之报,发行量四百多份
The China Times[中国时报](英文)	一向对日本示好,近来建立特别密切关系	股份有限公司 经理 T.G.Fisher	E.O.Patey	1909年起松本君平进入报社,主持该报日中部门。发行量四五百份,资本金六万,亏损似乎较大
The Peking and Tientsin Times[京津泰晤士报](英文)	普通报纸的格式,无特色,评论多为投稿	Tientsin Press Ltd.(股份制) 经理 G.Collingwood	主笔代理 A.Donaldson	英国人的机关报,对日不示好,发行量八九百份,资本金九万七千两
The China Critic[中国评论](英文)	主要致力于刊载工商业报道及广告	股份制 North China Printing & Publishing Co., Ltd.	C.L.Norrio-Newman	晚报,因以往原因对日本无好意,发行量不明,资本金三万两

---

① 又名《日日新闻》。
② 又名《天津商报》。
③ 1910年报告中为"颜礼常"。
④ 应为1910年5月9日创刊。

(续表)

报纸名称	主 义	持有人	主 笔	备 考
The Tientsin Sunday Journal(英文)	无固定主义	原先与 China Times 有关，意大利人 F.H.Borionis	F.H.Borioni①	周刊，发行量二三百份
Le Courrier de Tientsin(法文)	以在津法国人为主，基督教派传教士的机关报	股份制 经理 E. Gaudifort	Marcel Van Ler Berghe	对日不示好，资本金三万法郎，发行量二三百份以内
L'Echo de Tientsin[天津回声报](法文)	在津法国租界当局的机关报	法国商人的合资组织	法国人 Marcel Sanlais	向日示好，资本金约二万法郎，发行量二三百份以内
Tageblatt für Nord-China(德文)	在津德国人的机关报，以为德国人伸张利益为目的	股份制 经理 H.Frickhöffer	Dresster	发行量极其少
The China Tribune(英文)		松本君平	松村利男	周刊，发行量三四百份
北 京				
政治官报(中文)	刊登宫廷录事、上谕、奏折等官方事项，相当于日本的官报	宪政编查馆附属的政治官报局(发行所)		1907年10月创刊②，日刊官报，每天从官报局发送到各省督抚，督抚再发送到各府州县，报道均为官府的资料，因此内容准确，对欲了解中国现时官场动静者而言是好资料
商务官报(中文)	刊登经济论集，其他一般与农工商相关的上谕、法令、奏折、统计报告以及译书	农工商部内商务官报局(发行所)		农工商部的机关报，1906年4月5日创刊③，每月发行三次(5日、15日、25日三期)，是中国经济研究者的参考资料
学部官报(中文)	网罗与学事有关的事项	学部官报局(发行所)		学部的机关报，1906年7月创刊④，值得中国教育相关工作者阅读
交通官报(中文)	网罗与交通有关的事项	邮传部图书通译局官报处(发行所)		邮传部的机关，1909年7月创刊⑤，每月发行一次，是研究中国日新月异交通状况的好资料
顺天时报(中文)	促进中国的开发与日中两国的友好	社长 上野岩太郎	津田武	我方补助的机关报，1902年创刊⑥，作为北京最早的报纸，评论、报道稳妥，在官场之中被阅读
北京日报(中文)	作为主义没有值得特别记载之处。社长朱淇巧妙地与该国官方交往，又迎合民间的舆论	社长 朱淇	杨小欧	本报的前身为1904、1905年间创刊的《北京报》，1905、1906年之交改为现名⑦，曾为袁世凯派的机关报，现在还作为外务部的机关报，每月从外务部得到若干补助，另外，据说每月从美国纽约《先驱报》特派员奥尔处接受一些情报费，发行量四千五百多份

① 持有人与主笔应该是同一人，主笔名应有误，原文如此。
② 1907年11月5日创刊。
③ 1906年4月28日创刊。
④ 1906年8月26日创刊。
⑤ 1909年8月30日创刊。
⑥ 1901年10月创办。
⑦ 《北京报》于1904年8月创刊，1905年8月更名为《北京日报》继续出版。

(续表)

报纸名称	主　义	持有人	主　笔	备　考
中国报(中文)	标榜立宪的革新主义	社长 黎宗岳	朱通儒、陈绍庚、严启衡	本报前身为去年夏天发刊于北京的《国报》①,因在"满洲悬案"处理之时刊登了秘密电报而被禁止发行。后改名为《中国报》,表面上将发行所设于天津奥匈帝国租界内(实际上是北京发行),于1909年10月开始发行。本报与上海《神州日报》气脉相通,交换消息、电讯,记者多为留日出身。发行量三千七八百份
帝国日报(中文)	以大同革新为主义,主张速开国会	陆鸿逵	恒石峰、张公权	本报前身为杨度(袁两广总督的幕僚)任主裁的宪政公会的机关报《中央大同日报》(1908年②《北京大同日报》与《中央日报》合并改名而成),1909年间遭到禁止发行,1909年12月末开始改名为《帝国日报》而发行。发行量五千份
爱国报(中文白话)		社长 丁宝臣	李树年	社长丁宝臣是回教徒的名人,因此本报受到回教徒欢迎,发行量一万五千左右,在北京白话报中最有影响力
京都日报③(中文白话)		编辑兼发行 萧德霖		
宪志日刊(中文)	采取渐进主义,谋求宪政的发展	屠福桐	孟昭常	预备立宪公会的机关报,1910年5月创刊,发行量不明
北京新报(中文白话)		编辑兼发行 金辅臣		
国民公报(中文)	代表民党,标榜速开国会	孙洪伊、于邦华、吴锡麟	徐公勉、黄可权	各省咨议局代表者的机关报,发行量与《北京日报》相同④
帝京新闻(中文)	标榜速定宪法、速开国会、发展国民经济	林玉成	康士铎	1910年5月创刊⑤,旧《大同报》总理、《帝国日报》记者康士铎独立经营。发行量不明
京津时报(中文)	主张与普及资政院之主义	雷奋	雷奋	1910年6月创刊⑥,上海《时报》的分支,基础颇为牢固,将来发展十分有望。发行量三千份
公论实报(中文)	作为主义无值得特别记载处	沈乃诚	沈乃诚	1910年7月创刊,俄国的机关报,《京畿公言报》的后身。沈兼任哈尔滨《远东报》特派通讯员⑦
浅说日日新闻画报(中文画报)		社长 姚月侪	编辑 柳赞臣 发行 何华臣	

---

① 一说其前身为日本东京出版的《国报》杂志,待考。
② 一说为1909年,待考。
③ 又名《官话京都日报》。
④ 一说1910年8月24日创刊,一说7月创刊。
⑤ 1910年5月18日创刊。
⑥ 6月16日创刊。
⑦ 一说前身为《公论报》,1910年8月创刊,10月14日改为本名。

(续表)

报纸名称	主 义	持有人	主 笔	备 考
国风日报(中文)		吴友石①、程家柽		1911年正月②创刊,似乎是天津巡警道的机关报
新铭画报(中文画报)		发行 杨丽川	编辑 杨云舫	
政报(中文)		李绮青(现吉林省绥芬府知府)	朱通儒	将来会成为东三省的机关报。资金五千元,发行量不明,似乎很少
Peking Daily News [北京日报](英文)		表面上名义归中国人罗星楼,而美国人掌握实权,与纽约《先驱报》记者奥尔有关	奥尔	美国的机关报,前身为 Public Opinion。该报负责人李心灵回广东时,被盘给美国人,改名后发行。奥尔鼓吹美中同盟、排日主义,在中伤日中关系方面舞弄毒笔,在锦爱铁路等方面总是拥护斯特雷特派

外国新闻记者

日本通讯员:在北京的日本通讯员是"大阪每日"的丰岛捨松、"东京时事"的鹫崎与四二、"朝日"的神田正雄、"报知"的石川安次郎及电报通讯社的高宫议,共计五名。

欧美通讯员:担任路透社电报通讯员兼上海《字林西报》通讯员的瓦隆(此人亦给伦敦 Daily Mail、纽约 Evening Post 寄发通讯,目前对我方感情友好。此外临时兼任着美国联合通讯社通讯员、《纽约太阳报》社员)、担任德国机关报上海东亚 Lloyd、德国本国《科隆日报》《汉堡新闻》《柏林日报》等诸社通讯员的库里格,以及纽约《先驱报》的通讯员奥尔等。

芝罘、青岛及济南				
芝罘日报(中文)	所论公平	平石五郎	无主笔,日中两国记者共8名,以桑名贞治郎为主	1907年创刊,发行量约七百份,近期更致力于启发中国人的知识,但因财力不足,看不到纸面改良。主要出资人为中国人李循芳,于芝罘发行
渤海日报(中文)	保存国粹,提倡新学	总办 李凤五 另有共同经营者数人	丁训初	1908年7月创刊③,发行量约六百份,主张收回权益,对于日本人及其他外国人似无好感,报道事项稍优于《芝罘日报》,于芝罘发行
Chefoo Morning Post (英文)	不偏不党	J. Silverthorne	J. Silverthorne	以摘录各报为能事,影响微弱,但却是山东唯一的英文报,发行量七十份,于芝罘发行
胶州报(中文)	亲德	李承恩	吐萧芙	每月由德国政厅补助一百弗,于青岛发行
青岛时报(中文)	亲德	总办 丁敬臣	同前	股份制,资本三千元,每月由德国政厅补助一百弗,于青岛发行
山东汇报(德文)	亲德	Kropff	同前	持有人兼主笔的Kropff为停职的陆军中尉,厌恶日本,对于日本无好意。每月由德国政厅补助若干,于青岛发行
青岛新闻(德文)	德国政厅机关报	股份制	Kropff	每月获得若干补助,于青岛发行
益报(中文)	同上	李盛恩	李元清	德国政府的机关报,对日本尤为关注,于青岛发行

① 即革命党人白逾桓,化名吴友石(无有氏)。
② 2月8日创刊。
③ 另有1903年、1906年等说法,待考。

(续表)

报纸名称	主 义	持有人	主 笔	备 考
青岛商报(中文)	以商况报告为主	丁敬臣	载醒痴	青岛时报社发行,于青岛发行
官报(中文)	无固定主义	萧某	邓某	主要讨论山东省的新政,资本为官款,于济南发行
简报(中文)	无固定主义	沈景臣	王某	主要抄录各报,股份制,于济南发行
官话日报(白话中文)	同上	秦介如	王某	主要刊载北京发生的事,股份制,于济南发行
济南日报①(中文)	同上	汪筹熙	周炳如	抄录奏折,与日本有通讯联系,译载我国报纸,尤其是《大阪朝日新闻》,最有影响力,官商合办,于济南发行
汉口及南昌				
公论新报(中文)	稳健,为官场辩护	合作组织	宦海之	1906年创刊,资本六千元,发行量两千份,于汉口发行
中西日报(中文)	扩大发展民权民智	凤竹荪	凤竹荪	1906年创刊,资本一万元,发行量两千份,于汉口发行
政学日报(中文)	准官报	郑南溪	郑南溪	1909年创刊,创办费两千元,每月由道台发放临时补助,发行量一千份,于汉口发行
鄂报(中文)	激进主义	汪康年	汪康年	1906年创刊,资本三千元,发行量一千份,于汉口发行
湖北官报(中文)		总督府	于吉宜	纯官报,每十天发行一次,于汉口发行
大江自治报(中文)②	激进主义,排外性报道多,特别对日本持恶感	傅某	傅某	1911年1月创刊,发行量两百份,于汉口发行
夏报(中文)		谢某	谢某	1911年1月创刊③,发行量一百份左右,于汉口发行
汉口日报(日文)		合资组织	冈幸七郎	1907年8月创刊,资本金一千五百元,发行量五百份,于汉口发行
Hankow Daily News.(英文)		J. Ross-Reid		1906年创刊,营利性经营,于汉口发行
Central China Post(英文)④	对日本有恶感		Archibald	1910年2月创刊,于汉口发行
江西日日官报(中文)		巡抚衙门		官报,刊载社会一般报道,发行量两千份,于南昌发行
江西自治日报⑤(中文)				1909年3月创刊,发行量四百份,于南昌发行

---

① 原名《新济南报》。
② 应为《大江白话报》,后改名《大江报》。
③ 一说2月13日创刊。
④ 一译为《楚报》,1904年创刊。
⑤ 1911年11月改名为《江西民报》。

(续表)

报纸名称	主 义	持有人	主 笔	备 考
长 沙					
长沙日报(中文)	地方官府的机关报	吴品瑀	蒋暄、张馨	日刊,湖南官方的机关报,并无影响力,发行量三千份
湘路新志(中文)	鼓吹铁路民营	龙璋	龙璋	湖南铁路商办主义者的机关报,月刊,发行量约四百份
群报(中文)	开发民智	蒋幼怀	蒋翟生	主要收集摘录各地报纸的报道,每五天发行一次,发行量七百份
教育官报(中文)	教育普及	湖南提学使	吴道晋	提学使衙门的通报,月刊,发行量五百份
重庆及成都				
广益丛报(中文)	目的在于向一般民众广泛普及知识	曹韫伯	杨叔尧、雷仲武	持有人曹韫伯的父亲曹漱珊1902年创办,从报纸杂志收集材料,刊载政治、文学、教育等方面的报道、评论,每月发行三期,于重庆发行
重庆商会日报(中文)	期望振兴一般实业		刁嵩樵	重庆商务总会的机关杂志《商会公报》停刊后,旧历3月2日以此名称作为日刊发行,发行量六百份。往往登载似有排外思想的报道
崇实报(中文)	所论公平,以宗教为主	重庆天主堂		法国天主堂的机关报,周刊,于重庆发行
蜀东报(中文)	以开发知识、改良社会、保存国粹、增进道德为宗旨	股份制	吴梦湘、应子寿、艾友松	1910年4月创刊,日刊,于重庆发行
四川官报(中文)	上奏、奏议、公牍、内外报纸的摘录	成都官报局	官方委员	1904年创刊,官方的机关杂志,每月发行3期,于成都发行
成都日报(中文)	无固定主义	同上	同上	1905年创刊,日刊,报道官方情况及各地形势,官方的机关报,为上层绅士所爱读,于成都发行
通俗日报(中文)	无固定主义	傅宗榘		1908年创刊,日刊,于成都发行
南京、镇江、芜湖、安庆				
南洋官报(中文)	南洋大臣衙门官报	主办 赵贻书		内容分为京朝法政、两江奏折、外省新政、艺文存略四部分,每五天发行一次,于南京发行
江南商务日报(中文)		刘廉轩	刘廉轩	日刊,我国人白井勘助经营的《江南日报》的后身,无任何主义、特长,于镇江发行
皖江日报(中文)	益我民智	谭秉鉴	郝慰候	前身为《鸠江日报》①,与官方无任何关系,影响小,于芜湖发行

---

① 《皖江日报》与《鸠江日报》并无关系。这里称之为"前身"的《鸠江日报》创刊于1905年,停刊后他人用此报印刷器材又创办《商务日报》,旋停刊。为何将《鸠江日报》称为《皖江日报》的前身,待查。

(续表)

报纸名称	主　义	持有人	主　笔	备　考
江宁实业杂志(中文)				由《南洋商务报》改名而来,由江宁劝业公所每月发行一次,内容分诏令、奏议、文牍、规章、调查、记事、时评、论说、译著、副刊等各部分。于南京发行
自治公报(中文)	以稳健的思想指导一般民众,特别鼓吹自治精神,并且期待发展教育、实业	股份制	舒总理	日刊报纸,股东多为安庆绅士,于安庆发行
杭　州				
官报(中文)①	报告、政令	浙江布政使主持		1909年2月创刊,每月发行,发行量四百份
浙江日报(中文)	谋求普及自治制,为开设国会做准备	股份制	张仲铭	1908年5月创刊,资本两万弗,发行量四千份,在官场有信誉
全浙公报(中文)	标榜收回权益	股份制	吴复斋	1909年5月创刊,资本一万弗,发行量五千份,在收回权益方面受欢迎
上　海				
时报(中文)	以宪政为宗旨,持渐进主义	以我国人宗方小太郎的名义,狄楚青持有	陈景韩、瞿绍伊	日刊,发行量一万五千份,与康有为、梁启超一派有关系
神州日报(中文)	急进主义,与康梁一派宗旨相反	汪滁翰、张虎臣	钟璞臣、姜于才	日刊,发行量一万份,与孙逸仙一派有关系,据说最近又与袁世凯一派接上关系
新闻报(中文)	官僚派	庄彝仲	张铁民	日刊,发行量一万四千份
申报(中文)	官僚派	席子佩	张蕴和	日刊,发行量约一万两千份
天铎报(中文)	民党派,亦掺入社会主义	陈屺怀	应季审、载良弼	日刊,发行量约四千份,近来一直被中国官方警告
国风报(中文)	梁启超的机关报,以开发民智为主义	何国桢	何国桢	旬刊,发行量约五千份,湖北提学使等近来禁止学生阅读本报
时事报(中文)	宪政渐进主义,是预备立宪公会的机关报	童豻臣	孙玉声	日刊,发行量八千份,张元济后援,因而与商务印书馆有关系②
民立报(中文)	标榜民党,持社会主义	朱少屏	王步瀛	日刊,发行量七千份③
中国商务日报(中文)	振兴实业	俞达天	潘兰史	日刊,发行量一千五百份
中外报(中文)	官僚派	章保世	章保世(兼)	日刊,发行量三千份,原名《中外日报》,今年春天改名

---

① 全名《浙江官报》,1909年8月创刊。
② 1910年9月24日由《舆论时事报》恢复原名《时事报》。
③ 1910年10月11日创刊。

(续表)

报纸名称	主　义	持有人	主　笔	备　考
东方杂志(中文)	政治、经济、文艺、资料	上海商务印书馆	陈仲逸	日刊,发行量六千份①
教育杂志(中文)	振兴教育	上海商务印书馆		月刊,发行量八千份②
上海日报(日文)		井手三郎		
North China Daily News[字林西报](英文)	以增进英国的利益为目的,论调极为稳健	North China Daily News & Herald, Ltd.	英国人 O. M. Green	公共租界的机关报,发行量约两千五百份,中国英文报纸之巨擘,另外发行名为 North China Herald 的周刊,内容为 Daily News 的摘录
Shanghai Mercury[文汇报](英文)	不偏不倚,对日本及德国有好意	The Shanghai Mercury Ltd.	爱尔兰人 R. D. Neish	虽然大股东是英国人,德国人的持股亦不少,发行约为两千份,晚报,另外发行名为 Celestial Empire 的周刊摘要
Shanghai Times[泰晤士报](英文)	拥护中国,致力于增进美国利益	美国人 J. O. Ferguson	爱尔兰人 John O'Shea	中国官方的机关报,发行量约为一千五百份
China Gazette[捷报](英文)	近来毋宁说对日本示好,与 Shanghai Times 不和	Henry O'Shea	爱尔兰人 Henry O'Shea	发行量约五百份,另外发行周刊摘要,近来社论不值一看
L'Echo de Chine[中法新汇报](法文)	拥护法国的政策	The Oriental Press	A. Monestier	法国总领事馆以及耶稣会的机关报
Der Ostasiatische Lloyd[德文新报](德文)	拥护德国的东方政策	Der Ostasiatische Lloyd	Carl Fink	周刊,作为德国在远东的机关报,最有影响力
Capital and Commerce (英文)	纯粹的实业杂志	Sassoon	S. R. Waged, Maunging Editor M. Hughes, Editory	在实业家之间受欢迎,从去年12月以来发行名为《裕商报》的中译周刊杂志
The National Review[中国公论西报](英文)	谋求拥护中国权益,持亲美主义立场,极为鼓吹排日论调	中国电报局人员、广东人唐元堪(号露园)	英国印度军退役士官 Captain Walter Kiston	发行量一千二百份,评论、杂报、插画等几乎每号都表示出排日态度
福　州				
闽报(中文)	公平无私,拥护我国对福建政策	前岛真(熊本县人)	前岛真	每年接受台湾总督府两千四百圆补助,发行量超两千份,一周发行三次,受到中国官绅重视
福建新闻(中文)	标榜开风气以资社会公益	施景琛	廖德全	1907年创刊③,接受福建学务所一年一千两百元补助,近来改良报面,有逐渐进步的趋势,发行量一千五百余份
法政杂志(中文)	以研究法律、政治为主	郑锡光	何琇先另有数名	福建法政学堂之机关杂志,发行量数百份,每月发行一次

---

① 1904年3月11日创刊。
② 1909年2月15日创刊。
③ 应为1906年9月创刊。

(续表)

报纸名称	主　义	持有人	主　笔	备　考
福建官报(中文)	以普及有关政治、法律知识为目的	闽浙总督	福建学务公所之科员	公布有关政治、法令文书的机关,1910年3月创刊,发行量一千份,每月发行三次
福建商业公报(中文)①	以奖励实业为目的	商业研究所	郑兰孙	刊登关于实业的评论、通讯、报道,发行量数百份,每月发行三次
福建公报(中文)	以启发民智、增进社会文明为目的	股份制 社长 郑锡光	翁捷三、高震勋	1911年1月5日创刊,资金三千元,福建教育总会之机关报纸,发行量一千份,每周发行三次
建言报(中文)	标榜鼓吹立宪思想	股份制 社长 林长民(早稻田大学出身)	刘伯仁、张海珊	1911年1月10日创刊,资金六千元,福建咨议局议员之机关报纸,发行量一千五百份,每周发行三次
左海公道报(中文)	以救济世道衰微、人心堕落为目的	福州闽北圣书公会	未详	1911年3月30日创刊②,是一种宗教杂志,以当地的美国传教士为后援,发行量数百份,每月发行两次
The Foochow Daily Echo[福州每日回声报](英文)	以转载上海报纸、登载广告为主	葡萄牙人米塞斯·罗萨里奥(福州印刷公司之持有人)		发行量二三百份,区区广告报纸,政治上无影响力
厦　门				
厦门日报	谋求建成福建铁路,旨在募股,不向日本示好	福建铁道公司		福建铁道公司的机关报,资本七千元,发行量五六百份
全闽日报③(中文)	旨在向中国鼓吹日本文明,同时为台湾人谋取方便	合资组织 代表　台湾人江保生	江保生	1907年8月创刊,资本金六千五百元,发行量约一千份
汕　头				
岭东日报(中文)	无主义	杨季岳(代表)	李子干、杨季岳	1902年创刊,资本银两万元,汕头绅商出资,股份制
汕头公报(中文)		蔡所铭(代表)	崔璜溪、蔡竹铭	1906年创刊,资本银一万元,由汕头绅商出资,股份制,汕头官民之机关报
中华新报(中文)	以立宪为主	陈实训(代表)	陈佩忍、叶楚伧	1908年5月创刊,资本银一万元,由汕头绅商出资,股份制
晓钟日报(中文)	无主义	沈友士(代表)	邓藉香、沈友士	1909年2月创刊,资本银八千元,由汕头绅商出资,股份制
图画新报(中文)	无主义	吴子寿(代表)	林仔肩、吴子寿	1909年2月创刊,资本银二千元,由德商元兴洋行买办郭丽洲出资

---

① 1910年创刊。
② 应为3月1日创刊。
③ 原文有误,应为《全闽新日报》。

(续表)

报纸名称	主 义	持有人	主 笔	备 考
广　东					
国事报(中文)	立宪		罗璪云、李雍思	1906年8月创刊,宪政党的机关报,在广东日刊报纸中销量最多,其潜在力量不可小觑。发行量七千份左右
羊城报(中文)	中立	莫任衡	谭荔垣	1901年1月创刊,持有人莫氏为广东咨议局议员,在官民中有影响力,因此报道切实,发行量三千余份
时敏报(中文)	民权	岑侣豪	陈新吾、孔亮泉	1891年正月创刊,持有一种民权主义,总是刊登反抗官宪的报道,发行量二千份左右
七十二行商报(中文)	实业	黄景棠	罗少翱	广东自治会之机关报,最为致力于排斥洋货,振兴国货,发行量三千余份
安雅报(中文)	守旧	梁君武	詹菊隐	1900年9月创刊,发行量三千余份
国民报(中文)	革命	李少庭	邓悲观	1906年9月创刊,发行量五千份左右
南越报(中文)	革命	苏凌凤	卢博明	1909年5月创刊,革命党之机关报,发行量三千余份
粤东公报(中文)	无固定主义		陆伯海	1909年6月创刊,发行量一千余份
广东总商会报(中文)	发展商务	谢瓖材	陈觉是	1906年10月创刊,商务大臣张弼士之机关报,发行量一千份左右①
广东公言报(中文)	革命	陈听香	袁荣初	1910年正月创刊,专门攻击官场,持一种社会主义,发行量三千余份
广东时报(中文)	立宪		何亮生	1910年6月创刊,宪政党之机关报,发行量三千余份
广东砭群日报(中文)②			刘一清、何亮生	1910年5月创刊,水师提督李准的机关报
附录　香港					
商报(中文)	拥护宪政	冯紫珊	伍宪子	创立至今七年,1910年因德国传教士名誉损害赔偿诉讼案,一度破产,盘给现在的持有人,但内部经营情况与过去无异。在发表排日言论方面仅次于《中国日报》,发行量约两千两百份
中国日报(中文)	革命主义	股份制	谢英伯	创办至今七年,鼓吹激烈的革命主义,辰丸事件时认为日本的处置措施正当,并攻击政府,但现在舞弄排日文字,在十家中文报纸中居首。近来发行量逐渐减少,不过七八百份

---

① 应为《广州总商会报》,一说1906年1月29日创刊。
② 似由广州砭群报馆发行,另出《砭群丛报》半月刊。

(续表)

报纸名称	主　　义	持有人	主　笔	备　　考
寔报(中文)	中立	社长 招安甫 出资人 梁仁甫 出资人 梁星垣	招安甫	创办至今四年,在前任编辑方针时期,是我方指定报纸,但该主笔辞职后态度发生大变,目前几乎完全被出资方所控制。因为生意上的关系往往带有排日的论调,发行量减少至仅四百份左右
世界公益报(中文)	革命主义	股份制	黄世仲	创办至今八年,其主义、格式与《中国日报》大同小异,但刊登排日文字不如《中国日报》那么激烈,发行量九百份
循环日报(中文)	无固定主义	社长 温俊臣	温俊臣	创办至今二年,抵制日货运动后不久就向日本方靠拢,因此受到一些非难,此后采取极为超然主义态度,发行量约一千四百份
华字日报(中文)	中立	社长 陆善祥	颜杏甫	创办至今三十余年,在中文报纸中影响力最大。辰丸事件时极力反对日本,但近来由于财政原因,态度一变,向日本表示同情,发行量三千七百余份
中外新报(中文)	中立	赖文山	冯焕如	创办至今四十三年的老报纸,发行量不过七百份左右,但因经营方式较为经济,据说盈利比较多
维新报(中文)	中立		李民瞻	创办至今三十三年,发行量五百份左右,影响力不大
时事画报(中文)	革命主义	社长 黄伯淑	谢英伯	创办至今三年,每月发行三次,发行量约二千份
香港日报(日文)	无固定主义	社长 松岛宗卫	松岛宗卫	1909年9月1日发行,发行量约三百份
新少年日报(中文)	革命主义			1911年5月13日创刊,报道、评论都不如《中国日报》激烈
Hongkong Daily Press(英文)	香港政厅机关报	已故 Y. J. Murrow 承借人 D. W. Smith	主笔兼经理 B. A. Hale	1877年创刊,公布政厅政令等的机关报纸,每年接受政厅三色弗的补助,发行量九百至一千份左右,报道稳健可信。另发行周刊 The Hongkong Weekly Press and China Overland
South China Morning Post[南华早报](英文)	无固定主义	股份制	A. Hamilton	1906年创刊,创办以来事业不振,屡屡亏损,近来逐渐有恢复迹象。公司理事兼大股东 Dr. Noble 为美国人,因此常常刊登对日本不利的报道,发行量一千份左右。另发行周刊 South China Weekly Post
China Mail(英文)	中立,与其他报纸相比有宗教趣味	合资组织	B. A. Brown	1845年创办,每日傍晚发行,发行量八百至九百份,影响力次于 Daily Press。另有周刊 The Overland China Mail
Hongkong Telegraph[香港电讯报](英文)	中立	Dr. J. W. Noble	E. B. Helme	1881年创刊,发行量五六百份,以前是中国人的合资组织,1903年末美国牙科医生诺贝尔以一万弗接手报社后进行了大改革,购阅者逐渐增加,另发行周刊 Hongkong Telegraph Weekly
Hongkong Government Gazette(英文)	香港政厅官报			周刊,有中、英文双语,发行量三百份左右
Yellow Dragon(英文)				在皇仁书院的学生中发行

中国报纸统计表

地 名	中文	英文	法文	德文	俄文	日文
哈尔滨	1	—	—	—	3	1
长 春	1	—	—	—	—	1
吉 林	3	—	—	—	—	—
铁 岭	—	—	—	—	—	1
奉 天	9	—	—	—	—	2
安 东	1	—	—	—	—	3
辽 阳	—	—	—	—	—	1
牛 庄	2	—	—	—	—	1
天 津	12	5	2	1	—	1
北 京	20	1	—	—	—	—
芝罘、青岛及济南	10	1	—	2	—	—
汉口及南昌	9	2	—	—	—	1
长 沙	4	—	—	—	—	—
重庆及成都	7	—	—	—	—	—
南京、镇江、芜湖、安庆	4	—	—	—	—	—
杭 州	3	—	—	—	—	—
上 海	12	6	—	—	—	1
福 州	8	1	1	1	—	—
厦 门	2	—	—	—	—	—
汕 头	5	—	—	—	—	—
广 东	12	—	—	—	—	—
附录 香港	10	6	—	—	—	1

(秘)1912年6月调查

关于中国报纸的调查

外务省政务局

关于中国报纸的调查
目　录

北京	56	杭州	67
天津	59	南京	67
哈尔滨	61	芜湖	67
齐齐哈尔	62	镇江	67
长春	62	汉口	67
吉林	62	武昌	68
铁岭	62	长沙	69
奉天	63	沙市	69
安东	63	重庆	69
辽阳	63	成都	70
牛庄	63	福州	70
芝罘	64	厦门	71
济南	64	汕头	71
青岛	64	广东	71
上海	64	附录　香港	72
苏州	67	中国报纸统计表	74

报纸名称	主 义	持有人	主 笔	备 考
北 京				
政府公报(中文)	政府的公布机关			由旧《政治官报》改名而来,登载大总统令、各部总长令、叙任法令等,类似日本的官报,亦登载重要的电文、文书等,是有关政治状况不可或缺的参考资料
顺天时报(中文)	鼓吹日中友好,作为日本的机关报广为人知	代表人 西村虎太郎	山田胜治	我方补助的机关报,1902年创办①,作为北京最早的报纸,以稳妥的意见、报道为主,在官场之中被阅读
北京日报(中文)	没有一定的主义,巧妙地迎合时势,在任何时代都显示出政府半官方报之态,尤其是被视为外交部的机关报	朱淇	杨小欧	仅次于《顺天时报》的北京老报纸,社长朱淇是广东人,北京报界的代表,常出入于政府方面,一般来说可靠的报道很多,与英文北京 Daily News 是姐妹报,但并没有亲美主义
中国日报(中文)	与民社及统一党有关,共和党的机关报,与同盟会相反	陆鸿逵		《帝国日报》改名而来,与杨度持续保持关系,社长之下全为留日出身的湖南人,支持熊希龄的政策
大同报(中文)	满洲人的机关报,事变以来赞成共和,标榜五族大同,与共和党接近	恒钧		从《帝京新闻》改名而来,创办以来分合的历史与《中国日报》相同,社长恒钧是前清宗室,早稻田留学出身,是满人中的进步主义者,有关满汉联合,是具有影响的人之一
国民公报(中文)	虽为共和建设讨论会的机关报,亦亲近统一党,反对同盟会,拥有保守的主义	徐佛苏	黄瑛	原咨议局联合会创办,宪友会成立后即成为其机关报。该会会员孙洪伊等在上海成立共和建设讨论会后,归其所属。因社长徐佛苏等与梁启超的关系,暗中与保皇党气脉相通,社长以下留日出身的湖南人居多
京津时报(中文)	共和党的机关报,与《国民公报》一样,反对同盟会,具有保守主义	狄楚青	陈佐清	上海《时报》的分身。北京主笔陈佐清是留日出身的江苏人,与梁启超有关系,属于保皇党系统,革命动乱②以来,因其离开报社导致经营不良,近来面貌稍有改观,是目前唯一的江苏派报纸
国风日报(中文)	始终持有革命主义,是纯粹的同盟会机关报	孙钟		原为吴友石、程家柽等创办,自前清时代起被视为革命党机关报,虽然版面小,因与同盟会有关,有影响力。社长是同盟会中的有力者,河南选出的参议院议员,与其他社员均为留日出身
国光新闻(中文)	本来是革命派,但近来没有一定的主义	陈鹭洲		由原革命党人田桐等创办,现转归陈鹭洲经营,是一种无赖报纸,没有信誉,以后理应会回到田桐手中③

---

① 应为1901年10月创办。
② 指辛亥革命,下同。
③ 1911年8月9日创刊。

(续表)

报纸名称	主　义	持有人	主　笔	备　考
民视报(中文)	是北方保守派的报纸,接近于袁世凯的机关报	许鼎霖	康士铎	原来是《宪志日刊》,即预备立宪公会机关报的后身,在清帝退位以后大力提倡君主主义,当下赞同共和,但是代表北方人士意见的保守报纸。主笔康士铎原先主办《帝京新闻》,直隶人
政报(中文)	反对同盟会,但亦不属于共和党,应该视为属于广东派的政府准机关报	李绮青		本报以及《通报》社员均为广东人,与唐绍仪、梁士诒等人关系密切,另一方面也与段芝贵、赵秉钧等接近,是袁世凯直参派的机关报
				(以上各报为革命之前创刊发行的报纸)
通报(中文)	无主义,与伍廷芳等的国民公会接近,主要以政府机关报为己任,非同盟会系,在对共和党保持中立方面与《政报》相同	朱通儒		社长以下广东人居多,接受梁士诒、杨以德两人的补助,与《政报》一样,是广东派的政府机关报。两报不负责任的报道都很多,在持反日主义,带有亲美主义方面,两报亦相同。不过,其发行在《政报》之后的革命期间
中国公报(中文)	陆军军人的机关报,是军界统一会员的组织,与共和统一会有关,是非同盟会派	方咸五		作为军界统一会的机关报而诞生,与陆军部有紧密的关系。社长是日本士官学校毕业生,现在是参谋部部员
				(以下各报均为革命之后发刊的报纸)
定一报(中文)	五族同志会机关报,主张共和统一,与《大同报》相同	黄良弼		社长是日本留学出身的湖南人,股东多为东北、蒙古回族人
亚细亚报①(中文)	属于统一党,是共和党的纯机关报,是新出现的报纸中最有影响者之一	薛大可		社长以下多为留日出身的湖南人,拥有很多思想先进的人才,接受统一党的补助,拥护熊希龄的政策。与《中国日报》《国民公报》相同,三者都属于湖南派中有力的报纸,同时也是北京出色的报纸
民国报(中文)	同盟会的机关报	陈耀		与以下两报同为同盟会派的机关报,进入本年4月之后重新复刊。本报的外观、报道等特别优良。同盟会派一般对日本没有恶感,而本报特别带有亲日倾向。社长陈耀属于黄兴派,现在是国务院官员,创办者网罗了同盟会的名士
守真日报(中文)	同盟会机关报	罗世勋		本报由汪兆铭、罗世勋两人创办,罗与汪都是同盟会实力人物之一,但是报社经营仍不振
中央新闻(中文)	同盟会派机关报	郑某		没有作为特色记录之处
北京日日新闻(中文)	主义未明	黄孟希		社长为四川人,新出现的报纸,主义未明

---

① 即《亚细亚日报》。

(续表)

报纸名称	主　义	持有人	主　笔	备　考
新支那(日文)	向日本介绍中国情况,同时致力于帮助中国人了解日本	松本君平	安藤万吉	本年3月创刊的日文周刊杂志,由前议员松本君平主办,与天津 Tribune① 为姐妹报,《时事新报》通讯员鹫泽与四二负责其重要报道。近来中国人中也在逐渐增加读者,在沟通思想方面产生了良好影响
Peking Daily News[北京日报](英文)	中国政府的机关报	社长　陈文石	罗星楼	外交次长颜惠庆(美国大学出身)等人在暗中掌握经营实权,与《纽约先驱报》通讯员奥尔也有关联,有排日的倾向
Journal de Pékin(法文)	俄、法机关报	Mercel von Lerberghe(法国人)	Mercel van Lerberghe(法国人)	1911年7月创刊,俄国公使馆在暗中掌握经营实权,与 Peking Daily News 对峙,也不断受到法国公使馆的干涉掣肘,对我方有好意

关于北京发行的报纸的说明

《政府公报》至今年4月1日被称为《临时公报》,其他前清时代发行的《商务官报》《学部官报》《交通官报》等此后一直停刊。

上表中的各报纸都是日刊,另外有几种白话报纸在坊间广泛传播。

进入今年5月之后,新发行的报纸有《共和日报》《乃报》《国华报》《扶群日报》等,计划发行的有《新中华报》《新华报》《国民自强报》等。此外,至今在天津发行的革命派报纸中,诸如《天民报》《民意报》等也计划转移至北京发行,但是除最后两者,多数报纸附和共和,似乎没有什么价值。

现在各种报纸均共同附和共和,标榜南北统一和五族大同,但有报纸暗中仍徘徊于君主立宪的旧思想之中。按照党派关系大致划分的话,可分为同盟会派、非同盟会派两种,前者属于共和主义者或者社会主义者,后者属于君主立宪派或者是官僚政治派,其中有北方派、统一党、民社党等各派与中立派之别,但对同盟会派均持有反对态度。再从地方关系来看,有满洲派、北方派、湖南派、广东派、江苏派等之别,尤其是广东派掌握三四种有影响的报纸,执北京报界之牛耳,而满洲派、北方派却不得势,江苏派仅仅有一种报纸。

以上各报纸党派关系如下所示:

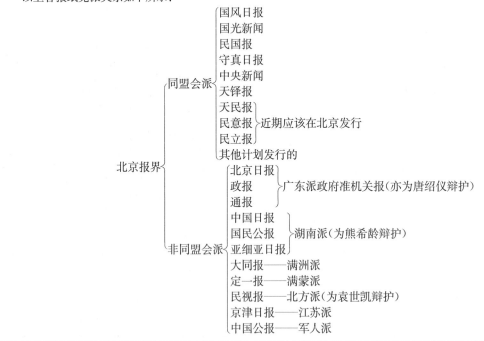

---

① 即 The China Tribune。

(续表)

报纸名称	主　义	持有人	主　笔	备　考
<td colspan="5">通观同盟会派与非同盟会派，新闻记者中日本留学出身者占大多数，因此，日本的"感化"正通过报纸给一般社会留下深刻印象。与此相反，欧美留学出身者的中文素养低，在北京报界几乎没有地盘。 　　日本留学出身的记者中，湖南人最多，所以湖南派在言论界有很大的影响力。 　　同盟会派一方的报纸在外交上多有亲日的倾向。 　　持亲美主义，同时带有排日气息，则多见于广东派报纸。该派没有日本留学出身的新闻记者。 　　通观同盟会与非同盟两派，很少谴责袁世凯，而夸大宗社党的多为同盟会派，其他派别很少这样做。另外，御用报纸主要以广东派居多，在反对同盟会方面与其他报纸相同，但仅仅致力于为唐绍仪辩护，尽管他是同盟会会员。另外湖南派一直援助熊希龄的政策。 　　军人拥有机关报是中国政界的现象之一。 （附录） **在北京的欧美新闻通讯员如下所示：** 　　J. K. Ohl：纽约《先驱报》特派员，总是发布耸动世人耳目的通讯，特别是伴随着《先驱报》的对日本态度，表现出不利于日本的态度。其探访灵活敏捷，在北京的外国人通讯员中很出色。 　　Dr. G. E. Morrison：作为伦敦《泰晤士报》的特派员，其名声为人所知，虽有些神经质，但其博学与名声相称。革命以来，他援助袁、唐一派，帮助建立共和政体。 　　Wearne：路透社特派员，总是有亲日倾向。 　　Frederick Moore：美国联合通讯社的特派员，尚未看出明确的特征，其对于日本亲疏态度均不显著。 　　Dr. Luther Anderson：芝加哥 *Daily News* 的通讯员，原为京师大学堂的教授，虽人品高尚，但是作为新闻通讯员不免是外行。 　　P. H. Patchin：*China Press* 通讯员，兼任《纽约论坛报》的邮报通讯员，原为华盛顿国务院通讯局报纸科员。 　　Dr. M. Krieger：兼任上海的东亚 *Lloyd*、德国本国《柏林日报》《汉堡新闻》，还有《科隆日报》等各社的通讯员，对于日本的态度无论亲疏没有值得关注之处，但是作为通讯员甚欠机敏。 　　B. L. Simpson：伦敦 *Daily Telegraph* 通讯员，作为关于远东的作家，在"putnum wheel"雅号下早已闻名，但作为通讯员并无值得一提之处。 　　J. Holton Bush：伦敦 *Daily Mail* 通讯员，人品颇高，然而稍欠机敏，毋宁说是亲日的。 　　Dr. J. Brandt：当地中东铁路学校的教授，也负责向俄国首都电报通讯社提供通讯，人品颇高，但是甚缺机敏。 **在北京的日本新闻通讯员如下：** 　　《大阪每日新闻》《东京日日新闻》　丰岛捨松 　　《时事新报》　鹫泽与四二 　　《东京朝日新闻》《大阪朝日新闻》　神田正雄 　　《报知新闻》　内藤顺太郎 　　东京电报通讯社（特聘人员）　金田一良三</td>
<td colspan="5" align="center">天　津</td>
直隶公报①（中文）	直隶都督府机关报	直隶公报局督办　吴佩伯②	吴竹林	由1903年发行的《北洋官报》③改名而来，内容以命令、公文、告示、章程等为主。发行量超过三千五百份，读者以官吏居多
天津日日新闻④（中文）	标榜进步主义，谋求开发风气	方若	方若	因言论稳健，官吏以及中流社会以上各方爱读。一直与日本有联系，总是主张亲日主义。革命后曾宣扬君主立宪说。与党派无关联，但目前与张都督接近。已发行四千多号，发行量约五千份

---

① 应为《直隶官报》。
② 即吴慈培。
③ 《北洋官报》的创办时间是1902年12月25日。
④ 又名《日日新闻》。

(续表)

报纸名称	主　义	持有人	主　笔	备　考
大公报(中文)	主张社会改良和教育普及	股份制 代表 英敛之	英敛之	1902年创刊,发行量约四千份。由于言论公平而受到上流社会的欢迎。股东以天主教徒居多,主笔为满人,一直鼓吹君主立宪。因此革命后读者数量减少。近年来对日示好,与党派无关联
中外实报(中文)	被视为德国人的机关报	德国人德璀琳、汉纳根	杨树勋、王士濮	1904年创刊,发行量约八百份。主笔为天主教徒,内容不过是各报摘录。读者多为与外国人接近的商人
时闻报(中文)	无特定主义	名义持有人 佐藤铁次郎	李大义	报道不外乎市井杂事,读者中流以下阶层居多。与党派无关联。发行量约七八百份
民兴报(中文)	舆论代表	股份制 代表 刘孟扬	刘孟扬	言论往往有失公平,读者多属中流社会。主笔为捐务局官吏,有御用报纸的倾向,隶属于统一党。发行量约两千份
天津白话报(中文白话)	同上	同上	同上	读者多为中流以下阶层,小报,没有影响力。发行量约一千五百份
白话晚报(中文白话)	无特定主义	股份制 代表 刘铁庵	刘铁庵	《民兴报》的分支,最近创刊,为每日傍晚发行的杂报。发行量约三千五百份
经纬报(中文)	共和主义	股份制 代表 张保山	顾越	张保山为候补道,曾是杨总督①的幕僚,与天津议事会有关联,为统一党派。在实业家和青年中拥有很多读者,发行量约一千份
天津商报(中文)	发展商业	名义人 李向辰	王嘉善、刘仲护	天津商务总会机关报,有时接受官方的补助。读者以天津本地商人居多。近来有亲日趋势。发行量约一千二百份
北方日报(中文)	急进主义	股份制 代表 贺培桐	贺培桐、冯子香	贺培桐毕业于早稻田大学,属于激进派民党。读者多为在天津的湖南、湖北青年,近来接受巡警道方面的补助。发行量约五百份
醒报(中文)	革命主义	马秋甫	马秋甫、王尽臣	鼓吹革命和社会主义的小报,隶属于自由党。读者以青年居多,发行量约两百份②
中国报(中文)	无特定主义	叶怙孙	赵权、徐秋帆、王壮南	读者多为在天津的安徽、福建人,官僚派的机关报。发行量约一千二百份
大国日报(中文)	极端社会主义	郭究竟	郭究竟	读者多为河南省主张急进革命主义的青年,隶属于社会党。发行量约五百份
天津国风日报(中文)	革命主义	名义持有人 吴友石	吕复	隶属于同盟会急进派,是北京《国风日报》的分支。社员多为革命事变③中的爆烈弹队员,吴友石也曾被捕过。发行量约一千份
民意报(中文)	渐进革命主义	名义持有人 汪兆铭	赵铁桥	主张温和的革命主义,隶属于同盟会。革命事变时作为北军革命总团的机关报发行,由汪兆铭、张继等人主持。发行量约一千份④

---

① 即杨士骧。
② 1911年7月创刊。
③ 指辛亥革命。下同。
④ 1911年12月20日创刊。

(续表)

报纸名称	主　义	持有人	主　笔	备　考
中华民报(中文)	伸张民权	名义持有人邢雅林	石小川	1912年2月创刊。邢一向在《北洋日报》上鼓吹共和，主张革命，此次发行本报。发行量约八百份
天津日报(日文)	当地我国侨民的机关报	合作组织	足立传一郎、西村博	由《北清时报》《北支那每日新闻》合并改名而来。1910年1月创刊，发行量五百份，内容贫乏
The China Times[中国时报](英文)	一向有亲日倾向，近来建立特别密切的关系	股份有限公司经理 T. G. Fisher	R. Bate	发行量四五百份，资本金六万，但亏损大，维持困难，内容贫乏
The Peking and Tientsin Times[京津泰晤士报](英文)	普通报纸的格式，无特色，评论多为投稿	Tientsin Press Ltd. 经理 D. Frasher	G. Woodhead	英国人的机关报，发行量八九百份，资本金九万七千两。是天津出色的英文报纸，近来逐渐对日表现出好感
The China Critic[中国评论](英文)	主要努力登载有关商业、工业的报道与广告	股份制 North China Printing & Publishing Co, Ltd.	C. L. Norrio Newman	晚报，因以往缘由，对日无好意。发行量不明，资本金三万两
The Tientsin Sunday Journal(英文)	无特定主义	原先与 China Times 有关系的意大利人 F. H. Borionis	F. H. Borionis	周刊，发行量为两三百份。对日本无好意，时常以讽刺的笔锋论及东北问题
L'Echo de Tientsin[天津回声报](法文)	天津法国租界当局的机关报	法国商人合资组织	Marcel Sanlais（法国人）	对日示好，资金约两万法郎，发行量二三百份以内
Tageblatt für Nord-China(德文)	在津德国人的机关报，以伸张德国人的利益为目的	股份制 经理 H. Frickhöffer	K. T. Dresster	发行量极少
The China Tribune(英文)		松本君平	松村利男	周刊，发行量五百份
哈　尔　滨				
Харбинский вестник[哈尔滨日报]①(俄文)	拥护中东铁路的政策，关注俄国在东北地区的商业、工业发展，登载有益于通商的材料	隶属中东铁路民政部长	主编 季先科②	中东铁路机关报，日报，创刊以来已有八年③
Новая жизнь[新生活](俄文)	社会革命主义	哈尔滨俄国革命党员合资（新生活社）	克里奥林、温奇格雷鲁、医生切亚耶夫斯基④三名（民主党党员）	日报，至今为止屡次被禁止发行，屡次改名，目前正值创刊后的第四年⑤。每周发行关于时事的讽刺画报

① 亦译《哈尔滨新闻》或《哈尔滨公报》。
② 亦译季申科。
③ 1903年6月创刊，创刊时间应有九年。
④ 亦译克列奥林、列文齐格列尔、切尔尼亚夫斯基。
⑤ 1907年11月创刊，应是创办第五年。

(续表)

报纸名称	主　义	持有人	主　笔	备　考
Маньчжурская газета[满洲新闻]①(俄文)	以发展俄国在东北地区工商业为目的	市会干部杜伊诺夫斯基	杜伊诺夫斯基	1911年9月创刊,日报,分为远东部、工商业部、俄国部、地方部等,各部都有著名的专门记者
远东报(中文)	以密切俄中关系为目的,总是持有排日倾向	中东铁路厅	金岭	日报,创刊已有五年②,中东铁路的机关报,近来排日情绪稍有缓和的倾向
白话醒民报(中文)	期望开发民智、发展商务	姚秀云(浙江人)	王润滋(山东人)	1911年10月20日创刊,日报,资本两百卢布,发行量七十份上下,似乎有试图扶植革命党势力的态度
北满洲(日文)	介绍中国东北北部、东俄的情况,致力于密切我国与此地的通商关系	布施胜治(东京外国语学校毕业)	布施胜治	1908年10月5日创刊,周报,1910年6月以来每月由外务省补助一百圆
Восток[东方报](俄文)	促进日俄友好,增进两国民间经济关系	布施胜治	布施胜治	1912年3月29日创刊,日报。由于其主义稳健切实,受到俄国人欢迎
齐齐哈尔				
黑龙江时报(中文)	促进共和,指导国民	省议会重要议员及官吏合资	玉润(蒙古旗人),明治大学出身	1912年4月创刊,日报,发起人为原咨议局议长,副议长,募集股金四万元,都督理应也有出资
长　春				
长春日报(日文)	主要报道时事,谋求实业发展	箱田琢磨	箱田琢磨(福冈县人)	发行量约八百份,其中两百份用于赠阅
春城画报(中文)	维持风化,发展商业	阎寰清另有数同志	阎寰清	1912年3月24日创刊,日报,购阅者来自下层社会,发行量一百八十份
吉　林				
吉林公报(中文)		吉林公署公报局		今年3月1日起,原本发行的《吉林官报》改名为《吉林公报》,隔日发行,登载命令、法令、公文、告示和电报,发行量六百五十份上下
吉林日报(中文)	统一党吉林支部机关报		顾次英(号冰一)	原本为政府机关报,估计今后将成为统一党吉林支部的机关报
新吉林报(中文)	统一共和党吉林支部机关报		马良翰	今年1月作为吉林各团体联合会的机关报发行,同月末停刊,5月22日起作为统一共和党(松毓一派)的机关报再刊
吉林时报(日文)		儿玉多一	儿玉多一	周报,发行量一百余份
铁　岭				
铁岭时报(日文)	目的在于报道政治、经济、实业,以及其他一般事项	社长 西尾信	菊田良卓	1911年8月创刊,日报,为登载日本领事馆、居留民会及南满铁道会社经营管理人员公告的报纸,发行量三百五十份

---

① 亦译作《满洲报》。
② 1906年3月创刊,创办已有六年。

(续表)

报纸名称	主 义	持有人	主 笔	备 考
奉 天				
盛京时报(中文)		中岛真雄	中西正树	1906年12月创刊①,资本金一万圆②,至今每年由外务省补助三千六百圆,1911年5月起每年增加至六千圆,发行量约六千份
奉天醒时白话报(中文)	排外主义	合资组织 主持人 张兆麟	同前	1909年2月创刊,日报,发行量约五百份
东三省公报(中文)		经理 曾子微	王正兴	本报为《东三省日报》的变体,都督府、省议会、商务会、劝业所等共同出资的合资组织,1912年2月18日发刊,资本三万元,日报,发行量约三千一百份
内外通信(日文)		合田愿	合田愿	1907年7月创刊,晚报③,主要为登载广告用报纸,发行量约一千份
南满日报(日文)		吹野勘	友成达洽	1908年12月创刊,奉天我帝国总领事馆从1908年12月起每月补助公告费三十圆
亚洲日报(中文)		合资组织 经理 蒋萍生	蒋萍生	1907年5月创刊,资本一万元,其中一半由巡防队统领张作霖出资,另一半应该是由文武官员募集,主笔为原《大中公报》记者
国民报(中文)		股份制 经理 李建勋	广输(奉天五族联合会首领)	本报曾停刊一段时间,1912年5月再刊,日报,资本未定,中国警察方面的机关报
安 东				
安东新报(日文)		小滨为五郎	南部重远	与民团方面等有联系,1906年创刊,发行量约一千九百份
每夕新闻(日文)④	下层社会的娱乐			1908年11月创刊,发行量约八百份
辽 阳				
辽阳新报(日文)⑤		渡边德重(山梨县人)	渡边德重	隔日发行,发行量为六百份以上
牛 庄				
营商日报(中文)	商业的发达	商务总会	黎少浦(广东人)	商务总会的机关报,该会会员的股份制组织,发行量为七百份
华商报(中文)	以促进日中交流与贸易往来为目的	武内忠次郎	曲子万(广东省人)	1911年11月3日创刊,资本银三万元,除了大连小岗子公议会长杜某以外,另有二十多名中国人出资,将报纸经营全权交给日本人负责,发行量约一千份

---

① 与前几年说10月3日创办不合,应为1906年9月1日创办。
② 1909年调查记载资本为九千圆。
③ 之前调查记录为"日报"。
④ 亦译《安东每夕新闻》。
⑤ 亦译《辽阳每日新闻》。

(续表)

报纸名称	主　义	持有人	主　笔	备　考
满洲新报(中文)	不偏不倚	社长 冈部次郎	小川义和	1908年2月创刊,1911年12月以来,营口官有财产管理委员会每月补助银一百五十圆。日刊,发行量约两千份
营口民舌报(中文)	自由民权思想的普及	营口自由党代表陈兰乃	胡廷骧	自由党的机关报,据说由总部出资五万元,1912年6月创刊
芝　罘					
芝罘日报(中文)	所论公平	桑名贞治郎	桑名贞治郎	1907年创刊,日刊,发行量约一千份。近期改良了外观,主要出资人为中国人李循芳
东亚日报(中文)	军政府机关报	詹大悲	蒋洗凡	1911年7月创刊,日刊,从各报广泛转载各地的新政情况
Chefoo Morning Post(英文)	无主义	J. Silverthorne	J. Silverthorne	以各报的摘录为内容,尽管影响力微弱,但为山东唯一的英文报纸,发行量为一百份上下
济　南				
简报(中文)	无固定主义	沈景臣	王某	主要抄录各报,股份制
官话日报(中文白话)	同上	秦介如	王某	主要报道北京发生的事情,股份制
济南日报①(中文)	同上	汪筹濉	周炳如	抄录公文,与日本有通讯联系,影响最大,官商合办
济南新日报(中文)	同上	同上	同上	由济南日报馆发行
齐鲁民报(中文)	共和主义	王讷		山东独立之际,以《齐鲁公报》为名发行,鼓吹革命,在山东取消独立的同时停刊。4月1日起以该名称发刊,日刊
青　岛				
胶州报(中文)	亲德主义	杨中	陈乃昌	德国政厅提供补助,每周发行三次
青岛商报(中文)	同上	同上	同上	同上
Kiautshow Post(德文)	同上	股份制主持人 Walther	停职陆军中尉 Kropff	主笔库劳普夫为停职陆军中尉,对日本无好感,德国政厅每月提供百弗的补助,德商馆各出资两千弗
Tsingtauer Neueste Nachrichten(德文)	德国政厅机关报	同上	同上	同上
上　海				
时报(中文)	立宪共和主义,不属于官民任何一方,持中立态度	名义上是我国人宗方小太郎,实为狄楚青持有	陈景韩	日刊,发行量约一万七千份,对同盟会无好感
民立报(中文)	共和主义,作为同盟会的机关报,为新政府的官僚派	于右任(前南京政府交通部次长)	张伯寅	日刊,发行量约一万八千份,革命事变之后报道准确

---

① 原名《新济南报》。

(续表)

报纸名称	主　义	持有人	主　笔	备　考
神州日报(中文)	共和主义,对黎元洪一派组织的政党民社抱有好感	汪寿臣、张虎臣	钟朴岑	日刊,发行量为一万多份
新闻报(中文)	营商主义	汪汉溪	张铁民	日刊,发行量约一万份
申报(中文)	并没有固定的主义,总是拥护袁世凯一派	席子佩	孙绮园	日刊,发行量约一万份
时事新报(中文)	共和主义	童㻞臣	汪颂谷	日刊,发行量约六千份。该报与商务印书馆有着密切的关系①
天铎报(中文)	自由社会主义,是社会党的机关报,目前持有反对袁世凯一派的态度	左静山	李怀霜	日刊,发行量五千份
大共和日报(中文)	标榜共和统一主义,是章太炎一派成立的统一党的机关报	王伯群	黄美涵	为革命事变后发行,日刊,发行量约五千份。该报对黄兴倾向于无好感②
民声日报(中文)	共和主义,作为民社的机关报,总是拥护黎元洪一派	何宇尘	金尉侬	为革命事变后发行的日刊③
民报(中文)	并没有鲜明的主义,与《时报》一样持中立态度	陈景韩	杨心一	为革命事变后发行的日刊,发行量约两千份④
民权报(中文)	自由民权主义,主张监督统一政府。目前笔锋锐利,反对袁世凯一派的中央政府	周浩	戴天仇	为革命事变后创刊,日刊,发行量约两千份。周浩开始是《民立报》记者,因反对首府问题和清帝优待条件,遂离开《民立报》,经营该报纸。股东中社会党员居多,却声明并非社会党的机关报⑤
东方日报(中文)	共和主义	李柱中	句肯父	为革命事变后创刊,日刊,发行量约两千份⑥
太平洋报(中文)	共和主义,时有亲美派的倾向,反对伍廷芳一派	朱少屏		为革命事变后创刊,日刊,发行量约两千份,该报纸设有英文专栏,另外该报出资者中有很多中国青年会员,可以看出与上海陈都督亦有关系⑦
启民爱国报(中文)	以启发民众、爱国为主义	王河屏		日刊,发行量约两千份⑧

---

① 原名《时事报》,1911年5月18日改本名。
② 1912年1月4日创刊。
③ 1912年2月20日创刊。
④ 仅戈公振《中国报学史》提及,创刊日期不详。
⑤ 1912年3月28日创刊。
⑥ 未见史籍记载,创刊日期不详。
⑦ 1912年4月1日创刊。
⑧ 1911年5月6日创刊。

(续表)

报纸名称	主　义	持有人	主　笔	备　考
中国商务日报(中文)	以振兴实业为主义	俞达夫	潘兰史	日刊,发行量一千五百份,内容不值一阅
晚钟(中文)	共和主义			晚报,小报,发行量约六百份①
民强报(中文)	共和主义			该报计划于今年5月1日发刊,理应由共和建设会王博谦和共和促进会厉明度等人经营
国权报(中文)	共和主义			该报计划不日发行,声明称按英、德、法、日各国文字设置一栏,社长阎孝荃
上海日报(日文)	拥护日本人	井手三郎	岛田数雄	日刊,发行量约六七百份
North China Daily News[字林西报](英文)	保守,以增进英国的利益为目的,论调极为稳健	North China Daily News & Herald Ltd.	英国人 O. M. Green	公共租界的机关报,发行量约两千五百份,是中国英文报纸之巨擘,另外发行名为 North China Herald 的周刊,内容为 Daily News 的摘录
Shanghai Mercury[文汇报](英文)	中立主义,对日本以及德国抱有好感	The Shanghai Mercury Ltd.	苏格兰人 R. D. Neish	虽然大股东是英国人,德国人持股亦不少,发行量约两千份,晚报,另外发行名为 Celestial Empire 的周刊摘要,我国人佐原笃介是记者之一
Shanghai Times[泰晤士报](英文)	亲日。在鸦片问题上,为沙逊家族谋取利益	爱尔兰人 John O'Shea	同前	从日本及沙逊家族筹集资金,发行量约一千五百份
China Press[大陆报](英文)	进取独立,谋求美中友好	The China National Press Incorporation	美国人 Thomas F. Millard	根据美国特拉华州法设立,据说英美烟草公司和伍廷芳等为主要出资者,自1911年夏发刊。主笔作为排日论者很出名,但在本报仍未显露其笔锋,只是时而从神户 Chronicle 等转载对日本不利的内容,发行量约三千份②
L'Echo de China[中法新汇报](法文)	拥护法国的政策	The Oriental Press	法国人 S. Sabard	法国总领事馆以及耶稣会的机关报
Der. Ostasiatische Lloyd[德文新报](德文)	拥护德国远东政策	Der. Ostasiatische Lloyd	德国人 Carl Fink	周刊,作为德国在远东的机关报,影响力最大
The National Review[中国公论西报](英文)	亲美,排日,谋求拥护中国的权利	中国电报局局长、广东人唐元堪(号露园)	英国印度军退役士官 Captain Walter Kiston	发行量一千二百份,本报在上海爱读的人很少,但在欧美似乎意外受欢迎

关于上海发行的报纸的说明

　　上海向来是舆论界的中心,有十多种报纸,革命事变发生后,各种政党或团体组织起来,创办了很多报纸,作为其机关报。目前各报纸中居重要地位为《民立报》《时报》《神州日报》《大共和日报》等,各报社多采取股份制,从相关官员或政党团体或个人处获取补助金,但仍有维持困难者,因此早晚势必会有数种报纸停刊。

　　各报的论调普遍赞成共和主义,认为五族团结和整顿军事、财政为当务之急。除了《天铎报》和《民立报》反对袁世凯外,其他报纸均讴歌以袁世凯为中心的新政府。有关对外问题,各报无论是对哪个国家都言辞强硬,特别是对与日、俄两国有关的事情,无论是否属实都有夸大其词评论的倾向,以《民立报》《天铎报》《神州日报》《民声日报》《大共和日报》《民权报》《太平洋报》最甚。另外,对于美国则有示好的倾向,与革命前无异。

---

① 未见史籍记载,创刊日期不详。可能为1911年10月以后专刊辛亥革命消息的小报,此类小报当时有一二十种。

② 1911年8月24日试刊,8月29日正式出版。神户 Chronicle 是1890年英国人在神户创刊的英文报纸,原名 The Kobe Chronicle,后改名为 The Japan Chronicle。

(续表)

报纸名称	主　义	持有人	主　笔	备　考
苏　州				
江苏日报(中文)		汪福元	庞树松	在苏州及常熟有读者,日刊,发行量四百份。汪福元属于自由党,庞树松属于共和党①
苏州日报(中文)②		石雨生	陶子瑜	与政党无关,日刊,发行量为四百份左右
杭　州				
浙江军政府公报(中文)	军政府公布法令的机关报	军政府		1912年1月22日创刊,军政府发行的法令、命令、指令等通过该报纸刊载后才生效
全浙公报(中文)	标榜发展民权民智	郑袋生、程光甫	程光甫	1909年5月创刊,日刊,资本六千元,信誉最高,发行量八千份
汉民日报(中文)	军政府机关报	军政府	杭辛斋	1911年11月创刊③,资本四千元,有信誉,发行量四百份
新浙江潮(中文)	革命主义	费有容	费有容	1912年1月15日创刊,资本两千元,信誉低,发行量七百份
南　京				
中华民报(中文)	新政府部内同盟会的机关报	股份制	邓家彦	1912年3月创刊,日刊,发行量两千余份。孙逸仙出资三千元,黄兴出资五百元(总社有向上海转移的计划)④
中华报(中文)	启发民智	何仲纯	罗厚甫	1912年1月创刊,日刊,发行量一千五百余份,资本金一千余元
民生报(中文)	共和主义	同盟会南京支部(代表支部长方潜)	倪纬汉	同盟会机关报,以践行该会的主义为目标,1912年7月创刊,日刊,发行量约两千份
芜　湖				
皖江日报(中文)	启发民智	谭秉鉴	张九皋	日刊,发行量不足一千份,小报纸,影响弱
镇　江				
兴汉日报(中文)	自由党的机关报	吴云卿	吴云卿	镇江革命军政府的机关报,每月由民政长及津浦铁路南段局长各补助两百元,日刊,发行量五百余份
汉　口				
震旦民报(中文)	促进共和,温和派	张花田	刘复、聂守经	1912年5月创刊⑤,十二页,发行量约五百份,由张等人合资,根基并不牢固
国民新报(中文)	温和统一主义	李华堂	李华堂、许子敬	1912年4月创刊⑥,八页,发行量三百份,系李等人合资,根基并不牢固

---

① 1911年4月21日创刊,一说是9月创刊。
② 1912年创刊。
③ 1911年11月18日创刊。
④ 疑为1912年7月20日在上海创刊的《中华民报》前身,办报人同为邓家彦,待考。
⑤ 应为创刊于4月15日。
⑥ 4月20日创刊。

(续表)

报纸名称	主 义	持有人	主 笔	备 考
共和民报(中文)	振兴工商业	经营者 张海若	彭希民、张海若	1912年4月创刊①,八页,发行量六百份,系张等人合资,得到实业家的补助,因而根基尚可
强国公报(中文)	军国主义、急进派	谢宇僧	凤竹荪、何舜咨	1912年3月创刊②,八页,发行量约七百份,由谢出资,得到军人组织的补助,根基并不牢固
繁华报(中文)	振兴工商业	经营者 张云渊	谢德臣	1912年5月创刊,十二页,发行量约七百份,系张等人合资,根基并不牢固③
大江报(中文)	社会主义	何海鸣	何海鸣	1912年7月创刊④,同盟会的机关报,发行量约五百份
民国日报(中文)⑤	共和主义	张声涣	张声涣	1912年7月创刊,同盟会的机关报,发行量约五百份,报社位于租界
汉口日报(日文)		日本人合资	冈幸七郎	1907年8月创刊,发行量五百份,资本一千五百元
Hankow Daily News[汉口每日新闻](英文)	稳健		E. B. Helme	1906年创刊⑥
Central China Post(英文)	对共和主义抱有同情心		Archibald	1910年2月创刊
武 昌				
中国民国公报(中文)⑦	促进共和,统一国家	都督府	牟鸿勋	1911年10月创刊,十二页,发行量约一千五百份,都督府的半官报,有排日倾向
大汉报(中文)	宣扬共和	胡石庵	胡石庵、颜勒堂	1911年10月创刊⑧,十页,发行量约三千份,半官半民的经营方式,在武汉的报纸中最有影响力
民心报(中文)	共和急进主义	蒋翊武	毕斗山	1912年1月创刊⑨,十页,发行量约四百份,蒋翊武的机关报,接受共和促进会的补助
群报(中文)	促进共和	谢少琴	汪春城	1912年1月创刊⑩,八页,发行量约四百份,共和促进会的机关报,评论往往带有排日倾向

① 4月1日创刊。
② 3月10日创刊。
③ 《中国近代报刊名录》载,武昌亦有《繁华报》,1911年8月创刊,经营者、主笔都不同,似与此《繁华报》不是一家。
④ 《大江报》于1912年6月10日复刊。本报告形成于6月,却写7月创刊,似起草者未见复刊后报纸,但知将复刊的消息。
⑤ 全名应为《汉口民国日报》,1912年7月1日创刊。
⑥ 前身为1905年5月创办的《汉皋日日新闻》,1907年8月1日改组为本报。
⑦ 应为《中华民国公报》,1911年10月16日发刊。
⑧ 10月15日创刊。
⑨ 应创刊于2月15日。
⑩ 应于2月18日创刊。

(续表)

报纸名称	主 义	持有人	主 笔	备 考
长 沙					
长沙日报(中文)	都督府的机关报	文斐	傅熊湘	日刊,发行量四千七百份,最有影响力
湖南公报(中文)	同盟会的机关报	刘自民	黎少西	日刊,发行量一千六百份,有影响力①
湘汉新闻(中文)	民党的机关报,标榜社会主义	汤炎堂	黄小亚	日刊,发行量八百份②
黄汉湘报(中文)	虽为中立,然持有人隶属统一党,因而多少带有其色彩	陆孟慈	彭铁争	日刊,发行量五百份③
湖南演说报(中文)	以启发中下层社会为主义	何兴龙	盛少五	日刊,发行量两千份④
军事报(中文)	军人社会机关报	危道峰	唐蟒	周刊,发行量一千八百份,有影响力
群报摘要(中文)	启发民智	蒋幼怀	蒋翟生	每五天发行一次,发行量七百份
沙 市					
荆江日报(中文)	共和主义	股份制 主持人 胡石庵	胡石庵	1912年5月创刊,日刊,资本银■■元⑤,股份制,由官方出资七成、民方出资三成合办
重 庆					
国民新报(中文)	促进共和,提倡文化	镇抚府	燕翼、周家桢	1911年11月创刊,日刊,四页,发行量一千余份。镇抚府的机关报,具有影响力
光复报(中文)	鼓吹共和,振奋民心	股份制	郭又生	1911年10月创刊⑥,日刊,四页,发行量一千份
新中华(中文)	指导舆论,改良社会	中国同盟会重庆支部	郭景卢、宋文伯、曾锡三	1912年1月创刊,日刊,四页,发行量约一千二百份。同盟会机关报
民国新报(中文)	促进共和,引导国民	合资组织	曾然	1912年2月创刊,日刊,四页,发行量约一千份
国是报(中文)	改良社会,开化思想	中国社会党重庆支部	李存基	1912年3月创刊⑦,日刊,发行量约一千份。作为原哥老会的变体社会党的机关报,具有影响力
天民报(中文)	开发民智,提倡文明	国民共济会	郭又生	1912年3月创刊,周刊,八页,发行量八百份
崇实报(中文)	以布教为目的	圣经会	曾子阳	8年前创刊,周刊,四页,发行量五百份。由天主堂发刊,除了布道外,还登载时事政论

---

① 1912年4月创刊。
② 1912年1月创刊。
③ 1911年创刊。
④ 1912年2月创刊。
⑤ 原文模糊,疑似"一万元"。
⑥ 应为1911年11月创刊。
⑦ 一说3月6日创刊,一说3月22日创刊。

(续表)

报纸名称	主 义	持有人	主 笔	备 考
成 都					
共和报(中文)	开明社会主义	同盟会 四川支部	邓洁	1912年2月创刊,发行量约一千份,似乎是现军政府的机关报
天民报(中文)	社会主义	沈幼丹	余瀁	1912年4月创刊,发行量约七百份
国民公报(中文)	折中	廖治	廖治	1912年4月创刊①,发行量一千四百份,在成都报纸中,与《共和报》同样具有影响力
演进报(中文)	开明社会主义	演进党	印焕门	1912年4月②创刊,发行量约四百份
社会新闻(中文)	社会主义	社会党	高熊公	1912年4月创刊③,发行量约四百份,主张极端的社会主义
公论日报(中文)	社会主义	统一党	饶炎	发行量约一千份④
白话报(中文)⑤	教育普及	社会教育公社	邓孝可	1912年4月创刊,发行量约一千一百份
西方报(中文)	鼓励殖民	筹边处	宋育仁	1912年5月创刊⑥,发行量约四百份
福 州					
闽报(中文)	公平无私,拥护我方对福建政策	前岛真(熊本县人)	前岛真	每年接受台湾总督府两千四百圆补助,发行量约一千份,一周发行三次
福建新闻(中文)	标榜开风气以资社会公益	施景琛	何琇先	1907年创刊⑦,原为强势的官僚派报纸,事变之后一时受挫,然影响力逐渐恢复,发行量约八百份,日报
福建公报(中文)	刊登军政府之法律、命令、官厅事项,类似于日本官报	闽都督府政务院印铸局(发行所)		1912年1月10日创刊,日刊官报,以每月五十仙之定价向一般公众发售
共和报(中文)	标榜鼓吹共和思想	股份制 社长 王庆澜	张海珊	1911年1月10日创刊,原名《建言报》,事变之后改名⑧,成为闽都督府与桥南公益社之机关报,每月获得二百元补助,发行量约一千五百份,日报
民心日报(中文)	标榜奖励实业、扩张民权	股份制 社长 庄桓	祁暄	1911年12月9日创刊,当地国民协会福建支会之机关报,发行量约一千份,日报
民听日报(中文)	标榜以公平直言扩张民权,促进共和政治	股份制 社长 蒋开藩	钟涵	1912年4月1日创刊,资本金三千元,当地共和剔弊会员创办,与《民心日报》协作,是国民协会福建支会的机关报,发行量数百份,日报

---

① 1912年4月22日创刊。
② 1912年3月31日创刊。
③ 应为1912年3月4日前创刊。
④ 1912年2月25日创刊。
⑤ 全名《进化白话报》,1912年3月创刊。
⑥ 一说6月创刊。
⑦ 应为1906年9月创刊。
⑧ 1911年1月10日是《建言报》创刊日,1912年改本名。

(续表)

报纸名称	主 义	持有人	主 笔	备 考
帝国民报(中文)	提倡均产主义,标榜扩张民权,矫正共和制之弊害	股份制 社长 阮心澄	余沅芳	1912年4月10日创刊,资本金四千元,由主笔余沅芳等人发起,当地民党的机关报,发行量数百份,日报
群报(中文)	扶植舆论,开发民智,鼓吹发挥共和精神	股份制 社长 苏某(号鉴亭)	林翰	1912年4月21日创刊,资本金七千五百元,共和实进会员创办,该会之机关报,发行量约一千份,日报
左海公道报(中文)	以救济世道衰微、人心堕落为目的	福州闽北圣书公会	陈振根	1911年3月30日创刊,是一种宗教杂志,以美国传教士为后援,发行量数百份,每月发行两次
The Foochow Daily Echo[福州每日回声报](英文)	以转载上海报纸、登载广告为主	葡萄牙人米塞斯·罗萨里奥(福州印刷公司之持有人)		发行量二三百份,日报,区区广告性报纸,在政治上无影响力
厦 门				
全闽新日报(中文)	旨在鼓吹日本文明,同时为台湾人谋取方便	合资组织 代表 台湾人江保生	江保生	1907年8月创刊,日报,发行量一千余份
南声日报(中文)	以鼓吹民权、促进共和为主,对日本无好意	合资组织 代表 苏大山	黄鸿翔	1911年11月创刊①,日报,资金一万五千元,发行量约一千四百份,军政府之机关报
汕 头				
新中华新报(中文)	民主主义	股份制 代表 陈涤予	林百举	《中华新报》之后继者,1911年7月创刊,资本银一万元,股份制
广 东				
羊城报(中文)	旧派	莫天一、李汉生	甘六持、许肇伯	1901年1月创刊②,日报,在实业界有信用,发行量一千五百份
广东日日新闻(中文)	旧派	何剑士	陈新吾、何蕙农	1891年正月创刊,日报,政论时常值得一阅,发行量一千份,当地民主政党之机关报
七十二行商报(中文)	振兴实业	罗少翱	陈罗生③、陈宝尊、冯智慧、陈德如	日报,言论稳健,在商业界最有信誉,稍有迎合现广东政府的倾向
安雅报(中文)	不偏不党	朱民表、梁君武	黎佩诗	1900年9月创刊④,日报,带有文学色彩,在省城以外的地方上广受欢迎,发行量三千五百份
国民报(中文)	同盟会派	李筱庭	邓子鹏、冯伯砺	1906年9月创刊,日报,在各地有众多读者,发行量四千份

---

① 一说10月创刊,前身为《福建日日报》。
② 报名为《羊城日报》,1903年2月12日创刊。
③ 一作"陈萝生"。
④ 一说1900年冬创刊。

(续表)

报纸名称	主　义	持有人	主　笔	备　考
南越报(中文)	革命派	李汇泉	苏稜讽①	1909年5月创刊,日报,讴歌革命,发行量二千三百份
粤东公报(中文)	无固定主义	李大醒	陆伯海	1909年6月创刊,日报"大醒之评论",有特色,兼营印刷业,发行量三千份
商权报(中文)	振兴商业	刘仲平、何强	叶名荪、刘汉雄	日报,商团之机关报,发行量一千五百份②
震旦日报(中文)	革命派	康仲莘	陈援庵	日报,据说当地法国天主教会持有本社股份若干,发行量一千四百份③
人权报(中文)	同盟会派	陈藻卿、李竹多	黄健之	日报,读者中一半在省城以外的地方,发行量三千五百份④
中国日报(中文)	同盟会派	胡北恒	李民胆	日报,现政府之机关报,与香港的《中国日报》为同一报社,特电多,在报界最具影响力。据传与美国有某些关联,但具体情况不明。发行量一万一千份
广南日报(中文)	无固定主义	杨健生	梁信之	日报,有时表现出反对同盟会的态度,发行量一千份⑤
平民报(中文)	同盟会派	叶竞生、邓警亚	王军演	日报,鼓吹、讴歌共和政治,据传与美国人有关联,发行量三千五百份⑥
公民日报(中文)	无固定主义	余心源	徐俊甫	日报,发行量一千份
广东公论报(中文)	旧派,反对同盟会	梁宪臣	冯冕臣	日报,反对现政府,受到旧派与商界的欢迎,发行量三千份
中原报(中文)	同盟会派	郭唯灭	杨计伯	日报,发行量三千份⑦
大汉报(中文)	旧派	欧公侠、吴荫民	播⑧援庵、谢伟卿	日报,为顺德及新宁商民合办,发行量一千份
民治日报(中文)	新派,迎合新政府	杨达廉	右君敬	日报,为惠州人创办,发行量七百份⑨
民生日报(中文)	同上	陈德芸	陈仲伟	日报,为新会人创办,发行量六百份⑩
民国报(中文)	同上	李雄	胡靖、舒业三	日报,为南顺人创办,发行量六百份
农工商劝业报(中文)	实业	郭作舟	张镜黎、梁栋	日报,广东农工商劝业公司之机关报,受商界欢迎,发行量二千份
附录　香港				
共和报(中文)	原为保皇主义,现为保国主义	康有为、冯紫珊	伍宪子、陈文谷	创办后第七年,1910年因德国传教士名誉损害赔偿诉讼案,一时破产,盘给现在的持有人,但内部经营与以前无异。在发表排日论调上仅次于《中国日报》。发行量约一千两百份。革命后改名,并且以保国为主义

① 1910年、1911年报告为"苏凌凤"。
② 创刊于1912年。
③ 1911年2月创刊。
④ 1911年3月1日创刊,一说3月29日创刊。
⑤⑩　1912年创刊。
⑥ 1910年10月31日创刊。
⑦ 1911年9月创刊。
⑧ 似应为"潘"。
⑨ 至迟1912年6月前(本报告付印前)创刊,广东其他史志记录1913年创刊,显然有误。

(续表)

报纸名称	主 义	持有人	主 笔	备 考
寔报(中文)	革命主义	吕缉三	招安甫、陈志觉	创办后第四年,前任主笔任职期间是我方指定的报纸,该主笔辞职后态度大变。现今完全被出资人控制,因商业上的关系往往带有排日论调。发行量减少,仅为四百份左右
世界公益报(中文)	革命主义	股份制	黄伯耀、林伯谅	创办后第八年,其主义、外观与《中国日报》大同小异,但其登载的排日文章不如《中国日报》之甚。发行量约一千七百份
循环日报(中文)	无固定主义	股份制	温俊臣	创办后第二年①,抵制日货浪潮过后不久即表现出亲日倾向,因此受到部分人的批评。尔后采取极为超然主义的态度。发行量约二千五百份
华字日报(中文)	中立	社长 陆善祥	颜杏甫	创办已有三十余年,是最具影响力的中文报纸。在辰丸事件中曾极力反对日本,但近年来因财政问题,态度一变,开始对日本表示同情。发行量为三千七百余份。从今年2月开始,由我方为其提供一半的合办资金
中外新报(中文)	中立	冯成焰	洪孝聪	创办后第四十三年,是香港最早的报纸。发行量虽仅有七百份左右,但因经营方式较为经济,据说仍有一些盈利
民国报(中文)	中立	张晋铭	潘惠畴	创办后第三十三年,发行量五百份左右,影响不大。自今年3月起,报纸持有人变更,改称《民国报》(原名《维新报》)。与我方有特殊关系
香港日报(日文)	无固定主义	社长 松岛宗卫	松岛宗卫	于1909年9月1日开始发行,发行量约三百份
Hongkong Daily Press(英文)	中立	已故 Y. J. Murrow 承借人 D. W. Smith	主笔兼经理 B. A. Hale	1877年创刊,是发布政厅令及公布其他公告的机关,每年接受政厅三百弗补助,发行量在九百至一千份左右。报道稳健,足以信任。另发行名为 *The Hongkong Weekly Press and China Overland* 的周刊
South China Morning Post[南华早报](英文)	无固定主义	股份制	T. Petrie	1906年创刊②。创刊后事业低迷,亏损不断,近年有恢复兆头。因报社董事、大股东 Dr. Noble 为美国人,报纸常发表不利于日本的报道。发行量为一千份左右。另发行名为 *The South China Weekly Post* 的周刊
China Mail(英文)	中立,比其他报纸有宗教趣味	合资组织	N. A. Donaldson	1845年创刊,每日傍晚发行,发行量在八百至九百份,影响力仅次于 *Daily Press*。另发行名为 *The Overland China Mail* 的周刊

---

① 明显有误。《循环日报》创刊于1874年1月5日。
② 应为1903年11月7日创刊。

(续表)

报纸名称	主　义	持有人	主　笔	备　考
Hongkong Telegraph[香港电讯报](英文)	中立	D. J. W. Noble	F. Lionel Pratt	1881年创刊,发行量约五六百份,曾经是中国人的合资组织,1903年末,美国牙医诺贝尔以一万弗购得所有权后,进行大幅改革,读者渐渐增加。另发行名为 Hongkong Telegraph Weekly 的周刊
Hongkong Government Gazette(英文)	香港政厅官报			周刊,有中、英文双语,发行量在四百份左右
Yellow Dragon(英文)				在皇仁书院的学生间发行
China Out-look(英文)	革命	有广东政府的保护费	李才	革命后发刊,由中国人经营的唯一日刊英文报纸,发行量三百份。据说一美国人一直暗中提供帮助

中国报纸统计表

地　名	中文	日文	英文	法文	德文	俄文	合计
北　京	19	1	1	1	—	—	22
天　津	17	1	5	1	1	—	25
齐齐哈尔	1	—	—	—	—	—	1
哈尔滨	2	1	—	—	—	3	6
长　春	1	1	—	—	—	—	2
吉　林	3	1	—	—	—	—	4
铁　岭	—	1	—	—	—	—	1
奉　天	5	2	—	—	—	—	7
安　东	—	1	—	—	—	—	1
辽　阳	—	1	—	—	—	—	1
牛　庄	3	1	—	—	—	—	4
芝　罘	2	—	1	—	—	—	3
济　南	5	—	—	—	—	—	5
青　岛	2	—	—	—	2	—	4
上　海	18	1	5	1	1	—	26
苏　州	2	—	—	—	—	—	2
杭　州	4	—	—	—	—	—	4
南　京	2	—	—	—	—	—	2
芜　湖	1	—	—	—	—	—	1
镇　江	1	—	—	—	—	—	1

(续表)

地 名	中文	日文	英文	法文	德文	俄文	合计
汉 口	7	1	2	—	—	—	10
武 昌	4	—	—	—	—	—	4
长 沙	7	—	—	—	—	—	7
沙 市	1	—	—	—	—	—	1
重 庆	7	—	—	—	—	—	7
成 都	8	—	—	—	—	—	8
福 州	9	—	1	—	—	—	10
厦 门	2	—	—	—	—	—	2
汕 头	1	—	—	—	—	—	1
广 东	21	—	—	—	—	—	21
合 计	155	13	15	3	4	3	193
香 港	7	1	6	—	—	—	14

(秘)1913年6月印刷

关于中国报纸的调查

外务省政务局

关于中国报纸的调查
目　录

北京 …………………………… 80	芜湖 …………………………… 95
天津 …………………………… 85	安庆 …………………………… 95
保定 …………………………… 88	南昌 …………………………… 96
太原 …………………………… 88	汉口 …………………………… 96
哈尔滨 ………………………… 88	武昌 …………………………… 97
齐齐哈尔 ……………………… 89	长沙 …………………………… 97
长春 …………………………… 89	重庆 …………………………… 97
吉林 …………………………… 90	成都 …………………………… 98
铁岭 …………………………… 90	贵阳 …………………………… 98
奉天 …………………………… 90	云南 …………………………… 98
安东 …………………………… 91	福州 …………………………… 98
辽阳 …………………………… 91	厦门 …………………………… 99
牛庄 …………………………… 91	汕头 …………………………… 99
芝罘 …………………………… 91	广东 …………………………… 100
济南 …………………………… 91	梧州 …………………………… 101
青岛 …………………………… 92	桂林 …………………………… 101
上海 …………………………… 92	南宁 …………………………… 101
苏州 …………………………… 94	附录　香港 …………………… 102
杭州 …………………………… 94	中国报纸统计表 ……………… 103
南京 …………………………… 95	

报纸名称	主　　义	持有人	主　笔	备　　考
北　京				
政府公报(中文)	政府的公布机关			由旧《政治官报》改名而来，登载大总统令、各部总长令、叙任法令等，类似日本的官报，但也登载重要的电报或申请文书等，是有关政治状态不可或缺的参考资料
顺天时报(中文)	鼓吹日中友好，作为日本的机关报广为人知	龟井陆良	山田胜治	我方政府补助的机关报，作为北京最老的报纸，以言论、报道稳妥而知名，在官民间得到好评，1902年创刊①
北京日报(中文)	没有一定的主义，巧妙地迎合时势，在任何时代都显示出政府半官方报之态，尤其是被视为外交部的机关报	朱淇	杨小欧	仅次于《顺天时报》的北京最老的报纸。社长朱淇是广东人，北京报界的代表，常出入于政府方面，一般来说可靠的报道很多。与英文北京 Daily News 是姐妹报，今年盘下此报成为其持有人，1904年7月创刊②
大中华民国日报(中文)	近来为纯粹的国民党机关报，是重要的报纸之一	陆鸿逵		由《帝国日报》改名，称《中国日报》，今年又改为该报名。这是因为容易与其他报名相混而改名的，因此内容没有变化。社长之下都属于湖南派同盟会，是国民党机关报之一，与杨度、刘揆一等人的关系近来疏远。该报论调激烈，1909年5月创刊③
京津时报(中文)	属于共和党以及民主党，反对国民党，是《国民公报》的姐妹报	狄楚青	李庆芳	《上海时报》的分支，原主笔陈佐清为江苏人，留日出身，与梁启超有关联，属于保皇党，是江苏派的报纸。1910年4月创刊④
大同报(中文)	满洲人的机关报，事变以来赞成共和，现在属于国民党系统	恒钧	王景浩	《帝京新闻》改名而来，创办以来与《中国日报》共同经历了离合的历史，后与《定一报》合并。社长恒钧是前清宗室，属于国民党，早稻田大学出身。1910年6月创刊⑤
国民公报(中文)	梁启超一派的机关报，与共和党接近，极力反对国民党，为袁世凯辩护的重要报纸之一	徐佛苏	徐氏兄弟、黄为基⑥、蓝公武	原咨议局联合会创办，宪友会成立后成为其机关报，及至该会会员孙洪伊等人在上海组建共和建设讨论会，隶属于其下。由于社长徐佛苏等与梁启超的关系，近来事实上为共和党的机关报。社长以下留日出身的湖南人居多，1910年7月创刊⑦
中国报(中文)	属于国民党激烈派	叶崇桀		1910年创刊⑧

---

① 应为1901年10月创刊。
② 1905年8月16日《北京报》改名《北京日报》。
③ 此处关系较复杂。《帝国日报》创刊于1909年12月，一度和《大同日报》合并，改称《帝国大同报》(1911年冬)。何时改为《中国日报》不详。
④ 应为1910年6月16日创刊。
⑤ 一说为1908年3月27日创刊，待考。
⑥ 即黄远生。
⑦ 应为1910年8月24日创刊。
⑧ 原为1909年出版的《国报》。因揭秘被封，改本名继续出版。

(续表)

报纸名称	主　义	持有人	主　笔	备　考
国光新闻(中文)	与《国风日报》同为前清以来革命派创办、维持的报纸，是国民党的机关报	田桐	李子宽	原革命党员田桐创办，曾经一度属于陈鹭洲。一种无赖报纸，没有信誉，但去年又复归田桐之手，与《国风日报》同成为国民党激烈派的姐妹报。1910年11月创刊①
国风日报(中文)	始终持有革命主义，是纯同盟会机关报	白逾桓（即吴友石）	史民	原为吴友石、程家柽等创办，自前清时代被视为革命党机关报，代表国民党的激烈派。1911年4月创刊②
民视报(中文)	北方保守派的报纸，去年以来成为纯统一党机关报，大肆为袁世凯辩护，重要报纸之一	康士铎	康士铎	原为孟昭常担任主持人的《宪报》，即预备立宪公会机关报的后身，清帝退位之后大肆倡导君主主义，目前赞同共和，代表北方人士意见的保守性报纸。主笔康士铎为直隶人，原先主办《帝京新闻》。1911年10月创刊③
中国公报(中文)	陆军军人的机关报，属于统一党系统	方咸五	杨退生	作为军界统一会的机关报而创办，与陆军部关系密切。社长是日本士官学校毕业生，现在是参谋部部员。1911年12月创刊
亚细亚报④(中文)	共和党最有影响的纯机关报，是重要报纸之一	薛大可	薛大可、丁世峄⑤、李猷龙	社长以下留日出身的湖南人居多，有很多新进的人才。属于湖南派中有影响力的报纸，同时是共和党有力的机关报。1912年3月创刊⑥
民国报(中文)	同盟会的机关报，与《民主报》同为国民党有力的机关报，均为重要报纸	陈耀	汤漪、李肇甫	同盟会中有影响者创办的报纸，外观、报道俱佳，有亲日的倾向。社长陈耀是黄兴派，国务院官员。1912年4月创刊
新纪元报(中文)	原为统一党的机关报，现属于共和党派	黄大暹	陈唐卿、熊垓	原为章太炎创办的报纸，共和党机关报，同时亦与统一党、民主党接近，1912年4月创刊
国华报(中文)	统一党机关报	乌泽声		1912年5月1日创刊
大自由报(中文)	统一党机关报	王赓	王仲流	与《国维报》一同都与政府及外交部最有关系，有时提供重要的材料，1912年5月创刊⑦
国维报(中文)	湖北民社派的机关报，属于共和党	张大圻	张大圻、汤颇公	为黎元洪辩护，反对国民党，有时也向袁政府表示不满，1912年6月创刊
北京时报(中文)	共和党机关报	陈绍唐⑧	徐南洲	原《京津时报》主笔陈绍唐新创办的报纸，与民主党接近，1912年6月创刊

① 一说1911年8月9日创刊，待考。
② 一说1911年2月8日创刊。
③ 一说前身为《宪志日刊》（见1912年报告）。
④ 即《亚细亚日报》。
⑤ 即丁佛言。
⑥ 一说创刊于1912年6月。
⑦ 应为1912年6月11日创刊。
⑧ 即陈自新。

(续表)

报纸名称	主　义	持有人	主　笔	备　考
国权报(中文)	统一党机关报	王印川	王印川、贺昇平、陈景南	在大肆拥护袁政府方面,与同一派的《大自由报》《黄河报》《黄钟日报》相同。资金力量均充实,因此版面很大,但内容杂乱。1912年6月15日创刊
民主报(中文)	纯国民党机关报,主张激烈	仇亮	仇亮、景耀月	国民党有影响的报纸,发行量最多,1912年7月1日创刊①
新中国报(中文)	共和党机关报之一	张栩	张栩、何雯	似乎亦与黎元洪以及浙江的朱瑞有关,1912年8月创刊
大一统报(中文)	属于国民党派	黄良弼	曾思汉	与黄策成新发起的第三党政友联合会有关,1912年10月创刊
天民报(中文)	属于共和、民主两党派	汤颇公		1912年11月创刊
黄钟日报(中文)	统一党机关报	王印川	赵鹏图	与《国权报》《大自由报》《黄河》各报属于同系统,1912年3月创刊
中央新闻(中文)	属于国民党派			一时成为国会地点研究会的机关报,主张激烈,1912年9月创刊
黄河报(中文)	统一党机关报,代表河南派势力	王赓	王惠如、林克生	与《国权报》《大自由报》《黄钟日报》各报属异体同心,1912年8月1日创刊,其后一度停刊,1913年4月重新发行
亚东新闻(中文)	属于国民党激烈派	李安陆	陈鸿钧、张琴、彭佛公	1912年11月创刊
国报(中文)	共和党机关报,内容最激烈	黎宗岳	张伯烈	其前身因反对安奉线问题而被禁止发行,如今以湖北民社派张伯烈、郑万瞻、刘成禹等为主,以攻击孙、黄为目的重新发刊,刊登有煽动性的内容,销售额最高。1913年4月创刊②
北京民立报(中文)	国民党机关报	于右任		是上海《民立报》的分身,国民党有力的机关报之一,1913年4月1日创刊
边事日报(中文)	由统一党发起,报告、发表有关蒙古、西藏、新疆等地的报道、评论	幸天保	熊国璋、范漠生	以边事研究为主,几乎不刊登中央及各省的报道。股份制,资本金十万元,1913年5月1日
新社会日报(中文)	共和党机关报	郭同、张闻侪	丁世峄、蓝公武、李国珍、杨曾萃	江西派共和党议员盘下《燕京时报》改名而成,是为了攻击国民党而创刊。《燕京时报》是1912年1月创刊的,1913年5月1日被盘下更名

---

① 应为1912年6月20日创刊。
② 一说为1912年9月创刊,待考。

(续表)

报纸名称	主　义	持有人	主　笔	备　考
天声报(中文)	救国公勇团的机关报			为反对国会地点研究会等而创办,纯为救国公勇团的机关报,属于统一党系统。救国公勇团现在改名为救国公会,但仍为其机关报。1913年3月13日创刊
新华报(中文)	属于统一党系			1912年12月创刊
大陆日报(中文)	反对国民党		吴明浩	与癸丑同志会有关,1913年4月创刊
日日新闻(中文)	属于国民党系			1913年5月10日创刊
新民日报(中文)	标榜拥护民权、培养民德、发展民力三大主义,明言与政府及政党无关			1913年5月11日发刊
爱国报(白话中文)	与政党无关,没有一定的主义	李树年		白话小报,与回教徒有关,号称北京报纸中销售额最多,达三万份。1906年10月创刊①
新支那(日文)	向日本介绍中国的情况,同时也致力于使中国人了解日本情况	松本君平	安藤万吉、井上一叶	日文周刊,与天津的 Tribune 有关,《时事新报》通讯员鹫泽与四二负责有关借款方面的重要报道。近来在中国人中读者增加,对日中关系产生良好影响。1912年3月创刊
宪法新闻(中文)	研究宪法问题的机关报	李庆芳	李庆芳	周刊,刊登与宪法相关的所有报道和评论。是研究方面的机关刊物,无党派关系,1913年4月创刊
Peking Daily News[北京日报](英文)	宣称发表从外国人的角度公平观察有关中国问题,但实际上接近于袁政府的机关报	朱淇、George	Woodhead(英国人)	号称独立经营,但是接受外交部的补助金,呈现政府机关报之观点
Journal de Pékin(法文)		Mercel von Lerberghe(法国人)		1911年7月创刊,俄国公使馆暗中掌握经营实权,与 Peking Daily News 对峙,法国公使馆也不断干涉掣肘

北京报纸党派关系表

(一) 国民党系统
- 大中华民国日报(湖南派)
- 民主报
- 中国报
- 民国报(旧同盟会派)
- 北京民立报
- 国光新闻(旧同盟会派)
- 国风日报(同上)
- 亚东新闻
- 大同报(满人派)
- 日日新闻
- 中央新闻

---

① 此报应为丁宝臣于1906年11月创办的《正宗爱国报》。

（续表）

报纸名称	主　义	持有人	主　笔	备　考
（二）非国民党系统	共和党系统	亚细亚报①（湖南派） 国报（旧民社派） 国维报（同上） 新纪元报 新中国报 北京时报 新社会日报（江西派）		
	统一党系统	民视报（华北派） 国权报 大自由报 黄钟日报 黄河报 国华报 新华报 天民报		
	民主党系统	国民公报（湖南派） 京津时报（江苏派） 北京日报（政府派） *Peking Daily News*（同上） 天声报（救国公会） 大陆日报（癸丑同志会） 中国公报（军警派）		
（三）中立系统		政府公报（官报） 顺天时报（日本） 边事日报 新民日报 爱国报（回教派） 新支那（日本） 宪法新闻 *Journal de Pékin*（俄、法）		

北京的欧美通讯员如下：

　　Mr. Donald（英国人）：作为纽约《先驱报》特派员，近期来京任职，接替久居北京、舞弄亲美排日文笔的美国人奥尔。此人长期在中国南方及上海，在旧同盟会派的中国人中有很多熟人，在革命事变中对他们援助亦不少。因此，来北京之后仍与国民党保持很深的关系，由此而机敏地获得信息。

　　Mr. D. Fraser（英国人）：伦敦《泰晤士报》特派员，曾是莫理循博士的助手，在革命动乱中从长江一带一直为 *Times* 做报道。去年莫理循被聘为中国政府顾问，而成为其继任者，但他的方针与莫理循并不一定相同，两者的交情如今也不十分深厚，对袁世凯及其政府则不像莫理循那样抱有好意。只是作为新闻记者的资历没有莫理循丰富，因此估计 *Times* 北京通讯的声价和信誉会不如从前。

　　Mr. A. E. Wearne：路透社特派员，一直都有亲日倾向。

　　Mr. Frederick Moore：美国联合通讯社的特派员，还看不出显著特征，对于日本亲疏均不显著。

　　Dr. Luther Anderson：芝加哥 *Daily News* 的通讯员，原京师大学堂教授，虽人品高尚，但是作为报纸通讯员不免是外行。

　　Mr. T. Holton Bush：伦敦 *Daily Mail* 的通讯员，人品颇高，然而欠机敏，毋宁说有亲日倾向。

　　Dr. M. Krieger：兼任上海的东亚 *Lloyd*、德国本国《柏林日报》《汉堡新闻》以及《科隆日报》等各社的通讯员，对于日本的态度无论亲疏都没有值得留意之处，但是作为通讯员甚欠机敏。

　　Mr. B. L. Simpson：伦敦 *Daily Telegraph* 通讯员，作为关于远东的作家，在"putnum wheel"雅号下早已闻名，有反对袁世凯的倾向。

　　Dr. J. Brandt：北京中东铁路学校教授，也负责向 *Новое Время* 及俄国首都电报通讯社提供通讯，人品颇高，但是甚缺机敏。

---

①　即《亚细亚日报》。

(续表)

报纸名称	主　义	持有人	主　笔	备　考
在北京的日本报纸通信员如下： 大阪每日新闻 ⎫ 东京日日新闻 ⎭ 丰岛捨松 时事时报　龟井陆良（特聘人员） 东京朝日新闻 ⎫ 大阪朝日新闻 ⎭ 神田正雄 东京电报通信社　顺天时报社 やまと新闻　井上一叶				
天　津				
直隶公报（中文）	直隶都督府机关报	直隶公报局督办吴佩伯①	吴竹林	由1901年②发行的《北洋官报》改名而来，主要登载命令、公文、告示、章程等。发行量超过三千五百份，资本金五万元，读者中官吏最多
天津日日新闻③（中文）	标榜进步主义，谋求开发风气	方若	方若	1901年创刊，日刊，发行量约三千份，资本金两万元。言论稳健，受到官吏以及中流社会以上人士的欢迎。一直与日本有联系，总是主张亲日主义。革命后曾宣扬君主立宪制，销量一时锐减，近来稍有恢复，报道比较准确④
大公报（中文）	主张社会改良和教育普及	股份制 代表 英敛之	英敛之	1902年创刊，日刊，资本金三万元，发行量三千份左右，言论公平而受到上流社会的欢迎。股东以天主教徒居多。主笔为满人，鼓吹君主立宪制，因此革命后读者数量减少。近年来对日示好，与党派无关联
中外实报（中文）	被视为德国人的机关报	德国人德璀琳和汉纳根	杨荫廷、王石甫	1905年创刊⑤，日刊，发行量四百份左右，资本金三万元。主笔为天主教徒，内容仅为各报的摘要。读者多为与外国人接近的商人
时闻报（中文）	无固定主义	名义持有人 佐藤铁次郎	李大义	1906年创刊，日刊，资本金一万五千元。内容不外乎市井杂事，读者以中流以下阶层为主。与党派无关联，发行量约七八百份
民兴报（中文）	舆论代表	股份制 代表 刘孟扬	刘孟扬	1909年创刊，日刊，资本金一万元，评论往往有失公平，读者多属中流社会。主笔为警务公所官吏，有御用报纸的倾向，发行量约两千份
天津白话报（中文白话）	舆论代表	股份制 代表 刘孟扬	刘孟扬	读者多为中流以下阶层，小报，没有影响力。发行量约一千三百份

---

① 即吴慈培。
② 此前数年的报告为"1903年"。《北洋官报》应创办于1902年12月25日。
③ 又名《日日新闻》。
④ 原名《咸报》，1900年改本名，1901年起拿日本津贴。故日人定为1901年创刊。
⑤ 前几年报告为1904年创刊。

(续表)

报纸名称	主　义	持有人	主　笔	备　考
白话晨报(中文白话)	无固定主义	名义人 刘铁庵	孙■①夫	1912年10月创刊②，日刊。刘铁庵为《民兴报》刘孟扬之弟，孙主笔亦为《民兴报》记者。极其廉价的小报，发行量五百份左右
白话晚报(中文白话)	无固定主义	股份制 代表 刘少云	刘少云	1912年5月创刊③，日刊，《民兴报》的分身，持有人为《民兴报》刘孟扬之弟。每日傍晚发行的杂报报纸，发行量约一千五百份
经纬报(中文)	共和主义	(现任巡警道) 杨以德	张保山、李宪黄	目前为直隶巡警道机关报，在部分实业家中有读者，但声价低落，读者减少。日刊，发行量约一千八百份
天津商报(中文)	发展商业	名义持有人 王瀛孙	张子风	天津商务总会机关报，有时亦接受官方的补助。读者以天津本地商人居多。近来有亲日趋势，发行量约一千二百份
北方日报(中文)	急进主义	股份制 代表 贺培桐	贺培桐	1909年创刊④，日刊，资本金一万五千元。主管兼主笔贺培桐早稻田大学出身，曾任山西提学使，现任直隶巡警道工程科长。本报与自由党及国民党有关，发行量约一千两百份
醒时报(中文)	共和主义	马秋甫	张尽臣⑤	1912年11月创刊，日刊，资本金五百元，发行量四百份左右，支持袁世凯的政策，无影响力
中国报(中文)	无固定主义	叶怙孙	赵权、徐秋帆、王壮南	读者多为在天津的安徽、福建人，官僚派的机关报。发行量约一千二百份
大国日报(中文)	极端社会主义	郭究竟	郭究竟	读者多为河南省主张急进革命主义的青年，隶属于社会党。发行量约五百份
天津国风日报(中文)	共和主义	相涞	王知远	1912年7月报社发生内讧，一时解散，同年12月原社员中的一人使之重新发刊。资本金五百元，发行量五百份左右
民意报(中文)	共和主义	名义人 汪兆铭 经营者 胡枢元	曾沥函、曾王麟	曾为革命党机关报，现在属于国民党的黄兴派，去年因攻击袁世凯被勒令停刊，但黄兴来游后复刊。发行量约两千份
中华民报(中文)	伸张民权	名义人 邢雅林 经理 张少琴	石小川	1912年2月创刊，日刊，资本金两千元。本报为《北洋日报》的后身，共和党的机关报，言论比较公正，应会渐渐发展。发行量约五百份
新春秋(中文)	激进主义	冷公剑、廖惺魂、童俊	傅立鱼	1911年12月创刊，日刊，资本金八千元，发行量约一千份。本报在革命之际作为同盟会派的机关报，以《国风日报》为名发刊，因内讧解散。又由上记三人发起，更名发行。反对袁世凯及共和党，不时抨击日、英、俄各国的态度，与《民意报》及《天津报》同为国民党的机关报

---

① 原文模糊，疑似"汉"。
② 应为1912年11月18日创刊。
③ 应为1912年6月3日创刊。晚报和晨报的实际主持人皆应为刘孟扬。
④ 应为1910年5月9日创刊。
⑤ 1912年报告为"王尽臣"，存疑。

(续表)

报纸名称	主　义	持有人	主　笔	备　考
旭日报(中文白话)	社会主义	贺来成	贺来成	1912年5月创刊,日刊,发行量约九百份,在烟花巷拥有读者的小报
快报(中文白话)	无	代表 邵瑞捷	金天录	1912年5月创刊,每日傍晚发行,发行量约七百份。本报仅仅报道市中杂事,政治上无影响
白话醒商日报(中文白话)	无	李仲冷	李仲冷	1912年8月创刊,日刊,无影响力
开新报(中文)	无	孙宝芝	孙宝芝	1912年11月创刊,日刊,发行量约六百份,无影响力
新世界(中文白话)	无	兰少廷	兰少廷	1912年11月创刊,日刊,发行量约五百份,无影响力
醒华画报(中文)	无	陈工甫	陈工甫	1912年8月创刊,日刊,发行量约四百份,类似Punch画报①
公言报(中文)	无	代表 苗杏林	施荫廷	1912年11月创刊,日刊,在下层社会有读者,与政党无关
天津报(中文)	确立共和	名义人 王简	王简	1912年12月创刊,日刊,发行量一千份。国民党的机关报,创刊日浅,仍未有影响力
庸言(中文杂志)	以发展国民政治思想为目的	梁启超	梁启超	1912年11月创刊②,每月发行两次,资本金由袁世凯支付,据说数额有十万两。梁启超的经历人所周知,本杂志将成为华北舆论界之重镇。发行量首期一万册,多为赠阅
天津日报(日文)	当地我国侨民的机关报	合作组织	西村博	由《北清时报》《北支那每日新闻》合并改名而来。1910年1月创刊,资本金三千圆,发行量五百份,内容贫乏
The China Times[中国时报](英文)	一向对日本持有好意,近来建立特别密切关系	股份有限公司 经理 T. G. Fisher	R. Bate	1901年创刊③,日刊,发行量四五百份,资本金三万。因大量亏损而经营困难,内容贫乏
The Peking and Tientsin Times[京津泰晤士报](英文)	普通报纸的外观,无特色	Tientsin Press Ltd. 经理 H. A. Chapell	Joseph Gallegher	1894年作为周刊创刊,1900年改为日刊④,英国人的机关报,发行量八九百份,资本金九万七千两,是天津出色的英文报纸。近来逐渐对日表现出好感
The China Critic[中国评论](英文)	主要致力于工商业方面的报道及广告	股份制 North China Printing & Publishing Co., Ltd.	C. L. Norris⑤ Newman	1908年1月创刊,资本金三万两,晚报,对日无好意,发行量四五百份

---

① 前身为《醒俗画报》,1907年3月23日创刊,1908年5月4日改为本名。至1912年5月,以《醒华报》日刊(画报)名义仍发行。本处似就是指此报。
② 一说为12月创刊。
③ 应为1886年创刊。
④ 应为1902年改为日刊。
⑤ 1912年报告为"Norrio"。

(续表)

报纸名称	主　义	持有人	主　笔	备　考
The Tientsin Sunday Journal(英文)	无固定主义	意大利人 F. H. Borionis	F. H. Borionis	1909年8月创刊,周刊,发行量两三百份。对日本无好意,时常以讽刺的笔锋论及中国东北问题,在外国人中无好评
L'Echo de Tientsin(法文)[天津回声报]	天津法国租界当局的机关报	法国商人合资组织	Marcel Sanlais (法国人)	日刊,对日本示好,资本金约两万法郎,发行量二三百份以内
Tageblatt für Nord-China(德文)	在津德国人的机关报,以谋求发展德国人的利益为目的	股份制 经理 H. Frick-höffer	K. F.①Dressler	发行量极少
The China Tribune(英文)		松本君平 经理 森川照太	松村利男	1909年9月创办,周刊,发行量五百份
保　定				
五族民报(中文)	在于融洽国民感情、巩固民国基础	股份制	李壮飞	1912年6月创刊,发行量四百余份,与政党、政府方面没有关系,在政治上没有影响力
太　原				
山西公报(中文)		山西都督府	荆大觉	公布法令、告示、公文等的机关
公意日报(中文)	共和	合资	张淑林	山西都督府的机关报,由同盟会支部和五台人共同经营
山西实业报(中文)	保护实业	合资	范茂松	
晋阳公报(中文)	共和	合资	刘进孩	同盟会派,接受都督府的补助②
山西民报(中文)	共和	同盟会支部	景定成	同盟会机关报,主笔在日本留学毕业后,担任过北京《国闻报》记者
共和白话报(中文)	共和	合资	蒋虎臣	属于同盟会派,接受都督府的补助
大声报(中文)	自由民权	共和党支部		石版印刷的插图报纸
民隐报(中文)				(应于近日发行)
哈　尔　滨				
Харбинский вестник[哈尔滨日报]③(俄文)	拥护中东铁路的政策,关注俄国在东北地区的工商业发展,登载有益于通商的材料	隶属中东铁路民政部长	主编 季先科④	中东铁路机关报,日报,创刊以来已有九年⑤

---

① 1912年报告为"T"。
② 1908年2月创刊。
③ 亦译《哈尔滨新闻》或《哈尔滨公报》。
④ 亦译季申科。
⑤ 1903年6月创刊,应该是创刊十周年。

(续表)

报纸名称	主 义	持有人	主 笔	备 考
Новая жизнь[新生活](俄文)	社会革命主义	在哈尔滨俄国革命党员合资（新生活社）	克里奥林、温奇格雷鲁、医生切亚耶夫斯基①三名（民主党党员）	日报,至今为止屡次被禁止发行,屡次改名,目前正值创刊后的第五年。每周发行关于时事的讽刺画报
Маньчжурская газета[满洲新闻]②(俄文)	目的是发展俄国在中国东北地区的工商业	市会干部杜伊诺夫斯基	杜伊诺夫斯基	1911年9月创刊,日报,分为远东部、工商业部、俄国部、地方部等,各部都有著名的专门记者（目前停刊中）
远东报(中文)	以密切俄中关系为目的,总是持有排日倾向	中东铁路厅	戚养泉③	日报,创刊已有六年④,中东铁路的机关报,近来毫无排日倾向
白话醒民报(中文)	期望开发民智、发展商务	姚秀云（浙江人）	王润滋（山东人）	1911年10月20日创刊,日报,资本两百卢布（目前停刊中）
北满洲(日文)	介绍中国东北北部、东俄的情况,致力于密切我国与此地的通商关系	布施胜治（东京外国语学校毕业）	布施胜治	1908年10月5日创刊,周刊（目前停刊中）
Восток[东方报](俄文)	没有固定的主义	艾斯·波莱奇卡	艾斯·波莱奇卡	1912年3月29日创刊,日报,对俄国官方持有反对态度,在俄国人方面不受欢迎,发行量极少
新东陲报(中文)	标榜开发民智、国民统一	王赢海	王润滋⑤、王德芝	1912年6月创刊⑥,日报,发行量五百份上下,似乎是国民党支部的机关报,持有排日排俄的态度
齐齐哈尔				
黑龙江时报(中文)	促进共和,指导国民	股份制 经理 施化堃	黄惠容、魏馨钥	1912年4月创刊,日报,共和党机关报,为官方辩护,资本金一万五千元,发行量一千二百份
民报(中文)	国民党机关报	股份制 经理 林崇山	潘伟公、裴肯堂	1912年11月创刊,日报,国民党机关报,反对现在的官方,资本金六千元,发行量一千五百份
砭俗报(中文)	中立	股份制	玉润、舒以兹	1912年12月创刊,日报,资本金一千元,发行量五百份,小报
长 春				
长春日报(日文)	主要报道时事,谋求实业发展	箱田琢磨	箱田琢磨（福冈县人）	日报,发行量约八百份

① 亦译克列奥林、列文齐格列尔、切尔尼亚夫斯基。
② 亦译《满洲报》。
③ 俄国人。
④ 1906年3月创刊,创刊已有七年。
⑤ 应即王德滋。
⑥ 应为1912年7月1日创刊。

(续表)

报纸名称	主 义	持有人	主 笔	备 考
春雷日报(中文)	群进会机关报	群进会长春支部	崔敏唯	1913年1月以《一声雷晨报》为名发行，3月底改名后发刊，日报，一份四页，发行量约四百五十份
吉　林					
吉林公报(中文)		吉林公署公报局		原先发行的《吉林官报》，1912年3月1日起改名为《吉林公报》，隔日发行，登载命令、法令、公文、告示和电报，发行量六百份上下
新吉林报(中文)	国民党机关报		韩晋卿	曾经作为吉林各团体联合会的机关报发行，一度停刊，不久后成为统一共和党机关报，后又成为国民党吉林支部机关报，未对省政府表示出好感，发行量一千份
吉长日报(中文)	以启发民智为目的	顾植	瞿钺	吉林官方机关报，发行量一千八百份①
吉林时报(日文)		儿玉多一	儿玉多一	周刊，发行量一百七十份
铁　岭					
铁岭时报(日文)	以报道政治、经济、实业及其他一般事项为目的	社长　西尾信	西尾信	1911年8月创刊，日报，为登载日本领事馆、居留民会公告的报纸，发行量三百份
满洲野(日文)		迫田采之助	伏屋武龙	1913年4月创刊，每月发行两次，发行量约四百份，登载与实业、教育、宗教、文学、社会等有关的内容
奉　天					
盛京时报(中文)		中岛真雄	任光春(中国人)	1906年12月创刊②，目前资本金四万圆，接受外务省的补助金，发行量约六千份
奉天醒时报③(中文)		合资组织 主持人 张子岐④	张子岐	1909年2月创刊，日报，发行量约五百份
东三省公报(中文)	不偏不倚	经理　陶秉章	陶秉章	本报为《东三省日报》之变体，都督府、省议会、商务会、劝业所等共同出资的合资组织，近来其关系变得薄弱，维持困难，据说资本金三万元已消耗殆尽。1912年2月18日发刊，日报，发行量约三千份
内外通信(日文)		合田愿	合田愿	1907年7月创刊，晚报⑤，油印，主要为登载广告的报纸，发行量约一千份
奉天日日新闻(日文)		吹野勘	友成达冾	1908年12月以《南满日报》为名创刊，1912年9月改名。奉天总领事馆从1908年12月起每月补助三十圆作为公告费

① 《吉林日报》1909年9月停刊后，和《吉林地方自治时报》迁至长春，于同年11月27日创刊《吉长日报》。
② 应为1906年9月1日创刊。
③ 原名《奉天醒时白话报》。
④ 即张兆麟。
⑤ 1912年前的调查记录为"日报"。

(续表)

报纸名称	主　义	持有人	主　笔	备　考
亚洲报①(中文)		合资组织 经理 王秉钺	王秉钺	1907年5月创刊,中国官场的机关报,资本金一万元,其中一半由第二十七师团长张作霖出资,另一半由各军官募集。据说近来维持困难,因而正在接受文武高官补助,发行量三千五百份
民生报(中文)		李锡九	陈宗炎	1912年9月创刊,发行量约六百份,缺乏资本金
民国新闻(中文)	共和主义	赵澜超	房瑯轩	1913年1月创刊,由原奉天急进会会员设立,资本金约两千元,日报,发行量约四百五十份
安　东				
安东新报(日文)		小滨为五郎	南部重远	与民团相关者等有联络,1906年创刊,1912年9月与《每夕新闻》合并,发行量约一千四百份
辽　阳				
辽阳新报②(日文)		渡边德重(山梨县人)	渡边德重	隔日发行,发行量六百份以上
牛　庄				
营商日报(中文)	商业的发达	商务总会	张悌青(山东人)	商务总会的机关报,同会会员的股份制组织,发行量六百份
满洲新报(日文)	不偏不党	社长 冈部次郎	小川义和	1908年2月创刊,牛庄居留民团每月补助银一百五十圆,日刊,发行量约两千份
民舌报③(中文)	自由民权思想的普及	代表 胡子晋	胡廷骧、郑爽夷	1912年6月创刊,营口国民党及自由党两支部的机关报,两党党员的股份制组织,发行量约五百份
芝　罘				
芝罘日报(中文)	所论公平	桑名贞治郎	桑名贞治郎	1907年创刊,日刊,发行量约一千份。近期改良了其外观,主要出资人为中国人李循芳
钟声(中文)	启发民智	丁训初	丁训初	日刊,发行量八百份,影响力微弱
Chefoo Morning Post(英文)	无主义	J. Silverthorne	J. Silverthorne	以各报的摘录为内容。尽管影响力微弱,但是山东唯一的英文报纸,发行量约两百份
济　南				
简报(中文)	无固定主义	沈景臣	王某	日刊,主要抄录各报,股份制
济南日报(中文)	无固定主义	汪筹熙	周炳如	似乎为国民党辩护,对日本有好感。以前在济南具有影响力,近来由于其他报纸的发展,稍显低迷,日刊

---

① 上一年的调查记录为《亚洲日报》。
② 亦译《辽阳每日新闻》。
③ 上一年的调查记录为《营口民舌报》。

(续表)

报纸名称	主　义	持有人	主　笔	备　考
齐鲁民报(中文)	国民党机关报	王讷	庄陔兰	山东独立之际,以《齐鲁公报》为名发行,在山东取消独立的同时停刊。1912年4月以该名称发刊,日刊,报道迅速敏锐,有信誉
大东日报(中文)	共和党机关报			最快刊载都督府方面的报道,半官方报纸,报道有条理,有信誉,日刊
山东日报(中文)	共和党机关报			由梁启超派创刊,标榜国家主义,总是关注德国的行动,影响力紧随《大东》《齐鲁》两报之后,日刊
群化日报(中文)	民主主义			言论不稳健,影响力弱,日刊
齐民报(中文)	中立			发行量少,无影响力,日刊
岱宗报(中文)				日刊
青　岛				
胶州报(中文)	无主义	杨中	陈乃昌	德国政厅提供补助,每周发行三次
青岛白话报(中文)	无主义	伊筱农	伊筱农	每周发行三次
Kiautshow Post(德文)	亲德主义	股份制 主持人 Walther	停职陆军中尉 库劳普夫	主笔库劳普夫为停职陆军中尉,对日本无好感,德国政厅每月提供一百弗的补助,德商馆各出资两千弗
Tsingtauer Neueste Nachrichten(德文)	德国政厅机关报	股份制 主持人 Walther	同上	同上
上　海				
申报(中文)	属于共和党派,对袁世凯派抱有好感	史良才①	陈景韩	发行量约一万五千份,最初以英国人美查的名义发行,是中国最老的报纸。去年秋末被熊希龄一派盘下,结果前总经理席子佩等退社,为现任者接替
时报(中文)	属于民主党派,拥护梁启超一派	狄楚卿②	狄南士	发行量约一万六千份,以我国人宗方小太郎的名义在我国总领事馆注册
民立报(中文)	属于国民党派,拥护孙、黄,同时不激烈反对袁世凯	于右任	童弼臣	发行量约一万八千份,该报记者章行严③另外发行有《独立周报》
神州日报(中文)	属于共和党派	汪彭年、张虎臣	钟朴岑	发行量约八千份
新闻报(中文)	无一定的主义,接近共和党派,不反对袁世凯	汪汉溪	金世和	发行量约一万五千份,美国人福开森④是大股东之一,一度维持困难,但目前仍在继续经营

---

① 即史量才。
② 即狄楚青之别名。
③ 即章士钊。
④ 原文为"フアガツソン",疑为Fagassent,暂且如此翻译。

(续表)

报纸名称	主　义	持有人	主　笔	备　考
时事新报(中文)	属于共和党派	张一鹏	杨补塘	发行量约九千份
天铎报(中文)	属于国民党派,是自由党机关报,反对袁世凯一派	李怀霜(自由党副主裁)	张毒药	发行量约六千份
大共和日报(中文)	属于统一党派	赵新甫	李摩云	发行量约五千份
民报(中文)	属于民主党派,拥护梁启超	狄楚卿	向瑞彝	发行量约两千多份
民声日报(中文)	属于共和党派,是黎元洪等原民社的机关报	黄云鹏	汪东	发行量约四千份
民权报(中文)	属于国民党派,反对袁世凯	周浩	戴天仇	发行量约一万份
中华民报(中文)	属于国民党派	邓家彦	汪子实	发行量约六千份①
民国新闻(中文)	属于国民党派	陈泉卿	吕志伊、沈步洲	发行量约五千份②
民强报(中文)	属于国民党派	王博谦	章佩乙	发行量约三千份
中国商务日报(中文)	以实业振兴为主义,无党主义	俞达夫	潘兰史	发行量约两千份
报名未定(中文)	纯粹是袁世凯的机关报	杨兆麟		正在准备发行
国民月报(中文)	国民党的机关杂志	上海国民党交通部		正在准备发行
民主丛报(中文)	民主党的机关杂志	民主党员杨		月报,目前正在准备发行
上海日报(日文)	拥护日本人	井手三郎	岛田数雄	发行量约七八百份
周报上海(日文)	介绍中国情况	佐原笃介	佐原笃介	1913年2月11日发刊
North China Daily News[字林西报](英文)	保守,以增进英国的利益为目的,论调极为稳健	North China Daily News & Herald Ld.	英国人 O. M. Green	公共租界的机关报,发行量约两千份,是中国英文报纸之巨擘,另外发行名为 North China Herald 的周刊
Shanghai Times[泰晤士报](英文)	亲日,在鸦片问题上为沙逊家族谋取利益	爱尔兰人 John O'Shea	爱尔兰人 John O'Shea	从日本及沙逊家族筹集资金,发行量约一千份
Shanghai Mercury[文汇报](英文)	中立,对日本和德国抱有好感	The Shanghai Mercury Ltd.	苏格兰人 R. D. Neish	虽然大股东是英国人,德国人持股亦不少,发行量约一千五百份,晚报,另外发行名为 Celestial Empire 的周刊摘要,我国人佐原笃介是记者之一
China Press[大陆报](英文)	进取中立,谋求美中亲善	The China National Press Incorporation	美国人 Thomas F. Millard	根据美国特拉华州法设立,据说英美烟草公司和伍廷芳等是主要出资者,时而刊登排日报道,发行量两千份左右,周日发行三千份左右

---

① 1912年7月20日创刊。
② 1912年7月25日创刊。

(续表)

报纸名称	主　义	持有人	主　笔	备　考
The China Republican[民国西报](英文)①	主张中国的利益,特别是拥护国民党,极力反对鸦片问题	广东人 Ma Su（马素）	广东人 Ma Su（马素）	去年初秋发刊,发行量约一千份,晚报,是上海唯一全部由中国人经营的英文报纸,据称该报的资本多为孙逸仙等国民党派提供
L'Echo de Chine[中法新汇报](法文)	拥护法国政策	Oriental Press	法国人 S. Sabard	法国总领事馆以及耶稣会的机关报,发行量不明,据说不足千份
Der. Ostasiatische Lloyd[德文新报](德文)	拥护德国远东政策	Der Ostatiatische Lloyd	德国人 Carl Fink	周刊,作为德国在远东的机关报影响最大
The National Review[中国公论西报](英文)	亲美,排日,谋求拥护中国的权利	广东人 唐元堪（号露园）	英国印度军退役士官 Captain Walter Kiston	发行量约一千二百份,该报在上海爱读者不多,但在欧美似乎意外著名。该报自去年来对于借款问题,尤其是对克里斯浦借款表示欢迎支持
Far Eastern Review[远东时报](英文)	主要报道工商业消息,言论公平		美国人 Rea, George Bronson	Parlane, Lewis J.	月刊,受到政治、经济界重视

关于上海发行的报纸的说明

　　上海的中文报纸在革命后陆续发刊,一时多达二十种,但因经营困难,《太平洋报》《东方日报》《东大陆报》《黄报》等停刊,目前有前面所记载的十五种,以上各报社均为股份制,资本为五万元乃至十万元左右,其中除四五家以外,维持都很困难,靠官方、政党以及个人的补助而持续经营着,据说最近袁世凯准备投入资金十万两在上海发行机关报。

　　上海报纸的论调,在对内问题上,分为渐进主义(进步党)和急进主义(国民党、自由党、中国社会党等)两派,互相争论攻击。在对外问题上,均持强硬态度,但不一定是执笔者的真意,似乎多出于报纸的营销手段。

　　外文报纸中,*China Gazette* 和 *Capital Commerce* 停刊之后,广东人马素得到孙逸仙等的赞助,于去年秋发行英文 *The China Republican*,致力于维护中国的利益,特别是拥护国民党一派。除此之外没有变化。

		苏　州		
苏州日报(中文)		石雨声	陶子瑜	与政党无关,日刊,发行量四百份
江苏新闻(中文)	国民党机关报	黄同文	赵铭	在苏州、吴江、常熟、上海等地有读者,日刊,发行量一千份
民信报(中文)	国民党机关报	杨济	杨拯炎	在苏州、常熟一带有读者,日刊,发行量约一千二百份
江苏公报(中文)	共和党机关报	冯世德	张东荪	在苏州、上海等地有读者,日刊,发行量约两千份,主笔留日出身②
吴报(中文)		李沐斋	毕公天	与政党无关,日刊,发行量约四百份,主笔兼任上海报纸的通讯员
		杭　州		
浙江公报(中文)	都督府公布法令的机关报	都督府	经理 诸以仁	1912年2月创刊,是浙江都督府的公报,发行量约两千八百份

---

① 创刊于1912年4月6日,英文名与方汉奇主编《中国新闻事业通史》(第一卷第1024页)所说不同,方著为 *Republican Advocate the Weekly*。

② 1911年10月12日创刊。

(续表)

报纸名称	主 义	持有人	主 笔	备 考
全浙公报(中文)	标榜发展民权、民智	股份制	程光甫	1909年5月创刊,日刊,资本金六千元,最有信誉,发行量两千五百份,是共和党的机关报
汉民日报(中文)	国民党机关报	杭辛斋	杭辛斋、邵振青	1911年11月创刊,资本金五千元,有信誉,发行量一千八百份
新浙江潮(中文)	革命主义	王卓夫、费庶皆	王卓夫、费庶皆	1912年1月创刊,资本金约一千元,信誉低,不受好评,发行量五百份
天职报(中文)	开发民智	股份制	陈无咎	1912年11月创刊,属于共和党派,发行量五百份,资本金约两千五百元
大公日报(中文)	指导舆论	股份制	吴复斋	1912年9月创刊,发行量八百五十份,资本金约四千元
平民日报(中文)	民族融合	股份制	沈剑秋、沈衡山	1912年6月创刊①,发行量七百份,属于国民党派,资本金约五千元
民铎报(中文)	启发国民	股份制	王浪月	1912年6月创刊②,发行量约五百份,与自由党有关系,资本金约两千元
彗星报(中文)	鼓吹共和	股份制	马诒初③	1912年12月创刊④,发行量五百份,属于共和党派,资本金四千元
昌言报(中文)	没有主义	费庶皆	费庶皆	1912年12月创刊,发行量四百份,资本金一千元⑤
警务报(中文)	警察的机关报	雷铁生	马绪卿	1912年11月创刊,发行量五百份,资本金一千五百元
南 京					
中华报(中文)	启发民智	谭焕章	周伯琴	1912年1月创刊,日刊,发行量约一千份,每月由都督府补助三百元,原为国民党的机关报,但现在呈现出程都督机关报之观,往往带有排日论调
芜 湖					
皖江日报(中文)	共和党机关报	谭明卿	谭明卿	日刊,发行量两千余份
安徽民报(中文)	国民党机关报	不明	董奥龙	日刊,发行量约五百份
安 庆					
民嵒报(中文)	国民党机关报			日刊,发行量约八百份⑥
均报(中文)	国民党机关报		包道平、方仁山	日刊,《民极报》《安徽船》两报纸合刊,于1913年6月改名发行

① 6月10日创刊。
② 一说创刊于1912年8月20日。
③ 即马叙伦。
④ 1912年12月6日创刊。
⑤ 由前清时《危言报》改名。
⑥ 1912年6月1日创刊。

(续表)

报纸名称	主　义	持有人	主　笔	备　考
南　昌				
江西民报(中文)	一向采取稳健主义,近来持反对都督府态度,主张扩大民权,攻击跋扈的军官	共和党干部	吴宗慈	日刊,发行量两千份左右,报道比较准确,其信誉在南昌的报纸中居首位。共和党的机关报,创刊于革命爆发后不久①
大江日报(中文)	减少军人权力,扩大民权	与共和党及省议会相关者数名	樊树	继《江西民报》之后拥有广大读者,发行量一千余份,共和党的机关报,具有相当信誉,近来与驱逐李都督运动有所关联
新江西日报(中文)	扩大民权	共和党相关人士数名	梁某	该报发行时日尚浅,只有数百读者,能否长期维持尚存疑问,共和党机关报
晨钟日报(中文)	维持军政,扩大地方政府权力	国民党相关人士,但似乎是总都督府出资	徐苏申	1912年创刊,看上去纯粹是都督府的机关报,报道内容丰富,发行量不足一千份,在都督府及国民党一派的报纸中最具影响力
豫章日报(中文)	扩大民权,拥护地方自治权	国民党相关人士数名	刘公平	国民党的机关报,但与都督府关系不太深,因缺乏资金不时停刊,发行量亦少。该报在革命爆发前一年便开始发行,然经营者屡屡更换
赣民日报(中文)	民权的扩张、拥护地方自治权	国民党相关人士数名	傅振寰	发行时日尚浅,发行量很少,无影响力。近期计划将该报纸移往九江,改名《浔阳日报》发行
醒江西报(白话中文)		我国人日下清癜	傅振寰	1913年3月创刊,日刊,发行时日尚浅,读者还不多
汉　口				
震旦民报(中文)	促进共和,温和派	张花田	张映亭	1912年5月创刊②,十二页,发行量约两千份,国民党的机关报,每月接受补助若干
国民新报(中文)	温和统一主义	合资	刘云集	1912年4月创刊,八页,发行量一千七百份,资本金两万元,一股五元。据说是都督府的机关报,每月获得两千元补助
共和民报(中文)	振兴工商业	经理 张海若	张国镕	1912年4月创刊,八页,发行量六百份,资本金十万元,根基稍牢固
共和日报(中文)				由《强国日报》改名而成,目前处于停刊中
民国日报(中文)	共和主义	张声涣	张声涣	1912年7月创刊,同盟会的机关报,发行量约五百份,报社位于租界
汉口日报(日文)		日本人合资	冈幸七郎	1907年8月创刊,发行量五百份,资本一千五百元
Hankow Daily News[汉口每日新闻](英文)	稳健		E. B. Helme	1906年创刊

---

① 一说创刊于清末,原名《自治日报》,1911年11月改为本名。
② 应为4月15日创刊。

(续表)

报纸名称	主 义	持有人	主 笔	备 考
Central China Post（英文）①	对共和主义抱有同情心		Archibald	1910年2月创刊,报道内容比较准确,有时会刊载重要的报道
武 昌				
中华民国公报(中文)	促进共和,统一国家	都督府	任岱卿	1911年10月创刊②,十二页,发行量约四千份,都督府的机关报,每月出资五千元,报道内容丰富,稍有信誉
大汉报(中文)	共和主义	胡石庵	胡石庵	1911年10月创刊③,十页,发行量约一千八百份,在武汉的报纸中最有信誉
群报(中文)	促进共和	共和党	汪哕鸾	1912年1月创刊④,八页,发行量约一千四百份,共和促进会的机关报,有两千六百元补助
长 沙				
长沙日报(中文)	都督府的机关报	文斐	傅熊湘	日刊,发行量三千六百份,最有影响力,隶属国民党派,兼湘路公司的机关报
湖南公报(中文)	共和党的机关报	易允昕	黎锦熙	日刊,发行量一千八百份,有影响力,言论公平,因此普遍有信誉
黄汉湘报(中文)	无固定主义	周震麟、陆继概	彭铁真	日刊,发行量六百份
湖南演说报(中文)	以开发中下层社会为主义	何劲	盛先畤	白话文,日刊,发行量三千份
国民日报(中文)	国民党机关报	唐支厦	黄康圃	1912年12月创刊,日刊,发行量一千份。该报由《湖南民报》《军团日报》(原名《军事报》)合并后改名而成
天民报(中文)	社会主义	席石馆	成本璞	日刊,发行量一千份,该报由《天声报》(原名《湘汉新闻》)改名而成,资本多由成本璞筹措
重 庆				
国民报(中文)	国民党机关报	重庆国民党成员合资经营	燕翼、周家桢	1911年11月创立,日刊,六页,发行量约一千二百份,发表国民党的政治见解,论调往往过激
新中华(中文)	国民党机关报	重庆国民党成员合资经营	杨蔗堪	1912年1月创刊,日刊,六页,发行量约两千份
国是报(中文)	社会主义	社会党重庆支部	李存基	1912年3月创刊,日刊,六页,发行量约一千份
崇实报(中文)	宣扬天主教,所论公平	重庆天主堂		周刊,4页,发行量约三百份

① 有译作《楚报》。创刊日期不详,1905年四五月间开始发行中文版作为附张随送。
② 10月16日创刊。
③ 10月15日创刊。
④ 应为1912年2月18日创刊。

(续表)

报纸名称	主 义	持有人	主 笔	备 考
成 都					
四川日报(中文)	宣扬共和党的主义、政见	成都共和党成员合资经营		日刊,6页,发行量约一千五百份,共和党员四川都督胡景伊的机关报
天民报(中文)	宣扬民主党的主义、政见	沈幼丹	余瀗	1912年4月创刊,日刊,四页,发行量约七百份
国民公报(中文)	宣扬国民党的主义、政见	廖治	廖治	1912年4月创刊,日刊,四页,发行量约一千五百份
公论日报(中文)	宣扬国民党的主义、政见	成都国民党成员合资	饶炎	日刊,6页,发行量约一千份①
进化白话报(中文)	普及社会教育	社会教育社	邓孝可	1912年4月创刊,日刊,发行量约一千份
西方报(中文)	开发西蜀及西藏	筹边处	宋育仁	1912年5月创刊②,发行量约四百份
急进报(中文)③	社会主义	急进社	印焕门	1912年4月创刊,发行量约四百份
通俗画报(中文)		通俗画报社		
四川政报(中文)④	刊载与四川相关的诸法规与政绩等	四川民政司		
川藏通信机关(中文)	迅速发送四川、西藏方面的公电及其他重大事件的通讯	川藏通信社		每日一次以上不定时油印发布
贵 阳					
黔风(中文)	贵州都督府之机关报	张士安	张仲佳	1912年7月创刊,日报,单面八页,经营费用几乎均由都督府支出
云 南					
云南政报(中文)⑤	登载有关云南的诸法规及政绩等	云南民政司		日刊
福 州					
福建公报(中文)	军政府公布法令的机关报	闽都督府印刷局(发行所)	局长 张海珊	1912年1月10日创刊,日刊官报,类似于日本的官报
闽报(中文)	公平无私,拥护我方对福建政策	前岛真(熊本县人)	前岛真	每年接受台湾总督府两千四百圆补助,发行量约一千份,一周发行三次
左海日报(中文)	共和党福建支部之机关报	施景琛	高直庵	1907年以来称为《福建新闻》,革命后被共和党盘下更名,发行量约一千份,日报

① 1912年2月25日创刊。
② 应为6月10日创刊。
③ 一说称《民主急进报》。
④ 原为《四川都督府政报》,由《四川军政府官报》演变而来,1912年3月出版,每日八页。8月29日改名为《四川政报》。
⑤ 原为云南都督府机关报《大汉滇报》,1912年2月改名《云南政治公报》(旬刊),6月改为日刊。

(续表)

报纸名称	主　义	持有人	主　笔	备　考
共和报(中文)	标榜鼓吹共和思想,属国民党派	主管 刘通	黄光粥	1911年1月10日创刊,原名为《建言报》,事变之后改名①,成为桥南公益社之机关报,彭寿松失势后一蹶不振。据传主管与主笔每月接受美国领事的补助金,发行量约七百份,日报,有排日的倾向
群报(中文)	扶植舆论,开发民智,鼓吹发挥共和精神	陈群	苏眇公	1912年4月创刊,资本金七千五百元,由以福建省议会为中心的共和实进会员创办,是该会机关报,发行量约一千份,日报
民言报(中文)	鼓吹共和主义,标榜尊重民权	廖国炎	黄不凡	1912年8月创刊,日报,福建省光复学生联合会之机关报,发行量约八百份,有排日倾向
自由钟日报(中文)	自由党福建支部之机关报	主管 陈毓祺	陈炯	1912年9月创刊,日报,发行量约七百份
天民日报(中文)	共和主义	陈绍祖	林柏棠、游昆	1912年10月创刊,日报,发行量约六百份,对民主党福建支部有好感
蒙事警报(中文)	就蒙古事件唤醒国民,主张保全领土	刘通	李慕牺	1912年12月创刊,与《共和报》同为桥南公益社之机关报,发行量约五百份,每周发行三次
国强报(中文)	共和统一党福建支部之机关报	主管 赵尔良	杨式琛、林福昌	1912年12月创刊,发行量三四百份,日报
通俗报(中文)	启发民智	福建教育司社会科	科长刘映岚	1912年10月创刊②,为一种通俗教育杂志,发行量五百份,每月发行两次
The Foochow Daily Echo(英文)	以转载上海报纸、登载广告为主	葡萄牙人米塞斯·罗萨里奥(福州印刷公司之持有人)		发行量二三百份,日报,区区广告性报纸,在政治上无影响力
厦　门					
全闽新日报(中文)	旨在鼓吹日本文明,同时为台湾人谋取方便	代表 台湾人江保生	江保生	1907年8月创刊,日报,发行量一千余份,中国人与台湾人之合资组织
南声(中文)	以鼓吹民权、促进共和为主,对日本无好意	代表 陈温珊	黄鸿翔	1911年11月创刊,日报,合资组织,资本金一万余元,发行量约一千四百份,革命派之机关报
声应日报(中文)	拥护民权	代表 林幸福	康荫田	1912年12月创刊③,日报,发行量约五百份,青年学生之合资组织,资本金约五六千元
汕　头					
民权报(中文)	共和	代表 张魁梧	杜少玄	1912年2月创刊,日报,发行量一千四五百份,股份制,资本金一万五千元

---

① 1912年1月改为本名。
② 1912年10月15日创刊。
③ 应为1912年11月25日创刊。

(续表)

报纸名称	主 义	持有人	主 笔	备 考
汉潮日报(中文)	共和	代表 沈秉刚	蔡润乡	1912年4月创刊,日报,发行量一千二百份,股份制,资本金一万元
图画报(中文)	共和	三少韫	吴子寿	1909年创刊,1912年因革命事变停刊,1912年6月再刊,隔日发行,发行量约八百份,资本金二千元(目前停刊中)
共和日报(中文)	共和	代表 姚景东	蔡钓溪	1912年9月创刊,日报,发行量约一千份,合资组织,资本金五千元(目前停刊中)
大东报(中文)	共和	代表 林秀岩	陈志群	1912年12月创刊,日报,发行量二千余份,资本金三万元,股份制,股东社会党员居多
大风日报(中文)	共和	代表 古直	温著淑	1913年2月创刊,日报,发行量三千五百份,股份制,资本金五万元,股东多为侨居南洋的中国人,国民党员占多数
广 东				
广东公报(中文)	广东政府的公布机关	广东政府		1912年8月1日创刊,日报,由政府发行,强制各官衙订阅,内容为中央颁布之法律、总统令、各部令及本省都督令、各司厅令、各官衙间往来公文
羊城新报(中文)	渐进主义,奖励实业	开新公司	莫任衡	1901年1月创刊①,日报,在实业界有信用,发行量二千五六百份
七十二行商报(中文)	振兴实业	罗少翱	陈罗生、陈宝尊	1902年5月创刊②,日报,代表商业界之舆论,发行量一千七八百份
粤东公报(中文)	国民党派	李大醒	陆伯海	1909年6月创刊③,日报,论调稍带激进派色彩,兼营印刷业,发行量二千份
中国日报(中文)	国民党派	李民胆	陈春醒	日报,作为同盟会之机关报从香港移至此处④,现为国民党(或广东政府)之机关报,以特电多而在报界最具影响力,发行量一万余份
震旦日报(中文)	国民党派	周汉男	康仲莘	1911年11月创刊⑤,日报,总有激进政论,亦为国民党之机关报,据传与法国天主教会或多或少有联系,发行量一千四百份
人权报(中文)	国民党派	李文治、胡惠	黄伯器	1912年4月创刊,日报,读者有一半在省城以外的地方,发行量三千份
国民报(中文)	国民党派	李筱庭	邓子鹏	1906年9月创刊,日报,在省城以外的地方有众多读者,发行量约三千份

① 报名应仍为《羊城日报》,1903年2月12日创刊,民国成立后略加改组。
② 1906年9月15日创刊。
③ 1910年创刊。另有同名报纸,于1906年5月创刊。
④ 1912年迁到广州。
⑤ 应为1911年1月创刊。

(续表)

报纸名称	主义	持有人	主笔	备考
平民报(中文)	国民党派	邓警亚	容伯挺	1911年11月创刊①,日报,国民党之机关报,讴歌社会主义,据传与美国人有关联,发行量三千份
民生日报(中文)	国民党派	陈德芸	陈仲伟	1912年7月创刊,日报,为新会人所办,发行量一千份
民治报(中文)	准国民党派	杨达廉	古君敬	1912年5月创刊,日报,为惠州人所办,发行量七百份
中原报(中文)	准国民党派	杨计黑	杨计黑	1911年11月创刊②,日报,论调不激进,发行量二千份
广东共和报(中文)	准国民党派	林惠	宋季缉	1912年11月创刊③,日报,发行量一千五百份
广东公论报(中文)	不偏不党	梁宪臣、钟荣新	何卫民	1910年12月创刊,日报,受到实业界以及渐进主义者欢迎,发行量二千份
南越报(中文)	国民党派	李汇泉	苏稜风④	1909年5月创刊⑤,日报,鼓吹共和思想,发行量二千三百份
安雅报(中文)	不偏不党	梁君武	黎佩诗	1900年9月创刊⑥,日报,受到文学爱好者欢迎,发行量三千份
商权报(中文)	振兴商业	何强	刘汉雄	1912年6月创刊,日报,商团的机关报,发行量一千五百份
梧州				
梧江日报(中文)	国民党派	国民党交通部甘陆耕	区笠翁	1912年12月创刊⑦,日报,发行量五百份
商业日报(中文)	振兴实业	刘厥敌	方醒同	1912年9月创刊,日报,与共和党有联络,发行量六百份
桂林				
广西民报(中文)	国民党派	桂林国民党支部	李天佐	1912年6月创刊,日报,发行量一百五十份
南宁				
广西公报(中文)	广西都督府的公布机关	广西都督府		1912年2月25日创刊⑧,日报,法令、告示之公布机关

---

① 应为1910年10月31日创刊。
② 应为1911年9月创刊。
③ 应为1912年7月创刊。
④ 1912年报告为"苏稜讽"。
⑤ 应为1909年6月22日创刊。
⑥ 一说1900年冬创刊。
⑦ 应为1911年9月创刊。
⑧ 原为《广西官报》,1907年7月创刊,1912年易本名。

(续表)

报纸名称	主义	持有人	主笔	备考
附录 香港				
共和报(中文)	原为保皇主义,现为保国主义	康有为、冯紫珊	伍宪子、陈文谷	创办后第八年,1910年因德国传教士名誉损害赔偿诉讼案,一时破产,盘给现在的持有人,但内部经营与以前无异。发行量约一千两百份。革命后改名,并且以保国为主义
寔报(中文)	革命主义	吕缉三	招安甫、陈志觉	创办后第五年,前任主笔任职期间为我方指定的报纸,该主笔辞职后为出资人所左右,因此往往带有排日论调,但现在无此态度
世界公益报(中文)	革命主义	股份制	黄伯耀	创办后第九年,发行量约一千七百份
循环日报(中文)	无固定主义	股份制	温俊臣	抵制日货浪潮过后不久即与日本方面接近,因此受到部分人的批评。尔后完全采取超然主义。发行量约二千五百份,报道准确,评论稍切实
华字日报(中文)	中立	合办组织 编辑主任 陆善祥 事务主任 何汝明	黄玉垣	创办已有三十余年,在中文报纸中最具影响力。辰丸事件发生时曾极力反对日本,但近年来态度一变,对日本表示同情。发行量三千七百余份。从去年2月开始,由我方为其提供一半的合办资金
大光明报(中文)	基督教	何敬珠	梁集生	1913年3月创刊,宗教报纸,发行量少
民国新报(中文)①	国民党机关	张晋铭	潘惠畴	创办后第三十四年,发行量五百份左右,影响力不大。自去年3月起,变更持有人,改称《民国新报》②(原名《维新报》)。与我方有特殊关系
香港日报(日文)	无固定主义	社长 松岛宗卫	松岛宗卫	于1909年9月1日发行,发行量约三百份
Hongkong Daily Press(英文)	中立	前持有人 Y. J. Murrow 承借人 D. W. Smith	主笔兼经理 B. A. Hale	1877年创刊,是发布政厅令及公布其他公告的机关,每年接受政厅三百弗补助,发行量在九百至一千份左右。报道稳健,足以信任。另外发行名为 The Hongkong Weekly Press and China Overland 的周刊
South China Morning Post[南华早报](英文)	无固定主义	股份制 社长 J.W.Noble	T. Petrie	1906年创刊。创刊后事业不振,亏损不断,但近年似有逐渐恢复的希望。因报社董事、大股东 Dr. Noble 为美国人,报纸常发表不利于日本的报道。发行量为一千份左右。另发行名为 The South China Weekly Post 的周刊
China Mail(英文)	中立,比其他报纸更关心宗教	合资组织 社长 Geo. Murray Bain	N. A. Donaldson	1845年创刊,每日傍晚发行,发行量在八百至九百份,影响力仅次于 Daily Press。另发行名为 The Overland China Mail 的周刊

---

① 1912年报告为《民国报》。
② 1912年的报告是"改称《民国报》"。

(续表)

报纸名称	主 义	持有人	主 笔	备 考
Hongkong Telegraph.[香港电讯报](英文)	中立	D. J. W. Noble	Fred Hicks	1881年创刊,发行量约五六百份,曾经是中国人的合资组织,1903年末,美国牙医诺贝尔以一万弗购得所有权后,进行大幅改革,读者渐渐增加。另发行名为 The Hongkong Telegraph Weekly 的周刊
Hongkong Government Gazette(英文)	香港政厅官报			周刊,有中、英文双语,发行量在四百份左右
Yellow Dragon(英文)				在皇仁书院的学生间发行
China Out-look(英文)	革命	广东政府出资支援	李才	革命后发刊,由中国人经营的唯一日刊英文报纸,发行量三百份。据说一美国人在暗中提供帮助

中国报纸统计表

地 名	中文	日文	英文	法文	德文	俄文	合计
北 京	38	1	1	1	—	—	41
天 津	27	1	5	1	1	—	35
保 定	1	—	—	—	—	—	1
太 原	8	—	—	—	—	—	8
哈尔滨	3	1	—	—	—	4	8
齐齐哈尔	3	—	—	—	—	—	3
长 春	1	1	—	—	—	—	2
吉 林	3	1	—	—	—	—	4
铁 岭	—	2	—	—	—	—	2
奉 天	7	1	—	—	—	—	8
安 东	—	1	—	—	—	—	1
辽 阳	—	1	—	—	—	—	1
牛 庄	3	1	—	—	—	—	4
芝 罘	2	—	1	—	—	—	3
济 南	8	—	—	—	—	—	8
青 岛	2	—	—	—	2	—	4
上 海	18	2	7	1	1	—	29
苏 州	5	—	—	—	—	—	5
杭 州	12	—	—	—	—	—	12
南 京	1	—	—	—	—	—	1

(续表)

地 名	中文	日文	英文	法文	德文	俄文	合计
芜 湖	2	—	—	—	—	—	2
安 庆	2	—	—	—	—	—	2
南 昌	7	—	—	—	—	—	7
汉 口	5	1	2	—	—	—	8
武 昌	3	—	—	—	—	—	3
长 沙	6	—	—	—	—	—	6
重 庆	4	—	—	—	—	—	4
成 都	10	—	—	—	—	—	10
贵 阳	1	—	—	—	—	—	1
云 南	1	—	—	—	—	—	1
福 州	11	—	1	—	—	—	12
厦 门	3	—	—	—	—	—	3
汕 头	6	—	—	—	—	—	6
广 东	17	—	—	—	—	—	17
梧 州	2	—	—	—	—	—	2
桂 林	1	—	—	—	—	—	1
南 宁	1	—	—	—	—	—	1
合 计	224	14	17	3	4	4	272
香 港	7	1	7	—	—	—	15

(秘)1915年5月印刷

关于中国报纸的调查

外务省政务局

关于中国报纸的调查
目　录

概况 …………………………… 108	南昌 …………………………… 122
北京 …………………………… 110	汉口 …………………………… 122
天津 …………………………… 113	武昌 …………………………… 122
太原 …………………………… 115	长沙 …………………………… 122
齐齐哈尔 ……………………… 115	重庆 …………………………… 123
哈尔滨 ………………………… 116	成都 …………………………… 123
长春 …………………………… 116	贵阳 …………………………… 123
吉林 …………………………… 116	云南 …………………………… 123
铁岭 …………………………… 117	福州 …………………………… 123
奉天 …………………………… 117	厦门 …………………………… 124
安东 …………………………… 117	汕头 …………………………… 124
辽阳 …………………………… 117	广东 …………………………… 124
牛庄 …………………………… 118	梧州 …………………………… 126
芝罘 …………………………… 118	桂林 …………………………… 126
济南 …………………………… 118	南宁 …………………………… 126
上海 …………………………… 118	**附录** …………………………… 126
苏州 …………………………… 120	大连 ………………………… 126
杭州 …………………………… 121	青岛 ………………………… 127
南京 …………………………… 121	香港 ………………………… 127
芜湖 …………………………… 121	澳门 ………………………… 128
安庆 …………………………… 121	中国报纸统计表 ……………… 128
九江 …………………………… 121	

备考

一、本表主要是1914年12月末的调查所得,但其中记录也有至今年1月调查的内容。

二、由于有关太原、安庆、武昌、长沙、贵阳、云南、澳门的调查报告,在印刷之前尚未送达,本表无奈采用了上一年的报告。

关于中国报纸的调查

概况

中国的报纸到1909、1910年为止,有中文报八九十种,英文报二十种,日文报十二三种,法、德、俄文报各三四种,总计一百二三十种。革命之前,除中文报达到了一百二十余种之外,其余报纸的数量没有明显增减。共和政府成立之后,随着各种政党团体的蓬勃兴起,数量众多的报纸作为党派的机关报而创刊。1912年末,以北京四十一种,天津三十五种,上海二十九种,广东十七种为最多,全中国范围内达到了总计二百七十余种报纸创刊的盛况。然而,由于二次革命的失败,隶属于国民党系统的报纸逐渐停刊。另外,由于各政党的衰颓,无法得到补助金而陷入经营困难的境地,停刊的报纸也接连出现。1913年末,全国范围内有中文报一百三十九种,日文报十八种,英文报十六种,法文报三种,德文、俄文报各四种,总计一百八十四种。与上年相比,减少了约三分之一。1914年末,中文报一百四十一种,日文报二十三种,英文报十七种,法文报四种,德文、俄文报各三种,以及蒙古文报一种,总计一百九十二种。与上年相比虽变化不大,但可以看出日文报的增加。

中国言论界的中枢是北京、上海,天津、广东等次之,均有十余种乃至二十余种报纸,但发行量却极少,在上海号称发行量最多的报纸也不过发行一万至两万份。其他各地报纸的内容转载北京或上海等的报纸,发行量二三百份至一两千份者最多。各报论调不少是攻击政府的。概而言之,隶属于政府系统的报纸,并且是政府或者执政党进步党的机关报,舞弄排日文笔者居多。尤其值得注意的是,日、德开战后,有些报纸成为德方的机关报,为德国辩护,对日本和英国等国的行为进行非议,但未见显著效果,也有不少报纸对日本表现出好感,主张日中和睦。

现将北京、上海、广东等地报界的近况介绍如下。

北京

1913年下半年正值二次革命后的过渡时期,报界动荡无常,系统、旗帜十分混乱。国民党解散后,隶属于同党的报纸全部停刊。北京的报纸多迎合政府之意,只能说属于官僚系统。1914年亦属同样情况。

就现今北京报界的变迁概而言之,1913年发行的《民宪日报》改名为《民宪话报》发行,在此前后发行的有《大陆日报》《金台风趣报》《日日新闻》《白话中国公报》《新社会日报》《北京超然新闻》《北京公论新报》《新民报》《关外民报》等,日文日报《新支那》于1913年9月,英文报北京 Gazette 亦于同年10月创刊,法文周刊《北京政闻报》也随即创刊。在这一年中由于触犯了政府的忌讳,涉嫌违反新闻条例而遭封禁的有《民主报》《民立报》《民国报》《国风日报》《亚东新闻》《国光新闻》《中央新闻》《民意报》《超然报》《新社会日报》《国报》。由于其他特定原因导致废刊或停刊的有《大陆日报》《国维报》《群强报》《法言报》《新纪元报》《新华报》《新民日报》《天声报》《实录》《定一报》《大一统报》《北京时报》《黄河报》等。其后的1914年,仅仅有《民宪话报》改名为《新民宪报》发行,以及《新中国报》《醒华报》《群强报》等二三份小报的发行,除此之外没有特别变化。

另外,1914年,北京中文报纸的同行成立了"报界同志会",其会员总计十九家(《平报》《顺天时报》等未加入)。会员中进步党成员和公民党成员出现了摩擦,属于进步党者于同年12月从其中分离出来成立了"新闻记者俱乐部"。

(附)

在北京的欧美通讯员

一、M.W.H.Donald(英国人):作为纽约《先驱报》特派员于二三年前来到北京,接替言论极端亲美排日的美国人奥尔,但《先驱报》北京支局以1914年12月为限期关闭,因此此人同时执笔于一份名为 Far Eastern Review 的月刊杂志,今后将会专门从事上述杂志的编辑工作。目前,由于伦敦《泰晤士报》的通讯员 Fraser 因旅行而缺勤，所以亦成为其代理。Donald 曾任香港 China Mail 的主笔，精通中国南方的事务。

二、Mr. D. Fraser（英国人）：伦敦《泰晤士报》特派员，曾是莫理循博士的助手，在革命动乱中从长江一带一直为 Times 做报道。其后莫理循被聘为中国政府顾问，而成为其继任者，但他的方针与莫理循并不一定相同，两者的交情如今也不十分深厚，对袁世凯及其政府则不像莫理循那样抱有好意。只是作为新闻记者的资历没有莫理循丰富，因此 Times 北京通讯的声价和信誉似乎不如从前。

三、Mr. A. E. Wearue：路透社特派员，一直都有亲日倾向。

四、Mr. F. Moore：美国联合通信社的特派员，所持观点十分稳健。然而，由于对中国抱有同情，其报道往往对日不利，但并不是对日本抱有偏见。

五、Mr. Giles：芝加哥 Daily News 的通讯员，是 Anderson（Anderson 已于 1914 年 7 月回国）的继任者，但非特派员，只是受特聘而任职，另外兼任 The Peking and Tientsin Times 的通讯员，总体上来说对日抱有好感。

六、Mr. T. Haltan Bush：伦敦 Daily Mail 通讯员，同时是 Peking Gazette 的经理。1914 年 6 月回国。

七、Dr. M. Krieger：兼任上海的东亚 Lloyd、德国本国《柏林日报》《汉堡新闻》，以及《科隆日报》等各社的通讯员。据说此人在当今时局中非常活跃。

八、Mr. B. L. Simpson：伦敦 Daily Telegraph 通讯员。作为关于远东的作家，在"Putnam Weale"雅号下早已闻名。但由于人品恶劣，一般无信誉。有反对袁世凯的倾向。

九、Dr. J. Brundt：北京中东铁路学校教授，同时负责向 Новое Время 及俄国首都电报通讯社提供通讯，人品颇高，但是甚缺机敏。

十、Mr. F. L. Pratt（英国人）：曾在香港担任过新闻记者，1914 年 11 月来此上任，Sydney Wald① 的通讯员。目前由于联合通信社的 Moore 正在旅行而成为其代理人。其妻为日本人，故一直有亲日倾向。

在北京的日本报纸通讯员

丰岛捨松——大阪每日新闻、东京日日新闻
小川节——时事新报
神田正雄——东京朝日新闻、大阪朝日新闻
顺天时报社——东京电报通信社
末次政太郎——福冈日日新闻
松村太郎——国民新闻
吉野近藏——帝国通信社
大和正夫——报知新闻
井上一叶——やまと新闻
橘朴——辽东新闻
新桥荣次郎——京城日报
金田一良三——天津日报
秋本文治——门司新报
辻武雄——满洲日日新闻

上海

上海的中文报纸在第一次革命②之后陆续发刊，一时达到了二十种之多。由于经营困难，《太平洋报》《东方日报》《东大陆报》《黄报》等陆续废刊。到前年春天为止，十五种报纸大致分为渐进主义的进步党和急进主义的国民党两派，唇枪舌剑，互相攻击。不过，因前年夏天二次革命失败，国民党派的报纸受到了极大打击。中国官方以其与乱党有染为借口，禁止国民党派报纸通过中国邮政局邮寄，或者与租界当局者交涉，要求禁止发行，施加巨大压力。《民立报》《中华民报》《民国新闻》等因此渐次废刊，而非国民党派的《民报》《民声日报》及国民党派的《天铎报》等也因为经济困难在二次革命前废刊。至去年春天，国民党派的《民权报》及《民立报》更名，《生活日报》也终于停刊，国民党派的所有报纸终于都不得已而废刊。这样，采用中文报纸形式的报纸，有第一次革命事

---

① 原文为"シドニー、ワールド"，疑为 Sydney Wald。下同。
② 指辛亥革命。

变前发刊的《申报》《时报》《新闻报》《神州日报》《时事新报》，以及第一次革命时发刊的《大共和日报》，共计六种。以上报纸中的《神州日报》（安徽派机关报）和《大共和日报》（王赓等一派以及军人派的机关报）已经暗地里作为现政府的机关报，在内政问题方面致力于拥护同派，同时攻击反对派，在对外问题上，则一直对日本的态度抱有猜疑，相互攻击。《申报》《时报》《新闻报》《时事新报》主要持中立态度，没有特别反对现政府，在对外问题上，对日本的猜疑则与上述两报大同小异，但文字并不露骨。特别是《申报》，自日、德两国开战以来就一直与德保持着密切的关系，但未见激烈的报道、评论，只不过登载《华德日报》（登载德国方面每日电讯和最新报道的报纸）的译文，还未显露锋芒。另外，各报社的电讯有一些来自各社特派员的电报（以北京来电为主），但除北京电讯之外几乎没有价值，与本社的电讯相比，各社都更多地将重心放于外国电讯上，刊载英国的路透社、德国《德文新报》、美国的纽约电报、日本的东邦通信社电讯等外电，评论所用材料也多源自此种外电。

还有，上海中文报纸与北京中文报纸南北呼应，形成了左右中国报纸舆论的力量，其发行量与数年前相比发展显著是不争的事实。第一次革命以来，内地各省市发行各种报纸，除了地方报道之外，多为上海中文报纸的摘录。因此，上海中文报纸的评论、报道往往具有充当各省内地报纸指导者的倾向。

广东

广东的报纸都很幼稚，摆脱不了地方报纸的状态，而且基本上资金微薄，经营困难，因此拿不出通讯费，一般的报道、评论多转载自北京、上海等地的报纸。即使是地方上的报道，由于未切实探访，缺少真实性，几乎不足信。不过，由于有很多广东人定居在南北美洲和南洋，广东的报纸和香港的中文报纸一起广泛传于以上地区，在海外自然拥有影响力，此为不容忽视的事实。第一次革命时自不待言，就说辰丸事件时抵制日货，乃至这次日中交涉问题①引起的排日思想，以及由此产生的抵制日货热，都是因广东报纸的宣传，立刻传播到海外的。

1914年间，教会的准机关报《广州报》创刊，作为进步党机关报的《岭华报》也发表了创刊预告，但该报最终连创刊号也没有发行，立刻消失了。报界的落寞实为近年罕见。另外，从该业界的倾向来说，中国一般政党热冷却了，作为革命的反动，人民又乐于万事太平的稳健态度，官方的威信也稍有恢复。因此，有关内政的评论脱离了原来的散漫状态，各报一致对开赌问题进行非议，语调偏激。另外，进步党系统报纸的官僚复活困难，只有两三例。总体来说度过了平静的一年，只是去年夏天欧洲战争爆发，引起了青岛问题这一余波，德国方面操纵报纸见效，各报异口同声非难我军的行动②，疑其野心，持续刊载排日报道，以至于一般民众对日抱有不少恶感，这是应当特别强调的波折。如今广东有中文报纸十八种，属于进步党机关报的有《华国报》《国报》《天职报》，属于公民党系的有《时敏报》《大公报》和准机关报《广州报》，与宗教有关的有《觉魂日报》及《广州报》两种。其他还有报纸以商人为客户，因此均标榜扩张商权、拥护民权。不过，其评论没有特定的主义，只能算是机会主义。

关于中国报纸的调查（1914年12月末）

报纸名称	主　义	持有人	主　笔	备　考
北　京				
政府公报（中文）	政府的公布机关			由旧《政治官报》改名而来，登载大总统令、各部总长令、叙任法令等，类似日本的官报。另外，亦登载重要的电报或公文等，作为参考资料不可或缺
陆海军公报（中文）	陆军部与海军部的机关报		罗泽炜	政府补助六百弗，发行量约两千份

---

① "日中交涉"指"二十一条"不平等条约引起的中日外交问题。下同。
② 指1914年9月日军侵占青岛。

(续表)

报纸名称	主　义	持有人	主　笔	备　考
顺天时报(中文)	鼓吹日中友好,作为日本的机关报广为人知	龟井陆良	平山武靖、小川早水	我方补助的机关报,作为北京最早的报纸,以观点、内容稳妥而为人所知,在官民间得到好评。1902年创刊①,在北京的中文报纸中发行量最多,约四千份以上,山东问题发生之后,发行量突然减到了三千份
北京日报(中文)	没有一定的主义,巧妙地迎合时势,在任何时代都显示出政府半官方报之态,尤其是被视为外交部的机关报	社长 朱淇	杨小欧	北京最老的报纸,仅次于《顺天时报》。社长朱淇是广东人,北京报界的代表,常出入于政府方面,一般来说可靠的报道很多,与英文北京 Daily News 有关系,后盘下此报成为其持有人。1904年7月创刊②,发行量三千份。欧洲战争发生以来对德国表示同情,反对日本,持续攻击。与梁士诒关系密切,据说每月接受交通部一千弗补助
京津时报(中文)	公民党机关报	汪立元(浙江人)	汪立元	最初是《上海时报》的分身,江苏派的报纸,1910年4月创刊③,发行量一千份,据说梁士诒每月补助五百弗
国民公报(中文)	梁启超一派的机关报,与共和党接近,为袁世凯辩护的重要报纸之一	陈敬第(浙江人)	黄为基④、陈以文	原咨议局联合会创办,宪友会成立后成为其机关报,及至该会会员孙洪伊等人在上海组建共和建设讨论会,隶属于其下,后来成为共和党机关报,属于张謇、熊希龄派。记者中留日出身的湖南人居多,1910年7月创刊⑤,发行量一千份
中国报⑥(中文)		袁振黄	张石生	1910年2月创刊,被视为军人派,内容不明,没有影响力,发行量两百份
民视报(中文)	北方保守派的报纸,是为袁世凯辩护的重要报纸之一	康士铎	张绍春	原来是孟昭常为主持人的《宪报》,即预备立宪公会机关报的后身,代表北方人士意见的保守性报纸,属于公民党派。社长康士铎原先主办《帝京新闻》,直隶人。1911年10月创刊,与梁士诒有密切的关系,在梁的周旋下每月从交通部得到五百元补助,目前发行量一千份
亚细亚日报(中文)	重要报纸之一,进步党的机关报	薛大可	周孝怀	社长以下多为留日出身的湖南人,拥有很多新进的人才,属于湖南派中有力的报纸,与参政院参政杨度关系密切。1912年3月创刊,日、德开战以来不遗余力攻击日本,发行量约两千五百份
国华报(中文)	进步党机关报	乌泽声	刘汉	1912年5月1日创刊,与参政院参政王揖唐(安徽人)有密切的关系,发行量一千五百份

---

① 应为1901年10月创刊。
② 1905年8月16日《北京报》改名《北京日报》。
③ 应为1910年6月16日创刊。
④ 即黄远生。
⑤ 应为1910年8月24日创刊。
⑥ 前身为在北京出版的《国报》。

(续表)

报纸名称	主　义	持有人	主　笔	备　考
大自由报(中文)	河南人的机关报	王泽邠(河南人)	王仲流	与政府及外交部有关,有时提供重要的材料。1912年5月创刊①,发行量约一千五百份
国权报(中文)	统一党机关报	阎孝荃(河南人)	王印川、贺昇平	大肆拥护袁政府,资金力量充实,因而纸张篇幅大,但内容杂乱。1912年6月15日创刊,政府每月补助一千五百弗,发行量一千五百份,与袁乃宽有密切的关系
天民报(中文)	属于进步党派	汤颐公(湖北人)	戴秋阳	1912年11月创刊,汤化龙派的机关报,发行量两百份
黄钟日报(中文)	统一党机关报	王印川	赵鹏图	与《国权报》《大自由报》属于同系报纸,1913年3月创刊②,河南派,每月政府补助三百弗,稍有影响力,发行量为一千五百份
国是(中文)		许芜咎	方元庚	1913年9月创刊,属于交通部系统,被视为梁士诒的机关报,由《国是日报》改名而来,毫无影响力,发行量不过一百份左右
日知报(中文)		郁桂岩	陈均、熊璋	1913年12月创刊③,据闻由海兰铁道督办施肇曾出资创办,另外德国商人瑞记洋行某买办也出资不少。据说与梁士诒也或多或少有关,但未得到确认,发行量三百份左右
大国民日报(中文)	政友会机关报	景耀月(山西人)	王鼎文	1913年8月创刊,属于政友会,有时会发表率直的评论,亦与袁乃宽有关联,每月获其补助三百弗,发行量一千份
民报(中文)		向瑞彝(湖南人)		1912年5月创刊,属于湖南派,传闻是熊希龄的机关报,发行量三百份左右
民强报(中文)	公民党	周陶	郭吁余	1913年3月创刊,与上海的《民强报》有关联,发行量六百份左右
新中国报(中文)	公民党机关报	张翊	章佩乙	与盐务稽核总所有密切的关系,发行量约五百份
平报(中文)	陆军部机关报	徐树铮(江苏人)	臧秋士	1912年9月创刊,徐是现任陆军次长,属军人系统,发行量约七八百份
新民宪报(中文)	公民党机关报	常秋史		1913年7月创刊的《民宪日报》在1914年11月停刊,改名为《新民宪报》。当时的主笔李宪芳与本社的投资人梁士诒不合而退社,发行量仅四百份
醒华报(中文)	共和党	王湘(四川人)		四川省人的机关报,发行量约二百份
爱国报④(中文白话)	与政党无关,没有一定的主义	李树年	金梦年	白话小报,与回教徒有关,号称北京报纸中销量最多,有三万份。1906年10月创刊

---

① 应为1912年6月11日创刊。
② 应为1912年3月创刊。
③ 应为1913年9月创刊。
④ 此报应为丁宝臣于1906年11月创办的《正宗爱国报》。

(续表)

报纸名称	主　义	持有人	主　笔	备　考
群强报(中文白话)		陆慎斋		在下层社会销量多,发行量约一万份,据说利润很多
新支那(日文)	向日本介绍中国的情况,同时也致力于使中国人了解日本情况	安藤万吉	同前	1912年3月创刊,周刊,在日中关系上有良好的影响
新支那(日文)		安藤万吉	同前	日刊,1913年9月与周刊《新支那》一起由同社发行,作为我国人的机关报受到中国人重视,因此近期应该加以一大改良
Peking Daily News[北京日报](英文)	宣称发表外国人方面的公平观察	朱淇	A. Ramsay(英国人)	号称独立经营,但是接受外交部和交通部的补助,现政府的机关报,在日、德开战后采取攻击日本的态度,最近排日的广东人李心灵作为特邀人员提供帮助
Journal de Pékin(法文)		Mercel von Lerberghe(法国人)	主笔 Lerberghe 归法从军中,由法国人 Brun 代理	1911年7月创刊,暗中由俄国公使馆掌握经营实权,与 Peking Daily News 相对峙,法国公使馆也不断干涉掣肘
Peking Gazette(英文)		Eugen Chen(陈友琴)①(中国人)	同前	德亚银行经理 Eglin 于1913年10月创刊,1914年11月陈友琴②盘下,表面上称完全由中国人持有,相信背后仍有德国当局潜在影响。日、德开战以来极力攻击日本,陈盘下后其锋芒稍隐,然而在1914年12月开始设置中文栏,在该栏攻击日本十分激烈
La Politique de Pékin[北京政闻报](法文)		Li Shen		1914年4月创刊,周刊,为袁政府辩护,对日本无好意
天　津				
直隶公报(中文)	直隶都督府的机关报	北洋官报局	石少川	1901年以来发行的《北洋官报》改称而来③,主要登载命令、公文、告示、章程等,发行量三千五百份,资本金五万元,读者中官员最多
天津日日新闻④(中文)	标榜进步主义,谋求开发新风气	方若	方若	1901年创刊⑤,日刊,发行量约二千份,资本两万元,言论稳健,在官界、商界、中流社会以上各方面受到欢迎。一直与日本有关联,总是主张亲日主义,内容相对精准
大公报(中文)	主张社会改良和教育普及	股份制 代表　英敛之	樊子培	1902年创刊,日刊,资本三万元,发行量约五千份,言论公平而受到上流社会的欢迎。近年来对日示好,与党派无关联
中外实报(中文)	被视为德国人的机关报	德国人德璀琳和汉纳根	杨荫廷、王硕甫⑥	1905年创刊⑦,日刊,发行量七百份左右,资本金三万元,内容多为各报的摘录。读者不过是与外国人接近的部分人士

---

①②　原文如此,应为"陈友仁"。
③　《北洋官报》创办于1902年12月25日。
④　又名《日日新闻》。
⑤　1900年冬以该名出版。
⑥　上一年报告称王石甫。
⑦　应为1904年创刊。

(续表)

报纸名称	主 义	持有人	主 笔	备 考
时闻报(中文)	无特定主义	名义持有人 李大义	李大义	1906年创刊,日刊,资本金一万五千元,内容不外乎市井杂事,读者多为中层以下阶层。日、德开战时,登载过诽谤日本军队的内容,但近来宣传亲日,改良版面,增加读者。发行量约一千五百份
民心报(中文)	舆论代表	名誉总理 刘孟扬 股份制 代表 顾叔度	顾叔度	1909年创刊,日刊,资本金四千元,读者多属中流社会。总理刘孟扬是警察厅官员,有御用报纸的倾向。本报曾经名为《民兴报》,被盘下后更名而成,发行量一千份左右
天津晨报、天津晚报(中文白话)	无固定主义	刘世臣	刘世臣	1912年10月创刊,晨报与晚报。刘少云是天津警察厅督察科长刘孟扬之弟,与《民心报》有关系。廉价小报,发行量约一千份
白话皱报、白话暮钟报(中文白话)	无特定主义	李风矗	李风矗	1912年8月创刊,晨报与晚报,仅仅登载烟花巷之事,发行量《皱报》约四百份,《暮钟报》约一千份
经纬报(中文)	共和主义	张镒	王静山	1910年创刊。曾经是直隶巡警道机关报,现与进步党有关系,资本金一万元,日刊,发行量约六百份
天津商报(中文)	发展商业	股份制 经理 杨筱莲	张芷峰	天津商务总会机关报,有时接受官方的补助。读者以天津本地商人居多。至今有亲日倾向,但日、德开战后,在山东问题上往往登载对日本反感的言论。资本金五万元,发行量约六百份
北方日报(中文)	共和主义	股份制 代表 张晓岩	郑汝塔	1909年创刊①,日刊,资本金一万五千元。曾一时获得政府补助,但后来补助中断,经营困难,内容贫乏,1914年春终于停刊。同年8月日、德断绝国交后,靠我国补助复刊,提倡日中亲善,目前获得了很多读者,发行量约三千份,前主管贺培桐实际上经营着此报
警世报(中文白话)	无主义	李锦堂	李锦堂	1914年2月创刊,日刊,资本金两千元。该报只不过登载市内杂事及烟花巷新闻,发行量约四百份
旭日报(中文白话)	无主义	贺采臣	贺采臣	1912年5月创刊,日刊,登载烟花巷新闻,在下层社会有读者,发行量约一千份
天津时报(中文)	无主义	张杏田	张杏田	1914年6月创刊,日刊,总是揭人隐私加以攻击,评价不好,发行量约八百份
天津日报(日文)	当地我国侨民的机关报	合作组织	西村博	由《北清时报》《北支那每日新闻》合并改名而来。1910年1月创刊,资本金三千圆,发行量七百份
日华公论(日文、中文)		森川照太	橘朴	1912年11月创刊,周刊,登载有关中国政治、经济等的报道。1914年12月发行中文部分,发行量各五百份

---

① 应为1910年5月9日创刊。

(续表)

报纸名称	主 义	持有人	主 笔	备 考
民天时报(日文杂志)		藤江正治	藤江正治	1915年1月创刊,月刊,仅仅登载烟花巷消息和广告,发行量约两百份
天津评论(日文杂志)	基督教青年会机关杂志	日本人基督教青年会	佐藤惣三郎	1910年9月创刊,月刊,发行量约三百份
The China Times[中国时报](英文)	一向对日本示好,近来更有特别密切关系	股份有限公司 经理 T. G. Fisher	R. Bate(伦敦 Daily Mail 通讯员)	1901年创刊①,日刊,发行量四五百份,资本金三万元,然而亏损严重,维持困难,内容贫乏,持有人和主笔退出,由董事 Jaques(英国人)代为经营
The Peking and Tientsin Times[京津泰晤士报](英文)	拥护英国利益	Tientsin Press Ltd. 经理 H. A. Chapell	H. G. W. Woodhead	1894年以周刊形式创刊,1900年改为日刊②,英国人的机关报,发行量八九百份,资本金九万七千两,是天津地区出色的英文报纸。对日本表示好意,但违背英国利益时则登载评论,毫无忌惮攻击日本
The China Critic[中国评论](英文)	无固定主义	股份制 North China Printing & Publishing Co., Ltd.	C. L. Norris Newman	1908年1月创刊,资本金三万两,发行量四五百份,家庭性晚报,内容大致稳健
The Tientsin Sunday Journal(英文)	有亲德倾向	意大利人 F. H. Borionis	F. H. Borionis	1909年8月创刊,周刊,发行量二三百份。对日本无好感,在外国人中评价不好,据说接受德国领事馆补助
L'Echo de Tientsin[天津回声报](法文)	天津法国租界当局机关报	法国商人合资组织	Marcal③ Sanlais(法国人)	日刊,对日本抱有好感,资本金约两万法郎,发行量二三百份
Tageblatt für Nord-China(德文)	德国人的机关报	股份制 经理 H. Frick-höffer	K. F. Dressler	日刊,以伸张德国人的利益为目的,发行量两三百份
The China Advertiser(英文)	伸张日本利益	松村利男 经理 大木干一	松村利男	继承1909年9月创刊的 The China Tribune 更名而来
太 原				
山西公报(中文)		山西巡按使	荆大觉	发布法令、告示、公文等的机关报,发行量约三千份
公意日报(中文)	共和	李文虎	蒋虎臣	革命后曾为山西官方机关报,发行量约一千份
晋阳公报(中文)	共和	梁廷锡	孙蕃	接受山西官方的补助,发行量约一千八百份
绳报(中文)	奖励实业	杨起	常麟书	股份制,发行量约一千五百份
齐齐哈尔				
通俗教育报(中文)	教育普及	陶景明	郭毓奇	1914年12月创刊,日报,黑龙江省教育科机关报,发行量约八百份

---

① 应为1886年创刊。
② 1902年改为日刊。
③ 1913年报告为"Marcel"。

(续表)

报纸名称	主 义	持有人	主 笔	备 考
哈 尔 滨					
Харбинский вестник[哈尔滨日报]①（俄文）	拥护中东铁路政策	隶属中东铁路民政部长	主编 季先科②	1904年创刊③，日报，中东铁路机关报，近来为了促进日、俄邦交，在政治、经济上积极鼓吹亲日主义
Новая жизнь[新生活]（俄文）	社会革命主义	在哈尔滨的犹太人合资（新生活社）	斯恩菲利德	1909年创刊④，日报，拥护哈尔滨工商业者（犹太人）利益的机关报，不时出现过激言论，至今为止屡次被禁止发行，屡次改名。每周发行关于时事的讽刺画报
Восток[东报]（俄文）	没有固定主义	艾斯·波莱奇卡	艾斯·波莱奇卡	1912年3月29日创刊，日报，对俄国官方持有反对态度，在俄国人方面声誉不好，发行量极少
远东报（中文）	以密切俄中关系为目的	中东铁路厅	亚·史弼臣、戚养泉（俄国人）	1908年创刊⑤，日报，中东铁路的机关报，曾经刊载排日性报道、评论，最近颇为倾向于亲日主义
Mongγol-un sonin bičig（蒙文）	引导蒙古人	中东铁路厅	监督 亚·史弼臣（俄国人） 编辑 那丹珠（蒙古人）	1909年创刊，每月发行两到三次，标榜引导开发蒙古人，同时对蒙古人采取怀柔态度，鼓吹亲俄主义，每号印刷约一千份，免费分发给蒙古各族王公等人，或是分发给蒙古人香客或者其他人
北满洲（日文）	谋求通商发展	木野清一郎	大河原厚仁	1914年7月创刊⑥，周报，介绍中国东北北部、东俄的情况，谋求密切与我国的通商关系
长 春					
长春日报（日文）	主要报道时事，谋求实业发展	箱田琢磨	泉廉治	日报，发行量四百三十份
吉 林					
吉林公报（中文）		吉林公署公报局		1912年3月1日起，将至今发行的《吉林官报》改名为《吉林公报》隔日发行，登载命令、法令、公文、告示和电报，发行量约六百份上下
吉长日报（中文）	以启发民智为目的	顾植	瞿钺	曾经接受吉林官方的补助，目前有停止补助之意，但作为其机关报一如当初，发行量两千五百份
吉林时报（中文）		儿玉多一	儿玉多一	周报，发行量一百六十份

① 亦译《哈尔滨新闻》或《哈尔滨公报》。
② 亦译季申科。
③ 应为1903年6月创办。
④ 应为1907年11月创刊。
⑤ 应为1906年3月14日创刊。
⑥ 此处存疑。1913年调查报告称，1908年10月5日创办，周刊（目前休刊中）。

(续表)

报纸名称	主 义	持有人	主 笔	备 考
铁 岭					
铁岭时报（日文）		社长 西尾信	西尾信	1911年8月创刊，日报，为登载日本领事馆、居留民会公告的报纸，登载政治、经济及其他一般事项，发行量三百五十份
满洲野（日文）		迫田采之助	迫田采之助	1913年4月创刊，每月发行两次，发行量约三百份，登载实业、教育、文学及其他内容
奉 天					
奉天公报（中文）		巡按使公署政务厅		登载奉天行政公署公告的机关报，日报
盛京时报（中文）		中岛真雄	佐藤善雄、任光春（中国人）	1906年12月创刊①，日报，资本金两万圆，接受外务省的补助，发行量约六千五百份
奉天醒时报（中文）		合资组织 主持人 张子岐（回教徒）	张维祺（女性）	1909年2月创刊，日报，发行量约增加至两千五百份。此报纸向来有排日倾向，近来不再登载对我国不利的报道，但登载德国方面的消息
东三省公报（中文）	不偏不倚	经理 陶秉章	陶秉章	本报为《东三省日报》的变身，资本金两万元，合资组织，据说接受中国官方和商务总会的补助。1912年2月发刊，日报，发行量约三千份
奉天日日新闻（日文）		吹野勘	友成达治②	1908年12月以《南满日报》为名创刊，1912年9月改名。奉天总领事馆从1908年12月起每月补助公告费三十圆，发行量约一千五百份
满韩公论（日文）		高桥清八		每月发行一次
满洲通信（日文）		武内忠次郎	武内忠次郎	创刊于1914年8月日德战争之际，以电讯为重点，其后发行普通通讯，日报，油印
内外通信（日文）		合田愿	合田愿	1907年7月创刊，晚报③，油印，主要是广告性报纸，发行量约七百份
安 东					
安东新报（日文）		南部重远	南部重远	与民团相关者有联络，1906年创刊，1912年9月与《每夕新闻》合并，发行量约一千四百份
辽 阳					
辽阳新报④（日文）		渡边德重（山梨县人）	渡边德重	隔日发行，发行量约四百份，日本领事馆、警务署、辽阳居留民会等发布公告的报纸
ヒノキ（日文）		武田松太郎	武田松太郎	每月发行一次，发行量约三百份，报道发生在东北地区的一般性新闻，是在中国东北、朝鲜以及日本拥有读者的杂志

---

① 应为1906年9月1日创办。
② 1913年报告为"友成达治"。
③ 1912年前的调查记录为"日报"。
④ 亦译《辽阳每日新闻》。

(续表)

报纸名称	主 义	持有人	主 笔	备 考
牛 庄			
营商日报(中文)	商业的发达	商务总会	张悌青(山东人)	商务总会的机关报,同会会员的股份制组织,发行量为八百份
满洲新报(日文)	不偏不党	社长 冈部次郎	小川义和	1908年2月创刊,牛庄居留民团每月补助银一百五十圆,日刊,发行量约四千份
芝 罘			
芝罘日报(中文)	所论公平	桑名贞治郎	桑名贞治郎	1907年创刊,日刊,发行量约一千份。近期改良了外观,普遍有信誉
钟声(中文)	启发民智	丁训初	丁训初	日刊,发行量五六百份,言论稳健,受到学者欢迎
进化日报(中文)	为官方辩护	万坤山	王儆予	日刊,发行量五六百份,值得一读的内容少
Chefoo Morning Post(英文)	无主义	J. Silverthorne	J. Silverthorne	以各报的摘录为内容,影响力微弱,但却是山东唯一的英文报纸,发行量约两百份
济 南			
山东公报(中文)		马官敬	张子佩	1913年2月创刊,日刊,刊载政府的条令、公文等,在山东巡按使监督下发行,发行量约一千五百份
山东日报(中文)	山东官方机关报	马官敬	张子佩	1912年7月创刊,日刊,言论稳健,在济南的报纸中最受好评,发行量约一千二百份,据说从公署接受补助金
大东日报(中文)	进步党机关报	王景尧、叶春埄	王景尧、牟海秋	1912年6月创刊,日刊,以实业界的报道为重点,内容有条理,有信誉,进步党的机关报,往往发表排日性言论,发行量约一千份
通俗报(中文)		吴秋辉	吴秋辉	1915年1月创刊,日刊,小报,无影响力,发行量约四百份
简报(中文)		李仲铭	吕清宸	1906年2月创刊①,日刊,在商人间多少有影响,发行量约一千份
教育公报(中文)		巡按使公署教育科	王泽同	1914年2月创刊,月刊,刊载教育相关的条令、消息,发行量约八百份
实业公报(中文)		巡按使公署实业科	潘复	1913年3月创刊,月刊,刊载实业相关的条令、报道,发行量约五百份
上 海			
申报(中文)	以前属于进步党派,持中立态度、拥护熊希龄一派,近来被德国收购,结果对德国抱有好感	史量才	陈景韩	发行量约一万五千份,中国最老的报纸。该报重要出资者为应德闳、赵凤昌等,另外,与熊希龄、张謇、程德全、朱益藩等人有关系。最近,因为德国方面巨额出资,在德国总领事馆注册,论旨及报道至今比较公平实在,但亲德内容多

---

① 似应为1903年创刊,待考。

(续表)

报纸名称	主　义	持有人	主　笔	备　考
新闻报(中文)	并无固定主义,总是持中立态度,表示是中国实业家方面的机关报	汪汉溪	张继斋	发行量约两万份,是上海报纸中最多的。股东中上海实业家居多,美国人福咖森也是股东之一。该报纸在香港英国政厅注册,表面上的专务董事是英国人J. D. Clark,经理是英国人J. Morgan。本报完全标榜中立,作为中国报纸,评论、报道公平精确,广告颇多,在一般人士中信誉高
时报(中文)	原来是康有为、梁启超一派的机关报,然而近年来与上述一派产生意见分歧,有拥护现任政府,特别是梁士诒一派的倾向	狄楚卿	包朗生	发行量约一万两千份,以我国人宗方小太郎的名义在日本总领事馆注册,不过,约定宗方不干涉编辑工作,因此,与别的中文报纸一样,有时刊登排日内容。据说,前年通过梁士诒获得了由现任政府出资的股金约十万元。自此,令人感到其成为间接性政府御用报。另外,据称应德闳一派的管祥麟也多多少少有出资,最近有言论称南京冯将军准备出资五万乃至七万盘下该报,因为社员不同意未能实施。持有人狄楚卿最近对本报的经营不太热心,但是作为中文报纸具有相当的信誉与价值
神州日报(中文)	安徽派的机关报,拥护袁世凯,纯御用报纸,致力于排日	汪允中	余谷民	发行量约三千份,股东以安徽人居多,从革命前起就一直由袁世凯派提供补助,反对熊希龄派和梁士诒的广东派,特别是有关对外事件方面,激烈地排斥日本,令人感到是现任政府内部意志的表达机关。作为报纸,信誉与价值普遍都不高
时事新报(中文)	江苏派的机关报,一向属于进步党派,近来却自称与该党无直接关系,不反对现任政府,但不是纯政府机关报	孟森	陈承泽	发行量约六千份,与该报相关者为张謇及其他江苏派,至今政府方面多少提供补助,一时有上述补助中止之说,不过,根据最近的论调,似乎继续维持与政府的关系
大共和日报(中文)	以王赓为中心的团体机关报,拥护袁世凯,是纯御用机关报,呼应《神州日报》,属于排日派	钱芥尘	吴瑞书	发行量约三千份,王赓等负责经营,与军人派有很多关系,获得袁世凯派高额资助,第一次革命以来,极力担负拥护袁世凯之任
商务日报(中文)	标榜为实业机关报,并没有什么主义	汪荫潘		发行量约五六百份,评论、报道并不值得一看,总是缺乏资金,作为日刊报纸几乎没有价值
上海日报(日文)	拥护日本人	井手三郎	岛田数雄	发行量约一千二百份
上海日日新闻(日文)	拥护日本人	宫地贯造	柏田忠一	该报纸1914年10月发刊,发行量约一千份
上海(日文)	介绍中国情况	佐原笃介	西本省三	1913年2月创刊,周刊,发行量一千多份
North China Daily News[字林西报](英文)	拥护英国的政策,以增进英国的利益为唯一目的,论调稳健,但极力排斥德国	North China Daily News & Herald Ltd.	O. M. Green	上海公共租界的机关报,发行量约两千多份,是中国的英文报纸巨擘,另外发行名为 North China Herald 的周刊杂志

(续表)

报纸名称	主　义	持有人	主　笔	备　考
Shanghai Times［泰晤士报］(英文)	拥护英国,近来对日本有好感,在鸦片问题上为沙逊家族谋取利益	Mrs. O'Shea	D. Nottingham	发行量约八百份,前持有人 John O'Shea 在第二次革命前后获得中国政府巨额资助,因此连载激烈的排日报道。John O'Shea 死后该报又归其遗孀所有。因为与中国政府断绝了关系,正对日本表示好意
Shanghai Mercury［文汇报］(英文)	中立,拥护英国的同时,一向对日本和德国抱有好感,但近来排斥德国	The Shanghai Mercury Ltd.	R. D. Neish（苏格兰人）	晚报,发行量约一千五百份,虽然大股东是英国人,德国人的持股亦不少,因欧洲战争,与德国人断绝关系,我国人佐原笃介是记者之一。另外发行了名为 Celestial Empire 的周刊摘要
China Press［大陆报］(英文)	进取,拥护美国,标榜美、中亲善,近来激烈地反对日本,对德国抱有好感	The China National Press Incorporation	Thomas F. Millard（美国人）	发行量约两千多份,周日发行量为三千份左右,根据美国特拉华州法设立,英美烟草公司是主要出资者。日、德开战以来特别致力于排斥日本,力图离间、中伤中国和日本,据传德国向该报提供补助
L'Echo de Chine［中法新汇报］(法文)	拥护法国政策	Oriental Press	S. Sabard（法国人）	发行量不明,约一千份,法国总领事馆及耶稣会的机关报
Deutsche Zeitung Für China［华德日报］(德文)	拥护德国	Der Ostasiatische Lloyd	Carl Fink（德国人）	日刊,1914 年秋创刊,排斥协约国,在中国问题上,致力于离间、中伤中国和日本,发行量不明,推测为四五百份
Der Ostasiatische Lloyd［德文新报］(德文)	拥护德国远东政策	Der Ostasiatische Lloyd	Carl Fink（德国人）	周刊,作为德国在远东的机关报,影响最大
The National Review［中国公论西报］(英文)	力图拥护中国权益,时而刊登排日报道	W. Sheldon Ridge（英国人）	Farmer（英国人）	月刊,发行量约一千份。该报在上海订阅者不多,但在欧美似乎意外著名。前上海电报局长唐露园所属的国民党派失败后,一度经济困难,但其后继续维持与北京政府的关系。现任上海电报局长袁长伸通过该局多少提供补助,并且刊登中国交通部直属的铁路公司广告,维持经营
Far Eastern Review［远东新报］(英文)	以东亚的工商业报道为主,言论公平	Rea, George Bronson（美国人）	Parlane, Lewis J.	月刊杂志,受到政治、经济界重视
苏　州				
苏州日报(中文)		石雨声	李公弼	与政党无关,日刊,发行量九百份左右,主笔曾为苏州警察厅官员
苏醒报(中文)①		陈彝鼎	杨剑花	日刊,发行量约三四百份,主笔曾为小学教员
钟声报(中文)		周鸣九	周鸣九	日刊,发行量二三百份,主笔曾为上海警官

---

①　一说为《苏醒日报》,1912 年创刊。

报纸名称	主　义	持有人	主　笔	备　考
杭　州				
浙江公报(中文)	发布法令、规定	巡按使署	杭辛斋	1912年2月创刊,日刊,发行量约一千份
全浙公报(中文)	标榜扩张民权、民智	股份制	程光甫	1909年5月创刊,日刊,资本金为八千元,据传接受浙江巡按使补助,发行量约三千份
之江日报(中文)	启发民智	陈勉之	徐冕伯	1913年4月创刊,日刊,被视为浙江官方机关报,资本金为三万元,发行量约四千份
浙江潮(中文)	启发民智	王卓夫	王夺锦	1912年1月创刊,日刊,资本金约一千元,信誉低,不受好评,发行量六百份
彗星报(中文)	鼓吹共和	股份制	马诒初	1912年12月创刊,日刊,发行量五百份,资本金为四千元,与进步党有关系
寅报(中文)	奖励实业	王道	潘璠	1914年创刊①,日刊,报道不实,信用低,发行量约一千份
南　京				
政闻日报(中文)	政府机关报	张鹤第(号云门)	李世由(号晓曒)	1914年6月创刊,日刊,发行量约三千份,经费由官方补助②
大江南日报(中文)			王润身(号泽民)	1914年4月创刊③,日刊,发行量一千五百份,是仅次于《政闻日报》的报纸
话报(中文)			曾科进(号益思)	1913年11月创刊,1914年间曾一度停刊,但近期复刊,发行量不过四五百份
芜　湖				
皖江日报(中文)	启发民智	谭明卿	郝梗人	日刊,发行量约五百份
直言报(中文)		翟奇化	陈翰芬	1913年12月创刊,发行量约五百份
间谭(中文)		左益秉	郝梗人	1913年2月创刊,发行量约二百五十份,多为烟花巷消息
安　庆				
民岩报(中文)		合资组织 代表人 吴霭航	吴霭航	日刊,发行量约一千份④
九　江				
信报(中文)	公平	合资组织	王元震	1913年末创刊,影响还不大,九江商务总会总理舒法甲等人合资创立,目前九江唯一的报纸

---

① 1914年3月30日创刊。
② 一说1917年出现。
③ 一说是1913年创刊。
④ 1912年6月1日创刊。

(续表)

报纸名称	主 义	持有人	主 笔	备 考
南 昌				
江西民报(中文)		姜颙	姜端(号旭民)	1912年创刊,日刊,发行量约五六千份,报道比较正确,其信誉在南昌报纸中位列第一,目前与政党无关联
大江日报(中文)	共和主义	高臣瑗	崔璞	读者之广仅次于《江西民报》,有相当的信誉,曾与进步党有关联,但目前似乎没有关系
汉 口				
国民新报(中文)	官僚派机关报	合资组织 社长 李华堂	刘振中、刘云集、何何山	1912年4月创刊,8页,发行量三千五百份,资本金两万元,都督府的机关报,据说每月获得补助。社长李华堂总是与湖北官方来往,发表评论为袁世凯政府辩护。在山东问题上近来谴责日方的政策
中西报(中文)①	稳健	合资组织 社长 王华轩	王痴梧、杨幼庵	1913年创刊,日刊,发行量两千份。近来致力于实业方面的报道,订阅者以实业家居多
新闻报(中文)	稳健	张瀛远	凤竹荪、曾华如	1914年创刊②,日刊,与《汉口日报》主笔冈幸七郎有关,主张中日亲交。主笔凤竹荪老练精干,言论公平,虽创办日浅,但获得信誉。发行量达两千八百份,资本金三千元
汉口日报(日文)		我国人合资	冈幸七郎	1907年8月创刊,日刊,发行量五百份,资本金一千五百元
Hankow Daily News[中西日报](英文)	稳健	F. Newel	E. B. Helme	1906年创刊,日刊,发行量约五百份,有亲德主义
Central China Post[楚报](英文)	对共和主义抱有同情心	Archibald	Brailsford	1910年2月创刊,报道比较精确,有时会刊载重要的报道
武 昌				
大汉报(中文)	共和主义	胡石庵	胡石庵	1911年10月创刊③,10页,发行量约四千份,在武汉报纸中信誉最高
群报(中文)	促进共和	社长 谢少钦	周云晴	1912年1月创刊,8页,发行量约一千五百份,在各报中官方消息最灵通
长 沙				
湖南政报(中文)	行政公署的发布机关	行政公署政报处		1913年11月创刊,日刊,发行量不明,登载省令、公文等,仿政府公报
湖南公报(中文)	进步党的机关报	马廷赓	袁子素	日刊,发行量五千余份,从行政公署接受补助金。该报在第二次革命期间曾经受到国民党派的压制,一度停刊,1913年11月隶属于进步党而复刊时逢其他报纸停刊,发行量增加,在长沙最有影响。对日本无好感

---

① 《中西报》,又名《中西日报》,创刊于1906年。1911年10月清军大举进攻汉口,大火中被焚毁。《中西晚报》,全称《汉口中西报晚报》,1913年5月15日创刊,为恢复《中西报》打下基础。后《中西报》于1913年9月15日复刊。
② 1914年5月28日创刊。
③ 应为1912年2月18日创刊。

(续表)

报纸名称	主　义	持有人	主　笔	备　考
湖南演说报(中文)	以启发中下层社会为主义	何劲	盛先畴	白话文,日刊,发行量约两千份
重　庆				
崇实报(中文)	宣扬天主教,所论公平	重庆天主堂		周刊,4页,发行量约五百份,是重庆资历最老的报纸
重庆日报(中文)	重庆各官署的机关报	陈祖望	陈祖望	1913年10月创刊,日刊,因经费不足而处于停刊中
商务日报(中文)	重庆商务会的机关报	重庆商务会	周文钦	1913年5月创刊①,日刊,发行量约一千份
重庆商报(中文)	商务会反对派商人的机关报	贺子孝	刘承向	1914年4月创刊,日刊,发行量约七百份
危言(中文)	川东道署的机关报	傅瑶	刘辟亘	1914年5月创刊,日刊,发行量五百份
川东捷报(中文)	川东道内的通讯	傅亦天	傅亦天	1915年1月创刊,日刊,发行量约八百份
正论日报(中文)	共和党机关报	向执中	刘泽嘉	1914年2月创刊,日刊,发行量一千份
繁华(中文)		马恢先	杜新周	1914年7月创刊,日刊,刊登游艺等内容,发行量约三百余份
成　都				
天声报(中文)	振兴实业	刘冬心	田镜秋、谢至仁	日刊,发行量约一千五百份
进化白话报(中文)	四川教育司的机关报	教育司	王紫凤	1912年4月创刊,日刊,发行量约四千份
西方报(中文)	开发西蜀及西藏地区	王季烈	王季烈	1912年5月创刊,日刊,发行量约一千份
西蜀新闻(中文)	共和党的机关报	文奉池	文奉池	1913年创刊,日刊,发行量约一千四百份
四川公报(中文)	成都商务会机关报	成都商务会	吴好义	1912年创刊,日刊,发行量约两千份
贵　阳				
黔风(中文)	贵州官方的机关报	张大安	张仲佳	1912年7月创刊,日报,单面8页,经营费用几乎全由官方提供
云　南				
云南政报(中文)		云南巡按使署		日刊,登载关于云南之诸法规及施政业绩等
福　州				
福建公报(中文)	福建政府法令的公布机关	福建巡按使公署		1912年1月10日创刊,日刊,官报,刊登各官厅之命令、告示、公文、指令等,发行量约九百份
闽报(中文)	公平无私,拥护我方对福建政策	前岛真(熊本县人)	前岛真	福建最早的报纸,接受台湾总督府补助,发行量约一千份,一周发行三次

① 应为1914年4月25日创刊。

(续表)

报纸名称	主 义	持有人	主 笔	备 考
民生报(中文)	振兴实业	曹芬	曹芬	1914年8月创刊,日报,发行量约五百份,与实业家有关联
The Foochow Daily Echo(英文)	以转载上海报纸、登载广告为主	葡萄牙人米塞斯·罗萨里奥(福州印刷公司之持有人)		发行量二三百份,日报,登载船舶出入状况、外汇汇率,每周转载一次上海报纸,报道福州外国人的社交消息
厦 门				
全闽新日报(中文)	旨在鼓吹日本文明,同时为台湾人谋取方便	代表 台湾人江保生	江保生	1907年8月创刊,日报,发行量一千三百份,中国人与台湾人之合资组织,近来发行量略有增加,完全属于日本系统,总与《闽南报》竞争
闽南报(中文)	自由民权	合资组织 代表 吴毛	黄鸿翔	本报纸之前身为《厦门日报》,1911年10月改名为《南声日报》,1914年4月因攻击观察使,编辑受到处罚而废刊,后以英国籍人为代表,取名为《闽南日报》,获得英国领事之许可,于同年6月复刊。其后登不利于英国的报道,代表被除去英国籍。再次获得中国官方允许后,于同年10月续刊。实际上自《厦门日报》以来经营者为黄鸿翔。一直鼓吹排日思想,目前表面上似乎仰官方鼻息。日报,发行量一千份左右
汕 头				
大东报(中文)	共和自由	代表 金雨耕	郑独醒	1912年12月创刊,日报,发行量一千六百份,股份制,因经营困难停过刊
公言报(中文)	共和	代表 张秩据	温丹铭	1913年10月创刊,日报,股份制,经营困难,发行量一千四百份,进步党之机关报
广 东				
广东公报(中文)	广东政府的公布机关	广东政府		1912年8月1日创刊,日报,由政府发行,使各官衙义务订阅。内容为中央颁布之法律、总统令、各部令及本省各官厅令、告示、各官衙间往来公文
羊城报(中文)	渐进主义,奖励实业	莫天一	莫任衡	1901年1月创刊①,日报,普遍有信誉。记者中有邓子恒、平湖等知名人士,言论稳健。发行量约五千份
七十二行商报(中文)	振兴实业	罗少翱	陈罗生、陈宝尊	1902年5月创刊②,日报。代表商业界之舆论,普遍有信誉,广东报纸中发行量最大,据说约有六千份
人权报(中文)	无固定主义	李文治	黄伯器、陈藻乡	1912年4月创刊,日报。一半读者在省城以外的地方,发行量约三千份

---

① 报名应仍为《羊城晚报》,1903年3月12日创刊,民国成立后略加改组。
② 应为1906年9月15日创刊。

(续表)

报纸名称	主 义	持有人	主 笔	备 考
广东共和报(中文)	无固定主义	宋季辑	霍佐周	1912年11月创刊①,日报,广东报纸销售业者创办的博爱同群社经营。涉及政治问题少,受商民欢迎,是有影响的报纸之一。发行量约五千份
南越报(中文)	无固定主义	李汇泉	孔亮泉、任孝勤	1909年5月创刊②,日报,与警察厅有关系。有评价称其官方消息及市中报道迅速且正确,发行量五千份左右
商权报(中文)	振兴商业	何强	刘汉雄	1912年6月创刊,日报。商团之机关报,但爱读《总商会商报》③者居多,因此本报销量不佳,发行量约一千份
华国报(中文)	进步党机关报	马秀峰	林灿予	1913年1月创刊,日报。与官方关系深厚,报道比较正确,发行量约五千份。本报中有张孝直、陈有楚、陈耀屏等拥有新知识的记者,因文章雄健,评论正确,在上流社会很有影响力
总商会新报(中文)	振兴实业	股份制 代表 刘公誉	刘公誉	1913年8月创刊,由宏业公司经营,号称广东总商会之机关报,据称发行量六千份,为广东第一流的报纸
觉魂日报(中文)	以救世济民为目的	崔梦兰	欧阳寿石	1913年创刊,日报。由福音教会经营,带有布教色彩,在政治上无影响力,发行量一千份左右
华严报(中文)	准进步党机关报	梁大仓	梁大仓	1913年7月创刊,日报。虽非纯粹的进步党机关报,但社长梁大仓为进步党党员,自然有拥护进步党之倾向,发行量约一千五百份
天职报(中文)	军人派机关报	卢国杰(字少芝)	何杰三	1913年11月25日创刊,日报。本报由进步党广东支部副部长卢国杰主持,实际上由龙济光兄弟出资,作为军人派之机关报在军人中有众多读者,发行量约二千份
国报(中文)	进步党机关报	代表 陈新亚		继承原保皇党之机关报《国事报》后改名,1914年1月创刊,日报。进步党支部之机关报。言论稳健,普遍受欢迎,但销量不大,发行量三千份左右
时敏报(中文)	共和党机关报	区濂	伦哲如、黄荣新、卢博浪④	原名为《日日新报》,由现任两广盐运使区濂(梁士诒亲戚)及伦哲如、黄荣新等共同接手,1914年1月改名发行。共和党之机关报,总是过激,登载煽动性的报道,不受上流官民欢迎,但为学生及下层社会爱读,发行量约三千五百份(曾因青岛问题激烈攻击日本而被官方勒令停止发行一周)

---

① 应为1912年7月创刊。
② 应为1909年6月22日创刊。
③ 从同年报告看,疑为《总商会新报》。
④ 一作卢博郎。

(续表)

报纸名称	主　义	持有人	主　笔	备　考
大公报(中文)	公民党机关报	代表 李芳		1914年1月创刊①,日报,与《时敏报》有关联,股东为公民党员。目前发行量不过一千四五百份,经营困难
广州报(中文)	准公民党机关报	社主 林立		《大公报》以前的大股东林立以耶稣教徒为后援,于1914年6月创刊,日报。由于社长的缘故,应视为公民党之准机关报。报道无特点,社主为旧教徒,与法国传教士有关联,发行量约一千五百份
安雅报(中文)	无主义	朱云表 名义人 梁君民②	黎佩诗	广东报纸中历史悠久的《博闻报》之后身,曾一度舍弃报纸之名,改称《安雅世说篇》,后来更名为现名《安雅报》。言论稳健,无特长,但一般有相当的信誉,发行量号称约三千份。管理者为广东印刷局长朱云表,除主笔外,还有范桂馨、龚干圃等记者
梧　州				
商业日报(中文)	振兴实业	刘厥敌	何铁魂	1912年9月创刊,日报,梧州商务会之机关报
良知日报(中文)		施烈	罗功	1913年7月创刊,日报,进步党之机关报,发行量九百份左右
桂　林				
公论报(中文)	进步党机关报	王愈	王愈	1915年创刊,发行量六七百份
公报(中文)				日报,经营困难,据传无法经营下去
南　宁				
指南日报(中文)	进步党之机关报	霍之璞	周伯勤	日报,发行量约八百份
附录　大连				
满洲日日新闻(日文)		株式会社满洲日日新闻社	田原祯次郎	1907年11月3日创刊,日刊。关东都督府发布公文的报纸,大半股份为满铁所有。发行量一万三千份
辽东新报(日文)		末永ハナ子	吉仓旺圣	1905年11月创刊,日刊。虽然反对都督府方面,但并不过激。与政党无牵扯,发行量约一万二千份
泰东日报(中文)		金子平吉	金子平吉	1908年10月创刊③,日刊。住在大连的重要中国人出资创办,但因收支不相抵,经营困难。发行量约三千五百份
Manchuria Daily News(英文)		南满洲铁道会社	滨村善吉	1912年8月创刊,日刊。原来作为《满洲日日新闻》的号外发行,但后来与其分离,转为满铁经营。该社为向外国人介绍东北的情况而发行。发行量约一千二百份

---

① 一说1912年创刊。
② 之前及之后的年份均为"梁君武"。
③ 一说1908年11月3日创刊。

(续表)

报纸名称	主 义	持有人	主 笔	备 考
青 岛				
青岛新报(日文)		发行人 神野良隆 社长 鬼头玉汝	编辑人 中岛勇一	1915年1月创刊,日刊,发行量约两千五百份
香 港				
共和报(中文)	保护香港中国商人的利益	股份制	霍公实、江显煌	创办后第十年,持有人多次变更。到前年为止,由康有为一派出资,充当其机关报,但去年以来其组织形式完全改为股份制,股东主要为商务总会成员,因此以保护香港中国商人的利益为主义。内容丰富,言论稳健,发行量亦增加,约达到二千五百份。对日本最有好感,最近正计划增加投资
世界公益报(中文)	中立	劳伟孟	黄耀公、劳伟孟	创办后第十年,一向为革命主义,但现在无固定主义,内容少,无影响力,总对日本持有恶感,发行量千份有余
循环日报(中文)	中立	股份制	何冰甫	创办四十余年,内容丰富,报道准确,现今已凌驾《华字日报》,是香港最具影响的报纸,发行量达三千余份。曾一度接近日本方面,但此后采取超然主义,近来则显著登载排日报道
华字日报(中文)	中立	合作组织	主笔 黄玉垣、林子虬 外事部主任 陆庆南 事务主任 何汝明	创办三十余年,辰丸事件发生时曾极力反对日本,其后态度改变,最终由我方为其提供部分合作资金。内容比较正确,在香港的中国报纸中曾最具有影响,但近来发行量显著减少,面临经营困难。在革命时期曾极力赞扬袁世凯,但据说近来完全无关
中外新报(中文)	中立	Hongkong Daily Press	冯承炎	创办后第四十五年,是香港最早的报纸。内容少,发行量不过七百份,但因经营方法巧妙,据说仍有些获利
大光日报(中文)	基督教主义	股份制	麦梅生	1913年3月创刊,以传播基督教为主义,发行量不过五百份
香江日报(中文)	无固定主义		李日初、邓子芳	为《香江杂志》的变体,发行量极少,无任何影响
香港日报(日文)	无固定主义	松岛宗卫	松岛宗卫	1909年9月1日创刊,发行量约三百份,一直受到我国各公司补助
Hongkong Daily Press (英文)	中立	股份制 代表 D. W. Smith 事务经理 H. A. Cartwright	B. A. Hale	1877年创刊。公布政厅令及其他公告的机关,每年接受政厅三百弗的补助,发行量一千余份。内容稳健且足以信任。前持有人为已故 W. J. Murrow,承借人为 D. W. Smith,近来变更为股份制,莫罗一族为股东。另发行名为 *The Hongkong Weekly Press and China Overland* 的周刊

(续表)

报纸名称	主义	持有人	主笔	备考
South China Morning Post[南华早报](英文)	中立	股份制 社长 J. W. Noble	T. Petrie	1906年创刊。创刊后事业不振，亏损不断，但近年有逐渐恢复的希望。因报社董事、大股东 Dr. Noble 为美国人，报纸常发表不利于日本的报道。发行量为一千份左右。另发行名为 The South China Weekly Post 的周刊
China Mail(英文)	中立，比其他报纸有宗教趣味	合资组织 社长 Geo. Murray 经理 H. Murray Bain	N. A. Donaldson	1845年创刊，每日傍晚发行，发行量七八百份，影响力仅次于 Daily Press，另发行名为 The Overland China Mail 的周刊
Hongkong Telegraph.[香港电讯报](英文)	中立	持有人 D. J. W. Noble 经理 G. W. C. Burnett	Fred Hicks	1881年创刊，发行量八百份，曾经是中国人的合资组织，1903年末，美国牙医诺贝尔以一万弗购得所有权后，进行改革，读者渐渐增加。另发行名为 Hongkong Telegraph Weekly 的周刊
Hongkong Government Gazette(英文)	香港政厅官报			周刊，有中、英文双语，发行量在四百份左右
Yellow Dragon(英文)				在皇仁书院的学生间发行
澳门				
澳门通报(中文)	中立	何伯苟	何伯苟	发行量约四百份，据说经营困难

中国报纸统计表

地名	中文	日文	英文	法文	德文	俄文	合计
北 京	25	2	2	2	—	—	31
天 津	15	4	5	1	1	—	26
太 原	4	—	—	—	—	—	4
齐齐哈尔	1	—	—	—	—	—	1
哈尔滨	1	1	—	—	—	3 (蒙古文1)	6
长 春	—	1	—	—	—	—	1
吉 林	2	1	—	—	—	—	3
铁 岭	—	2	—	—	—	—	2
奉 天	4	4	—	—	—	—	8
安 东	—	1	—	—	—	—	1
辽 阳	—	2	—	—	—	—	2
牛 庄	1	1	—	—	—	—	2

(续表)

地 名	中文	日文	英文	法文	德文	俄文	合计
芝罘	3	—	1	—	—	—	4
济南	7	—	—	—	—	—	7
上海	7	3	6	1	2	—	19
苏州	3	—	—	—	—	—	3
杭州	6	—	—	—	—	—	6
南京	3	—	—	—	—	—	3
芜湖	3	—	—	—	—	—	3
安庆	1	—	—	—	—	—	1
九江	1	—	—	—	—	—	1
南昌	2	—	—	—	—	—	2
汉口	3	1	2	—	—	—	6
武昌	2	—	—	—	—	—	2
长沙	3	—	—	—	—	—	3
重庆	8	—	—	—	—	—	8
成都	5	—	—	—	—	—	5
贵阳	1	—	—	—	—	—	1
云南	1	—	—	—	—	—	1
福州	3	—	1	—	—	—	4
厦门	2	—	—	—	—	—	0
汕头	2	—	—	—	—	—	0
广东	17	—	—	—	—	—	17
梧州	2	—	—	—	—	—	2
桂林	2	—	—	—	—	—	2
南宁	1	—	—	—	—	—	1
合 计	141	23	17	4	3	3（蒙古文1）	192
(附录)							
大连	1	2	1	—	—	—	4
青岛	—	1	—	—	—	—	1
香港	7	1	6	—	—	—	14
澳门	1	—	—	—	—	—	1
合 计	9	4	7	—	—	—	20

(秘)1916年6月印刷

关于中国报纸的调查

外务省政务局

关于中国报纸的调查
目　录

概况	134
北京	137
天津	141
太原	143
齐齐哈尔	143
哈尔滨	144
长春	144
吉林	144
龙井村	144
局子街	145
铁岭	145
奉天	145
安东	145
辽阳	146
牛庄	146
芝罘	146
济南	146
上海	147
苏州	149
杭州	150
绍兴	150
南京	150
芜湖	150
安庆	150
开封	150
南昌	151
汉口	151
武昌	152
长沙	152
重庆	152
成都	153
西安	153
兰州	153
福州	153
厦门	153
汕头	154
广东	154
梧州	156
南宁	156
贵阳	156
云南	156
附录	157
大连	157
青岛	157
香港	157
中国报纸统计表	159

备　考

一、本表大致是 1915 年 12 月末的调查报告，但其中有些部分是至今年 5 月的调查。

二、由于有关太原、安庆、梧州、贵阳的报告在印刷之前尚未送达，本表无奈采用了上一年的报告。

关于中国报纸的调查

概况

中国的报纸到 1909 年、1910 年为止，有中文报八九十种，英文报二十种，日文报十二三种，法、德、俄文报各三四种，总计一百二三十种。革命之前，除中文报达到了一百二十余种之外，其他报纸数量没有明显增减。共和政府成立之后，随着各种政党团体的蓬勃兴起，数量众多的报纸作为其机关报而创刊。1912 年末，以北京四十一种、天津三十五种、上海二十九种、广东十七种为首，全中国计有二百七十余种报纸创刊，盛况空前。然而，由于二次革命的失败，隶属于国民党系统的报纸逐渐废刊，另外，因为各政党的衰颓，无法得到补助金陷入经营困境而废刊者也陆续出现。1913 年末，全国共有中文报一百三十九种、日文报十八种、英文报十六种、法文报三种、德文和俄文报各四种，总计一百八十四种，约减少了三分之一。1914 年末与上一年相差不大，有中文报一百四十一种、日文报二十三种、英文报十七种、法文报四种、德文和俄文报各三种，以及蒙古文报一种，总计一百九十二种。1915 年秋天发生帝制问题①，反袁运动爆发，上海、广东、云南等地有多种中文报纸创刊，全国共有中文报一百六十五种、日文报二十六种、英文报二十一种、法文报四种、德文报三种、俄文报两种、蒙古文报一种，总计二百二十二种。

中国舆论界中枢是北京、上海，天津、广东次之，均有十余种乃至二十余种的报纸，但其发行量却极少，即使在上海，号称发行量最多的报纸也不过发行一万至两万份。在其他地方，报道的内容转载北京或上海等地报纸，发行量二三百份至一两千份者最多。至于各报的论调，除了政府或政府派的机关报拥护袁世凯外，革命派报纸则大力攻击袁世凯，随着革命军势力的扩大，其论调也日益激烈。而中立派的报纸与去年相比，毫不留情抨击袁世凯政府的报纸也增多了。

全中国报纸最繁荣的是北京、上海，现将两地近况介绍如下。

北京（1915 年 12 月末调查）

现在北京共有中文报纸二十一种，此外也有数种诸如《政府公报》《陆海军公报》《农商公报》《教育公报》《税务公报》等特种刊行物和杂志。现就 1915 年间日报的异动来看，与往年相比颇为显著。该年停刊的日报有《国民公报》（梁启超等的机关报）及《中国报》《大自由报》《民报》《新中国报》《平报》《新民》《宪报》等，达七种之多，而新创刊的有《大中华日报》《北京时报》《兴中日报》《帝国新报》（均属帝政派）和英文报 The Peking Post 等。发生如此大的变化，原因在于政治和经济上的因素。就基于政治因素者举例来说，《新中国报》以某国阴谋为题，认为存在着在中国实施日本殖民统治的阴谋。登载如此夸大虚构之说，完全在于煽动民心，有害邦交，因此有关方面立刻勒令其停止发行。据说上述只是表面上的原因，事实上该报纸是试图不时以巧妙的笔法发表对帝制不利的评论。还有，《民报》被筹安会发起人之一的杨度收购，改名为《帝国新报》，《平报》则因其持有者陆军次长徐树铮渎职事件被革职而停刊。其他新创刊的报纸也都是为了鼓吹帝制，直接或间接地得到有关方面援助而创办。现将各报的态度说明如下，以供参考。

一、各中文报纸（《顺天时报》除外）在日、德开战以来，对日本都采取了反对和攻击的态度。日中交涉一开始，各报对日攻击更是愈演愈烈，只要是能拿来攻击日本的材料，事无巨细加以登载，尤其是《亚细亚日报》《北京日报》等，最为显著。在内政问题上，针对津浦、京汉各铁道的营私舞弊事件，以及陆军、交通、财政各次长的渎职事件，广东、安徽等地各政治派别利用各自机关报相互揭短攻击，耸人听闻。及至帝制问题发生，最初有两三份报纸没有领会到政府的真意，大力反对帝制，但筹安会及政府方面的活动奏效，二十多家报纸全都异口同声地

---

① 指袁世凯称帝问题。译文中有些地方根据日语翻译成"帝政"，亦指同一问题。以下各年报告相同。

鼓吹复兴帝政的必要性，颂扬袁总统的功德而推戴其做皇帝。据说，政府在帝政问题发生以来为了操纵报纸，至少每月给各家报社发放少则三百弗多则一千五百弗的补助金，至今仍在继续。总之，据一般认为，北京各中文报纸除《顺天时报》之外，因政府的压迫或怀柔，几乎都被政府任意操纵。因此，可以说不存在真正代表舆论的报纸。

二、《顺天时报》在北京的中文报纸中以往是发行量最大的，曾经达到过四五千份。但日中交涉问题发生以来，发生抵制日货运动，结果招致中国官方的压迫，报纸事实上失去欢迎，发行量渐次减少，最终减少到一千份左右。然而，帝政问题发生以来，由于此报带有反对帝政的色彩，并且逐渐浓厚，发行量也随之不断增加。云南事件一爆发，其发行量骤增，达到了前所未有的九千份。这是因为云南事件和帝政问题发生后，各报一味迎合政府的意思，对事实进行遮掩修饰。与此相反，该报希望通过如实报道让读者了解到事实真相，由此产生了上述倾向。由于此报报道中有十分不利于现政府的内容，中国政府将其视为眼中钉，最初是以种种方法，试图收买该报记者，但并未奏效，不得已收买该报的报贩（中国人），或威胁报童，以种种手段阻碍其销售，但最终未能达到目的，近来则采取稍微放任的态度。虽然如此，中国官方仍将其视为内乱煽动者而大加憎恨。

三、北京的欧文报纸，三种英文报中有早报两种，晚报一种，两种法文报中有日报和周报各一种。现就主要者略述其特色。*Peking Daily News* 仅仅是一心一意迎合政府的意思。现任主笔 Ramsay 提出了许多针对该报的改良意见，而社长朱powiedziała依赖政府的补助金，唯以消极维持为主，不采纳主笔的建议。因此，作为报纸来说，总体上属于劣等，只是对日本的攻击不遗余力。*Peking Gazette* 自从归现社主陈友仁手中后，呈现愈加进步之状，外观和内容都远远凌驾于 *Peking Daily News* 之上。在攻击日本上亦不断舞弄有力的毒笔，在此方面也远远超过 *Peking Daily News*。陈友仁虽是广东人，却完全不通中文，不具中国学问，不了解中国现状。他的头脑完全是英国式的，因而时常毫无忌惮地批判中国官方的陋习，特别是帝政问题一发生，不仅立刻戳破帝政派的阴谋等，而且屡屡译载上海方面中文报纸上的帝政反对意见，看上去几乎就是一个帝政反对者。另外，在一般的时事问题上，他也丝毫不加掩饰，因此给政府当局者带来不少困扰。陈友仁数年来一直担任交通部顾问，每月接受三百余弗的补贴。因此，上述情况被怀疑是受了交通总长唆使，梁敦彦也为此遭到大麻烦。事后查明完全是陈友仁所为，据说陈因此受到诘问，并且被停发补助金，多亏蔡廷干等人以同乡关系大力斡旋，以将来为戒而顺利解决了此事。

（附）
在北京的欧美记者
一、W. H. Donald（英国人）：作为纽约《先驱报》的特派员，于三四年前来北京，接替言论极端亲美排日的美国人奥尔。1914 年 12 月，随着《先驱报》北京支局的倒闭，他开始兼为上海发行的 *Far Eastern Review* 月刊杂志执笔，并且后来完全成为该杂志主笔，担任起编辑的工作。除此之外，他帮助 Fraser，不断为 *North China Daily News* 提供通讯。由于曾在香港任 *China Mail* 主笔，精通中国南北情况，而且作为重要活动家，因此在北京的欧美新闻记者中居相当重要的地位。对日本不太有好感，有时发表对日不利的言论，尤其是在日中交涉期间最为热心地采取了反对、攻击的态度。

二、D. Fraser（英国人）：伦敦 *Times* 的特派员。以前作为莫理循博士的助手，曾在第一次革命之乱中于长江一带为 *Times* 做报道。其后，由于莫理循被聘为中国政府顾问而成为其后任。其方针与莫理循并不一定相同，就像两者的交情现在也不深厚一样，对于袁世凯及其政府，不像莫理循那样抱有好意。不过，作为新闻记者的资历不及莫理循，所以 *Times* 北京通讯的身价和信誉似乎不如从前。

三、M. S. Fyffe（英国人）：路透社特派员，1915 年夏天，作为 A. E. Wearne 的继任者从上海来京。

四、C. S. Smith（美国人）：美国联合通信社（Associated Press）特派员，1915 年 8 月作为 F. Moore 的继任者从伦敦来到北京，所持观点稳健，与其前任 Moore 一样，对日本完全不抱有偏见。

五、W. R. Giles（英国人）：芝加哥 *Daily News* 通讯员，1914 年 7 月回国的 Anderson 的继任者，但并非特派员，仅为特聘人员。另外，其兼任 *The Peking and Tientsin Times* 的通讯员，最初对日怀有好意，日中交涉问题发生以来被中国当局所收买，大肆攻击日本，同时热心拥护中国政府。其努力确实得到了中国政府的认可，因此谒见过袁总统。然而此人无操守，无见识，只是一个被钱左右的通讯员。因此今后中国政府对其态度如何，由此又会引起何种变化，无法预测。

六、M. Krieger(德国人)：兼任上海的东亚 Lloyd、德国本国《柏林日报》《汉堡新闻》，以及《科隆日报》等各社的通讯员。在此局势下，其活动非常频繁，现在部下中使用了许多中国人做助手，不断地将对德国有利、对敌国不利的中文通讯分发到中国各方面，对日本方面也分发了日文通讯。

七、B. L. Simpson(英国人)：伦敦 Daily Telegraph 通讯员，作为关于远东的作家，在"Putnam Weale"雅号下早已闻名。此人具有文才，但不仅不修素行，而且颇有些神经质，因此普遍无信誉，在北京上流外国人社会中受到指责排斥。虽有过反对袁世凯的倾向，但在日中交涉时被中国政府收买，极力攻击日本，为中国辩护，发出了对我国极为不利的通讯。

八、A. Ramsay(英国人)：曾任香港 Daily Press 副主笔，长期居住在香港。1914 年被北京 Daily News 聘为主笔而来京，同时兼任香港 Daily Press 的通讯员。

九、F. L. Pratt(英国人)：曾任香港 China Mail 记者，1914 年 11 月作为 Sydney Wald 的通讯员来到北京。因其妻为日本人，所以自然具有亲日倾向。

十、Vevevkine(俄国人)：俄国首都电报通讯社(Petrograde Telegraphic Agency)通讯员。1915 年作为 Brundt 的继任者来到北京。

在北京的日本通讯员

楢崎观一——大阪每日新闻、东京日日新闻(1915 年春，作为丰岛捨松的继任者到任)

小川节——时事新报

神田正雄——东京朝日新闻、大阪朝日新闻

渡边哲信——报知新闻(1915 年 12 月到任)

顺天时报社——东京电报通信社

野满四郎——亚细亚通信社

末次政太郎——福冈日日新闻

松村大郎——国民新闻

吉野近藏——帝国通信社

井上一叶——やまと新闻

新桥荣次郎——京城日报

金田一良三——天津日报

安东不二雄——满洲日日新闻

长谷川贤——上海日报、青岛日报

上海

上海的中文报纸在第一次革命后最为繁荣，达到了约二十种，但此后有些报纸由于经营困难而停刊，加上国民党受到压迫，导致其机关报全部停刊。1915 年末仅剩《申报》《时报》《新闻报》《神州日报》《时事新报》《大共和日报》六种，多为政府的机关报，即便不然，也采取中立的态度，不能反对政府。但 1915 年秋《中华新报》创刊，主要反对现政府，《亚细亚报》①创刊，则为政府辩护。此外，也出现了标榜联络日中的《华报》。1916 年春，《民信日报》《民国日报》《民意报》等创刊，都反对政府，两派的言论日益激烈。

法国租界团体暗中发行有中文《战争周报》，主要免费分发给中国人。此外还有名为《演说报》的白话报纸(从政府接受补助，连载排日报道)，以及烟花巷的小报和中文杂志等。另外，日文和英文的周刊、月刊杂志也不少，但与政治以及言论界并没有特别的关系(本表将其省略)。还有，标榜中立的《新申报》已发出预告，不日出版。中文报纸中，反袁报纸都未采用洪宪年号，标着中华民国五年，因此被中国邮政局禁止邮寄。但在日本邮政局，这类报纸作为"第三种邮政物"得到承认，或者用封装在政府机关报或中立报中的方法，通过中国邮政局邮寄。外文报纸与前一年相比没有很大的变动。

上海中文报纸的具体党派划分如下表：

---

① 即《亚细亚日报》。

拥护袁政府主义 ⎰ 上海亚细亚日报（筹安会机关报）
　　　　　　　 ⎱ 神州日报（从政府接受补助的皖系机关报）

中立主义（多数持反帝制论调）⎧ 申报
　　　　　　　　　　　　　　⎪ 新闻报
　　　　　　　　　　　　　　⎨ 时报
　　　　　　　　　　　　　　⎪ 华报
　　　　　　　　　　　　　　⎩ 商务日报

反袁主义 ⎧ 时事新报（进步党派加上旧国民党派的一部分而成）
　　　　 ⎪ 中华新报（旧国民党派与进步党派共同经营）
　　　　 ⎨ 民信日报（旧国民党派）
　　　　 ⎪ 民国日报（旧国民党派）
　　　　 ⎩ 民意日报（旧国民党派）

关于中国报纸的调查

报纸名称	主　义	持有人	主　笔	备　考
北京（1915年12月末）				
政府公报（中文）	政府的公布机关			由旧《政治官报》改名而来，登载大总统令、各部总长令、叙任、法令等，与日本的官报无异，但也登载其他政务等的重要电报或公文书等，因此，是不可或缺的参考资料，日刊
陆海军公报（中文）	陆军部及海军部的机关报		罗泽炜	政府补助六百弗，发行量约两千份
教育公报（中文）	教育部的公布机关		各部处的编辑处发行	刊登《政府公报》发表之外的公文书、统计等，每月发行一次
农商公报（中文）	农商部的公布机关			同上。另外，各调查报告等十分具有参考价值，每月发行一次
税务公报（中文）	税务处的公布机关			同上。还刊登其他方面的各种调查等，每月发行一次
				以上各公报，相关官署都有订购义务，而一般购阅者也不少
顺天时报（中文）	鼓吹日中友好，作为日本的机关报广为人知	龟井陆良	平山武靖、山川早水	我政府补助的机关报，也是北京最早的报纸，1902年创刊①，在北京的中文报纸中发行量最多，约四千份。1914年山东问题发生之后，发行量突然减到三千，接着又是日中交涉，又是抵制日货，发行量一时骤减至两千份以下。然而1915年秋帝制问题一发生，发行量剧增，仅数日间约达九千份，是北京报界未曾有过的数量，日刊

---

① 应为1901年10月创刊。

(续表)

报纸名称	主 义	持有人	主 笔	备 考
北京日报(中文)	没有一定的主义，巧妙地迎合时势，在任何时代都显示出政府半官方报之态，因此对部分社会而言不太重要	社长 朱淇	杨小欧	仅次于《顺天时报》的北京最老的报纸，社长朱淇是广东人，北京报界的代表，所以其内容一般得到信任。1904年7月创刊①，发行量约三千份，欧洲战争发生以来对德国表示同情，日本进攻青岛时，极力攻击日本军队的暴行，在日中交涉前后，不遗余力抨击日本。与梁士诒关系密切，每月从交通部得到一千弗的补助，日刊
京津时报(中文)	原公民党机关报	汪立元	金逢时	最初是上海《时报》的分身，江苏派报纸，但是现在与广东派接近，特别是与梁士诒有关，与此同时汪社长任内务部金事之职，所以有时似乎是内务部机关报。据说每月从内务部及交通部得到八百弗补助，所以该报与其他报纸相比，广告收入比较多，日刊
民视报(中文)	北京保守派的报纸，为袁世凯辩护	康士铎	康士铎、张绍春	原来是孟昭常为主持人的《宪报》，即预备立宪公会机关报的后身，代表北京人士意见的保守性报纸，属于公民党派，社长康士铎原先主办《帝京新闻》，直隶人。1911年10月创刊，日刊，与梁士诒有关系，在梁的周旋下从交通部每月得到五百元补助，目前发行量约一千份
亚细亚日报(中文)	宪政协进会机关报	薛大可	黄独、刘守少	重要报纸之一，原进步党的机关报，每月同党提供八百元补助。帝政问题发生以来，成为宪政协进会的机关报，同会每月提供一千弗补助，此外还直接获得政府补助，是财政上最富余的报纸。从薛社长开始，主笔黄独、刘守少，以及其他很多人是湖南人，多为留日出身，新进人才济济，尤其是刘、黄两人目前也兼任《帝政新报》的主笔，与参政院参政杨度有密切的关系。1912年3月创刊，日刊。在山东问题及其后的日中交涉、帝政问题上，不遗余力攻击日本。而且，该报为纯粹的政府机关报，各官衙几乎都有订购的义务，因此在官界影响颇大，发行量一时达到五千多份，云南事件发生之后骤减至半数
国华报(中文)	原为进步党机关报，现在是宪政协进会机关报	乌泽声	崔琨	1912年5月1日创刊，日刊。与原参政院参政、现吉林巡按使王揖唐(安徽人)有密切的关系，目前也与孙毓筠关系密切，是积极的帝政拥护鼓吹者。发行量一千五百份，影响力仅次于《亚细亚日报》
国权报(中文)	政友会机关报，属拱卫将军军需局督办袁乃宽(袁世凯的亲属)所有	阎孝荃(河南人，原国民党议员，现为政友会会员)	贺昇平	大肆拥护袁政府，资金的充分程度在北京各报纸中列第一，纸张篇幅大，外观好，但内容依旧杂乱，因此在政界不太重要。1912年6月15日创刊，日刊，政府每月补助一千五百弗，发行量两千五百份，其中一千份为免费赠送

① 1905年8月16日《北京报》改名为《北京日报》。

(续表)

报纸名称	主 义	持有人	主 笔	备 考
天民报(中文)	属于进步党派,与湖南人有关	汤颇公(湖北人)	戴秋阳	1912年11月创刊,日刊。汤化龙及汤芗铭兄弟的机关报,在帝政问题发生以来,与内务总长朱启钤接近,从宪政协进会每月得到六百弗补助,另外和从前一样也从汤芗铭处每月得到若干补助,但是与汤化龙的关系,因帝政问题而自然解除
黄钟日报(中文)	统一党机关报,与参政院参政、福中公司督办张镇芳(河南人)密切相关。张参与管理袁世凯的家事、财政	王印川	赵鹏图	与《国权报》《大自由报》属于同系报纸,1913年3月创刊①,日刊,属河南派,每月得到政府三百弗补助。总理王印川为参政院参政,因此此报也相当有影响力,发行量约一千五百份
国是(中文)		许宪皆	方元庚	由《国是日报》更名而来,1913年9月创刊,日刊。曾属于交通部,被视为梁士诒的机关报,最近与皖系接近。现从安徽将军倪嗣冲、甘肃将军兼巡按使张广建(均为安徽人)处每月得到补助若干,然而在政界毫无影响力,发行量仅仅一百份左右
日知报(中文)	与交通部有密切关系	郁桂岩	王博谦、方某	1913年12月创刊②,日刊。据说由海兰铁道督办施肇曾出资创办,另外德国商人瑞记洋行某买办也有相当出资,一方面又与梁士诒多少有关,发行量三百份左右
大国民日报(中文)	政友会机关报	景耀月(山西人)	王鼎文	1913年8月创刊,日刊,政友会的机关报,但亦与袁乃宽有关联,其每月补助三百弗,发行量一千份
民强报(中文)	原属公民党,后为政友会机关报	王河屏	罗毅夫	1913年3月创刊,日刊,发行量六百份左右,毫无影响
醒华报(中文)		汪输忱(湖北人)	尹小隐	四川省人的机关报,发行量八百五十份,日刊
爱国报(中文白话)	与政党无关,无固定主义	李树年	金梦年	白话小报,与回教徒有关,号称北京报纸中销售量最多,达三万份,1906年10月创刊③,日刊
群强报(中文白话)		陆慎斋		在下层社会销售量多,发行量约一万份,日刊
京话日报(中文白话)				日刊
帝国新报(中文)	宪政协进会机关报	刘闻少	黄独、余长辅,另外还有两人	1915年12月参政院参政杨度收购《民报》,将其改名,称为《帝国新报》,1916年1月4日开始发行,日刊。幕后总理为内史方表,杨度、方表每月提供九百弗补助。积极鼓吹帝政

① 应为1912年3月创刊。
② 应为1913年9月创刊。
③ 此报应为丁宝臣于1906年11月创办的《正宗爱国报》。

(续表)

报纸名称	主　义	持有人	主　笔	备　考
大中华日报(中文)		叶一舟	同前	1916年1月12日创刊,日刊。不知是何人的机关报,但总理叶氏为安徽人,再从发刊当日的社论论调及其他内容看,显然是皖系的机关报,据观察可能杨士琦方面提供后援
北京时报(中文)	公民党,主张君主立宪	李心灵	杨小欧	1915年12月28日创刊,日刊。李曾是香港《华字日报》记者,后来跟从纽约《先驱报》社长贝内特漫游欧美,回到北京之后辅佐《先驱报》特派员奥尔,自此积极排日,奥尔归国后,担任税务处顾问,另一方面与英文《北京日报》有联系,1915年夏受梁士诒之嘱托,赴美国推销国债,归国后不久创办此报,与梁士诒关系密切。发行量仅三百份左右
兴中日报(中文)	帝政派	曾权曦	同前	原四川将军胡景尹及四川巡按使陈廷杰等人出资,1915年12月上旬创办,日刊。亦从筹安会得到补助,发行量约八百份
东华评论(日文)	拥护袁政府	孙明允	廖肖函	1915年12月创刊,每月发行三次,中国人经营的唯一日文杂志,极力为袁政府辩护,指责日本
新支那(日文)	日中亲善	藤原镰兄	同前	1912年3月创刊,周刊,以向日本介绍中国情况,同时让中国人了解日本为主义
新支那(日文)	同上	藤原镰兄	同前	1913年9月创刊,日刊,新支那社发行,作为日本人的机关报受到中国人重视。因此,1915年夏新聘用记者,进行了一些改良,然而尚未达到预期效果
Peking Daily News[北京日报](英文)	中国政府机关报	朱淇(广东人)	A. Ramsay(英国人)	号称独立经营,但是接受外交部和交通部的补助金,现政府的机关报。日、德开战以来,在有关山东问题、日中交涉,以及其他各种问题上不停地极力攻击日本,持续保持此种态度。关于报道内容等不太容纳英国主笔的意见,因此,纸面形式与内容十分混乱,与 Peking Gazette 相比明显处于劣势,因而销售量极少,日刊
Peking Gazette(英文)	中国政府机关报	Eugen Chen 陈友仁	同前	日刊,1913年10月由德亚银行北京分行经理 Eglin 创刊,1914年11月陈友仁盘下,现在已经完全是中国政府的机关报。日、德开战以来,在山东问题、日中交涉等问题上,极力舞弄毒笔攻击日本,在有关日中间的时事问题上同样不断全力攻击日本。另外,此报1914年12月开始设中文栏,在该栏对日本的攻击亦颇为激烈。不过,其报道比较迅速并且准确,因此有相当信誉。主笔陈友仁是中国人,但是生于南美的英国领地圭亚那,在英国接受教育,擅长英文,也有法律的素养,虽然作为报纸记者有相当资格,中文却一窍不通

(续表)

报纸名称	主 义	持有人	主 笔	备 考
Peking Post(英文)	德国的机关报	吴莱喜	同前	1915年6月创刊,日刊,但是晚报。最早由Richard I. Hope创刊。Hope后来将此出售,担任 Tientsin & Peking Times 副主笔,而辅佐Hope的中国人吴莱喜担任该报主持人。Hope曾经是香港 Telegraph 的记者,后来担任北京 Gazette 的副经理,进而创办了此报,一度大力拥护袁世凯。此人离任之后表面上是中国人吴氏主持,但实际上全权都在德国人的手里,据说《德文新报》的通讯员克鲁格尔是最有影响的黑幕记者。由于报道甚缺灵活性,销售量极少
Journal de Pékin(法文)	俄、法两国机关报	Mercel von Lerberghe(法国人)	Lerberghe	1911年7月创刊,日刊,俄国公使馆掌握实权,法国公使馆也不断干涉掣肘
La Politique de Pékin [北京新闻报](法文)	中国政府的机关报	Li Shen		1914年4月创刊,周刊,中国政府的机关报,极力为中国政府辩护
天 津				
直隶公报(中文)		北洋官报局		由1901年发行的《北洋官报》改名而来①,直隶省的公布机关,登载大总统令、委任令、法令、公文、告示等。发行量三千六百余份,资本五万元,地方官员有订购的义务
天津日日新闻②(中文)	标榜进步主义,谋求开发风气	方若	方若	1901年创刊③,日刊,发行量二千二百份,资本两万元。言论稳健,在报界具有影响力,一向与日本关系不浅,主张亲日主义,因此在日中交涉时销量锐减,但现已恢复原状,报道内容大致精准
大公报(中文)	改良社会,普及教育	股份制 代表 英敛之	樊子镕	1902年创刊,日刊,发行量九千份,资本三万元。论旨公正,报道迅速,受到上流社会的欢迎,对日本抱有好感
天津商报(中文)	发展商工业	股份制 代表 杨晓林	叶众川	天津商务总会机关报,资本一万五千元,发行量约一千五百份,受天津本地商人欢迎。日、德开战以后,加上日中交涉等影响,感到该报以往的亲日倾向稍有减弱
北方日报(中文)	以时事报道为主,鼓吹日中亲善	股份制 代表 郑域材	张晓岩	1909年创刊④,资本五千元。1914年8月接受我方补助,由此改良版面,宣扬日中亲善。现在成为天津地区屈指可数的报纸,发行量约三千份
直隶商报(中文)	发展商工业,各县商会的联合机关报	代表 卞荫昌	于辅臣、周和甫	1915年10月1日创刊,资本一万元,发行量二千五百份。该报作为直隶全省商会的联合机关报,主要刊载商工业相关的报道,内容稳健,在当地拥有大量读者

---

① 《北洋官报》创办于1902年12月25日。
② 又名《日日新闻》。
③ 应为1900年冬出版。
④ 应为1910年5月9日创刊。

(续表)

报纸名称	主 义	持有人	主 笔	备 考
民心报(中文)	无固定主义	刘孟扬	刘仲英	1909年创刊,资本四千元,发行量一千八百份。持有人刘孟扬是警察厅官员,据说该报每月从警察厅获得两百元补助,被视为警察厅的机关报,对待日本似乎无好意
益世报(中文)	以普及天主教为主	雷鸣远	杜清廉	1915年10月1日创刊,资本一万五千元,发行量三千份。该报以布教为主,有时会痛斥当今政府。近来由于被中国政府收买①,以至出现拥护政府的论调。因与外国人有关系,电报丰富,报道迅速,为关心时事者所爱读
时闻报(中文)	无固定主义	李秋岩	管瑞伯	1904年创刊②,资本约一万元左右,发行量一千五百份。报道、评论大多转载,不值得阅读,以烟花巷新闻居多,在该界有读者。现被政府收买,致力于拥护中央政府。
中外实报(中文)	被视为德国人的机关报	德国人德璀琳和汉纳根	杨荫庭③、段少卿	1909年创刊④,资本二万元,发行量二千份。该报为德国的机关报,具有明显的亲德倾向,以"德华电报"装饰纸面。据说现在报纸所有权由德璀琳转到杨主笔手中,难以置信。虽是小报,但有一些影响
旭日报(中文)	无固定主义	贺彩臣	张小林	1912年创刊,资本三百元,发行量五百份,刊载烟花巷的新闻,除了该界有销路外,一般人士很少购买
公民日报(中文)	反袁派机关报	刘揆一	刘揆一	1916年3月1日创刊⑤,日刊,由原农商总长刘揆一、原众议院议员禹赢、原拱卫军粮台刘基炎等人发行。虽标榜反对帝制,但论调并不激烈
天津日报(日文)		合作组织	西村博	由《北清时报》《北支那每日新闻》合并改名而来。1910年1月创刊,资本金三千圆,发行量八百份
日华公论(日文杂志)		森川照太	橘朴	1912年11月创刊,周刊,刊载中国政治、经济等相关报道,发行量约五百份
天津评论(日文杂志)		日本人基督教青年会	佐藤惣三郎	基督教青年会的机关杂志,1910年9月创刊,月刊,发行量约三百份
The China Times[中国时报](英文)	一向对日本示好,近来更有特别密切的关系	股份有限公司经理代理Mrs. Jaques	F. T. Skottwe	1901年创刊⑥,日刊,发行量约三百份,资本金三万元,亏损严重。今年女记者史蒂文斯入社后,在社交、家庭方面做出了新的尝试,然而年末因故辞职。目前由雅克夫人代为经营该报

① 日语原文为"買收",有"收买""收购"之意。此处暂且译为"收买"。
② 之前的调查记录为1906年创刊。
③ 1915年报告为"杨荫廷"。
④ 应为1904年创刊。
⑤ 一说1915年9、10月间创刊。
⑥ 应为1886年创刊。

(续表)

报纸名称	主 义	持有人	主 笔	备 考
The Peking and Tientsin Times[京津泰晤士报](英文)	维护英国的利益	Tientsin Press Ltd. 经理 H. A. Chapall	H. G. W. Woodhead	1894年以周刊的形式创刊,1900年改为日刊①,英国人的机关报,发行量八九百份,资本金九万七千两,是天津出色的英文报纸。对日本表示好意,但违背英国利益时则登载评论,毫无忌惮攻击日本。其北京通讯员 Giles 极力发表对日本不利的报道
The China Critic[中国评论](英文)	无固定主义	North China Printing & Publishing Co., Ltd.	C. F. ②Norris Newman	1908年1月创刊,资本金三万两,发行量四五百份,家庭性晚报,内容大致稳健,对日本基本上怀有好意
The Tientsin Sunday Journal(英文)	德国人的机关报	Dr. Rochelle（美国人）	F. H. Borionis（意大利人）	1909年8月创刊,周刊,发行量二三百份。极力反对英国,对日本近来大体上使用友好的语气,试图离间日、英两国,有接受德国官方补助的迹象
L'Echo de Tientsin[天津回声报](法文)	天津法国租界当局机关报	法国商人合资组织	Marcal Sanlais（法国人）	日刊,对日本抱有好感,资本金约两万法郎,发行量二三百份
Tageblatt für Nord-China(德文)	德国人的机关报	股份制 经理 H. Frick Höffer	K. F. Dresslet	日刊,以伸张德国人的利益为目的,发行量二三百份
The China Advertiser(英文)	伸张日本的利益	松村利男 经理 大木干一	松村利男	该报为盘下1909年9月发行的 The China Tribune 改名而成,发行量二三百份
North China Daily Mail(英文)	拥护协约国方面的利益	英国人 R. Bate 与 Fisher 共同所有	R. Bate	1916年1月,Bate 与 Fisher 辞去 The China Times 的工作,共同创办该报。完全致力于维护协约国方面利益,致力于伸张日本的利益。晚报,发行量约三百份
Sunday Times(英文)	同上	同上	同上	周日报纸,发行量约三百份,其余与 North China Daily Mail 相同
太原(1914年调查)				
山西公报(中文)		山西巡按使	荆大觉	公布法令、告示、公文等的机关报,发行量约三千份
公意日报(中文)	共和	李文虎	蒋虎臣	革命后曾为山西官方机关报,发行量约一千份
晋阳公报(中文)	共和	梁廷锡	孙蕃	接受山西官方的补助,发行量约一千八百份
绳报(中文)	奖励实业	杨起	常麟书	股份制,发行量约一千五百份
齐齐哈尔				
黑龙江报(中文)	扩张国权	魏馨钥	魏馨钥	1916年1月1日创刊,日报,每月接受黑龙江将军四百元补助,发行量一千余份
通俗教育报(中文)	教育普及	黑龙江省教育会	陶景明、郭毓奇	1914年12月创刊,日刊小报,黑龙江省教育科机关报,发行量一千余份

① 1902年改为日刊。
② 1915年报告为"C.L."。

(续表)

报纸名称	主　义	持有人	主　笔	备　考
哈　尔　滨					

报纸名称	主　义	持有人	主　笔	备　考
Харбинский вестник[哈尔滨日报]①(俄文)	拥护中东铁路的政策	隶属中东铁路民政部长	主编 季先科②	1904年创刊③,日报,中东铁路机关报,近来为了促进日、俄邦交,在政治、经济上积极鼓吹亲日主义
Новая жизнь[新生活](俄文)	社会革命主义	在哈尔滨的犹太人合资(新生活社)	恩斯菲利德④	1909年创刊,日报,拥护哈尔滨工商业者(犹太人)利益的机关报,不时出现过激言论,至今为止屡次被禁止发行,屡次改名。每周发行关于时事的讽刺画报
远东报(中文)	以密切俄中关系为目的	中东铁路厅	戚养泉(俄国人)	1908年创刊⑤,日报,中东铁路的机关报,曾经刊载排日性报道、评论,最近十分倾向于亲日主义
Mongγol-un sonin bičig(蒙文)	引导蒙古人	中东铁路厅	监督 亚·史弥臣(俄国人) 编辑 那丹珠(蒙古人)	1909年创刊,每月发行两到三次,标榜引导蒙古人,同时对蒙古人采取怀柔态度,鼓吹亲俄主义。每号印刷约一千份,免费分发给蒙古各族王公等人,或是分发给蒙古人香客或者其他人
北满洲(日文)	谋求通商发展	木野清一郎	近藤义晴	1914年7月创刊⑥,周报,介绍中国东北北部、东俄的情况,谋求密切与我国的通商关系
长　春					
大东日报(中文)	商务会机关报	刘钟树	左树臣	日报,发行量四百余份
长春日报(日文)	主要报道时事,谋求实业发展	箱田琢磨	泉廉治	日报,发行量五百份
吉　林					
吉林公报(中文)		吉林公署公报局		1912年3月1日,将《吉林官报》改名为《吉林公报》隔日发行,登载命令、法令、公文、告示和电报,发行量约六百份上下
吉长日报(中文)	以开发民智为目的	顾植	瞿钺	接受吉林官方补助的机关报,发行量两千五百份
吉林时报(日文)		儿玉多一	儿玉多一	周报,发行量一百六十份
龙　井　村					
间岛时报(日文及朝鲜文)	报道间岛情况	山崎庆之助	山崎庆之助	1910年创刊,每周发行两次,为登载领事馆公告的报纸。1915年开始设朝鲜文栏目,因而在引导朝鲜人方面十分有效
东满通信(日文)		安东贞元	安东贞元	1915年创刊,隔日发行,油印,向内外各报纸发布通讯

---

① 亦译《哈尔滨新闻》或《哈尔滨公报》。
② 亦译"季申科"。
③ 1903年6月创办。
④ 1915年报告为"斯恩菲利德"。
⑤ 应为1906年3月14日创刊。
⑥ 此处存疑。1913年调查报告称,1908年10月5日创办,周刊(目前休刊中)。此时可能复刊,待考。

(续表)

报纸名称	主 义	持有人	主 笔	备 考
局 子 街					
延边实报(中文)	拥护利权,标榜产业开发	杨荫林	王德化	1915年7月创刊,周报,中国官方机关报,购阅者主要为中国官绅。发行量约六百份,影响小
铁 岭				
铁岭时报(日文)		社长 西尾信	西尾信	1911年8月创刊,日报,为发布日本领事馆、居留民会公告的报纸,登载政治、经济及其他一般事项,发行量三百五十份
满洲野(日文)		迫田采之助	迫田采之助	1913年4月创刊,每月发行两次,发行量约三百份,登载实业、教育、文学及其他内容
奉 天				
奉天公报(中文)		巡按使公署政务厅		登载奉天行政公署公告的机关报,日报
盛京时报(中文)		中岛真雄	佐藤善雄、任光春(中国人)	1906年12月创刊[①],日报,资本金两万圆,接受外务省的补助金,发行量约四千份
奉天醒时报(中文)		合资组织 主持人 张子岐(回教徒)	张维祺(女性)	1909年2月创刊,日报,发行量约一千份
东三省公报(中文)	不偏不倚	经理 王希哲	王希哲	本报为《东三省日报》的后身,资本金两万元,合资组织,据说接受中国官方和商务总会的补助。1912年2月发刊,日报,发行量约三千份
健报(中文)		张复生	张复生	1915年7月创刊,日报,主笔张复生辞去大连《泰东日报》主笔后,在原革命党员沈缦云支援下创办。该人去世后维持困难,虽然勉强继续,如果找不到新的支援者,恐怕难以长期维持。目前发行量约八百份
奉天日日新闻(日文)		吹野勘	友成达治	1908年12月以《南满日报》为名创刊,1912年9月改名。奉天总领事馆从1908年12月起每月补助公告费三十圆,发行量约八百份
满洲通信(日文)		武内忠次郎	武内忠次郎	创刊于1914年8月日德战争之际,以电讯为重点,其后发行普通通讯,日报,油印,发行量约两百份
内外通信(日文)		合田愿	合田愿	1907年7月创刊,晚报[②],主要为登载广告用报纸,曾为油印,1915年11月起使用活版印刷
安 东				
安东新报(日文)		南部重远	南部重远	与民团相关者有联络,1906年创刊,1912年9月与《每夕新闻》合并,发行量约两千份

① 1906年9月1日创刊。
② 1912年前的调查记录为"日报"。

(续表)

报纸名称	主　义	持有人	主　笔	备　考
辽　阳				
辽阳新报①(日文)		渡边德重(山梨县人)	渡边德重	隔日发行,发行量约四百份,日本领事馆、警务署、辽阳居留民会等发布公告的报纸
牛　庄				
营商日报(中文)	商业的发达	商务总会	张悌青(山东人)	1909年创刊②,日刊,营口商务总会的机关报,同会会员的股份制组织,发行量为八百份
满洲新报(日文)	不偏不党	社长 冈部次郎	小川义和	1908年2月创刊,日刊,牛庄居留民团每月补助银一百五十圆,发行量约四千份
芝　罘				
芝罘日报(中文)	所论公平	桑名贞治郎	桑名贞治郎	1907年创刊,日刊,发行量约三百九十份。近期改良了外观,普遍有信誉
钟声(中文)	启发民智	丁训初	丁训初	日刊,发行量五六百份,言论稳健,受到学者欢迎。丁训初是前革命党员,由于是德商捷成洋行买办的好友,多少有亲德倾向
进化日报(中文)	官方的机关报	万坤山	王儆予	日刊,发行量五六百份,道尹公署及商务总会提供补助
Chefoo Morning Post(英文)	无主义	J. Silverthorne	J. Silverthorne	以各报的摘录为内容,影响力微弱,但却是山东唯一的英文报纸,发行量约两百份
济　南				
山东公报(中文)		巡按使公署政务厅		1913年2月创刊,日刊,刊载政府的条令公文,是山东巡按使署的公布机关,发行量约一千五百份
山东日报(中文)	山东官方机关报	马官敬	马官敬	1912年7月创刊,日刊,1915年10月扩大版面。言论稳健,在济南的报纸中最受好评,发行量约一千二百份。据说从公署接受补助金,评论大体公平
大东日报(中文)		王景尧	王景尧	1912年6月创刊,日刊,以实业界的报道为重点,内容有条理,具有可信度。曾是进步党的机关报,但已与其断绝关系,从商务总会接受补助。往往发表排日性言论,但不甚激烈,发行量约九百份
简报(中文)		李仲铭	吕清宸	1906年2月创刊③,日刊,石版印刷,在商人间多少有影响,发行量约一千二三百份
教育公报(中文)		巡按使公署教育科	王泽同	1914年2月创刊,月刊,刊载与教育相关的条令、报道,发行量约八百份

---

① 亦译《辽阳每日新闻》。
② 应为1908年间创刊。
③ 一说1903年创刊,待考。

报纸名称	主　义	持有人	主　笔	备　考
实业公报(中文)		巡按使公署实业科	潘复	1913年3月创刊,月刊,刊载与实业相关的条令、报道,发行量约五百份
齐鲁时报(日文)		冈伊太郎	冈伊太郎	1915年8月创刊,隔日发行,油印,发行量约二百五十份
上　海				
申报(中文)	一向属于前进步党派,但近来为中立观望主义	史量才	陈景韩	发行量约一万三千份,中国最老的报纸,言论比较公平正确,因在德国领事馆注册,亲德内容较多,但近来德国提供的补助渐少,略有疏远感。另外,因与北京政府也多少有关,最近一直完全采取中立的态度
新闻报(中文)	持中立主义,以中国实业家机关报自居,并无特别的政治色彩	汪汉溪	张继斋	发行量约一万七千份,在上海报纸中发行量最大。股东中上海实业家居多,美国人福咖森亦为股东之一。本报在香港政府注册,表面上的专务董事是英国人J.D.Clark,经理是英国人J.Morgan。本报标榜中立,评论、报道比较公平正确,广告最多,购买者一般多为商人,对于袁世凯帝政问题内心无好感
时报(中文)	持中立观望主义,一向与康有为、梁启超有关,是其机关报,但近年来似乎思想上多少有隔阂	狄楚青	包朗生	发行量约八千份,以我国人宗方小太郎的名义在日本总领事馆注册。经营者狄楚青近年来与北京政府关系密切,据说是间接御用报纸,但报面上态度暧昧。老报纸之一,有相当的价值
神州日报(中文)	皖系的机关报,显示出拥护袁世凯御用报之态度,积极排日	孙钟	汪介乡	发行量约两千份,本报的股东多为安徽人,自第一次革命前一直接受袁世凯派的补助,但至今年,特别是总理孙钟从北京前来,前总理汪庚岑断绝了与本社的关系。是上海仅次于《亚细亚日报》的御用报,作为报纸,价值与信誉都不大
时事新报(中文)	一向是进步党派的机关报,但近来为反袁帝政主义,对日本抱有好感	黄群	殷汝骊、杜师业	发行量约四千份,本报以前属于张謇等江苏派,一度在德国总领事馆注册,但近来取消了注册,以我国人波多博的名义在日本总领事馆注册。主笔杜师业是报社代表,但实际内部代表是梁启超派的黄群社长
商务日报(中文)	标榜为实业机关报,但无特别的主义	王阴藩		发行量约一千份,评论、报道无值得阅读之处,好像总是资金匮乏。最近持中立态度,论调暧昧,自称与北京政府没有关系,事实不明
中华新报(中文)	反对帝政问题,标榜反袁主义,致力于拥护共和,持亲日态度	谷钟秀	欧阳振声、彭允彝	发行量约六千份,北京筹安会设立以后,本报自去年秋在上海发行,由国民党及进步党的稳健分子协同经营,目前在法国总领事馆注册。本报的评论、报道在上海反袁报纸中最为优秀,名声很高①

---

① 1915年10月10日创刊。

(续表)

报纸名称	主　义	持有人	主　笔	备　考
亚细亚日报(中文)	拥护袁世凯帝政主义,致力于排日,为现政府御用报纸	刘竺佛	王心观	发行量约两千份,该报去年秋季发刊,是筹安会的机关报。最初发行一万份以上,最近减少到两千份,在上海仅仅卖出四百份,剩下的据说寄赠给内地官厅、公共团体、学校等。报面外观相当出色,呈大报纸之观,但内容仅为致力于拥护政府,因此读者少。该报纸自创刊以来挨过两次炸弹,因搬迁问题正被房东起诉①
华报(中文)	标榜中立,以振兴实业为主义,谋求日中亲善	叶养吾	陈景韩	发行量约三千份,我国人宫地贯道获得日本实业协会的补助,作为事实上的经营者于去年冬天创办,以我国人冈田有民的名义在日本总领事馆注册。因时日尚浅,还未充分发展。虽然目的在于逐渐谋求日中两国的友好以及两国实业的交流,但对外说明是中国人的报纸
民信日报(中文)	主张共和主义,反对袁帝制	曾通一	张季鸾、李述膺	发行量约两千份,本报纸于1916年正月发刊,由旧国民党一派经营,致力于排斥袁世凯,据说最近盘给柏文蔚,但还未实行
民国日报(中文)	主张共和主义,反对袁帝制,对日本抱有好感	邵仲辉	叶楚伧	发行量约两千五百份,该报纸发刊于1916年正月末,属于孙逸仙派,由陈其美派经营,与前《民立报》有关。记者很多,报纸的外观整齐。以我国人山田纯三郎的名义在日本总领事馆注册②
民意报(中文)	主张共和主义,致力于排斥袁世凯	徐朗西		发行量约一千五百份,该报纸于1916年3月发刊,由旧国民党陕西派经营,记者内部关系复杂,似乎并未充分统一
上海日报(日文)	拥护日本人	井手三郎	岛田数雄	发行量约一千四百份
上海日日新闻(日文)	同上	宫地贯道	柏田忠一	发行量约一千四百份
周报上海(日文)	介绍中国情况	佐原笃介	西本省三	发行量约一千份
东方通信(中文及日文)	以中国问题的通讯为主,拥护日本政策	波多博		本通讯社处于宗方小太郎的监督下,波多博是事实上的经营者。每天将来自东京、北京、济南的电讯分送给《上海日报》及《上海日日新闻》,并且翻译成中文后分送给各中文报纸,还由佐原笃介翻译成英文后提供给 Shanghai Mercury 及 Shanghai Times。鉴于目前的时局,该通讯尤其受上海中文报社的欢迎
North China Daily News [字林西报](英文)	拥护英国的政策,以增进英国的利益为唯一目的。论调稳健,但极力排斥德国,有关中国问题,刊登对日本没有好感的报道	North China Daily News & Herald Ltd.	O. M. Green	上海公共租界的机关报,发行量两千多份,是中国英文报纸的巨擘,另外发行名为 North China Herald 的周刊杂志

---

① 1915年9月10日创刊。
② 1916年1月22日创刊。

(续表)

报纸名称	主　义	持有人	主　笔	备　考
Shanghai Times[泰晤士报](英文)	拥护英国,近来对日本抱有好感,特别是在日本对华态度上示好	D. Nottingham	同前	发行量约一千份,该报纸自去年起计划改良版面,并且与原持有人John O'Shea的遗孀也断绝了关系,目前大部分资金由我方出资,D. Nottingham持有,表面上也属于此人经营。据说除了上海,本报在中国内地传教士之间亦有很多读者
Shanghai Mercury[文汇报](英文)	中立,拥护英国,同时对日本也抱有好感	The Shanghai Mercury Ltd.	R. D. Neish(苏格兰人)	晚报,发行量约一千五百份,大股东是英国人,但德国人持股亦不少。欧洲战争一开始,便与德国人断绝了关系,我国人佐原笃介成为持有人及记者之一。另外发行名为Celestial Empire的周刊摘要
China Press[大陆报](英文)	致力于拥护美国,标榜美中友好,欧洲开战时,对德国抱有好感,目前装作中立的样子,对日本并无好感	The China National Press Incorporation	Thomas F. Millard(美国人)	发行量约一千五百份,周日发行量两千五百份左右,根据美国特拉华州法设立,英美烟草公司是主要的出资者。日、德开战时接受德国的补助,致力于离间中国和日本,但据说近来断绝了与德国的关系,还有一说并未断绝,只是表面上未发表特别亲德言论
L'Echo de Chine[中法新汇报](法文)	拥护法国的政策	Oriental Press	S. Sabard(法国人)	发行量约八百份,是法国总领事馆及耶稣会的机关报,最近在中国问题上对共和派示好
Deutsche Zeitung Für China[德华日报]①(德文)	拥护德国	Der. Ostasiatische Lloyd	Corl Fink(德国人)	发行量四五百份,上海德国人的机关报,排斥协约国,特别是对英国抱有反感
The War(英文)	登载对德国有利的战报,主要攻击英国	同上	同上	周刊,在日本人和中国人等之间散发
Der Ostasiatische Lloyd[德文新报](德文)	拥护德国的远东政策	同上	同上	周刊,发行量约一千份,作为德国在远东的机关报最有影响力
The National Review[中国公论西报](英文)	谋求拥护中国权益,对日本无好感	W. Sheldon Ridge(英国人)	Farmer(英国人)	月报,发行量约一千份,该月报在上海读者不多,但在欧美似乎意外地著名,据称中国交通部提供补助
Far Eastern Review[远东时报](英文)	主要报道东亚工商业,最近大肆登载反日评论	Rea, George Bronson(美国人)	Parlane, Lewis J.	月刊,大型杂志,受到政治、经济界重视
苏　州				
苏州日报(中文)		石雨声	吴度	日刊,发行量一千二三百份,主笔曾是常熟县师范学校校长
苏醒报(中文)		陈彝鼎	陈彝鼎	日刊,发行量三四百份,主笔曾是小学教员
新新报(中文)		孙聘儒	孙聘儒	日刊,发行量二三百份

① 1915年报告为《华德日报》。

(续表)

报纸名称	主　义	持有人	主　笔	备　考
杭　州				
浙江公报(中文)	发布法令、法规	巡按使署	杭辛斋	1912年2月创刊,日刊,发行量约一千份
全浙公报(中文)	标榜扩大民权、民智	股份制	程光甫	1909年5月创刊,日刊,资本金为一万元,据说浙江巡按使提供补助,发行量约一千五百份
之江日报(中文)	启发民智	陈勉之	徐冕伯	1913年4月创刊,日刊,被视为浙江官方的机关报,资本金为三万元,发行量约两千五百份
浙江潮(中文)	启发民智	王卓夫	王夺锦	1912年1月创刊,日刊,资本金约一千元,信誉低,评价差,发行量三百份
绍　兴				
越铎日报(中文)	启发民智	股份制	张心斋	1912年5月创刊,日刊,发行量约一千份①
南　京				
大江南日报(中文)		王润身	王润身(号泽民)	1914年4月创刊,日刊,从将军、巡按使等其他官员处每月获取百余元补助,有时会刊登讽刺性评论,发行量约一千五百份
金陵话报(中文)		余蔚文	余蔚文	1913年11月创刊,曾一度停刊后又重新发刊,发行量不过三百份
南方报(中文)	普及教育,开发产业	王春生	王春生	主笔王春生是《大江南日报》主笔王润身之弟,曾在日本留学,发行量约四百份
芜　湖				
皖江日报(中文)	启发民智	谭明卿	郝梗人	日刊,发行量约五百份
直言报(中文)		翟奇化	陈翰芬	1913年12月创刊,发行量约五百份
间谭(中文)		左益秉	郝梗人	1913年2月创刊,发行量约二百五十份,多为烟花巷消息
工商日报(中文)	实业界的机关报	张九皋	张九皋	1915年10月创刊②,日刊,发行量约六百份。张九皋兼任《皖江日报》编辑
安　庆				
民岩报(中文)		合资组织 代表 吴霭航	吴霭航	日刊,发行量约一千份
开　封				
河声日报(中文)	官僚系	合资组织	王立华	1912年12月创刊,日刊,据称发行量约三千份。传说是将军府及巡按使署的机关报,接受补助金。内容大多转载自《北京日报》《亚细亚日报》等

---

① 1912年1月3日创刊,由鲁迅等人发起。
② 1915年10月20日创刊。

(续表)

报纸名称	主 义	持有人	主 笔	备 考
南 昌					
江西民报(中文)		姜颛	姜颛(号旭民)	1912年创刊①,日刊,发行量约五千份,似乎是江西官方的机关报。论调稳健,报道比较正确,其信誉在南昌的报纸中首屈一指,目前与政党无关联
大江日报(中文)		崔璞	高臣瑗	读者之多仅次于《江西民报》,曾与进步党有关联,目前似乎无关。完全致力于刊载受欢迎的内容,有奉承官方的倾向,对日本的态度不友好
汉 口					
国民新报(中文)	官僚派机关报	合资组织 社长 李华堂	刘云集、何何山	1912年4月创刊,8页,发行量二千二百份,资本金两万元。据说为都督府的机关报,每月获得补助,社长李华堂一直与湖北官方来往。言论为袁世凯政府辩护,有时针对日本发表恶评
中西报(中文)	稳健	合资组织 社长 王华轩	俞任民、王痴梧	1913年创刊,日刊,发行量一千八百份。近来致力于实业方面的报道,订购者以实业家居多
新闻报(中文)	稳健	张瀛远	凤竹荪、曾华如	1914年创刊,日刊,与《汉口日报》主笔冈幸七郎有关,主张中日亲交。主笔凤竹荪老练精明,言论公平。发行量约两千份,资本金三千元。
汉口民报(中文)	共和主义	合资组织 代表 汪家珩	汪家珩	由以黎宗岳为中心,身处汉口的安徽籍共和党成员出资经营,宣扬共和主义,对现政府持反对态度。1916年5月创刊②,日刊,发行量约一千份
汉口天声报(中文)	稳健的国家主义	胡石庵	胡石庵、丁愚庵	使用原《大汉日报》的印刷机创办。报纸不偏不党,发行量约一千份,1916年5月创刊③,日刊
武汉新报(中文)	共和主义	鲁持公	李希牧	1916年5月创刊,日刊,原陆军少将胡祖舜一派反袁运动的机关报,多为免费散发,发行量不详
汉口日报(日文)		冈幸七郎	冈幸七郎	1907年8月创刊,日刊,发行量五百份,资本金一千五百元,在中国人中多少有销路
汉口(日文)		中村董雄	中村董雄	1915年12月创刊,每月发行三次,发行量约一百五十份
鹤唳(日文)		古闲二夫	古闲二户	1913年创刊,周刊,发行量约二百份

---

① 一说创刊于清末。
② 5月8日创刊。
③ 1916年5月10日创刊,一说5月11日创刊。

(续表)

报纸名称	主　义	持有人	主　笔	备　考
鹤泪(日文)		古闲二夫	古闲二夫	1913年创刊,周刊,发行量约两百份
Hankow Daily News[中西日报](英文)	稳健	F. Newel	E. B. Helme	1906年创刊,日刊,发行量约五百份,有亲德主义
Central China Post[楚报](英文)	英国人的机关报	Archibald	Brailsford	1910年2月创刊,发行量约七百份,报道内容比较准确,有时刊载重要的报道,作为协约国的机关报而努力,对日本有好感
武　昌				
湖北公报(中文)				刊登法令、公告等的官报
长　沙				
湖南政报(中文)	巡按使公署的公布机关	巡按使公署		1913年11月创刊,日刊,发行量不明,刊载省令、公文等,仿政府公报
湖南公报(中文)	拥护政府	蒋六吉	舒仁	日刊,发行量四千二百余份,起初由公署提供补助,1915年停发,但报社发展并未衰退,在长沙最有影响
大中报(中文)	省政府的机关报	王景文	朱焕如	日刊,发行量一千五百余份①
大公报(中文)		刘人熙	张秋尘	日刊,发行量两千三百余份,现政府反对派所创刊,然而似乎未能充分发表意见②
醒华报(中文)		卢本权	马韵莺	日刊,发行量约一千四百份,帝政派的机关报
教育通俗报(中文)		徐卧渔	李宗岱	日刊,发行量约三千五百份,已停刊的《湖南演说报》的后身,使用白话,致力于启发中流以下阶层
重　庆				
重庆日报(中文)		徐彬如	徐图	1913年10月创刊,日刊,曾因经费不足而停刊,据说靠德国领事的出资重新发行
重庆商务日报③(中文)	重庆商务会的机关报	重庆商务会	李成元	1913年5月创刊④,日刊,发行量约一千二百份,资金雄厚,报道迅速
重庆商报(中文)	商务总会反对派商人的机关报	石体元	曾铁琴	1914年4月创刊,日刊,发行量约八百份,一向致力于维护共和,但1915年11月改组后,作为官方的机关报,鼓吹帝政
正论日报(中文)	鼓吹帝制	李锦章	袁蘜生	1914年2月创刊,日刊,发行量四百份,一向致力于维护共和,但近来鼓吹帝政
崇实报(中文)	宣扬天主教,持论公平	重庆天主堂		周刊,四页,发行量约五百份,是重庆资历最老的报纸⑤

① 1914年创刊。
② 1915年9月1日创刊。
③ 1915年报告名为《商务日报》。
④ 应为1914年4月25日创刊。
⑤ 1904年创刊。

(续表)

报纸名称	主 义	持有人	主 笔	备 考
繁华报(中文)		何芬	杨尚毅	1914年7月创刊,日刊,刊登游艺等内容,发行量约两百余份
成 都				
四川群报(中文)		樊孔周	宋师庆	日刊,发行量一千五百份①
国民公报(中文)		汪笑孙	汪笑孙	日刊,发行量两千六百份
西 安				
秦中公报(中文)				刊登法令、布告等的官报
秦风日报(中文)	官僚系	胡文钧	王德琴	1912年6月创刊,日报,号称发行量二千份,合资组织,胡文钧为代表,原第一师张团长之机关报,多少有影响,努力迎合官方之意旨
秦镜报(中文)	官僚系	柯延龄	吕少端	1914年5月创刊,每月发行六次,号称发行量一千份,虽受陕西官宪补助,但仍经营困难
兰 州				
通俗日报(中文)	官僚系	甘肃省教育科	詹朴恭	1914年创刊,日报,发行量号称二千五百份。巡按使署教育科为了普及教育而发行白话报纸,有时评论政事,往往登载排日报道
福 州				
福建公报(中文)	福建政府公布法令的机关报	福建巡按使公署		1912年1月10日创刊,日刊官报,刊登各官厅之命令、告示、公文、指令等,发行量约九百份
闽报(中文)	公平无私,拥护我方对福建政策	津田七郎	津田七郎	福建最早的报纸,接受台湾总督府补助,原为隔日发行,自1915年10月起改为日报,发行量约一千五六百份
民生报(中文)	振兴实业	曹芬	曹芬	1914年8月创刊,日报,发行量约五百份,与实业家有关联
去毒钟日报(中文)	禁止鸦片	林炳章	林炳章	1915年9月复刊②,日报,发行量约五六百,林炳章为鸦片战争时有名的林则徐之孙
The Foochow Daily Echo(英文)	以转载上海报纸、登载广告为主	葡萄牙人米塞斯·罗萨里奥(福州印刷公司之持有人)		发行量二三百份,日报,登载船舶出入状况、外汇汇率等,每周转载一次上海报纸,并报道福州外国人的社交消息
厦 门				
全闽新日报(中文)	旨在鼓吹日本文明,同时为台湾人谋取方便	代表 台湾人江保生	江保生	1907年8月创刊,日报,发行量一千三百份,中国人与台湾人之合资组织,近来发行量略有增加,完全属于日本系统,总与《闽南报》竞争

① 1915年10月6日创刊。
② 1914年3月创刊。

(续表)

报纸名称	主 义	持有人	主 笔	备 考
闽南报(中文)	自由民权	合资组织 代表 吴毛	黄鸿翔	本报之前身为《厦门日报》,1911年10月改名为《南声日报》,1914年4月因攻击观察使,编辑被处罚,因而停刊。其后以英国籍人为代表,取名为《闽南日报》,获得英国领事许可,于同年6月发刊,后来因刊登不利于英国的报道,代表被除去英国籍,由此再次获得中国官方许可,于同年10月续刊。实际上自《厦门日报》以来经营者为黄鸿翔,一直鼓吹排日思想,1915年12月末因刊登排袁主义评论而被勒令停刊
汕 头				
大东报(中文)	共和自由	代表 金雨耕	郑独醒	1912年12月创刊,日报,发行量一千六百份,股份制,因经营困难停过刊
公言报(中文)	共和	代表 张秩据	温丹铭	1913年10月创刊,日报,股份制,经营困难,发行量一千四百份,进步党之机关报
广 东				
广东公报(中文)	广东政府公布机关	广东政府		1912年8月1日创刊,日报,由政府发行,使各官衙义务订阅。内容为中央颁布之法律、总统令、各部令及本省各官厅令、告示、各官衙间往来公文
羊城报(中文)	渐进主义,奖励实业	郑子恒	莫天一	1901年1月创刊,日报。一般有信誉,记者中有知名人士,言论稳健。发行量约五千份
七十二行商报(中文)	振兴实业	罗少翱	马次伟	1902年5月创刊,日报。代表商业界之舆论,一般有信誉,号称广东报纸中发行量最大,约六千份
人权报(中文)	无固定主义	陈藻卿	关翼舟	1912年4月创刊,日报,与《声东报》有关联,读者有一半在省城以外的地方上,发行量约二千份
广东共和报(中文)	无固定主义	宋季辑	霍佐周	1912年11月创刊,日报,广东报纸销售业者创办的博爱同群社经营。鲜少涉及政治问题,受商民欢迎,有影响的报纸之一。发行量约五千份
南越报(中文)	无固定主义	李汇泉	任孝勤	1909年5月创刊,日报,与警察厅有关联,有评价称其官方消息及市中报道迅速且正确。发行量五千份左右
商权报(中文)	振兴商业	刘瀚鸿	叶名荪	1912年6月创刊,日报。商团之机关报,但《总商会新报》读者居多,因此本报销量不佳,发行量约一千五百份
华国报(中文)	进步党机关报	马名隆	周涤川	1913年1月创刊,日报。与官方关系深,报道比较正确,发行量约七千份。因文章雄健,评论正确,在上流社会中有影响力。与《国报》同属于进步党中旧保皇派系

(续表)

报纸名称	主　义	持有人	主　笔	备　考
总商会新报(中文)	振兴实业	股份制 代表 刘公誉	梁质庵	1913年8月创刊,由宏业公司经营,据称为广东总商会之机关报。发行量号称六千份,为广东第一流报纸
觉魂日报(中文)	以救世济民为目的	赖逸民	鲍铁声	1913年创刊,日报。由福音教会经营,带有布教色彩,在政治上无影响力,1915年10月曾一度被勒令停刊。目前发行量二千份左右
华严报(中文)	准进步党机关报	梁大仓	梁大仓	1913年7月创刊,日报,帝制派之机关报,因此发行量大幅下降,一千份左右
天职报(中文)	军人派机关报	卢国杰(字少芝)	何杰三	1913年11月25日创刊,日报。本报由进步党广东支部副部长卢国杰主持,内部实由龙济光兄弟出资,作为军人派之机关报在军人中有众多读者。发行量约三千份
国报(中文)	进步党机关报	王泽民	胡绍南	继承原保皇党之机关报《国事报》后改名,1914年1月创刊,日报。进步党支部之机关报,言论稳健,一般受欢迎,有信誉。发行量三千份左右
时敏报(中文)	公民党机关报	谭楚壁	卢博浪	原名为《日日新报》,由两广盐运使区濂(梁士诒亲戚)接手,1914年1月改发行。总是过激,登载煽动性内容,不受上流官民欢迎,但受学生及下层社会欢迎。发行量约三千份
大公报(中文)	公民党机关报	代表 李芳	朱学朝	1914年1月创刊,日报,与《时敏报》有关联,股东为公民党员,目前发行量约二千份,经营困难
广州报(中文)	准公民党机关报	社主 林立	冯冕臣	《大公报》大股东林立以耶稣教徒为后援,于1914年6月创刊,日报。因为与社长的关系,被视作为公民党之准机关报。内容无特点,社主为旧教徒,与法国传教士有关联。发行量约一千五百份
安雅报(中文)	无主义	朱云表 名义人 梁君武	黎佩诗	广东报纸中历史悠久的《博闻报》之后身,曾一度舍弃报纸之名,改称《安雅世说篇》,后来更名为现名《安雅报》。言论稳健,无特长,但一般有相当的信誉。发行量号称约三千份
广东惟一报(中文)	无固定主义	孙弼臣	梁宪亭	与《广州报》有关联,发行量约二千份
中华日报(中文)	无固定主义	文怀西	毛栋舆	1915年11月创刊,日报,革命派之机关报,发行量约一千五百份
新报(中文)	无固定主义	李远公	李大奇	1915年10月创刊[1],日报,发行量约一千份,与《时敏报》有关联

---

[1] 应为1914年3月6日创刊。

(续表)

报纸名称	主　义	持有人	主　笔	备　考
声东报(中文)	无固定主义	陈清持	陈新吾	由《人权报》相关者共同经营,发行量约一千份
天游报(中文)①				鼓吹软文学,烟花巷、演艺等消息居多,发行量约一千份
梧　州				
商业日报(中文)	振兴实业	刘厥敌	何铁魂	1912年9月创刊,日报,梧州商务会之机关报
良知日报(中文)		施烈	罗功	1913年7月创刊,日报,进步党之机关报,发行量九百份左右
南　宁				
广西公报(中文)	广西政府			刊登法规及其他中央及地方之法规、命令等,每月发行六次
良知日报(中文)	进步党机关报	施烈	罗功	发行量约一千份
指南日报(中文)	进步党机关报	霍之璞	周伯勤	发行量约一千份
公论报(中文)	进步党机关报	王愈	周伯勤	发行量约八百份
贵　阳				
黔风(中文)	贵州官方之机关报	张大安	张仲佳	1912年7月创刊,日报
云　南				
云南公报(中文)	官报	云南都督府	都督府秘书	日报,登载云南政府诸法规、公文、公电等
崇实报(中文)	无固定主义	周雨轩	都督府秘书	稳健的革命主义,1913年创刊②,发行量约三百五十份
国是报(中文)	独立军机关报	何小泉	彭伯英	独立政府之机关报,由都督秘书田云龙主持,每月接受政府补助二百元,发行量三百份③
中华民报(中文)	独立军机关报	邓盾彬	陈禹平	云南独立后发行,发行量约五百份④
滇声报(中文)	革新主义	马介叔	唐质仙	与《共和报》对立,猛烈抨击云南政府,发行量约六百份⑤
共和滇报(中文)	进步党机关报	彭禹夫	王潜夫	发行量约一千份⑥

① 1917年报告说,1914年1月创刊。
② 一说1914年创刊。
③ 1914年创刊。
④ 1916年1月6日创刊。
⑤ 1914年5月在昆明创刊。
⑥ 原为1912年初在昆明创办的《滇南民报》,同年10月改本名。

(续表)

报纸名称	主 义	持有人	主 笔	备 考
义声报(中文)	独立军机关报	李举才	惠大我	独立军官方之机关报,由邓大中出资,发行量约一千份①
附录 大连				
满洲日日新闻(日文)		有限股份公司满洲日日新闻社	田原祯次郎	1907年11月3日创刊,日刊,关东都督府用于发布公告的报纸,大半股份都为满铁所有。发行量一万两千份
辽东新报(日文)		末永ハナ子	吉仓旺圣	1905年11月创刊,日刊。往往有反对都督府的言论,但并不过激,与政党无关系。发行量约一万份
泰东日报(中文)		金子平吉	金子平吉	1908年10月创刊②,日刊。住在大连的重要中国人出资创办,但因收支不相抵,经营困难,发行量约二千五百份。日中交涉期间,中国购阅者一度减少,最近恢复
Manchuria Daily News(英文)		南满洲铁道会社	滨村善吉	1912年8月创刊,日刊。原来作为《满洲日日新闻》的号外发行,但后来与其分离,转为满铁经营。该社为向外国人介绍东北的情况而发行。发行量约一千份
青 岛				
青岛新报(日文)		社长 鬼头玉汝	鬼头玉汝	1915年1月创刊,日刊,发行量约两千八百份。由守备军司令部以及军政署提供补助金,登载军令、告示
香 港				
循环日报(中文)	中立	股份制	温俊臣	创办四十余年。报道速度虽不及《华字日报》,但其论旨稳健,主张正气,为香港中文报纸界之巨擘,是最受在港中国人欢迎的报纸。发行量四千二百份。对帝政问题持反对态度
华字日报(中文)	代表舆论	合作组织	黄玉垣、林子虬 外事部主任 陆庆南	创办三十余年。报道迅速,常对各种新事物发表评论,充满清新气息,在香港中国人中的信誉仅次于《循环日报》。对日本感情最佳,极力反对帝政。发行量三千五百份,读者大多与《循环日报》一样,为香港的中国人、南洋华侨以及美国的华侨。部分资本由我方帮助
共和报(中文)	保护中国商人的利益	股份制	甘六持	该报纸与《循环》《华字》并称为香港三大中文报纸之一,内容丰富,观点稳健,最具可读性。该报纸大多数股东为商人,因此极力主张维持地方治安。对于政治问题似乎避免随意发表言论。商务总会的机关报,发行量两千份

---

① 1916年1月10日创刊。"独立军"即云南护国运动的军政府。
② 应为1908年11月3日创刊。

(续表)

报纸名称	主 义	持有人	主 笔	备 考
世界公益报(中文)	保护华侨	吕仲明	黄耀公	一向宣传革命主义,但现在所论稳健,对华侨有影响力。发行量二千四百份,其中五百份为美国人订购,六百份为南洋华侨订购
中外新报(中文)	中立	Hongkong Daily Press	冯焕如	积极评论外交问题,但评论不值一看。对我国总是抱有怀疑态度。发行量四百份,影响力微小
大光日报(中文)	基督教主义	股份制	麦梅生	1913年创刊,以基督教为主义,内容不值一看。经营极其困难,发行量约两千份
香港时报(日文)①	维持共和	周永康	周永康	香港发行的各报纸主笔均为广东人,仅此报为湖北人。1915年11月1日,在帝政问题政争期间②创刊,其出资仰仗南洋华侨,陈炯明为主导人。共和色彩最为显著,但论旨不值一看。其言辞过激露骨,且富有煽动性。现在周永康因登载毁谤袁世凯的内容而遭到香港政厅的起诉。对我国常常使用轻蔑性的笔调。发行量一千五百份,南洋订购五百份
现象报(中文)	维持共和	股份制	邓芝芳	1915年11月中旬由赞成革命的南洋华侨出资,在帝政问题政争中创刊,标榜维护共和,但只是一味发表过激言论,材料薄弱,无影响力。发行量二千份
香港日报(日文)	无固定主义	松岛宗卫	松岛宗卫	1909年9月1日创刊,发行量约三百份,一直接受我国各公司的帮助
Hongkong Daily Press (英文)	中立	股份制 代表 D. W. Smith 事务经理 H. A. Cartwright	H. A. Cartwright	1877年创刊。公布政厅令及其他公告的机关,每年接受政厅三百弗的补助,发行量一千余份。内容稳健且足以信任。前持有人为 W. J. Murrow,承借人为 D. W. Smith,去年变更为股份制,莫罗一族成为股东。另发行名为 The Hongkong Weekly Press and China Overland 的周刊。在香港的英文报纸中最具影响力,与上海 North China Daily News 有特殊关系,因此对日本的评论有受上海上述报纸左右的倾向
South China Morning Post[南华早报](英文)	中立	股份制 社长 J. W. Noble	T. Petrie	1906年创刊。创刊后事业不振,亏损不断,但近年似乎有逐渐恢复的希望。因报社董事、大股东 Dr. Noble 为美国人,往往发表不利于日本的报道,但战争开始后却大量发表亲日言论。发行量约一千份。另发行名为 The South China Weekly Post 的周刊

---

① 原文有误,应为《香港日报》。
② 指袁世凯复辟帝制。译文中有些地方根据日语翻译成"帝政",以下各年报告相同。

(续表)

报纸名称	主 义	持有人	主 笔	备 考
China Mail(英文)	中立,比其他报纸有宗教趣味	合资组织 社长 Geo. Murray 经理 H. Murray Bain	B. A. Hale	1845年创刊,每日傍晚发行,发行量七八百份,影响力仅次于 Daily Press,另发行名为 The Overland China Mail 的周刊。1916年12月主笔辞职,前 Daily Press 主笔海尔取而代之。有关中国帝制问题,自始至终持赞成态度
Hongkong Telegraph [香港电讯报](英文)	中立	持有人 D. J. W. Noble 经理 G. W. C. Burnett	Fred Hicks	1881年创刊,发行量八百份,曾经是中国人的合资组织,1903年末,美国牙医诺贝尔以一万弗购得所有权后,进行改革,读者渐渐增加。然而评论、报道均为杜撰,不值一看,属英文报纸中最低等者
Hongkong Government Gazette(英文)	香港政厅官报			周刊,有中、英文双语,发行量四百份左右
Yellow Dragon(英文)				在皇仁书院学生中发行

中国报纸统计表

地 名	中文	日文	英文	法文	德文	俄文	合计
北 京	26	3	3	2	—	—	34
天 津	12	3	7	1	1	—	24
太 原	4	—	—	—	—	—	4
齐齐哈尔	2	—	—	—	—	—	2
哈尔滨	1	1	—	—	—	2（蒙古文1）	5
长 春	1	1	—	—	—	—	2
吉 林	2	1	—	—	—	—	3
龙井村	—	2	—	—	—	—	2
局子街	1	—	—	—	—	—	1
铁 岭	—	2	—	—	—	—	2
奉 天	5	3	—	—	—	—	8
安 东	—	1	—	—	—	—	1
辽 阳	—	1	—	—	—	—	1
牛 庄	1	1	—	—	—	—	2
芝 罘	3	—	1	—	—	—	4
济 南	6	1	—	—	—	—	7
上 海	13	3	7	1	2	—	26

(续表)

地 名	中文	日文	英文	法文	德文	俄文	合计
苏 州	3	—	—	—	—	—	3
杭 州	4	—	—	—	—	—	4
绍 兴	1	—	—	—	—	—	1
南 京	3	—	—	—	—	—	3
芜 湖	4	—	—	—	—	—	4
安 庆	1	—	—	—	—	—	1
开 封	1	—	—	—	—	—	1
南 昌	2	—	—	—	—	—	2
汉 口	6	3	2	—	—	—	11
武 昌	1	—	—	—	—	—	1
长 沙	6	—	—	—	—	—	6
重 庆	6	—	—	—	—	—	6
成 都	2	—	—	—	—	—	2
西 安	3	—	—	—	—	—	3
兰 州	1	—	—	—	—	—	1
福 州	4	—	1	—	—	—	5
厦 门	2	—	—	—	—	—	2
汕 头	2	—	—	—	—	—	2
广 东	22	—	—	—	—	—	22
梧 州	2	—	—	—	—	—	2
南 宁	4	—	—	—	—	—	4
贵 阳	1	—	—	—	—	—	1
云 南	7	—	—	—	—	—	7
合 计	**165**	**26**	**21**	**4**	**3**	**2** (蒙古文 1)	**222**
附 录							
大 连	1	2	1	—	—	—	4
青 岛	—	1	—	—	—	—	1
香 港	8	1	6	—	—	—	15
合 计	**9**	**4**	**7**	—	—	—	**20**

(秘)1917年6月印刷

关于中国报纸的调查

外务省政务局

关于中国报纸的调查
目 录

概况 …………………………………… 164	安庆 …………………………………… 186
北京 …………………………………… 167	开封 …………………………………… 186
天津 …………………………………… 174	南昌 …………………………………… 186
太原 …………………………………… 177	汉口 …………………………………… 187
齐齐哈尔 ……………………………… 177	长沙 …………………………………… 188
哈尔滨 ………………………………… 178	重庆 …………………………………… 188
长春 …………………………………… 178	成都 …………………………………… 189
吉林 …………………………………… 179	西安 …………………………………… 189
龙井村 ………………………………… 179	兰州 …………………………………… 190
局子街 ………………………………… 179	福州 …………………………………… 190
铁岭 …………………………………… 179	厦门 …………………………………… 191
奉天 …………………………………… 179	汕头 …………………………………… 191
安东 …………………………………… 180	广东 …………………………………… 192
辽阳 …………………………………… 180	梧州 …………………………………… 193
牛庄 …………………………………… 180	南宁 …………………………………… 193
芝罘 …………………………………… 180	贵阳 …………………………………… 194
龙口 …………………………………… 181	云南 …………………………………… 194
济南 …………………………………… 181	**附录** …………………………………… 194
上海 …………………………………… 182	大连 ………………………………… 194
苏州 …………………………………… 184	青岛 ………………………………… 195
杭州 …………………………………… 185	香港 ………………………………… 195
绍兴 …………………………………… 185	中国报纸统计表 ……………………… 197
南京 …………………………………… 185	
芜湖 …………………………………… 185	

关于中国报纸的调查(1916年末调查)

概况

至1909年、1910年为止,中国报纸有中文八九十种,英文二十种,日文十二三种,法、德、俄文各三四种,总计一百二三十种。第一次革命①前后无明显增减,但共和政府成立之后,随着各种政党团体的蓬勃兴起,随处可见许多报纸创刊作为其机关报。1912年末,最多的为北京四十一种、天津三十五种、上海二十九种、广东十七种,全中国计有二百七十多种报纸创刊,盛况空前。然而,随着二次革命的失败,隶属于国民党系统的报纸逐渐停刊,又因为各政党衰退,无法得到补助金而陷入经营困境,也接连不断地出现停刊者。1913年末,全国报刊总数中文一百三十九种、日文十八种、英文十六种、法文三种、德文和俄文各四种,总计一百八十四种,约减少了三分之一。1914年末与上一年相差不大,有中文一百四十一种、日文二十三种、英文十七种、法文四种、德文和俄文各三种,以及蒙古文一种,总计一百九十二种。1915年秋天,因发生帝制问题②,反袁运动高涨,上海、广东、云南等地有多种中文报纸创刊,全国合计中文一百六十五种、日文二十六种、英文二十一种、法文四种、德文三种、俄文两种、蒙古文一种,总计二百二十二种。1916年6月袁世凯去世后,以前因袁而遭遇停刊厄运的《国风日报》等几种报刊随着恢复共和而复刊。全国报刊总数多达二百八十九种,其中中文二百三十二种、日文二十七种、英文十九种,其他与上一年相差无几。

中国报业中枢为北京及上海,广东、天津次之,均拥有十多种到二十多种报纸,但其发行量极少。在上海称得上最多的报纸仅为一万份到二万份。在其他地方,报道转载北京或上海等报纸内容,发行最多为二三百份到一二千份,这种报纸最多。另外,各报的论调除了政府或政府派机关报拥护段内阁之外,南方派报纸一向猛烈攻击袁世凯,但在反对段内阁方面,论调也变得比较稳健,而中立派报纸,旗帜不鲜明者居多。

现将中国全国报纸最繁荣的北京、上海之近况介绍如下。

北京(1916年12月末调查)

现在北京的中文报纸合计有四十六种,另外如政府公报、陆海军公报、农商公报、教育公报、税务公报等特种刊物约五种。现就1916年间日刊报纸的异动叙述如下:

一、本年度对北京报界而言,有前所未有之变化,其原因完全是受到随袁世凯帝制失败而民国恢复之政治影响。前年度帝制问题一发生,对此予以反对的梁启超派的《国民日报》及旧同盟会派的《国风日报》等报纸遭停刊厄运,《亚细亚日报》为首的报纸成为帝制派机关报。1916年6月继袁世凯去世,南方民党入京,该派《国权报》《黄钟日报》等多种报纸停刊,而《亚细亚日报》《民视报》《京津日报》《京津时报》等仍接受帝制余孽补助作为官僚派存在。此外,像《公言报》那样,在纯帝制派保护下创刊为一大报纸,实为奇观。另一方面,北京以《中华新报》为首的十几种南方民党系报纸新刊,《晨钟报》《每日新闻》《北京日日新报》等属于进步党的报纸亦创刊,而上述临时遭停刊厄运的国民派《国风日报》、进步派《国民公报》则各自复活,特别是反对袁帝制的梁启超派的《国民公报》作为拥护段祺瑞一派的报纸,与帝制派报纸一起对抗国民党系报纸,伴生出如此奇观。除了以上两派的重要报纸以外,其他报纸或属于其中一派,或中立,或态度不明,这些新旧大小报纸加起来大概有五十多种,数量达到北京报界前所未有之程度。其变化之剧烈、派别之复杂,恰好作为民国恢复、南北合作以后中央政情反映之一时现象,值得一看。

二、就新旧五十多种报纸的系统类别而言,虽另外列表注明其大略情况,但除了其中几种特别重要的报纸之外,其他缺少明确的主张、统属关系,其中有些报纸仅得到数百补助金而另外委托印刷,发行量为一二百份,而且其多数属于免费发放等情况。且不论是否忠于其主义,作为新报纸价值首先就非常低,有些报纸则根据补助金多少而朝三暮四,又有些报纸暂时停刊。唯有属于民党的报纸,其旗帜稍显分明,但除了《北京中华新报》一报外,其他报纸基本上因经济上的原因,很少有值得一看者。在北方派与进步党系方面,就此点而言,可以认为明

---

① 指辛亥革命。
② 指袁世凯称帝问题。

显占了上风。现在将这些报纸按其所属类别列举如下：

国民党系	《北京中华新报》《国风日报》
进步党系	《国民公报》《每日新闻》《晨钟报》
北洋派兼帝制派	《亚细亚日报》《民视报》
纯帝制派	《公言报》
营业性的	《北京日报》

三、北京大小报纸的种类、性质如上略述，可大体分为南方民党及北方官僚派、武断派。对于这两派报纸，进步党偏向于后者，表面上主张拥护民国的报纸，实际上因府院之争的实际问题，各自分成支持黎总统、段总理的阵营，暗中继续着南北两派之争，仅此而已。因此，在内政问题上，两者一有情况就相互反目疾视，口诛笔伐。另一方面，帝制派、纯帝制派舞弄离间中伤之毒笔，企图扰乱政局，同时暗中欲催生复辟帝制的时机。再看中立派的言论，大体上尽情曝光政界的真假虚实、彼此之真相。遍读、熟读各派报纸者，就能独坐书斋而洞察政局表里。关于外交问题，对于世界战局，由于德国人等极力在政党及报纸、社会上活动，报纸论调中也分为亲德、反德不同的政治色彩，而中国外交大多为内政的反动所左右，依据其时政府的外交政策，赞成与否反复无常。未必可以按照报纸派别，将其主张一概而论。尤其是在对日关系上，寺内内阁成立以后，北方派及进步党系中的段总理拥护派总体上对笔伐日本持谨慎态度。反对寺内内阁，从以往的亲日态度一改为排日主义的，反而是民党派报纸。然而，反对北洋派的余波波及至此，袁世凯下台、世界大战开始以来，南北两派均认可日本的实力，如果偶尔有反对日本政府者，这也仅仅是担心南北派中的一派全面接近日本，将其势力利用于内政，而试图加以阻止。

四、北京的外文报纸大体上与前年度无差别。北京的 Peking Daily News 在报龄上是最老的，但在其外观和内容上远赶不上 Peking Gazette。两者相同的是，均如同为攻击日本而生，在深入执着方面，前者亦遥遥不及后者。Peking Gazette 除了性格偏激的中国主笔陈友仁（编者附言：陈友仁 1917 年 5 月被以公安妨碍罪处以四个月徒刑，但 6 月 4 日因大总统令获特赦）之外，在其他投稿人中，有个用笔名 Putnam Weale 的英国人 Simpson，一年三百六十五日谩骂日本之声不绝于耳，特别是前者为段内阁机关报，而后者在反对袁帝制以来，因接近总统府，则根据内政外交的相互关系在评论日本方面调整其程度。Peking Gazette 的反日本热今年起更登峰造极。其他法、俄、德各机关报与前一年无大的差异。

还有，不可忘记这些英文报纸有时会自然而然地同时代表英、美两国的利益。

(附)

驻北京的欧美记者

一、W. H. Donald（英国人）：作为纽约《先驱报》特派员四五年前来北京，是舞弄极端的亲美、排日笔锋的美国人奥尔的继任者，但 1914 年 12 月《先驱报》北京支局关闭后，此人兼而执笔为上海发行的、称作 Far Eastern Review 的月刊杂志，此后完全作为该杂志主笔而从事编辑工作。另外，协助 Fraser 经常为 North China Daily News 撰写通讯。此人曾经为香港 China Mail 主笔，因而精通中国南北情况，而且由于是一位很不错的活动家，在北京的欧美新闻记者中间有相应地位。但是，向来对日本不太有好感，因此时常舞弄对日本不利之笔，特别是在日中交涉中最为热衷于采取反对和攻击的态度，近来，因日美经济合作的缘故，加上出资方的提醒，其态度明显改变。

二、D. Fraser（英国人）：伦敦《泰晤士报》特派员，曾经是莫理循博士的助手，在革命动乱中从长江一带为《泰晤士报》做报道。此后由于莫理循被聘为中国政府顾问，成为其继任者。但其方针未必与莫理循相同，两者的交情现在也好像不温不火。由于只是作为新闻记者的经历不及莫理循，所以《泰晤士报》北京通讯的声誉好像不及以前。此人也是驻北京外国记者中有分量的人之一。

三、M. S. Fyffe（英国人）：路透社特派员，1915 年夏作为 A. E. Wearne 的继任者由上海来到此地。年纪还轻，但其报道公允，对日本总体上有好感。

四、C. S. Smith（美国人）：为美国联合通讯社（Association Press）特派员，1915 年 8 月作为 F. Moore 的继任者从伦敦来到北京。其持有的观点比较稳健，但对日本不大有好感。

五、W. R. Giles（英国人）：为 Chicago Daily News 通讯员，Anderson（Anderson 1914 年 7 月回国）的继任者，但并非是特派员，只不过是受委托者。还有，此人兼任过 The Peking and Tientsin Times 通讯员，当初对日本有

好感,但日中交涉问题发生以来被中国当局收买,激烈攻击日本,同时热衷于拥护中国政府。由此,他的努力的确为中国当局赏识,受到过袁总统接见。但是,他无操守,无见识,只不过是为钱左右的"Reporter"。

六、M. Krieger(德国人):兼任上海东亚 Lloyd①、德国本国《柏林日报》②《汉堡新闻》③,以及《科隆日报》④等各报社通讯员。日德战争以来,非常活跃,一时使用许多中国助手为其部下,不断地将对本国有利、对敌国不利的中文通讯分发到中国各方面,还一直给日本方面分发日文通讯,但最近停止了上述日中通讯。

七、B. L. Simpson(英国人):为伦敦《每日电讯报》通讯员,作为关于远东的作家,在"Putnam Weale"雅号下早已闻名。虽然其文才值得一提,但由于行为不检点,颇为神经质,普遍无信誉,在北京的上流外国人社会中受到指责。曾经有反对袁世凯之倾向,但日中交涉之际,为中国当局收买,极力攻击日本,为中国辩护,发布对我方极为不利的通讯。目前,作为北京 Gazette 兼职撰稿人经常投寄排日社论(编者附言:Simpson 是个屡屡被关注的人物)。

八、F. L. Prutt(英国人):曾经为香港 China Mail 记者,1914 年 11 月作为 Sydney World 通讯员来北京。由于此人的妻子为日本人,好像自然有亲日倾向。

九、Vevevkine(俄国人):为俄国首都电报通讯社(Petrograde Telegraphic Agency)通讯员。1915 年作为 Brundt 的继任者来到北京。

驻北京的日本记者

楢崎观一——《大阪每日新闻》、《东京日日新闻》

小川节——《时事新报》

神田正雄——大阪、东京《朝日新闻》

渡边哲信——《报知新闻》

顺天时报社——东京电报通信社

野满四郎——亚细亚通讯社

末次政次郎——《福冈日日新闻》

松村太郎——《国民新闻》

井上一叶——《やまと新闻》

新桥荣次郎——《京城日报》

金田一良三——《天津日报》

田原天南——《满洲日日新闻》

长谷川贤——《上海日报》、《青岛日报》

上海(1917 年 3 月调查)

一、**中文报纸** 上海的中文报纸在二次革命后极度衰退,在第一次革命以后创刊的报纸仅存《大共和日报》一种,其他从革命前就发行的主张稳健中立的报纸,一派萧瑟景象。并且,在 1915 年夏秋,时值袁世凯愈发颠覆共和、暴露实行帝政野心之际,《大共和日报》亦终于停刊,仅存《申报》《新闻报》《时报》《时事新报》《神州日报》等数种报纸。然而,人心思变,舆论再度喧嚣,自此再现复兴时代。进入同年 9 月,帝政派机关报的上海《亚细亚日报》创刊,进入 10 月,反对它的《中华新报》及《爱国报》等由国民党系谷钟秀等人创刊,进入 11 月又有上海日本人实业协会资助的《华报》发行。在此期间,云南成立护国军,全国形势急转直下,也给舆论界带来一定影响。接着进入 12 月,与陕西派民党组织相关的《民信日报》创刊。1916 年 1 月更有孙文系民党机关报《民国日报》问世。至同年 3 月,孙洪伊系民党又创办《民意报》,浙江一部分民党创办《共和新报》,而且,还有趁着这个机会发行的《新中外报》等所谓商人报纸。在此期间,现在《申报》原主持人席子佩得到当地官方出资,欲发行《新申报》,但护国军变得声势强大,终于停止发行。至此,以往主张稳健中立而蛰伏之各家老报除一二家之外,几乎均登载反

---

① 应该是 Der Ostasiatische Lloyd,此报的日本名称与原文比较接近,中文报名是《德文新报》。

② 根据日文发音,应该是 Berliner Tageblatt。

③ 根据日文发音,应该是 Hamburger Nachrichten。

④ 根据日文发音,应该是 Kölnische Zeitung。

袁文章,而帝政派机关报《亚细亚日报》之流终究不得已而停刊。在此期间,值得特别一提的是各中文报纸一扫1915年日中交涉以来对我帝国所抱有的厌恶感,均显示出亲日倾向,而《申报》《时事新报》及《国民日报》等则是以日本人名义在我帝国总领事馆注册的。同时,由于袁政府的压迫,反对帝制运动的有关报道被隐匿和禁止,报界感到非常痛苦。此时我东方通信社独自报道反对运动之真相,与我帝国舆论界的反袁态度相呼应,由于帝国的舆情同情中国舆论——反对帝政运动,使得其对我方更加抱有好感。

1916年6月袁世凯去世,南北妥协达成,随着时局又逐渐趋于平稳,南方政客一时北上,北京事实上保持政治中立,《共和新报》首先关停,接着是《民信日报》《民意报》以迁往北京为名停止发行,《新中外报》又停刊,然而同年10月日本人井手三郎主持的《东亚日报》发行,同年11月英中合办的《新申报》创刊,更有张勋、康有为出资经营,以宣传孔教主义为目的的《国是报》创刊。进入1917年2月下旬由部分华侨出资,陈静庵创办《民德报》,但是,除了《新申报》外,均经营困难,报道内容极为贫乏,无值得特别报告之处。

同年2月上旬美德断交,终于德中断交。中国在加入协约国问题上发生争论,上海诸家报纸之中,梁启超的机关报《时事新报》赞成断交,孙文派《民国日报》及康有为《国是报》二报反对断交。除了各自旗帜鲜明者外,其他报纸一直采取不即不离之态度。上海中文报纸在有关外交问题上,对我帝国进行公然反对之议论者很少,保持着比较冷静稳重的态度,这是十几年来前所未有之处,难道不是值得一提的事实吗?

二、外文报纸　至于外文报纸,以往一有动静就对帝国不怀好意的 North China Daily News 逐渐对我方有了好感。而且,极端排日的 China Press 的报道和社论也颇为缓和,这值得一提。此外,上海《泰晤士报》(Shanghai Times)、上海《文汇报》(Shanghai Mercury)两家报纸因各种关系,依然保持着亲日态度。其他报纸,德国的《德文新报》《华德日报》(Deutsche Zeitung für China)和 The War 等继续孤军奋斗,但因中德断交,已无昔日之势力,而以往接受中国政府或者部分中国官员补助、经常刊登排日报道、社论的周刊 National Review(《中国公论西报》)1916年因经营困难停刊。目前,在杂志界刊登排日报道者,只有美国人 Bronson Rea 主持的 Far Eastern Review(《远东时报》)。通观现在上海的内外诸报纸、杂志就可以观测到,对于我帝国大体上都保持着善意。

关于中国报纸的调查(1916年12月末)

名　称	主　义	持有人	主　笔	备　考
北　京					
政府公报(中文)	政府的公布机关	在内阁印铸局局长监管下		为旧《政治官报》①改名而成。记载大总统命令、各道总长令、叙任、法令等。与日本的官报无差异。但难以刊登有关其他政务等的重要电报文或公文书等,作为参考资料不可或缺,日刊
陆海军公报(中文)	陆军部及海军部的机关报	经理 魏宗瀚	罗泽炜	陆海军军事机关报,属于训练总监监管,政府补助一千二百元
教育公报(中文)	教育部的公布机关		在各部处编辑处发行	刊登《政府公报》发布以外的公文书、统计等。每月发行一次
农商公报(中文)	农商部的公布机关		同上	同上。其他各调查报告等都可资参考,每月发行一次
税务公报(中文)	税务处的公布机关		同上	同上。刊登其他方面各种调查等,每月发行一次
				以上公报,各该当官署,有必要义务订阅,而且普通订阅者也不少

---

① 1907年11月5日创办。

(续表)

名称	主义	持有人	主笔	备考
顺天时报(中文)	鼓吹日中亲善,作为日本机关报广为人知	龟井陆郎	平山武靖	为我国政府补助下的机关报,又是北京最老的报纸。1902年创刊①,在北京的中文报纸中发行量最多,达到约四千份。因1914年山东问题,忽然减为三千份。接着又因日中交涉、抵制日货问题,一时减少为二千份以下。然而,1915年秋,帝制问题一发生,销量激增,仅数日之间达到九千余份,数量之多是北京报界前所未有的。日刊
北京日报②(中文)	无固定主义,在任何时代都显示出政府半官方报之态,因而对部分社会不太重视	朱淇	杨小欧	仅次于《顺天时报》,为北京最老的报纸。社长朱淇为广东人,北京报界的代表,故而其报道普遍有信誉。1904年7月创刊,发行量约三千份。欧洲战争发生以来,转而表示同情德国。在攻占青岛之际,极力攻击日军暴行。在日中交涉前后,倾力抨击日本,殆呈不遗余力之态。与梁士诒有密切关系,但此人失势后与政府的联系好像也弱化了。近来终于不大舞弄排日笔调,只是以营业为本位而维持着。据说接受交通部每月八百元之补助。日刊
京津时报(中文)	属于纯粹段政府拥护派,但实际上为帝制主义	汪立元	金逢时 黄幼之	该报创刊最早,持有人汪立元也是北京报界资深人士,属于前交通部系梁士诒派,任内务部佥事之职位。袁政府以来在交通、内务两部保护下,经常负责操纵报界,也是职业性御用派,但近来无较大的影响力。据传接受两部月额四百元的补助。故此报与其他报纸相比较,广告收入比较多。日刊,发行量约六百份
民视报(中文)	以拥护段总理为主的守旧主义	康士铎	王浩如	原为孟昭常任主持人的《宪报》,即预备立宪公会机关报之后身,为保守报纸。社长康士铎原先主持《帝京新闻》,直隶人。1911年10月创刊。与梁士诒有深交,在梁的斡旋下接受交通部之补助。在袁帝制时代,成为强有力的机关报。现在作为进步党系中的宪法协议会机关报,主要拥护段总理,协议会每月提供四百元补助。发行量约四百份,日刊
亚细亚日报(中文)	帝制主义者机关报	经理 胡某	杨某(杨度之亲属)	1912年3月创刊,主要为湖南派进步党系机关报。帝制问题发生后,由于杨度、薛大可等重要关系人成为强有力的支持者,所以报纸在袁去世后立刻失去影响。目前在袁乃宽出资下仍然是帝制残党之根据地,兼作段政府御用报纸。对于南方民党背地里挑拨离间挑起争端。帝制派及政府提供补助金约一千元,发行量约七百份,日刊

① 应为1901年10月创刊。
② 《北京报》于1904年8月创刊,1905年8月16日更名为《北京日报》继续出版。

(续表)

名　称	主　义	持有人	主　笔	备　考
国民公报(中文)	纯进步党机关报	蓝公武	孙光圻 陈叔通 郭耀曾	为前清末年以来代表进步党中梁启超派的重要报纸之一①。1915年8月登载梁反驳古德诺帝制意见的文章《异哉所谓国体问题者》而遭停刊之厄运。1916年6月随着民国恢复而复刊,经理兼主笔蓝公武为梁之女婿。徐佛苏、梁秋水、张家森等志同道合者据此维持政界的重要地位,直至今日,研究会每月补助约五百元,发行量六百份,日刊
国风日报(中文)	属于国民党中的激烈派,极端反对北方派	景定成	宋辽鹤	属于国民党中老同盟会派,前清以来经过各种各样的历史,在北京维持下来②。但袁帝制运动后遭停刊之厄运,随着共和恢复而复刊。目前作为丙辰俱乐部机关报,田桐、白逾桓、马君武等依据此猛烈反对段内阁,是民党中有影响的报纸之一。丙辰俱乐部每月补助约六百元。发行量约一千份,日刊
国是报(中文)	代表北洋军人意见的武断主义	光香九	光香九	由1913年9月创刊的《国是日报》改名而来,被称为倪嗣冲、张敬尧及徐树铮等军人派的机关报。在拥护段总理的同时,极力反对南方民党。为具有危险性的北方军人的机关报。补助月额五百元,发行量五百份,日刊
日知报(中文)	拥护段政府,无固定主义	王博谦	王博谦	1913年12月创刊③,好像主要接受交通部交通银行等补助。但持有人王博谦品性卑鄙,为低俗报纸之一。补助额约一千元,发行量五百份
大国民日报(中文)	以拥护段内阁为主的半官报	景耀月	景耀月 陈林素	1913年8月创刊,持有人景耀月为山西人,原同盟会会员,但后来与之分离,组织政友会,逐渐接近袁世凯,一时成为帝制赞成派。现在与称为苏园的一小党派有关系,但没有任何影响力。从政府方面获得补助约月额五百元,发行量四百份,日刊
民强报(中文)	为段政府拥护派,但无固定主义	王河屏	王河屏	1913年3月创刊,原公民党、后政友会机关报,一直作为御用派而存在,但无影响力。另外发行附属白话报。政府补助月额约八百元,发行量三百份,日刊
醒华报(中文)	属于民党中的原共和党,拥护大总统	吴宗慈	龚焕辰 凌毅	从原胡景伊派的机关报变成孙洪伊派机关报,有时改变其色彩,但目前作为孙派韬园的机关报,是猛烈反对段内阁的报纸之一。除了吴宗慈、龚焕辰之外,王湘、杨璜、郭同、汪彭年、丁世峄等与之有关系,均为孙洪伊派等有影响力的议员。补助月额约八百元,发行量不详,日刊

---

① 1910年8月24日创刊。
② 1911年2月8日创刊。
③ 应为1913年9月创刊。

(续表)

名称	主义	持有人	主笔	备考
大中华日报(中文)	无主义,无定见	张仲权	叶一舟	1916年1月创刊。与进步党有关系,好像拥护段,又好像站在民党方面,主张暧昧,所属亦不明,从持有人、主笔均为安徽人来看,可能为同省人的机关报,但毫无影响力。补助月额约四百元,发行量四百份,日报
北京时报(中文)	准御用派,无固定主义	杨小欧	李心灵	杨小欧、李心灵均为广东人。杨长期与朱淇的中文《北京日报》有关联,而李与英文《北京日报》有关系,但后来与其分道扬镳,于1915年末创立《北京时报》。接受财政部广东派的补助月额约四百元,坚持排日倾向。发行量约三百份,日刊

● 以上为1915年帝制问题发生以前持续发行,或因同一问题而临时停刊、民国恢复以后复刊之报纸

名称	主义	持有人	主笔	备考
北京中华新报(中文)	为旧国民党系政学会机关报,代表民党中的稳健主义	欧阳振声	李述膺 张炽章	为上海《中华新报》之分身,今年6月以后创刊的重要报纸之一①。主义稳健,报道正确,外观亦最为进步,为所谓上海类型。政学会首领谷钟秀、张耀曾与之有密切关系,财力稍微充实。可认为是民党派报纸中屈指可数的。政学会每月提供补助约八百元,发行量约七百份,日刊
民苏报(中文)	国民党系机关报	周亮才	陈匪石 邓永清	与益友社、政学会等有关系,为其代表机关报之一,但未获得充分的影响力。据称殷汝骊等出资若干。发行量六百份,补助额不详,日刊
民国新报(中文)	国民党系机关报	张光清	曾子书 林如兰 俞剑华	似为云南派民党系机关报,好像张耀曾、吕志伊等与之相关,但尚未有充分的影响力。补助额不详,发行量三百份,日刊
民主报(中文)	国民党系机关报	丁谷音 董仙丹	周咏康 庐超佛	益友社、丙辰俱乐部等纯民党系机关报之一,但由于无法给予充足的补助金,无法像政学会的《中华新报》那样有影响力。补助金、发行量不详,日刊②
亚东日报(中文)	属于国民党系,以拥护共和为主	李安陆	李安陆	国民党系中主要代表江西派意见,被称为李烈钧的机关报。与朱念祖、陈策等有关系。目前休刊中,但朱念祖等正计划复刊
危言日刊(中文)	反对段内阁	尹小隐	尹小隐	孙洪伊一派的韬园机关报,与《醒华报》属于同种报纸,但基础不确定。补助和发行量不详,日刊
民治日报(中文)	代表纯国民党系	黄虞石		纯民党机关报之一。声称陈炯明、唐绍仪等出资创办,创立费约三千元,以下不详

---

① 1917年9月1日创刊。
② 1912年6月20日创刊。

(续表)

名　称	主　义	持有人	主　笔	备　考
大陆报(中文)	国民党系,反对北洋派	尹昌衡	同人弟	为原四川都督尹昌衡所有,民党系机关报。补助及发行量不详
中央日刊(中文)	反对北洋,民主主义	陈德公		为民党方面华侨出资创办的同党机关报之一,似乎与益友社有特别关系,但并无影响力。补助约八百元,发行量二百份,日刊
法言报(中文)	反对北洋,民主主义	武振	陈重民 徐品山	民党方面的机关报之一,好像主要与政学会的部分人士有关系,但没有影响力。据称冯国璋给予一些补助。补助月额约五百元,发行量不详,日刊
北京公民日报(中文)	反对政府,国民党中的渐进主义	刘揆一	汪中实	据称接受财政总长陈锦涛的补助。持有人刘揆一原为革命党中的强人,民国以来态度欠明朗,几乎为社会遗忘。仅在天津、北京创办《公民日报》,作为民党中的一派而存在。补助月额约一千五百元,发行量一千二百份,日刊
兴中报(中文)	反对段政府,但不固定	尹小隐	朱子谷	主要为孙洪伊韬园派之首领汪彭年等操纵,似为同派机关报,但其关系有时并不固定。补助约二百元,发行量三百份,日刊
● 以上主要可视为民党方面的机关报				
北京日日新报(中文)	反对国民党系,拥护段总理	赵鹏图	张胪青 刘立夫	原《黄钟日报》之后身,与该日报的王印川关系深,现今作为进步党系宪法讨论会的机关报,乌泽声、克什克图等与之相关,多少带有帝制主义。王印川提供补助四百元,政府约五百元。发行量不详,日刊
每日新闻(中文)	反对旧国民党系,拥护段总理	乌泽声	崔玉民	与《北京日日新报》性质完全相同,与梁启超和张国淦有很深关系。除乌泽声、克什克图等人之外,好像是孙润宇全面管理笔政。传递进步党方面所见的政局消息,最为精确。由讨论会补助月额约六百元,发行量三百份,日刊
晨钟报(中文)	拥护段祺瑞,代表旧进步党系	胡瑞霖 刘崇祐	梁秋水 陈光焘	该报纯为宪法研究会机关报,代表旧进步党的梁启超、汤化龙等的意见,尤其是与汤的关系居多。主笔梁秋水原为北京 Gazette 中文栏目主笔,后转至该报,但现在不大舞弄排日之笔。据称胡瑞霖补助资金若干。研究会每月补助约四百元,胡瑞霖补助六百元。发行量六百份,日刊①

---

① 1917年8月15日创刊,李大钊参与其事,9月5日宣布脱离。

(续表)

名　称	主　义	持有人	主　笔	备　考
公言报①(中文)	极力反对民党,同时拥护北洋派,背后抱有帝政主义	汪有龄	林万里②	该报为袁世凯帝制派之堡垒,作为反动派机关报具有重大关系。与天津《大公报》为姐妹报,传说起初得到张勋五万元出资才创办了两报。还与叶恭绰、梁士诒的交通部系帝制派有密切关系。汪有龄、林万里均为原参政,一个是属于官僚派,一个属于进步党。现在该报一方面也与梁、杨的研究会有联系,并且与帝制派和进步党系保持关系,补助月额约二千四百元,发行量一千四百份,日刊
新民报(中文)	主要拥护段派,反对民党	彭渊洵	向瑞彝 朱光门 余长辅	主要接近梁启超的进步党系,也与湖南派有关系。好像与胡经武、谭瑞霖等亦有联系。由政府及进步党方面每月补助约一千元,发行量九百份,日刊
大舆日报(中文)	拥护段派	邱舫伯	邱舫伯	据称与徐树铮有关系,但无特别价值。补助月额约六百元,发行量二百份,日刊
大信报(中文)	拥护北洋派	傅永贞	齐颉庸	据称与张勋、江朝宗等有关系,但无任何重要价值。补助月额约八百,发行量不详,日刊
大中报(中文)	属于进步党系,主要拥护段	孙继伊	石小川	被称为宪法讨论会机关报,好像接受冯国璋补助若干,但无重要价值。补助月额约五百元,发行量四百份,日刊
新震旦日报(中文)	拥护段总理	马连生	赵天民	接近准进步党系。马连生为安徽人,据传为许世英的机关报。补助月额约四百元,发行量三百份,日刊
璇宇日报(中文)	以拥护段总理为主	鲁色愚	李■	接近研究会派进步党系,其报道中往往刊登陆军方面材料。据称为天津盐商出资,补助月额约四百元,发行量约二百份,日刊
京华日报(中文)	拥护段内阁	廖菊舟		据称是平社机关报,汪大燮出资若干,但不清楚。补助月额约六百元,发行量二百份,日刊
共和新报(中文)	拥护段总理,反对民党	由幼光	沈梓青 黄照书	小党派苏园的机关报,据称与袁乃宽之子袁瑛有关系。补助月额约一千六百元,发行量不详,日刊
民言报(中文)	标榜超然主义,但拥护段总理	孙钟	贾旭	孙钟为河南人,其所为与大国民日报社主景耀月相同,从原民友会变成袁世凯帝制派,现为称作苏园的御用派,该报因此亦为苏园机关报。补助约七百元,发行量三百份,日刊

---

① 似1909年间创刊。
② 即林白水。

(续表)

名　　称	主　义	持有人	主　笔	备　考
忠言报(中文)	拥护段总理,反对民党	许学源	黄玉峰	皖系官僚系机关报,好像与段祺瑞、江朝宗也有关系,但无重要价值。补助月额约六百元,发行量二百份,日刊
真共和报(中文)	无固定主义	刘文锦	李慕亭 陈潜斋	国民党的周震麟一时与之相关,反对段政府,但好像后来被政府收购。为低俗报纸之一。政府补助一千五百元,发行量四百份,日刊
● 以上主要可视为拥护段总理和进步党系的机关报				
尊闻日刊(中文)	与其说拥护段总理,不如说接近中立	王天木	张雨人	该报为李盛铎等主持的民彝社机关报,王天木为该社重要人物。补助月额约六百元,发行量二百份,日刊
二十世纪新闻(中文)	调和新旧两派,同时拥护段总理	张伯烈	何雯	张伯烈与何雯等人一起从原共和党分离,未加入孙洪伊的韬园而组织宪友会,看似段祺瑞拥护派。该报是其机关报,但张为易动感情但缺乏节操之男人,今后的变化还未可知。已停刊的《新中国报》与该报是同一种类。政府补助月额约二百元,发行量二百份,日刊
觉报(中文)	拥护段政府,无固定主义	马凌甫		马为陕西回教徒,该报被称为同省教徒的机关报。据说督军陈树藩也给予若干补助。补助约一千二百元,发行量二百份,日刊
中原日报(中文)	虽拥护段总理,但主义不固定	陈晓苏	汪谦	从与原帝政派陆建章的关系转移至皖系杨士聪的关系,好像多少也与孙洪伊系有关系。补助额等不详,日刊
● 以上属于中立或态度不明的报纸				
● 以上《北京中华新报》以下民党及非民党乃至中立的报纸,均为1916年6月民国恢复以后新创刊者				
益世报(中文)	基督教徒机关报	杜竹轩①	韩进元(译员比利时神父雷鸣远、美国传教士丁义华)	持有人杜竹轩为天津天主教徒中之有力人士。为了天主、耶稣两教教徒,在天津及北京各自发行该报。另一方面,可以认为是信教自由会的机关报。在天津发行量据说达两千份,补助约一千八百元,发行量八百份,日刊 ○ 本报为宗教方面的,无关政治
新支那(日文)	日中亲善	安藤万吉	藤原镰兄	1913年9月创刊②,日刊。向日本人介绍中国情况,同时以让中国人了解日本人为主义,被中国人视为日本人的机关报,但还未看到充分的发展
新支那(日文、周刊)	介绍中国情况	安藤万吉	藤原镰兄	1912年3月创刊,周刊,以向日本介绍中国情况为主

---

① 又作"杜竹萱""杜竹宣"。
② 前一年报告说是1912年3月创刊。

(续表)

名　称	主　义	持有人	主　笔	备　考
Peking Daily News［北京日报］(英文)	中国政府机关报	朱淇		北京最老的西文报纸,与中文《北京日报》为姐妹报。声称朱淇独立经营,但总是顺从现政府之意,有外交部机报之嫌。因此,在持续不断抨击日本的态度上,与北京 Gazette 无异,不过报面的外观、内容明显劣于后者,销路亦不多。因而,反日的影响力亦不如 Gazette 之甚
Peking Gazette(英文)	中国政府机关报	Eugen Chen(陈友仁)	陈友仁(编者曰:陈友仁1917年5月被判刑四个月,但6月4日因大总统令被特赦)	1913年10月德亚银行北京支行总经理 Eglin 创刊,1914年11月陈友仁盘下,新设中文栏目,就日中两国关系,极力舞弄毒笔,攻击日本,实质上一段时间里为纯粹的政府机关报。袁世凯帝制发生以来,极端反对之,因而似乎成为总统府之机关报。现在好像多少接受同政府保护,但是攻击日本的笔锋无一日休止。英国人 Simpson 以 Putnam Weale 之名,不断投发同样的稿件,煽动毒焰。作为英文报纸,该报以报道迅速正确、评论深刻而在外国人中间有相当影响力。陈友仁生于南美英属领土,接受英国教育,擅长英语,但完全不懂中文,性格极为偏狂
Peking Post(英文)	德国机关报	吴莱喜	吴莱喜	1915年6月创刊,晚报。最初由 Richard I. Hope 创刊,其后转让。辅佐过此人的中国记者吴莱喜成为主持人。该报全权归入德国人之手,例如《德文新报》通讯员 Krüger①,听从德国公使馆旨意,作为最有影响的黑幕记者极力拥护德国利益,夸大其影响力,绞尽脑汁挑拨中国和协约国关系,但作为外文报纸影响力微弱
Journal de Pékin(法文)	俄法两国的机关报	Mercel von Lerberghe(法国人)	Mercel von Lerberghe	1911年7月创刊,俄国公使馆握有实权,法国公使馆也加以干涉。但最近俄国方面机关报色彩越发变得明显。主要报道欧洲战况等。关于中国内政事项甚少
La Politique de Pékin［北京新闻报］(法文)	中国政府机关报	Lé Shen Li		1914年4月创刊,周刊。中国政府的机关报,极力拥护其利益
天　津					
直隶公报(中文)		北洋官报局		1901年以来发行②的《北洋官报》之改称,为直隶省的公布机关,刊登大总统令、叙任、法令、公文、告示等。发行量三千六百余份,资本五万元,地方官员负有订阅义务

---

① 本年报告"概况"的"驻北京的欧美通讯员",此人名字被写为"Krieger",略有不同。
② 应为1902年12月25日创办。

(续表)

名　称	主　义	持有人	主　笔	备　考
天津日日新闻①(中文)	标榜进步主义,谋求开放风气	方若	方若 郭心田	1901年创刊②,日刊。发行量二千五百份,资本二万元。评论稳健,在商界具有影响力。与日本一向关系不浅,主张亲日主义,报道内容大体上精确
大公报(中文)	社会改良、教育普及	股份制 代表 英敛之	樊子镕 胡霖	1902年创刊,日刊。发行量九千份,资本三万元。论旨公允,但帝政问题爆发时,变更组织,张勋、王祝山等投入过资金,产生了拥护政府的倾向。报道迅速,新闻亦详实,对日本也抱有好感
天津商报③(中文)	工商业的发展	股份制 代表 杨晓林	叶众川 夏琴西	天津商务总会的机关报,资本一万五千元,发行量约一千二百份。为本地商人爱读,但没有显著信誉和影响力
北方日报(中文)	以时事报道为主,鼓吹日中亲善	股份制 代表 郑域材	张晓岩 刘晋岑	1909年创刊④,资本五千元。1914年8月起由我方补助改良报面,提倡日中亲善。现在成为天津屈指可数之报纸,发行量约二千份
民心报(中文)	无固定主义	刘孟扬	刘仲英 郭究意	1909年创刊,资本四千元,发行量一千五百份。持有人刘孟扬为警察厅官员,据说每月接受同厅二百元补助,被认为是警察厅机关报,但无影响力
益世报(中文)	以普及天主教为主	刘俊卿	唐莲孙 张龄桐	1915年10月1日创立,资本二万五千元,发行量五千份。该报主要目的是传教,与俄国人的关系不浅,但关于老西开问题不停攻击法国。而且,帝政问题以来,显示出攻击政府的态度。因为与外国人有关系,所以电报丰富,报道亦迅速,为留意时事的人爱读。在北京有支局
时闻报(中文)	无固定主义	李秋岩	管瑞伯	1904年创刊,资本一万元左右。发行量一千二百份。报道评论多为转载他报,无值得一看的内容,烟花巷报道较多,在该业界有销路,影响小
中外实报(中文)	被视为德国人机关报	德国人 德璀琳、汉纳根	杨荫庭⑤ 段少卿	1909年创刊⑥,资本二万元,发行量二千份。该报为德国机关报,亲德倾向明显,以德华电讯装饰报面,根本不刊登路透社电讯
旭日报(中文)	无固定主义	贺彩臣	张小林	1912年创刊,资本三百元,发行量一千份。刊登烟花巷报道,除了在此圈子里行销外,普通人士购阅的很少

---

① 又名《日日新闻》。
② 应为1900年冬出版。
③ 又名《商报》。
④ 应为1910年5月9日创刊。
⑤ 1915年报告为"杨荫廷"。
⑥ 应为1904年9月1日创刊。

(续表)

名　称	主　义	持有人	主　笔	备　考
赤县新闻(中文)	共和主义	王羽吉	李镇桐	为1916年7月创刊,资本金一万五千元,发行量二千五百份。前《直隶商报》之后身,拥护共和。报道迅速准确。在天津的中文报纸中最为进步
醒世报(中文)	无固定主义	施伯扬	张铭西	发行量五百份
游戏津报(中文)	无固定主义	卢少朴	张吉士	发行量八百份,为烟花巷推行的小报
天津白话报(中文)	一般知识的启发	房士麟	张灌夫	发行量七百份
戆言报(中文)	无固定主义	怀骥良	周伟	发行量一千五百份
新民公报(中文)	无固定主义		张浮沈	发行量二千份,为小报,有关演剧界的报道丰富
白话晨晚报(中文)	无固定主义	白幼卿	刘铁庵	早报、晚报一起发行量二千份
天津日报(日文)		合办组织	西村博	由《北清时报》和《北支那每日新闻》合并改名而成。1910年1月创刊,资本金三千圆。发行量八百份
日华公论(日文)		森川照太	橘朴	1912年11月创刊,周刊。刊登有关中国政治、经济等报道,发行量约五百份
The China Times[中国时报](英文)	一向对日本示好,近来有尤为密切的关系	股份制	F. T. Skottoh	1901年创刊①,发行量约二百份,资本金三万元,亏损多。现在Skottoh为主笔,同时负责经营。日本报纸的摘录居多,一直拥护日本利益
The Peking and Tientsin Times[京津泰晤士报](英文)	维护英国权益	Tientsin Press Ltd. 总经理 H. A. Chapall	H. G. W. Woodhead	1894年作为周刊而创刊,1900年改为日报②。英国人机关报,发行量八九百份,资本金九万七千两。为天津出色的英文报纸。对日本表示善意,但违背英国利益时也会肆无忌惮地攻击日本。驻北京通讯员名叫Giles,极力进行对日本不利的报道
The China Critic[中国评论](英文)	无固定主义	North China Printing & Publishing Co., Ltd.	C. F. ③Norris Newman	1908年1月创刊,资本金三万两,发行量四五百份。为家庭性晚报,报道内容大致稳健,总体对日本抱有善意
The Tientsin Sunday Journal(英文)	德国人机关报	Dr. Rochelle(美国人)	F. H. Borionis(意大利人)	1909年8月创刊,周刊,发行量二三百份。极力反对英国,近来对日本大体上使用善意的口吻,好像尝试离间日英。有迹象显示接受德国官方的补助
L'Echo de Tientsin[天津回声报](法文)	天津法国租界当局机关报	法国商人合资组织	Marcal④ Sanlais(法国人)	日刊,对日本示好。资本金约二万法郎,发行量二三百份

① 应为1886年创刊。
② 应为1902年改为日刊。
③ 1915年报告为"C. L."。
④ 1913年报告为"Marcel"。

(续表)

名　称	主　义	持有人	主　笔	备　考
Tageblatt für Nord-China(德文)	德国人的机关报	股份制 总经理 H. Fick Höffer	K. F. [①]Dresslet	日刊,以扩大德国人利益为目的,发行量二三百份
The China Advertiser(英文)	扩大日本利益	松村利男 总经理 大木干一	松村利男	由1909年9月以来发行的 China Tribune 改名而成,发行量二三百份
North China Daily Mail(英文)	维护协约国方面的利益	英国人 R. Bats 及 Fisher 共同所有	R. Bats	1916年1月,Bate 与 Fisher 辞去 The China Times 的工作,共同创办该报。全力维护协约国方面利益,极力扩大日本利益。晚报,发行量约三百份
Sunday Times(英文)	同上	同上	同上	周日报纸,发行量约三百份,全部与上面相同
太　原				
山西公报(中文)		山西巡按使	荆大觉	法令、告示、公文等的公布机关,发行量约三千份
公意日报(中文)	共和	李文虎	蒋虎臣	革命后曾经为山西官方的机关报,发行量约一千份
晋阳公报(中文)	共和	梁廷锡	孙蕃	山西官方提供补助,发行量约一千八百份
绳报(中文)	奖励实业	杨起	常麟书	股份制,发行量约一千五百份
齐齐哈尔				
黑龙江公报(中文)		黑龙江省长公署	黑龙江省长公署政务厅总务科长	1914年3月创刊,日报,登载法令、公文、告示等,发行量约八百份
黑龙江报(中文)	扩张国权	魏馨钥	魏馨钥	1916年1月1日创刊,日报,每月接受黑龙江将军四百元补助,发行量一千五百份上下
通俗教育报(中文)	教育普及	黑龙江省教育会	陶景明、郭毓奇	1914年12月创刊,日刊小报,黑龙江省教育科机关报,发行量约一千两百份
启民报(中文)	启发民智、开发产业	韩鑫楼	李钦典	1916年8月创刊,日报,每月接受黑龙江省警察厅一百元补助,发行量约七百份
启蒙报(中文及蒙文)	启发蒙古人知识	蒙旗事务所	阎中平	1914年11月创刊,周刊小报,分为中文启蒙报和蒙文启蒙报两页,发行量约八百五十份
垦务公报(中文)		黑龙江省垦务总局	魏毓兰	1914年10月创刊,月刊,以报道黑龙江省垦务情况为目的,发行量约五百份

[①] 1912年报告为"C. T.",1915年报告为"C. L."。

(续表)

名称	主义	持有人	主笔	备考
哈 尔 滨				
Харбинский вестник[哈尔滨日报]①(俄文)	拥护中东铁路的政策	隶属中东铁路民政部长	主编 皮尤特路·季先科②	1904年创刊③,日报,中东铁路机关报,近来为了使日俄邦交亲近,在政治、经济上颇为鼓吹亲日主义
Новая жизнь[新生涯]④(俄文)	社会革命主义	在哈尔滨的犹太人合资报社(Новая жизнь社)	斯恩菲利德	1909年创刊⑤,日报,拥护在哈尔滨的工商业者(犹太人)利益的机关报,不时出现过激言论,至今为止屡次被禁止发行,屡次改名,每周发行关于时事的讽刺画报
远东报(中文)	目的在于密切俄中关系	中东铁路厅	戚养泉(俄国人)	1908年创刊⑥,日报,中东铁路的机关报,曾经刊载排日性报道、评论,最近颇为倾向于亲日主义
东亚日报(中文)	维持东亚和平,开导民智	王子书(山东人)	孙斗山(山东人)	1916年11月创刊,日报,发行量约三千份,资金薄弱,经营困难,在当地中国官民间没有声望
Mongγol-un sonin bičig(蒙文)	开发蒙古人	中东铁路厅	监督 亚·史弼臣(俄国人) 编辑 那丹珠(蒙古人)	1909年创刊,每月发行两到三次,标榜引导开发蒙古人,同时对蒙古人采取怀柔态度,鼓吹亲俄主义,每号印刷约一千份,免费分发给蒙古各族王公等人,或是分发给蒙古香客或者其他人
北满洲(日文)	谋求通商发展	木野清一郎	近藤义晴	1914年7月创刊,一周发行两次,介绍中国东北北部、东俄的情况,谋求密切与我国的通商关系
长 春				
大东日报(中文)	商务会机关报	刘笠泉	张复生	日报,发行量一千三百份
新民日报(中文)	发展教育、实业、财政	白晓峰	白晓峰	日报,发行量两百份上下,1917年2月中旬起停刊,无再刊希望
民生日报(中文)	民政协会机关报	民政协会	程海啸	日报,发行量四百五十份
醒民日报(中文)		侯炳章		日报,目前停刊中,无再刊希望
北满日报(日文)	主要报道时事,谋求实业发展	箱田琢磨	泉廉治	原名《长春日报》,一日发行量五百份,1917年2月11日起改名《北满日报》,图谋更大的发展,目前发行量上升至一千零五十份
长春商业时报(日文)	报道商业状况和物价	伊月利平	伊月利平	日报,发行量四百份

---

① 亦译《哈尔滨新闻》或《哈尔滨公报》。
② 亦译季申科。
③ 应为1903年6月创刊。
④ 亦译《新生活报》。
⑤ 应为1907年11月由《东方通讯》和《九级浪》合并在哈尔滨出版。
⑥ 应为1906年3月创刊。

(续表)

名　称	主　义	持有人	主　笔	备　考
吉　林				
吉林公报(中文)		吉林省长公署		1912年3月1日,将《吉林官报》改名为《吉林公报》隔日发行①,登载命令、法令、公文、告示和电报,发行量约六百份上下
吉长日报(中文)	以启发民智为目的	顾植	瞿钺	接受吉林官方补助的机关报,发行量约两千份
吉林新共和报(中文)	拥护共和	贾明善	韩楚材	日报,省城外地区一部分绅士(主要为省议会议员)的机关报,发行量约一千份
民报(中文)	伸张民权	赵志超	季梦庚	日报,省城一部分绅士的机关报,发行量约七百份
工商报(中文)	振兴实业	阎启瑞	姚祐虞	日报,工务总会的机关报,发行量约五百份
吉林时报(日文)		儿玉多一	儿玉多一	周报,发行量两百份
龙　井　村				
间岛时报(日文及朝鲜文)	报道间岛情况	山崎庆之助	山崎庆之助	1910年创刊,每周发行两次,为登载领事馆公告的报纸,1915年开始设朝鲜文栏目,因而在启发朝鲜人方面颇有效果
东满通信(日文)		安东贞元	安东贞元	1915年创刊,隔日发行,油印,向内外各报纸发布通讯
局　子　街				
延边实报(中文)	拥护利权,标榜产业开发	杨荫林	徐恢	1915年7月创刊,周刊,中国官方机关报,购阅者主要为中国官绅,还为朝鲜读者设朝鲜文一栏,发行量约五百份,影响小
铁　岭				
铁岭时报(日文)		社长 西尾信	西尾信	1911年8月1日创刊,日报,为登载日本领事馆、居留民会公告的报纸,登载政治、经济及其他一般事项,发行量三百五十份
满洲野(日文)		迫田采之助	迫田采之助	1913年3月12日创刊,每月发行六次,发行量约五百份,登载实业、教育、文学及其他内容
奉　天				
奉天公报(中文)		巡按使公署政务厅		登载奉天行政公署公告的机关报,日报
盛京时报(中文)		中岛真雄	佐藤善雄、刘竹斋	1906年12月创刊②,日报,资本金两万圆③,接受外务省的补助金,发行量约七千份

---

① 吉林公署官报局编印出版,1907年8月创办,初为二日刊,1908年11月后改为旬刊。
② 应为1906年9月1日创刊。
③ 1909年调查记载资本为九千圆。

(续表)

名　称	主　义	持有人	主　笔	备　考
奉天醒时报①(中文)		合资组织 主持人 张子岐 (回教徒)②	张维祺(女性)	1909年2月创刊③,日报,发行量约一千份
东三省公报(中文)		经理 王光烈	王光烈	本报为《东三省日报》的后身,资本金两万元,合资组织,据说接受中国官方和商务总会的补助,1912年2月创刊,日报,发行量约三千份
大陆日日新闻(日文)		石本锁太郎	吹野勘	1908年12月以《南满日报》为名创刊,1912年9月改名为《奉天日日新闻》,又于1917年1月1日起改为前记报名,奉天总领事馆从1908年12月起每月补助公告费三十圆,发行量约一千份
满洲通信(日文)		武内忠次郎	武内忠次郎	创刊于1914年8月日德战争之际,以电讯为重点,其后发行普通通讯,日报,油印,发行量约两百份
内外通信(日文)		合田愿	合田愿	1907年7月创刊,晚报④,主要作为广告报纸,曾为油印,1915年11月起使用活版印刷,发行量约一千份
安　东				
安东新报(日文)		小滨为五郎、嘉纳三治	川股笃	1906年10月15日创刊⑤,日报,1912年9月与《每夕新闻》⑥合并,发行量约一千八百份
辽　阳				
辽阳新报⑦(日文)		渡边德重(山梨县人)	渡边德重	1908年12月15日创刊,隔日发行,发行量约四百份,日本领事馆、警务署、辽阳居留民会、满铁地方事务所等发布公告用报纸
牛　庄				
营商日报(中文)	商业的发达	营口商务总会	张悌青(山东人)	1909年创刊,日刊,营口商务总会的机关报,由该会会员组成的股份组织,发行量为九百份
满洲新报(日文)	不偏不党	社长 冈部次郎	小川义和	1908年2月创刊,日刊,1912年7月起牛庄居留民团每月补助银一百五十圆,发行量约为四千份
芝　罘				
芝罘日报(中文)	拥护我国权益	桑名贞治郎	桑名贞治郎	1907年创刊,日刊,发行量约四百五十份,普遍有信誉

① 原名《奉天醒时白话报》。
② 即张兆麟。
③ 应为1908年创刊。
④ 之前调查记录为"日报"。
⑤ 应为1906年10月17日创办。
⑥ 亦译《安东每夕新闻》。
⑦ 亦译《辽阳每日新闻》。

(续表)

名　　称	主　　义	持有人	主　笔	备　　考
钟声报(中文)	启发民智	丁训初	丁训初	日刊,发行量四百份,丁训初是前革命党员,由于是德商捷成洋行买办的好友,多少有亲德倾向,但评论稳健
进化报(中文)	拥护官方	王儆予	王儆予	日刊,发行量三百份,以前官方以及商务总会提供一定的补助,目前已失去,以至于资金薄弱,经营不振
芝罘商报(中文)	拥护商民	少数股东	郑重	1915年5月创刊,1916年1月一时停刊,同年11月底再次发行,日刊,发行量四百份。少数商人的股份制组织,标榜发展商务。郑重是前国民党员中的激进派,在此方面有被利用的倾向
龙　　口				
龙口商报(中文)	商务会机关报	龙口商务会	王铭三	1916年10月在龙口创刊,隔日发行,发行量二百五十份,油印。虽被视为龙口商务会的机关报,但无值得阅读的报道
济　　南				
山东公报(中文)		山东省官方	马官敬	1913年2月创刊,日刊,刊载政府的条令、公文等,是山东省官方公告用机关报,发行量约一千份
山东日报(中文)	山东官方机关报	马官敬	马官敬	1912年7月创刊,日刊,1915年10月扩大版面,评论稳健,济南报纸中影响最大,发行量七百多份,据说从省长公署接受补助金,评论大体公平
大东日报(中文)		叶春墀	叶春墀	1912年6月创刊,日刊,以实业界的报道为重点,发行量六百份左右
简报(中文)		李仲铭	吕清宸	1906年2月创刊,日刊,石版印刷,在商人间多少具有影响力,发行量约八百份
山东公言报(中文)		陈澡	庄心如	1916年9月创刊,日刊,认真地为山东省建言献策,编辑方法也是最新的,发行量约五百份
新山东日报(中文)		王采廷	邱新佛	1916年8月1日创刊,日刊,持有人王采廷(山东省议会副议长)是督军张怀芝的旧友,因此有一些私人的往来,得到的官方消息既迅速又正确,发行量三百多份
齐鲁新闻(中文)			徐蓝生	1916年8月8日创刊,日刊,属于国民党系,没有自己的印刷机,经营困难,无影响力,发行量约三百份
东鲁日报(中文)			陈锡璋 玉石明	1916年10月创刊,日刊,一部分的资金由曲同丰提供,致力于排斥张怀芝,得到拥护曲同丰、靳云鹏的少数军人的援助,发行量约三百份
山东商务日报(中文)		有限股份公司	张谦斋	1916年7月16日创刊,日刊,商务总会的机关报,发行量约三百份

(续表)

名　称	主　义	持有人	主　笔	备　考
齐美报(中文)			薛浩然	1916年7月10日创刊,日刊,石版印刷的小报纸,发行量约五百份
山东新闻(日文)		长井实	长井实	1916年6月创刊
上　海				
申报(中文)	以往属于原进步党派,但近来为中立观望主义	史量才	陈景韩	发行量一万八千份,中国最老的报纸。报道、论调比较公允平实,但由于在德国领事馆注册,亲德报道居多,最近或许因来自德国的补助逐渐减少,多少有隔阂感。此外,理应与北京政府多少有关系。1916年5月以冈田有民的名义在日本领事馆注册
新闻报(中文)	中立主义,具有中国实业家方面机关报之态度,无任何特别政治色彩	汪伯奇	李寿熙	发行量约二万四千份,在上海报纸中最多。股东主要以上海实业家居多,美国人福开森也为其股东之一。该报在美国官方注册,表面上常务董事为英国人J.D.Clark,经理为英国人J.Morgan。该报标榜中立,社论、报道比较公允、精确。广告最多,普通商人订阅者居多
时报(中文)	中立观望主义,以往为康有为、梁启超的机关报,有关联,但近年似乎多少有隔阂	狄楚青	包公毅	发行量一万份,以日本人宗方小太郎的名义在日本总领事馆注册。经营者狄楚青近年与北京政府有密切关系,有间接御用报纸之说,但报纸上其态度模棱两可,作为老报之一有相当价值
神州日报(中文)	皖系机关报,有拥护袁世凯御用报纸之态度,致力于排日	钱芥尘	余洵	发行量一千份,该报股东安徽人居多,从第一次革命前起一直接受袁世凯的补助金,1916年2月为北京政府收买①。同年10月又转让给旧《大共和日报》经营者钱芥尘经营
时事新报(中文)	一向是进步党派的机关报,但近时为反袁帝政主义,对日本有好感	蒋叔男	张嘉森	发行量六千份,该报以往属于张謇等江苏派,当时在德国总领事馆注册,但近时注销之,以我国人波多博的名义在日本总领事馆注册。主笔杜师业为报社代表,但实际上为梁启超派的黄群社长
商务报(中文)	标榜为实业机关报,无特别主义	王徽泊		发行量约七百份,社论、报道不值一看。好像总是资金拮据。最近持中立态度,论调暧昧。自称与北京政府无关系,事实不明
中华新报(中文)	旧国民党派	章木良	吴敬恒	发行量约六千份,该报是北京筹安会设立以来,去年秋天起在上海创刊的。国民党及进步党稳健分子协同经营,目前在法国总领事馆注册②

---

① 这里日语原文是"買収"。"買収"有"收购、盘下""收买"之意。这里的实际情况是"收购"还是"收买"有待查考,姑且译成"收买"。

② 应为1915年10月10日创刊。

(续表)

名　称	主　义	持有人	主　笔	备　考
华报(中文)	标榜中立,以实业振兴为主,谋求日中亲善	叶养吾	张师石	发行量约五百份,我国人宫地贯道得到日本实业协会补助创办,为事实上的经营者。以我国人冈田有民名义在日本总领事馆注册,自去年冬发行。由于时日较浅,未能充分发展,以逐渐谋求日中两国友好与两国实业联系为目的。但是,表面上是声称为中国人的报纸
民国日报(中文)	共和主义,反对袁帝制,对日本持有好感	邵仲辉	叶楚伧	发行量二千份,该报1916年正月末起创刊,属于孙逸仙系的陈其美派经营。与原《民立报》有关系的记者较多。报纸外观整齐,以我国人山田纯三郎的名义在日本总领事馆注册
东亚日报(中文)	日中亲善	井手三郎	秦平甫	日报,作为东亚同文会机关报,于1916年10月31日创刊,上海日报社长井手三郎经营。创立后时日尚浅,其影响力还不至于被报界认可
上海日报(日文)	拥护日本人	井手三郎	岛田数雄	发行量约一千三百份
上海日日新闻(日文)	同上	宫地贯道	柏田忠一	发行量约一千三百份
周报《上海》(日文)	介绍中国情况	佐原笃介	西本省三	发行量约一千份
东方通信(中文、日文和英文)	以中国问题通讯为主,拥护日本政策	波多博		该通讯社在宗方小太郎监管下,波多博为事实上的经营者。每日将来自东京、北京、济南的电讯发往《上海日报》及《上海日日新闻》。而且,汉译后分发各家中文报纸,并由佐原笃介翻译成英文,分发给 Shanghai Mercury 及 Shanghai Times。鉴于目前的时局,该通讯正特别受到上海中文新闻界欢迎
新申报(中文)	拥护英国人利益	席子佩	孙东吴	日报,1916年11月21日创刊①。股份制,由英国人皮尔斯、楚恩②等工部局相关人士、英国领事菲利普及上海总商会会长朱葆三等人投资十万两建立。由于资金丰富,有英国人赞助,虽创刊时日尚浅,但发行量超七千份
民德报(中文)	无固定主义	陈静庵		日报,1916年2月创刊,华侨集资创办。然而资金不充裕,维持下去恐怕不可能。发行量五百份
协和报(中文)		《德文新报》	Fink	为了介绍德国情况而以中文发行的周刊杂志。由《德文新报》主持人 Fink 经营,发行量五百份
国是报(中文)	孔教主义	康有为	罗孝高	日刊,1916年10月创刊,安徽督军张勋与出资有关,康有为在背后主持。标榜孔教主义,有些内容并不厌恶共和政治。最近一直反对北京外交政策,据坊间传说该报被德国人收买。发行量约二三千份

---

① 一说11月10日创刊。
② 原文为"ビアース、ツルーアン",根据发音,疑似 Pearce、Thruan,暂且翻译成"皮尔斯、楚恩"。

(续表)

名　称	主　义	持有人	主　笔	备　考
North China Daily News[字林西报](英文)	以拥护英国政策、增进同国利益为唯一目的。论调稳健，但极力排斥德国。关于中国问题，刊载对日本没有好感的报道	North China Daily News & Herald Ltd.	O. M. Green	上海公共租界的机关报，发行量二千份。中国英文报纸之巨擘，另外发行称作 North China Herald 的周刊杂志
Shanghai Times[泰晤士报](英文)	拥护英国，近时对日本有好感，特别是对日本的对华态度表示善意	E. A. Nottingham(英国人)	G. T. Sloyd	发行量约一千份。该报前持有人 John O. Shea 死后，归 Nottingham 所有，表面上由其经营，但我国人波多博为背后的持有人，我方正监管一切
Shanghai Mercury[文汇报](英文)	不偏向，拥护英国的同时，对日本也有好感	The Shanghai Mercury Ltd.	R. D. Neish（苏格兰人）	晚报，发行量约一千五百份。大股东为英国人，但德国人持股亦不少。欧洲战争一爆发就与德国人断绝了关系。我国人佐原笃介为持有人，同时为记者之一。另外发行名为 Celestial Empire 的周刊摘要
China Press[大陆报](英文)	致力于拥护美国，标榜美中亲善。欧洲开战当时对德国有好感，但目前装作同中立，对日本无好感	The China National Press Incorporation	Herbert Webb Thomas F. Millard（美国人）	发行量一千五百份，周日发行三千份。由总社位于美国特拉华州威明顿府的上述公司持有经营。从前主持人汤姆斯·密勒任职开始就极力反对日本，我方拒绝广告等，结果持中立态度
The War(英文)	刊登有利于德国的战报，主要攻击英国	Der Ostasiatische Lloyd	Carl Fink（德国人）	周刊，正免费发放给日本人、中国人等
Far Eastern Review[远东时报](英文)	以东亚工商业报道为主，最近一直大力刊登反日评论	The Eastern Review	Lewis J. Parlane, George Bronson Rea	月刊大型杂志，为政治、经济界重视，发行量一千份
L'Echo de Chine[中法新汇报](法文)	拥护法国政策	Oriental Press	W. Waicy	发行量约八百份，法国总领事馆及耶稣会机关报。最近在中国问题上，对共和派示好
Deutsche Zeitung für China[德华日报①](德文)	拥护德国	Der Ostasiatische Lloyd	Carl Fink（德国人）	发行量约四五百份，上海德国人机关报，排斥协约国，德国人将该报汉译，使中国报纸刊登，目前几乎无报登载
Der Ostasiatische Lloyd[德文新报](德文)	拥护德国东方政策	同上	同上	周刊，发行量约一千份，作为德国在远东的机关报，影响最大
苏　州				
苏州日报(中文)		石雨声	李公弼	1912 年创刊，日刊，发行量一千二三百份。主笔为江苏省吴县人，苏州高等巡警学堂毕业，原警察厅科员
苏醒报(中文)		陈彝鼎	方秀生	1913 年 7 月创刊，日刊，发行量约三四百份。主笔为浙江省湖州人，秀才

① 本年度"概况"介绍上海报纸时，该报名为《华德日报》，前后不统一。

(续表)

名　　称	主　　义	持有人	主　笔	备　考
市乡公报(中文)		颜希鲁	颜希鲁	1916年1月创刊①,日刊,发行量约一千份。以谋求联系地方城市为主要目的。主笔为江苏省吴县人,秀才出身,苏州第一届警察学堂毕业,原警察教练所教员、私立法政讲习所教员
吴语日报(中文)		王禹若	任仇亮	1916年9月创刊,日刊,发行量二百多份
杭　　州					
浙江公报(中文)	法令法规	省长公署	杭辛斋	1912年2月创刊,日刊,发行量约一千二百份
全浙公报(中文)	标榜扩大民权民智	股份制	程光甫	1909年5月创刊,日刊,资本金一万元,浙江省长公署提供补助,发行量约二千五百份
之江日报(中文)	启发民智	陈勉之	徐冕伯	1913年4月创刊,日刊。接受督军公署补助。资本金三万元,发行量约三千份
浙江民报(中文)	巩固共和,扩大民权	股份制	李泉生	1916年8月创刊②,被视为国民党系机关报,发行量约一千份
绍　　兴					
越铎日报(中文)	启发民智	股份制	张心斋	1912年5月创刊③,日刊,发行量约一千份
南　　京					
大江南日报(中文)	稍不纯正,无党派	王润身	王求是(号泽民)	1914年3月创刊④,日刊。接受官方补助年额四五百元,据说从其他各机关强索补贴。发行量约六百份
南方日报(中文)	不公正,无党派	王春生	蓝善甫	1914年10月创刊,称《南方话报》,但1917年5月改名为《南方日报》。日刊,资金二千元。据说从各机关强索补贴。发行量约三百份
新中华报(中文)	尚正大,无党派	于纬文	陈芷漱	1913年10月创刊,称《金陵话报》,但1916年9月改名为《新中华报》⑤。官方补助年额约三百元,据说各厘局税所的补贴最多。日刊,资金一千五百元,发行量约五百份
大中华报(中文)	政法学派	方灏 陈恂如	吴善之	1916年9月创刊⑥,日刊。官方补助年额约四百元,资本金一千八百元,发行量约六百份
芜　　湖					
皖江日报(中文)	启发民智	谭明卿	方竞舟	日刊,发行量约五百份

---

① 原名《吴县市乡公报》,2月17日创刊。
② 应为1913年4月15日创刊。
③ 应为1912年1月3日创刊。
④ 上一年报中为"4月创立"。
⑤ 一说1912年创刊。
⑥ 一说1915年创刊。

(续表)

名　称	主　义	持有人	主　笔	备　考
工商报(中文)	工商报告	张九皋	张九皋	1915年10月创刊,日刊,发行量约三百份
安　庆					
民岩报(中文)		合资组织 代表人 吴霭航	吴霭航	日刊,发行量约五百份,1913年2月创刊①
开　封					
河声日报(中文)	官僚系	合资组织	王立华	1912年12月创刊,日刊,据称发行量约三千份。据说是将军府及巡按使署的机关报,接受补助金。内容大多转载自《北京日报》《亚细亚日报》等
南　昌					
民报(中文)		姜颢	姜颢(号旭民)	1912年创刊②,日刊,发行量约二千份。共和党的机关报,评论稳健,报道比较正确,其信誉在南昌的报纸中位居第一,对日本加以恶评。资本金约八千元
大江日报(中文)		周旋齐	黄尊爵	1912年3月创刊③,日刊。共和党机关报,发行量二千余份。其信誉仅次于《民报》,评论稍显过激,对日本经常加以恶评。资本金约八千元
正义报(中文)		宋育德	宋育德	1916年6月创刊,日刊,发行量约二千份。张勋的机关报,有传言称因张的威力,军民两界都被强制要求购买阅读。资本银约一万元
民铎报(中文)		杨幼戆	杨幼戆	1916年8月创刊,日刊,发行量一千余份,国民党的机关报,资本银约五千元
新报(中文)		万逊禅	万逊禅	1916年8月创刊,日刊,发行量一千余份,国民党的机关报,资本银约五千元
晨钟报(中文)		徐苏中	徐苏中	1916年12月创刊,日刊,发行量三千余份。国民党的机关报,资本银约八千元
新共和报(中文)		潘震亚	欧阳骧	1916年10月创刊,日刊,发行量一千五百余份。国民党的机关报,与省议会议员的组织有所关联,资本银约五千元
警视小报(中文)	培养警官	阎恩荣	王论生	1916年5月创刊,日刊,发行量一千份左右。警察的机关报,专门报道警务,资本银三千元。由现任警察厅长出资,每月从普通警官的工资里扣除一百八十文,充当报纸的经费。普通警官被强制要求订阅此报

---

① 应为1912年6月1日创刊。
②③ 一说创刊于清末。

(续表)

名 称	主 义	持有人	主 笔	备 考
汉 口				
国民新报(中文)	官僚派机关报	合资组织 社长 李华堂	刘云集、何何山、熊南荒、尹玉亭	1912年4月创刊,8页,发行量约二千份,资本金二万元。都督府的机关报,据说每月都有资金补助。社长李华堂是武昌督军府的顾问,且是称为崇实社的旧进步党系的政党干事,因此在汉口的官民间具有影响力,《国民新报》也比其他报纸影响力大。对日论调相当不友善
汉口中西报(中文)	经济报道	合资组织 社长 王华轩	俞任民、王痴梧、杨幼庵、喻血轮	1913年创刊①,日刊,发行量二千份。因致力于实业方面的报道,购阅者多数为实业家
汉口新闻报(中文)	经济报道	张云渊	凤竹荪、曾莘如、但衡今、王子珩	1914年创刊②,日刊,主要登载经济方面的报道。与《汉口日报》主笔冈幸七郎有关,主张中日亲交,主笔凤竹荪老练精明,评论公平,发行量约两千份,资本金三千元。
大汉报(中文)	超然主义	胡石庵	胡石庵、丁愚庵、何何山、朱伯厘	1916年5月创刊③,日刊,发行量约一千份
大中华日报(中文)	共和主义	李芳	吴晴堂、黄湘云、袁剑秋、杨秀成	1916年创刊④,日刊,发行量一千份
崇德公报(中文)	共和主义	刘泥青、廖明如	秦纵仙、范天佚、萧楚女、刘泥青	1916年创刊⑤,日刊,发行量一千份。旧同盟会的机关报,常与当局论战。持有人廖明如是参议院议员
震旦民报(中文)	共和主义	刘龙群	邓狂言、杨芸冈、聂漱六	1916年创刊⑥,日刊,发行量一千三百份。持反政府态度
汉口日报(日文)		冈幸七郎	冈幸七郎	1907年8月创刊,日刊,发行量六百份,资本金一千五百元。中国人中多少有些购阅者
汉口(日文)		中村董雄	中村董雄	1915年12月创刊,每月发行三次,发行量约二百份
鹤唳(日文)		田岛利三郎	田岛利三郎	1914年⑦创刊,周刊,发行量约二百份
Hankow Daily News [中西日报](英文)		F. Newel	E. B. Helme	1906年创刊,日刊,发行量约五百份,有亲德主义倾向

① 1906年5月23日创刊,武昌首义后报馆焚于炮火。1913年9月15日复刊。名《中西报》,又名《中西日报》。出版了33年,1938年停刊,为武汉刊期最长的报纸。
② 1914年5月28日创刊。
③ 1911年10月15日创刊,10月28日报馆被清军炮火毁坏,很快在武昌复刊。1914年被军阀段芝贵禁止发行,1916年6月复刊。
④ 1916年7月22日创刊。
⑤ 1916年10月1日《正谊日报》和《崇德公报》合并,定名为《崇德公报》继续出版。
⑥ 1916年12月1日复刊,1912年5月创刊。
⑦ 1916年的报告中为"1913年"。

(续表)

名　称	主　义	持有人	主　笔	备　考
Central China Post[楚报](英文)	与英国人相关	Archibald	Brailsford	1910年2月创刊,发行量约七百份,报道比较准确,有时刊载重要的报道,为协约国方面的机关报,对日本有好感
长　沙				
湖南政报(中文)	湖南省长公署的公布机关	湖南省官方	金壮春	1913年11月创刊,每五日发行一次,发行量约一千份。刊载省令、公文等,仿政府公报
湖南公报(中文)	拥护政府	李宝林	涂梅生	日刊,发行量四千二百余份。从省长公署领受补助金,为其机关报
大公报(中文)		贝允昕、朱让枏	张秋尘	日刊①,发行量二千五百余份,属于旧进步系政友会派,从省官方处多少取得一些补助金,但动辄显示出反对态度。是长沙最具影响力的报纸
通俗教育报(中文)		李澍	盛先畴	系省政府发行,发行量约五百份
长沙日报(中文)		文斐	傅君剑	日刊,发行量一千七百份。属于国民党派,作为民党机关报具有影响力②
湖南商报(中文)	提倡商业	孙冀预	韩兰石	日刊,发行量一千一百份左右。属于旧社会党,孙在此党有领袖地位
湖南新报(中文)		宁坤	黄咸夷	日刊,发行量约一千份,属于民党③
国民日报(中文)		罗良干	周用吾	日刊,发行量九百份有余,属于新民党,罗为省议会中有影响力的议员
民国日报(中文)		鲁燮衡	唐继周	日刊,发行量六百份有余,作为民党和官僚派合办的报纸,从政府处接受少许补助金
湘省日报(中文)		萧刑	萧刑	日刊,发行量五百份有余④
实业杂志(中文)		成采九	实业协会会员共同担任	发行量四百份有余
民声杂志(中文)	提倡实业	葛天宝	曾善儒	发行量四百份有余,辑录个人著述,有助于他们发表政见
夜报社(中文)		何绍梅	黄醒狮	日刊,发行量四百份有余。主张社会的觉醒、改良风俗
重　庆				
重庆商务日报(中文)	奖励实业	重庆商务总会	唐燊臣	1913年5月创刊⑤,日刊,发行量约一千份。商务总会的机关报,资金充沛,报道迅速,在重庆的舆论代表机关报中最具信誉

① 1915年9月1日创刊。
② 1916年8月恢复出版。
③ 1916年5月创刊,由湘军第四师师长程潜主办。
④ 1916年6月在长沙创刊。
⑤ 原名《商务日报》,1914年4月25日创刊。1915年底停刊,1916年6月袁世凯去世后复刊,改本名。

(续表)

名　称	主　义	持有人	主　笔	备　考
重庆商报(中文)	鼓吹奖励实业以及扩张盐业	应子寿	李天觉	1915年2月创刊①,日刊,发行量约六百份。是重庆各盐业公司的机关报
崇实报(中文)	鼓吹天主教	重庆天主堂(法国人)		周刊,4页,发行量约五百份,是重庆资历最老的报纸
民隐报(中文)	鼓吹共和	贺汉侠	谢伯洲	1916年10月创刊,日刊。由省长戴戡提供补助,为其机关报。发行量约五百份
强国报(中文)	倡导共和真理,维持国民道德	曹叔实	燕子材	1916年10月由曹叔实等四十三人发起招股,但不遂愿,维持困难。日刊,发行量约一千份
民苏报(中文)	主张民权	吴象痴	袁蘅生	1916年8月创刊,日刊,第五师长熊克武的机关报,发行量约六百份
女铎报(中文)	改良家庭教育	程悲娲	程雪友	日刊,由女性经营,资本金三千元,发行量约四百份②
成　都				
四川群报(中文)	启迪商务	樊孔周	刘觉奴	日刊,商务总会的机关报,发行量约五千份
国民公报(中文)	不偏不党	李澄波	李澄波	日刊,发行量约五千份
觉民报(中文)	鼓吹民权,急进主义	胡铁生	张克绳	日刊③,与旧国民党有关联,发行量约一千份
蜀报(中文)	鼓吹民权,急进主义	王剑谋	李晁文	日刊④,与旧国民党有关联,发行量约一千五百份
民宪报(中文)	鼓吹民权,急进主义	黄龙江	汪蜀宇	日刊⑤,与旧国民党有关联,发行量约一千四百份
至公报(中文)	鼓吹民权,急进主义	傅岩	傅岩	日刊⑥,与旧国民党有关联,发行量约八百份
四川新闻(中文)	鼓吹民权,急进主义	帅国英	魏竹云	日刊⑦,与共和派有关联,发行量约一千份
四川(中文)	鼓吹民权,急进主义	杨鸿枢	李星仁	日刊⑧,与旧国民党有关联,发行量约一千份
西　安				
公意报(中文)	官僚主义	芦霭堂	芦霭堂	1916年7月创刊,日刊,陕西省官方的机关报,接受补助金,发行量一千五百份

① 1915年的报告中称1914年4月创刊。
② 1916年12月创刊。
③ 据1916年9月29日《四川群报》头版预告,10月2日出版。
④ 1916年6月8日出版。
⑤ 据1916年8月12日《蜀报》广告推测,约在8月中旬创刊。
⑥ 大约在1916年7月以后出版。
⑦ 1916年10月或稍晚创办。
⑧ 1916年10月24日创刊。

(续表)

名　称	主　义	持有人	主　笔	备　考
醒国报(中文)		李如白	李如白	1916年8月创刊,三日发行一次,与官方无关系,与民党亲近,影响力微弱,发行量约一千份
兰　州				
通俗日报(中文)	官僚系	甘肃省教育科	王天柱、李钖	1914年6月6日创刊,日刊,据称发行量两千五百份。为了普及教育,巡按使署教育科发行的白话报纸。有时议论时政,刊载排日报道
政报(中文)		甘肃省官方	吴朝越	1913年11月8日创刊,日刊,甘肃省的官报,由省长公署教育科编辑
陇报(中文)		甘肃省官方	周定轩	1916年12月10日创刊,日刊,省官方的机关报,由政务科及教育科编辑
福　州				
福建公报(中文)	福建政府公布法令的机关报	福建省长		1912年1月10日创刊,日报,官报,刊登各官厅之命令、告示、公文、指令等,发行量约九百份
闽报(中文)	公平无私,拥护我方对福建政策	赤石定藏	山中宽太郎	福建最早的报纸,接受台湾总督府补助,原为隔日发行,自1915年10月起改为日报,发行量约一千五六百份,最有信誉
民生报(中文)	振兴实业,鼓吹禁烟	曹芬	曹芬	1914年8月创刊,日报,发行量约二百五六十份,与实业家有关联
福建新报(中文)	国民党机关报	刘通	黄展云	1916年10月1日创刊,日报,总是刊登排日性报道,也以谩骂中国官方为能事,发行量约六百份
华同日报(中文)	进步党派	施景琛	镡仲亨	1916年11月创刊,日报,发行量约七百份,总是刊登排日性报道,每月接受省长三百元的补助
仲报①(中文)	国民党派	黄乃裳	吴敢	1916年11月1日创刊,日报,发行量约五百份
The Foochow Daily Echo(英文)	以转载上海报纸、登载广告为主	葡萄牙人米塞斯·罗萨里奥(福州印刷公司之持有人)		发行量二三百份,日报,记载船舶出入、外汇汇率等,每周一次转载上海报纸,并报道福州外国人的社交情况
求是报(中文)	不偏不党	王醒织	王醒织	1916年11月创刊②,日报,发行量约一千份
平民日报(中文)	进步党派	吴葆英	周少溪	1916年12月创刊③,日报,发行量约四五百份

① 疑为《伸报》,1916年8月创刊。
② 应为1913年创刊。一度停刊。1916年9月21日复刊。
③ 应为1916年10月创刊。

(续表)

名 称	主 义	持有人	主 笔	备 考
健报(中文)	发展宪政	林长民	何璜先	1916年8月1日创刊①,不仅出资人有影响力,而且是进步党之机关报,据传每月接受省长三百元补助,主笔为东京高等师范学校出身,在中国中文报纸中最有影响力,日报,发行量约九百份
心声报(中文)	国民党派		吴敢	日报,1916年5月1日发刊②,对我国肆意恶语相加
厦 门				
全闽新日报(中文)	旨在鼓吹日本文明,同时为台湾人谋取方便	代表 台湾人江保生	江保生	1907年8月创刊,日报,发行量约七百份,台湾人参与之合资组织,完全属于日本系统
闽南报(中文)	自由民权	股份制 代表 黄鸿翔	黄鸿翔	本报纸之前身为《厦门日报》,1911年10月改名为《南声日报》,1914年4月因其编辑攻击观察使被处罚而停刊,后以英国籍人为代表,取名为《闽南日报》,获得英国领事之许可,于同年6月发刊,其后刊登不利于英国的报道,代表人被英国除籍,再次获得中国官方之许可,于同年10月续刊,实际上自《厦门日报》以来经营者为黄鸿翔,一直鼓吹排日思想,1915年12月末因刊登排袁主义评论而被勒令停刊,同月25日复刊,股东多为厦门中流人士,发行量约五百份
民钟日报(中文)	民主共和	股份制 代表 林翰仙	黄悟生	1916年第三次革命③结束后,伴随着办报热的兴起,于10月1日创刊④,资本银一万元,经营者、记者等皆为年少气锐之辈,尚未取得一般大众之信任,发行量约四百份
南报(日文及中文)		山下仲次郎	柏原秀吉	1917年2月创刊,周报,持有人山下住在台湾台北,印刷所亦在台北,柏原住在厦门市镇邦街,以此处为发行所
汕 头				
公言日报(中文)	拥护共和及宪政	代表 张秩据	邱星五	1913年10月创刊,日报,股份制,发行量一千四百份,因其报道比较正确而受商人喜爱,屡屡转载排日报道,对我方无好感
大风日报(中文)	拥护共和	陈少云	王血痕(日本留学生出身)	1913年发刊数月后停刊,1916年汕头宣布独立之际复刊,当时有官方为其后援,现在毫无关联,报道粗糙散漫,未获好评,发行量一千份左右,排日报道最多
观潮日报(中文)	监督施政	麦述公、黄曙文	张处莘	1916年末发刊,资本中一部分为驻汕头潮循道尹及潮梅镇守使所出,地方官方之机关报

---

① 一说是7月创刊。
② 一说是1917年4月创刊。
③ 即护国运动。
④ 应为1916年5月1日创刊。

(续表)

名　　称	主　　义	持有人	主　笔	备　　考
广　东				
广东公报(中文)	广东省官方之公布机关	广东省官方		1912年8月1日创刊,日报,由广东省官方发行,各官衙义务订阅,内容为中央颁布之法律、总统令、各部令及本省各官厅令、告示、各官衙间往来公文
羊城新报(中文)①	渐进主义,奖励实业	李若农(广东南海人)	莫天一(广东东莞人)、沈寰英(广东番禺人)	1901年1月创刊②,日报,普遍具有信誉,有知名人士为其记者,议论稳健,发行量约五千份
七十二行商报(中文)	振兴实业	罗啸璈(广东南海人)	罗啸璈	1902年5月创刊③,日报,代表商业界之舆论,普遍具有信誉,号称广东报纸中发行量最大,约九千份,罗目前兼任日本商社英芳生记林丽生(台湾籍民)之秘书,对日本抱有好感
人权报(中文)	无固定主义	李文治(广东鹤山人)	陈藻乡(广东南海人)、黄健之(广东南海人)	1912年4月创刊④,日报,与《声东报》有关联,读者中一半为省城以外地方,发行量约七千份
广东共和报(中文)	无固定主义	宋季辑(广东鹤山人)	宋季辑	1912年11月创刊⑤,日报,广东报纸销售业者创办,由博爱同群社经营,鲜少涉及政治问题,受商民欢迎,为有影响力的报纸之一,发行量约七千份
南越报(中文)	无固定主义	孔景全(广东南海人)	任孝勤(广东南海人)	1909年5月创刊⑥,日报,1916年广东有解禁赌博之议,本报强烈反对,因此受解禁派忌恨,总经理李汇泉被杀害,其后由孔景全出任总经理,发行量五千份左右
商权报(中文)	振兴商业	张镜藜(广东径北人)	刘汉雄(广东番禺人)	1912年6月创刊,日报,粤省维持公安会之机关报,评论激烈,有排日倾向,发行量约四千份
华国报(中文)	进步党机关报	马名隆	周涤川(广东顺德人)、胡伯孝	1913年1月创刊,日报,发行量约七千份,因文章雄健,评论正确,在上流社会中颇有影响力,与《国报》同属于进步党中旧保皇派系
总商会新报(中文)	振兴实业	股份制代表者 刘公誉(广东南海人)	梁质庵(广东南海人)	1913年8月创刊,由宏业公司经营,与广东总商会毫无关联,评论激烈,有排日倾向,发行量约六千份
天职报(中文)		卢国杰(字少芝)(广东香山人)	何保三(广东番禺人)、梁憬丹(广东南海人)	1913年11月25日创刊,日报,本报由进步党广东支部副部长卢国杰主持,为进步党旧统一党系之机关报,发行量约五千份

① 应为《羊城日报》。
② 应为1903年2月12日创刊。
③ 应为1906年9月15日创刊。
④ 应为1911年3月29日创刊。
⑤ 现报刊史志都记录为1912年7月创刊。然《国民日报》1912年7月26日(旧历壬子六月十三日)载《广州共和报出版广告》,称"定于旧历六月尾出版",推算应在公历8月创刊。(见梁群球:《广州报业(1827—1990)》,中山大学出版社1992年版,第70页)
⑥ 应为1909年6月22日创刊。

(续表)

名　称	主　义	持有人	主　笔	备　考
国报(中文)	进步党机关报	王泽民(广东东莞人)	陈柱廷(广东香山人)	继承原保皇党之机关报《国事报》后改名，1914年1月创刊，日报，进步党支部之机关报，议论稳健，普遍欢迎，有信誉，发行量约九千份
大公报(中文)	旧公民党机关报	朱学潮(广东南海人)	朱学潮	1914年1月创刊，日报，梁士诒为公民党党魁时，其部下为扶植公民党势力而创办，股东为公民党员，发行量约七千份
安雅报(中文)	无主义	朱云表 名义人 梁君武(广东南海人)	黎佩诗(广东高要人)	广东报纸中历史悠久的《博闻报》之后身，曾一时脱离报纸之名，改称《安雅世说篇》，后来更名为现名《安雅报》，评论稳健，无特长，但普遍具有相当的信誉，发行量约三千份
新报(中文)		李远公(广东南海人)	李远公	1915年10月创刊①，日报，发行量约六千，准国民党机关报
天游报(中文)		邓叔裕(广东顺德人)	邓叔裕	1914年1月创刊，日报，以刊登烟花巷、演艺等报道为主，为文艺报纸，发行量约一千份
南国报(中文)	中日亲善	来原庆助	黄乃中	1916年11月创刊，日报，创办时受中国各报反对，其后少有中国人购买阅读，经营困难
中华报(中文)	提倡实业	王道(江苏扬州人)	兵荫南	1916年12月创刊，日报，龙济光之机关报，龙济光离开广州后，《中华日报》随之经营困难，被王道全部盘下重新经营，发行量约三千份
广东中华新报(中文)	旧国民党机关报	容伯挺(广东新会人)	陈萝生(广东南海人)	1916年12月创刊，日报，与上海、北京的《中华新报》属同一系列，纯粹的国民党机关报，龙济光退出广东后，由岑春煊、陆荣廷等出资创办。社长容伯挺为省议会议员，具有影响力，现兼省长公署及督军署之顾问。发行量约五千份
采风报(中文)	旧国民党机关报	罗晓峰(广东高明人)	梁楚客	1917年1月创刊，日报
民意报(中文)	旧国民党机关报			1917年2月创刊②，日报
梧　州				
良知日报(中文)		陈迈	罗功武	1913年7月创刊，日报，进步党之机关报，发行量九百份左右
南方时报(中文)	旧国民党机关报	冯可肩	区笠翁	1916年5月创刊，日报
南　宁				
指南报(中文)	进步党机关报	霍之璜	周伯勤	有排日倾向，发行量约一千份

---

① 应为1914年3月6日创刊。
② 一说1916年创刊。

(续表)

名　称	主　义	持有人	主　笔	备　考
岭表日报(中文)	旧国民党机关报	黄家直 代理　周仲武	蒋承香	1916年4月创刊①,日报,黄家直为日本留学生出身,对日感情良好,目前再次赴日留学,周仲武暂时代理
贵　阳				
贵州公报(中文)	提倡实业	华之鸿	玉濑生	日报,发行量三百七十份,华之鸿在实业界有影响力,本报为其独立经营②
铎报(中文)	鼓吹共和	张彭年	陈涛石、吴菊宣	日报,发行量四百三十份,反对袁世凯的帝制③
云　南				
云南公报(中文)	官报	云南都督府		日报,登载云南政府诸法规、公文、公电等,发行量六百份
国是报(中文)	普及教育	何小泉	彭伯英	独立政府之机关报,由督军府秘书田云龙主持,每月接受政府补助二百元,发行量三百份
中华民报(中文)	独立军机关报	邓盾彬	陈禹平	云南独立后发行,发行量约五百份
共和滇报(中文)	云南迤西同乡会之机关报	彭禹夫	王潜夫	1912年创刊,日报,发行量约一千份
义声报(中文)	政府机关报	李举才	惠大我	1916年2月创刊④,每月接受政府二百元补助金,由邓大中出资,发行量约一千份
护国报(中文)	不偏不党	范景奎	赵怡生	1916年9月创刊,日报,发行量约二百份
附录　大连				
满洲日日新闻(日文)		株式会社满洲日日新闻社	田原祯次郎	1907年11月3日创刊,日刊,关东都督府用于发布公文的报纸,大半股份都为满铁所有。发行量一万二千份
辽东新报(日文)		末永ハナ子	吉仓旺圣	1905年10月15日创刊⑤,日刊,虽然有反对都督府的言论,但并不过激。与政党无牵扯。在偿还债务以及财政援助上,与相生由太郎之间有特殊关系。发行量约一万份
泰东日报(中文)		金子平吉	金子平吉	1908年10月8日创刊⑥,日刊。由住大连的重要中国人出资创办,但因收支无法相抵,经营陷入困难。发行量约二千六百份

① 1916年4月15日创刊。
② 1910年3月15日创刊。
③ 1916年1月20日在贵阳创刊。
④ 应为1916年1月10日创刊。
⑤ 一说为1905年11月创刊。
⑥ 一说为1908年11月创刊。

(续表)

名　称	主　义	持有人	主　笔	备　考
Manchuria Daily News（英文）		南满洲铁道会社	滨村善吉	1912年8月5日创刊,日刊。原来作为《满洲日日新闻》的号外发行,但后来与其分离,转为由满铁经营。该社为向外国人介绍东北的情况而发行。发行量约一千份
青　岛				
青岛新报（日文）	中立	社长 鬼头玉汝	鬼头玉汝	1915年1月15日创刊,日刊,发行量约五千份。由守备军司令部以及军政署提供补助金,登载军令、告示
青岛新报（中文）	中立	鬼头玉汝	鬼头玉汝	1916年6月10日创刊,日刊,发行量三千份。1917年1月15日之前,周日的次日是休刊日。自此之后,改为除了节假日的次日之外,一年中其他时间均不停刊
香　港				
循环日报（中文）	中立	股份制	潘薰畴	创办四十二年①。报道速度虽不及《华字日报》,但论点稳健,主张正气,为香港中文报纸界的巨擘,是最受在港中国人欢迎的报纸。发行量四千份。曾与日本接近,但日华交涉以来,注意我国动向,往往发表不利于我国的言论
华字日报（中文）	代表舆论	合办组织	林子虬 外事部主任 陆庆南	创办五十余年②。报道迅速,常对各种新事物发表议论,最具清新气息,但近来声价稍有下降。发行量减少至二千五百份。读者与《循环日报》同样,多为在香港的中国人、南洋华侨以及在美国的华侨。1912年以来由我方提供一部分资金援助
共和报（中文）	保护中国商人的利益	股份制	伍权公	该报纸与《循环日报》《华字日报》并称为香港三大中文报纸之一,内容丰富,观点稳健,最具可读性。该报纸的股东多数为商人,因此极力主张维持地方的治安。对于政治问题似乎避免随意发表言论。是商务总会的机关报,发行量一千五百份
世界公益报（中文）	中立	吕信之	劳伟孟	过去曾主张革命主义,但现在所论趋于稳健,对华侨有影响力。发行量一千五百份,二辰丸案以来对日本恶言相向,近来态度似乎稍有好转
中外新报（中文）	中立	Hongkong Daily Press	雷宇朝、李宣保	1858年创刊,是香港最早的中文报纸。积极评论外交问题,但评论不值一看。对我国总抱有怀疑态度。发行量二千份,影响力微小

---

① 1874年1月5日(同治十二年十一月十七日)创刊。一说1874年2月4日(同治十二年十二月十八日)创刊(方汉奇:《中国新闻事业编年史》)。还有一说为同治十三年(1875年)春创刊(戈公振:《中国报学史》)。

② 没有五十余年。应为1872年4月17日(同治十一年三月初十)创刊。一说同治三四年间(1864—1865年)创刊(戈公振),不确。

(续表)

名　　称	主　　义	持有人	主笔	备　　考
大光日报(中文)	基督教主义	股份制	麦梅生	1913年3月创刊,立足于基督教主义,内容无甚可取。经营极其困难,发行量约三千份
香港日报(日文)	无固定主义	松岛宗卫	松岛宗卫	1909年9月1日创办,发行量约三百三十份,一直接受我国各公司的帮助
Hongkong Daily Press	中立	股份制 代表人 D. W. Smith 事务经理 H. A. Cartwright	H. A. Cartwright	1877年创刊。发布政厅命令及其他公告的机关报,每年接受政厅三百弗的补助。发行量一千份有余。内容稳健且可信度高。前持有人为已故的W. J. Murrow,承借人为D. W. Smith,前年变更为股份制,莫罗一族成为股东。另发行周刊 The Hongkong Weekly Press and China Overland。在香港的英文报纸中最具影响力。与上海的 North China Daily News 有特殊关系,因此对日本的评论倾向于受上海上述报纸左右
South China Morning Post[南华早报](英文)	无固定主义	股份制 经理　B. Wylic	T. Petrie	1906年创刊。创刊后事业不振,亏损不断,但近年有逐渐恢复的希望。因报社董事兼大股东Dr. Noble为美国人,常常发表不利于日本的文章,但战争开始后却大量发表亲日言论。发行量约为一千份。另发行周刊 The South China Weekly Post,1916年10月被香港 Telegraph 社收购,但表面上装作毫无关联的样子①
China Mail[德臣报](英文)	中立,比其他报纸更关心宗教	合资组织 经理 B. U. Hale	B. U. Hale	1840年创刊①,每日傍晚发行,发行量七八百份,影响力仅次于 Daily Press。另发行周刊 The Overland China Mail。1916年12月主笔辞职,前 Daily Press 主笔 Hale 代替其成为新主笔。对中国帝政问题自始持赞成态度
Hongkong Telegraph[香港电讯报](英文)	中立	股份制 South China Morning Post 经理 G. W. C. Burnett	A. Hiek	1881年创刊,发行量一千二百份。至今为中国人的合资组织,1903年末,美国牙医诺贝尔以一万弗盘下后进行改革,读者渐渐增加。然而评论、报道均为杜撰,不值一看,属英文报纸中最低等者。1916年10月诺贝尔回国之际,将该报让渡给 South China Morning Post 社,变更为股份制。暗中变成了该社之分社,但表面上装作并无关联的样子
Hongkong Government Gazette[香港政府公报](英文)		香港政厅		周刊,有中英文两版,发行量在四百份左右②
Yellow Dragon		Queen's College		为皇仁学院的校友会报,一年发行四次,发行量二千份

---

① 应为1845年2月20日创刊。
② 1853年9月24日创刊。

中国报纸统计表(1915年、1916年对照比较表)

地 名	中文		日文		英文		法文		德文		俄文		合计	
	1916年末	1915年末	1916年末	1915年末	1916年末	1915年末	1916年末	1915年末	1916年末	1915年末	1916年末	1915年末	1916年末	1915年末
北 京	46	26	2	3	3	3	2	2	—	—	—	—	53	34
天 津	16	12	4	3	7	7	1	1	1	1	—	—	29	24
太 原	4	4	—	—	—	—	—	—	—	—	—	—	4	4
齐齐哈尔	6	2	—	—	—	—	—	—	—	—	—	—	6	2
哈尔滨	2	1	1	1							2 (蒙古文1)	2 (同前)	6	5
长 春	4	1	2	1	—	—	—	—	—	—	—	—	6	2
吉 林	5	2	1	1	—	—	—	—	—	—	—	—	6	3
龙井村	—	—	2	2	—	—	—	—	—	—	—	—	2	2
局子街	1	1	—	—	—	—	—	—	—	—	—	—	1	1
铁 岭	—	—	2	2	—	—	—	—	—	—	—	—	2	2
奉 天	4	5	3	3	—	—	—	—	—	—	—	—	7	8
安 东	—	—	1	1	—	—	—	—	—	—	—	—	1	1
辽 阳	—	—	1	1	—	—	—	—	—	—	—	—	1	1
牛 庄	1	1	1	1	—	—	—	—	—	—	—	—	2	2
芝 罘	4	3	—	—	—	1	—	—	—	—	—	—	4	4
龙 口	1	—	—	—	—	—	—	—	—	—	—	—	1	—
济 南	10	6	1	1	—	—	—	—	—	—	—	—	11	7
上 海	14	13	3 (通讯1)	3	6	7	1	1	2	2	—	—	27	26
苏 州	4	3	—	—	—	—	—	—	—	—	—	—	4	3
杭 州	4	4	—	—	—	—	—	—	—	—	—	—	4	4
绍 兴	1	1	—	—	—	—	—	—	—	—	—	—	1	1
南 京	4	3	—	—	—	—	—	—	—	—	—	—	4	3
芜 湖	2	4	—	—	—	—	—	—	—	—	—	—	2	4
安 庆	1	1	—	—	—	—	—	—	—	—	—	—	1	1
开 封	1	1	—	—	—	—	—	—	—	—	—	—	1	1
南 昌	8	2	—	—	—	—	—	—	—	—	—	—	8	2
汉 口	7	6	3	3	2	2	—	—	—	—	—	—	12	11
武 昌	—	1	—	—	—	—	—	—	—	—	—	—	—	1

(续表)

地 名	中文		日文		英文		法文		德文		俄文		合计	
	1916年末	1915年末	1916年末	1915年末	1916年末	1915年末	1916年末	1915年末	1916年末	1915年末	1916年末	1915年末	1916年末	1915年末
长沙	13	6	—	—	—	—	—	—	—	—	—	—	13	6
重庆	7	6	—	—	—	—	—	—	—	—	—	—	7	6
成都	8	2	—	—	—	—	—	—	—	—	—	—	8	2
西安	2	3	—	—	—	—	—	—	—	—	—	—	2	3
兰州	3	1	—	—	—	—	—	—	—	—	—	—	3	1
福州	10	4	—	—	1	1	—	—	—	—	—	—	11	5
厦门	4	2	—	—	—	—	—	—	—	—	—	—	4	2
汕头	3	2	—	—	—	—	—	—	—	—	—	—	3	2
广东	20	22	—	—	—	—	—	—	—	—	—	1	20	22
梧州	2	2	—	—	—	—	—	—	—	—	—	—	2	2
南宁	2	4	—	—	—	—	—	—	—	—	—	—	2	4
贵阳	2	1	—	—	—	—	—	—	—	—	—	—	2	1
云南	6	7	—	—	—	—	—	—	—	—	—	—	6	7
合计	232	165	27(通讯1)	26	19	21	4	4	3	3	2(蒙古文1)	2(同前)	289	222
增减	增67		增1(通讯1)		减2								增67	
(附录)														
大连	1	1	2	2	1	1	—	—	—	—	—	—	4	4
青岛	1	—	1	1	—	—	—	—	—	—	—	—	2	1
香港	6	8	1	1	6	6	—	—	—	—	—	—	13	15
合计	8	9	4	4	7	7	—	—	—	—	—	—	19	20
增减	减1												减1	

(秘)1918年6月印刷

关于中国报纸的调查

外务省政务局

定期调查报告　　（秘）1918年6月印刷　　关于中国报纸的调查

关于中国报纸的调查
目　录

概况 …………………………………… 202	南京 …………………………………… 220
北京 …………………………………… 206	芜湖 …………………………………… 220
天津 …………………………………… 209	安庆 …………………………………… 221
太原 …………………………………… 211	南昌 …………………………………… 221
齐齐哈尔 ……………………………… 211	汉口 …………………………………… 221
哈尔滨 ………………………………… 211	长沙 …………………………………… 222
长春 …………………………………… 212	重庆 …………………………………… 222
吉林 …………………………………… 212	成都 …………………………………… 223
龙井村 ………………………………… 213	福州 …………………………………… 223
局子街 ………………………………… 213	厦门 …………………………………… 224
铁岭 …………………………………… 213	汕头 …………………………………… 224
奉天 …………………………………… 213	广东 …………………………………… 225
安东 …………………………………… 214	梧州 …………………………………… 227
辽阳 …………………………………… 214	南宁 …………………………………… 227
牛庄 …………………………………… 214	贵阳 …………………………………… 227
芝罘 …………………………………… 215	云南 …………………………………… 228
龙口 …………………………………… 215	附录 …………………………………… 228
济南 …………………………………… 215	大连 ………………………………… 228
上海 …………………………………… 216	青岛 ………………………………… 229
苏州 …………………………………… 219	香港 ………………………………… 229
杭州 …………………………………… 220	中国报纸统计表 ……………………… 230
绍兴 …………………………………… 220	

关于中国报纸的调查(1917年末调查)

概况

至1909、1910年为止,中国报纸有中文八九十种,英文二十种,日文十二三种,法、德、俄文各三四种,总计一百二三十种。第一次革命①前后无明显增减,但共和政府成立之后,随着各种政党团体的蓬勃兴起,随处可见许多报纸创刊作为其机关报。1912年末,最多的为北京四十一种、天津三十五种、上海二十九种、广东十七种,全中国计有二百七十种报纸创刊,盛况空前。然而,由于二次革命的失败,隶属于国民党系统的报纸逐渐停刊,又因为各政党衰退,无法得到补助金而陷入经营困境,也接连不断地出现停刊者。1913年末,全国报刊总数中文一百三十九种、日文十八种、英文十六种、法文三种、德文和俄文各四种,总计一百八十四种,约减少了三分之一。

1914年末与上一年相差不大,有中文一百四十一种、日文二十三种、英文十七种、法文四种、德文和俄文各三种,以及蒙古文一种,总计一百九十二种。1915年秋天,因发生帝制问题,反袁运动高涨,上海、广东、云南等地有多种中文报纸创刊,全国合计中文一百六十五种、日文二十六种、英文二十一种、法文四种、德文三种、俄文两种、蒙古文一种,总计二百二十二种。1916年6月袁世凯去世后,以前因袁而遭遇停刊厄运的《国风日报》等许多报刊随着恢复共和而复刊。全国报刊总数多达二百八十九种,其中中文二百三十二种、日文二十七种、英文十九种,其他与上一年相差无几。但到了1917年,中文一百八十五种、日文三十一种、英文、法文、俄文均与1916年保持相同数量,没有一份德文报纸。与日文报纸增加五种相反,中文报纸实际情况是减少四十一种。

中国言论界中枢是北京、上海,广东、天津次之,以下介绍全中国报纸最繁荣的北京、上海及广东的近况。

北京

北京舆论之繁盛在民国元年达到顶点。近来中文报纸的进退趋势,就要看政府当局势力之向背了。袁世凯平定二次革命,解散国会,自己欲登基称帝之时,北京的中文报纸大都被笼络收买,全部带有帝制色彩。袁去世后国会恢复,民党机关的报纸如雨后春笋般创刊。段祺瑞当政,有所谓府院之争,舆论界逐渐混乱。独断独行的北方督军团逐渐专横跋扈,北京的各类中文报纸大都收敛笔调,没有人敢以侃侃谔谔的言论去加以指责。总之,1916年5月袁去世后黎总统就任,废除了旧的报纸条例,有关报纸创刊、停刊等基本没有任何限制。无赖文人和无聊政客之辈只要有几百块钱就随时可以发行报纸。基于此种实际情况,报纸的规模和经营失去根据,创办与停办无定。其论调倾向只是依据政界的趋势如何而增减罢了。而各家报纸的基础早已薄弱,维持经营的党派关系颇为动荡不稳。既然现实利害观念根深蒂固,那么关系到个人或其党派利害消长的报刊彼此就不顾及对方,揭短发难,恣意攻击。政界的真假虚实,历历在目,可以想象得出。1917年四五月起,府院冲突变成国会与督军团互相倾轧,终于借对德宣战问题再次解散国会,突然发生复辟一剧。段祺瑞再度出山,黎元洪退任,冯国璋入京就任总统。其势力进退消长关系有时相互竞争而错综复杂,因而双方各报有时不遗余力地曝出那段时期的消息,令人感到不难推测和窥测背后的真假虚实,此为其后北京各家报纸读者极感兴趣之处。与1916年5月袁世凯去世、国会恢复相关联,民党方面一时簇生的许多报纸到1917年6月国会再解散以后逐渐停刊,这也是不得已之形势所迫。

另外,看一下对外的普遍论调,因强行解散国会,对德宣战,全国舆论的趋向似乎稍趋稳定。但关于欧战终局胜败,好像依然让人忧心忡忡,这每每隐见于其记述中。段祺瑞内阁大胆强行对德宣战,公然标榜日中亲善主义,北京的各家中文报纸似乎普遍受其影响,此后对我帝国,其笔调谨慎,不至于试图谩骂,挥动毒笔。这些都是可以确认的,比如像去年冬天发布的日美新协约,这在平时会如何姑且不论,各家报纸都努力采取沉默态度,没有看到任何明显指责攻击。再如此次山东民政问题,虽然山东方面及赴京代表四处活动,但并未引起相应反响,北京的各家报纸比较冷静,仅限于报道记述山东代表的行动及其文件等,未出现任何谩骂、笔调恶毒的情况。以上恰好是其一例。总之,北京的中文报纸在其组织经营上已经毫无任何牢靠基础,每每由二三个有影响力的人收买,颐指气使,决定去就向背,毫无代表或指导舆论的权威价值性可言。以此与去年6月的调查报告和附页

---
① 指辛亥革命。

简表对照，就会有同感。

北京中文报纸现在发行三十多种，其中就有像无赖无聊的文人政客们投入几百块钱，随时可以创刊的那种短命小报，更不值一提。名为《爱国白话报》的白话小报，差不多是半官方经营的，受中下层社会普遍欢迎。其报道涉及多方面，对社会的影响相对而言似乎不容轻视。被视为日本机关报的《顺天时报》，其报道材料迅速丰富，而且敢冒当局忌讳而毫无忌惮，所以受到中国上下社会普遍欢迎而广为阅读，这在当地报纸中首屈一指。《北京日报》则实际上可称为北京中文报界的权威，不像其他报纸那样比较带有党派色彩，报道和社论很公正。其创刊早，拥有读者多，是本地报纸之巨擘。其他报纸，若以党派系统色彩来区分，《公言报》被视为官僚党政府系统报纸，《中华新报》被认为是民党国会派报纸，《晨钟报》和《国民公报》被视为进步系汤化龙、梁启超、林长民等的机关报，《民视报》《公言报》《日知报》和《京津时报》等则被视为交通系的机关报。还有，《国是报》被视为皖系嫡系徐树铮、倪嗣冲的机关报。其他报纸所属概况如别表所示。

其他与北京的中文报纸相关而值得一提的是通讯社的大力兴起，这大概是1917年七八月以来最为明显的事实。这种通讯行业靠二三名职员努力就足够了。而且，所需资金甚少。在政界有知己的政客末辈等容易做成此事。因此，现在可以看到亚东通讯社等七社。说不定因此应认为是新闻通讯界一大进步之征兆，具体情况如下：

一、亚东通讯社　研究会系，蓝公武为主持人。
二、中华通讯社　与研究和交通两系有关的胡霖为主持人。
三、新闻编辑社　邵振青负责经营。邵与王士珍交好，其报道近乎平和确切。
四、新民通讯社　（内容不详）
五、中央政闻社　新闻记者数人联合经营，丁某主持。
六、神州通讯社　陈班候主持，致力于访问政府当局，报道访谈内容。
以上大都是针对北京各家报纸发布探访通讯的机关。
七、中外通讯社　沈乃诚主持，主要对地方上发布通讯。

北京的外文报纸

一、北京的外文报纸1917年发生显著变化。外文报纸中最老的《北京日报》(Peking Daily News)也陷入经营困难，持有人朱淇总是转用中文版《北京日报》的利润而勉强维持，但终于在1917年3月以七千弗转让给了汪觉迟（留美出身）。此后不久该报又转卖给徐树铮，表面上汪觉迟依旧任主笔，握有全权。过去主张极端排日的 National Review 主笔 W. Sheldon Ridge 担任该报社论工作，但此人理应毫无实权。

二、英文报纸中最有影响力且极端排日的报纸 Peking Gazette 1917年11月期间最为激烈地攻击段内阁，同时非难日本公使，日本公使馆因此提出强烈抗议。其结果，中国方面以搅浑世人视线、阻碍邦交等为理由，根据戒严令，按照京畿警备总司令段芝贵之命令，断然查封该报。主笔陈友仁最终撤离北京赴上海。以往利用该报大肆谩骂日本的英国人辛普森，随着该报停止发行，在北京地区无法挥弄其毒笔，因而挑唆中国人对日厌恶的机会好像显著减少了。

三、《北京导报》(Peking Leader)1917年12月16日创刊。是梁启超的机关报，最初发行理应有相当规模，但恰巧梁随着内阁更迭而辞职，所以发行计划稍微缩小。该报是现在北京外文报纸中最出色的报纸，主笔名叫刁敏谦，广东人，上海圣约翰大学毕业后留学英国剑桥大学，获L.L.D.学位，曾执教于清华学校，英语口语、书面语皆娴熟。因其兄刁作谦为外交部秘书之关系，所发外交方面的新闻好像稍微迅速一些。此外，英国人 Cooke（混血儿）作为 Assistant Editor 与该报有关系。

四、《英华时务报》(Peking Evening Times)1917年10月左右创刊。在日中谈判之际，极力煽动排日，大造声势。吴莱喜任主笔，亦为留英出身，因此英语书面语与口语娴熟。吴平时与 Far Eastern Review 主笔 Donald 及 Associated Press 的 Smith 等人关系亲密，明里暗中接受其支持，所以在外人看来，该报如同美国的机关报，其实未必如此。然而，带有排日色彩是不争的事实。

五、Peking Evening Journal（英文北京晚报）1917年12月表面上由名为裘芬龄者创立，其实有德国密探嫌疑的 Dr. Gilbert Reid 是其幕后指挥，操纵该报。不久，由于 Reid 被美国官方驱逐至马尼拉，该报断绝了与 Reid 的关系。尔后，一个名叫冯华川的广东人接手该报，完全脱离政治色彩，采取超然态度。据说因财政陷入颇为拮据的状态，结果能否继续下去值得怀疑。

(附)
驻北京的欧美通讯员

一、M. W. H. Donald：曾为纽约《先驱报》特派员，1914年《先驱报》北京支局关闭，其作为 *Far Eastern Review* 主笔专注于该月刊杂志，发表对日本相当不利的文章。最近屡屡赴日，与日本知名人士展开争论，逐渐了解日本，态度似乎显著变化。另一方面，此人还为纽约《先驱报》及 *North China Daily News* 撰写通讯稿。

二、D. Fraser（英国人）：伦敦《泰晤士报》特派员，曾经是莫理循博士的助手。莫理循被聘为中国政府顾问后，成为其后任。但其声价及信誉好像不及作为通讯员的莫理循，是驻北京外国通讯员中有分量的人之一。

三、Walter Clement Whiffen（美国人）：为美联社（Associated Press）特派员，1917年底从俄首都来到当地。迄今为止在此地任同社通讯员，Charles Stephenson Smith 作为上述 Whiffen 的继任者，赴俄首都。前任斯密斯对日不太有好感，Whiffen 到底持什么样的态度，上任时间短浅，对此无法窥知。据悉该特派员此次为首次来华，更无有关东亚方面的经验。

四、M. S. Fyffe（英国人）：路透社通讯员，1915年夏由上海来到当地，对日本有好感。因此，其报道颇为公允。

五、W. R. Giles（英国人）：*Chicago Daily News* 通讯员，同时兼 *The Peking and Tientsin Times* 通讯员，是一位非常活跃的人士。尽管过去不太被大家认识，但前些年日中交涉当时，他非常活跃，被中国方面利用而竭尽全力攻击日本，此后与中国当局联系颇为密切，有关中国政治方面的报道颇为灵活快速，有明显出色之处。因此，其声价显得略高，但因其操守不坚，在上流社会外国人中间仍然不受尊敬。有关其对日本的态度，最近报道好似公允，但基本以排斥攻击的笔锋居多。

六、B. L. Simpson（英国人）：伦敦 *Daily Telegraph* 通讯员，作为关于远东的作家，在"Putnam Weale"这一 Pen Name 下早已博得名声。虽然文才值得一提，但由于品行不高，普遍无信誉，在北京的上流外国人社会中受到指责。总是发布对日本不利的通讯及文章，颇给我国带来麻烦，但在当地的机关报北京 *Gazette* 发行停止以来，对我国不太舞弄毒笔了。

七、A. Ramsay（英国人）：*Sydney World* 通讯员，同时为香港 *Daily Press* 通讯员。此人曾经为上述 *Hongkong Daily Press* 的 Assistant，但后来被聘为 *Peking Daily News* 主笔。1913年来到当地不久之后，因与当时的报主朱淇意见不合而辞职。此后作为主业担任 British Engineers Association 北京支所长，兼当上述报刊通讯员，同时也辅助路透社工作，有时承担 *North China Daily News* 的通讯报道。好像是作为北京的外国通讯员游击队经常为各方面的通讯业务提供帮助，不仅有相应的中国经验，而且是个为人极为温和的好绅士，受各方面欢迎。

八、M. Krieger（德国人）：兼任上海东亚 Lloyd①、德国本国《柏林日报》②《汉堡新闻》③，以及《科隆日报》④等各社通讯员。欧战以来，非常活跃。其部下中使用了许多中国人，不断地将对本国有利、对敌国不利的中文通讯分发到中国各方面。中国参战以来虽说明显失去活动自由，但现在好像还是热心奔忙。

九、Vevevkine（俄国人）：俄国首都电报通讯社通讯员（Petrograde Telegraphic Agency）。1915年作为 Brundt 的继任者来到北京。但是，原来上述通讯社是俄国政府机关报，因此，在俄国现在的局势下当然自然消亡。此外，其本职是中国外交部附属俄语学校教师，现在理应专心从事俄语教学工作。

驻北京的日本记者

楢崎观一——《大阪每日新闻》《东京日日新闻》

鹫泽与四二——《时事新报》

千田佐一——《报知新闻》

野满四郎——共同通信社

横山八郎——东方通信社、东京电报通信社

田原天南——《满洲日日新闻》

松村太郎——《国民新闻》

---

① 即《德文新报》（*Der Ostasiatische Lloyd*）。
② 即 *Berliner Tageblatt*。
③ 即 *Hamburger Nachrichten*。
④ 即 *Kölnische Zeitung*。

井上一叶——《やまと新闻》
金田一良三——《天津日报》
新桥荣次郎——《京城日报》
长谷川贤——亚细亚通信社
神尾茂——大阪、东京《朝日新闻》

上海

上海的中文报纸去年以来几乎没有变化,即目前继续存在的报刊是,从革命以前就发行的《申报》《新闻报》《时报》《时事新报》《神州日报》,以及革命后创刊的《中华新报》《民国日报》及《新申报》《亚洲日报》九种。其间,中国局势发生许多变局,出现舆论高涨的现象,不仅有新的报纸创刊,而且继续以往的发行,有《商务报》和《民德报》《民国大新闻》等由二三位报商创刊,但不久就停刊。张勋、康有为出资的《国是报》也于去年7月随复辟失败而倒闭。与此同时,我国人经营的《华报》和《东亚日报》合并,改称《亚洲日报》重新出现,已经成为一个新事实。这是因为上海报界的范围几乎是划定的,新创刊者难以持续经营。而概观以上九家报社,除了所谓老报即《申报》《新闻报》《时报》等,仅只有《新申报》拥有可与这些老报较量的发行量。而且,由于受欧洲大战影响,报纸印刷材料涨价,所以没有不遭遇经营困难的。

此时,值得特别一提的是上海的中文报纸去年以来对帝国的认真态度明显提高了,而且开始接近我国人,例如其报道和社论,除了一二家报纸外,没有令我帝国厌恶的笔调,去年12月上海东方通信社发起的上海新闻记者团视察日本即为证据之一。这对以往根本没有采取过一致行动的上海报界而言,是前所未有的大事。此后,中国新闻记者和我国人密切程度日益增加,即《神州日报》与当地有影响力的我国人结成特殊关系,《新申报》与对英国人相比,反而显示出更想接近日本人的态度。再如山东民政问题、武器借款问题等,几乎听不到喧嚣的议论,这也是明显的事例。目前,上海九家中文报纸中,在我帝国总领事馆注册,受其保护,甚至有着或正在建立密切关系者为六家报社(《申报》《时报》《时事新报》《民国日报》《神州日报》《亚洲日报》),说现在我帝国握有上海的中国舆论界之锁钥也不过分。如此是前所未有的。

其次,在外文报纸方面有 *North China Daily News*、上海《泰晤士报》、上海《文汇报》、*China Press* 四家英文报纸与 *L'Echo de Chine* 一家法文报,合计五家日报。最近,上海 *Gazette* 英文晚报正由前英文《北京报》主笔陈友仁等人创刊,多少值得关注。上海《泰晤士报》和《文汇报》两家报纸依然对我帝国有着特殊的关系和好感。*North China Daily News* 和 *China Press* 两家报纸也不再持有以往的那种态度,形成尊重帝国在远东地位的倾向。在杂志界,1917年5月起,前 *China Press* 主笔汤姆斯·密勒新近发行周刊 *Millard Review*(《密勒氏评论报》),虽刊登排日报道,但几乎没有什么势力和影响,这是中外人士有目共睹的。还有,由英国人发行的 *Shanghai Weekly* 和 *Eastern Critic* 周刊,也没有任何政治性影响,只是刊登上海外国人社会的报道。由此观之,不妨说上海的内外报界对帝国的态度正在逐年改善。

附记

外文报纸中值得一提的是,中德断交宣战的结果,当地发行的德国人报纸杂志,即东亚 Lloyd(*Der Ostasiatische Lloyd*)、《华德日报》(*Deutsche Zeitung für China*)和 *The War* 与中文周刊杂志《协和报》均被下令关闭而停刊。

广东

1917年广东的局势极为动荡纷争。同年5月,督军陆荣廷离去,陈炳焜替代。5月末北方督军团一发生兵变,6月8日李烈钧就来粤,策划讨伐北方。6月20日陈督军、谭督军联名宣布两广自治,断绝与中央政府的关系,以自治之名而获独立之实。7月17日孙逸仙与海军一起来粤。8月25日召开国会非常会议,9月孙逸仙成为大元帅,组织军政府。在此前后,又发生了广东派对广西派内讧问题,省长朱庆澜离任,李耀汉继任;督军陈炳焜离任,莫荣新替代。9月莫擎宇、张天骥等在惠州、潮州出兵,但不久被平定。12月10日龙济光就任两广巡阅使,增加兵力,向高、雷、两阳进军,直至今年。如此局势变化极为剧烈,因此舆论界也呈现出一些生气。以往党派色彩少的当地各家报纸也随着政局动荡而党派色彩逐渐变得浓厚,态度变得鲜明,各自阐明其主张。

当地报纸对于南北问题的态度,国民党系报纸完全宣传南方派主张,而谴责和攻击北方。进步党系报纸无论怎么说,也是拥护北方的调子,但态度并不露骨。无党派系报纸大致持中立态度,但不管怎么说,还是同情南方派的论调。另外,对于地方问题,纯民党系报纸都竭力拥护军政府及民党派。而进步党系报纸与之相反,经常冷嘲热讽。无党派系报纸之中《商权报》《总商会新报》等对此表反对态度。对于陈督军、陆荣廷一派,民党派报纸对此总是表现出厌恶态度,其他报纸则不刻意表示赞成与否。对于外交问题,各家报纸的态度与以往相比,明显表示出冷静的态度,但可能是因国内多事之秋而无暇顾及对外问题。1917年年初,当地的报刊数量除了《广东公报》(政府公布机关报)外,合计十种,其中民党系四种,进步党系三种,无党派十二种,日本人经营一种。同年,随着国民党势力逐渐增加,同系报纸由四种变成八种。还有,以往同党系报纸《民意报》,后来由来广州任省长的李耀汉收购①,成了省长机关报。进步党系报纸无增减,只有《国报》因其反对南方的态度公开化而触及当权者的忌讳,被禁止发行。但不久就改名为《国华报》而继续出版,无党派报纸变成十三种,这并无很大变动。就是说,提起同年2月后当地报纸的兴衰,《采风报》(国民党系)、《中华报》(无党派)、《南国报》(日本人经营)、《广报》(无党派)停刊。新发行的有:《南方时报》(当初是陆荣廷的机关报,后来断绝关系,现在为无党派)、《国是报》(国民党系)、《珠江日刊》(国民党系)、《天民报》(国民党系)、《中华新报》(国民党系)、《天趣报》(无党派)、《粤报》(国民党系)、《快报》(国民党系)等,还有作为军政府公布机关而发行的《军政府公报》。现在当地的公报及报纸合计二十七种,其中二十种属于报界公会,七种尚未加入该公会。现将各报纸及公报的党派类别表示如下:

一、省长公署公布机关报　《广东公报》
二、军政府公布机关报　《军政府公报》
三、国民党系　《广东中华新报》《国是报》《民主报》《珠江日刊》《天民报》《中国新报》《粤报》《快报》
四、进步党系　《华国报》《天职报》《国华报》
五、无党派　《安雅报》《羊城新报》《七十二行商报》《南越报》《人权报》《商权报》《广州共和报》《总商会新报》《新报》《大公报》《天游报》《南方时报》《天趣报》
六、李耀汉机关报　《民意报》

关于中国报纸的调查(1917年12月末)

名　　称	主　义	持有人	主　笔	备　考
北　京				
政府公报(中文)	政府的公布机关	国务院印铸局直属		日刊,公布法令、政府文件等
陆海军公报(中文)	陆、海军部的公布机关	经理 魏宗瀚	罗泽炜	政府补助一千三百元
教育公报(中文)	教育部公布机关	在各部处编辑处编写发行		刊登《政府公报》发布的有关各部法令及各部相关的所有文件,以及相关调查报告、译报、统计等。另外,《交通月刊》1917年1月起每月发行一册
农商公报(中文)	农商部的公布机关			
税务公报(中文)	税务处的公布机关			
交通月刊(中文)	交通部的公布机关			
顺天时报(中文)	支持日中亲善及日本主张	渡边哲信		1902年创刊②,年来发行量约一万份

---

① 日语原文为"買収"。"買収"有"收购""收买"两个意思。这里指何意不明,姑且译成"收购"。
② 应为1901年10月创刊。

(续表)

名　称	主　义	持有人	主　笔	备　考
北京日报(中文)	不偏不党,但略显半官方报色彩	朱淇	朱淇、杨小欧	1904年创刊,现发行量约七千多份
京津时报(中文)	交通系机关报	汪立元	金逢时	持有人汪立元为报界老手,善于联系官府,据说受交通系的保护。现在发行一千份上下
民视报(中文)	交通系机关报	康士铎	康士铎	1911年10月创刊,日刊。因持有人康与梁士诒的关系,接受交通系补贴。有时拥护袁政府。袁去世后一味拥护段祺瑞政府。发行量一千二百份
国民公报①(中文)	进步党机关报		蓝公武	被视为梁启超的机关报,发行量一千二百份上下
国是报(中文)	皖系机关报	倪嗣冲	光云锦	拥护皖系段祺瑞的机关报,发行量一千份以内
日知报(中文)	交通系	王博谦	王博谦	1913年12月创刊,现今发行量一千份以下
大国民日报(中文)	皖系拥护派	景耀月	景耀月	1913年8月创刊,山西前同盟会员景氏负责主持,发行量五百份左右
民强报(中文)	皖系拥护派	王河屏	王河屏	1913年3月创刊,曾经接受段政府补助,每日发行四百份左右
大中华日报(中文)	无主义,无系统	张仲权	叶一舟	1916年1月创刊,现接受皖系补助,致力于拥护皖系。每日发行五百份左右
中华新报(中文)	旧国民党稳健派机关报	谷钟秀	张炽章	1917年6月创刊,与上海《中华新报》呼应,坚持国会派的稳健主张,发行量每日一千份以内
民苏报(中文)	国民党系机关报	周亮才		1917年宪法审议时期益友社政学会的机关报,发行量六百份以内
亚东新报(中文)	国会维持主义	李安陆	李安陆	原为国民党的机关报,曾名《亚东日报》,发行量每日一千份以内
晨钟报(中文)②	研究会系机关报	汤化龙	梁秋水	与《国民公报》同为进步系研究会的机关报,完全由汤化龙主持,视其去就进退而定。发行量一千份以内,稍含排日性色彩
公言报(中文)	段祺瑞派	汪有龄	林万里	因与交通系的关系,一味支持段,发行量两千份以内
新民报(中文)	研究会系、交通系	乌泽声		乌泽声的《每日新闻》与湘系向瑞琨、彭希民的《新民报》合并而成,接近梁启超进步系,发行量一千份以内
大舆日报(中文)	福建系机关报	邱舫伯③	邱舫伯	与交通系相关联,间接拥护段祺瑞,发行量一千份以内

① 1910年8月24日创刊。
② 1916年8月15日创刊。
③ 一作"邱访伯"。

(续表)

名　称	主　义	持有人	主　笔	备　考
大中报(中文)	拥护冯总统	藉忠寅	石小川	曾经拥护段,但其后更换持有人,拥护冯的色彩变得明确,发行量每日二千份以内
益世报(中文)	基督教徒机关报	杜竹轩	韩进元	天津《益世报》的分身,议论、观察比较公正,据说发行量二千份以内

● 以上报纸为上次调查后继续存在发行者,其主义、系统的变化等与上次调查加以比较的话,自然一目了然

名　称	主　义	持有人	主　笔	备　考
陆海军日报(中文)	皖系军人	徐树铮	罗泽炜	作为皖系军人机关报而发行,每日发行一千份以内
新兴中日报(中文)	江西钮传善机关报	顾澄	顾澄	作为钮传善维护自我辩护及主张的机关报而创刊,发行量一千份以下
新民国报(中文)	湖北派机关报	郑万瞻		湖北议员郑万胆主持,前《民国报》的后身,发行量七八百份上下
经世报(中文)	孔子教派机关报		杨小欧	为主张孔子国教说而创刊,发行量一千份以内
公论日报(中文)			吴浩如	接着前《公论日报》续刊而来,发行量八百份上下
民复报(中文)	河南派机关报			据说接受河南省政府补助
甲寅日刊(中文)	拥护王士珍政府	陆慎齐	陆慎齐	1917年12月左右创刊,专门反对交通系,现在具有拥护王内阁之色彩。目前为北京重要报纸之一,发行量一千份上下

● 以上报纸为上次调查后的新刊或续刊者

名　称	主　义	持有人	主　笔	备　考
新支那(日文)	维护日本方面的主张	安藤万吉	藤原镰兄	1913年9月创刊,日刊。近来中国政界购阅者不少
新支那(日文周刊)	介绍中国情况	安藤万吉	藤原镰兄	1912年3月创刊,周刊
燕尘(日文)	介绍北京	井上孝之助	井上孝之助	1917年9月创刊,以介绍北京情况为主
Peking Daily News(英文)	徐树铮的机关报	汪觉迟	汪觉迟	1917年3月,原持有人朱淇转让给汪觉迟。其后,再转让给徐树铮,但主笔依旧为汪觉迟。W. S. Ridge 和 K. I. Hope 等(均为英国人)给予帮助。该报曾经热衷于排日,而现在完全无此色彩。报面外观比朱淇经营之时稍有进步。发行量仅为一千份左右
Peking Leader(英文)	梁启超的机关报	刁敏谦	刁敏谦	*Peking Gazette* 被勒令停刊后,趁其空隙创刊的报纸。就报面外观而言,好像比 *Peking Daily News* 稍好一些。时而显示出反对日本的态度,但这显然是仅仅基于主笔刁氏的意思而为之,并非接受梁的旨意

(续表)

名　称	主　义	持有人	主　笔	备　考
Peking Evening Times（英文和中文）	无主义	吴莱喜	吴莱喜	1917年10月创立的中英文报纸。最初，吴自1916年6月左右发行名为 Peking Post 的晚报，但由于此报为德国机关报，中德宣战后不久停刊。吴因此再次独力创办了本报。近来明显接近美方，稍带有美国色彩。在外界看来，如同美国人的机关报，但其实不然。如果有合适的买家，不管是谁吴都准备转让，因而难以估计何时会落入美国人之手。发行量仅五百份左右，影响力尚微弱
Peking Evening Journal（英文）		冯华川	裘芬龄	本报最初由 Dr. Gilbert Reid 资助创刊，但此人被驱逐至马尼拉以来，完全断绝关系。目前由冯华川经营，一直经营不振，似乎稍胜于 Evening Times，但维持似有困难。发行量约三百份
Journal de Pékin（法文）	俄法两国机关报	Mercel von Lerberghe（法国人）	Mercel von Lerberghe	1911年7月创刊，俄国公使馆握有实权，法国公使馆也似乎多少有关。但最近俄国公使馆提供的资金不充分，为了节省经费而缩小版面，气势实为不振
La Politique de Pékin［北京新闻报］（法文）	中国政府机关报	Lé Shen Li		1914年4月创刊，周刊，极力拥护中国政府的利益
天　津				
直隶公报（中文）		北洋官报局		1901年①以来持续发行的直隶省官报，是其公布机关。发行量约四千份
天津日日新闻②（中文）	标榜进步主义，谋求开发民智	方若	方若、郭心田	1901年创刊③，日刊，发行量二千五百份，资本二万元。评论稳健，不偏不倚，在商界具有影响力。自始至终贯彻亲日主义。报道内容确切
大公报（中文）	社会改良、教育普及	合资组织 代表 胡霖		1902年创刊，日刊，发行量六千份，资本金三万元。去年夏天变更组织之际，有被张勋收购之说。但复辟当时成为段祺瑞的机关报，政党色彩浓厚起来，致力于拥护北洋系。报道迅速，内容准确。对日本抱有好感
益世报（中文）	以普及天主教为主	刘俊卿	唐莲孙、董郁青	1915年创立，资本二万元，发行量五六千份，北京有支局。该报为天主教传教的机关报，与法国人有着深厚的关系。近来警察厅给予一些补助。还有，到了最近有拥护冯总统之色彩。对于我方无好感
时闻报（中文）	营利主义	李秋岩	王石甫	1904年创刊，资本一万元。发行量七百份上下

---

① 应为1902年12月25日创办。
② 又名《日日新闻》。
③ 应为1900年冬以该名出版。

(续表)

名　称	主　义	持有人	主　笔	备　考
京津泰晤士报(中文)	拥护英国权益	熊少豪	解子英	该报为北京、天津《泰晤士报》的兼营事业，1917年创刊，母报译文较多，海外报纸等内容亦较多，所以在不懂外文的知识阶层中有爱读者。现在发行量二千份上下
旭日报(中文)	营利主义	贺彩臣①	张小林	1912年创刊，资本三百元，发行量八百份
戆言报	营利主义	周戆公	孙贯夫	资本一千元，发行量一千五百份。是一份小报，没有任何影响力
白话午报(中文) 晨晚	营利主义	刘铁庵	高新民	该报为白话报。早上、中午、傍晚发行三报，全部发行量约二千份。有关剧评及烟花巷的报道较多，在市民中有销路
益民报(中文)	营利主义	胡铁庵	管瑞伯	资本四百元，发行量一千多份的小报
天津日报(日文)		合作组织	西村博	由《北清时报》和《北支那每日新闻》合并改名而成，1910年创刊，资本金三千圆。发行量二千三百份
日华公论(日文)		森川照太	橘朴	该刊为周刊，中国政治、经济等相关报道较多，是研究中国的好资料。发行量约六百份
天津评论(日文)		日本人基督教青年会		基督教青年会机关报，1910年9月创刊，日刊，发行量约三百份
The Peking and Tientsin Times[京津泰晤士报](英文)	维护英国的权益	Tientsin Press Ltd. 经理 H. A. Chapall	H. G. W. Woodhead	1894年作为周刊而创刊，1900年改为日报②。英国人机关报，发行量八九百份。资本金九万七千两。为天津出色的英文报纸。对日本表示好感，但违背英国利益时也会大肆攻击。驻北京通讯员Giles极力对日本作不利的报道
The China Critic(英文)	无固定主义	North China Printing & Publishing Co., Ltd.	C. F. Norris③ Newman	1908年1月创刊，资本金三万两，发行量四五百份。家庭性晚报，内容大致稳健，对日本大体上抱有好感
The China Advertiser(英文)	扩大日本的利益	松村利男 经理 大木干一	松村利男	接收1909年9月以来发行的 China Tribune 加以改良而成。发行量二三百份
North China Daily Mail(英文)	拥护协约国方面的利益	英国人R. Bate与Fisher共同所有	R. Bate	1916年1月，Bate与Fisher辞去 The China Times 工作，共同创办该报。全力维护协约国方面利益，极力扩大日本利益。晚报，发行量三百份上下
Sunday Times(英文)	拥护协约国方面的利益	英国人R. Bate与Fisher共同所有	R. Bate	周日报纸，发行量约三百份。所有内容与上述备考相同
L'Echo de Tientsin(法文)	驻天津法国租界当局机关报	法国商人合资组织	Marcal④ Sanlais(法国人)	日刊。对日本有好感。资本金约二万法郎，发行量二三百份

---

① 创办人一说为周彩臣。
② 1902年10月1日改为日刊。
③ 1912年报告为"Norrio"。
④ 1913年报告为"Marcel"。

(续表)

名　称	主　义	持有人	主　笔	备　考
太　原				
山西公报(中文)	官报	山西省长		公布法令、告示、公文等的机关报,发行量约一千五百份
晋阳公报(中文)	共和主义	王庭仲	李铎江	标榜不偏不倚,发行量约七八百份
山西日报(中文)	启发民智,奖励实业	李文虎	蒋虎臣	发行量约一千二三百份,在绅商学界有些影响力
齐齐哈尔				
黑龙江公报(中文)		黑龙江省长公署	黑龙江省长公署政务厅总务科长	1914年3月创刊,日报,登载法令、公文、告示等,发行量约七百份
黑龙江报(中文)	扩张国权	魏馨钥	魏馨钥	1916年1月1日创刊,日报,每月接受黑龙江督军公署四百元补助,发行量一千四百份上下
通俗教育报(中文)	普及教育	黑龙江省教育会	陶景明、郭毓魏①	1914年12月创刊,日刊小报,黑龙江省教育厅机关报,发行量约一千份
黑龙江启民报(中文)	启发民智,开发产业	韩鑫楼	李钦典	1916年8月创刊,日报,发行量约七百份
启蒙报(中文及蒙文)	启发蒙古人知识	蒙旗事务所	阎中平	1914年11月创刊,日刊小报,分为汉字启蒙报和蒙文启蒙报两页,发行量约八百份,非卖品
宏远商报(中文)	奖励实业	闻东岩	闻东岩	1917年9月创刊,当时名为《龙沙日报》,登载了有碍治安的报道而被停止发行,12月中旬起改名再刊,发行量数百份
谭风新闻(中文)		韩汉英	敖寿山	1917年1月15日创刊,刊有讽刺漫画的白话报纸,多载有烟花巷的报道,发行量两百份上下
哈　尔　滨				
Железнодорожник[铁道员](俄文)	拥护中东铁路的政策	隶属中东铁路民政部长	主编伊·亚·都布罗洛夫斯基	1904年创刊②,日报,《哈尔滨日报》的后身,在当地过激派宣布掌握政权的同时,1917年12月16日以后改称前记报名,中东铁路职工委员会的机关报,支持霍尔瓦特将军,与过激派对抗,发行量五千五百一十份。1918年1月14日以后改名为 Вестник Маньчжурии (《满洲日报》)的趣旨已见预告
Новости жизни[时事新报]③(俄文)	社会革命主义	在哈尔滨的犹太人合资的"贝察琪"出版公司	伊·卫·伊孔尼科夫	1909年创刊④,日报,拥护在哈尔滨的工商业者尤其是犹太人利益的机关报,一直有执行委员会,与过激派对抗,发行量约六千份

---

① 1917年和1919年的报告均为"郭毓奇"。
② 应为1903年6月创刊。
③ 亦译《新生活报》,1917年报告译为《新生涯》。
④ 1907年11月由《东方通讯》和《九级浪》合并在哈尔滨出版。

(续表)

名 称	主 义	持有人	主 笔	备 考
远东报(中文)	目的在于密切俄中关系	中东铁路厅	戚养泉(俄国人)	1908年创刊①,日报,中东铁路的机关报,发行量约三千份
东亚日报(中文)	维持东亚和平,开导民智	王子书(山东人)	孙斗山(山东人)	1916年11月创刊,日报,发行量约三千份
Mongyol-un sonin bičig(蒙文)	开发蒙古人	中东铁路厅	监督 亚·史弼臣(俄国人)编辑 那丹珠(蒙古人)	1909年创刊,每月发行两到三次,标榜引导开发蒙古人,同时对蒙古人采取怀柔态度,鼓吹亲俄主义,每号印刷约一千份,免费分发给蒙古各族王公等人,或是分发给蒙古香客或者其他人,发行量一千份
北满洲(日文)	谋求通商发展	木野清一郎	近藤义晴	1914年7月创刊,日报,介绍中国东北北部、东俄的情况,谋求密切与我国的通商关系
长 春				
大东日报(中文)	致力于鼓吹实业、教育、经济、道德等,除此以外没有政治色彩	刘笠泉(吉林省吉林县人)	张复生(山东掖县人)	日报,发行量一天一千两百份,定价为一份六钱。持有人刘笠泉从吉林小学校毕业后任长春审判厅书记,但不久便辞职,1915年8月创办该报,性格稍稍有些傲慢,不修操行,怀有排日思想。主笔张复生毕业于私塾,于北京游学,支持第一次革命党,1913年成为大连《泰东新报》编辑,后在奉天创立了一报社,但不久便停刊,成为《盛京时报》编辑,几个月后辞职,担任本社主笔
民政生日报(中文)	同乡会机关报,促进民政民生自治研究、教育、实业、经济、道德等的发展,同时鼓吹共和政体	惠人奇(江苏吴县人)	同前	日报,发行量约七百份,定价折算成日币,一份为六钱。财力不足,影响不大。持有人惠人奇从家乡的中学毕业后来到该地,曾为长春电报局办事员、殖边银行职员,1916年11月入社至今。性格温顺,操行端正,无排日思想
北满日报(日文)	报道时事	箱田琢磨(福冈县人)	泉廉治(北海道钏路人,毕业于东亚同文书院)	本报原名为《长春日报》,1917年2月11日起改名为《北满日报》,努力充实内容,报道稳健。理事高桥种次郎(大阪府人)一心谋求社务的扩张发展,此外社会新闻版记者高桥又三郎、营业主任针谷弥一郎负责各方面的事务,一天的发行量约一千份,每份定价三钱,一个月五十钱
长春商业时报(日文)	报道东北地区各地物价和一般商业状况	伊月利平(德岛县人)	伊月利平(原陆军宪兵伍长)	日报,发行量一天五百份,定价为一个月四十钱,编辑佐野政吉(德岛县人)持有小学本科教员许可证,是持有人伊月的亲戚
吉 林				
吉林公报(中文)		吉林省长公署		1912年3月1日,《吉林官报》②改名为《吉林公报》隔日发行,登载命令、公文、法令、告示和电报,发行量约六百份,20页上下

---

① 1906年3月创刊。
② 吉林公署官报局编印出版,1907年8月创刊,初创时为两日刊,1908年11月后改为旬刊。

(续表)

名　　称	主　义	持有人	主　笔	备　考
吉长日报(中文)	以开发民智为目的	顾植	瞿钺	日报,接受吉林官方补助的机关报,发行量两千份
吉林新共和报(中文)	拥护共和	诸克聪	韩楚材	日报,省城外地方绅士(主要为省议会议员)的机关报,发行量约五百份
吉林商报(中文)	振兴工商业	阎启瑞	姚祐虞	日报,由《工商报》改名而来,工务会、商务会等的机关报,发行量约五百份
吉林时报(日文)		儿玉多一	儿玉多一	周报,发行量两百份
龙　井　村					
间岛时报(日文及朝鲜文)	报道间岛情况	山崎庆之助	山崎庆之助	1910年创刊,每周发行两次,为登载我国领事馆公告的报纸,1915年开始设置朝鲜文栏目,因而在引导朝鲜人方面颇有良好效果,普遍受重视
东满通信(日文)		安东贞元	安东贞元	1915年创刊,隔日发行,油印,主要向各地诸报纸发布通讯
局　子　街					
延边实报(中文及朝鲜文)	拥护利权,标榜产业开发	杨荫林	(中文)徐恢、(朝鲜文)朴东辕	1915年7月创刊,每周六发行一次,中国官方唯一机关报,购阅者主要为该地中国官绅,此外,虽为少量,还发送至吉林、长春、奉天、天津、北京、南京、上海等各重要城市。另为朝鲜读者设立了朝鲜文一栏,因而在间岛的朝鲜人以及北朝鲜地区少数朝鲜人也有购阅,发行量约五百份。还有,现在的发行人兼编辑为陶仙舟,朝鲜文主笔朴东辕为朝鲜人,自称已加入中国籍
铁　岭					
铁岭时报(日文)	以时事报道为主,谋求通商发展	西尾信(社长)	西尾信	1911年8月1日创刊,日报,为登载日本领事馆、居留民会公告的报纸,版面为单面四页,广告使用活版印刷,报道使用油印,发行量四百五十份
铁岭每日新闻(日文及中文)	以时事报道为主	罗率真	罗率真、迫田采之助	迫田将以往由其经营每月发行六次的日文报纸《满洲野》停刊,与罗率真共同获得中国官方许可,于1917年11月发行。日报,发行量约四百份
奉　天					
奉天公报(中文)		省长公署政务厅		省长公署的公布机关,日报,发行量约六百份
盛京时报(中文)		中岛真雄	菊池贞二	1906年12月创刊①,日报,资本金两万圆②,发行量约一万一千份

---

① 应为1906年9月1日创刊。
② 与1917年报告同,1909年调查记载资本为九千圆。

(续表)

名　　称	主　义	持有人	主　笔	备　考
醒时报(中文)	毫无倾向	张兆麟	张子岐①	1909年2月创刊,日报,合资组织,发行量约一千份
东三省公报(中文)	半官报	王光烈	王光烈	清朝末年创刊,当初名为《东三省日报》,1912年2月改为现在的名称,合资组织,资本金两万圆,据说接受官方和总商会的补助。日报,发行量约两千五百份
大陆日日新闻(日文)		石本锞太郎	五百藏正吉	当初名为《奉天日日新闻》,1917年1月归石本锞太郎所有,与此同时改为现名。1911年5月起成为奉天总领事馆登载公告的报纸,晚报,发行量约两千五百份
奉天新闻(日文)	论调稳健	服部畅	河内山武雄(主笔)、佐藤善雄(主持人)	1917年9月由佐藤善雄等人发起,得到有志者赞同而创办,日报,发行量约两千一百份
满洲通信(日文)		武内忠次郎	武内忠次郎	创刊于1914年8月日德战争之际,以电讯为重点,其后1915年1月起发行普通通讯。晚报,油印,发行量约一百二十份
内外通信(日文)		合田愿	田原茂	1907年5月创刊②,晚报③,当初为油印,1915年11月起改为活版印刷,主要作为广告报纸,1911年5月起成为奉天总领事馆发布公告的报纸。发行量约一千两百份,兼营印刷业
共同通信(日文)		菊池贞二	菊池贞二(发行人兼编辑)	1917年2月创刊,油印,日报,发行量约六十份
奉天评论(日文)		由井滨权平	由井滨权平(发行人兼编辑)	1916年12月创刊,主要将重心置于烟花巷报道,偶尔评论时事问题,但内容毫无价值,每月发行一次,发行量约六百五十份
安　　　　东					
安东新报(日文)	地方机关报,主要为实业、经济上的报道	小滨为五郎	川俣笃	1906年10月17日创刊,日报,现在发行量一千八百份
辽　　　　阳					
辽阳新报④(日文)	以报道一般情况为目的	渡边德重(山梨县人)	渡边德重	1908年12月15日创刊,以往为隔日发行,1917年9月1日改为日刊,发行量约五百份,日本领事馆、警务署、辽阳居留民会、满铁地方事务所等发布公告用报纸
牛　　　　庄					
营商日报(中文)	商业的发达	营口商务总会	张悌青(山东人)	1909年创刊,日刊,营口商务总会的机关报,接受该会补助,是该会会员建立的股份组织,发行量约一千份

---

① 即张兆麟。
② 应为1907年7月创刊。
③ 之前调查报告为"日报"。
④ 亦译《辽阳每日新闻》。

(续表)

名　称	主　义	持有人	主　笔	备　考
满洲新报(日文)	不偏不党	冈部次郎(社长)	小川义和	1908年2月创刊,日刊,1912年7月起牛庄居留民团每月补助银一百五十元,自1915年度起每月补助一百六十圆,发行量约四千份
芝　罘				
芝罘日报(中文)	拥护我国权益	桑名贞治郎	桑名贞治郎	1907年创刊,日刊,发行量约五百五十份,普遍有信誉
钟声报(中文)	启发民智	丁训初	丁训初	日刊,发行量五百份,丁训初是前革命党员,由于是德商捷成洋行买办的好友,多少有亲德倾向,时时登载排日报道
芝罘商报(中文)	拥护商民	李循芳	王端友	1915年5月创刊,1916年1月临时停刊,同年11月末再刊。日刊,发行量四百份。主笔王端友前清时代曾在济南高等学校开书店,三十多岁。评论稳健,但最近在商民间信誉低
新芝罘(中文)	伸张民权	郑重	郑重	1917年6月创刊,日刊,发行量三百五十份。主笔郑重属于国民党激进派,与各处都有联系,探听消息机敏,因此颇受读书界欢迎,但目前因财政困难处于濒死境地
Chefoo Daily News(英文)	无主义	James McMullan & Co.	J. Henry Langhurst	1917年创刊,日刊,发行量百份
龙　口				
龙口商报(中文)	商务总会机关报	龙口商务总会	王铭三	1916年10月创刊,隔日发行,发行量二百五十份
济　南				
山东公报(中文)	山东省公署的官报	山东省公署(经理　马官敬)	张子佩 李耀石	1913年2月创刊,日刊,刊载省公署的条令、公文等,发行量约一千份
山东日报(中文)	山东官方机关报	马官敬	张子佩 李耀石	1912年7月创刊,日刊,1915年10月扩大版面。评论稳健,济南报纸中影响最大,发行量约千份,接受官方补助
大东日报(中文)	原进步党机关报,但目前无关	王景尧	邵锡臣	1912年6月创刊,日刊,与《山东日报》同为一大有影响的报纸之一,发行量约八百份
简报(中文)	无固定主义	李仲铭	李仲铭	1905年6月创刊①,日刊小报,发行量约五百份,无影响
商务日报(中文)	商务总会的机关报	沈景忱	吴儒范	1916年9月创刊,日刊,专门登载实业界内容,有信誉,发行量约七百份

---

① 1917年的报告为"1906年2月"。

(续表)

名 称	主 义	持有人	主 笔	备 考
新齐鲁公报(中文)	无固定主义	王讷	王讷	1917年6月创刊,日刊,排日倾向显著,反对民政问题的急先锋,亦为国货维持会的发起人。评论缺稳健,最具排外倾向,发行量约六百份
通俗白话日报(中文白话)	无固定主义	李仲刚	罗亚民	1917年5月创刊,日刊小报,无影响,发行量约五百份
济南日报(中文)	日中亲善,伸张日本人的利益	中西正树	田中逸平	1916年8月创刊,日刊,发行量约一千五百份
齐美报(中文)	无固定主义	鲁兆德	许兆麟	1916年4月创刊,日刊小报,无影响,发行量约五百份
山东新闻(日文)		长井实	长井实	1916年6月创刊,日刊,发行量约一千份
上 海				
申报(中文)	中立派	史量才	陈景韩	1872年4月创刊。最初为 Major Bros Co.(美查洋行)经营,尔后经历几多变迁,公司发展终于走向兴隆。现在作为中国最老的报纸,基础扎实,有信誉。1912年,前经营者席子佩引退,转为史量才经营。接着被德国收购,在该国领事馆注册,一时大伤声价。不过,1916年以冈田有民的名义在日本领事馆注册,正在确保老报之地位。报道稳健,党派色彩较少。发行量一万八千份
新闻报(中文)	实业派(与段派有关系)	汪龙标(号汉溪)	李寿熙	1893年创刊,股份制,美国人 Forgasson 为其大股东。在中国实业界有影响的人物之中拥有许多股东。在其关系上,依据美国特拉华州法律,在美国官方注册。在实业界及下层社会中拥有许多读者。发行量在上海的中国报纸中居首位。资本雄厚,议论稳健。但是,对日本倾向于没有好感,据说最近同段派有密切关系。发行量二万四千份
时报(中文)	中立派	狄楚青 狄南士	包公毅	1904年创刊。旧保皇党领袖康有为等人出资,以现社长狄楚青(康之门生)为主负责经营。1907年以宗方小太郎的名义在日本总领事馆注册。另一方面,该社兼营书店有正书局。报社基础扎实,在政界、教育界和广东人中间拥有大量读者。报道稳健,有老报之风。发行量一万份
神州日报(中文)	皖系(段系)	余洵	余洵	1906年创刊①。初期为前《民立报》社长于右任经营,后来成为皖系机关报,一时带有革命党色彩,总是将排日作为主义。然而,陷入经营困难,终于在1916年2月由北京政府收购②,但同年10月又转由旧《大共和报》经营者钱芥尘经营。此次则归于余洵经营。对我方表示好感。发行量四千份

---

① 应为1907年4月2日创刊。
② 日语原文为"買収"。"買収"有"收购""收买"两个意思。这里指何意不明,姑且译成"收购"。

(续表)

名　称	主　义	持有人	主　笔	备　考
时事新报(中文)	梁启超机关报	张烈	张东荪	最初合并《舆论报》和《时事报》称为《舆论时事报》,1909年左右改称为现名①。与商务印书馆有关。革命后归共和党及进步党员陈敬第和孟森经营。1914年接受德国人收购,在该国领事馆注册。但1916年春转为前社长黄群(进步党党员)经营,接着断绝与德国的关系,以波多博的名义在日本总领事馆注册。在政界、教育界,尤其是江苏、浙江一带拥有大量读者。1916年秋起,完全成为梁启超即旧进步系机关报。发行量六千份
中华新报(中文)	政学会派	谷钟秀	李述膺 曾松乔	1915年10月为反对袁世凯帝政而创办,旧国民党议员、前农商总会长谷钟秀主持该报,一时声价高昂,但袁死南北统一后,谷等干部就北上去北京政界,由旧国民党党员吴敬恒等人主持。接着又转至谷钟秀等政学会派经营。目前正在由李述膺、曾松乔等人负责经营。发行量四千份
民国日报(中文)	旧国民党派	邵仲辉	叶楚伧	为孙逸仙系国民党党员经营,1916年1月创刊②,同年3月名义上归山田纯三郎所有。有关党派关系,对于政府总是持反对态度,但好像经营困难。发行量三千份
亚洲日报(中文)	日中亲善	井手三郎	秦平甫	去年10月《华报》和《东亚日报》合并而成,由《上海日报》社长井手三郎经营。公开声言由日本人经营。然而经营时日尚短,还没有达到当地报界认可其影响力的地步。发行量约一千五百份
上海日报(日文)	拥护日本人	井手三郎	岛田数雄	发行量约一千三百份
上海日日新闻(日文)	拥护日本人	宫地贯道	宫地贯道	发行量约一千三百份
周报《上海》(日文)	介绍中国情况	佐原笃介	西本省三	发行量约一千份
周报《上海经济时报》(日文)	研究日中经济情况		主持人 并木如秋	发行量四五百份
新申报(中文)	英国人、中国人共同经营	席子佩	孙东吴	于1916年11月21日创刊,以维护在华英国人的利益为目的,侨居上海的英国人皮尔斯·楚恩等工部局相关人士、绅商、英国总领事馆副领事菲利普,以及上海总商会会长朱葆三等人以资本十万圆成立的股份制报社。经营者为当地报界耆宿、长时期经营《申报》的席子佩。该报发行量远超一万份。目前为当地报界之一大势力,而且外观和内容也酷似《申报》。议论、报道亦稳健。然而,最近财政上产生困难,有英国人也不堪其烦、应该脱离之说

① 应为1911年5月18日改为现名。
② 1月22日创刊。

(续表)

名　　称	主　　义	持有人	主　笔	备　　考
共同通信社支社（日文）		主管　菊池虎三	负责人　柏田忠一	
东方通信（中文、日文和英文）		宗方小太郎	波多博	
North China Daily News［字林西报］（英文）	拥护英国政策及英国人利益	North China Daily News & Herald Ltd. 董事 E. C. Pearce H. E. Morris G. Morris（英国人）	O. M. Green（英国人）	为东方最老的报纸,1854年7月创刊①。股东有皮克伍德家族的亲戚即亨利·马立斯一家,乐迪·坎贝尔的遗属,以及其他侨居上海的英国人。该报为英国总领事馆的公布机关,在上海 Club Municipal Council China Association 等中有影响力。是英国人在中国的代表性报纸。该社还发行周刊 North China Herald。发行量约二千份
The Shanghai Times［泰晤士报］（英文）	拥护英国政策	社长 E. A. Nottingham（英国人）	G. T. Sloyd	原社长 John O. Shea 死后,转为现任社长诺丁汉姆经营,1915年7月对铅字进行了改良,今年又购入了整行铸造排字机,着手改善版面,期待逐渐发展。对于日本特别有好感。发行量约一千份
The Shanghai Mercury［文汇报］（英文）	拥护英国政策	The Shanghai Mercury Ltd. 社长 J. D. Clerk	R. D. Neish（苏格兰人）	仅次于《字林西报》的老报,上海唯一的晚报,股份制,英国人占据大股东。欧战以来,德国股东的权利被停止。目前,与德国人没有关系。该报对日本,议论公正而稳健,具有老报的态度。另外,发行周刊 Celestial Empire。发行量约一千五百份②
The China Press［大陆报］（英文）	拥护美国政策	The China National Press Incorporation	Herbert Webb（美国人）	该报总社在美国特拉华州威明顿府,归上述公司所有并经营。自前主持人汤姆斯·密勒时代起,总是极力反对日本,但随着此人归国,态度稍微改变。及至美国对德宣战成为协约国一员,则不像过去那样刊登排日报道。发行量二千份
Far Eastern Review［远东时报］（英文）	以东亚工商业报道为主,维护美国利益	The Eastern Review	Rea, George Bronson（美国人）	东方的月刊英文杂志之巨擘。在政治,特别是铁路、矿山报道上有特长。发行量一千多份
L'Echo de Chine［中法新汇报］（法文）	拥护法国政策	Oriental Press	A. Vandelet（法国人）	当地法国总领事馆及耶稣会机关报。大概是法文的缘故,不像英文报纸那样拥有许多读者,但在有关中国情况研究及法国文学上有特色。对于日本有好感。发行量七八百份

① 应为1864年7月1日创刊。
② 1879年4月17日创刊。

(续表)

名 称	主 义	持有人	主 笔	备 考
Millard's Review[密勒氏评论报](英文)	研究远东政治、经济,拥护美国政策,排日	Thomas F. Millard	同前	周刊。为前 China Press 主笔汤姆斯·密勒经营。1917年5月创刊①。以远东的政治、经济研究为主。对于我帝国,一味持有反对态度,与《远东时报》一起为中国的排日机关报。然而,发行量不多,处于普通外国人也排斥其态度的状态下,尚无值得注意之影响力。又有该报一时由德国方面出资一说。发行量约四百份
Shanghai Gazette(英文)				旧英文北京 Gazette 主笔陈友仁最近召集志同道合者准备发行的晚报。前总统府秘书郭泰祺等好像与其有关系。而且据说与民党方面也有联络。陈向日本人辩解说,就像以前在北京 Gazette 那样进行评论,自己绝不是反对日本,而是反对军国主义,其真伪如何,只有发行后才能判明
				附记: 此外,作为与外国人有关系的杂志,还有 Shanghai Weekly(1917年创刊)、Eastern Critic 及 Shipping and Engineeing、《平和报》(周刊,中文)、《大战时报》(1918年1月创刊,英国人出资,月发行二次,中文)等,但不值得特别提及
苏 州				
苏州日报(中文)	以营利为目的	石雨声(吴县人)	易尚赋(同前)	1912年创刊,日刊。一日发行量一千二三百份,资本一千五百元,地点在苏州都亭桥中市。持有人及主笔均为常熟、东海、太仓等法院书记员。在江苏、江西、四川、河南、北京等地发售
苏醒报(中文)	以营利为目的	陈彝鼎	万积勤(湖州人)	1913年7月创刊,日刊。每日发行量约三四百份,资本五百元,地点在苏州东中市。主笔为前清秀才,曾在上海、无锡等地做过报社记者。在上海、苏州、常州等地发售
市乡公报(中文)	联络地方城市	主任 颜希鲁(吴县人)	颜希鲁(同前)	1916年阴历一月创刊。日报,一日发行量一千多份。资本三千元,股份制,每股五元。地点在苏州城内元妙观前宫巷。主笔为前清秀才,苏州第一届警察学堂毕业,原为当地警察科员、警察教练所教员、私立法政讲习所教员。在江苏省、北京、湖北等地发售
吴语日报(中文)	以营利为目的	主任 王禹若(吴县人)	任仇亮(同前)	1916年9月创刊。日报,一日发行量二百余份。资本五百元,股份制,每股十元。地点在苏州阊门太平坊。在苏州、上海、无锡、常州等地发售

---

① 应为1917年6月9日创刊。

(续表)

名　　称	主　　义	持有人	主　笔	备　　考
杭　州					
浙江公报(中文)	发布法令、法规	省长公署	陈简文	1913年创刊①,日报,发行量约一千五百份
全浙公报(中文)	开发社会,收回利权	股份制	程光甫	1909年5月创刊,日报。资本金一万元。接受浙江省长公署补助,发行量二千五百份
之江日报(中文)	启发国民知识,培育社会道德心	陈勉之	徐冕伯	1913年4月创刊,日报。接受督军公署补助。资本金三万元,发行量三千份
浙江民报(中文)	巩固共和,扩大民权	股份制	李泉生	1916年8月创刊②,被视为国民党系机关报。发行量一千份,资本金五千元
绍　兴				
越铎日报(中文)	启发民智,监督社会	股份制	张心斋	1912年5月创刊,日报。发行量一千份,资本金五千元
南　京				
大江南日报(中文)	鞭挞政府	王润身	王求是(号泽民)	1914年3月10日创刊③,日报。发行量约七百份。每月接受江苏官方若干补助,在当地最具影响力
南方日报(中文)	拥护民权,振兴商业	王春生	王春生	1915年7月1日创刊④,称为《南方话报》,1917年5月改名为《南方日报》。日报,发行量约五百份。影响力仅次于《大江南日报》,接受官方补助金
新中华报(中文)	普及教育	于纬文	于纬文	1913年10月创刊,称《金陵话报》,1916年9月改名为《新中华报》。日报,发行量约四百份。接受省长公署及各厘金局等若干补助
大中华报(中文)	政法学派	陈恂如	陈恂如	1916年9月创刊,日报,发行量约三百份。接受官方若干补助金。订阅费收集并不如愿以偿,资金并不充裕,因而陷入经营困难。1917年11月暂时停刊
立言报(中文)	普及教育	葛广钧	吴善之	1917年10月5日创刊⑤,日报,发行量约三百份。发行时日尚短,影响力不值得关注。资金少,报纸销路又不尽如人意,能否长期办下去值得怀疑
芜　湖				
皖江日报(中文)	启发民智	谭明卿	方兢舟	日刊,发行量约四百份
工商报(中文)⑥	工商报告	张九皋	张九皋	1915年10月创刊,日报,发行量约三百份

---

① 前一年报告为1912年2月创刊。
② 应为1913年4月15日创刊。
③ 一说为1913年创刊。
④ 1917年报告中创刊日期为"1914年10月"。
⑤ 一说为1916年创刊。
⑥ 1916年报告称《商工日报》,1917年报告称《工商报》,应为《工商日报》《工商报》),1915年10月20日创刊,初为周六刊,1917年改为日刊。

(续表)

名　称	主　义	持有人	主　笔	备　考
安　庆					
民岩报(中文)		合资组织 代表人 吴霭航	吴霭航	1913年2月创刊①,日刊,发行量约五百份
南　昌					
民报(中文)		姜颛	姜颛(号旭民)	1912年创刊,日刊,发行量约二千份。共和党的机关报,评论稳健,报道比较正确,其信誉在南昌的报纸中位居第一,资本金约银八千元
大江日报(中文)		谢持	谢持	1912年3月创刊,日刊,发行量二千余份,共和党的机关报。其信誉仅次于《民报》,评论稍显过激,对日本经常加以恶评。资本金约银八千元
正义报(中文)		宋育德	宋育德	1916年6月创刊,日刊,发行量约二千份,资本金约银一万元
民铎报(中文)		杨幼麑	杨幼麑	1916年8月创刊,日刊,发行量一千余份,国民党的机关报,资本金约银五千元
新报(中文)		万逊禅	万逊禅	1916年8月创刊,日刊,发行量一千余份,国民党的机关报,资本金约银五千元
新共和报(中文)		潘震亚	欧阳骧	1916年10月创刊,日刊,发行量一千五百余份。国民党的省议会议员支持,资本金约银五千元
警视小报(中文)		阎恩荣	王论生	1916年5月创刊,日刊,发行量一千份左右。警察厅的机关报,专门报道警务,以培养警察为目的,资本金约银三千元。由现任警察厅长出资,每月从普通警官的工资里扣除一百八十文充当经费。普通警官被强制要求订阅此报
江西公报(中文)		江西省公署		省政府的官报,公布法令、公文、告示等的机关,每三日发行
汉　口					
国民新报(中文)	官僚派机关报	李华堂	主笔 何何山 编辑 刘云集、熊南荒、尹玉亭	1912年4月创刊,发行量约一千份,资本金二万元。督军府的机关报,督军府每月提供五百元补助。比其他报纸影响力大一些,近来论调稳健
汉口中西报(中文)	经济报道	王华轩	主笔 俞任民 编辑 王痴梧、喻血轮	1913年创刊,日刊,发行量二千份。实业方面的报道居多,购阅者多数为实业家。据说与德国人有关系
汉口新闻报(中文)	经济报道	张云渊	主笔 凤竹荪 编辑 曾莘庐②、王子珩、徐辑夫	1914年创刊,日刊,发行量两千五百份,主要登载经济方面的报道,主张中日亲善,论调公平,资本金三千元,股份制

① 应为1912年6月1日创刊。
② 1917年报告为"曾莘如"。

(续表)

名 称	主 义	持有人	主 笔	备 考
大汉报(中文)	湖北民党机关报	胡石庵	主笔 胡石庵 编辑 丁愚庵、朱伯鳌、马韵莺	1916年5月创刊,日刊,发行量约两千份,发行所在日本租界内。湖北民党的机关报,对民党的活动常常进行夸张性报道
汉口日晚报(中文)	经济报道	王华轩	主笔 杨幼庵 编辑 喻的痴、王晓东	在汉口中西报馆发行的《汉口晚报》的后身,1917年9月脱离《汉口中西报》,日、晚报,发行约五六百份,资本由王华堂出资①
汉口日报(日文)		冈幸七郎	冈幸七郎	1907年8月创刊,日刊,发行量七百份,资本金一千五百元。中国人中多少有些购阅者
鹤唳(日文)		田岛利三郎	田岛利三郎	1914年创刊,周刊,发行量约二百份
Central China Post[楚报](英文)	保护英国人利益	J. Archibald	J. Archibald	1910年2月创刊,日刊,发行量约四百份,报道比较准确,但不迅速。论旨大致稳健,自去年夏天德国人F. Newel经营的 Hankow Daily News(《中西日报》)停刊以来,成为当地唯一的英文日报,作为协约国军方面的机关报而进行努力,但对日本不时出现猜疑性笔法
长 沙					
湖南政报(中文)	发布公文	省公署		每五日发行,发行量约一千份。格式仿政府公报
湖南时报(中文)	护法,护国,恢复共和	刘钟衡	郭静公 董嘉尚	日刊,发行量约四百份,公民护国团这一组织的报纸,发行以来仅过数月
新民报(中文)	护法,护国	罗维周	谭俊 李琼 谭铁耕	日刊,发行量约五百份,今年秋天在独立军补助下于衡州发行,以后迁至长沙
湖南新报(中文)	拥护共和	黄咸夷	杨续荪	日刊,发行量约两千余份,前年发生变乱后发行,民党机关报,官方多少提供补助
国民日报(中文)	社会发展	张声焕	李犹龙 胡郭丞	日刊,发行量约九百份,临时停刊后,由现任政务厅长刘氏等再刊
民国日报(中文)	发表党见,社会发展	包道平	黄醒狮 谭景周	日刊,发行量约两千份,是与孙文、龙璋等有关系的报纸,多少接受公款补助,是前年变乱后发行的
重 庆					
商务日报(中文)	奖励实业	商务总会	周文钦	本报为重庆商务总会的机关报,论调稳健,表面上的主义是奖励实业,其实带有北方派色彩,暗地里与《民苏报》对抗。日刊,发行量约一千八百份

① 9月16日创刊。

(续表)

名　　　称	主　　义	持有人	主　笔	备　考
民苏报(中文)	主张民权	杨进修	袁薇生	本报为国民党的机关报,1916年7月在当时重庆镇守使熊克武的援助下创办①,现在熊依然每月提供百元补助。以激烈的论调攻击现政府,致力于拥护南方。日刊,发行量约两千份
成　都					
四川群报(中文)	启迪商务	樊孔周	蒋茂功	日刊,商务总会的机关报,发行量约六千份
国民公报(中文)	不偏不党	李澄波	李澄波	德国领事馆至今或多或少提供补助,因此时时发表对协约国不利的言论。日刊,发行量约五千份
福　州					
福建公报(中文)	福建政府公布法令的机关报	福建省长公署		1912年1月10日创刊,日刊,官报,刊登各官厅之命令、告示、公文、指令等,发行量约一千份
闽报(中文)	公平无私,日中亲善,拥护我方对福建政策	赤石定藏	山中宽太郎	福建最早的报纸,原为隔日发行,自1915年10月起改为日刊,发行量约两千份,最有信誉
民生报(中文)	振兴实业,鼓吹禁烟	曹汝楫	曹汝楫	1914年8月创刊,日刊,官僚系,禁烟局、闽侯县等提供若干补助,影响微弱,发行量不超过三百份
福建政治日报(中文)	社会党派	陈奋侯	陈奋侯	1917年8月创刊②,日刊,发行量约两百份,禁烟局、闽侯县科员、盐务员等共同出资
华同日报(中文)	进步党派	施景琛	林仅衡	1916年11月创刊,日刊,发行量约四百份,南洋华侨提供若干补助
公论日报(中文)	官僚派	邱醒旦	林奇	1917年9月创刊,日刊③,发行量约六百份,警察界的机关报,财政厅亦提供若干补助
榕报(中文)	国民党派	李允之	游■④秋	1917年11月创刊,日刊,发行量约三百份,青年会一派及国民党系分子的合资组织
求是报(中文)	官僚派	王大初	王醒织	1916年9月1日创刊,日刊,发行量约一千份,总是登载排日报道,督军公署、禁烟局、实业家、省议员、杨浩如等提供补助,在当地中文报纸中最有影响
信报(中文)	进步党派	杨鱼谷	杨鱼谷	1917年10月创刊,日刊,发行量约三百份,进步党领袖林万里及其他进步党员的合资组织

---

① 8月1日创刊。
② 一说是9月创刊。
③ 一说是1917年2月创刊,周刊。
④ 原文不清,疑似"莲"。

(续表)

名　称	主　义	持有人	主　笔	备　考
健报(中文)	进步党派	郑作枢	何琇先	1916年8月1日创刊①，发行量约一千份，由进步党员和私立法政学校毕业生出资经营，督军公署及南洋华侨等每月提供若干补助。与《求是报》同样有很大影响
商务报(中文)	不偏不倚	周凯	杨仲贻	1917年12月10日创刊②，日刊
The Foochow Daily Echo(英文)	以转载上海报纸、登载广告为主	葡萄牙人米塞斯·罗萨里奥(福州印刷公司之持有人)		发行量二三百份，日刊，记载船舶出入、外汇汇率等，每周一次转载上海报纸，并报道福州外国人的社交情况
厦　门				
全闽新日报(中文)	旨在鼓吹日本文明，拥护我帝国利益，谋求台湾人的开发与便益	代表者 江保生(台湾人)	江保生	1907年8月创刊，日刊，发行量约七百份，台湾人的合资组织，完全属于日本系统，报道、评论、外观等虽无新奇之处，但以稳健著称，一向与当地中国报纸对抗，与中国报纸兴衰异常不同，该报不管怎么说维持着长期经营，因此拥有一定的购阅者
民钟日报(中文)	以共和主义谋取民福，扩张民权，拥护共和政体	美国领地马尼拉《公理报》的分支，股份制代表者 潘举易	林翰仙	1916年10月1日创刊③，日刊，发行量约一千份，属于民党激进派(孙逸仙派)，执笔者年少锐气之辈居多，其言论多为过激，不为有识之士首肯，在中流社会青年派中有购阅者。南北抗争以来，针对北方政府总是登载反抗性报道，一时受到中国官方注意，被警告数次，还常常登载排日性内容，诽谤日本。应该可以视为排日性黄色报纸。理应被视作总社的马尼拉《公理报》，因为其他原因带有美国系统的色彩，目前在鼓浪屿公共租界内发行
汕　头				
公言日报(中文)	共和及拥护宪政	股份制 代表者 邱星五	温少奇	1913年10月创刊，日刊，报道正确，当地最老的报纸，并且有信誉，在商人中特别受欢迎。对我方无好感。发行量一千数百份
大风日报(中文)	拥护共和	谢逸桥	陈铁如	1913年创刊，日刊，曾经停刊数月，1916年间再刊。与民党有关系，报道粗糙散漫，基础薄弱，何时停刊也很难说，排日报道居多，今年11月为了拥护民党，激烈反对段内阁，曾经被当时的汕头镇守使勒令停刊。发行量一千份左右
民苏日报(中文)	拥护共和	陈少云	冯病鹤	1917年10月创刊，日刊，与民党有关系，报道粗糙散漫，基础薄弱，在此方面不亚于《大风日报》。另外，与此报相同，今年11月被汕头镇守使勒令停刊。排日报道最多，发行量一千份左右

---

① 应为1916年7月创刊。
② 一说1918年1月创刊。
③ 应为1916年5月1日创刊。

(续表)

名　称	主　义	持有人	主　笔	备　考
广　东				
广东公报(中文)	广东省长公署之公布机关	广东省长公署	朱文表(广东高要人)	1912年8月1日创刊,日刊,广东省长公署之公布机关,转载中央政府的命令,登载省政府的命令、布告、公文及公电等。1917年6月20日广东省自主后不转载中央政府命令
羊城新报(中文)①	无所属,老成持重,在商界稍有影响	李若农(广东南海人)	沈寰英(广东番禺人)	1906年旧历六月②创刊,日刊,书店开新公司经营,属于营利性经营,无固定主义
七十二行商报(中文)	无所属,不偏不倚,在商界有影响	罗啸璈(号少翱,广东南海人)	冯春风(广东人)	1906年旧历七月创刊,日刊,1902年铺设粤汉铁路引起争议时,作为其机关报创刊,1906年一时停刊,接着在同年由广东七十二行商及铁路代表等共同复刊,后来转归罗少翱之手,断绝与上述各团体关系,独立经营,直至今日。该报评论稳健,是广东最有影响的报纸,广告的效果在广东报纸中居首,发行量约五千份
人权报(中文)	无所属	李文治(广东鹤山人)	陈藻乡(广东南海人)	1911年旧历三月③创刊,日刊,发行量约两千份
广东共和报(中文)	无所属	宋季辑(广东鹤山人)	宋季辑(广东南海人)④	1912年3月⑤创刊,日刊,发行量约三千份
南越报(中文)	无所属	孔任伯(广东南海人)	任孝勤(广东南海人)	1909年旧历三月创刊⑥,日刊,发行量约两千份
商权报(中文)	无所属,主义激烈,总是反对日本	刘汉雄(广东从化人)	刘汉雄(广东从化人)	1913年1月⑦创刊,日刊,粤省维持公安会之机关报,标榜不偏不倚,但却极力反对民党,评论激烈,发行量一日约四千份
华国报(中文)	进步党系,梁启超的机关报,总是反对民党	马名隆	胡伯孝(广东人)	1913年1月创刊,日刊,进步党、旧保皇派系的机关报,发行量约四千份
总商会新报(中文)	无所属,主义激烈,总是反对日本	刘公誉(广东南海人)	刘公誉(广东南海人)	1908年旧历三月⑧创刊,日刊,由宏业公司经营,是以营利为目的而经营的报纸。与广东总商会毫无关联,评论激烈,发行量约三千份
天职报(中文)	进步党机关报,梁启超的机关报	卢国杰(字少芝,广东香山人)	何杰三⑨(广东番禺人)	1913年创刊,日刊,本报原为进步党一派的机关报,现在没有党派色彩,发行量约三千份

---

① 应为《羊城日报》。
② 应为1903年2月12日创刊。
③ 应为1911年3月29日创刊。
④ 前后籍贯不同,原文如此。
⑤ 1917年以前(含1917年)报告为"11月",应为1912年8月。
⑥ 应为1909年6月22日创刊。
⑦ 1913年报告为"1912年6月"。
⑧ 据1915年报告,为1913年8月创刊。实为创办《商权报》之刘仲平租借《总商会报》旧址、招牌、印机等复业。而《广州总商会报》创刊于1906年1月29日。
⑨ 1917年报告为"何保三"。

(续表)

名　称	主　义	持有人	主　笔	备　考
国华报(中文)	进步党机关报,与康有为有关系,总是反对南方	王泽民(广东东莞人)	陈柱亭(广东番禺人)	1914年1月创刊①,日刊,原称《国报》,进步党、保皇党之机关报。反对民党,并且对陆荣廷派无好意,1917年被莫督军勒令禁止发行。其后改称《国华报》,是康有为、梁启超的机关报,始终未变,发行量约四千份
大公报(中文)	旧公民党机关报,现在无所属	朱学潮(广东番禺人)	朱学潮	1914年1月29日创刊,日刊,梁启超组织公民党时,其部下为扶植该党势力而创办。此后随着公民党消亡而失去党派色彩,成为无党派报纸,经营至今,发行量约四千份
安雅报(中文)	无所属,主义稳健	梁君武(广东南海人)	黎佩诗(广东高要人)	1903年旧历五月创刊②,日刊,曾一时称《安雅世说篇》,作为杂志发行,后来再次改为报纸,称《安雅报》,发行量约一千份
新报(中文)	无所属	李远公(广东南海人)	李远公(同前)	1915年10月创刊③,日刊,发行量约三千份
天游报(中文)	无所属	邓叔裕(广东顺德人)	邓叔裕(同前)	1914年1月创刊,日刊,主要刊登演艺界、烟花巷等社会底层报道的小报
天趣报(中文)	无所属	孔仲南(广东高要人)	孔仲南(同前)	1917年创刊,其后临时停刊,现在附属于《南方时报》发行,是社界报纸
中国新报(中文)	国民党机关报	谢去非	冯挺帜(号廷之,广东南海人)	1917年8月创刊,日刊,1917年7月孙逸仙等南下后,民党派作为其机关报而发行,完全属于民党机关报。发行量约四千份
广东中华新报(中文)	国民党机关报,虽完全是南方派机关报,但评论稳健	容伯挺(广东新会人)	陈大年(号罗生,广东南海人)	1916年12月4日创刊,日刊,与上海《中华新报》属同一系统,纯粹的国民党机关报,龙济光退出广东后,得到岑春煊、陆荣廷等辅助出资而创办,社长容伯挺为省议会议员,主笔陈罗生一直是革命党员,与孙文等同派。编辑之外观良好,报道也比其他报纸出色。与《七十二行商报》同为广东两大报纸,发行量约六千份
民主报(中文)	国民党机关报	陆孟飞(广东鹤山人)	梁剑雄	1917年3月创刊④,日刊,纯民党的机关报,社长陆孟飞是省议会副议长。重要报纸之一,发行量约四千份
民意报(中文)	李耀汉机关报,有反对陆派的倾向	钟悔庵	李新渔	1917年2月6日创刊,日刊,原为准民党机关报,李耀汉作为广东省长赴任后盘下,成为李耀汉的机关报,发行量约四千份
南方时报(中文)⑤	无所属	梁剑雄	孔仲南(广东高要人)	1917年3月创刊,旧称《南方时报》,1916年第三次革命时,作为陆荣廷的机关报在梧州发行。陆荣延来广东时,该报迁至广东,后来陆方停止补助,该报也与陆断绝关系,接着陷入经营困境,一时停刊。其后为广东人梁剑雄等盘下,继续发行,现在与广西派没有关系,发行量约三千份

① 应为1915年创刊。
② 原名《安雅书局世说编》,日报,1900年冬创刊,1908年易本名。
③ 应为1914年3月6日创刊。
④ 一说1916年冬创刊。
⑤ 应为《南方报》。

(续表)

名 称	主 义	持有人	主 笔	备 考
国是报(中文)	国民党机关报	关咏棠(广东开平人)	许香毫(广东番禺人)	1917年3月创刊,日刊,民党系统的报纸,但不像《中华新报》《民主报》那样民党色彩浓烈。发行量约三千份
珠江日刊(中文)	国民党机关报	崔载勋(号文藻,云南人)	甄亮甫(号元照,广东台山人)	1917年6月创刊,日刊,原来属于省议会议长谢巳源经营,纯民党派机关报。谢巳源离开广东去美国后,该报与广西派建立起一些关系。目前,被视为陆荣廷、唐继尧等南方派的机关报,广东的重要报纸之一,发行量约五千份
天民报(中文)	国民党机关报	梅放洲(广东新宁人)	李劲修(广东鹤山人)	1917年6月创刊①,日刊,发行者为民党派人物,因此具有民党派色彩,但还没有达到堂堂正正成为机关报的程度。发行量约两千份
粤报(中文)	国民党系	余公衡	黎次东	1917年创刊,晚报,民党派人物经营,发行量约三千份
快报(中文)	国民党系	李抗希	李抗希	1917年创刊,晚报,民党派人物、国会议员叶夏声的机关报,上述《粤报》及《快报》每日傍晚发行翌日报纸,与晚报不同。发行量约四千份
军政府公报(中文)	军政府公布机关	军政部	苏理萍(广东梅县人)	1917年9月创刊,随时发行,孙逸仙组织军政府时作为其发布机关创办,登载军政府的命令及各处往来电报、公文等
梧　州				
良知日报(中文)	进步党机关报	陈迈	罗功武	1914年②创刊,日刊
西江报(中文)		区笠翁	区笠翁	1917年创刊,日刊
南　宁				
指南报(中文)	进步党机关报	霍之璜	周伯勤	
岭表日报(中文)	国民党机关报	黄家道③	蒋承香	1916年4月创刊,日刊
贵　阳				
贵州公报(中文)	拥护约法	李樵仁	曹新	纯官僚派即督军的机关报,每月接受三四百元补助,记者多为学校教习,现任督军刘显世任护军使时创办,据称为贵州省代表性报纸,资本一千,发行量约两千三四百份
贵州铎报(中文)	拥护民权	刘逸民	韩杰然	民党机关报,由很多该党出身者创办,为了拥护西南政策,总是发表过激论调。由警察厅、审判厅及知事公署等每月补助二百元(据说该报亦接受内地教会 Inland Mission 的补助)。资本银四百元,发行量约一千六百份

---

① 一说1917年10月创刊。
② 1917年报告为"1913年7月"。
③ 1917年报告为"黄家直"。

(续表)

名 称	主 义	持有人	主 笔	备 考
云 南					
云南公报(中文)	云南政府公布法令的机关报	云南省长公署		日刊,官报,登载中央及地方各官厅的命令、法规、告示、公文、指令等,发行量六百份
国是报(中文)	普及教育	合资组织 代表 何筱泉	刘海观	1915年创刊,日刊,与云南教育会有关,以往每月约接受云南政府一百元补助,今年起取消了补助。发行量三百份
中华日报(中文)	拥护共和	合资组织 朱季翱	龚乐道	1917年12月创刊,日刊,发行量约两百份
云南实业日报(中文)	振兴实业	合资组织 刘梓庆	王右山	1917年8月创刊,日刊,由部分商务总会会员出资,发行量约四百份
云南中华新报(中文)	不偏不倚	合资组织 代表 邓盾彬	陈禹平	1913年创刊①,日刊,发行量约五百份
义声报(中文)	云南政府机关报	李举才	惠大我	1916年2月创刊,日刊,以往每月约接受云南政府二百元补助,1917年因财政原因,普遍取消了对报纸的补助,结果无法获得补助,但以捐款的形式得到了几乎相同的补助。主要由唐继尧、邓大中等云南迤东出身者出资,发行量约一千份
滇声报(中文)	革新主义	唐质仙	唐质仙	1912年创刊②,因财政困难多次停刊,1917年5月复刊。发行当时是国民党的机关报,目前仅仅得到占当地省议会多数的该党议员的后援,日刊,发行量约四百份
附录 大连					
满洲日日新闻(日文)	对统治政治③有好感	株式会社满洲日日新闻社	田原祯次郎	1907年11月3日创刊,日刊,关东都督府用于发布公文的报纸,大半股份都为满铁所有。报社发展正逐渐走向繁荣,与政党无关系,发行量一万二千份
辽东新报(日文)	对统治政治有好感,但有时主张反对	末永ハナ子	吉仓旺圣	1905年10月15日创刊④,日刊,与政党无关系。该社准备乘财界景气之机,变更为股份制。发行量一万零五百份
泰东日报(中文)	对统治政治有好感	金子平吉	金子平吉	1908年10月8日创刊⑤,日刊。由住大连的重要中国人出资创办,因纸价暴涨,收不抵支,勉强维持现状。与政党无关系,发行量二千八百份

---

① 一说1916年1月6日创刊。
② 一说1914年以后创办。
③ 指日本在东北的殖民统治机构"关东都督府"的"政治统治"。
④ 一说为1905年11月创刊。
⑤ 一说为1908年11月创刊。

名　　称	主　　义	持有人	主　笔	备　　考
Manchuria Daily News（英文）	对统治政治有好感	南满洲铁道会社	滨村善吉	1912年8月5日创刊，日刊。中国东北唯一的英文报纸，因而受到居住于东北的外国人欢迎。与政党无关系，发行量一千份
青　岛				
青岛新报（日文）	青岛守备军机关报	社长 鬼头玉汝	鬼头玉汝	1915年1月15日创办，日刊，发行量约四千七百七十份。守备军的机关报，处于日益繁荣的状态
青岛新报（中文）	同上	同上	同上	同上，但发行量为三千三百七十七份
香　港				
循环日报（中文）	中立	股份制	主笔兼编辑 温俊臣 记者 何雅选	创办以来四十余年，报道准确，论旨稳健，在香港、广东及各地华侨中有读者，为当地中文报纸界的巨擘。有关南北相争，对南方有好感，发行量四千份
华字日报（中文）	中立	合资组织	主笔 谢仲伟 司理总编辑 李毅轩 外事翻译主任 陆庆南 事务主任 何汝明	创办五十余年①，报道准确，论旨稳健，是香港中文报纸中仅次于《循环日报》的大报，对南方有好感，在香港、广东、美国、南洋华侨中有读者。发行量三千份
共和报（中文）	保护香港的中国商人利益	股份制	伍权公 卢梭魂	日刊，发行量两千份。本报是《商报》的后身，1904年由徐勤等创办，其后经营者多次变更，1913年改变组织形式，成为股份制，当地绅商刘筹伯、商务总会副总理叶兰泉等为股东。因为刘筹伯影响最大，有北方派色彩，极力反对广东陆荣廷一派的行动。据说近来梁士诒是该报财政上的援助者
公益报（中文）	无被视为特定主义的内容	股份制	陈文公 潘惠畴	1917年12月由《世界公益报》改名而来，发行量一千份。因以往的关系，在泰国、法属印度支那有很多读者。内容单薄不值一看，论调对南方派有好意
国是报（中文）	为龙济光辩护	个人出资	毛安国 杜星曹	1917年11月创刊，日刊，发行量七百份，据说由龙济光出资，排斥在广东的广西势力。主张广东是广东人的广东，报道比较丰富，特别便于阅读有关北方的报道
中外新报（中文）	无被视为特定主义的内容	股份制	沈惠畴 邓润之	1858年创刊，是香港最老的中文报纸，发行量不足一千份。本报属于 Hongkong Daily Press 拥有，编辑在一定期间从该社借用。因为时常换编辑，报纸的论调没有被视为特定主义的内容，目前有北方派的色彩

① 应该没有五十余年。应为1872年4月17日创刊，一说同治三四年间（1864—1865年）（戈公振《中国报学史》），不确。

(续表)

名　称	主　义	持有人	主　笔	备　考
大光报(中文)①	中立	股份制	麦梅生	1913年3月创刊。本报报道、评论均薄弱，读者多数为耶稣教信徒。另外，该报社股票一张五弗，面额很小，很多人拥有，都购阅本报，因而基础比较坚实，发行量约二千份
香港日报(日文)	无固定主义	松岛宗卫	松岛宗卫	1909年9月1日创刊，发行量三百余份，接受我国在香港各公司的补助
Hongkong Daily Press	为政厅辩护	股份制 代表人 D. W. Smith 事务经理 H. A. Cartwright	H. A. Cartwright	1877年创刊，晨报，发行量一千两百份。本报为香港政厅的机关报，报道准确，在当地英文报纸中位居第一。其论调有时对我国不太友好。发行周刊 The Hongkong Weekly Press and China Overland Trade Report②
South China Morning Post[南华早报](英文)	无被视为特定主义的内容	股份制	T. Petrie	1906年创刊，晨报，发行量一千五百份。股东为英国、法国、意大利人，据说美国人 Dr. Noble 为大股东。曾经发表过不利于我国的论调，但近来改变其态度。转载商业方面的报道，在当地销售量最多。发行周刊 The South China Weekly Post
China Mail[德臣报](英文)	无主义	合资组织	B. A. Hale③	1840年创刊④，8页，晚报，发行量约七百份，积极评论外交问题，但论旨散漫，无阅读价值。1915年以来，前 Daily Press 主笔 Hale 担任主笔
Hongkong Telegraph[香港电讯报](英文)	保护香港侨民	股份制	A. Hiek	1881年创刊，12页，晚报，发行量约一千份，报道迅速丰富，喜欢评论地方时事问题。本报自创刊至1903年后，归美国牙医诺贝尔经营。1916年其归国时，South China Morning Post 盘下该报，但编辑干部与该社完全不同，有五名干部

中国报纸统计表(1916年、1917年对照比较表)

地　名	中　文		日　文		英　文		法　文		德　文		俄　文		合　计	
	1917年末	1916年末	1917年末	1916年末	1917年末	1916年末	1917年末	1916年末	1917年末	1916年末	1917年末	1916年末	1917年末	1916年末
北京	32	46	3	2	4	3	2	2	—	—	—	—	41	53
天津	10	16	3	4	5	7	1	1	—	1	—	—	19	29
太原	3	4	—	—	—	—	—	—	—	—	—	—	3	4
齐齐哈尔	7	6	—	—	—	—	—	—	—	—	—	—	7	6
哈尔滨	2	2	2	2	—	—	—	—	—	—	2(蒙古文1)	2(同上)	6	6

---

① 1917年报告为《大光日报》。
② 前几年报告为"Hongkong Weekly Press and China Overland"，名称有异。
③ 1917年报告为"B. U. Hale"。
④ 应为1845年2月20日创刊。

(续表)

地名	中文		日文		英文		法文		德文		俄文		合计	
	1917年末	1916年末	1917年末	1916年末	1917年末	1916年末	1917年末	1916年末	1917年末	1916年末	1917年末	1916年末	1917年末	1916年末
长春	2	4	2	2	—	—	—	—	—	—	—	—	4	6
吉林	4	5	1	1	—	—	—	—	—	—	—	—	5	6
龙井村	—	—	2	2	—	—	—	—	—	—	—	—	2	2
局子街	1	1	—	—	—	—	—	—	—	—	—	—	1	1
铁岭	—	—	2	2	—	—	—	—	—	—	—	—	2	2
奉天	4	4	6	3	—	—	—	—	—	—	—	—	10	7
安东	—	—	1	1	—	—	—	—	—	—	—	—	1	1
辽阳	—	—	1	1	—	—	—	—	—	—	—	—	1	1
牛庄	1	1	1	1	—	—	—	—	—	—	—	—	2	2
芝罘	4	4	—	—	1	—	—	—	—	—	—	—	5	4
龙口	1	1	—	—	—	—	—	—	—	—	—	—	1	1
济南	9	10	1	1	—	—	—	—	—	—	—	—	10	11
上海	9	14	4 (通信2)	3 (通信1)	7	6	1	1	—	2	—	—	23	27
苏州	4	4	—	—	—	—	—	—	—	—	—	—	4	4
杭州	4	4	—	—	—	—	—	—	—	—	—	—	4	4
绍兴	1	1	—	—	—	—	—	—	—	—	—	—	1	1
南京	5	4	—	—	—	—	—	—	—	—	—	—	5	4
芜湖	2	2	—	—	—	—	—	—	—	—	—	—	2	2
安庆	1	1	—	—	—	—	—	—	—	—	—	—	1	1
南昌	8	8	—	—	—	—	—	—	—	—	—	—	8	8
汉口	5	7	2	3	1	2	—	—	—	—	—	—	8	12
长沙	6	13	—	—	—	—	—	—	—	—	—	—	6	13
重庆	2	7	—	—	—	—	—	—	—	—	—	—	2	7
成都	2	8	—	—	—	—	—	—	—	—	—	—	2	8
福州	11	10	—	—	1	1	—	—	—	—	—	—	12	11
厦门	2	4	—	—	—	—	—	—	—	—	—	—	2	4
汕头	3	3	—	—	—	—	—	—	—	—	—	—	3	3
广东	27	20	—	—	—	—	—	—	—	—	—	—	27	20
梧州	2	2	—	—	—	—	—	—	—	—	—	—	2	2

（续表）

地 名	中 文		日 文		英 文		法 文		德 文		俄 文		合 计	
	1917年末	1916年末	1917年末	1916年末	1917年末	1916年末	1917年末	1916年末	1917年末	1916年末	1917年末	1916年末	1917年末	1916年末
南 宁	2	2	—	—	—	—	—	—	—	—	—	—	2	2
贵 阳	2	2	—	—	—	—	—	—	—	—	—	—	2	2
云 南	7	6	—	—	—	—	—	—	—	—	—	—	7	6
合 计	185	226	31（通信2）	28（同上1）	19	19	4	4	—	3	2（蒙古文1）	2（同上）	243	283
增 减	减41		增3（通信1）						减3				减40	
（附 录）														
大 连	1	1	2	2	1	1	—	—	—	—	—	—	4	4
青 岛	1	1	1	1	—	—	—	—	—	—	—	—	2	2
香 港	7	6	1	1	4	6	—	—	—	—	—	—	12	13
合 计	9	8	4	4	5	7	—	—	—	—	—	—	18	19
增 减	增1				减2								减1	

(秘)1919年9月印刷(1918年末调查)

关于中国报纸及通讯的调查

外务省政务局

关于中国报纸及通讯的调查（1918年末调查）
目 录

概况 …………………………………… 236
北京 …………………………………… 236
 一、中文报纸概观 …………………… 236
 二、通讯社 …………………………… 237
 三、外文报纸现状 …………………… 237
 四、外国通讯员 ……………………… 238
广东 …………………………………… 239

中国各地报纸要览 ……………………… 240
北京 …………………………………… 240
天津 …………………………………… 243
齐齐哈尔 ……………………………… 244
哈尔滨 ………………………………… 245
长春 …………………………………… 246
吉林 …………………………………… 246
龙井村 ………………………………… 247
局子街 ………………………………… 247
铁岭 …………………………………… 247
奉天 …………………………………… 247
郑家屯 ………………………………… 248
安东 …………………………………… 248
辽阳 …………………………………… 248
牛庄 …………………………………… 248
芝罘　附龙口 ………………………… 248
济南 …………………………………… 249

上海 …………………………………… 250
苏州 …………………………………… 254
杭州 …………………………………… 254
绍兴 …………………………………… 255
南京 …………………………………… 255
芜湖 …………………………………… 255
安庆 …………………………………… 255
南昌 …………………………………… 256
汉口 …………………………………… 256
长沙 …………………………………… 257
重庆 …………………………………… 258
贵阳 …………………………………… 258
成都 …………………………………… 258
福州 …………………………………… 258
厦门 …………………………………… 260
汕头 …………………………………… 260
广东　附佛山、南宁、梧州、北海 …… 260
云南 …………………………………… 264
大连 …………………………………… 265
青岛 …………………………………… 265
香港 …………………………………… 265

中国报纸统计表（1918年末） ………… 267
附录：1919年1月以后至6月发行的报纸 …… 268

关于中国报纸及通讯的调查(1918年末调查)

概况

至 1909、1910 年左右为止,中国的报纸,仅中文八九十种、英文二十种、日文十二三种,法、德、俄文各三四种,总计不过一百二三十种。第一次革命①前后无明显增减,但共和政府成立之后,随着各种政党团体蓬勃兴起,许多报纸作为其机关报创刊。1912 年末,最多时为北京四十一种、天津三十五种、上海二十九种、广东十七种,全中国计有二百七十多种报纸,盛况空前。然而,由于二次革命的失败,不仅仅隶属于国民党系统的报纸逐渐停刊,而且一些报纸又因为各政党衰退,无法得到补助金而陷入经营困境,也接连不断地出现停刊。1913 年末,全国报刊总数中文一百三十九种、日文十八种、英文十六种、法文三种、德文和俄文各四种,总计一百八十四种,约减少了三分之一。

1914 年末,与前一年相比无大变化。但 1915 年秋天起,帝制问题发生之后,因反袁运动高涨,结果在上海、广东、云南等地有多种中文报纸创刊。同年末,全国合计中文一百六十五种、日文二十六种、英文二十一种、法文四种、德文三种、俄文两种、蒙古文一种,总计二百二十二种。1916 年 6 月袁世凯去世后,以前因袁而遭遇停刊厄运的《国风日报》等许多报刊随着恢复共和而复刊。同年末,全国报刊总数多达二百八十九种,其中中文二百三十二种、日文二十七种、英文十九种,其他与上一年相差无几。但到了 1917 年,中文一百八十五种,日文三十一种,英文、法文、俄文均与 1916 年保持相同数量,没有一份德文报纸。与日文报纸增加五种相反,中文报纸实际情况是减少四十一种。1918 年末的数量,中文二百二十一种,日文三十五种,英文二十五种,法文及俄文各三种,日文和中文二种,日文和韩文、韩文和中文、英文和中文,以及英文和法文各一种,总计二百九十三种(另外,有通讯七种)。以此与前年度相比较,增加了中文三十六种、日文四种、英文六种,总数上显示出空前数量。以下简单叙述作为南北政治中心、报界变动最为激烈的北京及广东的报纸现状。("今年"是指 1918 年)

北京

一、中文报纸概观

1918 年后半期北京中文报界极为平凡。前半期,北京中文报纸记者团在我国记者等邀请下视察日本。此事是这一期间值得欣喜的,期待有所起色。但是,这不仅没有达到任何效果,而且,伴随徐世昌就任大总统与段祺瑞辞去国务总理,南北和平解决论终于兴盛,日本援助北方军阀这种普遍性的误解臆测,动辄引起攻击日本的浪潮。总之,出现对我国不满的论调是在所难免的。

今年 9 月间,《国民公报》等八家报纸及通讯社误传并攻击日本铁路矿山借款,深深触及段祺瑞的忌讳,依据参战督办处下达的命令,未经任何法律上的手续就马上进行查封处分。如此种种,可以说是后半年期间北京报界,不,是在中国报界值得特别提起的事件。由于世界和平的影响以及对中国南北和平解决的舆论宣传,对军阀的普遍反感逐渐炽热化。在北京,上下公然议论废除督军、不需要国防军。标榜和平主义而就任的徐总统政府尊重报纸舆论的倾向亦显著浓厚起来。比如,总统府致力于采取开放主义,在府内设记者招待所,确定日期接见中外记者,由此求得民间舆论的谅解。在其他各种公众集会等场合,邀请记者也常态化。在北京故宫举行协约国联合庆祝胜利大会时,发放免费乘车票,邀请上海新闻记者列席,或特别为记者举办茶话会,徐总统亲自出席,郑重发表演说,便是其二三个佐证。

民国报纸条例在袁世凯去世后黎元洪继任时全部废除,至今未见制定公布。今年政府向北京新国会提出了由三十三项组成的报纸法案,但新国会将其交给审查委员后就闭会了。该草案比袁世凯时代的法案更为严厉,指责声高昂。其命运理应与 1919 年 3 月 1 日起召开新国会的前途同样为未知数。

若概述去年后半年以来各家中文报纸之变迁,遭受 9 月一并查封之厄运的《中华新报》(起初为民党的机关报,北京最大的反军阀报纸)与《大中报》(拥护冯国璋)一起就此停刊。《国民公报》《大中华日报》《经世报》按原名复刊,《晨钟报》改名为《晨报》复刊。《大国民日报》《民苏报》《大舆日报》《民复报》均停刊。尔后《新京报》(复刊)、《北京新闻》(复刊)及《中央日报》《又新日报》《定一日报》《北洋日报》《北京报》《民国公报》《北京新报》《京

---

① 指辛亥革命。

报》《正义报》《唯一日报》《中央时报》《又新日报》《定一日报》《北洋日报》《北京报》《民国公报》《北京新报》《京报》《正义报》《唯一日报》《中央时报》《民福报》《民业日报》《华文日报》等陆续发行。其中《华文日报》作为法国人任经理的中文报纸,足以引起注意,《唯一日报》《定一日报》《京报》等二三家稍具报纸外观,且组织力量充实。除此以外,其他报纸只不过是发行二百到三百份的小报,基本上微不足道。

得到比较广泛订阅的为白话小报,有《爱国白话报》《京话日报》《群强报》《实事白话报》《国强报》《商业日报》六种。这些报纸发行五千到二万份。其订购范围之广,毕竟是其他中文报纸无法比拟的。这一现象稍微值得关注。

由日中新闻记者组成的中日记者俱乐部名不符实。即使偶尔开会,也只不过是徒然吃喝而已。不过,最近在北京各家新闻记者、通讯员之中,有建立万国新闻记者俱乐部组织之议。据说明年1月26日在各记者等开会讨论的基础上,议定其十三款规则,由中方及外方各推举四名筹备委员,筹划一切。可谓北京报界的一桩大事,我方顺天时报社渡边哲信也为该筹备委员之一。

原来北京中文报纸几乎被报界同志会这一团体所网罗,《北京日报》《京津时报》《国华报》《民视报》《国是报》《日知报》《民强报》等执其牛耳,与当局权威人士保持接触、以各种各样的名目贪图补助金。在此状态下,这些报纸在梁士诒于政界飞扬跋扈时,与梁有密切关系,对其操纵摆布、颐指气使摆出一副心甘情愿的样子。梁引退后,它们自然而然依附段祺瑞方面,徐树铮、王揖唐率领安福俱乐部在政界一咆哮,又甘为其走狗。当段祺瑞离开政界,安福系影响力逐渐衰退时,报界又另外组建报界联合会,准备以其对抗同志会,今年年底已见其成立。

现今北京的中文报纸情况大致如下。

安福系(即报界同志会派):

《京津时报》《新民报》《民视报》《国是报》《日知报》《又新日报》《公言报》

非安福系(即报界联合会派):

《公论日报》《北京新闻》《晨报》《甲寅日刊》《国民公报》《民强报》《中央日报》《中央时报》《北京新报》《民福报》《新兴中日报》《京报》《新民国报》《益世报》《北洋报》《经世报》《民业日报》《北京日报》《亚东新报》

所属系统不明确的报纸:

《定一日报》《唯一日报》《新京报》《民国公报》

二、通讯社

北京的通讯社现状如下:

(一)书面通讯

新民通讯社:国务院的机关。国务院参事唐在章、该院秘书涂凤书专门主持。

新闻编译社:与总统府的一部分及梁士诒交通系有关系,京报社长邵振青主持。

中央政闻社:安福系王揖唐的机关,唐士铎专门主持。

北京通讯社:据传与安福系有关,为罗秋心主持,但带有纯粹营业性倾向。

大同通讯社:林天木主持,带有研究会色彩,据说与江苏督军李纯有间接关系。

中央通讯社:《民强报》编辑罗毅夫主持,据传与安福系或张敬尧有关。

中美通讯社:普通中国人将该社视为美国公使馆的机关,现在传说1919年4月1日起美国副领事 M. R. Burr 专职主持。中文主任为美国 Michigan 大学毕业的 *North China Star* 中文翻译陈琦。与《益世报》相辅相成,完全致力于宣传美国方面报道,攻击中国军阀,尝试排斥日本。

(二)电报通讯

中孚通讯社:被视为徐树铮系统,叶恒担任其主任。专门给上海《亚洲日报》及天津《大公报》提供电讯。

中华通讯社:被视为叶恭绰、王揖唐系统,国会议员任祖荣主持,专为上海各家报纸提供电讯。

和平通讯支社:在上海有总社,属于谷钟秀系统,其北京主任为陈匪石。

三、外文报纸现状

北京的外文报纸,数量仅限于五种。其发行量像 *Peking Leader* 那种最有影响的报纸,也尚未超过一千到一千二百份。然而,西文所载内容,嫉妒日本的发展,偏向于同情中国,一有风吹草动就会舞弄排日笔锋,迎合普通英美人之思想趋势。因此,其实际内容浅薄,但能够比较广泛地在英美各个地方传播,往往会耸动世界之耳目。这就是难以轻视北京的外文报纸与外文报纸通讯员的活动及影响的缘故。其现状大略如下。

Peking Daily News：原为中国人朱淇经营，但1917年3月转让给美国出身的汪觉迟。其后不久，又转让给徐树铮。汪依旧任主笔，握有全权，但近来英国出身的吴来熙专任主笔，徐等人将英文一窍不通者居为奇货，往往舞弄排日笔锋。曾经任极端的排日杂志 *National Review* 主笔的 W. Sheldon Ridge 负责撰写其社论，但现在理应没有任何实权。

Peking Leader（《北京导报》）：1917年12月作为梁启超机关报而创刊，是北京外文报纸中的出色报纸。主笔刁敏谦（广东人），上海 St. John's College[①] 毕业后留学英国 Cambridge 大学，获 L.L.D. 学位后回国，曾任清华学校教师。以其兄刁作谦为外交部秘书之关系，外交方面的消息好像比较迅速准确。此外，英国人 Cooke（混血儿）任副主笔，但去年去世。近来 Simpson 有时投稿，鼓吹排日，尤其是背后有一部分美国人在煽动，使之旗帜更加鲜明。

Peking Times（《英华时务报晚报》）：1917年10月创刊。正在极力煽动排日气势。原先吴莱喜为其主笔，目前张某（Meacy Chang）任主笔，依旧舞弄排日笔锋。张同时经营 Asiatic News Agency 通讯社，传播种种流言蜚语，好像国内外人士对此都不太相信。该报被视为美国机关报，一部分人士对此予以否认，但其为排日先驱是事实。

Peking Evening Journal（《英文北京晚报》）：1917年12月以裘芬龄名字创刊，但其实有密探嫌疑的 Dr. Gilbert Reid 为其黑幕而操纵之。此人被美国官方驱逐至马尼拉，所以该报就断绝了与其的关系。广东人冯华川盘下该报，脱离政治色彩，采取超然态度。但财政上似乎维持困难，其后被指控刊登对协约国方面、尤其是英国不利的报道，在英国公使的干涉下，1918年7月依据中国政府命令最终停刊。

四、外国通讯员

驻北京的外国通讯员现状如下：

（一）欧美通讯员

W. H. Donald：曾为 *New York Herald* 特派员，1914年北京支局关闭之后，任 *Far Eastern Review* 主笔，专注于该杂志，舞弄不利于日本之文笔。其后赴日与日本知名人士往来，逐渐了解日本。而且，为了该杂志，日本实业家方面提供了年额二万余圆的广告费。因这一关系，其态度完全改变。此人另一方面为 *Herald* 撰写通讯稿，又担任 *Manchester Guardian* 通讯员。

D. Frazer（英国人）：为 *London Times* 特派员，曾任 Dr. Morrison 助手，莫氏当上中国政府顾问后就接替其职。其声望在北京外国通讯员中为举足轻重者之一。

Walter Clement Whiffen（美国人）：为美联社（Associated Press）特派员，1917年底从俄首府来到北京。前任 Smith 对日不太有好感，但 Whiffen 态度不明朗，尤其是此人奉命去西比利亚出差期间，代理人往往发布对日本不利的通讯，被认为是在美国公使馆方面唆使下所为。

Major A. E. Wearne（英国人）：路透社通讯员，以前曾任《北京日报》主任。1918年秋天再次来此工作，任路透社主任，努力对日本采取友好态度。但是，1918年末起其态度大变，或许可以认为这是基于对小幡公使之误解。M. S. Fyffe（英国人）仍为现任，任 Wearne 之副手。

W. Sheldon Ridge（英国人）：为 *Peking Daily News* 的社论记者，作为上海的美国机关报 *China Press* 和天津的美国机关报 *North China Star* 的通讯员，积极撰写排日通讯。此人同时兼任纽约 *Evening Post* 及该周刊 *Nation* 的通讯员。

W. R. Giles（英国人）：为 *Chicago Daily News* 通讯员，同时兼任 *Peking & Tientsin Times* 通讯员，是一位非常活跃的人士。在日中交涉之当时，被中国方面利用而竭尽全力攻击日本，由此引起世人关注。但因其操守不坚，所以无法赢得上流社会外国人的尊敬。近来对日本的态度似乎有几分公允，但还在舞弄排日之笔。

B. L. Simpson（英国人）：为伦敦 *Daily Telegraph* 通讯员，作为关于远东的作家，在"Putnam Weale"这一 Pen Name 下早已博得名声。虽然其文才值得一提，但由于品行不高，普遍无信誉，受到上流外国人指责。此人总是发表对日本不利的通讯及文章，自其机关报 *Peking Gazette* 停止发行以来，舞弄毒笔的机会减少，但近来利用 *Peking Leader* 发表排日评论。

A. Ramsay（英国人）：为 *New York Times* 通讯员，同时为 *Hongkong Daily Press* 通讯员。此人曾任 *Hongkong Daily Press* 副主笔，后来受聘于 *Peking Daily News* 当主笔，于1913年来北京上任，与当时报社持有

[①] 即圣约翰大学。

人朱淇意见不合而辞职,接任British Engineers' Association北京支所所长,而且辅助路透社事务,还承担 *North China Daily News* 的通讯等,仿佛是北京外国通讯员游击队。此人具有中国经验,性格亦温良,是一位好绅士,受到各方欢迎。以前对日本极有好感,但近来突然态度大变,或者可怀疑为被路透社的Wearne劝说所致。

B. A. Burr(美国人):到近期为止在美国公使馆当副领事,但1918年3月末起就要任中美通讯社(China-American Agency)北京分社主任,同时兼任 *Japan Advertiser* 通讯员。据说不久还兼任"弗莱舍"①即将在日本创刊的杂志的通讯员。

Vevevkine(俄国人):俄国首都电报通讯社(Petrograde Telegraphic Agency)通讯员。1915年作为Brundt的继任者上任。该通讯社作为俄国政府的机关,目前处于自然消亡状态。此人现在任教于外交部附属俄语学校。

董显光(中国人):曾长期留学美国,为报纸通讯方面的专业研究者。现在作为上海著名的 *Millard's Review* 的通讯员活动于京津之间,以H. K. Tong之名在外国人中间得到啧啧称赞。

(二)日本通讯员

楢崎观一——《大阪每日新闻》《东京日日新闻》

鹫泽与四二——《时事新报》

千田佐一——《报知新闻》

野满四郎——共同通信社

横山八郎——东方通信社、东京电报通信社

田原天南——《满洲日日新闻》

松村太郎——《国民新闻》

井上一叶——《やまと新闻》

金田一良三——《天津日报》

长谷川贤——亚细亚通信社

中岛为喜——大阪、东京《朝日新闻》

广东

现在广东发行的报纸合计有三十种,以此与该地方人口相比较,其数量只不过略多。因此,其发行量多者不超过六千份,多数报纸发行量仅为五六百份。其结果是,《七十二行商报》及《中华新报》在广东内外有相当销量,在当地报界稍微有些影响力,其他报纸均无特别出色之处与影响力。只是作为当地特殊情况应引起关注的是,通过报界公会这一机关,各家报社相互联系起来这一事实。关于重大的内外诸问题,各报社通过该机关会采取一致行动。此例说明,作为各家报纸尽管没有特别之影响力,但作为通过报界公会这一机关而出现的报界整体,其影响力就绝不可轻视了。

报界公会1906年创立,依据现在规定,入会之际需要两家以上的报社介绍,而且缴纳一百五十元入会金,尔后每月缴纳二十元作为会费。各家报社轮流担任一周公会值班干事,处理公会的一切事务,平时主要分配电报及其他报道,一旦发生内外重要问题或者与报界利害相关的问题,则临时开会协议,直至采取一致行动。现在加入该公会的是三十家报社中的二十五家,尚未入会的报社仅为《粤报》《快报》《新中国报》《民仇报》《民权报》五家。

当地的各官报及报纸的党派类别大致如下所示:

官报

  军政府机关报:《军政府公报》

  广东省长公署机关报:《广东公报》

  参议院机关报:《参议院公报》

  众议院机关报:《众议院公报》

报纸

  旧国民党系

    督军派:《广东中华新报》

---

① 日文原文是"フライシャー",还原成英文疑似"Fleischer"。

民党派:《粤报》《平民报》《民权报》《南华日报》

政学会派:《国是报》

国会派:《新民国报》

进步党系:《国华报》

粤商团机关报:《商权报》

南洋兄弟烟草公司机关报:《天职报》《天声报》《平民报》

社会主义派:《民仇报》

亲美派机关报:Canton Times

李耀汉派:《民意报》

无党派:《羊城新报》《七十二行商报》《人权报》《共和报》《南越报》《华国报》《总商会新报》《大公报》《安雅报》《新报》《天游报》《天趣报》《南方时报》《快报》《振东报》《国风报》

中国各地报纸要览

名　称	主　义	持有人	主　笔	备　考
北　京				
政府公报(中文)	政府的公布机关	直属于国务院印铸局		日刊,刊登法令、公文书等
陆海军公报(中文)	陆海军的公布机关	经理 魏宗潮	罗泽炜	政府补助一千三百元
教育公报(中文)		在各部处编辑处编纂发行		刊登《政府公报》发布的与各部相关的法律、命令,以及各部相关的一切公文、相关调查报告、译报和统计等。《交通月刊》从1917年1月起每月发行一册
农商公报(中文)				
税务公报(中文)				
交通月刊(中文)				
顺天时报(中文)	日中亲善主义	渡边哲信	渡边哲信	1902年创刊①,是北京报纸之翘楚。发行号数五千四百一十八号,发行量一万份
北京日报②(中文)	中立主义	朱淇	林绍猷	朱淇是北京报界的元老。总是极力攻击日本。发行号数五千零四十九号,发行量五千份
民视报(中文)	安福系	康士铎	林华阁	社长与参议院议长王揖唐关系密切。发行号数二千五百一十五号,发行量一千份
国是报(中文)	安福系	光云锦	光香久	据说是倪嗣冲的机关报,发行号数一千八百一十八号,发行量二百份
国民公报③(中文)	研究会系	梁启超	孙几伊	梁启超不在时完全由黄群经营。发行号数三千七百零二号,发行量一千份
日知报(中文)	梁士诒系	王博谦	徐一世	据传与德国商西门子有关。发行号数一千八百一十八号,发行量一千份
京津时报(中文)	安福系	汪立元	黄愚山	汪立元系众议院议员,发行号数三千零三十四号,发行量一千份

① 应为1901年10月创刊。
② 《北京报》于1904年8月创刊,1905年8月更名为《北京日报》。
③ 1910年8月24日创刊。

定期调查报告　　（秘）1919年9月印刷（1918年末调查）　关于中国报纸及通讯的调查

(续表)

名　　称	主　　义	持有人	主　笔	备　　考
民强报(中文)	同上	王河屏	罗毅夫	王河屏系前清知县,罗毅夫是参谋部课员。发行号数二千零五十九号,发行量八百份
大中华日报(中文)	主张温和	叶一舟	叶华生	据说与曲同丰有关。发行号数一千零三十四号,发行量二百份
新民报(中文)	安福系统	乌泽声	常樾公①	乌泽声毕业于早稻田大学,据说与喀尔沁王有关系。发行号数八百八十八号,发行量五百份
亚东新闻(中文)	好像与民党系讨论会有关	李安陆	黄廷询	社长和主笔都毕业于日本高等师范学校。发行号数一千三百零九号,发行量一千份
甲寅日刊(中文)	以营利为本位	陆哀	陆哀	陆哀是前清山西巡抚陆忠琦之子。发行号数六百七十六号,发行量一千份
公言报(中文)	徐树铮机关报	梁鸿志	王羲生	梁鸿志是参议院秘书长。发行号数八百二十四号,发行量一千五百份
经世报(中文)	孔教会机关报	陈焕章	陈焕章	陈焕章是康有为的高徒,参议院议员。发行号数三百七十一号,发行量五百份
公论日报(中文)	据说是王京兆尹的机关报	吴光熙	吴光熙	吴光熙是安徽人,教师出身。发行号数七百二十九号,发行量一千份
新兴中日报(中文)	和平联合会机关报	郭引源	潘鼎新	主笔为日本留学生出身的陆军中校。发行号数一千二百零八号,发行量二百份
新民国报(中文)	安福系	丁万瞻	汤用彬	丁万瞻是湖北人,国会议员。发行号数三百八十二号,发行量四百份
晨报(中文)	研究会派	刘崇佑	刘访园 梁秋水	由《晨钟报》改名而来,态度最为排日。发行号数六十号,发行量一千份
益世报(中文)	基督教系美国派	杜竹轩	成舍我	美国系中文报纸,是排日反军阀的急先锋。发行号数一千一百六十三号,发行量不明,但近来稍增加
陆海军日报(中文)	陆军编辑处机关报	张文	张文	社长为广东人,陆军少将。发行号数二千零八十二号,发行量一千份
新京报(中文)	不明	邱访伯	胡康彝	胡主笔1912年是湖北都督的参谋。发行号数八百二十六号,发行量五百份
北京新闻(中文)	与吉林督军孟恩远有关	娄鸿声	顾耀山	社长是吉林选出的旧国会议员。发行号数三百四十六号,发行量一千份
中央日报(中文)	被视为曹锟的机关报	曹雄基	刘心齐	发行号数一百三十四号,发行量二百份
又新日报(中文)	靳云鹏机关报	何海鸣	顾名	何海鸣是湖南的过激派,但总是表里不一。发行号数九十三号,发行量一千份
定一日报(中文)	梁士诒系	邱醒旦	林述康	林主笔为第一次革命②时的林幽爱之弟。发行号数一百零六号,发行量五百份

---

① 一作"常越公"。
② 即辛亥革命。

(续表)

名　　称	主　　义	持有人	主　笔	备　考
北洋日报(中文)	不明	滕佐舟	滕佐舟	社长曾是傅良佐的幕僚。发行号数八十七号,发行量二百份
北京报(中文)	药商会机关报	梁赞庭	曹奋廷	据说与曹锟之弟有关。发行号数十九号,发行量二百份
民国公报(中文)	鼓吹议和	罗毅夫	罗毅夫	发行号数五十三号,发行量二百份
北京新报(中文)	不明	刘清泉	刘清泉	发行号数一百三十五号,发行量三百份
京报(中文)	被视为钱能训系	邵振青	徐彬彬	社长毕业于日本法政大学。发行号数一百一十六号,发行量一千份
正义报(中文)	张敬尧机关报	张敬舜	张尧卿	社长是张敬尧之弟,参议院议员。发行号数十三号,发行量一千份
唯一日报(中文)	朱启钤机关报	顾养吾	何诚公	社长为日本留学生出身。发行号数一百九十八号,发行量一千份
中央时报(中文)	安福系	张一鹤	吴■紫	发行号数三百四十九号,发行量五百份
民福报(中文)	梁士诒系	王元震	王元震	近来有停刊之说。发行号数一百五十三号,发行量一千份
民业日报(中文)	实业派	廖绍贤	胡康彝	社长是农商部工艺局人员。发行号数一百一十九号,发行量三百份
每周评论(中文)	稳健的社会主义	胡适	胡适	胡适系美国留学出身,是北京大学文科教师。发行号数七号,发行量不明
华文日报(中文)	法国人的中文报	法国人纳思博	戴月云	社长过去是法国报纸的通讯员。发行号数七十一号,发行量三百份
爱国白话报(中文)	回教徒系	马璞	文子龙	马璞是势力很大的回教徒,主笔为北京大学学生。发行号数一千九百三十五号,发行量一万份
京话日报(中文)	超然	彭冶仲	颜一明	发行号数二千六百一十六号,发行量一万份
群强报(中文)	据说与李长泰有关	陆哀	陆哀	北京第一的白话报纸。发行号数二千三百四十七号,发行量二万份
实事白话报(中文)	以营利为本位	戴兰生	戴兰生	发行号数一百七十六号,发行量五百份
国强报(中文)	同上	刘铁庵	李茂亭	发行号数三百九十号,发行量五千份
商业日报(中文)	与商务总会相关	郭某	王冷公	发行号数一千零二十号,发行量五千份
新支那(日文)	维护日本方面的主张	安藤万吉	藤原镰兄	1913年9月创刊,日刊。近来中国政界的订阅者不少
新支那(日文)	介绍中国情况	安藤万吉	藤原镰兄	1912年3月创刊,周刊
日本及支那(日文)	介绍北京	井上孝之助	井上孝之助	1917年9月创刊,以介绍北京情况为主
Peking Daily News(英文)	徐树铮机关报	汪觉迟 吴莱喜	吴莱喜	日刊,发行量八百至九百份
Peking Leader(英文)	梁启超机关报	刁敏谦	刁敏谦	日刊,排日报纸。发行量一千至一千三百份
Peking Times(英文、中文)	不明确	张某	张某	被视为美国系,排日报纸。发行量三百至四百份

(续表)

名　称	主　义	持有人	主　笔	备　考
La Politique de Pékin（法文）	中国政府机关报	Lé Shen Li	Monestier	1914年4月创刊,周刊。极力拥护中国政府的利益
Journal de Pékin（法文）	法国公使馆机关报		Marcel von Lerberghe	1911年7月接受俄国公使馆的补助而创刊。俄国政变后受法国公使馆的保护。1918年5月该公使馆以三万弗盘下,尔后归其经营
天　津				
直隶公报（中文）				1901年①以来发行的《北洋官报》之改称,为直隶省的官报,日刊,发行量约四千份
天津日日新闻②（中文）	标榜进步主义,谋求开发民智	方若	郭心田	1901年创刊③,日刊。发行量二千五百份,资本二万元。评论稳健,在商界具有影响力。以亲日主义贯彻始终,但目前经营困难,据说方若也有放弃经营之意
大公报（中文）	社会改良,教育普及	合资组织 代表 胡霖	樊子鎔	1902年创刊,日刊。发行量三千份,资本三万元。现为段祺瑞派的机关报,对日抱有好意
益世报（中文）	以普及天主教为主要目的	刘俊卿	董郁青 张龄桐	1915年创刊,日刊。发行量三千份,资本二万元。该报与法国人关系密切,但与法国官方交恶,主要是与天主教徒有关。最近似乎与美国方面联系密切,记事丰富,报道迅速。对日不抱善意,特别是最近,一有事就将攻击锋芒对准日本
京津泰晤士报（中文）	拥护英国的利益	熊少豪	解子英	1917年创刊,日刊。发行量二千五百份。该报兼营 The Peking & Tientsin Times,母报的翻译居多,对日不抱善意
时闻报（中文）		李秋岩	王石甫	1904年创刊,日刊。发行量七百份,资本一万元。曾一度被视为曹锟的机关报,如今报面甚为不振
旭日报（中文）		周琴访	贺彩臣	1912年创刊,日刊。发行量一千份,资本三百元
戆言报（中文）		萧润波	韩笑臣 高亚铎	1916年创刊,日刊。发行量八百份
白话晨晚报（中文）		刘广云	王筱田	1912年创刊,日刊,早晨与傍晚两次发行,发行量合计二千份
白话午报（中文）		高子受	高子受	1916年创刊,日刊。发行量一千
国强报（中文）		杨荣廷	杨筱廷	1918年创刊,日刊。发行量四百五十份

---

① 应为1902年12月25日创刊。
② 又名《日日新闻》。
③ 应为1900年冬出版。

(续表)

名　称	主　义	持有人	主　笔	备　考
天津日报(日文)		合办组织 代表者 西村博	西村博	为《北清时报》和《北支那每日新闻》合并改名的报刊。1910年创刊。发行量九百份，资本三千元
京津日日新闻(日文)		合办组织	橘朴	1918年创刊、日刊。发行量六百份，在北京进行编辑印刷
日华公论(日文)		森川照太	橘朴	1912年创刊，周刊杂志。发行量六百份。刊登有关中国的报道，是研究中国的好资料
天津评论(日文)		日本人基督教青年会		1910年创刊，日刊。发行量三百份，基督教青年会的机关报
The Peking & Tientsin Times[京津泰晤士报](英文)	维护英国权益	Tientsin Press Ltd. 总经理 H. A. Chapall	H. G. W. Woodhead	1894年创刊(周刊)，1904年改为日报①。资本九万七千两，发行量九百份。英国人的机关报。为天津出色的英文报纸。对日本表示善意，但有时会肆无忌惮地攻击日本。驻北京通讯员Giles屡屡对日本作不利的报道
The China Critic(英文)		North China Printing & Publishing Co., Ltd.	C. P. (Lt. Col.) Norris② Newman	1908年创刊，资本三万两，发行量四百份。为家庭性晚报，报道内容稳健，总体上对日本抱有善意。但经营不如意，有放弃经营之意
North China Daily Mail(英文)		R. Bate及Fisher(英国人)	R. Bate	1916年现在的持有人辞去China Times的工作，共同创办该报。晚报，发行量三百份。极力伸张日本利益
North China Sunday Times(英文)		同上	同上	周日报纸，发行量三百份。其他都与前项相同
L'Echo de Tientsin(法文、英文)	驻天津法国租界当局机关报	法国商人合资组织	Marcal③ Sanlais(法国人)	日刊，资本二万法郎，发行量三百份。对日表示善意
North China Star(英文)	代表美国势力	英国、美国、中国人的资本组成的股份制公司(主要为美国人) 代表者 Charles James Fox(美国人)	Dr. Goldonomill	1918年创刊，日刊。资本美金十万弗。发行量一千八百份。拥有美国领事馆的强力后援，是美国宣传机关之一。订阅费每月一弗，在外文报纸中价格最低，因此订阅量非常可观。常刊登对日不利的报道，特别是其在北京的通讯员W. Sheldon Ridge发布排日报道
齐齐哈尔				
黑龙江公报(中文)		黑龙江省长公署	政务厅总务科长	1914年创刊，日报，登载法令、公文、告示等的官报，发行量约八百份

---

① 应为1902年改为日刊。
② 1912年报告为"Norrio"。
③ 1913年报告为"Marcel"。

(续表)

名　　称	主　　义	持有人	主　　笔	备　　考
黑龙江报(中文)	扩张国权	魏馨钥	同前	1916年1月创刊,日报,每月接受督军、广信公司及官银号六百元补助,发行量两千五百份上下
通俗教育报(中文)	启发民智,普及教育	黑龙江教育会	郭毓奇	1914年12月创刊,日报,黑龙江省教育会机关报,每月接受督军、广信公司及官银号一千元补助,发行量一千份上下
哈　尔　滨				
Вестник Маньчжурии[满洲日报](俄文)	中东铁路机关报	中东铁路公司	伊·亚·都布罗洛夫斯基	1904年创刊①,日报,《哈尔滨日报》② Железнодорожник 的后身,发行量约六千份,支持远东总督霍尔瓦特,总体亲日,但也往往登载并非如此的报道。东京市赤坂区冰川町四番地"日露实业杂志社"是本报的日本代理店。据说本年本报的纯利润约两万卢布
Новости жизни[时事新报]③(俄文)	社会革命主义	在哈尔滨的犹太人合资的"贝察琪"出版公司	斯恩菲利德、切鲁尼夫斯基、克里奥林、伊孔尼科夫	1909年创刊④,日报,拥护在哈尔滨的工商业者尤其是犹太人利益的机关报。发行量约六千份,雇员七十余名,每月经费约十万卢布,是纯利润高的报纸。驻哈尔滨英、美两领事馆与本报建立了特殊关系,排日亲美,不断出现对日本不利的报道
Маньчжурия[满洲](俄文)	保护劳动者主义	罗安斯基(俄国人)	同前	日报,俄国革命后在哈尔滨诞生的劳兵会机关报的后身。由于鼓吹过激思想,至今屡次被禁止发行,大致可以看作过激派报纸,标榜保护劳动者,对于中东铁路厅怀有反感。由于总是企图登载过激报道,受到了严格的审查,屡次被删除报道,每月接受劳动者工会数千卢布补助。报道约为 Вестник Маньчжурии 和 Новости жизни 的三分之一,发行量约三千份
Russian Daily News(英文)	主要登载各种电报	维希(美国人)	同前	1918年间创刊,每周发行三次,发行量约两百五十份。美国方面免费给本社提供各种电报,目前还未登载过电讯以外的内容
远东报(中文)	俄中亲善主义	中东铁路公司	亚·史弼臣	1908年创刊⑤,日报,中东铁路的机关报,发行量三千份,事实上的编辑是懂日语的排日主义者俄国人马策金,因而报纸上经常见到排日报道
东陲商报(中文)	开发民智,开导商务	尹捷卿	王润之	1916年创刊,日报,现为哈尔滨中国商务会机关报,发行量约一千份

---

① 应为1903年6月创刊。
② 亦译《哈尔滨新闻》或《哈尔滨公报》。
③ 亦译《新生活报》,1917年报告译为《新生涯》。
④ 应为1907年11月由《东方通讯》和《九级浪》合并在哈尔滨出版。
⑤ 应为1906年3月创刊。

(续表)

名　称	主　义	持有人	主　笔	备　考
大中报（中文）	维持东亚和平，开导民智	王子书（山东人）	孙斗山（山东人）	1918年间由《东亚日报》改名而来，发行量约五百份
极东新报（中文）	日中亲善	斋藤竹藏	斋藤春雄	1918年10月创刊，日报，是日本人在哈尔滨经营的中文报纸之嚆矢，发行量约一千五百份
北满洲（日文）	谋求政治、经济发展	木野清一郎	近藤义晴	1914年7月创刊，日报，介绍中国东北的东北部、西伯利亚的情况，谋求密切与我国的通商关系，小型报纸
西伯利新闻（日文）	日俄亲善，慰藉出征军人①	小岛七郎	阿武信一 岩本秀雄	1918年12月创刊，日报，发行量四千五百份，较《北满洲》大型，报道多，版面好
长　春				
北满日报（日文）	报道时事	箱田琢磨（福冈县人）	泉廉治（毕业于东亚同文书院）	日报，内容逐年充实，报道稳健，发行量约两千五百份
新民日报（中文）	启发人智，促进教育、实业	白晓峯（吉林省长春县人）	同前	日报，发行量约五百份，1917年11月企图转移到南满铁路附属地，但未获许可
国际协报（中文）	报道时事，促进工商业，发展教育	吴东哲（长春县人）	张复生（山东省掖县人）	日报，本报约由十页编缀而成，杂志型，发行量约三百份
大东日报（中文）	报道时事，鼓吹实业、教育及道德	刘笠泉（吉林县人）	张复生	日报，发行量约六百份
醒民日报（中文）	报道时事	侯炳平（山东省济南人）	许梦纹（山东省济南人）	日报，发行量约两百份
吉　林				
吉林公报（中文）		吉林省长公署		1912年3月1日由《吉林官报》②改名，隔日发行，登载命令、公文、法令、告示和电报，发行量六百份，二十页上下
吉长日报（中文）	启发民智	顾植	瞿钺	接受吉林官方补助，社长、记者皆为官吏兼任，纯粹的官僚机关报，顾植为省长公署第三课长，兼任中东铁路督办公署秘书长，瞿为同科主稿，日报，发行量两千份
吉林新共和报（中文）	拥护共和	诸克聪	韩楚材	由省城外地方绅士（主要为省议会议员）发起，但近来这一色彩稍弱，由持有人诸克聪从其主业律师的收入中匀出若干加以维持。日报，发行量七百份
吉林商报（中文）	振兴工商业	吉林商总会	阎启瑞	由《工商报》改名而来，工务会、商务会等的机关报，日报，发行量约五百份
吉林日报（中文）		张希天	同前	由省议会副议长刘哲在幕后援助，日报，发行量四百份
吉林时报（日文）		儿玉多一	同前	周报，发行量两百份

---

① "出征军人"指出兵西伯利亚的日军。
② 吉林公署官报局编印出版，1907年8月创刊，初创时为两日刊，1908年11月后改为旬刊。

(续表)

名　称	主　义	持有人	主　笔	备　考
龙　井　村				
间岛时报（日文及朝鲜文）	介绍间岛情况	山崎庆之助	同前	1910年创刊，每周发行两次，为登载我国领事馆公告的报纸。自1915年插入朝鲜文以来，在开发朝鲜人方面收到了很大的效果。普遍受重视，发行量七百二十份
东满通信（日文）		安东贞元	同前	1915年创刊，隔日发行，油印，主要向各地诸报社发布通讯，发行量七十六份
局　子　街				
延边实报（中文及朝鲜文）	中国官方的机关报	杨荫林	徐恢（中文）、朴东辕（朝鲜文）	1915年7月创刊，每周六发行，与《间岛时报》对立，中国官方唯一机关报，由于版面狭小，报道不可靠，大部分读者不支付购阅费，因而苦于支付经费的方法，目前休刊中，今后极难连续刊行，或许会停刊，但也难以推测
铁　岭				
铁岭时报（日文）	以时事报道为主，谋求通商发展	西尾信	同前	1911年8月1日创刊，日报，为登载铁岭领事馆及居留民会公告的报纸。版面为单面四页，广告使用活版印刷，报道使用油印，发行量四百份
铁岭每日新闻（日文及中文）	以时事报道为主	罗率真	罗率真、迫田采之助	获得中国官方许可，1917年11月发刊，日报，发行量三百五十份
奉　天				
奉天公报（中文）		省长公署政务厅		登载省长公署公告的机关报，日报，发行量约六百份
盛京时报（中文）	日中亲善，满蒙开发	中岛真雄	菊池贞二	1906年10月创刊①，日报，资本金两万圆②，发行量约一万五千份，东三省最有影响力的中文报纸
醒时报（中文）	毫无倾向	张子岐③	同前	1909年2月创刊，日报，个人经营，资金不充沛，发行量约一千份，与回教教徒有关
东三省公报（中文）	奉天中国官方机关报	王光烈	同前	继承前清时代的《东三省日报》，1912年2月改为现名。日报，个人经营，资本金两万圆，每年接受中国官方及总商会的补助金，发行量约五千份。很好地领会当地中国官方之意，不登载排日报道
奉天新闻（日文）	论调稳健，不偏不倚	佐藤善雄	吹野勘	1917年9月创刊，由佐藤善雄等人发起，纠合有志者经营。日报，发行量约三千份，为登载奉天总领事馆公告的报纸。在同地日文报纸中最有信用

---

① 应为1906年9月1日创办。
② 1909年调查记载为九千圆。
③ 即张兆麟。

(续表)

名　称	主　义	持有人	主　笔	备　考
大陆日日新闻(日文)		石本锱太郎	五百藏正吉	当初名为《奉天日日新闻》,1917年1月归宪政会前代议员石本锱太郎所有,与此同时改现名。日报,发行量约两千五百份
满洲通信(日文)		武内忠次郎	同前	1914年8月创刊,当初以电报通讯为重点,1915年1月起变为普通通讯。晚报,油印,发行量约一百二十份
内外通信(日文)		合田愿	同前	1907年5月创刊①,当初为油印,1915年11月起改为活版印刷,主要作为广告用小型报纸。日报,发行量约一千两百份,兼营印刷业
共同通信(日文)		菊池贞二	同前(发行人兼编辑)	1917年2月创刊,使用油印,日报,发行量约六十份
奉天评论(日文)		由井滨权平	同前(发行人兼编辑)	1916年12月创刊,月刊册子,发行量约三百份
郑　家　屯				
满蒙日报(日文及中文)	日中亲善,开发满蒙	渡边寅次郎	同前	1918年5月30日创刊,日报,小版面,四到八页,发行量约五百份
安　东				
安东新报(日文)	地方机关报,主要为经济上的报道,最为稳健	小滨为五郎	川俣笃	1906年10月17日创刊,发行量一千八百份
辽　阳				
辽阳新报②(日文)	以报道一般情况为目的	渡边德重(山梨县人)	渡边德重	日刊,发行量约五百五十份,辽阳日本领事馆、辽阳警务署、满铁地方事务所、辽阳居留民会等发布公告用报纸
牛　庄				
营商日报(中文)	发展商业	营口商务总会	张悌青(山东人)	1909年创刊,日刊,发行量约一千份。营口商务总会的机关报,是该会干部等出资创办,接受该会补助
满洲新报(日文)	不偏不党	冈部次郎	小川义和	1908年2月创刊,日刊,发行量约四千份。因为维持困难,1912年7月起牛庄居留民团每月补助银一百五十元,自1915年度起每月补助一百六十圆
芝　罘　附龙口				
芝罘日报(中文)	拥护我国权益	桑名贞治郎	桑名贞治郎	1907年创刊,日刊,发行量约五百五十份,普遍有信誉

① 应为1907年7月创办。
② 亦译作《辽阳每日新闻》。

(续表)

名　称	主　义	持有人	主　笔	备　考
钟声报(中文)	启发民智	丁训初	丁训初	日刊,发行量五百五十份。丁训初是前革命党员,由于是德商捷成洋行买办的好友,多少有亲德倾向,时时登载排日报道,经营困难
芝罘商报(中文)	拥护商民	李循芳	王端友	1915年5月创刊,1916年1月临时停刊,同年11月末再刊。日刊,发行量三百份。主笔王端友前清时代曾在济南高等学校开书店,三十多岁。评论稳健,但最近在商民间信誉低
新芝罘	伸张民权	郑重	郑重	1917年6月创刊,日刊,发行量三百五十份。主笔郑重属于国民党激进派,与各处都有联系,探听消息机敏,因此颇受读书界欢迎,但目前因财政困难处于濒死境地
Chefoo Daily News(英文)	无主义	James McMullan & Co.	J. Henry Long-hurst①	1917年创刊,发行量一百份,因经营困难,不日将停刊
龙　口				
龙口商报(中文)	商务总会机关报	商务总会	王铭三	1916年10月创刊,隔日发行,发行量二百五十份
济　南				
山东公报(中文)	山东省公署的官报	山东省公署	张子佩	1913年2月创刊,日刊,刊载省公署的条令、公文等,发行量约一千份
山东日报(中文)	山东官方机关报	马官敬	张子佩	1912年7月创刊,日刊,评论稳健,济南报纸中影响最大,接受官方补助,发行量八百份
大东日报(中文)		王景尧	郝云彩	1912年6月创刊,日刊,发行量约八百份。原进步党的机关报,但目前没有关系,有排日倾向
商务日报(中文)	商务总会的机关报	沈景忱	吴儒范	1916年9月创刊,日刊,专门登载实业界内容,发行量五百份
新齐鲁公报(中文)		胡冠臣	蔡春潭	1917年6月创刊,发行量约六百份,评论一向缺乏稳健,有排日倾向,但持有人和主笔更迭后,稍显稳健
齐美报(中文)	无固定主义	鲁兆德	许兆麟	1916年4月创刊,日刊,无影响,发行量两百份
简报(中文)		沈景忱	王谒仁 吕清臣	1905年6月创刊,日刊,稍有影响,有一些排日倾向,发行量约六百份

---

① 1918年报告为"Langhurst"。

(续表)

名　称	主　义	持有人	主　笔	备　考
济南晚报(中文)		兰中西	同前	1919年1月创刊,发行量两百份
济南日报(中文)	日中亲善,伸张日本人的利益	中西正树	田中逸平	1916年8月创刊,日刊,发行量约两千份
山东新闻(日文)		川村伦道	滨冈福松	1916年6月创刊,日刊,发行量约一千五百份
上　海				
申报(中文)	中立派	史家修	陈景韩	报道稳健,不偏不倚。在实业界和上流社会有影响力。1872年4月创刊。作为中国最老的报纸,基础扎实,有信誉。1914年归现任社长史家修经营以后,暂时在德国领事馆注册。但是,1916年以来以冈田有民的名义在日本总领事馆注册。总是对我国持有好感,正在接近我方。发行量二万二千份
新闻报(中文)	实业派	汪龙标(号汉溪)	李寿熙(号浩然)	亲美排日,以上海为中心,苏州方面拥有许多读者,在实业界和下层社会有影响力。1893年创刊,股份制,美国人Forgasson为其大股东。在中国实业界有影响的人物之中拥有许多股东。在其关系上,依据美国特拉华州法律,在美国官方注册。社长汪龙标为利济彩票上海会办,同张弧结成关系,接近段派。最近频繁刊登排日报道。日报,发行量二万四千份
时报(中文)	中立派	狄楚青	包公毅	报道稳健,在教育界及广东人中间拥有许多读者。1904年创刊。旧保皇党领袖康有为等人出资,以现社长狄楚青(康之门生)为主担任经营。1907年以宗方小太郎之名义在日本总领事馆注册。该社兼营书店有正书局。报社基础扎实。近来接近段派,正接受每月一千元的补助。日报,发行量一万份
神州日报(中文)	中立派	余谷民	同前	报道稳健,在上海当地拥有读者。1906年创刊①。初期为前《民立报》社长于右任经营,但后来成为皖系机关报,一时带有革命党色彩,总是将排日作为主义,尔后经营陷入困难。1916年2月由北京政府收购,同年10月又归旧《大共和报》经营者钱芥尘经营,接着转归余洵经营,然后以宗方小太郎之名义在日本总领事馆注册。据说最近接近张弧,正在接受每月五六百元的补助。日报,发行量四千份

---

① 应为1907年4月2日创刊。

(续表)

名　　称	主　　义	持有人	主　笔	备　　考
时事新报(中文)	梁启超机关报	张烈	张东荪	为研究派机关报。在政界、教育界，尤其是江苏、浙江一带拥有很多读者。最初《舆论报》和《时事报》合并后称为《舆论时事报》，1909年左右改称为现名①，与商务印书馆有关系。革命后归共和党及进步党员陈敬第和孟森经营。1914年被德国人收购，在该国领事馆注册。但1916年春转给前社长黄群(进步党党员)经营，接着与德国断绝关系，以波多博之名义在日本总领事馆注册。1916年秋起，完全成为梁启超即旧进步系的机关报。日刊，发行量六千份
民国日报(中文)	旧国民党派	邵仲辉	叶楚伧	孙逸仙系国民党党员经营的报社，1916年1月创刊，同年3月转至山田纯三郎名下，在日本总领事馆注册。在党派关系上，对于北方政府总是持反对态度，刊登激烈的反对报道。对于我国，反对我军阀，时时刊登激烈的反对报道。财源不充裕，好像维持困难。日报，发行量四千份
中华新报(中文)	谷钟秀等政学会的机关报，具有准民党色彩	欧阳振声(社长名义人)	汪复炎	1915年10月反对袁世凯帝政而创办，由旧国民党议员、前农商总会长谷钟秀主持，一时声价高昂，但随着袁死南北统一，谷等奔赴北京政界之后，由旧国民党党员吴敬恒等人主持，接着再次转给谷钟秀等政学会派经营，委托李述膺、曾松乔等人具体负责。近来，为该报刊尽力的营业部主任欧阳振声成为社长名义人，与汪复炎等人共同负责经营。带有准民党色彩，致力于攻击北方政府，时而刊载排日性报道。日刊，发行量五千份
新申报(中文)	与安福俱乐部有关系	席子佩	钱芥尘	无党派色彩，但最近在主笔钱芥尘主导下与安福俱乐部接近，据说每月接受三千元补助。最初，上海总商会会长朱葆三等人以资本十万元建立股份制，由英中共同出资，委任前《申报》经营者席子佩负责其经营，但财政陷入困难，英国人不堪其烦。1918年7月撤出英方资本，脱离关系。此后，维持日益困难，频繁地来求助于日本人，但席为报界老手，为人老狯，并没有纠缠于与日本人的谈判，最近与法国人之间发生诉讼，向英、美领事馆提出注册，被拒绝。来我方亦未被受理，最后在葡萄牙领事馆注册。据说席自己也获得葡萄牙国籍。总是刊登排日报道。日刊，发行量一万二千份
救国民报(中文)	排日过激派	王兆荣		由对1918年的日中军事协定感到愤慨而回国的留日学生创刊，正极力鼓吹排日，没有任何影响力。日报，发行量一千份

① 应为1911年5月18日改为现名。

(续表)

名　称	主　义	持有人	主　笔	备　考
亚洲日报（中文）	日中亲善主义	井手三郎	秦平甫	1917年10月《华报》和《东亚日报》合并而成，由《上海日报》社长井手三郎经营。公开声称由日本人经营。然而经营时日尚短，与其他报纸比较，没有值得肯定的任何特点，仍看不到对报界的大影响。日刊，发行量约一千五百份
新指南报（中文）	广告性报纸	郑端甫		1918年6月创刊，报纸广告代理人郑端甫经营。完全是用于广告，例如报道，多为晚一日转载其他报纸的报道。无任何影响力。日刊，发行量一百五十份
上海日报（日文）	拥护日本人	井手三郎	岛田数雄	日刊，发行量约一千三百份
上海日日新闻（日文）	拥护日本人	宫地贯道	岛田数雄	日刊，发行量约一千三百份
周报《上海》（日文）	拥护日本人，介绍中国情况	西本省三	岛田数雄	周刊，发行量约一千份
周报《上海经济时报》（日文）	研究日中经济情况	中山荣三	并木如秋	周刊，发行量约三百份
上海经济日报（日文）	上海证券交易所机关报	中山荣三	并木如秋	日刊，发行量约七百份①
东方通信社	拥护日本政策，介绍日本情况，中国问题通讯	宗方小太郎	波多博	总社设于上海，北京、汉口、奉天（委托盛京时报社）、广东及东京设有支社。以日文、中文、英文向上海的所有中文报纸、二家日文报纸及上海《泰晤士报》、上海《文汇报》等内外报纸提供电讯。除此之外，也在汉口向所有中文报纸及一家日文报纸，在北京向十四家中文报纸、北京Daily News、《新支那》及《天津日报》提供电讯
共同通信社支社	介绍日本情况，中国问题通讯	主管　菊池虎三	主任　柏田忠一	1917年10月起开始发送电讯，主要将东京电报提供给上海的中文报纸及日文报纸刊登
中华通讯社	安福俱乐部机关	任玉岑	同前	1917年创立，现为安福会俱乐部的机关
中孚通讯社	徐树铮的机关	马凤池	同前	1918年秋创立，作为徐树铮的机关，努力拥护段派
戊午编译社	孙洪伊的机关	王天木	同前	孙洪伊的机关，仅经营书面通讯。竭尽全力攻击北方政府，致力于拥护旧国会
国民通讯社	湖南人的机关	彭久彝	同前	为湖南善后协会经营，仅经营书面通讯
中美通讯社	拥护美国	Carl Craw	副 Mers Mier	为美国方面的机关，与东方通信社对抗，总是发出排日通讯，致力于拥护美国

---

① 1918年11月30日创刊。

定期调查报告　　（秘）1919年9月印刷（1918年末调查）　　关于中国报纸及通讯的调查

(续表)

名　称	主　义	持有人	主　笔	备　考
North China Daily News [字林西报]（英文）	拥护英国政策及该国人利益	董事 H. C. Pearce H. E. Morriss① G. Morriss②（英国人）	O. M. Green（英国人）	为东方最老的报纸，1854年7月创刊③。股东有皮克伍德家族的亲戚即亨利·马立斯一家，乐迪·坎贝尔的遗属，以及其他主要侨居上海的英国人。该报为英国总领事馆的公布机关，在上海俱乐部、工部局、China Association等中有影响力。是英国人在中国的代表性报纸，日刊，发行量约两千份。该社还发行周刊 North China Herald
The Shanghai Mercury [文汇报]（英文）	拥护英国政策，对日本有好感，态度公允	社长 J. D. Clerk（英国人）	R. D. Neish（英国人）	仅次于《字林西报》的老报，晚报，股份制，英国人占大多数。欧战以来，德国人股东被停止其权利，现在与德国人没有关系。对日本议论公正而稳健，具有老报的态度。另外发行周刊 Ceretial Empire
The Shanghai Times [泰晤士报]（英文）	拥护英国政策，对日本特别具有好感	社长 E. A. Nottingham（英国人）	G. T. Lloyd（英国人）	原社长 John O. Shea 死后，转为现任社长诺丁汉姆经营，1915年7月对铅字进行了改良，1916年进而购入了整行铸造排字机，着手改善版面，期待逐渐发展
The China Press [大陆报]（英文）	拥护美国政策	The China National Press Incorporate	Herbert Webb（美国人）	该报总社在美国特拉华州威明顿府，归上述公司所有、经营。自前主持人汤姆斯·密勒时代起，总是极力反对日本，但随着此人归国，态度稍微改变。及至美国对德宣战成为协约国一员，则不像过去那样，刊登排日报道，但近来重新刊登排日报道
Shanghai Gazette [沪报]（英文）	拥护民党，排日	所有者　中国财团	Collinth Lee（英籍华人）	1918年5月创刊④。旧英文北京 Gazette 主持人陈友仁在该报被下令停办之后来上海，召集志同道合者而发行的晚刊，致力于拥护民党，刊登排日报道。1918年10月陈友仁离开上海以来，英籍华人 Collinth Lee 作为主笔担任其工作，手下有英美记者。日报，发行量一千五百份
L'Echo de Chine [中法新汇报]（法文）	拥护法国政策	所有者 Oriental Press	N. Vandelet⑤（法国人）	据说是当地法国总领事馆及耶稣会的机关报。由于是法文，所以还没有像英文报纸那样拥有众多读者，但在有关中国情况研究与法国文学方面有特色。对于日本有好感。发行量七八百份
Far Eastern Review [远东时报]（英文）	以东亚政治、商业报道为主，拥护美国利益		George Bronson Rea（美国人）目前因此人不在，由 W. H. Donald 主管	为东方的月刊英文杂志之巨擘。在政治、特别是矿山、铁路报道上有特长。近来对我方舞弄种种之毒笔。发行量一千多份

---

① 1918年报告是"H. E. Morris"，此后数年一直在此两者间变化。
② 1918年报告是"G. Morris"，此后数年一直在此两者间变化。
③ 应为1864年7月1日创刊。
④ 应为1918年4月22日创刊。
⑤ 1918年报告是"A. Vandelet"。

(续表)

名　称	主　义	持有人	主　笔	备　考
Millard's Review[密勒氏评论报](英文)	研究远东政治、经济,拥护美国政策,排日	所有者 Thomas F. Millard	同前	为前 China Press 主笔汤姆斯·密勒经营的周刊杂志。1917 年 5 月创刊,以远东的政治、经济研究为主。对于我帝国总是持反对的态度,主笔密勒作为中国媾和委员的顾问赴巴黎之后,以中国人 Hollington Tong 为首一直对日本舞弄毒笔,而密勒的副手、名 Powell 者也不断刊登排日报道。发行量约四百份
China Observer(英文)		所有者 Parlani(意大利人)	同前	Parlani 为拍卖商,兼该报主笔,总是刊登排日报道。接受意大利总领事馆的补助。意大利律师穆索也与该报有关系。周刊,发行量五百份
苏　州				
市乡公报(中文)	指导地方文化	颜希鲁	同前	1916 年 1 月创刊,资本三千元的股份有限公司,每股五元。主笔为吴县人,前清秀才,苏州第一届警察学堂毕业,原为当地警察科员、警察教练所教员、私立法政讲习所教员。发行量一千二百份。在江苏省、北方地区,以及湖北地区发售
苏州日报(中文)	营利	石雨声	易尚赋	1912 年创刊,持有人及主笔均为吴县人。主笔原为常熟、东海、太仓等法院书记员。资本一千五百元,发行量八百份,在江苏、江西、四川、河南及北京等地发售
苏醒报(中文)	同上	陈彝鼎	暮积勤	1913 年 7 月创刊①,资本五百元。主笔为湖州人,前清秀才,曾在上海、无锡等地任报社记者。发行量约三百多份,在上海、南京、苏州及常州发售
杭　州				
浙江公报(中文)	发布法令法规	省长公署	邵逸仙	1913 年创刊②,发行量一千六百份,日刊
全浙公报(中文)	开发社会,收回利权	股份制	程光甫	1909 年 5 月创刊,发行量二千八百份,日刊,十页。接受省长公署补助,资本金一万元
之江日报(中文)	开发国民知识,培育社会道德	陈勉之	徐冕伯	1913 年 4 月创刊,发行量四千二百份,日刊,八页。接受督军公署补助,资本金三万元
浙江民报(中文)	巩固共和,扩大民权	李乾孙	许菩僧③	1916 年 8 月创刊④,发行量一千三百份,日刊,六页。以前为国民党的机关报,但最近持有人变更,标榜不偏不倚。资本金五千元

① 应为 1912 年创刊。
② 似由 1909 年 6 月创刊的《浙江官报》延续而来(王文科等编《浙江新闻史》语)。据 1912 年 6 月报告载,《浙江军政府公报》创刊于 1912 年 1 月 22 日。据 1913 年 6 月报告载,《浙江公报》创刊于 1912 年 2 月。
③ 一作"许菩孙"。
④ 应为 1913 年 4 月 15 日创刊。

定期调查报告　　（秘）1919年9月印刷（1918年末调查）　　关于中国报纸及通讯的调查

(续表)

名　　称	主　　义	持有人	主　笔	备　考
绍　兴				
越铎日报(中文)	开发民智,监督社会	股份制	张心斋	1912年5月创刊①,发行量一千份,日刊,六页。资本金五千元
南　京				
江苏省公报(中文)	江苏省长公署的公布机关	江苏省长公署		1912年创刊,日刊,江苏省长公署官报。刊登省公署的命令、告示、公文、指令等。发行量约六百份
大江南日报(中文)	鞭挞政府	王润身	同前	1914年3月10日创刊,日刊,发行量约一千份。据说接受江苏督军每月银三十元、省长二十元之补助。在当地最具有影响力
南方日报(中文)	拥护民权,振兴商业	王春生	同前	1915年7月1日创刊,原称作《南方话报》,但1917年5月改名为《南方日报》。日报,发行量约八百份。影响力仅次于《大江南日报》,接受官方补助金
立言报(中文)	普及教育	葛宗衡	吴善之	1917年10月5日创刊,日刊,发行量约七百份。发行时日尚短,听说一时经营困难,但近来正在逐渐顺利起来
新政闻报(中文)②	民义正大	方灏	同前	1918年创刊,日刊,发行量约六百份。创刊时日尚短,无值得关注之影响力
新中华报(中文)	普及教育	于纬文	同前	1913年10月创刊,原称为《金陵话报》,但1916年9月改名为《新中华报》。日刊,发行量约四百份。接受省长公署及各厘金局等若干补助
大中华报(中文)	政法学派	陈恂如	同前	1916年9月创刊,日刊,发行量约五百份。官方提供若干补助,1917年11月因经营困难而暂时停刊
社报(中文)	重点报道社会情况	王家福	同前	1918年创刊,日刊,发行量约四百份。创刊时日尚短,无值得关注之影响力
芜　湖				
皖江日报(中文)	启发民智	谭明卿	郝大颠	1909年11月创刊,日刊,发行量声称一千七百多份,但可以认为事实上要少得多
商工报(中文)③	工商报告	张九皋	汪履函	1915年10月创刊,日刊,发行量声称约八百份,但实际上不到五百份左右
安　庆				
安徽公报(中文)④	安徽省政府的公布机关	安徽省长公署		安徽省长公署官报,刊登命令、告示、公文、指令等。每三日发行,发行量约四百份

---

① 应为1912年1月3日创刊。
② 一说称《政闻日报》,1917年创刊。待查。
③ 应为《工商日报》。
④ 1912年8月23日创刊,在安庆出版。三日刊。

(续表)

名　称	主　义	持有人	主　笔	备　考
民岩报(中文)		合资组织 代表人　吴霭航	同前	1913年2月创刊①，日刊，发行量约五百份
南　昌					
江西公报(中文)		江西省长公署		为省政府官报，是公布法令、公文、告示等的机关报。每隔三天发行一次
江西民报(中文)		姜颛(旭民)	喻小甫	1912年创刊，日刊，发行量约三千份。是原共和党派的机关报，议论稳健，报道比较正确。资本金额约银八千元。其信誉在南昌的报纸中位居第一，在省外最为广泛购阅
大江报(中文)		鲁勋阳	黄秉越	1912年3月创刊，日刊，发行量约二千份。原共和党机关报，资本金额约银八千元，其信用和声望仅次于《民报》
民铎报(中文)		杨幼麀	杨春农	1916年8月创刊，日刊，发行量约一千份。国民党系的机关报，资本金额约银五千元
江西新报(中文)②		万逊禅	潘世英	1916年8月创刊，日刊，发行量约一千份。国民党系的机关报，资本金额约银五千元
中庸报(中文)		邢秉钧	匡世法	1917年10月创刊，日刊，一度停刊后再刊。关注教育界方面的报道，发行量约一千份
新世界(中文小报)		钱曼生	曹肖伦	日刊，是所谓的小报，以通俗内容为主，为下层阶级所爱读，发行量约三百份
警察周报(中文)		阎恩荣		为1916年5月创刊的《警视小报》改名之后的报纸，周刊。是警察厅方面的机关报，专门登载与警察事务相关的内容，其读者为警界、官方的相关人士
教育月报(中文)		吴士材		教育厅与省教育会的机关杂志，月刊
汉　口					
国民新报③(中文)	官僚派机关报	李华堂	何何山、刘云集	1912年4月创刊。李华堂个人所有，每月从督军署处接受五百元的补助，相对其他报纸较有影响力。目前发行量约二千份，论调稳健
汉口中西报(中文)	经济报道	王华轩	喻伍民	1913年创刊，目前发行量约二千四百份，多为实业方面的报道
汉口新闻报(中文)	经济报道	张云渊	凤竹荪	1914年创刊，股份制，主要刊登经济报道，论调稳健，不偏不党。发行量约二千五百份，是销量最好的报纸

---

① 应为1912年6月1日创刊。
② 1917年、1918年报告为《新报》。
③ 1918年报告为《国民新闻》。

(续表)

名　称	主　义	持有人	主　笔	备　考
汉口日晚报(中文)	经济报道	王华轩	杨幼庵	为王华轩个人所有,目前委任王晓东经营。1917年9月将之前附属于《中西报》的晚报分离出来,使其附属于另外设立的《汉口日报》。发行量约一千份,早报八页,晚报四页
大汉报(中文)	湖北民党机关报	胡石庵	同前	1916年5月创刊①,发行地在日本租界内。为湖北革命党派的机关报,对同党的活动常采取夸张的报道,为中国官宪忌惮。目前发行量虽约二千份,经营业绩并不乐观
湖北日报(中文)	民党议员机关报	李锦	电大同②	1918年11月创刊③,为旧国会议员与一部分省议员的机关报。发行时日尚浅,还未拥有影响力,发行量约五百份
汉口日报(日文)	当地日侨的发展	冈幸七郎	同前	1907年8月创刊,发行量约八百份,中国人中也有一些购读者
汉口日日新闻(日文)	当地日侨的发展	本间文彦	同前	1918年1月④由《上海日日新闻》社长宫地贯道创刊,其后全权让渡给本间文彦,发行量约七百份
鹤唳(日文)	当地日侨的发展	田岛利三郎	同前	1913年12月创刊⑤,周刊,发行量约二百份
Central China Post［楚报］(英文)	拥护英国人的利益	Archbald(英国人)	Archbald(英国人)	1912年创刊⑥,日刊,发行量约四百份。论旨大致稳健,报道比较精确,但缺乏速度。自1917年夏德国人F. Newel经营的 *Hankow Daily News*《中西日报》停刊以来,它成为汉口唯一的英文报纸。虽作为协约国一方的机关报进行活动,对日本有时却玩弄猜疑的笔法
长　沙				
大公报(中文)	发表政见,发展社会	贝允昕、朱让枏	李嗣循、赵儒瑾、龙兼公、张平子、张劲公	1915年8月1日创刊,发行量约一千三百份。原为共和党的报纸,现为研究社的机关报,由数人出资创办
湖南日报(中文)	发表党见,监督政府	伍芋农、谭笃恭	杨绩苏、谭笃恭、张吟髯、张杏苏、陶孝宗	原名《湖南新报》,1918年7月改名⑦,发行量一千五百份,为民党的机关报
正声(中文)⑧	支持舆论	高寄生	方玉潜、张疗伯	原名《公言报》,1918年10月改名,发行量约七百份,由数人出资创办

---

① 1916年6月复刊。
② 原文如此,疑似姓氏有误。
③ 11月15日创刊。
④ 1月1日创刊。
⑤ 前两年记载为1914年创刊,此处又恢复为1913年12月。
⑥ 应为1904年创刊。
⑦ 由原《湖南新报》的几位同人创办,与《湖南新报》无存续关系。1918年9月创刊。
⑧ 即《正声日刊》。

(续表)

名　　称	主　　义	持有人	主　笔	备　　考
重庆				
重庆商务日报(中文)	对政党政派不偏不党	重庆总商会	主笔代理 周文钦	总商会机关报,发行量约一千二百份
民信日报(中文)	拥护四川军政	任仲侠	曾通一	熊克武及余际唐的机关报,每月获得一百元补助,发行量约五百份①
民治日报(中文)	拥护西南	曾铁琴	曹季彬	王文华及朱绍良的机关报,每月获得五十元补助,发行量约三百五十份
西方报(中文)②	拥护国民党	张自娱	主笔代理 刘谦甫	石青阳一派的机关报,每月获得八十元补助,发行量约四百份
贵阳				
贵州日报(中文)	拥护共和,奖励实业	华之鸿	不明	日报,华之鸿经营,为其机关报,对地方政府有好意,发行量约二千五百份
铎报(中文)	拥护共和,拥护国民党	由国民党党员共同经营 赵季卿	赵季卿	依靠营业所得而经营,无其他补助,每年亏损约二千元,依靠国民党党员出资填补。国民党的机关报,对地方政府虽无激烈反对,但与《贵州日报》相比,多少有反对政府的色彩。《铎报》与《贵州日报》之间有一些反目之处,发行量约三千份
成　都				
四川公报(中文)	公布机关	四川省长公署		隔日发行,登载公布法令、公文等③
川报(中文)	启发商务	樊孔明	蒋茂功	由《四川群报》④更名而成,是商务总会的机关报,日刊,发行量约六千份
国民公报(中文)	不偏不党	李澄波	同前	日刊,国民党机关报,发行量约五千份
民治日报(中文)	开发民智	游运炽	谢汉江	1918年11月创刊⑤,日刊,民党机关报,发行量约一千份
福　州				
福建公报(中文)	福建政府之公布机关报	福建省长公署		1912年1月创刊,日报,福建政府之官报,刊登各官厅之命令、告示、公文、指令等,发行量约七八百份
闽报(中文)	公平无私,日中亲善,拥护我方对福建政策	台北善邻协会	山中宽太郎	福建最早的报纸,原为隔日发行,自1915年10月⑥起改为日报。1918年2月原持有人《台湾日日新闻》社长赤石定藏将其转给现持有人善邻协会,同时在经营上改革,结果发行量一度增加至二千五六百份左右,最近略有减少,至二千二百份左右。本报的特色为电讯丰富,报道迅速,在福州报纸中最有信誉,发行量也最大,没有报纸能超过本报

---

① 1918年10月15日创刊。
② 1912年6月创刊。
③ 1917年1月创刊。
④ 《四川群报》1915年10月6日创刊。
⑤ 11月25日创刊。
⑥ 一说1914年10月起改为日报。

(续表)

名　　称	主　　义	持有人	主　笔	备　考
健报(中文)	纯进步党派	郑作枢	陈鸣凤	1916年8月创刊①,日报,发行量约八百份。由进步党员及私立法政学校出身者等出资经营,每月接受前司法总长林长民、福建督军李厚基及南洋华侨等的补助。与《求是报》《福建日报》同样在福州舆论界具有很大影响力
求是报(中文)	官僚派	王醒织	郭无衍	1916年9月创刊,日报,发行量约七百份。每月接受督军李厚基、禁烟局、水利局、省议员等补助,总是采取排日态度,每逢问题发生,似乎总是率先潜心于抬高排日氛围,与《健报》《福建日报》等同样具有很大影响力
福建日报(中文)	福建商务总会及福建省教育会机关报	合资组织	姚大钧	1918年9月创刊②,日报。由福州商务总会长黄秉荣、福建省教育会长王修、福州师范学校校长林元乔、女子师范学校校长汪涵川等共同出资。创刊时间尚短,但发行量已达一千份左右。主义公平、评论稳健,非常有信誉
华同日报(中文)	进步党派	施景琛	同前	1916年11月创刊,日报。接受闽海道、市政局、南洋华侨等的补助,影响力微弱,发行量不超过三百五十份
民生报(中文)	官僚派	曹汝楫	同前	1914年8月创刊③,日报,接受禁烟局、闽侯县及官产所等若干补助,发行量三百份左右,影响力微弱
福建实报(中文)		合资组织	邱源清	1918年9月创刊④,日报。由福建财政厅员郑抡、福州商人林省三等创办,不时接受闽侯县及官产所等的若干补助。发行量不足二百份,影响力十分微弱
福建政治日报(中文)	社会党派	陈奋侯	同前	1917年8月创刊⑤,日报。不时接受禁烟局、官产所、盐运署及闽侯县等若干补助,发行量一百五十份左右
正言报(中文)		刘森藩	李旭人	1918年8月创刊⑥,日报,发行量一百份左右
The Foochow Daily Echo [福州每日回声报](英文)		米赛罗·罗塞里奥(葡萄牙人)		日报,发行量二百五十份左右。主要记载船舶出入、外币汇率、广告等,每周一次转载上海报纸内容,并报道福州外国人的社交情况

---

① 一说7月创刊。
② 一说1918年5月创刊。
③ 应为1917年4月创刊。
④ 一说2月创刊。
⑤ 一说4月创刊。
⑥ 应为1917年4月创刊。

(续表)

名　称	主　义	持有人	主　笔	备　考
厦　门					
全闽新日报(中文)	鼓吹日本文明,拥护我帝国利益,启发台湾人,为台湾人谋取方便	代表　江保生(台湾人)	同前	日报,由台湾人共同出资。创办以来经过了十余年,近来陷入经营困难,明显丧失活力。是当地唯一稳健的报纸,具有无法超越的历史性影响力,发行量六七百份
江声日报(中文)	开发产业、改善教育	周彬川	黄悟曾	日报,为《民钟日报》的残余之体,1918年11月改名为《江声日报》。资金依赖于爪哇泗里本华侨(约五千元),发行量五百七八十份。借用英国人的名义,近来排日性报道尤其多
中和报(中文)	日中亲善	台北善邻协会主持人　山下仲次郎	山下仲次郎(江村)	1918年2月创刊,旬报,发行量二千份
台湾公会会报(中文)①		台湾公会	冈本要八郎	月报,台湾公会之机关报,主要向公会会员报道日本及台湾之重要时事及公会状况等
汕　头					
公言日报(中文)	属于步保党②,拥护共和	张质我	温丹盟	1913年10月创刊,日报(但每周一休刊),由大埔县出身者出资经营,号称资本金七千元。汕头三家报纸中最老,且报道相对较正确,因此有信誉,读者最多。据传莫镇守使在任时每月获得三百元补助,现在已无补助。发行量一千五百份左右,对日本无好感
大风日报(中文)	属于国民党,拥护共和	梁拓凡	叶菊生	1913年创刊,日报(但每周一休刊),曾暂时停刊,1916年复刊。报道粗糙散漫,信誉比《公言日报》低。由梅县人出资,号称资本金六千元。曾被汕头镇守使数次勒令停止发行,对日本的论调、态度不友好,常刊登排日报道,1918年"中日军事协定"签订时刊登激烈的排日性报道。发行量估计为一千三百份
大岭东日报(中文)	拥护共和	芦青海	吴子寿	1918年11月创刊,日报(但每周日休刊)。由潮州出身者及南洋华侨中有实力者出资,最初以三千元资本创刊,据传后来增加了四千元,逐渐在商人圈中取得好评,但创刊时间尚短。发行量终于达到八百份左右
广东　附佛山、南宁、梧州、北海					
军政府公报(中文)	军政府机关报	军政府		1918年创刊,军政府的公布机关
参议院公报(中文)	参议院机关报	参议院		1918年创刊,不定期发行,参议院的公布机关
众议院公报(中文)	众议院机关报	众议院		1918年创刊,众议院的公布机关

---

① 胡道静《外国在华报纸》称《台湾公会报》,疑漏一"会"字。
② 原文如此,疑有误。

定期调查报告　　（秘）1919年9月印刷(1918年末调查)　　关于中国报纸及通讯的调查

(续表)

名　称	主　义	持有人	主　笔	备　考
广东公报(中文)	广东省长公署的公布机关	广东省长公署		1912年8月1日创刊,日报。广东政府官报,转载中央政府命令,并刊登省政府命令、布告及各种公文公电等,但1917年6月20日广东省自主以后,不再转载中央政府之命令
羊城新报(中文)①	无所属,稳健	赵秀石(广东人),前和平县知事,现任粤商团干事兼警察厅委员	赵秀石;何杰三(广东南海人),原《天职报》主笔,保定军官学堂出身	1906年6月创刊②,日报,股份式出资。为广东最老的报纸之一,最初名为《羊城报》,自民国建立起改称现名。因原先热心于鼓吹教育,现在仍特别受学界欢迎,是老成稳健的报纸,发行量约三千份
七十二行商报(中文)	无所属,稳健老成	罗啸璈(广东南海人),报界有实力者,现任广东总商会董事、粤商团董事、述善中学校长、坤维学会会长	冯春风(广东人),广东法政学堂出身,现任高等师范学校教授,在广东言论界最具影响力	1906年7月创刊③,日报。1902年出现铺设粤汉铁路之议,作为其机关报而创办,1906年一时停刊,同年由广东七十二行商及铁路代表等共同合作复刊,其后成为股份制,与各团体断绝关系,罗啸璈任总理经营直至今日。本报评论稳健,报道准确,在广东各报中最具影响力,发行量约六千份
人权报(中文)	无所属	陈藻乡(广东南海人)	陈藻乡、梁述南	1911年3月创刊④,日报,股份制出资。原先鼓吹革命,近来持中立态度,主义不鲜明,发行量约三千份
广州共和报(中文)	无所属,无固定主义	宋季辑(广东鹤山人),原孙文军政府秘书	宋季辑、陈秋霖	1912年4月创刊⑤,日报,股份制出资。以歌谣、小说为主,底层社会中购阅者居多,发行量约四千份
南越报(中文)	无所属	孔量存(广东南海人)	孔量存、任孝勤(广东南海人)	1909年3月创刊⑥,日报,股份制出资。1915年因公开反对赌博,前总理兼主笔李汇泉被广西派枪杀,发行量约二千份
商权报(中文)	粤商团机关报	张镜藜(广东人)	张镜藜、刘少平	1912年1月创刊,日报,由商界出资。广东商团之机关报,论调稍激烈,一直持反对民党的态度,发行量约二千份
华国报(中文)	无所属	何绳武	梁平湖、崔仲杨	1913年1月创刊,日报,股份制出资。原进步党系即梁启超一派之机关报,一直持反对民党的态度,1916年回归何绳武手中之后失去党派色彩,现处于中立状态,发行量约一千五百份
总商会新报(中文)	无所属,论调激烈,总是反对日本	刘庸尚(广东南海人),广东法政学堂出身	同前	1908年3月创刊⑦,日报,由商界出资。原为纯粹的广州总商会机关报,自民国建立起脱离总商会,现在无党派关系,发行量约八百份

---

① 应为《羊城日报》。
② 应为1903年2月12日创刊。
③ 应为1906年9月15日创刊。
④ 3月29日创刊。
⑤ 应为1912年8月创刊。
⑥ 应为6月22日创刊。
⑦ 应为1913年创刊。

(续表)

名称	主义	持有人	主笔	备考
天职报(中文)	无所属	卢少芝（广东人），上海震旦大学出身，广东统一党首领	苏爱白，广东第一师军乐部教员	1913年创刊①，日报，股份制出资。原为统一党机关报，现在无党派色彩，因经营困难，现接受南洋兄弟烟草公司的补助。1918年末因偷卖、吸食鸦片而被停止发行，至今未复刊，发行量约一千份
国华报(中文)	进步党机关报，与康有为有关联，总是反对民党	王泽民（广东人），香港大学出身，现从医	同人	1914年1月创刊②，日报，股份制出资。原名《国报》，为进步党之机关报，一直反对民党，对广西派亦无好感，1917年遭莫督军勒令停止发行，其后改称《国华报》复刊，但与康有为、梁启超一派的关系依旧，发行量约四千份
大公报(中文)	无所属	朱学潮（广东番禺县人）	朱原庵	1914年1月29日创刊③，日报。梁士诒组织公民党时，其部下为扶植梁士诒的势力而创办，后来随着公民党的消亡其党派色彩也消失，作为无党派报纸经营至今，目前因经营困难，接受法国天主教会的一些补助，发行量约一千份
安雅报(中文)	无所属	朱民表（广东高要人），前《广东公报》主笔、印刷局长	朱民表、黎佩诗	1903年5月创刊④，日报，共同出资。广东最老的报纸，曾一时改名为《安雅世说篇》，采取杂志形式，后再次变为报纸，称《安雅报》直至今日。1918年2月因误报陆荣廷的死讯而被禁止发行，同年10月被允许复刊，发行量约一千份
新报(中文)	无所属	李抗希	李大醒、李抗希	1915年10月创刊⑤，日报，股份制出资，发行量约五千份
天游报(中文)	无所属	邓叔裕（广东顺德人）	同前	1914年1月创刊，晚报，合同出资。是以刊登戏剧界、烟花巷等报道为主的小报，发行量约六百份
天趣报(中文)	无所属	孔仲南	同前	1917年创刊，晚报，股份制出资，是与《天游报》同样的小报，发行量约五百份
广东中华新报(中文)	国民党机关报，最初为纯粹的民党机关报，其后接受督军署补助，现在不如说是广西派机关报	容伯挺（广东人），日本留学生出身，督军署顾问	陈罗生（广东南海人），日本留学生出身，督军署参议	1916年11月4日创刊⑥，日报，股份制出资。与上海及北京的《中华新报》属同一系统，国民党机关报，龙济光退出广东后由岑春煊及陆荣廷等出资银八千元，其他方面出资六千元，共计一万四千元创办。现任社长容伯挺仅为名义上的社长，由陈罗生专门负责经营。与《七十二行商报》同为广东最具影响力的报纸，发行量约六千份

① 应为1912年创刊。一说清末创刊。
② 应为1915年创刊。
③ 一说1912年创刊。
④ 应为1900年冬创刊。
⑤ 应为1914年3月6日创刊。
⑥ 1918年的报告为12月4日创刊。

(续表)

名　称	主　义	持有人	主　笔	备　考
民意报(中文)	肇军机关报	钟天游	李祝多	1917年2月6日创刊①，日报。原为准民党机关报，李耀汉作为广东省长赴任后将其收买，其辞任后依然与李耀汉派的肇军有关联，发行量约一千份
南方时报(中文)	无所属	吕悯公	孔仲南	1917年3月创刊，日报。股份制出资，1916年第三次革命时作为陆荣廷之机关报在梧州发行，陆荣廷来到广东后，此报纸亦转移至广东，依然为陆荣廷之机关报，其后断绝了关系，也更换了经营者，现在无党派关系，发行量约五百份
国是报(中文)	政学会派机关报	沈琼楼，前《羊城报》记者，现财政厅员	胡伯孝	1917年3月创刊，日报，由财政厅长杨永泰出资，发行量约一千份
粤报(中文)	民党机关报	余公衡(广东人)，旧同盟会员	黎次东	1917年3月创刊，晚报。由陈炯明、魏邦平及叶夏声等广东派民党系人物共同出资，一直采取反对广西派的态度，发行量约一千五百份
快报(中文)	无所属	李抗希	李大醒	1917年创刊，晚报，总理李抗希及主笔李大醒都兼任《新报》总理及主笔，发行量约一千五百份
新民国报(中文)	国会方面的机关报	吴景濂，参议院议长	汤漪、汪彭年	1918年创刊，日报，正式国会在广东召开时，由吴景濂用参议院经费一万八千元创刊。为国会方面的机关报，原本每月从军政府处接受五百元的补助，但在刊登了军政府政务会议的内幕之后终止补助，尔来经营陷入困难，发行量约一千五百份
平民报(中文)	民党机关报	陈觉是，前《中华新报》记者	陈觉是、邓警亚	1917年创刊，日报，由民党方面出资。在光绪末年名为《齐民报》，鼓吹革命，自民国建立起改称《平民报》，1913年被龙济光禁止发行，1917年复刊，现接受南洋烟草公司的补助
天声报(中文)	南洋兄弟烟草公司机关报	廖平子，兼任香港《大光报》记者	冯百励	1918年发刊②，日报，由南洋兄弟烟草公司出资。社员多为民党派人物，评论稍激烈，多刊登排日性报道，发行量约三千份
民权报(中文)	接近民党派	王笏南，基督教青年会员	黄天石	1918年创刊，日报，共同出资，小报，发行量约八百份
振东报(中文)	无所属	刘庸尚，兼营《总商会报》	刘庸尚、潘佩乡	1918年创刊，共同出资，小报，发行量约八百份
民仇报(中文)	社会主义	黄裔文(广东人)	郭唯灭(广东人)	1918年创刊③，日报，股份制出资，小报，发行量约八百份

①　一说1916年创刊。
②　1918年5月创刊。
③　1918年6月15日创刊。

(续表)

名　　称	主　　义	持有人	主　笔	备　　考
国风报(中文)	无所属	欧阳少侠(广东人)	李元白(广东人)	1918年11月创刊,日报,股份制出资,因偷卖鸦片事件目前同《天职报》一样被禁止发行
Canton Times[广东时报](英文)	亲美派机关报	黄宪昭(人美国籍广东人)		1918年创刊,日报。创刊时由伍廷芳经手,军政府出资,其后好像接受伍廷芳及基督教青年会方面一些补助,主要由基督教青年会中美国留学生出身的中国人负责经营,美国方面也提供报道素材,并提供其他方便。对日本的评论及态度相对比较稳健,发行量约四百份
佛　山				
佛山商报(中文)	无所属	陈其诚	同前	1918年创刊,日报
南　宁				
岭表报(中文)	旧国民党系	周颂民	雷冠堂	1916年4月①创刊,日报,发行量约一千份
梧　州				
西江报(中文)	无所属	区笠翁	同前	1917年创刊②,日报,后转移至广东的《南方时报》发行
广西商报(中文)	旧进步党系	黄鼎可	黄钟	1918年创刊,日报
北　海				
觉民报(中文)	英国基督教会机关报	Dr. Mackengi		周报,发行量约二百五十份
云　南				
云南公报(中文)	云南政府的公布机关	云南省长公署		日报,官报,刊登各官厅之命令、法规、告示、公文、指令等,发行量约五百份
国是报(中文)	普及教育	合资组织 代表　何筱泉	同前	1915年创刊③,日报。与云南教育会有关联,原本每月从云南政府接受约一百元补助,1917年起废止,陷入财政困难,缩小报社规模的结果,是发行量的减少,目前不足二百份
云南实业日报(中文)	振兴实业	合资组织 代表　刘庆梓	甘子诚	1917年8月创刊,日报,由商务总会部分会员出资,发行量约三百份
云南中华新报(中文)	不偏不党	合资组织 代表　邓少乡	聂耦庚	1913年创刊④,日报。1918年起上海中华新报社员邓少乡、聂耦庚、段祺生等经营本报社,因此多少带有政学会派的色彩,发行量约三百份

---

① 4月15日创刊。
② 一说是1919年由进步青年创办。
③ 应为1914年创刊。
④ 一说1916年1月6日创刊。

(续表)

名　称	主　义	持有人	主　笔	备　考
义声报(中文)	云南政府机关报	合资组织 代表　惠大我	同前	1916年2月创刊①,日报。原本每月接受云南政府二百元补助,1917年起对报纸的补助普遍废止,但本报仍以捐助名义获得同额补助。主要由唐继尧等云南迤东出身者出资,发行量约八百份
滇声报(中文)	革新主义	合资组织 代表　李毅臣	唐质仙	1912年创刊②,因财政困难,屡次停刊,最近是在1917年5月复刊。创刊当时为国民党之机关报,目前只是以在当地省议会占多数的该党议员为后援。日报,发行量约二百份
云南救国(中文)③	救国团机关报	代表　倪守仁	张天放	1918年10月创刊,日报。由对1918年"中日军事协定"表示愤怒而回国的留日学生组建的云南救国团负责经营,发行量约四百份
大　连				
满洲日日新闻(日文)	对都督府政治④抱有好感	株式会社满洲日日新闻社		1907年11月3日创刊,与政党无牵连,报社发展正逐渐走向繁荣,发行量一万三千份
辽东新报(日文)	同上	末永ハナ子		1905年10月15日创刊⑤,与政党无牵连。该报社有欲趁财界景气之机,将公司变更为股份制的打算,且似已在运作中。发行量一万二千份
泰东日报(中文)	同上	金子平吉		1908年10月8日创刊⑥,与政党无牵连。收支不能相抵,似勉力维持。发行量二千八百份
Manchuria Daily News(英文)	同上	南满洲铁道会社		与政党无牵连,相当受外国人欢迎,似有逐渐扩张的计划。日刊,发行量一千三百份
青　岛				
青岛新报(日文)	青岛守备军机关报	鬼头玉汝	同前	1915年1月15日创刊,日刊,无相关有势力者,发行量四千八百余份
青岛新报(中文)	同上	鬼头玉汝	同前	同上,发行量为两千五百余份
香　港				
循环日报(中文)	中立	股份制	温俊臣	创办四十五年,报道丰富正确,论旨稳健,为香港中文报纸中的巨擘。主笔温俊臣虽有保守性思想,但为该报执笔三十余年,在香港报纸界享有盛名。发行量八千份

① 应为1916年1月10日创刊。
② 应为1914年5月创刊。
③ 应为《救国日刊》。
④ 指日本在东北的殖民统治机构"关东都督府"的"政治统治"。
⑤ 一说为1905年11月创刊。
⑥ 一说为1908年11月创刊。

(续表)

名　称	主　义	持有人	主　笔	备　考
华字日报(中文)	中立	合资组织 经理　何汝明	谢仲伟	创办五十余年①,报道比较正确,论旨也稳健,为香港中文报纸中仅次于《循环日报》的大报纸,但近来其声价略有下降,据说陷入经营困难。发行量三千五百份
共和报(中文)	标榜拥护香港中国商人的利益,对北方派抱有几分同情	股份制	伍权公	此报前身为商报,1904年康有为的高徒徐勤等人参与该报的创刊,其后数次更换经营者,到1913年前为保皇党的机关报。同年变更为股份制,香港中国商务总会成为重要股东,据闻近来梁士诒及龙济光为该报财政上的援助人。主笔伍权公为进步党派人物,在南北对峙中更倾向于拥护北方,对日本的态度较其他报纸略带好感。发行量一千五百份
大光报(中文)	耶稣教主义	股份制	廖卓庵	1913年3月创刊,每股一百弗,有二百股。股东多数为香港耶稣教会会员,购阅者也属于这一类人。论旨、报道虽都贫弱,但相当具有影响力,对日本的感情最为恶劣,发行量三千份
香港日报(日文)	无一定主义	松岛宗卫	同前	1909年9月1日创刊,日刊,发行量三百份
Hongkong Daily Press[孖剌报](英文)	拥护政厅	股份制 总经理 H. A. Cartwright	同前	1877年创刊②,十二页,日刊,发行量一千二百份。此报为香港政厅的半机关报,领取政厅若干补助,论旨稳健,报道准确,在香港英文报纸中最有信用。据说与上海 North-China Daily News 之间有特别关系。对日本抱有好感。另发行周刊 Hongkong Weekly Press 及 China Overland Trade Report
South China Morning Post[南华早报](英文)	无一定主义	股份制 董事 J. Scott Harston、 J. W. Noble 总经理代理 B. Wylie	T. Petrie	1906年创刊,日刊,十二页。创刊以来总是事业不振,亏损不断,但近年逐渐有所恢复,目前为销售额最高的时候。发行量一千七百份。股东有英、美、法、意各国人。往往由大股东美国人 Dr. Noble 的影响所左右,近来对日本比较持有好感。另发行周刊 South China Weekly Press
Hongkong Telegraph[香港电讯报](英文)	拥护侨民	股份制 由 South China Morning Post 经营 营业主任 C. M. Wilson	Alfred Hicks	1881年创刊,晚报,十二页,最初为中国人的合资组织,发行量约八百份。1903年美国牙医诺贝尔以一万弗盘下后进行改革,读者渐渐增多,1915年10月进而由 South China Morning Post 经营此报,但编辑人员与该报完全不同。发行量一千二百份。报道迅速,内容丰富,带有美国报纸的色彩,而且喜好评论地方上的时事问题
China Mail[德臣报](英文)	中立,相对其他报纸更有文学、宗教趣味	合资组织 董事　C. W. C. Burnett W. M. Humphrey	经理兼记者 C. W. C. Burnett	1840年创刊,晚报,十页,发行量八百份。香港英文记者中赫赫有名的主笔 Hale 回国后,由 Telegraph 的前经理美国人 Burnctt 主要担任编辑之任,然而评论散漫,较其他报纸逊色

---

① 1872年4月17日创刊。
② 应为1857年10月1日创刊。

中国报纸统计表(1918年末)

备考:双语报纸在各国语种栏目中是重复统计的。这样,各国语种报纸的统计与报纸实际数量就产生了偏差,不过,在各地统计栏内填入的是报纸的实际数量

地 名	中文	日文	英文	法文	俄文	计	备 考
北京	50	3	3	2	—	57	其中英中双语1
天津	11	4	6	1	—	21	其中英法双语1
齐齐哈尔	3	—	—	—	—	3	
哈尔滨	4	2	1	—	3	10	
长春	4	1				5	
吉林	5	1				6	
龙井村	—	(日文)2 (朝鲜文)1				2	其中一种为日韩双语
局子街	1	(朝鲜文)1				1	为韩中双语
铁岭	1	2				2	其中一种为日中双语
奉天	4	6				10	
郑家屯	1	1	—	—	—	1	为日中双语
安东	—	1				1	
辽阳	—	1				1	
牛庄	1	1				2	
芝罘	4	—	1			5	
龙口	1					1	
济南	9	1				10	
上海	11	5	8	1	—	25	另有7家通讯社
苏州	3	—	—	—	—	3	
杭州	4	—	—	—	—	4	
绍兴	1	—	—	—	—	1	
南京	8	—	—	—	—	8	
芜湖	2	—	—	—	—	2	
安庆	2	—	—	—	—	2	
南昌	9	—	—	—	—	9	
汉口	6	3	1	—	—	10	
长沙	3	—	—	—	—	3	
重庆	4	—	—	—	—	4	
贵阳	2	—	—	—	—	2	

(续表)

地 名	中文	日文	英文	法文	俄文	计	备 考
成 都	4	—	—	—	—	4	
福 州	10	—	1	—	—	11	
厦 门	4	—	—	—	—	4	
汕 头	3	—	—	—	—	3	
广 东	32	—	1	—	—	33	
佛 山	1	—	—	—	—	1	
南 宁	1	—	—	—	—	1	
梧 州	2	—	—	—	—	2	
北 海	1	—	—	—	—	1	
云 南	7	—	—	—	—	7	
大 连	1	2	1	—	—	4	
青 岛	1	1	—	—	—	2	
香 港	4	1	4	—	—	9	
合 计	225	（日文）38（朝鲜文）2	27	4	3	293	其中，英中双语1、英法双语1、日韩双语1、韩中双语1、日中双语2

报纸数量合计 293

中文：221

日文：35

英文：25

法文：3

俄文：3

英、中文：1

英、法文：1

日、中文：2

日、韩文：1

中、韩文：1

附录：1919 年 1 月以后至 6 月发行的报纸

长 春				
公民日报(中文)	振兴实业，报道时事	王东岩（发起人）	高封五（长春县人）	1919年1月20日创刊，日刊，发行量约两百份。王东岩创办，吉林官银号长春分号提供大洋银八百元作为创业费，该地中国军人有志者则每月捐助小洋银约六百元，但其维持似颇困难
开 原				
开原新报(日文)	以经济报道为主，谋求促进通商	鹤冈永太郎	皆川广	1919年2月11日创刊，日刊，单面型四页，发行量现在未定。为了指导铁岭领事馆辖区内东山一带的朝鲜人，准备每周一次附上朝鲜文附录，免费分发给朝鲜人

(续表)

汉　口				
湖广新报(中文)	支持日本方面主张	笹川洁	同前	1919年2月8日创刊,日刊,发行量未详
汉口公论报(中文)	提倡实业,发展商务	刘子晋 王芹甫	未定	1919年2月上旬创刊,俄清银行买办、资本家刘子晋及现汉口商会长王芹甫发起的纯商业报纸
汉口大陆报(中文)	改良政治	社长　张云渊 (现汉口新闻报社长)	主笔　邓侦云 编辑　叶扬如、刘铁仙、刘任远	无政党政派关系,江西人萧麟阁募集股份一万元创办。有种说法是,前湖北民政长饶漠祥之弟、现武昌外语学校长饶漠秘与湖北新堤征收局长黄祖徽等共同出资创办,属于安福系。十六页的报纸,在汉口的中文报纸中页数最多
香　港				
香江晨报(中文)	反对官僚政治	社长　夏重民	李思辕	1919年2月创刊,纯民党派的机关报,报道比较灵活,经费由美国华侨及孙派补助。发行量约两千份,读者一半为同情国民党的香港广东人,一半为美国和南洋一带的华侨。有关南北纷争,对于南北政府均持反对态度,对日感情亦不佳
致中报(中文)	中立	有限股份公司 经理　陈珍廷	何伯蒔	1919年4月28日创刊,目前发行量四五百份,创刊时日尚浅,难以评论。据说大股东是当地中国人广生号主人与英美烟草公司等。足以知道此类消息的是,何主笔曾经执笔于《世界公益报》
华商总会报(中文)	以保护华商为主义,与党派无关系	香港华商总会	主笔　谭荔垣 经理　冯成焰 翻译庶务主任 陆庆南	1919年5月1日创刊,晨刊四页,晚刊六页,目前发行量三千份。该报是华商总会的机关报,创办时日尚浅,但已经大受江湖注目。主笔是前《中外新报》记者,经理冯成焰及参赞陆庆南曾是香港《华字日报》职员
广　东				
岭南新报(中文)	支持日本方面主张	藤田丰八	同前	1919年1月15日创刊,日刊,发行量未详
南华日报(中文)	民党派	谢英伯	李熙斌	1919年1月创刊,日刊,发行量约八百份

(秘)1920年9月印刷(1919年末调查)

有关中国(附远东西伯利亚)报纸及通讯的调查

外务省情报部

关于中国(附远东西伯利亚)报纸及通讯的调查(1919年末调查)

目　录

概况 ………………………… 274	苏州 ………………………… 295
北京 ………………………… 274	杭州 ………………………… 296
一、中文报纸概观 ………… 274	绍兴 ………………………… 296
二、通讯社 ………………… 275	南京 ………………………… 296
三、外文报纸现状 ………… 276	芜湖 ………………………… 297
四、外国通讯员 …………… 276	镇江 ………………………… 297
广东 ………………………… 277	安庆 ………………………… 297
上海 ………………………… 278	南昌 ………………………… 297
	汉口 ………………………… 298
中国各地报纸要览 ………… 279	长沙 ………………………… 299
北京 ………………………… 279	重庆 ………………………… 300
天津 ………………………… 283	贵阳 ………………………… 300
齐齐哈尔 …………………… 285	成都 ………………………… 300
哈尔滨 ……………………… 286	福州 ………………………… 300
长春 ………………………… 287	厦门 ………………………… 302
吉林 ………………………… 287	汕头 ………………………… 302
龙井村 ……………………… 288	广东　附佛山、南宁、梧州、北海 … 303
铁岭 ………………………… 288	云南 ………………………… 307
奉天 ………………………… 288	大连 ………………………… 307
郑家屯 ……………………… 289	青岛 ………………………… 308
安东 ………………………… 289	香港 ………………………… 308
辽阳 ………………………… 289	满洲里 ……………………… 309
牛庄 ………………………… 290	黑河 ………………………… 309
芝罘　附龙口 ……………… 290	
济南 ………………………… 290	中国(附远东西伯利亚)报纸统计表 …… 310
上海 ………………………… 291	

关于中国(附远东西伯利亚)报纸及通讯的调查(1919年末调查)

概况

至1909、1910年为止,中国报纸仅为中文八九十种,英文二十种,日文十二三种,法、德、俄文各三四种,总计一百二十种。即使在第一次革命①前后也无明显增减,但共和政府成立之后,随着各种政党团体的兴起,许多报纸作为其机关报而创刊。1912年末,最多的为北京四十一种、天津三十五种、上海二十九种、广东十七种,全中国计有二百七十多种报纸,盛况空前。然而,第二次革命以失败告终,就不仅仅是隶属于国民党系统的报纸逐渐停刊,而且,其他报刊也因为各政党衰退,无法得到补助金而陷入经营困境,停刊者不断出现。1913年末,全国报刊总数中文一百三十九种,日文十八种,英文十六种,法文三种,德文和俄文各四种,总计一百八十四种,减少约三分之一之多。

1914年末,与前一年无大差异,但1915年秋天起,帝制问题发生之后,因反袁运动高涨,结果在上海、广东、云南等地有多种中文报纸创刊。同年年底,全国合计有中文一百六十五种、日文二十六种、英文二十一种、法文四种、德文三种、俄文二种、蒙古文一种,总计二百二十二种。1916年6月袁世凯去世后,以前因袁而遭遇停刊厄运的《国风日报》等几种报纸,随着恢复共和而复刊。同年年底,全国报刊总数多达二百八十九种,其中中文二百三十二种、日文二十七种、英文十九种,其他与上一年相差无几。至1917年,有中文报纸一百八十五种,日文三十一种,英、法、俄文都与1916年同数,德文完全没有,日文增加五种,与此相反,中文实际上减少了四十一种。1918年末的数量,中文二百二十一种,日文三十五种,英文二十五种,法文及俄文各三种,日文和中文双语二种,日文和韩文、韩文和中文、英文和中文,以及英文和法文双语各一种,总计二百九十三种(另有通讯七种)。以此与前年度相比较,增加了中文三十六种、日文四种、英文六种,总数上显示出了空前的数量。1919年度末的数量,中文二百八十种,日文四十二种,英文二十九种,法文三种,英文和中文双语一种,英文和法文双语一种,日文和中文三种,日文和韩文、中文和韩文双语各一种,蒙文一种,俄文加上远东西伯利亚十一种,合计三百七十二种,与上一年相比,总计增加七十九种。以下简单叙述南北政治中心城市、报界变动最为激烈的北京及广东与上海的报纸现状(文中所称"今年"是指1919年)。

北京

一、中文报纸概观

1919年的北京中文报纸,与1918年后半期相比无大的变动,但稍微具备新报外观,报道论调值得注意的《京报》,与《国民日报》等一同误传并攻击日本铁路矿山借款,因此遭到查封处分,至今未复刊。暂且复活的《国民公报》因鼓吹激进思想、扰乱社会秩序,正在遭有关方面起诉,处于审判中。以上两点应视为显著性变化。

1919年在巴黎和会上发生山东问题以来,不仅北京,中国报纸报道及社论也都完全热衷于该问题,加上在世界激进思潮民主主义影响下的报纸舆论界动辄就有偏向于极端之嫌疑,此种情况与各地学生运动遥相呼应,终于激起1919年5月4日北京学生的暴行②。再有普通报纸的论调偏重于山东问题上攻击日本,尤其加入政争倾向而被视为反对北京现政府的政派机关报的各报,特别是诸如《晨报》《国民公报》《时言报》及《益世报》,不问青红皂白就反对现政府,攻击日本,极尽舞弄文笔之能事。而且出现了这样的风气:迎合社会上一部分人心理,舞弄排日之曲笔,揣摩臆测,以讹传讹。那些具有稳健的见识主张的报纸,也不敢公开反驳辩论。还有,值得关注的是今年当中新闻通讯社的增加,这是由于上述那些报纸为了便于鼓吹本系本党的主张,而通讯社又比较容易经营之缘故。因此,其所传虽有真伪或各半之嫌,但无疑给其他普通报纸经营者带来莫大便利,北京的多数报纸大体上以这些新闻通讯社的报道为材料填补其版面,这亦为值得注意之倾向。另外,为世界思潮所驱动,致力于所谓新思想之研究及鼓吹,或者留意社会问题,甚至大大提倡对其研究,亦为显著现象。《晨报》最为致力于前者,《又新日报》最热衷于后者,其报道主张等并非不值得一看。

1919年间新创刊的有《北京报》《北京平报》《大同报》《大陆日报》《民治报》《民福报》《民意日报》《民声报》《世界新闻》《中央日报》《时言报》《正言报》《唯一日报》《定一日报》《都门新报》《都报》《北京日日新闻》《东方日报》《铎声报》《多闻日报》《又新日报》等。其发行量少则二百,多则从五六百起,而不过千。其中稍微具备外观的

---

① 指辛亥革命。
② 指"五四"爱国运动。作者持反对立场。

仅为《大陆日报》《民福报》《时言报》《唯一日报》《东方日报》《又新日报》等,这些当中的大多数,仅仅是将上述新闻通讯作为材料,以极少资本随时发行经营的。

此外,在北京创刊的通俗周刊《新生活》1919年8月20日发行第一期,出自许多怀抱先进思想的青年学生等人之手,主张博爱、平等、自由、牺牲,评论涉及社会、政治、外交等各个方面,在青年学生中间订阅最多,但除了知道其主持人是胡适一派之外,大都情况不明。

现今北京的中文报纸所属领域大致如下:

安福系

《京津时报》《民视报》《新民报》《多闻日报》《国是报》《新国民报》《大陆日报》《世界新闻》《东方日报》《中央日报》《公言报》

非安福系

《晨报》《甲寅日刊》《亚东新闻》《唯一日报》《民福报》《北京正言报》《民声报》《都门新报》《中央日报》《时言报》《北京国报》《大同日报》《铎声》《民意日报》《新兴中报》《民治日报》《北京民强报》《北京大中华日报》《大中华日报》《又新日报》《北京蒙边日报》

所属不明及无系统

《北京日报》《日知报》《北京新报》《都报》《定一日报》《民国公报》

二、通讯社

北京的通讯社现状如下:

(一)书面通讯

国民通讯社　　为安福系之机关,岛泽声任主持人,据说与吴光新有关系。

新民通讯社　　为国务院之机关,总统府秘书兼国务院参议行走唐在章任主持人,国务院咨议孔希伯为主笔。由国务院每月补助五百元。

醒民通讯社　　国务院主笔廖鸣章专门主持,负责经营,稍微带有研究会系色彩。据说与李纯有关系,其代表秦山文操纵之。

新闻编译社　　被视为与梁士诒一派交通系有关系。前《京报》社长邵振青任主持人。北京最老的通讯社。邵应聘于大阪朝日新闻社,目前上海《申报》特派员陆守坚专门主持。

大同通讯社　　为安福系,主持人林天木原来为孙洪伊的门下,但经岛泽声介绍加入安福派。另据传与《甲寅日刊》的陆哀有关系。

远东通讯社　　为旧交通系,据传与张敬尧亦有关系。陈增荣(陆军上校)任主持人,军官学校毕业生王若碧为其主笔。

中央通讯社　　完全为营业主义。《民国公报》社长罗毅夫任主持人,藤作舟为主笔。据称与《中央时报》《蒙边日报》有密切关系。

中央政闻社　　为纯安福系机关报。现在晏才猷任主持人。晏为湖南人,为安福俱乐部干事。

新华通讯社　　为教育部机关报,张黍园任主持人,潘树声任主笔。

北京通讯社　　据说与曹汝霖有关系。其主持人赵伯珩曾为上海电报局员,主笔叶恒为上海《中外新报》通讯员。

国民通讯社　　主持人黄樗樵为天津旧省议员,属于张绍曾一派。主笔金葆先为俄文专修馆毕业生。

中美通讯社　　为前美国副领事 M. R. Burn 专门主持的美国宣传机关。中文主任为美国 Michigan 大学出身的 North China Star 中文翻译,名叫陈琦。经常与《益世报》协作攻击中国军阀,诬陷歪曲日本,但其报道调查统计等有不少内容启发中外人士。

亚细亚通讯社(Asiatic News Agency)　　原为 Peking Times 主笔张某经营的英文通讯社,传播谣言蜚语,与中美通讯社一起一直进行猛烈的排日宣传。许多国内外人士似乎不予置信,但主要受到 North China Star 等美国系统英文报纸欢迎而被刊登。

(二)电报通讯

作为电报通讯,有中孚通讯、中华通讯、和平通讯社等。其内容体系与1918年度相比,好像多少有所变动,社会上之信用微不足道,对此不确知。

三、外文报纸现状

作为北京的外文报纸,以往发行的报刊,英文报纸为 *Peking Leader*、*Peking Daily News*、*Peking Times*、*Peking Evening Journal* 四种。其中 *Peking Evening Journal* 在财政上发生困难难以维持之际,被指控刊登对协约国,尤其是对英国不利的报道,在英国公使的干涉下,1918 年 7 月依据中国政府命令停刊。*Peking Times* 也因为财政困难接着停刊。剩下的仅为 *Peking Leader* 和 *Peking Daily News* 二种。这两种报纸均由中国人经营。最近,面临在天津由纯英美人发行的 *Peking & Tiantsin Times* 及 *North China Star* 等强大的劲敌,其作为报纸的外观、内容等相形见绌。例如发行量,连最有影响的 *Peking Leader* 也好不容易才号称有千份,而 *Peking Daily News* 只不过三百份左右。它们仅仅是作为中国方面政党之流对于欧美人的政治宣传机关报而存在,自然而然对欧美献媚,而对于日本,1915 年日中交涉、山东问题、新借款团、满蒙问题、福州事件等,只要一有事情就大肆诬蔑。例如其社论栏目,几乎以大半篇幅攻击日本。这些排日社论与许多在华英美人对日感情产生共鸣,尽管其实质内容浅薄,但作为中国人的代表性意见被加以介绍,往往导致世界舆论对我方不利之结果。由于其实际上的影响难以轻视,所以,作为对于这些问题表明日本方面公正立场的宣传机关报,日本就需要在北京创办恰如中文报纸《顺天时报》那样有影响力的外文报纸。此事很久以来一直有人倡导,现在时机终于成熟。1919 年 12 月 *North China Standard* 创刊问世。此后虽时日尚短,但已取得相当成绩,发行量凌驾于 *Peking Leader* 之上,达到一千二百份上下。

其现状大略如下:

Peking Leader(《北京导报》):1917 年 12 月作为梁启超机关报而创刊,以往被视为北京外文报纸中最出色之报纸。由英国 Cambridge 大学 L.L.D.学位的刁敏谦(广东人)当主笔,其兄刁作谦任外交部秘书。因为这一关系,以外交方面的消息灵敏迅速而闻名,但刁于 1919 年 11 月离开主笔职位。英国人 Simpson(Putnum Weale)以统计局顾问之名义,拿着中国政府高薪,时常煽动中国人的政治虚荣心,正在刊登鼓吹排日的评论。

Peking Daily News(《英文北京日报》):原为中国人朱淇经营,1917 年 3 月转让给美国留学生出身的汪觉迟。其后不久,又转卖给徐树铮,汪依旧任主笔,握有全权,但近来英国籍香港人吴来熙专任主笔。曾任极端排日杂志 *National Review* 主笔,迄今为止为天津美国报纸 *North China Star* 等北京通讯员的 W. Sheldon Ridge,主持其社论工作,但由于无任何实权,整个版面有几分英国系统色彩,在舞弄排日笔锋方面与 *Peking Leader* 无差异。

North China Standard(《华北正报》):该报由鹫泽与四二任社长,原 *Japan Chronicle* 记者英国人 J. S. Willes 任 New Editor。1919 年 12 月 1 日创刊,版面外观与 *Japan Advertiser* 酷似,凭着印刷鲜明,用纸优良,一看就优于其他外文报纸,版面精心编排而得到认可。

除了以上英文报纸之外,作为法文报纸有 *Le Journal de Pékin*(法国公使馆机关报)及周刊 *Le Politique de Pékin*(中国政府机关报)二种,经营者均为法国人。在舞弄排日笔锋这一点上与其他外文报纸没有差异。

四、外国通讯员

驻北京的外国通讯员现状如下:

(1)欧美通讯员

D. Fraser①(英国人):*London Times* 特派员,曾为 Dr. Morrison 助手,但莫氏当上中国顾问就接替其职。其声望在北京外国通讯员之中为举足轻重者之一。

Major A. E. Wearne(英国人):路透社通讯员,以前曾任《北京日报》主任,1918 年秋天再次来任,一担任路透社主任,就努力对日本采取善意的态度。但是,1918 年末起其态度大变,如同与主张排日的人同心协力一样,不过近来态度又大为缓和,似乎正欲努力采取公平态度。曾经任其助手的 M. S. Fyffe 离开新闻界,目前在天津。

W. Sheldon Ridge(英国人):*Peking Daily News* 的社论记者,积极撰写排日评论。迄今为止担任过上海的美国机关报 *China Press* 和天津 *North China Star* 通讯员,但目前好像仅为美国的二三家报纸发通讯。

W. R. Giles(英国人):*Chicago Daily News* 通讯员,同时兼任 *Peking & Tiantsin Times* 通讯员。在日中交涉

---

① 1919 年报告为"Frazer"。

时,被中国方面利用而竭尽全力攻击日本,由此被世人认识和关注。但因其操守不坚,所以无法赢得上流社会外国人的尊敬。近来对日本的态度似乎有几分公允,但还在舞弄排日之笔锋,屡次攻击我国对朝鲜的统治。

A. Ramsay(英国人):*New York Times* 通讯员,同时为 *Hongkong Daily Press* 通讯员。此人曾任 *Hongkong Daily Press* 副主笔,但被 *Peking Daily News* 聘任主笔,于 1913 年来北京上任,因与当时报社持有人朱淇意见不合而辞职,担任 British Engineers' Association 北京支所所长,并兼任 International Anti-Opium Association 书记,Major Wearne 回国期间又负责留守等,好似北京的外国通讯游击队。

W. H. Donald:曾为 *New York Herald* 特派通讯员,但 1914 年其北京支局关闭之后,任 *Far Eastern Review* 主笔,专注于该杂志,曾经舞弄不利于日本之笔。后来该报从日本实业家方面获得年额二万多圆的广告费,因此态度完全改变。报社持有人 Bronson Rea 极力刊登亲日的社论,Donald 认为作为主笔难以对这些内容负责,以此为理由于 1910 年 2 月辞职。

B. L. Simpson(英国人):伦敦 *Daily Telegraph* 通讯员,作为关于远东的作家,在"Putnam Weale"这一 Pen Name 下早已赢得名声。虽然其文才值得一提,但由于品行卑下,普遍无信誉,受到上流外国人指责。此人总是发表对日本不利的通讯及文章,自其机关报 *Peking Gazette* 停止发行以来,舞弄毒笔的机会减少,近来被中国政府聘为统计局顾问,在 *Peking Leader* 上煽动中国人的政治虚荣心,发表排日言论。

B. A. Burr(美国人):到近期为止在美国公使馆任副领事,1918 年 3 月末起成为中美通讯社北京分社主任,任《益世报》等美国系统报社执行董事,有时为 *Peking Leader* 社论栏目执笔,还兼任 *Japan Advertiser* 通讯员。近来又随着美国烟酒借款成立,以烟酒公卖局顾问之名义与 Simpson 一样受聘于中国政府,正在进行排日亲美的 propaganda。

Walter Clement Whiffen(美国人):美联社特派员,1917 年底从俄国首都来到北京。前任者 Smith 对日不太有好感,但 Whiffen 好像持有极为稳健的态度,近来奉命去西伯利亚出差,常常不在,但后来返回北京。

(2)日本通讯员

楢崎观一——《大阪每日新闻》《东京日日新闻》

鹫泽与四二——《时事新报》

大西斋——《大阪朝日新闻》《东京朝日新闻》

千田佐一——《报知新闻》

野满四郎——共同通信社

横山八郎——东方通信社

杉村太郎——《国民新闻》

井上孝之助——《读卖新闻》

金田一良三——《天津日报》

长谷川贤——亚细亚通信社

前田盛藏——东京电报通信社

广东

1919 年的广东报界,巴黎和会及上海南北和平会议、排日抵货运动、军政府改造及国会和宪法会议等各种问题接连不断出现,尤其是排日抵货运动屡次被对立的地方势力利用,波及省长问题等各种纠缠不清的问题。而且,军政府改造及宪法会议在中国政局的推移展开之中具有重大意义。其各方面关系者投入巨额资金互相拥护,绞尽脑汁攻击排斥其他派系,耸动读者之耳目。因此,这一年当中报界极尽波澜,发行新报达十四种,主要因官方的压迫干涉而废刊或停刊者累计达二十种。1919 年末的报纸实际数量多达四十一种。今年当中,此界的趋势是关于思想及社会问题的报道评论显著增加,使得版面大为生动活跃。其动机在于欲迎合追求世界思潮的年轻读者之兴趣,但亦为孙文等黎明运动之余波。相信这是不可否认之重要事实。而且,由于军政府的建立、国会宪法会议的召开,广东不仅终于成为西南各省政治派系关系之总汇,而且成为中国政界重心。作为自然而然的要求,以往为上海及北京的论调所左右的报界与通讯机关在融合的同时,逐渐发表独立意见,摆脱了雷同性无主义状态,这作为此界一大进步值得注意。从现今各报的主义、主张看其分布,属于政学会系的四种，属于民党及广东系的九种，属于进步党及保皇党系的二种，其他二十三种（其中日本人经营及美国人系统的二种除外）声称无党派，但其中许多接受官方相当补贴，自己在报道及评论中间有各种各样受人掣肘之嫌。

通讯社中重要的属于中、美系统的中美通讯社及日本人经营的东方通信社均在广东设立支局，专门以电报发送海外和上海、北京等中国各地的重要消息，香港政厅经营的欧美翻译局在欧洲大战中大量发送有利于协约国的电讯及书面通讯，但到了最近，其活动顿然弱化，以至于其存在几乎被遗忘。而作为广东地方的通讯，政学会系的周循社及北江通讯社最为广泛利用，文社、中兴、憬民、海东等各有特色，与报界公会一起作为广东报纸的综合探访机关都具有相当的影响力和信誉。还有，七十二行、中华、共和等有影响的几种报纸登载北京、上海的特电，但因财力原因，其数量和内容都仍免不了贫弱。

广东的报纸所属领域如下。

政学会系：《震旦新报》《粤声报》《觉魂报》《中华新报》

民党及广东系：《新报》《新民国报》《民报报》①《天民报》《粤报》《民仇报》《中原报》《珠江新报》《爱国报》

进步党系及保皇党系：《权报》《国华报》粤商团机关报《商权报》

无所属：《安雅报》《羊城新报》《七十二行商报》《总商会新报》《共和报》《大公报》《快报》《国是报》《华国报》《民意报》《天趣报》《南方新报》《民权报》《天声报》《振东报》《国民报》《岭海报》《大同报》《维新日报》《真共和报》《神州商报》《越华报》《天游报》

上海

1919年间上海的中文报纸无大的变化，只是到了年底有《亚洲日报》关闭报社，同年度创刊的《上海晨报》停刊。另一方面，有亲美倾向的《中外新报》及《国语日报》两种于1919年1月创刊。《上海晨报》原为排日风潮之产物，致力于攻击南洋兄弟烟草公司，但该公司总经理简照南先生向其提供资金，使其成为其机关报。故而搬弄排日言论，以此欺骗读者。然而因排日风潮，南洋烟草公司也受到不少打击，陷入财政困难。经理人夏重民亦缺乏报纸经营的经验，以致创刊仅半年就停刊。

同一年创刊的报纸中，有数种也可说是南北议和问题的副产物。其中《和平新闻》完全致力于拥护王揖唐，攻击反对党。该报由全国和平联合会会员中的数人组织创办，但伴随着和平会议的停顿而停刊。此外，《正报》《中和日刊》创刊两个月就停刊，《平和日刊》由平和通讯社发行，是议和调停者熊希龄的机关报，但发行后不久被《中华新报》合并。

此外，同一年中有各种小报十余种创刊，因无一定财源，经营者不得其人，朝设暮废，不胜枚举。还有，由于仅仅依靠普通大报无法全部登载其要发表的言论，因而各类大学、各种联合会等以日刊、周刊，或者月刊等小报、杂志来补充，但在不知不觉之中就停刊了。

各报的发行量及销路与以往无大的差异，但像《民国日报》《时事新报》那样的报纸，排日风潮发生后倾向于舞弄激烈笔锋，致力于引起世人关注，因而发行量稍微增加，而《新中报》在王揖唐来沪后，稍微减少了，但没办法了解其详细情况。还有，本年度的报界主要特征可举出二三个。

（一）附录及小报的流行

报纸附录中《申报》的《星期日增刊》（周日附录）最早且最大，其次为《新闻报》的附录《新新闻》、《时报》的《新时报》，《神州日报》及《新申报》也正在发行此种小报，但因经费关系，未及实施。此外，报纸附属的小报，《神州日报》的《晶报》最早，受社会普遍欢迎，仿效它的有《时报》的妇女、美文、教育、医学、文艺、美术、实业七种附录，以及《民国日报》的《星期评论》。《民国日报》模仿《神州日报》的"神州实业"及"教育界"栏目，设"觉悟"一栏，《时事新报》亦设"学灯"及"工商之友"二栏目。今后分发附录及小报之风应该会日益流行起来。

（二）报纸登记的变迁

上海的各报纸中，除了属于美国公司的《新闻报》、取得葡萄牙国籍者席子佩经营的《新申报》、在法租界的《中华新报》以外，《申报》《时报》《神州日报》《时事新报》《民国日报》等全部在日本领事馆注册，但排日风潮发生之际，《申报》因遭周围猛烈攻击而终于取消日本总领事馆注册，在法国总领事馆注册。以此为始，《时事新报》

---

① 原文如此，疑有误。

《时报》亦仿效之。现在我国总领事馆注册的仅为《民国日报》和《神州日报》二种。

（三）日报公会的改造

日报公会之中一向未列入《新申报》之名,1919年春经《时报》介绍才入会。《申报》对于其入会大为反对,但无效果,以致最终自己声明退会。罢市风潮之际,日报公会做广告劝告各家商店开市,但原本厌恶《新申报》加入该会的《时事新报》以此广告问题为借口退会。还有,《时事新报》退会的背后理由是,过去该报提议拒绝刊登日本商店的广告、排斥东方通信社电报以及将《亚洲日报》除名之际,第一项提议得到通过,但第二项、第三项提议,由于《神州日报》联合各家报社主张反对而没有通过。该报对此愤慨也是原因之一。这样,《新闻报》提出改造公会之议,大会则通过了改造方案,秘书长的宝座终于为该报经理汪汉溪亲戚吴某占有。总之,日报公会事实上归于《新闻报》掌控之中。因而,对此不满之声也不少,在1920年度大会上不知道会发生什么问题。

关于南北议和问题,朱启钤来沪当时,各家报纸均采取旁观态度,仅《民国日报》将重点置于法律问题上,其后排日风潮发生,各家报纸逐渐讨论外交问题。王揖唐来沪以来,由于议和重启希望几乎破灭,各家报纸都终于不重视议和问题。今后的态度如何无法预测,但各家报纸有关议和的主张要点,则如下所示：

《新闻报》　　外交问题
《神州日报》　法律问题
《时事新报》　外交问题
《中华新报》　法律问题
《民国日报》　外交问题
《中外新报》　外交问题

以上所说的外交问题,重点都在于主张废除日中军事协约,法律问题的重点则是以国会问题为主要着眼点。

若区分报界有关排日运动的倾向,可分为如下三种：

1. 诸如《新闻报》,以排日本身为目的。
2. 诸如《民国日报》《时事新报》《中华新报》及《新申报》,与其说是为了排日,毋宁说是欲迎合社会人心。
3. 为了避免亲日嫌疑,不得已顺应舆论。

中国各地报纸要览

名　称	主　义	持有人	主　笔	备　考
北　京				
政府公报(中文)	政府的公布机关	直属于国务院印铸局		日刊,刊登和公布法令公文书等
陆海军公报(中文)	陆海军的公布机关	经理　魏宗潮	罗泽炜	政府补助一千三百元
教育公报(中文)		在各部处编辑处编纂发行		刊登《政府公报》发布的与各部相关的法律、命令,以及各部相关的一切公文、相关调查报告、译报和统计等。《交通月刊》从1917年1月起每月发行一册
农商公报(中文)				
税务公报(中文)				
盐务公报(中文)				
交通月刊(中文)				
顺天时报(中文)	日中亲善	渡边哲信	渡边哲信	1902年创刊①,是北京报纸之翘楚。发行号数五千八百号,发行量一万份,为北京第一。但受1919年排日的影响,发行量锐减至约四千份

---

① 应为1901年10月创刊。

(续表)

名 称	主 义	持有人	主 笔	备 考
北京日报(中文)	中立,与外交部方面有关	朱淇	朱淇	北京最早的报纸[①]。朱淇是北京报界的元老,曲解日本。发行号数五千八百四十九号,发行量约五千八百份
民视报(中文)	安福系	康士铎	丁雨生	社长是新旧众议院议员中的佼佼者,主笔为日本留学生出身。发行号数二千八百九十四号,发行量八百份
国是报(中文)	安福系	光云锦	光香久	据说与倪嗣冲有关。社长是众议院议员中的佼佼者,主笔是其弟。发行号数二千一百九十二号,发行量二百份
日知报(中文)	无系统	王博谦	王博谦	王博谦为前清举人,据说曾与梁士诒有关,又有一说与上海的实业家有联系。发行号数二千二百零三号,发行量约五百份
京津时报(中文)	安福系	汪立元	汪立元	汪立元系众议院议员,赴日记者团长,现任万国记者俱乐部会长。资金丰富,对政党没有兴趣。发行号数三千四百二十五号,发行量约五百份
北京民强报(中文)	报界同志会机关报	王河屏	罗毅夫	王河屏是前清举人,不在北京。发行号数二千四百三十五号,发行量四百五十份
大中华日报(中文)	北洋系	叶华生	叶九华	社长是安徽军人出身,主笔为其弟。发行号数一千六百五十四号,发行量约三百份
新民报(中文)	安福系	乌泽声	常越公	乌泽声毕业于早稻田大学,是众议院议员,主笔曾为《顺天时报》的记者。发行号数一千二百七十二号,发行量约四百份
亚东新闻(中文)	稳健主义,讨论会系	李安陆	黄延询	社长和主笔都毕业于日本高等师范学校,对日看法公正。发行号数一千六百九十六号,发行量五百份
甲寅日刊(中文)	以营利为本位	陆哀	林质生	陆哀是前清山西巡抚陆忠琦之子,为中立派,但据说与张作霖有关系。发行号数一千零八号,发行量一千份
公言报(中文)	徐树铮机关报	汪有龄	梁鸿志	汪有龄为参议院议员,梁鸿志为参议院秘书长。发行号数一千二百零二号,资金丰富,发行量四千份
经世报(中文)	孔教会机关报	陈焕章	陈焕章	陈焕章是广东人,康有为的高徒,当时出色的学者,是参议院议员。发行号数一千四百六十一号,发行量约三百份
公论日报(中文)	与王京兆尹有关	吴光熙	吴光熙	吴光熙是安徽人,教师出身。发行号数一千一百零四号,发行量约三百份
新兴中报(中文)	和平会机关报	郭引源	郭引源	社长是上海的和平联合会员。发行号数二千九百三十四号,发行量三百份

———

① 《北京报》1904 年 8 月创刊,1905 年 8 月更名为《北京日报》。

(续表)

名　称	主　义	持有人	主　笔	备　考
新民国报(中文)	安福系	郑万瞻	汤用彬	社长和主笔均为湖北人,众议院议员。发行号数七百六十七号,发行量约二百份
晨报(中文)	研究会机关报	刘崇佑	刘访园 梁秋水	主笔为日本留学生出身。发行号数四百二十号,发行量约五千份
益世报(中文)	美国机关报	杜竹轩 代徐凤人	成舍我	美国系中文报纸。代理社长为前司法部次长徐谦之弟。发行号数一千四百八十二号。正计划在中国十三个重要城市设立分社。特别是1919年以来,发行量大增,号称有一万二千份
陆海军日报(中文)	陆军部编辑处机关报	张文	张文	社长是广东人,陆军少将。发行号数二千四百六十七号,发行量约二百份
新京报(中文)	与京兆尹有关	邱访伯	胡康彝	社长为日本留学生出身,胡主笔1912年任湖北都督参谋。发行号数一千一百九十二号,发行量约二百份
中央日报(中文)	与曹锟有关	曹雄基	刘心齐	社长和主笔均为直隶人。发行号数五百二十三号,发行量约二百五十份
又新日报(中文)	靳云鹏机关报	何海鸣	屈佚	何海鸣是湖南人,众议院议员。主笔也是湖南人,日本留学生出身。近来大肆鼓吹社会劳动主义。发行号数四百五十八号,发行量约五百份
定一日报(中文)	中立主义	邱醒旦	林述康	据说原来与己未俱乐部有关。社长为福建人,交通部科员,主笔为总统府科员。发行号数五百八十一号,发行量约四百份
民国公报(中文)	鼓吹和议	罗毅夫	罗毅夫	社长为湖南人,农商部科员,发行号数六百三十四号,发行量三百份
北京新报(中文)	以营利为本位	刘清泉	刘清泉	社长为湖南人,纯新闻记者。发行号数四百九十号,发行量约四百份
唯一日报(中文)	叶恭绰机关报	卢孟兰	卢孟兰	社长为前清译学馆出身。据说曾是朱启钤的机关报。报道、主张较为公正。发行号数五百五十二号,发行量约五百份
中央时报(中文)	安福系	张一鹤	周次野	社长为张一馨之弟。发行号数八百一十五号,发行量约三百份
民福报(中文)	新交通系	王元震	王元震	据说与曹汝霖或陆宗舆有关系,又传说亦与倪嗣冲有关。社长为总统府咨议官。发行号数五百三十一号,发行量约五百份
民业日报(中文)	实业机关报	廖少贤	廖少贤	社长为四川人,农商部工艺局职员。发行号数四百九十四号,发行量三百份
多闻日报(中文)	安福系	金建鹏	陈优优	社长为北京人,前清司法部职员。主笔为湖南人,纯新闻记者。发行号数二百一十三号,发行量三百份

(续表)

名　称	主　义	持有人	主　笔	备　考
大陆日报(中文)	安福系	吴钱孙	吴钱孙	社长为河南人,财政部职员。发行号数一百二十八号,发行量约三百份
北京正言报(中文)	张作霖机关报	王樾公	张雨震	社长为奉天铁岭的军人出身。主笔为吉林人,陆军部职员。发行号数二百七十五号,发行量二百五十份
世界新闻(中文)	安福系	吴仲遥	王右屏	社长为福建人,众议院议员。主笔为日本留学出身,毕业于北京大学法律系。发行号数一百号,发行量约三百份
民声报(中文)	己未俱乐部系	周棠	林直夫	社长为湖北人,众议院议员。主笔为福建人,日本留学出身。发行号数三百一十六号,发行量约三百份
都门新报(中文)	曹汝霖机关报	吕天民	张梦杨	社长为杭州人,日本留学生。主笔为农商部主任。发行号数二百一十三号,发行量约二百份
时言报(中文)	与刘存厚有关	庄云趾	庄云趾	社长为四川人。与《晨报》《益世报》一起,是唯一排日的报纸。发行号数三百二十号,发行量约二百份
都报(中文)	不明	胡康彝	胡康彝	据说与倪嗣冲有关,是张弧的机关报。社长为湖北人。发行号数一百四十五号,发行量约二百份
北京平报(中文)	李盛铎机关报	夏镇守	毛福全	社长为江西人,北京商务总会干事。主笔为江苏人。发行号数一百七十六号,发行量约二百份
大同日报(中文)	交通部机关报	黄赞熙	江春均	社长为交通部路政司长,主笔为前清举人。发行号数二百四十七号,发行量约三百份
铎声(中文)	己未俱乐部机关报	刘冕执	张季仙	社长为湖南的旧参议院议员。主笔为湖南人,日本留学生出身。发行号数二百二十二号,发行量约三百份
东方日报(中文)	安福系	杨以俭	王保鋆	社长为参议院议员,天津警察厅长杨以德之弟。主笔为日本帝国大学出身。发行号数二百三十八号,发行量约三百份
民意日报(中文)	山东人机关报	刘次豪	张念辰	社长为山东的国会议员。本报几乎就是为了山东问题而创立的。发行号数二百一十七号,发行量约四百份
民治日报(中文)	与倪嗣冲有关	丁宝光	陈静予	社长和主笔均为安徽人。发行号数三百七十号,发行量约三百份
北京大中华日报(中文)	张作霖机关报	刘敬舆	张浩如	社长为吉林的众议院议员,主笔也是吉林人。发行号数六十七号,发行量约二百份
时事评论(中文)	北京大学机关报	杨抱冰	伍泓夫	据说是由前校长胡仁源出资。社长为江西人,北京大学学生。主笔为湖南人。发行号数一百零一号,发行量约四百份

定期调查报告　　（秘）1920年9月印刷（1919年末调查）　　有关中国（附远东西伯利亚）报纸及通讯的调查

(续表)

名　　称	主　　义	持有人	主　笔	备　　考
北京蒙边日报(中文)	北洋系	滕祖春	滕祖春	社长为安徽人，军人出身。发行号数五百二十号，发行量约二百份
爱国白话报(中文)	回教徒系	马璞	文子龙	马璞是势力很大的回教徒，主笔为北京大学学生。发行号数一千九百三十五号，发行量一万份
京话日报(中文)	超然	彭冶仲	颜一明	发行号数二千六百一十六号，发行量一万份
群强报(中文)	据说与步军统领有关	陆哀	陆哀	北京居第一的白话报纸，发行量二万份
实事白话报(中文)	以营利为本位	戴兰生	戴兰生	发行量五百份
国强报(中文)	同上	刘铁庵	李茂亭	发行量五千份
商业日报(中文)	商务总会机关报	郭某	王冷公	发行量五千份
新支那(日文)	日本主义	安藤万吉	藤原镰兄	1913年9月创刊，日刊。近来注意这种日文报纸的中国人很多
新支那(日文)	介绍中国情况	安藤万吉	藤原镰兄	1912年3月创刊，周刊
日本及支那(日文)	介绍中国	井上孝之助	井上孝之助	1917年9月创刊，以介绍中国情况为主
Peking Daily News(英文)	徐树铮机关报	徐树铮	吴莱喜	日刊。舞弄排日笔锋，多少带有一些英国系色彩，但势力萎缩不振。发行量三百份
Peking Leader(英文)	梁启超机关报	刁敏谦	Simpson(英国人)	日刊，排日报纸，发行量一千份
North China Standard(英文)	日本机关报	鹫泽与四二	J. S. Willes(英国人)	外务省提供创办费二万八千三百九十弗及首年度日常费三万四千八百弗的补助，同时靠实业家方面的援助，于1919年12月1日创刊。发行量一千二百份
La Politique de Pékin(法文)	中国政府机关报	Lé Shen. Li	Monestier	1914年4月创刊，周刊，中国政府的机关报
Journal de Pékin(法文)	法国公使馆机关报		Nachbaur	1911年7月接受俄国公使馆的补助而创刊。俄国政变后受法国公使馆的保护。1918年5月该公使馆以三万弗盘下，尔后归其经营。报道大体稳健，但不时刊载排日报道
天　　津				
直隶公报(中文)				1901年[1]以来发行的《北洋官报》之改称，为直隶省的官报，日刊，发行量二千五百份
天津日日新闻[2](中文)	日中亲善	方若	郭心田	1901年创刊[3]，日刊，发行量二千份。以亲日主义贯彻始终，但经营困难，据说方若也有放弃经营之意。目前仍维持着相当大的影响力

---

[1]　应为1902年12月25日创刊。
[2]　又名《日日新闻》。
[3]　1900年冬以该名出版。

(续表)

名　　称	主　　义	持有人	主　笔	备　　考
大公报(中文)	安福系机关报	合资组织 代表　胡霖	樊毓鋆	1902年创刊，日刊，发行量四千份。对日抱有好感，为倪嗣冲的机关报
益世报(中文)	维护美国利益	合资组织 代表　刘俊乡	徐佐治	1915年创刊，日刊，发行量七八千份。该报与法国人关系密切，但与法国官方交恶。现有美国方面的资本，努力维护美国利益，是排日报纸的急先锋。发行量为天津第一，影响亦大
京津泰晤士报(中文)	维护英国利益	熊少豪	金凤■①	1917年创刊，日刊，发行量二千五百份。该报兼营 The Peking & Tientsin Times，对日不抱善意，与《益世报》《河北日报》一起益发尽力地进行排日宣传
时闻报(中文)		李大义	王石甫	1904年创刊，日刊，发行量七百份。曾一时被视为曹锟的机关报，但现在似乎与其毫无关系
旭日报(中文)		周琴舫	贺彩臣	1912年创刊，日刊，发行量一千份
戆言报(中文)		萧润波	韩笑臣	1916年创刊，日刊，发行量九百份。被视为天津警察厅长杨以德的机关报
白话晨晚报(中文)		刘少云	王筱田	1912年创刊，日刊，早晚发行两次，发行量合计一千六百份
白话午报(中文)		高子受	高子受	1916年创刊，日刊，发行量一千份
通俗白话报(中文)		谢铭勋	谢铭勋	1919年创刊，日刊，发行量五百五十份。为曹汝霖一派的机关报，但没什么影响
国强报(中文)		杨荣廷	杨筱廷	1918年创刊，日刊，发行量四百份
河北日报(中文)	直隶派系的机关报	边守靖	米逢吉	1919年创刊，日刊，发行量三千份。努力拥护维护直隶派系，攻击安福派皖系军阀，煽动排日风潮
天津北京报(中文)		王瑞之	郑育才	1919年创刊，日刊，发行量一千份。盘下《北京报》的经营权，作为其天津版发行。排日报纸，报面不振
民强报(中文)		李宝珍	刘承勋	1919年创刊，日刊，发行量一千五百份。标榜不偏不倚，但似乎与段派存在默契。对日抱有善意，但报面不振
天津日报(中文)②	拥护日本	西村博	西村博	由《北清时报》和《北支那每日新闻》合并改名而来。1910年创刊，发行量七百五十份
京津日日新闻(日文)	拥护日本	森川照太	橘朴	1918年创刊，日刊，发行量七百份。在北京进行编辑印刷。最初为合资组织，1919年间归森川所有

---

① 原文文字模糊，疑似"褻"。
② 各年报告均为"日文"，此处疑有误。

(续表)

名　称	主　义	持有人	主　笔	备　考
日华公论（中文）（日文）	日中亲善，介绍中国情况	小仓章宏	小仓章宏	1912年创刊，周刊杂志。1919年，小仓从森川处将其盘下，改为月刊。发行量一千份
North China Commerce（英文）		Rassmussen	Rassmussen	1919年创刊，月刊杂志。发行量二百份，刊登经济报道
China Advertiser（英文）	维护日本利益	松村利男	松村利男	周刊杂志，曾暂时停刊。1919年10月，作为日刊新闻刊行，发行量二千四百份，但大部分为免费捐赠。为当地日本人经营的唯一的英文报纸，论调公正，在欧美人中受到好评。但财政状况不良，令人遗憾
The Peking & Tientsin Times［京津泰晤士报］（英文）	维护英国利益	Tientsin Press Ltd.	H. G. W. Woodhead	1894年创刊（周刊），1904年改为日刊①。发行量九百份。英国人的机关报，所论大体上公正。对日没有好感，总是刊载排日报道
China Illustrated Weekly（英文）		同上	Miss K. H. Massay	周刊，发行量五百份，排日报纸
North China Daily Mail（英文）		R.Bate 及 Fisher（英国人）	R.Bate	1914年创刊，晚报，发行量五百份。极力维护日本利益，但报面较为不振
North China Sunday Times（英文）		同上	同上	周日报纸，发行量三百份。其他同上
L'Echo de Tientsin（法文、英文）	天津法国租界当局机关报	法国商人合资组织	Marcal②Gaulais（法国人）	日刊，发行量三百份。对日表示好感
North China Star（英文）	维护美国利益	英、美、法、中国人的合资组织（主要是美国人）代表 Charles James Fox（美国人）	C. J. Fox	1918年创刊，日刊，发行量二千二百份。拥有美国领事馆的强力后援，美国宣传机关之一。在外文报纸中价格最低，销售极为可观。总是刊登对日不利的报道，极力煽动排日
China Critic（英文）		North China Printing and Publishing Co., Ltd.	Norris③ Newman	1908年创刊，晚报，家庭报纸。发行量一百五十份。经营不如愿，被英国人拉斯马森④盘下。计划从明年1月开始，作为晚报 *Tientsin Evening News* 发行
齐齐哈尔					
黑龙江公报（中文）	官报	黑龙江省长公署	政务厅总务科长	1914年创刊，日报，登载法令、公文、告示等的官报，发行量约八百份
黑龙江报（中文）	扩张国权	魏馨钥	同前	1916年1月创刊，日报，每月接受督军、广信公司及官银号六百元补助，发行量两千份上下

---

① 1902年改为日报。
② 1913年报告为"Marcel"。
③ 1912年报告为"Morrio"。
④ 原文为"ラスマッセン"，还原成英文，疑似"Rasmussen"。

(续表)

名　称	主　义	持有人	主　笔	备　考
通俗教育报(中文)	启发民智,普及教育	黑龙江教育会	薛殿冀	1914年12月创刊,日报,黑龙江省教育会机关报,每月接受督军、广信公司及官银号一千元补助,发行量八百份上下
哈尔滨				
Вестник Маньчжурии[满洲日报](俄文)	中东铁路机关报	中东铁路公司	伊·亚·都布罗洛夫斯基	1904年创刊①,日报,《哈尔滨日报》②(Железнодорожник)的后身,发行量约八千份。主义、主张保守,持有亲日倾向
Новости жизни[时事新报]③(俄文)	社会民主	"贝察琪"出版公司	斯恩菲利德、切鲁尼夫斯基、克里奥林、伊孔尼科夫	1909年创刊④,日报,发行量约三千份。接受犹太人会一些补助,经营似有困难。原本就不亲日,革命以来,为了宣传其主义,经常登载对日本不利的报道
Russian Daily News(英文)		维希(美国人)	同前	1918年间创刊,日刊报纸,发行量约三百份。登载美国无线电报、"洽库"⑤情报局、日本弘报局的电报,以及俄国报纸的社论和评论的概评
远东报(中文)		张祝臣 杨茂翼	史弼臣	1908年创刊⑥,日报,发行量一千份。持排日论调,但比对美国的报道稳健
东隆商报(中文)	排日	王德滋	尹连元	在当地中国官方的保护下经营,发行量六百份
国际协报(中文)	亲日主义	张复生	叶元宰	起初于长春发行,1919年11月转移至哈尔滨,发行量一千份,据说由长春的中国富豪出资
大北日报(中文)	排日论调	沈旰若	陈小轩	1919年8月1日创刊,起初由高士宾少将出资,该少将下台后,因出资中断,现正寻求新资金源
北满洲(日文)		浅见亮	林原吉次郎	1914年7月创刊,晚报,小型报纸
西伯利新闻(日文)		小岛七郎	阿部信一⑦	1918年12月创刊,日报,发行量四千五百份,版面比《北满洲》大,报道多,报型好,陆军方面⑧进行宣传的机关报
Свет(俄文)		格里高利·萨特夫斯基·卢杰夫斯基	同前	1919年4月创刊,日刊报纸,发行量约三千份,以谢苗诺夫将军的资金发行,保守主义,有君主主义倾向,完全是日本派,但资金不足,能否维持仍是疑问

① 1903年6月创刊。
② 亦译《哈尔滨新闻》或《哈尔滨公报》。
③ 亦译《新生活报》,1917年报告译为《新生涯》。
④ 1907年11月,由《东方通讯》和《九级浪》合并在哈尔滨出版。
⑤ 日文原文为"チェック",还原为英文疑似"Check",暂且如此翻译。
⑥ 应为1906年3月创刊。
⑦ 1919年报告为"阿武信一"。
⑧ 指日本陆军。

定期调查报告　　（秘）1920年9月印刷（1919年末调查）　　有关中国（附远东西伯利亚）报纸及通讯的调查

(续表)

名　称	主　义	持有人	主　笔	备　考
哈尔滨新闻（日文）		松本诚之	真野玄澄	1918年12月创刊，日刊报纸，发行量约两千份，周一印刷两页俄文，虽以对俄宣传为目的，但缺乏影响力，依靠陆军的补助勉强存续
哈尔滨商品陈列馆馆报（日文）		商品陈列馆	北浦精	1919年1月创刊，虽为月刊馆报，但也有一般政治经济报道
极东公论（日文）		镰田正一	永岛义高	1919年8月创刊，月刊，虽为杂志，但并未做到定期发行，影响力微弱
长　春				
北满日报（日文）	报道时事	箱田琢磨（福冈县人）	泉廉治（毕业于东亚同文书院）	日报，发行量一千三百份
新民日报（中文）	启发人智，促进教育、实业	白云深	同前	日报，发行量约五百份，1917年10月创刊。稍有排日态度，因为关于时事问题登载了荒唐的报道，累遭中国官方停刊处罚
大东日报（中文）	鼓吹实业、教育及道德	刘钟树	吴树武	日报，1915年8月创刊。在长春的中文报纸中最老，报道相对稳健精准，发行量约七百份
醒民日报（中文）	开发民智	侯炳章	同前	日报，发行量约两百份，1918年4月创刊，版面、报道均贫弱、低级
正俗日报（中文）	改良风化，启发民智，振兴实业	贾普和	谢航	日报，1919年10月创刊，合资组织。每月接受吉林官银号两百元补助，有实业家作后援，发行量约二百五十份
长春商业时报（日文）	东北地区各地物价及一般商业状况	伊月利平	同前	日报，1914年11月创刊，油印小型报纸，发行量约三百五十份
北满タイムス（日文杂志）	文学、哲学、艺术等	田中直记	田中直记 野田竹荫	月报，1919年8月创刊，发行量约五百份
吉　林				
吉林公报（中文）		吉林省长公署		1912年3月1日由《吉林官报》改名①，隔日发行，登载命令、公文、法令、告示和电报，发行量六百份，二十页上下
吉长日报（中文）	启发民智	顾植	瞿铖	接受吉林官方补助，社长、记者皆为官吏兼任，纯粹的官僚机关报。顾植为省长公署第三科第一课长，兼任中东铁路督办公署秘书长。日报，发行量两千份
吉林新共和报（中文）	拥护共和	诸克聪	同前	由省城外地方绅士（主要为省议会议员）发起，但近来这一色彩稍弱，由持有人诸克聪从其主业律师的收入中匀出若干得以维持。日报，发行量七百份

---

① 吉林公署官报局编印出版，1907年8月（光绪三十三年七月）创刊，初为两日刊，1908年11月后改为旬刊。

(续表)

名称	主义	持有人	主笔	备考
吉林日报(中文)	有提倡振兴实业的倾向	谢中	同前	谢是美国留学生出身的矿业家。日报,发行量三百份
民实报(中文)	排日色彩浓重	阎铎	同前	日报,省议会副议长刘会同一派的机关报,发行量三百份
民报(中文)		赵志起	同前	日报,省城有势力者组成的同志俱乐部一派之机关报,发行量三百份
通俗报(中文)		初兆声	同前	一周三次,以向一般农民、商人普及通俗知识为主义
吉林时报(日文)		儿玉多一	同前	周报,发行量两百五十份
龙井村				
间岛时报(日文及朝鲜文)	介绍间岛情况	山崎庆之助	同前	1910年创刊,隔日发行,为登载我国领事馆公告的报纸。自1915年插入朝鲜文以来,在开发朝鲜人方面收到了很大的效果,因此普遍受重视。发行量七百五十份
东满通信(日文)		安东贞元	同前	1915年创刊,隔日发行,油印,主要向各地诸报社发布通讯,发行量八十份
铁岭				
铁岭时报(日文)	以时事报道为主,谋求通商发展	西尾信	同前	1911年8月1日创刊,晚报①。为登载驻铁岭领事馆及居留民会公告的报纸,版面为单面四页,广告使用活版印刷,报道使用油印,发行量四百份
铁岭每日新闻(日文及中文)	以时事报道为主	罗率真	罗率真 迫田采之助	获得中国官方许可,1917年11月发刊,日报,发行量三百五十份
开原新报(日文)	经济关系报道	鹤冈永太郎	皆川广	1919年2月11日创刊,日报,发行量四百份
奉天				
奉天公报(中文)		省长公署政务厅		登载省长公署公告的机关报,日报,发行量约一千三百份
盛京时报(中文)	日中亲善,开发满蒙	中岛真雄	菊池贞二	1906年10月创刊②,日报,资本金两万圆③,发行量约一万六千份,东三省最有影响力的中文报纸,现终于确立经济基础
醒时报(中文)	毫无倾向	张子岐④	张维祺	1909年2月创刊,日报,个人经营,资金不充沛,发行量约一千八百份,与回教教徒有关系
东三省公报(中文)	奉天中国官方机关报	王希哲	同前	继承前清时代的《东三省日报》,1912年2月改为现在的名称。日报,个人经营,资本金两万圆,每年接受中国官方及总商会的补助金,发行量约五千份,遵从中国官方之意,不登载排日报道

---

① 应为日报。
② 应为1906年9月1日创刊。
③ 1909年调查记载资本为九千圆。
④ 即张兆麟。

定期调查报告　　（秘）1920年9月印刷（1919年末调查）　　有关中国（附远东西伯利亚）报纸及通讯的调查

(续表)

名　称	主　义	持有人	主　笔	备　考
奉天新闻（日文）	论调稳健,不偏不倚	佐藤善雄	远藤规矩雄	1917年9月创刊,由佐藤善雄等人发起,召集有志者经营。日报,发行量约三千五百份。奉天总领事馆发布公告的报纸,在同地日文报纸中最有信用,但财政不充裕,勉强继续经营
大陆日日新闻（日文）	自称鼓吹大陆主义	石本镄太郎	五百藏正吉	起初名为《奉天日日新闻》,1917年1月归宪政会前议员石本镄太郎所有,与此同时改现名。日报,发行量约四千份,报道有时缺乏稳健
满洲通信（日文）		武内忠次郎	同前	1914年8月创刊,起初以电讯为重点,1915年1月起变为普通通讯。晚刊,油印,发行量二百二十份
内外通信（日文）		合田愿	同前	1907年5月创刊①,起初为油印,1915年11月起改为活版印刷,主要是广告用小型报纸。日刊,发行量约一千三百份,兼营印刷业
共同通信（日文）		菊池贞二	同前（发行兼编辑）	1917年2月创刊,油印,日刊,发行量一百份
奉天评论（日文）		由井滨权平	同前（发行兼编辑）	1916年12月创刊,月刊,发行量约三百份
满洲日报（中文及朝鲜文）	以指导、开发在中国东北的朝鲜人为己任	朴仁奎	鲜于日	1919年6月创刊,在奉天总领事馆的指导和监督下发行,发行量一万两千份,资本匮乏,经营困难,动辄发表排日性评论
蒙文报（蒙文）	开发蒙古,日蒙亲善	中岛真雄	菊池贞二	1918年3月创刊,周报,作为《盛京时报》的附带事业,聘请蒙古人发行,发行量约两千份
郑家屯				
满蒙日报（日文及中文）	日中亲善,启发满蒙	渡边寅次郎	同前	1918年5月30日创刊,日报,小型,四页乃至八页,发行量约四百份
安　东				
安东新报（日文）	作为地方机关报,主要为经济上的报道	川俣笃	川俣笃	1906年10月17日创刊,发行量一千九百份
辽　阳				
辽鞍每日新闻（日文）	以报道一般情况为目的	渡边德重	同前	日刊,发行量九百二十份,辽阳日本领事馆、辽阳警务署、满铁地方事务所、辽阳居留民会等发布公告用报纸。1919年10月30日起由《辽阳新报》②改称而来

---

① 应为1907年7月创刊。
② 亦名《辽阳每日新闻》。

(续表)

名　称	主　义	持有人	主　笔	备　考
牛　庄					
满洲新报(日文)	开发满蒙,发扬日本固有的国民性	冈部次郎	小川义和	1908年2月创刊,日刊,发行量约四千份,牛庄居留民团每月补助一百六十圆
营商日报(中文)	发展商业	营口商务总会	高景房(山东人)	1907年①创刊,日刊,发行量约八百份,营口商务总会的机关报,接受该会补助
芝罘　附龙口					
芝罘日报(中文)	启发民智	桑名贞治郎	于辑廷	1907年创刊,日刊,发行量约五百五十份。受去年排日运动打击,处于经营困难状态
钟声报	扩大民权	丁训初	同前	日刊,发行量仅五百份左右。去年山东问题发生以来,频繁刊登排日报道,迎合人心,因而发行量达一千余份
芝罘商报(中文)	拥护商民	李循芳	王端友	1915年5月创刊,1916年1月一时停刊,同年11月末再刊。日刊,评论稳健公平,发行量不下五六百份
胶东报(中文)	伸张民权	郑千里	同前	1917年6月创刊,日刊,发行量一百五十份,由《新芝罘》改名而来,鼓吹排日运动
Chefoo Daily News(英文)	无主义	James McMullan & Co.	James Herney	1917年创刊,发行量一百份,因经营困难,有停刊之说,但现在仍在继续。呈当地英国侨民机关报之观
爱国报(中文)	开发民智	刘震涛	同前	1919年秋创刊,白话报,发行量四百份
济　南					
山东公报(中文)	山东省长公署的官报	山东省长公署		1913年2月创刊,日刊,刊载省公署的条令、公文等,发行量约一千份
大东日报(中文)	交通系	方观海	曾乾	1912年6月创刊,日刊,发行量约六百五十份。据闻与靳云鹏有关系
商务日报(中文)	商务总会机关报	张子衡	王皋初	1916年9月创刊,日刊,专门登载实业界内容,发行量约四百七十份
新齐鲁公报(中文)	国民党系议员的机关报	王默轩	同前	1917年6月创刊,日刊,发行量约四百份
齐美报(中文)	无固定主义	鲁岐山	杜子年	1915年②4月创刊,日刊,发行量一千两百份
简报(中文)	津浦铁道员的机关报	沈鉴	郝润山	1905年6月创刊,日刊,发行量一千三百份
山东法报(中文)	山东律师会机关报	社长　丁会符	张思纬	1919年5月创刊,日刊,发行量七百份,山东律师会创刊

① 1919年报告为"1909年"。
② 1919年报告为"1916年"。

定期调查报告　　（秘）1920 年 9 月印刷(1919 年末调查)　　有关中国(附远东西伯利亚)报纸及通讯的调查

(续表)

名　　称	主　　义	持有人	主　笔	备　　考
海岱新闻(中文)	徐树铮的机关报	陈干	徐方年	1919 年 8 月创刊,日刊,发行量五百份
昌言报(中文)	安福系机关报	张景云	薛会卿	1919 年 5 月创刊,日刊,发行量九百五十份
通俗教育白话报(中文)	神学派机关报	罗亚民	同前	1918 年创刊,日刊,发行量四百七十份
白话商报(中文)	商学派机关报	王仲修	余吟生	1919 年创刊,日刊,发行量三百八十份
大民主报(中文) The Great Democrat	美国、中国人的机关报,宣传排日	张达沈	周朗山	1919 年 11 月创刊,日刊,发行量两千三百份,青年会、商学联合会、省议员等的股份制组织,美国籍
济南日报(中文)	日中亲善,伸张日本人的利益	中西正树	滨冈福松	1916 年 8 月创刊,日刊,发行量九百份
山东新闻(日文)		川村伦道	滨冈福松	1916 年 6 月创刊,日刊,发行量七百份
济南经济报(日文)	介绍山东经济情况	冈伊太郎	同前	1918 年 10 月创刊,日刊,发行量五百份
北支那通信(日文)(中文)		滨冈福松	同前	1916 年 12 月创刊。日文日刊发行量一百三十份;中文一周两次,发行量九十份
上　　海				
申报(中文)	中立派	史家修	陈景韩	日刊,发行量二万五千份。报道稳健,不偏不倚。在实业界和上流社会有影响力。1872 年 4 月创刊。作为中国最老的报纸,基础扎实,有信誉。1914 年归现任社长史家修经营,一度在德国领事馆注册,而 1916 年以来以冈田有民的名义在日本总领事馆注册。然而,1919 年春排日风潮一发生就受到压迫,在法国领事馆注册。总是对我国持有好感,正在与我方保持接近
新闻报(中文)	实业派	汪龙标(号汉溪)	李寿熙(号浩然)	亲美排日,以上海为中心,在苏州、杭州、南京方面拥有许多读者。在实业界和下层社会里具有影响力。1893 年创刊,股份制,美国人 Furgasson① 为其大股东。在中国实业界有力人士之中拥有许多股东。在其关系上,依据美国特拉华州法律,在美国官方注册。社长汪龙标为利济彩票上海会办,同张弧有关系,接近段派,总是刊登排日报道。日刊,发行量二万七千份
时报(中文)	中立派	狄楚青	刘芗亭	日刊,发行量约一万份。报道稳健,在教育界及广东人中间拥有许多读者。1904 年创刊。旧保皇党领袖康有为等人出资,现社长狄楚青(康之门生)自创办之初就担任经营。1907 年以宗方小太郎之名义在日本总领事馆注册。然而,1919 年春排日高潮之时,仿效《申报》之例在法国总领事馆注册。正接受段派每月一千元的补助

---

① 　1919 年报告为"Forgasson",亦作 Ferguson,中文译名"福开森",出生于加拿大,入美国籍。

(续表)

名　　称	主　　义	持有人	主笔	备　　考
神州日报(中文)	中立派	余谷民	余谷民	报道稳健,在上海地区拥有读者。1906年创刊。初期为前《民立报》社长于右任经营,其后成为皖系机关报,一时带有革命党色彩,总是将排日作为主义,后来陷入经营困难。1916年2月由北京政府收购。同年10月又归旧《大共和报》经营者钱芥尘经营,接着转至余洵经营,再后来以宗方小太郎之名义在日本总领事馆注册。据说最近接近张弧,每月正接受五六百元的补助。日刊,发行量六千份
时事新报(中文)	研究会系、梁启超机关报	张烈	张东荪	日刊,发行量六千份。研究派机关报,在政界、教育界,尤其是江苏、浙江一带拥有大量读者。最初《舆论报》和《时事报》合并后称为《舆论时事报》,但1909年左右改称为现名①,与商务印书馆有关系。革命后归共和党及进步党员陈敬第和孟森经营。1914年被德国人盘下,在该国领事馆注册。1916年春转为前社长黄群(进步党员)经营,接着与德国断绝关系,以波多博之名义在日本总领事馆注册。1916年秋起,完全成为梁启超即旧进步系机关报。1919年排日运动之际,在法国总领事馆注册。致力于排日报道和迎合学生心理,广为提倡新思想
民国日报(中文)	旧国民党派	邵仲辉	叶楚伧	孙逸仙系国民党党员经营的报社。1916年1月创刊。同年3月名义上归山田纯三郎所有,在日本总领事馆注册。在党派关系上,对于北方政府总是持反对态度,刊登过激的内容,即使对于我国,也刊登反对我军阀的内容,最近反对北方的态度软化。日报,发行量三千份
中华新报(中文)	政学会机关报,具有准民党色彩	吴应图(名义社长)	张季鸾	1915年10月反对袁世凯帝政而创刊,由旧国民党议员、前农商总会长谷钟秀主持。一时声价高涨,但随着袁死南北统一,谷等干部奔赴北京政界之后,由旧国民党员吴敬恒等人主持,接着又转归谷钟秀等政学会派经营,李述膺、曾松乔等人被委以经营之任,而为该报创刊尽过力、担任营业部主任的欧阳振声成为名义上的社长,与汪复炎等人共同负责经营。现在吴担任经理,带有准民党色彩,致力于攻击北方政府,时而刊载排日报道。日报,发行量三千份

① 应为1911年5月18日改为现名。

定期调查报告　　（秘）1920年9月印刷（1919年末调查）　　有关中国（附远东西伯利亚）报纸及通讯的调查

(续表)

名　称	主　义	持有人	主　笔	备　考
新申报（中文）	与安福俱乐部有关系	席子佩	钱芥尘	无党派色彩，但据说最近主笔钱芥尘正接近安福俱乐部，接受每月三千元补助。最初由上海总商会会长朱葆三等人以资本十万元创办，股份制公司。在英、中共同出资下，委任前《申报》经营者席子佩负责经营，但财政陷入困难，英国人不堪其烦，1918年7月英方撤资，脱离关系。此后维持日益困难，频繁地求助于日本方面。席为报界老手，然而老狯，因此与我方人员交涉未果。最近与法国人之间发生诉讼，向英、美领事馆提出注册，被拒绝，来我也未被受理，最后在葡萄牙领事馆注册。据说席自己也获得葡国国籍。总是刊登排日性内容。日刊，发行量一万份
救国民报（中文）	排日过激派	王兆荣		由对1918年的日中军事协定感到愤慨而回国的留日学生创刊，极力鼓吹排日，没有任何影响。据说近来朝鲜人也与之发生关系。关于朝鲜问题，总是舞弄毒笔。日刊，发行量一千份
中外新报（中文）	对北方友好	包朗生		1920年1月创刊，英美烟草公司的经理人与好华广告公司出资。日刊，发行量约一千份
国语日报（中文）	对北方友好	王博谦		1920年1月创刊，英美烟草公司及大昌烟草公司出资，名义上席子佩任社长。日刊，发行量约一千份
新指南报（中文）	用于广告的报纸	郑端甫		1918年6月创刊，报纸广告代理人郑端甫经营，完全是登载广告用的报纸，而报道则无任何影响。日刊，发行量约一千份
上海日报（日文）	拥护日本人	井手三郎	岛田数雄	日刊，发行量约一千三百份
上海日日新闻（日文）	拥护日本人	宫地贯道	岛田数雄	日刊，发行量约一千三百份
周报《上海》（日文）	拥护日本人，介绍中国情况	西本省三	岛田数雄	周刊，发行量约一千份
周报《上海经济时报》（日文）	研究日中经济情况	中山荣三	并木如秋	周刊，发行量约三百份
上海经济日报（日文）	上海证券交易所机关报	中山荣三	并木如秋	日刊，发行量约七百份
东方通信社	拥护日本政策，介绍日本情况，发布中国问题通讯	宗方小太郎	波多博	总社设于上海，北京、汉口、奉天（委托盛京时报社）、广东及东京设有分社。以日文、中文、英文，向上海的所有中文报纸、两家日文报纸及上海 Times、上海 Mercury 等内外报纸提供电讯。除此之外，还在汉口向所有中文报纸及一家日文报纸，在北京向十二家中文报纸、北京 Daily News、《新支那》及《天津日报》提供电讯

(续表)

名　称	主　义	持有人	主　笔	备　考
共同通信社支社	介绍日本情况，发布中国问题通讯	主管　菊地虎三	主任　柏田忠一	1917年10月起开始发电讯，主要将东京电报向上海的中文报纸及日文报纸分发刊登
中华通讯社	旧交通系（叶恭绰）机关报	北京　任祖芬	上海　陶保晋	1917年创立，1918年末左右接受旧交通系领袖叶恭绰出资，为其所用
中孚通讯社	徐树铮的机关报	马凤池	同前	1918年秋创立，作为徐树铮机关报，努力拥护段派
戊午编译社	孙洪伊的机关报	光明甫	同前	孙洪伊的机关报，仅经营书面通讯。以纯民党激进分子的意见发表为主，着力攻击军阀官僚
联合通讯社	有益友社及唐绍仪系色彩	李时蕊 沈卓吾	同前	1919年1月创办，起初接受张敬尧出资，开业后接受南方议和代表曾彦补助。亦帮助过广西派，但好像为唐绍仪谋取方便
中美通讯社	鼓励中国人亲美	Carl Craw	G. W. Missemer	以书面通讯发布欧美人关于中国的看法或有关中国调查等，也发布到达美国总领事馆的无线电讯
The North-China Daily News[字林西报]（英文）	拥护英国政策及该国人利益	董事 H. E. Morris、G. Morris、Dr. Hopkyns、Rees L. E. Canning（英国人）	O. M. Green（英国人）	东方最老的报纸，1854年7月创刊。股东有皮克伍德家族的亲戚即亨利·马立斯一家，乐迪·坎贝尔的遗属，以及其他主要侨居上海的英国人。该报为英国总领事馆的公布机关，在上海俱乐部、工部局、China Association等中有影响力。是英国人在中国的代表性报纸，日刊，发行量约三千五百份。该社另外发行周刊 *North China Herald*。反对日本的所谓军阀外交
The Shanghai Mercury[文汇报]（英文）	拥护英国政策，对日本有好感，态度公允	社长　J. D. Clerk（英国人）	同前	仅次于《字林西报》的老报，晚报，股份制，英国人占大多数。欧洲开战以来，德国人股东的权利被停止，现在与德国人没有关系。对日本评论公正而稳健，具有老报的态度。另外，发行周刊 *Ceretial Empire*。发行量一千五百份
The Shanghai Times[泰晤士报]（英文）	拥护英国政策，对日本特别具有好感	社长　E. A. Nottingham（英国人）	W. A. Danaldson（英国人）	原社长 John O. Shea 死后，转为现任社长诺丁汉姆经营。1915年7月进行活字改良，1917年再购入整行铸造排字机，改善报面，以期逐渐发展。日刊，发行量约一千五百份
The China Press[大陆报]（英文）	拥护美国政策	The China Press Incorporated	Herbert Webb（美国人）	该报总社位于美国特拉华州威明顿府，归上述公司所有、经营。前主持人汤姆斯·密勒时代起，总是极力反对日本，但随着此人归国，态度稍微改变。及至美国对德宣战成为协约国一员，则不像过去那样刊登排日报道，但近来重新频繁刊登排日报道。日刊，发行量约三千份

定期调查报告　　（秘）1920年9月印刷（1919年末调查）　　有关中国（附远东西伯利亚）报纸及通讯的调查

(续表)

名　称	主　义	持有人	主　笔	备　考
Shanghai Gazette[上海沪报]（英文）	拥护民党，排日	所有者　中国人财团	Collinth Lee（英籍华人）	1918年5月创刊。旧英文北京 Gazette 主持人陈友仁在该报被下令停办之后来上海，召集志同道合者而发行的晚刊，致力于拥护民党，刊登排日报道。1918年10月陈友仁离开上海以来，英籍华人 Collinth Lee 作为主笔担任其工作，手下有英美记者。日刊，发行量一千二三百份
L'Echo de Chine[中法新汇报]（法文）	拥护法国利益	法国天主教会	M. J. Benoit	上海法国官方及天主教的机关报。由于为法文，所以还没有像英文报纸那样拥有众多读者，但在有关中国情况研究与法国文学方面有特色。对于日本有好感。发行量五百份
Far Eastern Review[远东时报]（英文）	以东亚财政、工商报道为主，拥护美国利益	George Bronson Rea 等（美国人）	W. H. Donald（澳洲人）	为东方的月刊英文杂志之巨擘。在矿山、铁路报道上有特长。一向对我方舞弄种种毒笔，但近来改变其态度，尝试攻击美国的政策。发行量一千五百份
Millard's Review[密勒氏评论报]（英文）	远东政治、经济研究，拥护美国政策，排日	Millard Publishing Co., Incorporated (Delaware)	J. B. Powell	1917年5月创刊。以远东的政治、经济研究为主。对于帝国，经常持反对态度。主笔密勒辞去主笔以后，名叫 Hollington Tong 的中国人与 Powell 一起继续刊登排日报道。发行量约四千份
China Observer[公评周刊]（英文）	维护意大利利益	名义上所有者 F. Parlani（意大利人）	Missemer	刊登排日报道，接受意国总领事馆的补助。意国律师 Musso 也与其关系。周刊，发行量三百份
Lloyd's Weekly（英文）		G. F. Lloyd（英国人）	同前	主要刊登社会报道，周刊，发行量三百五十至四百份
Шанхайскае жизнь[上海生活日报]（俄文）	宣传激进派	据说由在海参崴的激进派提供资金	G. Shemesbko	1919年8月创刊，舞弄排日毒笔①
苏　州				
市乡公报（中文）	共和民权	颜希鲁	同前	1916年1月创刊，资本三千元的有限股份公司。主笔为吴县人，前清秀才，原为苏州警察科员，私立法政讲习所教员。发行量四百份，为地方小报
苏州日报（中文）	开发民智，扩大国权	石雨声	沈情虎	1912年创刊，资本一千五百元。发行量二百五十份，为小报
苏醒报（中文）	同上	陈彝鼎	李铁安	1913年7月创刊，资本五百元，发行量约百余份。主笔曾任小学教师
苏报（中文）	民权、营利、煽动	王薇伯	江季子	1919年9月创刊，资本金四千元，发行量一千份，地方小报。王为留日出身，民国初期在上海担任过《民强报》及《商务报》主任，为奇才，被视为精明能干者

---

① 原名《俄文生活日报》（见《胡道静文集・上海历史研究》，上海人民出版社2011年版，第181页）。

(续表)

名　称	主　义	持有人	主　笔	备　考
平江日报(中文)	排外、营利		朱良臣	1917年创刊,资本一千元,发行量一千份,幼稚的地方性报纸。主笔为前清秀才,并无特别名声①
东吴报(中文)	烟花巷消息		刘慕慈	1919年9月创刊,资本四百元,发行量三百份,烟花巷小报。主笔为留日出身,律师
吴语(中文)	同上		马飞黄	1917年创刊②,资本四百元,发行量三百份,烟花巷小报,主笔为游手好闲之徒
吴声(中文)	同上			1918年创刊③,资本四百元,发行量三百份,为烟花巷小报
杭　州				
浙江公报(中文)	发布法令法规	省长公署	邵逸仙	1913年创刊,发行量一千六百份,日刊
全浙公报(中文)	开发社会,收回利权	股份制	程光甫	1909年5月创刊,发行量二千八百份,日刊,十页。接受省长公署补助,资本金一万元
之江日报(中文)	开发国民知识,培育社会道德	陈勉之	徐冕伯	1913年4月创刊,发行量四千二百份,日刊,八页。接受督军公署补助,资本金三万元
浙江民报(中文)	巩固共和,扩大民权	李乾孙	许菩僧	1916年8月创刊④,发行量一千三百份,日刊,六页。以前为国民党机关报,但最近持有人变更,主张不偏不倚。资本金五千元
绍　兴				
越铎日报(中文)	开发民智,监督社会	股份制	张心斋	1912年5月创刊⑤,发行量一千份,日刊,六页。资本金五千元
南　京				
江苏省公报(中文)	江苏省长公署公布机关报	江苏省长公署		1912年创刊,日刊,江苏省长公署官报。刊登省公署的命令、告示、公文、指令等。发行量约六百份
大江南日报(中文)		王润身	同前	1914年3月创刊,日刊,发行量约一千五百份。据说接受江苏督军年额二百弗、省长一个月十弗之补助
南方日报(中文)	拥护民权,振兴商业	王春生	同前	1915年7月创刊,原称《南方话报》,1917年5月改名为《南方日报》。日刊,发行量约一千八百份。与《大江南日报》一样接受官方补助金
立言报(中文)		葛广钧	同前	1917年10月创刊,日刊,发行量约一千份。据说官方有若干补助,但无影响力

---

① 一说1919年创刊。
② 一说1916年创刊。
③ 一说1919年创刊。
④ 应为1913年4月15日创刊。
⑤ 应为1912年1月3日创刊。

定期调查报告　　(秘)1920年9月印刷(1919年末调查)　　有关中国(附远东西伯利亚)报纸及通讯的调查

(续表)

名　称	主　义	持有人	主　笔	备　考
新政闻报(中文)		方灏子	同前	1918年创刊,日刊,发行量约五百份,无影响力
新中华报(中文)		于纬文	同前	1913年10月创刊,原称《金陵话报》,1916年9月改名为《新中华报》。日刊,发行量约六百份。据说接受省长公署及各厘金局等各若干补助
大中华报(中文)		陈恂如	同前	1916年9月创刊,日刊,发行量约八百份
社报(中文)		王家福	同前	1918年创刊,日刊,发行量约六百份
宁报(中文)	南洋烟草公司机关报	达剑锋	同前	1919年5月创刊,日刊,发行量约五百份
学生联合会日刊(中文)	排斥日货			1919年6月创刊,日刊,同年9月临时停刊,但很快复刊,发行量约一千份
芜　湖				
皖江日报(中文)		谭明卿	郝大颠	1909年11月创刊,日刊。据称发行量约一千九百多份,但可以认为事实上要少得多
商工报(中文)	工商报告	张九皋	同前	1915年10月创立,日刊,发行量约七八百份
镇　江				
自强报(中文)		张逸珊	同前	1918年8月创刊,日刊,发行量约一百八十份。仅在镇江近郊分发。有批评说该报胁迫鸦片走私者或日货代理商以获取不当之利
正言报(中文)		刘衍斋	同前	1919年11月创刊,日刊,发行量约一百五十份。发行时日尚浅,但据说由有力人士组织,基础强固。议论稳健,有好评
大公报(中文)		刘庆霖	同前	1919年11月创刊,日刊,发行量大概不过一百份。在扬州印刷,据说其基础薄弱,维持下去无指望
安　庆				
安徽公报(中文)	安徽省长公署公布机关报	安徽省长公署		为安徽省长公署官报,刊登命令、告示、公文、指令等。每隔三日发行一次,发行量约四五百份
民嵒报(中文)	省长机关报	合资组织 代表人　吴霭航	谢申伯	1913年2月创刊①,日刊,发行量约七百份。据说从省长那里一个月有三百弗的补助
南　昌				
江西公报(中文)		江西省长公署		省政府官报,为法令、公文、告示等的公布机关,每隔三日发行一次

---

① 应为1912年6月1日创刊。

(续表)

名　称	主　义	持有人	主　笔	备　考
江西民报(中文)	原共和党机关报	周九龄	同前	1912年创刊,日刊,发行量约二千份。议论稳健,报道比较正确,近来显然以宣传排日为己任。资本金约银八千元
大江报(中文)	原共和党机关报	朱士芳	同前	1912年3月创刊,日刊,发行量约一千份,资本金额约银八千元。对日本发表恶评
民铎报(中文)	国民党系机关报	杨幼麎	姚朗斋	1916年8月创刊,日刊,发行量约五百份,资本金约银五千元
江西新报(中文)	国民党系机关报	万志华	同前	1916年8月创刊,日刊,发行量约一千份。在省内信誉很高,但是最激烈的排日报纸,评论极端,报道也缺乏正确性。资本金五千元
中庸报(中文)	普及教育	邢秉钧	匡世法	1917年10月创刊,发行量五百份,资本金约五千元
正义报(中文)	启发民智	邢秉钧	同前	1918年创刊,日刊,发行量三百余份,资本金约五千元
江西匡报(中文)	启发民智	涂树林	陈思襄	1919年创刊,日刊,信誉很高,发行量一千余份,资本金约一万元
警察周报(中文)		阎恩荣		为1916年5月创刊的《警视小报》改名而成,周刊,警察厅方面的机关报
教育月报(中文)		吴士材		省教育会的机关杂志,月刊
汉　口				
国民新闻(中文)①	官僚派机关报	李华堂	何何山、刘云集	1912年4月创刊,为李华堂个人所有,每月从督军署领受补助,与其他报纸比较,较有影响,目前发行量约二千份,论调稳健
汉口中西报(中文)	报道经济	王华轩	喻伍民	1913年创刊②,目前发行量约二千份,多为实业方面的报道,是王和数人的合资组织
汉口新闻报(中文)	报道经济	张云渊	凤竹苏	1913年创刊③,除张以外还有二三人的合资组织,主要登载经济方面报道,论调稳健,发行量约二千五百份,销量最佳
汉口日晚报(中文)	报道经济	王华轩	叶规如	由王华轩个人经营,发行量约一千份,早报十二页,晚报四页
大汉报(中文)	湖北民党机关报	胡石庵	同前	1916年5月创刊④,发行地在日本租界内。为湖北革命党派的机关报,对自己党派的活动常登载夸张的报道,为中国官宪所忌惮。目前发行量只有约六七百份,业绩每况日下

---

① 应为《国民新报》,1912年4月20日创刊。
② 1913年9月15日复刊。原创刊于1906年,1911年10月焚于清军攻汉大火中。
③ 应为1914年5月28日创刊。
④ 应为1916年6月复刊。

定期调查报告　　（秘）1920年9月印刷（1919年末调查）　　有关中国（附远东西伯利亚）报纸及通讯的调查

(续表)

名　　称	主　义	持有人	主　笔	备　考
湖北日报(中文)	民党议员机关报	李锦	电大同	1918年11月创刊，为旧国会议员与部分省议员的机关报。发行时日尚浅，还未有影响力。发行量约五百份
汉口公论日报(中文)	鼓吹振兴实业	刘子晋、王森甫	王道铎、民濮	1919年2月①，与《湖广新报》同时发刊。经营者之一为汉口商会会长王琴甫，其死后由其弟弟王森甫经营。屡屡登载煽动排日情绪的报道，当初曾被怀疑属于美国系统，后被安福系收购，似不属于任何派系。发行量约一千二三百份
汉口大陆报(中文)	改良政治	张云渊	邓倬云	1919年5月创刊②，为张与数人的合资组织，十六页，发行量约一千份
汉口正义报(中文)	直系、研究系机关报	马宙伯	濮良基	1919年9月创刊③，获得直系、研究系的补助而创刊。冯国璋死后失去维持经费的援助，据说向安福系寻求补助。发行量约八百份
湖广新报(中文)	日中亲善	笹川洁	徐祝平、何何山	1919年2月创刊④，发行量一千二百份
汉口日报(日文)	使当地日侨发展	冈幸七郎	同前	1907年8月创刊，发行量约九百份，中国人中也有购阅者
汉口日日新闻(日文)	使当地日侨发展	奥野四郎	同前	1918年1月由上海日日新闻社社长宫地贯道创刊，其后全权让渡给本间文彦，本间死后又转给奥野经营，发行量六百份
鹤唳(日文)	使当地日侨发展	田岛利三郎	同前	1913年12月创刊，周刊，发行量约二百份
Central China Post［楚报］(英文)	拥护英国人的利益	John Archbld（英国人）	同前	1912年创刊，日刊，发行量约一千四五百份。论旨大体稳健，报道比较精确。是1917年夏德国人 F. Newel 经营的 *Hankow Dail News*（《中西日报》）停止发行后汉口唯一的英文报纸。虽作为协约国方面的机关报进行活动，但对日本有时也出现猜疑的笔调。1919年中国学生的排日妄动发生后，常常毫无忌惮地指出中国的弱点，告诫其养成实力，极力说明排日等的无谓
长　沙				
大公报(中文)	发表政见，发展社会	贝允昕、朱让栩	朱让栩、龙兼公、张平子、孙冀领	1915年8月1日创刊⑤，发行量三千余份。由梁启超、徐佛苏等人出资，是湖南唯一具有政党色彩的报纸

---

① 1919年2月6日创刊。
② 1919年5月21日创刊。
③ 应为1918年4月创刊。
④ 应为1918年春创刊。
⑤ 应为1915年9月1日创刊。

(续表)

名　称	主　义	持有人	主　笔	备　考
湖南日报(中文)	发表党见,监督政府	张厚侨	杨绩荪	原名《湖南新报》,1918年7月改名①。发行量二千余份,为南方派系
正声(中文)	支持舆论	高寄生	方玉潜、张疼伯	原名《公言报》,1918年10月改名,发行量约九百份,由数人出资
公意日报(中文)	启发省民	曾广钧	彭克修、曾重伯	1919年6月发行,发行量每月三千余份。湖南督军出资三千元作为开办费,另接受商总会每年四百元的补助维持经营。湖南人经营,呈现出政府机关报之观
重　庆				
重庆商务日报(中文)	对政党政派不偏不党	重庆总商会	主笔代理　周文钦	总商会的机关报,发行量约一千二百份
民信日报(中文)	拥护四川军政	任仲侠	曾通一	熊克武及余际唐的机关报,每月接受一百元的补助,发行量约五百份
民治日报(中文)	拥护西南	曾铁琴	曹季彬	王文华及朱绍良的机关报,每月接受五十元的补助,发行量约三百五十份
西方报(中文)	拥护国民党	张自娱	主笔代理　刘谦甫	石青阳一派的机关报,每月接受八十元的补助,发行量约四百份
贵　阳				
贵州日报(中文)	拥护共和,奖励实业	华之鸿	不明	日报,由华之鸿经营并为其机关报,对地方政府有好意,发行量约二千五百份
铎报(中文)	拥护共和,拥护国民党	由国民党党员共同经营赵季卿	赵季卿	依靠营业所得而经营,无其他补助,每年亏损约二千元,依靠国民党党员出资填补。国民党的机关报,对地方政府虽无激烈反对,但相对于《贵州日报》多少有反对政府的色彩。《铎报》与《贵州日报》之间略有敌对状态,发行量约三千份
成　都				
四川公报(中文)	公布机关	四川省长公署		每月发行六次,登载法令、公文等
川报(中文)	进步党机关报	宋师庆	卢作孚	日刊,发行量约二千份
国民公报(中文)	不偏不党	郑维周	李澄波	日刊,发行量约二千五百份
戊午日报(中文)	国民党机关报、熊克武机关报	熊晓岩	林丹芝	日刊,发行量约一千五百份
福　州				
福建公报(中文)	福建政府之公布机关	福建省长公署		1912年1月创刊,日报,福建政府之官报,刊登命令、告示、公文、指令等,发行量约一千份

---

① 由原《湖南新报》的几位同人创办,与《湖南新报》无存续关系。1918年9月创刊。

定期调查报告　　（秘）1920年9月印刷（1919年末调查）　　有关中国（附远东西伯利亚）报纸及通讯的调查

(续表)

名　　称	主　　义	持有人	主　笔	备　　考
闽报(中文)	公平无私，日中亲善，拥护我方对福建政策	台北善邻协会	山中宽太郎	福建最早的报纸，原为隔日发行，自1915年10月起改为日报①。1918年2月由原持有人台湾日日新闻社长赤石定藏转至现持有人善邻协会之手，同时在经营上改革，结果发行量一度增加至三千份，但1919年5月爆发排日运动后，由于排日派的打压，蒙受巨大打击，发行量锐减至七八百份，到9月时读者数略有增加，目前超过一千
健报(中文)	研究会派	郑作枢	陈鸣凤	1916年8月创刊②，日报，发行量约一千五百份。由研究会员、私立法政学校出身者等出资经营，每月接受福建督军李厚基及南洋华侨等的补助。成为排日急先锋，报中连日充斥着排日报道，是福州最有影响的报纸之一
求是报(中文)	官僚派	王醒织	郭无衍	1916年9月创刊③，日报，发行量约一千份。每月接受禁烟局、水利局、省会议员等的若干补助，与《健报》也有联络。一向带有浓厚的排日态度，山东问题发生后排日笔触愈发毒辣。与《健报》同样可算作是有影响的报纸之一
福建日报(中文)	安福派	合资组织	姚大钧	1918年9月创刊④，日报，发行量约一千五百份。由福州商务总会长黄秉荣、福建省教育会长王修、福州师范学校校长林元乔、女子师范学校校长汪涵川等共同出资，近日被安福派收购。本报也具有浓厚的排日态度，努力鼓吹排日气氛
华同日报(中文)	安福系	施景琛	同前	1916年11月创刊，日报，接受闽海道、市政局、南洋华侨等的补助，影响力不大，发行量约四百份
民生报(中文)	官僚派	曹汝楫	同前	1914年8月创刊，日报，接受禁烟局、官产所等若干补助，发行量五百份，在省城以外地区有销路，报道内容陈腐
福建实报(中文)	安福系	刘森藩、邱源清	邱源清	1918年9月创刊⑤，日报，发行量约三百份
福建政治日报(中文)	社会党派	陈奋侯	同前	1917年8月创刊⑥，日报，接受官产所、盐运署等若干补助，发行量三百份。最近完全重视对内问题，态度稳健

①　一说1914年10月起改为日报。
②　一说7月创刊。
③　1913年上半年创刊，一度停刊，1916年9月1日复刊。
④　一说1918年5月创刊。
⑤　一说1918年2月创刊。
⑥　一说9月创刊。

(续表)

名　　称	主　义	持有人	主　笔	备　考
正言报(中文)	中立	刘森藩	李旭人	1918年8月创刊①,日报,发行量一百份左右,影响力极其微弱
新闻报(中文)	安福军人系	林邦绥	同前	1919年8月创刊②,日报。由北方军人姚师长一派出资,为北方派之机关报,相当有影响力,发行量约六百份
三民报(中文)	中立	陈光	同前	1919年11月创刊,日报,影响力极其微弱,发行量二百份
厦　　门					
全闽新日报(中文)	鼓吹日本文明,拥护我帝国利益,启发台湾人,增进其利益	代表　江保生(台湾籍民)	同前	日刊,由台湾人、中国人共同出资,1907年8月创立。近来陷入经营困难,但是当地唯一稳健的报纸,历史性影响力难以超越。最近爆发排日风潮以来,完全致力于拥护日本,发行量六百份
江声日报(中文)	开发产业,改善教育	周彬川	黄悟曾	日报,为《民钟日报》的残余之体,1918年11月改名为《江声日报》,资金依赖于爪哇、泗水华侨(约五千元)。借用英国人的名义,近来尤其致力于煽动排日,发行量八百份
中和报(中文)	日中亲善	台北善邻协会主持人　山下仲次郎	山下仲次郎(江村)	1918年2月创刊,旬报,发行量二千份
台湾公会会报(中文)		台湾公会	冈本要八郎	月报,台湾公会之机关报,主要向公会会员报道日本及台湾之重要时事及公会状况等
汕　　头					
公言日报(中文)	南方政学会系,拥护共和	张权	丘星五	1913年10月创刊,日报,发行量约二千份(每周一休刊)。由大埔县出身者出资经营,号称资本金七千元。汕头报纸中最早,且报道比较正确,因此有信誉,读者最多。据传莫镇守使在任时每月接受三百元补助,现在已无补助,1919年以后由张裕记出资而经营。山东问题发生后鼓吹排日,对我国舞弄毒笔
大风日报(中文)	属于国民党系文同派,拥护共和	饶翔梧	叶菊生	1912年创刊,日报(每周一休刊),曾暂时停刊,1916年间复刊。报道粗糙散漫,信誉程度也低。由梅县人出资,号称资本金六千元。曾被汕头镇守使数次勒令停止发行,现为合资组织,总是刊登附和、雷同的排日报道,发行量一千余份
大岭东日报(中文)	南方政学会系,拥护共和,奖励实业	吴子寿	许唯心	1918年11月创刊,发行量约二千份,日报(每周日休刊)。由潮属出身者及南洋华侨中有实力者出资经营,当初经营颇为困难,因此变更组织形式为股份制,其后逐渐取得信誉,经营变得顺利,现在资本六千余元

① 应为1917年4月创刊。
② 应为1919年5月创刊。

定期调查报告　　（秘）1920年9月印刷（1919年末调查）　　有关中国（附远东西伯利亚）报纸及通讯的调查

(续表)

名　　称	主　　义	持有人	主　笔	备　　考
民声日报(中文)	鼓舞民党势力,旧国民党系粤军机关报	凌思鹤	陈锡侯	1920年1月1日创刊,日报。此报原于1917年创刊,1918年停刊后无继承者,现由凌等人复刊,主要声援粤军,对日本感情不友善。号称资本四千元,据传方声涛、陈炯明、吕公望等出资二三百元,其余由汕头酒税局、厘金局、实业公会等各团体出资经营
新少年(中文)	旧国民党系,鼓吹共和	张煊	宋涤尘	1920年1月创刊,日报,发行量尚不足计数。由张、宋创办,依靠各界团体及一般人士的捐款经营,趁中日关系激变之机而兴起。因资本金仅有七百元,其能否存续尚存疑问。报道极为离奇、过激,对日报道中恶意谩骂无不至其极
广东　附佛山、南宁、梧州、北海				
军政府公报(中文)	军政府公布机关	军政府		1918年创刊,不定期
参议院公报(中文)	参议院公布机关	参议院		1918年创刊,不定期发行
众议院公报(中文)	参议院公布机关	众议院		1918年创刊,不定期
广东公报(中文)	广东省长公布机关	广东省长公署		1912年8月1日创刊,日报
广西公报(中文)	广西省长公布机关	广西省长公署		1913年创刊
羊城新报(中文)①	无所属	代表　钟宰荃		1906年6月创刊②,日报,因股份式出资与热心于鼓吹教育,现在仍特别受学界欢迎,发行量约一千五百份。 1919年因偏护学生的抵制日货运动而受到官厅的干涉,尔后稍稍改变其主旨
七十二行商报(中文)	无所属	罗啸璈	陈宝尊	1908年7月创刊③,日报,为提倡收回粤汉铁路而由商界创办。历史长久、评论稳健、报道精确。数年以来对日本抱有好感,1919年的排日运动时采取超然主义的态度,导致读者减少,但发行量仍有四千份,广告之多为广东第一
人权报(中文)	准进步党	代表　李文治	孔量全	1911年3月创刊,日报,原鼓吹革命,近来无特色,发行量三千份
共和报(中文)	无所属	代表　徐汉东	杨桂芬	1912年4月创刊④,日报,股份式出资,以歌谣小说引人注目,底层社会中购阅者居多,发行量为广东报界第一,报道详细、正确,报社发展状况愈发良好,发行量五千份
商权报(中文)	粤商团机关报	刘汉雄	张镜蔡	1912年1月创刊,日报,商总会附属商团之机关报,受到一般商人欢迎,发行量七百份

---

① 应为《羊城日报》。
② 应为1903年2月12日创刊。
③ 应为1906年9月15日创刊。
④ 应为1912年8月创刊。

(续表)

名　称	主　义	持有人	主　笔	备　考
华国报(中文)	无所属	代表　梁质庵	同前	1913年1月创刊,日报,最初为进步党之机关报,现在无固定主义、主张,目前在总商会新报社印刷,基础薄弱,发行量七百份
总商会新报(中文)	准商会	刘公誉	同前	1908年9月创刊①,日报,自1913年起三次变更经营者,目前接受财政厅、粤汉铁道局的补助,发行量一千份
国华报(中文)	保守主义	代表　王泽民	陈柱廷	1913年创刊②,日报,股份式出资,原名为《国报》,1918年被禁止发行后改称《国华报》而复刊,是康有为的机关报
大公报(中文)	无所属	代表　周生	史国祥	1915年由天主教徒合作创刊③,但报道并无宗教趣味,唯有同情民党的倾向
安雅报(中文)	无所属	数人合资　代表　梁伯尹	朱云表	1903年5月创刊④,日报。广东报界最早的报纸,报道稳健,1918年2月因误报陆荣廷的死讯而被禁止发行,同年10月被允许复刊,发行量约一千份
新报(中文)	准民党	李抗希	同前	1915年6月创刊⑤,日报,本报与《快报》同为李抗希个人经营,发行量四千份
天游报(中文)	无所属	邓叔裕	同前	1914年创刊,是与《岭海新闻》同版发行的烟花巷报纸,发行量五百份
天趣报(中文)	无所属	孔仲南	同前	1898年创刊,数次停刊,1917年复刊,报道多为烟花巷内容,发行量六百份
中华新报(中文)	准政学会	代表　容伯挺	司徒冷观	1915年11月由唐绍仪出资创刊⑥,其后归政学会方面的代表容伯挺经营。发行量曾一度达到五千份以上,一直致力于拥护官方,报道缺乏活力,普通读者减少,目前三千左右
民意报(中文)	无所属	钟天游	邝尧楷	1916年10月创刊,日报,前省长李耀汉之机关报,其辞职后失去特色,发行量一千份
南方新报(中文)	无所属	孔仲南	孔冕公	1917年创刊,日报,陆荣廷担任广东督军时的机关报,其后变更为孔仲南个人经营
国是报(中文)	无所属	刘伯明	同前	1917年1月创刊⑦,日报,作为粤派及交通系之机关报发行,李耀汉辞任省长后失去资助者,更换经营者以维持现状,发行量约一千份

① 应为1913年创刊。
② 应为1915年创刊。
③ 一说1912年创刊。
④ 应为1900年冬创刊。
⑤ 应为1914年3月6日创刊。
⑥ 一说为1916年12月4日创刊,另一说为11月4日。
⑦ 1919年报告中是1917年3月创刊。

定期调查报告　　（秘）1920年9月印刷（1919年末调查）　　有关中国（附远东西伯利亚）报纸及通讯的调查

（续表）

名　　称	主　义	持有人	主　笔	备　考
粤报（中文）	粤系，民党派	代表者　黎庶林	余松年	1917年1月①作为广东派之机关报创刊，1919年因牵涉排日运动而暂时停刊，10月复刊，发行量约一千五百份
快报（中文）	无所属	李抗希	同前	1916年10月创刊②，广东唯一的晚报，以烟花巷的报道为特色，发行量约一千五百份
新民国报（中文）	民党派	缺员	田达夫	1918年创刊，日报。由吴景濂作为国会机关报创刊，因得不到合适的经营者，而且维持费用无法保障，报社甚为不振。目前仅作为国会益友社机关报，以国会方面的消息多为特色，发行量约一千五百份
平民报（中文）	民党派	代表　陈觉是	白逾檀	1909年创刊③，一度取名为《齐民报》，鼓吹革命，曾被龙济光禁止发行。始终为民党机关报是其特色，发行量一千份
天声报（中文）	无所属	廖平子	甘六特	1918年创刊④，日报，由南洋兄弟烟草公司出资。创刊社员多为民党派人物，因此多少带有民党色彩。以抵货运动为借口全力攻击英美烟草公司，发行量二千份
民权报（中文）	无所属	代表者　谭少若	黄葛南	1918年创刊，日报，无任何特色的小报，发行量四百份
振东报（中文）	无所属	刘彦公	同前	1918年创刊，日报，在粤声报社印刷，基础不稳固，发行量约一千份
民仇报（中文）	民党派	代表者　郭唯灭	同前	1918年创刊，日报，作为民党系社会主义者之机关报发行，不受购阅者关注，发行量约五百份
Canton Times［广东时报］（英文）	无所属	黄宪昭（加入美国籍，广东人）	伍大符	1918年创刊，日报，由军政府每月出资一千弗而创刊。目前失去军政府补助，但伍廷芳多少补助一些。主要由美国留学生出身者经营，美国教会予以补助。虽为亲美主义，但其主张比较公平
震旦新报（中文）	政学会	代表者　沈琼楼	同前	1919年复刊，杨永泰、李根源之机关报，政论有特色，发行量一千份
天民报（中文）⑤	准民党	代表者　李劲修	陈腐木	1917年作为孙文的机关报创刊，在其失势的同时，失去主持人。或鼓吹新文学，或反对学生运动等，无固定主义，发行量五百份
国民报（中文）	无所属	陈藻乡	同前	1910年创刊，最初为民党系机关报，受龙济光的干涉后改变主张，1919年全力提倡排日运动，发行量一千份

① 1919年报告中是1917年3月创刊。
② 1919年报告中是1917年创刊。
③ 原名《齐民报》，1911年9月22日创刊，广东光复后改本名。1917年复刊。
④ 1918年5月创刊。
⑤ 应为《天民日报》，1917年10月创刊。

(续表)

名　称	主　义	持有人	主　笔	备　考
粤声报(中文)	政学会派	李季濂	林灿予	1919年2月作为政学会系机关报创刊，发行量一千份
岭海报(中文)	无所属	代表者　郭澄三	伍阿洲	1904年前后创刊，长期停版后，于1919年5月复刊，以烟花巷报道为特色，发行量三百份
大同报(中文)	无所属	徐天啸		1919年3月由潮梅镇守使陆剑志创刊，据传近来脱离关系，发行量一千五百份
维新日报(中文)	无所属	卢卢山	罗藻云	1919年12月创刊，发行量三百份
中原报(中文)	准民党	盘公仪	郭唯灭	1919年10月创刊，与《民仇报》同版发行，发行量五百份
真共和报(中文)	无所属	李抗希	同前	1919年8月创刊，与《新报》《快报》同为个人经营，无主义、主张，发行量一千份
神州商报(中文)	同上	代表者　黄晓云	李克成	1919年9月创刊，记者多与《粤报》互通，发行量五百份
越华报(中文)	同上	代表者　孔竹亭	李衡皋	1919年12月创刊，发行量四百份
觉魂报(中文)	政学会派	欧剑	■奭	1918年创刊，原为天主教徒的合办组织，一度停版，1919年复刊后脱离宗教趣味，成为政学会机关报
珠江新报(中文)	民党派	高振霄	吴鸿钧	1919年10月创刊，当时是周报，同年12月改为日报，以民党系的言论为特色，发行量八百份
爱国报(中文)	民党派	吕叔侃	卢博郎	1919年6月创刊，提倡排日运动，并主张省长民选，以此为特色，发行量八百份
岭南日报(中文)①	日中亲善	藤田丰八	藤田丰八	由我国人藤田丰八经营，(1919年2月创刊)创业时日尚短，发行量约一千份
佛　山				
佛山商报(中文)	无所属	陈其诚	同前	1918年创刊，日报，发行量一千份
南　宁				
岭表报(中文)	民党派	周颂民	雷冠堂	1916年4月创刊，日报，发行量约一千份
梧　州				
西江报(中文)	无所属	区笠翁	同前	1917年创刊②，日报，发行量约八百份
广西商报(中文)	进步党系	黄鼎可	黄钟	1918年创刊，日报
北　海				
觉民报(中文)③	布教机关报	Dr. Mackegin		周报，发行量约三百份

---

① 一名《岭南新报》，1919年1月15日创刊。
② 一说是1919年创刊，进步青年办。
③ 1915年由德国教会创办。

定期调查报告　　（秘）1920年9月印刷（1919年末调查）　　有关中国（附远东西伯利亚）报纸及通讯的调查

(续表)

名　　称	主　　义	持有人	主　笔	备　　考
云　　南				
云南公报(中文)	政府公布机关	云南省长公署		日报,官报,刊登各官厅之命令、法规、告示、公文、指令等,发行量约六百份
国是报(中文)	政府准机关报	何筱泉 黄子衡	彭伯英	1915年创刊①,日报,与云南教育会有关联,目前主要用于做图书馆广告。政府每月提供一百元补助,报道比较稳健
云南实业日报(中文)	商总会机关报,奖励实业	商总会	王少三	1917年12月创刊②,日报,发行所设在商总会内,发行量约三百份。对于时局问题比较冷静
云南中华新报(中文)	不偏不党	合资组织 代表　邓少乡	聂耦庚	1913年创刊③,日报,发行量约五百份
义声报(中文)	政府机关报	合资组织 代表　惠大我	同前	1916年2月创刊④,日报。原本每月接受云南政府二百元补助,1917年起对一般报纸的补助被废除,但本报仍以捐助名义获得同额补助。主要由唐继尧等云南迤东出身者出资,发行量约一千份。虽无排日主义,但仍受一般排日风潮影响而刊登排日报道
滇声报(中文)	革新主义	合资组织 代表　李毅臣	唐质仙	1912年创刊,1914年5月复刊,因财政困难屡次停刊,最近是在1917年5月复刊,日报,发行量约五百份
云南救国(中文)	排日主义	代表　倪守仁	张放	1918年11月创刊,日报。因对日问题而创办,为上海救国团之支分,鼓吹极端排日主义,全报充斥着对日本的漫骂。有暗中接受美国人安德森一些补助的嫌疑,目前不至于收敛其毒笔
共和新报(中文)	迤西同乡会机关报	彭愚夫	王潜夫	1919年9月复刊,日报。本报为云南唯一有影响的报纸,于1912年创立,当时为进步党机关报,在蔡都督时代接受政府的补助,及至1916年《义声报》成为机关报,接受迤西同乡会的出资,尔后经营不振,1918年停刊,但今年再次改号发行,发行量约三百份
大　　连				
满洲日日新闻(日文)	对统治政治⑤有好感	株式会社满洲日日新闻社		1907年11月3日创刊,与政党无关联,发行量九千五百份
辽东新报(日文)	同上	株式会社辽东新报		1905年10月15日创刊⑥,与政党无关联,发行量一万一千份,报社发展势头益发昌盛

---

① 应为1914年创刊。
② 1919年报告说1917年8月创刊。
③ 一说1916年1月6日创刊。
④ 一说1916年1月10日创刊。
⑤ 指日本在东北的殖民统治机构"关东都督府"的政治统治。
⑥ 一说为1905年11月创刊。

(续表)

名　称	主　义	持有人	主　笔	备　考
泰东日报(中文)	同上	金子平吉		1908年10月8日创刊①,与政党无关联,似是勉强维持经营,发行量二千八百份
Manchuria Daily News(英文)	同上	滨村善吉		1912年创刊,与政党无关联,日刊,发行量一千份。受外国人欢迎,但1919年11月脱离满铁公司后随即停刊,预定2月左右由小泽太兵卫续刊
青　岛				
青岛新报(日文)	青岛守备军机关报	鬼头玉汝	关世男	1915年1月15日印刷,日刊,无相关有势力者,发行量四千五百份
青岛新报(中文)	同上	鬼头玉汝	同上	同上,发行量一千五百余份
香　港				
循环日报(中文)	中立	股份制 经理　温俊臣	温俊臣	创立后四十六年,报道丰富正确,论旨稳健,为香港中文报纸中的巨擘。发行量八千份,据说财政十分宽裕。对日感情不友好
华字日报(中文)	无主义	Lowe　Bingham 陈文言 合资组织 经理　何汝明	谢仲伟	创立后五十余年,报道比较正确,论旨也稳健。是香港中文报纸中仅次于《循环》的大报纸,但近来声价略有下降,据说陷入经营困难的状态。发行量二千五百份
共和报(中文)	拥护香港中国商人的利益	经理　伍宪子	伍宪子	本报为《商报》的后身。1904年由康有为的高徒徐勤等人创设,其后多次变更经营者。至1913年左右为保皇党的机关报,目前由同党派的伍宪子担任经营、编辑之职。因徐勤至今仍与该报有关联,其社论有时反抗南方,直言不讳,具有拥护北方政府的色彩,因而不受南方人欢迎,读者逐渐减少,目前发行量仅五百份。对日感情不佳
大光报(中文)	耶稣教主义	股份制 董事长　马永烁 经理　黎纪南	廖卓庵	1913年3月创刊,以基督教为主旨,购阅者也都属于此类人。论旨报道虽都贫弱,但相当具有影响。对日感情最差。发行量三千份,创立以来损失不断,但据说今年度首次收支相抵
华商总会报(中文)	保护华商,中立	华商总会员 经理　陆庆南	谭荔垣	1919年4月1日创刊,早报,八页,晚报四页,发行量一千二百份。为华商总会的机关报,与其他报纸相比工商类报道居多,相对而言无政党色彩。对日感情虽不佳,但在抵制日货上有责难倾向。未来有发展前途,财政亦充裕
香江晨报(中文)	反对官僚政治	社长　黄伯耀	陈雁声	1919年2月创刊,日刊,十二页,发行量二千份。为国民党机关报,购阅者也属于此类人。报道比较敏捷,香港报纸中政治报道最多,社论主要由陈雁声执笔,偶尔也会有民党人员投稿。对南北两政府均持反对态度。对日感情不佳。据说目前财政极其困难

---

① 一说为1908年11月创刊。

定期调查报告　　（秘）1920年9月印刷（1919年末调查）　　有关中国（附远东西伯利亚）报纸及通讯的调查

(续表)

名　　称	主　义	持有人	主　笔	备　考
香港日报（日文）	无一定主义	松岛宗卫	同前	1909年9月1日创刊，日刊，发行量三百份
Hongkong Daily Press[孖剌报]（英文）	拥护政厅	股份制 总经理　H. A. Cartwright	同前	1877年创刊①，十二页，日刊，发行量一千二百份。该报为香港政厅的半机关报，从政厅接受若干补助金。论旨稳健、报道准确，在香港报纸中最具信誉。自称与上海的 North China Daily News 有特殊关系，对日本无好感。另外发行周报 Hongkong Weekly Press 及 China Overland Trade Report
South China Morning Post[南华早报]（英文）	无一定主义	股份制 董事长　J. Scott Harston Fr. L. Robert 总经理代理 B. Wylie	T. Petrie	1906年创刊，日刊，十二页。创刊以来总是事业不振，亏损不断，但近年逐渐有所恢复，目前销售额最高，发行量一千八百份。股东为英、美、法、意各国人。因大股东为美国人，被认为是亲美派，但近来对日本比较有好感
Hongkong Telegraph[香港电讯报]（英文）	拥护侨民	Morning Post 营业主任　C. M. Wilson	Alfred Hicks	1881年创刊，晚报，十二页，最初为中国人的合资组织，发行量仅有八百份左右。1903年由美国牙科医生诺贝尔以一万弗盘下并加以改革，读者逐渐增加。1915年10月又由 South China Morning Post 社进行经营，但编辑干部与该报社完全不同。发行量一千五百份。报道迅速，内容丰富，具有美国报纸的色彩，而且喜好评论地方上的时事问题
China Mail[德臣报]（英文）	无主义	合资组织 承借营业人 G. W. C. Burnett W. M. Humphrey	G. W. C. Burnett	1840年创刊，晚报，十页，发行量八百份。评论散漫，与其他报纸相比有所逊色，比较有文学、宗教趣味。发行周报 Overland and China Report
满洲里				
Восточная Азия（俄文）	进步主义	合作组织 代表　彼得、马克西姆维奇、摩罗杰克	帕维卢、尼克拉维奇、席坦福艾利德	1917年10月创办，日报，发行量八百份上下，资本金投资额八千卢布
东露新闻（日文）	时事报道	马场敬次郎	山田清太郎	1920年2月创办，一周三次，发行量一百八十份，资本金一千圆
黑　河				
砭俗报（中文）	无主义	梁子仪	张澜	1920年2月创办，日报，油印，规模小，只是报道黑河及附近的事件，据说资金仅有数十元

---

① 应为1857年10月1日创刊。

中国(附远东西伯利亚)报纸统计表(1919年末调查)

备考：双语报纸在各国语种栏目中是重复统计的。这样，各国语种报纸的统计与报纸实际数量就产生了偏差，不过，在各地统计栏内填入的是报纸的实际数量

地 名	中 文	日 文	英 文	法 文	俄 文	计	备 考
北京	59	3	3	2	—	67	
天津	16	3	9	1	—	28	其中英、法双语1
齐齐哈尔	3	—	—	—	—	3	
哈尔滨	4	5	1	—	3	13	
长春	4	3	—	—	—	7	
吉林	7	1	—	—	—	8	
龙井村	—	(日文)2 (朝鲜文)1	—	—	—	2	其中之一为日、朝双语
铁岭	1	3	—	—	—	3	其中之一为日、中双语
奉天	(蒙古文1) 6	(朝鲜文1) 7	—	—	—	12	其中之一为中、朝双语
郑家屯	1	1	—	—	—	1	为日、中双语
安东	—	1	—	—	—	1	
辽阳	—	1	—	—	—	1	
牛庄	1	1	—	—	—	2	
芝罘	5	—	1	—	—	6	
济南	14	3	—	—	—	16	其中之一为日、中双语
上海	12	5	9	1	1	28	还有7家通讯社
苏州	8	—	—	—	—	8	
杭州	4	—	—	—	—	4	
绍兴	1	—	—	—	—	1	
南京	10	—	—	—	—	10	
芜湖	2	—	—	—	—	2	
镇江	3	—	—	—	—	3	
安庆	2	—	—	—	—	2	
南昌	10	—	—	—	—	10	
汉口	10	3	1	—	—	14	
长沙	4	—	—	—	—	4	
重庆	4	—	—	—	—	4	
贵阳	2	—	—	—	—	2	

定期调查报告　　(秘)1920年9月印刷(1919年末调查)　　有关中国(附远东西伯利亚)报纸及通讯的调查

(续表)

地 名	中 文	日 文	英 文	法 文	俄 文	计	备 考
成 都	4	—	—	—	—	4	
福 州	12	—	—	—	—	12	
厦 门	4	—	—	—	—	4	
汕 头	5	—	—	—	—	5	
广 东	45	—	1	—	—	46	
佛 山	1	—	—	—	—	1	
南 宁	1	—	—	—	—	1	
梧 州	2	—	—	—	—	2	
北 海	1	—	—	—	—	1	
云 南	8	—	—	—	—	8	
大 连	1	2	1	—	—	4	
青 岛	1	1	—	—	—	2	
香 港	6	1	4	—	—	11	
满洲里	—	1	—	1	2	4	
黑 河	1	—	—	—	1	2	
武 市①	—	—	—	2	2	4	
尼 港	—	—	—	1	1	2	
浦 潮	—	—	—	3	3	6	
合 计	285	(日文)46 (朝鲜文)2	30	4	11	37	

报纸数量合计	中文	日文	英文	法文	俄文	英、中文	英、法文	日、中文	日、朝文	中、朝文	蒙古文
372	280	42	29	3	11	1	1	3	1	1	1

---

① "武市"开始三地为西伯利亚城市的日文旧称,因与本主题无关,未翻译。

(秘)1922年6月15日

有关中国(附香港、西伯利亚)报纸、通讯的调查

外务省情报部

有关中国(附香港、西伯利亚)报纸、通讯的调查
目　录

概况 …………………………………… 317

东北地区 ……………………………… 317
奉天 ……………………………………… 317
抚顺 ……………………………………… 319
本溪湖 …………………………………… 320
哈尔滨 …………………………………… 320
齐齐哈尔 ………………………………… 323
黑河 ……………………………………… 323
满洲里 …………………………………… 324
吉林 ……………………………………… 324
长春 ……………………………………… 324
四平街 …………………………………… 326
龙井村 …………………………………… 326
局子街 …………………………………… 326
珲春 ……………………………………… 326
辽阳 ……………………………………… 326
牛庄 ……………………………………… 327
铁岭 ……………………………………… 327
开原 ……………………………………… 327
郑家屯 …………………………………… 327
掏鹿 ……………………………………… 327
农安 ……………………………………… 328
安东 ……………………………………… 328
热河 ……………………………………… 328

华北、西北等地区 …………………… 328
北京 ……………………………………… 328
　一、北京的中文报纸 ………………… 328
　二、中文通讯 ………………………… 334

　三、日本报纸及通讯、杂志 ………… 335
　四、日本各报社特派员及通讯员 …… 336
　五、外文报纸的现状 ………………… 336
　六、外文通讯的现状 ………………… 337
　七、外国通讯员 ……………………… 337
天津 ……………………………………… 339
济南 ……………………………………… 341
芝罘 ……………………………………… 343

华东、华中等地区 …………………… 343
上海 ……………………………………… 343
南京 ……………………………………… 353
镇江 ……………………………………… 354
芜湖 ……………………………………… 354
安庆 ……………………………………… 354
苏州 ……………………………………… 354
杭州 ……………………………………… 355
绍兴 ……………………………………… 356
九江 ……………………………………… 356
南昌 ……………………………………… 356
赣州 ……………………………………… 357
汉口 ……………………………………… 357
开封 ……………………………………… 360
长沙 ……………………………………… 360
沙市 ……………………………………… 361
重庆 ……………………………………… 361
成都 ……………………………………… 362

华南等地区 …………………………… 362
福州 ……………………………………… 362

厦门	364	香港	373
广东	364	**中国(附香港、西伯利亚)的报纸统计表**	374
汕头	370		
云南	371		

关于中国（附香港、西伯利亚）报纸、通讯的调查

概　　况

　　至1909、1910年为止，中国的报纸仅有中文八九十种，英文二十种，日文十二三种，法、德、俄文各三四种，总计一百二三十种。即使在第一次革命①前后也无明显增减，但共和政府成立之后，随着各种政党团体的兴起，随处可见许多报纸作为其机关报创刊。1912年末，最多的为北京四十一种、天津三十五种、上海二十九种、广东十七种，全中国计有二百七十多种报纸，盛况空前。然而，第二次革命以失败告终，不仅仅是隶属于国民党系统的报纸逐渐停刊，还有其他报刊，也因为各政党衰退，无法得到补助金而陷入经营困境，接连不断地停刊。1913年末，全国报纸总数中文一百三十九种、日文十八种、英文十六种、法文三种、德文和俄文各四种，总计减少至一百八十四种。其后又逐渐增加，在1920年末，中文二百五十三种、日文三十三种、英文二十种、法文四种、俄文十四种、其他六种，合计三百三十种。另外还有周刊及杂志十八种、官报二十三种、通讯五十二种之多。在1921年末，中文报纸三百十一种、日文报纸二十七种、英文报纸十九种、法文报纸四种、俄文报纸十三种、其他各种报纸五种，周刊及日刊杂志（一部分）三十四种、官报二十三种、通讯七十三种。中文报纸增加五十七种。

东 北 地 区

奉天

名　称	主　义	持有人	主　笔	备　考
奉天公报（中文）	官报	奉天省长公署政务厅		省长公署的公布机关，日报，发行量一千三百份
东三省公报（中文）	半官半民，主张扩张国权	王希哲	王希哲	继承前清时代的《东三省日报》，1912年2月改为现名，日报，个人经营，每年接受中国官方及总商会的补助，发行量约五千份。体现中国官方的意图，不登载排日报道
醒时报（中文）	作为主义，无值得特笔之处	张子岐	张维祺	1909年2月创刊，日报，个人经营，资金不充沛，发行量三千份
盛京时报（中文）	日中亲善，开发满蒙	中岛真雄	菊池贞二	1906年10月创刊②，日报，资本金十二万圆，发行量一万三千份，东三省有影响力的中文报纸。因经营不如意，有变更为公司组织的计划
蒙文报（蒙文）	开发蒙古，日蒙亲善	中岛真雄	菊池贞二	1918年3月创刊，周报，作为《盛京时报》的附带事业，聘请蒙古人发行，发行量一千份
奉天新闻（日文）	不偏不倚，以满蒙开发为主义	佐藤善雄	小笠原俊三	1917年9月创刊，日报，发行量三千六百份，为登载奉天总领事馆公告的机关报，在奉天日文报纸中最有信誉
奉天每日新闻（日文）	论调稳健，平易主义	松宫干树	桥本松道	继承1907年5月创刊的《内外通信》，1920年6月改名，日报，发行量三千份。1921年末接受东亚证券株式会社融资，财政稍稍缓和
大陆日日新闻（日文）	鼓吹大陆主义，但论调有时缺乏稳健	石本镄太郎	大宫钦治	最初名为《奉天日日新闻》，1917年1月归宪政会前议员石本镄太郎所有，与此同时改现名。日报，发行量约两千份

---

① 即辛亥革命。
② 应为1906年9月1日创刊。

(续表)

名　称	主　义	持有人	主　笔	备　考
满洲通信(日文)	发布政治、经济及时事问题的通讯	武内忠次郎	赤松纯平	1914年8月创刊,日刊,发行量一百五十份。自《东方通信》于当地发布以来,经营情况似乎尤其困难
东方通信(日文)(中文)	介绍日本情况、发布中国问题的通讯	社长　宗方小太郎	奉天支社长佐藤善雄	1921年1月设置支社,2月1日起发刊,一个月①发行两次,发行量日文三百份,中文五百份
共同通信②(日文)	发布有关政治经济的电讯	内山石松	星无二郎	1917年2月创刊,是位于北京的《共同通信》的支局。日刊,往往一日发行数次,发行量五十份,经营困难

杂志

名　称	主　义	持有人	主　笔	备　考
南满医学会杂志	医学研究会的发表机关	南满医学堂	医学博士　久野宁	1913年创刊,一年发行四次,每年由会员预付会费三圆,此外接受关东厅一年五百圆的补助而经营,发行量一千两百份
大亚	主义在于研究宗教、教育、经济、地理等,扶持亚洲各国进步,谋求日中亲善	中野天心	中野天心	1919年1月创刊,每月发行一次,发行量五千份,接受每位会员一年十二圆会费而维持,但会员少,经营困难
大陆民报	进行公正的时事评论,成为大陆青年的指南	由井滨权平	杉山巴	1916年11月以《东亚公论》为名创刊,1921年改为现名,每月发行三次,发行量两百份
新满洲	评论时事,鼓吹清新的艺术趣味	金谷真	同前	1918年7月创刊,每月发行一次,发行量两百份,经营困难
真人	鼓吹宗教性道德观念	小室贞次	同前	1918年4月创刊,每月发行一次,发行量两百份,向会员征收实际开销费用而维持经营。因经营困难,不时停刊
满洲中央公论	评论满蒙的经济,调查经济情况	远山英彦	同前	1920年4月创刊,每月发行一次,发行量约三百份,因难以维持,1921年8月起停刊
满洲法律新闻	东北地区的审判报道及一般法律界评论	江崎保二	大宫钦治	1921年9月创刊,每月发行三次,发行量一百二十份
满洲画报	介绍及说明满蒙的风俗、风景、时事方面的照片	大塚茂树	同前	1921年11月创刊,计划每月发行一次,目前正在准备发行
奉天公论	有关经济、文艺、宗教的学说及报道	鹤冈永太郎	同前	1921年12月创刊
满洲野球周报	以东北体育界指南针式的机关杂志为己任	山本喜雨路	同前	1921年12月创刊,每周发行一次,计划1922年1月起发行

① 原文如此,疑有误,应该是一日发行两次。
② 即共同通信社支社。

定期调查报告　　（秘）1922年6月15日　　有关中国(附香港、西伯利亚)报纸、通讯的调查

通讯员

名　称	总社所在地	通讯员姓名	备　考
大阪朝日新闻支局	大阪	特派员　冈山源六	作为特派员进行相应的活动,有时发送重要通讯
大阪每日新闻支局	同上	同上　名村寅雄	同上
满洲日日新闻支局	大连	支局长　久留宗一	作为专任支局长,每天发送奉天通讯,此外有时发送重要通讯
辽东新报支局	同上	同上　菊地秋四郎	同上
京城日报支局	京城	同上　新田新太郎	同上
大连新闻支局	大连	通讯员　高桥利雄	同上
泰东日报分社	大连	通讯员　萩原明伦	
西比利新闻支局	哈尔滨	同上　安达隆成	
朝鲜新闻支局	京城	同上　根津胜造	
辽鞍新闻支局	辽阳	同上　田原茂	
亚细亚通信支局	北京	同上　同上	
蒙古通信支局	郑家屯	同上　畠山孝太郎	
大连经济日报支局	大连	同上　新田新太郎	
贝加尔通信满洲支社	西伯利亚知多①	同上　畠山孝太郎	以下通讯员在工作之余从事通讯业,因而通讯内容不值得一看
日华之实业满洲总支局	东京	同上　田原茂	
大陆之实业支局	同上	同上　樫村隆辉	
劳动世界社支局	同上	同上　松本勇七	
大陆社支局	大连	同上　吉田千垂	
大陆自由评论支局	福冈	同上　有马泰	
公私经济满洲支社	东京	同上　石本权四郎	
五大洲奉天支社	同上	同上　同上	
大连周报社支局	大连	同上　末永寅次郎	
南满洲ダイヤモンド支社	安东	同上　中岛一郎	

抚顺

名　称	主　义	持有人	主　笔	备　考
抚顺新报(日文)	无固定主义	坂本格	土屋文藏	1921年4月创刊,日报,发行量六百五十份

① "知多"即"赤塔"。

通讯员

名　称	总社所在地	通讯员姓名	备　考
满洲日日新闻支局	大连	窪天利平	
辽东新报支局	大连	土屋文藏	
大连新闻支局	大连	高桥勇八	
奉天新闻支局	奉天	高田忠良	
奉天每日新闻支局	奉天	田村寿明	
大陆日日新闻支局	奉天	山本定次郎	
京城日报支局	京城	高田忠良	
泰东日报支局	大连	曲文华	
关东新闻支局	大连	张浩支	
盛京时报支局	奉天	王化民	

本溪湖

名　称	主　义	持有人	主　笔	备　考
实业通信（日文）	满鲜经济状况通讯	冈定起	田中重策	1921年1月创刊，周报，发行量四百五十份

通讯员

名　称	总社所在地	通讯员姓名	备　考
奉天新闻支局	奉天	田中重策	
大陆日日新闻支局	奉天	西松广马	
奉天每日新闻支局	奉天	伊藤唯熊	
满洲日日新闻支局	大连	野村一郎	
大连新闻支局	大连	石田宪	
内外评论支局	大阪	石田宪	
国境通信支局	安东	安部保	

哈尔滨

名　称	主　义	持有人	主　笔	备　考
Cвет（俄文）	君主、反过激主义	格里高利·萨特夫斯基·卢杰夫斯基	同前	1919年4月创刊，日刊，发行量约两千份，以谢苗诺夫将军提供的资金创立，现在以持有人的资金经营。持有人为中东铁路总公司事务局次长，有俄罗斯正教徒及哈尔滨非社会主义团体作后援，可称其机关报，完全是亲日主义

定期调查报告　　(秘)1922年6月15日　　有关中国(附香港、西伯利亚)报纸、通讯的调查

(续表)

名　称	主　义	持有人	主　笔	备　考
Русский голос(俄文)		艾斯·武维瓦斯特罗琴	同前 记者　乌弗特姆斯基 公爵　格雷波夫	1920年创刊(7月),日报,发行量约两千份。有中东铁路方面做后援(借用机械、房屋等),政党关系为立宪民主党,隶属旧鄂木斯克政府①官员的系统,曾为了自家宣传登载捏造的报道。虽亲日,但曾在政策上攻击日本,主张日本驻兵。
Заря(俄文)		该报社	艾姆·莱姆比齐	1920年创刊,晚报,号称发行量四千份。主笔为原俄国首都立宪民主党报纸 Речь ②的记者,属社会主义温和派,反过激主义。报道有煽动性,因而销路广,相当有影响力。
Рупор(俄文)	社会民主	阿鲁伊莫夫	同前	1921年夏创刊,晚报,发行量约两千份,社会主义
Новости жизни(俄文)③	社会民主	"贝察琪"合伙公司	伊·艾弗·普罗库米由雷卢(真名克里奥林)记者 (社员)切鲁尼夫斯基	1909年创刊,日报,发行量约三千份。主义接近社会革命党过激派,在哈尔滨诸报纸中版面最为规整,报道丰富,相对准确,最有影响力。排斥日本对俄干涉,刊登一般排日报道,拥护"赤塔"政府④
Россия(俄文)		德威洛公司	亚·伊·斯米卢诺夫	1921年6月创刊,日报,"赤塔"政府机关报
Коммерческий телеграф(俄文)		维·亚·琪利金	同前	1921年1月创刊,周报,登载中东铁路调查资料
Мир(俄文)		哈尔滨日日新闻社	大河原厚仁	1921年创刊,日报
Russian Daily News(英文)		亨利·维希	同前	1918年创刊,日报,发行量三百份,仅登载电讯、俄国报纸论调以及有关英美人往来的报道。对于俄国,反过激派
哈尔滨日日新闻(日文)		社长　儿玉右二	编辑长代理 阿武信一	计划1922年1月创刊⑤,日报,由《西伯利新闻》⑥《北满洲》⑦及《哈尔滨新闻》⑧合并而成
露亚时报(日文)		哈尔滨商品陈列馆	森御荫	1919年1月创刊,月刊杂志
哈尔滨通信(日文)		大川周三	同前	日报
国际协报(中文)	民主、俄中亲善主义	叶元宰	张复生	1918年8月发刊⑨,日报,发行量七百份,资本金五千元,接受铁路督办公所的补助

① 即"Временное Всероссийское правительство",1918年11月3日建立于鄂木斯克。
② 原文为"レーチ",试还原成俄语,疑似"Речь"。
③ 亦译《新生活报》,1917年报告译为《新生涯》,1920年译为《时事新报》。
④ 即1920年4月6日成立的"远东共和国"。
⑤ 一说为1922年11月创刊。
⑥ 1918年12月创刊。
⑦ 1914年7月创刊。
⑧ 1918年12月创刊。
⑨ 一说1918年7月1日在吉林省长春市创刊,1919年10月迁到哈尔滨。

(续表)

名称	主义	持有人	主笔	备考
东陲商报(中文)	排日	尹捷卿	于景汉	1918年4月发刊①,日报,发行量五百份,资本四千五百元,发行一页俄语报纸
东三省商报(中文)	排日	吴春雷	叶元宰	1921年12月发刊,日报,发行量五百份。《国际协报》的姐妹报,南洋烟草公司的机关报,资本金一万元
滨江时报(中文)	亲日	范聘卿		1921年4月发刊②,日报,发行量一千五百份
滨江午报(中文)	排日	赵郁卿		1921年6月发刊,日报,发行量四百份
滨江晚报(中文)	同上	李成宣	牛趾舒	1921年11月发刊,日报,发行量五百份,两报均接受当地官方补助,购阅者多为下层人士
滨江醒民画报(中文)	振兴商业	卢振亚	牛永丰	1921年12月发刊,日报,发行量五百份,当地傅家甸商务会的机关报
民报(中文)	社会主义	赵志绍		1920年3月发刊,日报,发行量四百份,据称有南方派出资
广告大观(中文)	振兴商业	周趾民		1921年4月发刊,日报,发行量五百份
大同报(中文)	排日	汪镜洲	汪文鑑	1921年12月发刊,日报,发行量四百份
士报(中文)	排日	于云波	裴启宪	1921年12月发刊,日报,发行量五百份,据说有美商③后援
晨报(中文)		孙纬之		两报计划本月末开始发行
哈长正俗日报(中文)				
Дальневосточное время(俄文)	美国的宣传机关	彼·艾弗·布朗(美国人)	塞鲁·凯·阿鲁伊莫夫	或因得到美国领事馆援助的默契,亦设4页日刊英文栏,计划4月30日起发刊。顺带说明一下,因为中东铁路经济调查局长米海洛夫,以及尼克鲁恰克政府④当时的鄂木斯克大官们向来暗中从史蒂芬斯派⑤获得资金,应该会执笔

通讯员

通讯员姓名	国籍	总社
卢马连科	俄国人	路透社及国际通讯
马伊尤费斯	俄国犹太人	Dalta通讯(赤塔政府的通讯机关)
下野哲四郎		亚普达⑥电报通讯社(总社)(将日本诸电讯译成俄语并发布)

---

① 一说1917年5月24日在哈尔滨创刊。
② 一说1921年3月15日在哈尔滨创刊。
③ 原文是"米商",在日语中有"米商""美国商人"之意。此处无上下文无从判断,暂且如此翻译。
④ 原文为"ニコルチヤク政府",具体所指待查,此处为音译。
⑤ 原文为"スチーブンス一派",具体所指待查,此处为音译。
⑥ 原文为"ヤプタ",此处为音译。

(续表)

通讯员姓名	国籍	总社
近藤义晴		大阪每日新闻及东京日日新闻、报知新闻
大河原厚仁		时事新报
荒木升		国民新闻

齐齐哈尔

名称	主义	持有人	主笔	备考
黑龙江公报(中文)	省官报	黑龙江省长公署	公署总务科长(谭国宾)	1914年创刊,日报,登载法令、公文、告示等的官报,发行量约八百份
黑龙江报(中文)	扩张国权	魏毓兰(号馨钥)	同前	1916年1月创刊,日报,每月接受广信公司小洋六十元补助,发行量约两千份
通俗教育报(中文)	启发民智,普及教育	黑龙江教育会	薛殿冀	1914年12月创刊,日报,该省教育会机关报,每月接受广信公司小洋一百元补助,发行量约八百份

通讯员

通讯员姓名	通讯报名	在齐齐哈尔的销售份数	备考
高祥(号云升)	盛京时报	一百五十份	1916年4月
同上	上海新申报	五十份	1918年6月
安瑞亨	东三省公报	一百一十份	1920年8月13日
崔品卿	上海申报	两百份	1917年12月10日

黑河

名称	主义	持有人	主笔	备考
黑河日报(中文)	开通民智	黑河日报社	陈凤岐	1920年9月10日创刊,官民合办的股份制组织,资本金稍稍夸大,称有大洋一万元,发行量约八百份
砭俗报(中文)	自由	梁子仪	同前	1921年2月5日创刊,资本金大洋一百元,发行量约一百五十份

通讯员

通讯员姓名	通讯报名	在黑河的销售份数	备考
刘廼轩	盛京时报	九十五份	分馆开始工作以来已有八年零九个月
蒍少五	顺天时报	六十份	同上 两年零九个月
丁孝廷	东三省公报	五十五份	同上 一年零九个月
吕子兰	黑龙江报	五十三份	同上 一年半
赵荣先	天津益世报	五十份	同上 两年零三个月
王延臣	远东报	五十份	同上 两年零九个月

满洲里

名　称	主　义	持有人	主　笔	备　考
Зарубежная мысль［国境外的舆论］（俄文）	反共产主义	车鲁尼耶夫	同前	1922年1月创刊，日报，位于中东铁路地带的白党机关报，发行量约一千份
Наш путь［吾人之道］（俄文）	共产主义	卡多悉尼维夫	同前	1922年1月[①]1日创刊，日报，在远东共和国代表的支援下创立，发行量约五百份

吉林

名　称	主　义	持有人	主　笔	备　考
吉林时报（日文）		儿玉多一	同前	周报，每周三发行，发行量四百份
吉林公报（中文）		吉林省长公署	范用霖	登载官厅命令、公文、法令、告示和电报等，日报，约20页，发行量六百份
吉林日报（中文）	有吉林官厅机关报之观	顾植	魏劭卿	吉林最早、最有影响力的报纸，社长以下皆为官吏兼任，官方保护周到。六页，日报，发行量一千五百份
新共和报（中文）	无主义	江大峰	蒋去菲	本年现在的持有人江氏从前持有人诸克聪处继承。经营极其困难，日报，四页，发行量两百五十份
民实报（中文）	标榜振兴实业，实为个人机关报	关铎	程重仁	日报，六页，发行量两百份
通俗报（中文）	社会教育，排日	初兆声	姚绍虞	四页，隔日发行，发行量八百份

长春

名　称	主　义	持有人	主　笔	备　考
大东日报（中文）	促进文化，普及教育，维持善良风俗	吴耀	韩筱严	日报，1915年8月创刊，资本现大洋两千元。在长春的中文报纸中最早，报道比较准确，发行量约五百份
醒民报（中文）	启发民智，改良风教	侯文英	侯文英	日报，1918年4月创刊，资本现大洋一千元。版面向来小型，1921年10月起版面稍稍扩大，但仍比普通报纸狭小。内容贫弱，发行量约两百份
正俗日报（中文）	维护正俗，开发、普及民智、教育，振兴实业	贾埶先	延灼卿	日报，1919年10月创刊，合资组织，资本现大洋三千元。每月接受吉林官银号两百元补助，此外还有实业家的后援，发行量约三百五十份
长春通俗日报（中文）	维护善良风俗，指导社会	陈澈	陈澈	日报，1921年9月创刊，资本现大洋八百元。因以在大众社会中谋求读者为主旨，以口语登载，版面狭小，内容低级，发行量约七百份

[①] 1923年报告为"2月"。

定期调查报告　　（秘）1922年6月15日　　有关中国(附香港、西伯利亚)报纸、通讯的调查

(续表)

名　　称	主　　义	持有人	主　　笔	备　　考
长春话报(中文)	维护道德,开发民智,普及文教	杨恩科	杨恩科	日报,1921年10月创刊,资本现大洋两百元,兼用白话和文言的小型报纸,内容贫弱,发行量约两百份
北满日报(日文)	报道时事	箱田琢磨	泉廉治	日报,1909年1月创刊,登载长春日本领事馆公告的机关报,发行量约一千八百份
长春实业新闻(日文)	报道时事	十河荣忠	老木近信	日报,1920年12月创刊,重点在于与特产物品、货币行情及其他实业有关的报道,发行量约一千两百五十份
长春商业时报(日文)	东北地区各地物价及一般商业状况	伊月利平	伊月利平	日报,1915年① 1月创刊,油印,小型,发行量约八十份
北满商势调查辑录(日文)	调查以长春为中心的东北北部经济状况,向母国相关方面介绍	老木近信	稻垣兵治	月刊杂志,1921年4月20日发行初号,但无法每月定期刊行,同年10月第四号发刊以来持续停刊,发行量约九百五十份

除以上之外,还有免费颁布的册子《长春商品陈列所报》及《长春商业会议所报》,目的均在于报告该所的事业状况,调查、介绍长春及附近的经济情况。长春商品陈列所五年前由满铁会社设立,1920年5月创刊所报,但此后未能发行次号,编辑为同所主任井手正寿,前述初号发行量约八百份。

《长春商业会议所报》于1920年12月创刊,隔月发行,同会议所书记西山新为发行人兼编辑,发行量四百份。

通讯员

所属报社	总社所在地	通讯员姓名	备　　考
满洲日日新闻社	大连	田中直记	除本社通讯员外,还兼任《日满通信》(大连)的通讯员
辽东新报社	大连	柏原孝久	除本社通讯员外,还兼任大阪每日新闻社的通讯员和长春实业新闻社的监事
满洲新报社	营口	杉浦义一	除本社通讯员外,还兼任满洲通信社(奉天)的通讯员
大连经济日报社	大连	得丸助太郎	除本社通讯员外,还兼任长春实业新闻社的记者、《东方通信》(东京)及奉天新闻社(奉天)的通讯员
大阪朝日新闻社	大阪	稻垣兵治	除本社通讯员外,还兼任朝鲜新闻社(京城)的通讯员
大连新闻社	大连	高桥胜藏	重点为《北满日报》(长春)的报道,兼任本社、京城日报社(京城)、东京时事新报社的通讯员
开原新报社	开原	伊原孝助	主业为货币兑换店,同时兼任本社通讯员

附记:中国报纸没有专门的通讯员,往往是下级官吏等人撰写通讯,但均秘密进行,故而情况不明。

---

① 1920年报告为"1914年"。

四平街

名称	主义	持有人	主笔	备考
四洮新闻（日文）	报道时事	泉水幸太郎 樱井教辅	田原丰	日报，1920年10月创刊，小型报纸，内容贫弱，发行量约六百份

龙井村

名称	主义	持有人	主笔	备考
间岛新报（日文及朝鲜文）	介绍间岛情况，教化指导朝鲜人	合资公司 代表社员 安东贞元	安东贞元	1921年7月创刊，当地唯一的报纸，日文、朝鲜文两种报纸均为日报，日文为大型报纸，朝鲜文为小型报纸，发行量两者均为八百八十份

局子街
通讯员

所属报社	总社所在地	通讯员姓名	备考
间岛新报社（日文及朝鲜文）	龙井村	孙定龙（朝鲜人）	从事朝鲜文通讯
东亚日报社（朝鲜文）	京城	张英淑（朝鲜人）	
东三省公报（中文）	奉天	张郁文（中国人）、杨锡九（中国人）	
泰东新闻（中文）	哈尔滨	孙济民（中国人）	
吉长日报（中文）	吉林	刘玉山（中国人）	
盛京时报（中文）	奉天	陈少洋（中国人）、王世德（中国人）	

珲春
通讯员

名称	主义	持有人	通讯员姓名	备考
间岛新闻珲春支局	东洋民族的友好	安东贞元、户泽民十郎、松前兵三郎、山崎キセ、日高丙子郎、森茂一郎、宫长熊太郎、渡部几治、春野冬至橘、伊藤福一、猪口理保、藤村竹一郎	西元二次	总社在间岛，日刊报纸

辽阳

名称	主义	持有人	主笔	备考
辽鞍每日新闻	报道一般情况	渡边德重	同前	1919年10月31日起改名为《辽鞍每日新闻》①，发行量九百六十份，登载辽阳日本领事馆、辽阳警务署、满铁地方事务所、辽阳居留民会公告的机关报

---

① 旧名为《辽阳每日新闻》《辽阳新报》。

牛庄

名称	主义	持有人	主笔	备考
满洲新报(日文)	开发满蒙实业,发扬日本固有国民性	冈部次郎	小川义和	1907年12月创立,1908年2月10日创刊,具有极为稳健的主张,专心致力于振兴满蒙实业,没有类似鼓吹危险思想之事,发行量四千份
营商日报(中文)	营口商务总会的机关报,登载一般商业有关事项,期待谋求商业振兴发达	营口商务总会长 潘达球	高景房	1907年10月1日创刊,资本金两千五百元,营口商务总会创办,以报纸购阅费及广告费维持,不足部分由商务总会补助,发行量两千份

铁岭

名称	主义	持有人	主笔	备考
铁岭时报(日文)	以时事报道为主,谋求通商之发展	西尾信	同前	1911年8月1日创刊,日报,为登载铁岭领事馆及居留民会公告的报纸,发行量约五百份
铁岭每日新闻(日文及中文)	以时事报道为主	罗率真	罗率真 迫田采之助	获得中国官方许可,1917年11月发刊,日报,发行量约四百份

开原

名称	主义	持有人	主笔	备考
开原新报(日文及中文)	以时事报道为主,谋求通商增长	山根谦一	山根谦一	1919年2月11日创刊,发行量约五百份。前持有人鹤冈永太郎与该报断绝关系,1921年变为合办组织,变更名义,山根谦一任开原新报合办组织理事,开原地方事务所长神保太仲对此给予援助

郑家屯

名称	主义	持有人	主笔	备考
蒙古通信(日文)	以介绍蒙古情况为目的	真继义太郎	同前	1919年4月15日创刊,旬刊,油印,每次约三十页,发行量约三百份。向日本内地及朝鲜的各报纸、杂志发送蒙古方面政治、经济情况的通讯,持有人是金山日报京城支社长,本通讯由其兼营

掏鹿
通讯员

报纸名称	西丰县	东丰县	西安县
盛京时报	冯治华	郁兴	王遵中
泰东日报	万洪钧		
东三省公报	钱夔亚	郁兴	陈乐普
东边日报	张济川	王虞臣	

农安
通讯员

报纸名称	所在地	通讯员姓名
盛京时报、吉长日报	农安	刘杰忠
盛京时报	长岭	周贤瀛

安东

名称	主义	持有人	主笔	备考
安东新报(日文)	地方机关报,以经济报道为主	川俣笃	同前	1906年10月17日创刊,现在发行量一千八百份,日报
国境通信	以政治、经济报道为主	西浦半助	同前	1921年8月12日创刊,发行量一千三百份,周报
南满洲ダイヤモンド	以经济报道为主	小仓松太郎	同前	1920年2月10日创刊,每月发行两次,杂志,发行量四百五十份
满鲜纵横评论	以政治及社会报道为主	上田务	同前	1921年2月14日创刊,杂志,每月发行一次,发行量一千份

热河

名称	主义	持有人	主笔	备考
新闻简报(中文)	无固定主义	谢景义	同前	热河道尹公署员的副业,收集官吏更迭及诉讼事件等,发行日不定,向官署分发,定价不一定。仅于节日捐助五元乃至十元

华北、西北等地区

北京

一、北京的中文报纸

北京的中文报纸,不乏其数量,但普遍规模小,例如资本,仅够勉强经营。至于发行量,多则仅为五六千份,达到上万份数的仅为二三家。因此,读者的范围也可想象,然而以发行量之多寡还无法马上臆断其效果所及范围。无论怎么说,以他们一流笔锋呼号天下之时,可以巧妙笼络民心。虽为小报纸,总让人觉得不可小觑。

以下是中文报纸的数量,与去年约五十四种相比,今年约七十一种,即增加约十几种。但其规模不值得一提,值得关注的只有一事,即《新社会报》因今年1月攻击政府而被勒令禁止发行。

还有,通讯社与去年十六社相比,今年增加至二十七社。

名称	主义	持有人	主笔	备考
政府公报	政府的公布机关	国务院印铸局		刊登和公布法令、政府公文等
陆海军公报	陆、海军的公布机关	魏宗潮	罗泽炜	政府补助一千五百元
教育公报	在各部处编辑处编辑发行			刊登《政府公报》发布的与各部相关的法律、命令,以及各部相关的一切公文、相关调查报告、译报和统计等。《交通月刊》自1917年1月起每月发行一册
农商公报				
税务公报				
监务公报				
交通月刊				

定期调查报告　　（秘）1922年6月15日　　有关中国（附香港、西伯利亚）报纸、通讯的调查

(续表)

名　称	主　义	持有人	主　笔	备　考
顺天时报(中文)	以日中亲善为主义	渡边哲信	金崎贤	位于宣武门内化石桥。本报以直笔敢言而成为了当地报界一大权威。1901年创刊，发行量一万份
北京日报(中文)	中立	朱淇	对某	北京最早的报纸。原由德国人出资，现由盐务署、财政部、交通部及府院提供补助。正因为是报界元老，其影响不可小觑。1907年7月创刊①，发行量二千八百份。位于东镇江胡同
群强报(白话文)	前清君主立宪派	陆哀	陆泽	资本原由立宪派所出，现已完全独立，靠营业利润成为当今白话报中的佼佼者。与王揖唐保持着友好关系。1912年7月创刊，发行量一万份，社址：樱桃斜街
爱国白话日报(白话文)	回教徒的机关报	马太朴	黄国臣	原由回教徒出资，现在由马某个人经营。读者主要是在京回教徒。发行量四千份
实事白话日报(白话文)	中立	戴兰生	戴兰生	研究系提供一些补助，1918年9月创刊，发行量五千份，社址：铁老鹳庙胡同
民报(中文)	讨论会系	温雄飞	温道周	与讨论会系的江天铎稍有关系。发行量一千份，位于宣武门外孙公园，晚报
公论日报(中文)	安徽银行界机关报	吴光策	古德喜	由安徽人吴光熙创办，安徽银行界人员相互介绍的机关报。通过银行广告来维持报纸。1916年12月创刊，发行量三百份。位于西柳树牧章胡同
燕都报(中文)	中立	文实权	文实权	由文某自己出资经营。文某原先在交通部任闲职。发行量一百份，位于南柳巷
国强报(中文)	前清立宪派	杨润之	杨润之	江朝宗提供少许补助，其他全靠营业利润。发行量六千份，位于临北寺街
民本报(中文)	奉系	廖鼎山	廖鼎山	张景惠每月补助二百五十元。发行量三百份，位于宣武门内的油坊胡同
新兴中报(中文)	钮传善系	郭行源	潘鼎新	原由钮氏补助，钮氏失势后经营陷入困难，现被《北京日报》盘下，有亲美倾向。发行量三百五十份，位于贾家胡同
铁道时报(中文)	旧交通系	李警呼	李警呼	旧交通系创办，每月经费由铁道广告支出。1921年1月创刊，发行量一百五十份。位于椿树上三条
足一日报(中文)	福建交通系	邱醒旦	林述康	由福建新旧交通系维持。1918年12月创刊。发行量三百份，位于临北寺街
北京民强报(中文)	袁政府时政友会的机关报	王河屏	刘②某	原为袁乃宽组织的政友会的机关报，国会解散后支持袁世凯，1916年被《北京日报》盘下，但业绩不振。1912年3月创刊，发行量八百份，位于永光寺西街

---

① 《北京报》于1904年8月创刊，1905年8月更名为《北京日报》继续出版。
② 原文模糊，疑似"刘"。

(续表)

名　　称	主　　义	持有人	主　笔	备　　考
东南日报(中文)	奉系	钱恩涛	钱某	与梁士诒有关系。发行量一百份,社址:椿树下头条
言中报(中文)	孙宝琦系	万某	欧阳成	由税务署员组织发行,经费由各人分摊。1920年创刊,发行量三百份,社址:永光寺西街
大中华日报(中文)	洪宪帝制时的机关报	叶一舟	叶一舟	曾与《北京日报》一起活动,如今只接受盐务署的些微补助,社运不振。1915年12月创刊,发行量四百份,社址:南新华街
仁民报(中文)	司法界的机关报	饶文隆	饶文隆	最近创办的报纸,带有安福系的色彩,发行量一百五十份
唯一日报(中文)	旧交通系 朱启钤系	顾澄	何诚公	朱启钤担任校长的译学馆学生组织发行,受美国人帮助,到3月为止每月有三千元的收入,现在减少至五百元。1918年创刊,发行量三百五十份,社址:香炉营头条
益世报(中文)	美国机关报	杜竹萱	潘蕴巢	原由基督教会出资,现由府院、盐务署、财政、交通各处补助约一千五百元,又有美国公使馆及美国商人刊登广告的补助,作为美国的对日舆论机关而活跃。1915年创刊,发行量一万二千份,社址:新华街
又新日报(中文)	安福派张敬尧系	王文魁	汪汉臣	由张敬尧出资,张失势后,由其部下经营。发行量一百五十份,社址:李铁拐斜街
统一日报(中文)	安徽许世英系	许无咎	许无咎	安徽省长许世英每月补助三四百元,发行量一百份,社址:香炉营头条
大西北日报(中文)	冯玉祥机关报	宋云甫	宋云甫	原由陈树藩提供资本金,陈失势后,冯取而代之,现已成为冯氏的机关报。发行量一百份,社址:琉璃西南园
铎声(中文)	己未俱乐部机关报	陈容光	陈某	陈是第二届国会议员。最初与安福系结交,但因其愿望得不到满足,转而成为己未俱乐部的机关报。社运不振,发行量三百份,社址:椿树上二条
京国新闻(中文)	京兆尹机关报	陈遵统	陈遵统	由京兆尹孙振家每月出资三四百元经营,但发展不顺,发行量一百三十份,社址:兵马司前街南人院
时言报(中文)	与吴佩孚有关	庄仲皋	庄仲高	虽有吴佩孚补助,但金额极少。目前自称经营困难,难以存续。发行量六百份,社址:潘家河沿
星报(中文)	与郑洪年有关	王莪荪	李某	该报受到郑洪年的补助,但金额不多。发行量二百份,社址:孙公园西头
都门新报(中文)	旧交通系	夏仁虎	张世杰	由旧交通系派创办,凭铁路广告维持经营。发行量二百份,社址:南新华街
共和民报(中文)	旧交通系	俞立生	俞成三	本报为旧交通系直系机关报,每月获铁路广告费一千元左右。社内有不少职员在财政、交通两部以及国务院兼职。发行量三百份,社址:临北寺街

(续表)

名　　称	主　　义	持有人	主　笔	备　　考
大统一日报(中文)	潘复系	蔡松林	蔡松林	每月接受盐务署若干补助金。发行量二百五十份,社址:香炉营头条
中国民报(中文)	新国会议员团机关报	柴春霖	柴结三	柴为甘肃人,曾接受甘肃政府的补助。现在虽成为新国会议员团的机关报,但甘肃政府继续补助。发行量一百份,社址:宣武门内拴马胡同
正俗公报(中文)	潘复系	张闰仁	张闰仁	接受来自盐务署、财政部的若干补助。发行量一百份,社址:西长安街
都报(中文)	旧交通系	胡康彝	李耕古	由旧交通系的一部分党员组织创办,一切经费都由铁路广告所出。发行量一百五十份
黄报(中文)	杨度系	薛大可	对少少	杨度与某国合办的国际贸易公司每月提供不少间接补助。发行量二百份,社址:宣武门外大街
中报(中文)	张绍曾系	周号	金葆光	靠张绍曾帮助、盐务署的补助而维持。发行量二百五十份,社址:前门内西城根
声报(中文)	中立	祖云章	祖云章	本报由祖云章独立经营,收入以广告为主。发行量一百份,社址:崇文门外茶食胡同
民国公报(中文)	中立	罗怡厂	罗怡厂	《北京民报》之分支。盐务署每月补助二百元,但经营颇为困难。发行量一百五十份,社址:永光寺西街
京兆民报(中文)	中立	钱玉如	钱玉如	接受北京市政公所的少许补助。发行量一百五十份,社址:临北寺街
白话京话日报(白话)	前清立宪党机关报	刘燕堂	冯云和	资本由彭翼仲募集而来。彭死后,刘继任,单凭营业利润维持。发行量五百份,社址:五道庙
小公报(中文)	以前有安福系色彩	程道一	籍少荃	过去由安福派某议员提供少许补助,现在凭借营业利润维持。发行量四千份,社址:南柳巷
北京新报(中文)	安福系	刘清泉	刘清泉	由原安徽安福派出资,现接受盐务署的补助,但经费得不到满足。发行量二百份,社址:潘家河沿
蒙边日报(中文)	杂系	滕祖周	滕祖周	由《北京日报》经营。发行量二百份,社址:米市胡同
北京白话报(白话)	陈光远系	任昆山	何某	陈光远每月补助二百元。发行量六百份,社址:大安澜营
新华日报(中文)	陈光远系	潘立之	潘立之	陈光远每月补助五百元。发行量一百六十份,社址:香炉营

(续表)

名称	主义	持有人	主笔	备考
民业日报(中文)	无所属	廖绍贤	廖绍贤	社运不振,没有持续经营的希望。发行量一百二十份,社址:琉璃厂南夹道
中央时报(中文)	海军部	张一鹤	吴柽紫	福建海军军人组织发行,从海军部得到若干补助。社员都兼任其他工作。发行量一百份,社址:打磨厂南官园
北京报(中文)	陈光远系	任昆山	任昆山	与《北京白话报》一样,接受陈光远的补助。发行量三百份,社址:前门大安澜营
群报(中文)(旧名《甲寅日刊》)	靳云鹏系	方表	梁家义	由《甲寅日刊》改名而来。靳在任时资本充足,如今走向衰退。1916年创刊,发行量二百份,社址:椿树上三条
大陆日报(中文)	奉天张宗昌系	张寅	张汉声	过去是曹汝霖、陆宗舆的机关报,现为张宗昌的机关报。接受盐务署与财政、交通两部及府院的补助。发行量六百份,社址:大外郎营
北京中华新报(中文)	政学会系	谷钟秀	张育临	由政学会每月补助。发行量四百份,社址:棉花八条
京报(中文)	张弧系	邵振青	邵振青	邵为张弧同乡,随着张入阁而计划大力扩张,但如今受到多方面的反对,未能如愿。接受盐务署与财政、交通两部及银行、公会的补助。发行量三千份,社址:小沙土园
晨报(中文)	研究系	蒲殿俊	张梓芳	原名《晨钟报》,由汤化龙创办。纯粹的研究系机关报,未接受任何方面的补助。极力与少年学生保持联络,关注日中问题。1916年8月创刊,发行量八千份,社址:丞相胡同
北京正言报(中文)	奉系	张某	郝责吾	接受奉天省署和盐务署的补助,但不接受张作霖的补助。读者大体为奉系军官。发行量六百份,社址:李铁拐斜街
国报(中文)	直系	边守靖	李亚仙	接受直隶省署的补助,同时还接受交通、财政两部以及府院的补助。排日笔锋尖锐。发行量五百份,社址:南柳巷
京津时报(中文)	安福系	汪立元	黄昙山	原为梁启超系的机关报,《上海时报》之分支。虽接受安福系的出资,但现在经营困难。汪为报界的元老,在报界地位重要。发行量四百份,社址:小沙土园
亚东新闻(中文)	旧民党	李安陆	黄延询	原为国民党员出资创办,未接受政府补助,主要依靠广告收入来维持经营。李社长和黄主笔都是日本高等师范学校出身,对日态度公平。发行量一千三百份,社址:西草厂
日知报(中文)	旧交通系	王博谦	王量午	由旧交通系出资创办。与叶恭绰对立,社运不振,仅勉强维持经营。1913年10月创刊。发行量六百份,社址:椿树下二条
新民报(中文)	奉系机关报	乌泽声	常越公	乌社长曾是国会议员,安福系的得力干将。其失势后,本报变为奉系,由齐农商总长提供补助。1916年7月创刊。发行量三百五十份,社址:万源夹道

(续表)

名　称	主　义	持有人	主　笔	备　考
新京报(中文)	福建海军、交通两系	邱访伯	邱访伯	邱为福建人,接受福建海军方面、交通、财政、盐务署等各方面的补助,数额达二千元,因此该报定价颇为低廉。发行量三百份,社址:西河沿五斗斋
北京晓报(中文)	旧交通系	方梦超	吴天真	旧交通系的补助和广告收入相加达一千元以上。发行量三千份,社址:南池子飞龙桥
商业日报(中文)	北京商会	任崇高	任崇高	商会每月补助一百元,其余通过广告收入维持。发行量一千份,社址:前门外取灯胡同
平报(中文)	北京佛教会	李亚仙	李亚仙	从佛教会得到若干补助。发行量七千份,社址:南柳巷五十五
北京夕报(中文)	旧交通系	方梦超	吴天真	与《北京晓报》由同一人经营。发行量四百份,社址:李广桥
益民报(中文)	潘复系	张智请	张智请	财政和盐务两处提供补助。发行量二百份,社址:教场小六条
道心报(中文)	刘存厚系	张曜远	华唐	刘存厚每月提供补助。发行量一百份,社址:校场小六条
晓报(中文)	张志潭系	刘新源	刘新源	由张志潭出资,每月以铁路广告的名义支出。现由于广告被废止,依靠孙润宇的帮助经营。发行量四千份,社址:南池子飞龙桥
中央日报(中文)	直系	张一鹤	张一鹤	虽受到直隶省的补助,但联系并不深。1920年7月创刊,发行量二百份,社址:贾家胡同
北洋时报(中文)	靳云鹏系	杨公两	陈某	由靳氏出资,每月接受交通部、府院、财政部印刷局等的补助。但目前除财政部印刷局之外各部的补助都已停止。发行量三百份,社址:六部口
京津新报(中文)	与列宁政府有关	王太素	王太素	据闻该报接受俄国代表的补助,此外还有盐务署的补助。王太素为原《民福报》社长,由于受到俄国代表的补助,所以将报纸改名,转移至天津开馆。发行量五百份,社址:宣武门外米市胡同
实报(中文)	研究系	戴兰生	戴兰生	由研究系补助,但数额不大。大部分经费由中国银行提供。发行量二百份,社址:铁老鹳庙胡同
燕京报(中文)	全体旗人的机关报	文实权	文实权	由旗人中通晓世界形势者相聚筹措资金,于最近创办,仍未见显著发展。发行量一百五十份,社址:李广桥口袋胡同

除以上七十一家报社之外,还有《华京日报》《新闻汇刊》《北京午报》《平民日报》《华同日报》《大义报》《北京时报》等。但由于内容不明,或现已停止发行,或在市面上见不到,故从略。

二、中文通讯

社　名	系　统	社　长	编　辑	备　考
新闻编译	无所属	邵振青	陈步东	邵社长原为上海《申报》的北京特派员。1916年袁世凯死后经营本社，社运渐盛，后又发行《京报》。1919年《京报》被没收后流亡日本，曾担任《朝日新闻》的顾问。每月除了来自盐务署的三百元补助之外，还接受国务院、总统府、外交部、财政部、中国银行的补助。现在似乎成为了外交部的机关通讯
远东通讯	旧交通系	陈向元	陈向元	陈社长为旧交通系的议员。每月的经费除旧交通系的补助之外，还有来自盐务署的二百元补助。据说国务院和财政部也提供相当金额的补助。似乎是财政部的机关通讯，但目前大体上可视为公平的通讯
神州通讯	研究系	陈班侯	徐瀛从	每月经费由研究系补助，据说前湖北省长夏寿康亦提供补助。对现内阁表示好意，攻击交通系。社长陈班侯的妻子目前进入了东京美术学校学习，由她传回东京当地反对日本政府的新闻报道，通讯社以此为材料致力于排日宣传。据说在朝鲜京城也委托反对日本官方的通讯员搜集材料。在时局方面，极力宣传诸如日本援助奉系之类的内容
民生通讯	大总统府系	卓博公	郑知非	卓社长为旧交通系的党员，因而理所当然地为该系出力，但对其他各派进行攻击的评论颇为公平。每月接受交通系二百元的补助。此外，据说盐务署亦提供少许补助
中美通讯	美国人的机关	美国人蒲鲁斯	中文总编辑　汪铁英 副编辑　张晋臣	社长巴氏回国之前鼓吹美中亲善，排日笔锋甚为尖锐。蒲鲁斯成为社长之后，进行了内部改造，不再像过去一样排日。似乎从外交部得到少许补助
中央通讯	无所属	罗怡厂	张锐之	由前《民强报》的主笔罗毅夫创办，其死后曾停刊一年。现社长罗继任经营，每月仅有来自盐务署的少额补助
中一通讯	无所属	李文权	李文权	以全年不停刊为特色，致力于社会方面的报道，对日抱有好感
大同通讯	直系	林天木	林天木	过去由李纯补助，其死后由齐燮元继续补助。努力拥护直系，同时致力于统一事业
北方通讯	聂宪藩系	赵雨琴	赵雨琴	赵社长为安徽人，聂宪藩提供一些补助，但社运不振
华俄通讯	俄国人的机关	佐杜洛夫	薛撼岳	受到尤林的操纵，极力促成俄中通商的恢复，专事攻击日本
醒民通讯	直系	廖楚舟	廖楚舟	最初为李纯的机关通讯。李纯死后，接受齐燮元的补助。除了拥护直系外，并不对外攻击
民国通讯	直系	黄捞挤	檀子番	1918年发行。虽有政学系的补助，但经费常常不足。有援助西南军政府的倾向
中央政闻	中立	丁雨生	晏屏如	原为安福派的机关通讯，每月有三百元的补助。该派没落后，稍稍改变了其主张，但仍然致力于维护该派
北京通讯	新交通系	赵伯珩	王丹忱	带有营利性质，评论比较公平，对各方面都不会加以攻击

(续表)

社　名	系　统	社　长	编　辑	备　考
德华电报通讯	阎锡山系	张仲良	张仲良	阎锡山的机关通讯,经费全部由阎所出。专门翻译英文报纸,对阎锡山进行阿谀奉承的报道很多,受到各方指责。最近刊登来自柏林的电讯
博文通讯	不详	张郁亭	张郁亭	不详
平民通讯	旧交通系	王天悔	王天悔	接受旧交通系方面的补助。评论大体公平,最近不断攻击奉系
进化通讯	中立	宋蕴璞	宋蕴璞	以开拓张家口、绥远方面为目的,收集该方面的材料发布通讯
东亚通讯	不详	不详	不详	最近才组织成立,尚不值得关注
中和通讯	江朝宗派、许世英派	吴天真	不详	皖系中的江朝宗派。据说江每月提供五百元的补助,许亦提供同额补助
世界通讯	不详	秦墨哂	不详	《上海时报》驻京特派员秦经营。此人亦为陆军部咨议
那世宝万国无线通讯	不详	法国人那世宝	不详	法国的宣传机关,刊登各种电讯及法国市场行情等
自由通讯	不详	田文起	杨大宗	不详
经济通讯	不详	不详	不详	主要发布经济相关的通讯
中外新闻	不详	钟少梅	不详	鼓吹舆论,企图充当外交后援。钟现任国民外交后援会员
捷闻通讯	蒙古王府派	陈某		据说是蒙古王侯的机关通讯,内容不详
太平洋通讯	许世英派	徐方平		去年举办太平洋会议之际,为唤起舆论援助外交而创立。事实上,每月接受安徽省公署许世英五百元的补助,成为许的机关通讯

三、日本报纸及通讯、杂志

名　称	主　义	持有人	主　笔	备　考
新支那	维护日本方面的主张	安藤万吉	桥川时雄	1913年9月创刊,日刊。最近在中国政界也有一些购阅者
极东新信		藤原镰兄		以使时事概要周知为目的,周刊杂志。1922年1月创刊
支那问题		松本清司		收集时事问题的月刊杂志。1921年9月创刊
共同通信		野满四郎		发布时事通讯敏感迅速,在日本和中国人中有相当多的购阅者。1916年1月创立
东方通信		社长　宗方小太郎	北京支社长横山八郎	

四、日本各报社特派员及通讯员

社　　名	姓　　名
东京朝日新闻社、大阪朝日新闻社	大西齐
大阪每日新闻社、东京日日新闻社	波多野乾一
时事新报社	高见成
国民新闻社	松村太郎
报知新闻社	千田佐一
福冈日日新闻社	末次政太郎
满洲日日新闻社	都甲文雄
天津日报社	金田一良三
辽东新报社	横田实
京津日日新闻社	中野吉三郎
东方通信社	横山八郎
天津公闻报社	永持德一
日本电报通信社	长谷川贤
国际通信社	古野伊之助

五、外文报纸的现状

◎ *Peking Leader*（《北京导报》）

1917年12月间，作为梁启超的机关报创刊。一直以来都被视为北京外文报纸中的佼佼者。刁敏谦（广东人，英国Cambridge大学L.L.D.）任主笔时，由于其兄刁作谦任外交部秘书，以外交方面消息灵通而为人所知。刁敏谦于1919年11月中旬起不再任主笔一职，接着，美国人Buch、美国人Josef W. Hall、美国留学出身的青年余天休、美国人Grover Clark等依次担任过主笔，其后完全由中国人担任编辑。1922年5月，原上海《申报》及北京 *Daily News* 记者R. P. Wong任主笔，总理为梁秋水，主笔[①]为前述的黄国钧。任中国政府顾问的英国人Simpson(Putnan Weale)曾经大量投稿，发表排日性评论，近来已看不到Simpson的文章，但由于编辑部成员为美国留学出身的缘故，报纸整体的论调免不了带有亲美排日的色彩。

◎ *Peking Daily News*（《英文北京日报》）

原来由北京日报社社长朱淇经营，1917年3月被盘给美国留学出身的汪觉迟。其后不久，又被转卖给徐树铮，但汪觉迟仍作为主笔掌握全权。此后由英国籍香港人吴来熙担任专职主笔。1920年安福派没落后成为旧交通系的机关报。曾一度由英国人W. Sheldon Riage掌握编辑全权。Riage退社后，现完全由中国人担任编辑，总理夏廷献，主笔陈应荣。从1921年七八月左右开始渐渐带上了亲俄排日的色彩，最近这种色彩愈发浓厚。远东共和国驻北京代表、军事顾问、陆军中佐B. Roustam Bek，以及俄国工农政府机关Rosta、远东共和国政府机关Dalta两大通讯社的北京支局长Hodoroff等人频繁投发排日性评论，该报也俨然成为工农政府的机关报。大连会议破裂后，他们的排日笔锋愈来愈猛烈。毫无疑问，该报从工农政府得到了大量的财政补助。在鼓吹这种亲俄排日主义的背后，据说该报也得到了与Hodoroff有深交的英国人W. H. Donald（中国政府顾问、*Peking Daily News*理事会成员）一派的援助。

◎ *North China Standard*（《华北正报》）

本报由鹫泽与四二担任社长，原 *Japan Times* 及 *Kobe Herald* 等报的记者、英国人J. S. Willes担任News

---

① 原文如此，疑为"副主笔"。

Editor,国际通讯社主编佐藤显理担任主笔。1919年12月1日创刊,但从1920年3月佐藤显理辞职,1922年3月Willes被解任以来,主要由德国人F. Newel和鹫泽与四二专门负责编辑。报面外观酷似 *Japan Advertiser*。报道稳妥,印刷鲜明,用纸优良,与其他的外文报纸相比,报面看上去整齐有序。

◎ *Peking Express*(《北京快报》)

1921年11月间,原中美通讯社记者宋采亮作为学生的机关报而创刊的四页小型英文报纸(普通报纸一半大小),发行量超过一千份。就发行量而言,在北京的英文报纸中,没有能与之匹敌者,是懂英文的中国学生中最有影响的机关报。总理宋采良,主笔孙瑞芹,两人都曾任 *Peking Gazette* 的记者。

◎ *Journal de Pe'king*(《法文北京新闻》)

1911年7月创刊,曾接受俄国公使馆的补助。俄国政变以来受法国公使馆的保护,1918年5月成为法国公使馆的机关报,据说通过中法实业银行得到补助。随着该银行的破产,补助中断。主笔Nachbaur为Franch Jew,副主笔Ivanoff是激进派俄国人,不时刊载激进主义内容。Nachbaur往往舞弄排日笔锋。

◎ *Politique de Pe'kin*(《北京政闻报》)

1914年创刊的周刊,完全是外交部的机关报。主笔是在北京生活了二十四年的法国人Monastir,所论稳健。

六、外文通讯的现状

外文通讯的现状如下所述:

◎ Reuter's News Agency(路透社电报公司)

英国Reuter通讯社的北京支局,支局长Major A. E. Wearne, E. P. Reading为助理。

将北京的报道通过电报发送到伦敦和上海的Reuter通讯社及东京的国际通讯社,同时,将来自世界各地的Reuter电报分发给北京和天津的各外文及中文报社。

◎ Chung Mei News Agency(中美通讯)

欧洲战争后由美中共同出资创立。1919年3月,曾任美国公使馆副领事的B. A. Burr担任中美通讯社北京分社主任,中国方面以国务院情报部主任宋发祥为代表,任理事。1922年2月中旬,Burr由于背负了大量债务去莫斯科。社长由美国传教士Brewster、副社长由美国人经营的燕京大学教授Wolfrey担任,中国方面以宋癸祥为代表。向北京、天津、上海等地的各外文报纸分发北京的报道,依旧没有改变排日亲美的态度,不断进行排日的Propaganda。名义上表面仍任用美国人,但实权渐渐转移到中国方面,看似国务院的机关通讯。

◎ Asiatic News Agency(英文亚细亚通讯)

欧洲战争后,原 *Peking Gazette* 的记者张敏之(Michie C. L. Chang)创刊,以王某为主笔。从中国各地的中文报纸中,将适合外文报纸的报道巧妙地译成通讯,分发给北京、天津、上海等地的各外文报纸。

◎ Rosta and Dalta News Agencies(华俄通讯)

Rosta News Agency是工农政府的机关通讯社,Dalta News Agency是远东共和国政府的机关通讯社。1920年8月,远东共和国政府将尤林作为代表派遣至北京,接着以向海外宣传俄国情况为目的,在北京开设支局,任命A. Hodoroff为支局长,每天将莫斯科、赤塔、哈尔滨等地的电报分发给北京、天津的各外文及中文报纸,对日本的西伯利亚政策不断发表猛烈的排日性报道,似乎成为工农政府在远东的新闻政策总司令部。

七、外国通讯员

在北京的外国通讯员现状如下所述:

◎ David Fraser(英国人)

London Times 的特派员,曾任Dr. Morrison的助手。Dr. Morrison成为中国政府顾问后,接任其职。在北京外国通讯员中其为声望高者之一,态度公平稳健。目前已获假回国,不久后应该归任。其不在时由W. H. Donald代理。

◎ Major A. H. Wearne(英国人)

Reuter通讯员,曾任上海、北京的各外文报纸记者。欧洲战争中从军,1918年秋再度来任,任北京支局长,对日勉强抱有好感,但随后态度转变,似乎加入了排日论者阵营。最近其态度大为缓和,再次对我方采取持有好感的态度。在北京生活十余年,是外国通讯员中的元老。

◎ E. P. Reading(英国人)

Reuter通讯员Wearne的助手,曾在加拿大度过很长时间的新闻记者生活,来上海之后加入当地的Reuter

通讯社,接着于1921年春调至北京。

◎ W. R. Giles(英国人)

Chicago Daily News 的通讯员,同时兼任天津 *Peking & Tientsin Times* 通讯员。在日中交涉时被中国方面利用,全力攻击日本,因此为世人所注意。但因其操守不坚定,没能得到上流外国人的尊敬。近来对日态度大为改善,在 *Peking & Tientsin Times* 的通讯中,也极少攻击日本。1921年末,Northclifte 前来旅游时,接受了伦敦 *Daily Mail* 通讯员一职。

◎ A. Ramsay(英国人)

上海 *North China Daily News* 及 *Hongkong Daily News* 的通讯员。曾任 *Hongkong Daily News* 的副主笔,1913年作为 *Peking Daily News* 的主笔来北京任职,因为与当时的社长朱淇意见不合而辞职。任 British Engineers Association 的支社长,International Anti-opium Association 书记,还接受了保险公司代理店工作,同时经营着 Peking Who's Who 等出版事业。

◎ W. H. Donald(英国人)

Manchester Guardian 的通讯员,曾任 *New York Herald* 的特派通讯员。1914年其支局关闭后,作为 *Far Eastern Review* 的主笔,全力扑在该报上,发表对日不利文章,但此后该报的态度彻底转变,社长 Bronson Rea 极力刊载亲日评论。因此,Donald 在1920年2月以自己作为主笔很难对这些报道负责为由退社。此后来京居住,与旧交通系保持着密切的关系,使财政部设立经济情报局,任局长。Fraser 回国期间,代理 *London Times* 的通讯员。

◎ R. L. Simpson(英国人)

曾任伦敦 *Daily Telegraph* 通讯员。作为关于远东的作家,在"Putnam Weale" Pen Name 下早已赢得名声。虽然其文才有可圈可点之处,但由于品行卑下,普遍无信誉,受到上流外国人指责。此人总是发表对日本不利的通讯及文章,自其机关报 *Peking Gazette* 停止发行以来,舞弄毒笔的机会减少,近来被中国政府聘为统计局顾问,一有机会就煽动中国人的政治虚荣心,公开发表排日性言论。华盛顿会议之前受到中国政府暗中命令,前往欧美各地进行排日宣传,已是众人皆知之事。

◎ Walter Element Whiffen(美国人)

作为美国联合通讯社特派员,于1917年从俄国首都来到中国。其前任 Smith 对日不抱有好感,但 Whiffen 的态度极为稳健,性格亦温厚笃实。目前已获假回国,不久后应该归任。Whiffen 不在期间由 Steep 代理。

◎ Steep(美国人)

华盛顿会议召开时,作为美国联合通讯社的华盛顿通讯员进行活动。随着该会议结束,来到远东地区游览,目前作为 Whiffen 的代理工作。

◎ Josef W. Hall(美国人)

在山东地区做过传教士,于1920年春投身新闻界。初在天津,后来到北京,向天津 *North China Star* 发送通讯,兼入中美通讯社,还接受了上海 *China Press* 通讯员之职,以攻击日本军阀为能事频繁加以批评。其后与 *North China Star* 断绝关系,亦退出中美通讯社,专门向 *China Press* 发通讯。1922年4月直奉战争一开始,就随吴佩孚的军队向 *China Press* 发送战争报道。

◎ Rodney Gilbert(美国人)

上海 *North China Daily News* 通讯员。总是对日抱有恶感,出入美国公使馆和陆海军武官室,似乎是阴谋顾问,不把其他的美国通讯员放在眼中。

◎ Ray G. Marshall(美国人)

美国 United Press(合众社)通讯员,曾任中美通讯社编辑长。

◎ Duke K. Parry(美国人)

美国 *Public Leader* 社及东京 *Japan Advertiser* 的通讯员,曾任 *Japan Advertiser* 的记者。1921年末来到北京,在 R. A. Burr 之后成为上述两社的通讯员。

◎ Grover Chark(美国人)

去年,继余天休之后担任北京 *Leader* 主笔约一年,1922年4月30日离开该社,担任纽约 Foreign Press Service Inc 的北京通讯员。

◎ Chifford L. Fox(美国人)

上海 *Times* 通讯员,Giles 的助手。

◎ F. R. Dullas(美国人)

美国 *Christion Monitor* 通讯员,曾任中美通讯社记者。

◎ Jhomas Meloy(美国人)

中美通讯社记者。

◎ J. W. Andrews(美国人)

中美通讯社记者。

◎ Erich von Salzmann(德国人)

Koln-Kolnischen Zeitung 及 *Berlin Vossische Zeitung* 的特派通讯员,在北京居住已有二十余年。欧洲战争中随德军赴战场,建有战功,随着战争结束又回到北京。

◎ A. Hodoroff(俄国人)

工农俄国政府机关 Rosta 通讯社及远东共和国政府机关 Dalta 通讯社的北京支局长兼通讯员。屡屡对日本在西伯利亚方面的行动进行荒唐夸大的报道。奉工农政府之命,负责收买北京和天津的报纸,进行过激宣传等任务,致力于俄国方面同各外国通讯员之间的联络。是工农政府在北京新闻政策的核心人物。

名　　称	主　　义	持有人	主　笔	备　　考
天　津					
直隶公报(中文)	直隶省公署的公布机关	直隶省		1896年创刊①,为《官报》②的改称。日刊,发行量约二千份
天津日日新闻③(中文)	日中亲善	方若	郭心培④	1901年创刊⑤。以亲日主义贯彻始终,《国闻报》的后身。1920年直皖战争中受到直系的压迫,但终究未屈服。日刊,发行量约二千份。铅字不鲜明,无大影响
大公报(中文)	中立	合资组织	樊毓鋆	1902年创刊,倪嗣冲的机关报,全权掌握在王郅隆手中。1920年夏,随着安福派的没落曾一度停刊,立即更换干部,再度发行,资金仍由王郅隆提供。日刊,发行量约一千二百份。在当地有相当大的影响力
时闻报(中文)	中立	李大义	王石甫	1904年创刊,发行量约一千份。报面有相当大的价值。持有人较为亲日
太平洋报(中文)	亲日	陈炎	沈毅	1921年创刊,日刊。报面不振
新民报(白话)	日中提携	小仓章宏	蔡公亮	1920年创刊,日刊。发行量约二千份
益世报(中文)	亲美	刘俊卿	何艺圃	1915年创刊,日刊,发行量约三千份。最初为天主教的机关报,目前疑有美国秘密支援。与北京《益世报》属于相同系统,曾是排日先锋,但从1921年年中开始,报道和评论都明显变得稳健高尚,越来越具有大报纸的威望。在华北、西北影响力最大

---

① 应为1902年12月25日创刊。
② 即《北洋官报》。
③ 又名《日日新闻》。
④ 1920年报告为"郭心田"。
⑤ 1900年冬以该名出版。

(续表)

名　称	主　义	持有人	主　笔	备　考
京津泰晤士报(中文)	维护英国利益	熊少豪	胡稼秋	1917年创刊,日刊,发行量约二千份,是英文 P.T. Times 的旁系。熊少豪为英国籍香港人,刊载极端的排日报道和评论,有拥护广东政府的倾向
河北日报(中文)	直系的机关报	边守靖	米逢吉	1919年创刊,日刊。发行量约二千份。排日性报纸,但近来趋于稳健
大中华商报(中文)	排日	萧润波	韩笑臣	1920年创刊,日刊,发行量约五百份,《戆言报》的后身。据说由杨以德出资。排日性的报道较多
新民意报(中文)	民主主义	刘铁庵	马千里	1920年创刊,日刊。最初为吴佩孚所主张的国民大会的宣传机关,目前属于各界联合会系,标榜排日、社会改良、文化主义等,渐趋稳健
启明报(中文)	排日	尹香纫	尹小隐	1920年创刊,日刊,发行量约一千份。近来盲目鼓吹排日。据称与研究系和直系有关
华北新闻(中文)	排日	包天笑	孙东吴	1921年创刊,日刊,发行量不明。多为娱乐性内容,其他并无可读之处
旭日报(中文)	中立	周琴舫	贺彩臣	1912年创刊,日刊。发行量约五百份。以烟花巷内容为主
实闻报(中文)	中立	李静泉	尹益三	1918年创刊,发行量约七百份。影响微弱
晨 白话午报(白话) 晚	排日	刘敬臣	高子受	1912年创刊。早、中、晚三次发行,发行量约二千份。在天津的白话报中影响力最大,排日性的报道较多
新报(白话)	排日及民主主义	刘铁庵	李燕豪	1921年创刊,日刊。《新民意报》的旁系。鼓吹低级的排日及文化主义
天津日报(日文)	日中亲善	西村博	西村博	由《北清时报》《北支那每日新闻》合并而来。1910年创刊,日刊,发行量约一千份
京津日日新闻(日文)	日中亲善	森川照太	森川照太	1918年创刊,日刊,发行量约八百份。在介绍中国情况方面有相当大的价值
天津经济新报(日文)	报道经济情况	小宫山繁	小宫山繁	1920年创刊,周刊,发行量约三百份。此外每天发行号外,对重大事件进行报道
日华公论(日文)	日中文化提携	小仓章宏	小仓章宏	1912年创刊,周刊。1919年,现在的持有人从森川照太手中盘下该报,改为月刊杂志。发行量约一千份
Peking & Tientsin Times [京津泰晤士报](英文)	英国的机关报	Tientsin Press Co., Ltd.	H. G. Woodhead	1894年创刊,周刊,1904年改为日刊①。英国人的机关报,同中文部一起致力于排日。发行量约一千份
North China Daily Mail (英文)	亲日	Fisher T. G.	R. Bote	1914年创刊,晚报。发行量约五百份。对日抱有好感,但不太有影响

---

① 1902年改为日刊。

定期调查报告　　（秘）1922年6月15日　　有关中国（附香港、西伯利亚）报纸、通讯的调查

(续表)

名　　称	主　　义	持有人	主　　笔	备　　考
North China Sunday Times(英文)		同上	同上	星期天发行,发行量约三百份
North China Star(英文)	美国的机关报	由美、英、法、中国人合资,以美国人势力为主	C. T. Fox	1918年创刊,日刊,发行量约三千份,排日性报纸。因为价格低廉,在天津的英文报纸中最被广泛阅读
L'Echo de Tientsin(法文)	天津法租界工部局的机关报	法租界工部局	Sanlais H.	日刊,发行量约三百份
North China Commerce(英文)	商业报告	Rusmussen	Rusmussen	1919年创刊,月刊。发行量二百份
China Advertiser(英文)	日中亲善	松村利男	松村利男	1919年创刊,日刊,发行量约二千份,大部分为免费赠送。天津唯一的日本人经营的英文报纸
The China San[华洋公论报](英文、中文)	普及英语	Loo. M. Y	孙哲民	1919年创刊,日刊。在英文内容上附上中文译文。影响微弱而萎靡不振
北方通讯(中文)	中立	王瑞之	郑育才	1919年创办,日刊,发行量约一百份。过去具有排日性,但最近对日抱有好意
周拂尘通讯(中文)	中立	周拂尘	周拂尘	1921年创刊,新闻翻译社的后身。天津市内及直隶省内的新闻几乎都来自该通讯所报道,最有价值
无名通讯(中文)		季敏如	季敏如	发行量约三十份
同上		孙玉藻	孙玉藻	发行量约十份
同上		张锡久	张锡久	发行量约十份
东方通信(日文、中文)		天津支社主任藤泽豹二		每天发行二三次,发行量五十份
Reuter's Agency(英文)		路透电报社	天津代理人 P. D. Evans	分发路透社电报
济　　南				
山东公报(中文)	省长公署官报	省长公署		1913年2月发刊,日报,登载省长公署的命令、公文,其他各官厅、民间的广告等,发行量约一千份
大东日报(中文)		张公制	王敬一	1912年6月创刊,日报,发行量八百份。除政治报道外,本报还登载卫生、教育及思想问题等,六页,教育界销路广。现为省议会中政府反对党张公制一派的机关报
商务日报(中文)		吴儒范	王献唐	1916年9月发刊,日报,发行量约七八百份,以政治报道为主,登载实业及社会报道。据说在商人中销路广

(续表)

名　称	主　义	持有人	主　笔	备　考
民治日报(中文)		王乐平	李天倪	1920年10月创刊,日报,发行量六七百份。隶属原省议会副议长王朝俊一派的机关报,与《益智报》《大东日报》《大民主报》等共同营造反对田督军的气势。在教育界销路广
益智报(中文)				1920年9月创刊,日报,发行量五六百份。隶属王朝俊一派的机关报,据说官吏方面购阅者居多
大民主报(中文)		周郎山	董郁青	1919年11月创刊,日报,发行量一千二三百份。本年初起完全归属于王朝俊一派,成为其机关报。八页,主要登载政治报道,国籍为美国内华达州,当地美国领事声明对其报道不负责
山东法报(中文)		张思伟	赵福堂	1919年5月发刊,日报,发行量约八九百份。除政治报道外,还登载审判方面的事项,去年以来成为田督军御用报纸,专门庇护同氏
山东时报(中文)		庄钰	庄正肃	1921年8月发刊,日报,发行量九百余份,四页,田督军的御用报纸
工商新报(中文)		刘子刚	赵福堂	1921年7月发刊,日报,发行量六百份,在商界有销路,田督军的御用报纸,小型报纸
齐美报(中文)		鲁岐山	李胜泉	1916年4月创刊,日报,小型报纸,发行量七百份,田督军的御用报纸
简报(中文)		沈景忱	郝儳珊	1905年6月创刊,日报,小型报纸,发行量九百份,无党派关系
通俗白话报(中文)		罗亚民	蒋绍唐	1918年创刊,日报,发行量七八百份,小型报纸,在教育界有销路,隶属督军派
大日报(中文)		罗腾霄	董伯千	1920年3月创刊,日报,发行量约五百份,小型报纸,隶属田督军派
平民通信(中文)	排日	朱薇生		1920年六七月左右创办,主要以排日为目的,登载捏造内容,向各报社和各机关分发
济南日报(日文)①	日中亲善,伸张日本人利益	中西正树	立石登	1916年8月创刊,日报,发行量约八百份,四页
山东新闻(日文)		川村伦道	富田广重	1916年6月创刊,日报,发行量六百份,四页
济南经济报(日文)		冈伊太郎		1918年10月创刊,日报,发行量四百份
山东通信(日文、中文)		小口五郎		1916年12月创办,日刊,发行量日文一百份,中文二十份。登载津浦铁路等的货物发送抵达表,济南中文新闻重要报道的翻译及东方通信社来电等

---

① 原文有误,应为"中文"。

(续表)

名 称	主 义	持有人	主 笔	备 考
东方通信			橘朴	1921年4月创业
中国方面有《实业公报》《监务公报》《教育公报》等官报				
芝 罘				
芝罘日报(中文)	启发民智	桑名贞治郎	于辑廷	我国人经营的唯一中文报纸,1907年创刊,当地最早的报纸,已累计到四千五百号。以往的发行量五百五六十份,1919年5月的排日风潮发生以来,其数量锐减,此后逐渐陷于经营困难
钟声报(中文)	扩张民权	丁训初	同前	1913年创刊。该报从发刊当时起就积极登载排日报道,特别是1919年青岛问题发生以来,总是舞弄文笔激烈鼓吹排日。发行量八百余份
芝罘商报(中文)	拥护商民	李循芳	李国垣	1915年创刊,评论比较稳健,发行量约四百份上下
胶东新报(中文)	扩张民权	郑千里	同前	1917年创刊,当初名为《新芝罘》,翌年1918年改为现在的名称。1919年青岛问题发生时,强烈鼓吹排日风潮,前年以来看似稍稍改变其风格。发行量算来不过一百份
爱国报(中文)	开发民智	褚宗周	牟铭三	1919年创刊,当初为白话(口语)体,其后改为文言文,据说发行量三百份
海潮日报(中文)	开发文化	李蕙棠	同前	1921年末创刊,发行量约一百份
Chefoo Daily News (英文)		W. M. Coruwell	同前	1917年创刊,当地唯一的英文报纸,向来由英国人经营,但近来转由美国人经营,发行量计约一百五六十份
大民报(中文)	鼓吹自治,提倡实业	李伯泉	同前	1922年6月15日创刊。李伯泉为北京国立法政专门学校出身,据说其经营报纸的目的,是借由舆论的力量在政界获得相应的位置。评论相对稳健,排日色彩较少,日报,发行量约一百五十份

华东、华中等地区

上海

一、1921年度上海的中文报纸状况(附通讯与日文报纸)

(一)报界概况　上海的中文报纸数量在本年度末,有大小十三家,即老报《申报》《新闻报》《时报》《神州日报》《时事新报》(以上为前清时代创办的报纸)与《民国日报》《中华新报》《新申报》《国语日报》《商报》(以上为民国以后创刊的报纸)十家报社,加上本年度内新创刊的《市场日刊》《太平洋报》及《四民报》,而《新指南报》《工商报》已于本年内停刊。名为《信交日报》的报纸是本年创刊的,但立刻就停刊了。上述之中,政学会派《中华新报》和与靳内阁有关系的《商报》在言论上的竞争甚为激烈,同盟会《民国日报》和研究系《时事新报》之关系也完全一样,《申报》与《新申报》之竞争依然继续着。

(二)各家报社的经营状况　本年中与报界经营具有重大关系者有二,一个是交易所及信托公司的纷纷出现,二是太平洋会议。前者向各家报社提供多额广告费,后者提供报道素材。现在上述《市场日刊》及《信交日报》就是为交易所创办的报纸。《四民报》及《太平洋报》以太平洋会议作为标识开设的报纸,但国庆纪念日前后起,随着一般市况不景气,《信交日报》停刊,《太平洋报》略微不振,《市场日刊》及《四民报》也渐次缩小其经营。就老报内容而言,没有值得一提的变化。虽增加了三家报社,但其他各家报纸订阅者未见减少。若就表面情况而言,《时报》新建了宏大的报馆,而《申报》《新闻报》《时报》《新申报》各自配置了自备汽车,这些虽似小事,但可推测大势,是为了适应经营上的必要性,由此足以知晓各报在业务上进行改进。而且,多数中国报纸正逐渐与外国报纸取得联系是不争的事实,这也不失为改进的原因之一。

随着交易所兴起,广告随之增加。其结果如同《申报》《新闻报》,1922年度起废除了广告费折扣制,其他诸报也减少了折扣率。不过,交易所自身广告在增加,但交易所的业务是投机性的,而且基础薄弱,有可能有时难以征收广告费。为了防范此种危险,各家报社共同制定新规定,限定一些事业须预付广告费。另一方面,巴黎和会时当地日报公会曾经决议拒绝登载日本人的广告,随着排日风潮渐次缓和,有人倡议废除此决议,但仍然还未见废除的决定。

还有,本年度内当地工人社会也比去年活跃。春季米价上涨,各报馆排字工人一致要求增加工资,结果是百分之五乃至十的增长率。进入冬季,商务印书馆职工同盟罢工,要求增加工资,终于得以增加三成而解决。仿效此例,各报馆均发生风潮。经历各种各样的曲折,各家报纸不得不大致上增加工资二成,为此营业受到明显打击。还有,在此附带记上本年度当地报界发生的比较重要的事情,本年4月在东京召开"东亚新闻大会",由神州、中华两报派遣代表,但其他各报由于排日风潮尚未熄灭,所以未派代表。接着是10月正值在夏威夷"第二届万国新闻记者大会"召开时,上海日报公会派代表一名,没有加入该公会的《申报》则单独派遣代表一名参加。另外,11月以后,North Cliff子爵,以及美国新闻记者并且担任万国新闻记者大会会长的F.Williams博士等相继来过中国,日报公会为此表示盛情欢迎。

(三)中国报纸的一般舆论　中国各报纸中《民国日报》为唯一的国民党机关报,讴歌广东政府,一直极力攻击他党,旗帜极为鲜明。其他各报均多少有党派关系,但论调不像《民国日报》那样有偏重,大体上好像对于北方、南方两政府的任何一方均不满意。一年以来,各报表示不满意的主要中国问题大致如下:

(1) 靳内阁之无能,处于听从曹锟、张作霖两者命令之状态;
(2) 未举行第三期国会;
(3) 曹、张、王三者的所谓天津会议临时支持靳内阁;
(4) 李士伟、张弧及潘复等争夺财政部长地位;
(5) 财政部的小型借款问题;
(6) 教育经费不足问题;
(7) 对于湖北兵变的措施不当;
(8) 吴佩孚策划战争给人民带来伤害;
(9) 梁内阁盐余九六公债的发行计划及张弧任财政总长;
(10) 孙文的北伐计划及孙文、唐继尧的不一致;
(11) 赵恒惕的态度反复无常。

而各家报纸对于民间行动总体表现出赞成态度,其显著问题如下所示:

(1) 对山东问题及华盛顿会议的民意;
(2) 军备缩小及督军制废除的主张;
(3) 湖北人王占元驱逐运动;
(4) 收回山东铁路资金募集运动。

(四)对日论调　本年度各中国报纸对日态度一时看来相当缓和,但与其他外国相比,最为不佳。现在就此区分为绝对排日报纸与相对排日报纸。相对排日报纸就各个事实加以评论,不一味为感情驱使而加以歪曲评论。前者也称为感情派,后者则称为理性派,而属于感情派的有以下三种:

(甲) 无任何理由,只是大势所趋而反对;
(乙) 在他国人的唆使下反对;
(丙) 以排日当作反对现政府的一种手段。

而属于理性派者,出于密切日中关系的目的,对于日中之间发生的时事,往往不过是抓住此种时事,有时攻击一下日本而已。现将各报的态度分析如下：

（1）《申报》：不刊登排日评论，但排日报道较多。而且，非常反对山东直接交涉。另外，攻击亲日派人物的情况较多，不如说是属于理性派。

（2）《新闻报》：事无巨细，完全以排日为能事，评论、报道均反对日本的内容居多，属于感情派。在同美国人有关系这点上，属于上述（乙）类。

（3）《时报》：此报主编兼任《申报》主编，因此与《申报》态度相同。

（4）《神州日报》：所持观点公平，在山东直接交涉等问题上，极力拥护日本的立场。

（5）《时事新报》：具有排日论调，但不激烈，只是在山东问题上屡屡反对直接交涉，另一方面则攻击中国政府内部亲日嫌疑者。拥有比较良好教育背景的记者。华盛顿会议结束后似乎主张谅解日本态度，属于理性派的报纸。

（6）《民国日报》：即为属于感情派（丙）类的报纸，作为攻击北京政府的一种手段而攻击日本。

（7）《中华新报》：不如说是属于理性派，与《神州日报》相同，对于山东问题，指出直接交涉是迫不得已，以及要求无条件归还是没有根据的，载文加以认真讨论。曾经与《商报》有过激烈笔战，充分谅解日本。

（8）《新申报》：与《中华新报》几乎一致。

（9）《商报》：当地中国报纸中排日色彩最浓烈的，属于感情派（乙）类的美国系统报纸。

除了上述以外，还有《四民报》等二三家，但发行日短，且没有任何影响力，因此对日态度也不固定。

名　称	主　义	持有人	主　笔	备　考
上　海				
申报（中文）	中立派	史家修	陈景韩	1872年4月创刊。作为中国最老的报纸，基础扎实，有信誉。在官场、实业界和其他一般上流社会具有影响力。1914年现持有人史家修负责经营，一时在德国领事馆注册，而1916年以冈田有民的名义在日本领事馆注册。然而，排日运动掀起就受到各种各样的胁迫，最终在法国领事馆注册。时至今日，对日本总是持有好感，保持接近。一时风闻接近交通系，但后来又传说与国务院靳云鹏派取得联系。主笔陈景韩，号"冷"，位居第二的是律师杨荫杭（号老圃），营业部长据说是张竹平，在北京派驻特派员钱思渊。日刊，十六页至二十页。周日附录有八页。还有，1921年以来特别在附录上用心，每日添加"常识"内容一张，正大受读者欢迎。而且，仿照英文报纸，周日添加汽车版一张。1921年末当地召开汽车展览会之际，有关这方面的报道丰富，由此广告大增。报道稳健，内容丰富。目前发行量达二万多份，使用轮转印刷机
新闻报（中文）	实业派	社长　汪龙标（号汉溪） 副社长　汪伯奇	李伯虞（号浩然）	1893年创刊，股份制，美国人Fergasson①为其理事长，又为大股东。中国实业界有力人士之中也有不少股东。美国系统的报纸，依据美国法律在巴尔的摩注册。社长汪龙标为利济彩票上海会办，汪伯奇为其子，现任副社长。另外，副主笔有许默斋（号东雷）、严独鹤（号知我）两人。在北京有张继斋任特派员。使用优质轮转印刷机。日刊，十六页，发行量达二万多份，影响力与《申报》难分伯仲，总是处于与之竞争之地位。报道内容丰富，亦当仁不让。由于其主张往往趋于露骨，让人感到有损于作为大报之品味。以上海为中心，在苏州、杭州、南京一带，主要是中层以下广为购阅。如上所述，美国方面的股东居多，也从英美烟草公司接受补助，因而亲美排日色彩浓厚。 各种广告全部为预付款，而且不经特约代理之手的一律不打折扣

---

① 1919年报告为"Forgasson"，1920年报告为"Furgasson"。

(续表)

名称	主义	持有人	主笔	备考
时报(中文)	中立派	狄楚青	陈景韩(号冷)及戈公振	1904年创刊,与旧保皇党领袖康有为等人出资相关。最初由现社长狄楚青(康之门生)担任经营。1907年以宗方小太郎之名义在日本总领事馆注册。然而,1919年春排日运动之际,仿效《申报》之例取消在我国总领事馆的注册,在法国总领事馆注册。该报社除了经营报纸之外,还经营有正书局。主笔陈景韩称"冷"或"景寒"。狄楚青之弟狄南士任该报社主管。在北京聘请北京《京报》记者徐彬任通讯员。另外,该社的营业部长由《新申报》营业部长沈能毅担任。1921年秋搬入新建报馆 日刊,八页至十四页,发行量约七八千份。报道稳健,几乎没有党派色彩。曾经在教育界、广东人之间及学生圈子里有较多读者。但近来新思想蓬勃兴起,多少蒙受影响,发行量似乎一时减少。还有,由于英美烟草公司支付特别广告费,依然拒绝登载与该公司处于竞争地位的南洋烟草公司(中国人经营)的广告
神州日报(中文)	中立派	余洵(号谷民)	吴瑞书	报道稳健,在上海地区拥有读者。1906年创刊。初期为前《民立报》社长于右任经营,其后成为皖系机关报,一时带有革命党色彩,鼓吹排日,逐渐陷入经营困难。1916年由北京政府收购。1921年①又归旧《大共和报》经营者钱芥尘经营,接着至现持有人余洵经营。此人日本留学生出身,因此与我方接近,以神崎正助的名义在日本总领事馆提出申请,获得我方的投资。1918年1月以来正在接受每月经营费补助。日刊,十二页,发行量约六千份
时事新报(中文)	研究会系(梁启超机关报)	张烈	张东荪 陈寿凡	为研究派梁启超一派的机关报。致力于宣传新思想,在政界、教育界,尤其是江苏、浙江一带读者众多。当年《舆论报》和《时事报》合并时,称《舆论时事报》,但1909年左右改为现名②。与商务印书馆有关系。革命后归共和党及进步党员陈敬第和孟森经营。1914年接受德国人收购,在该国领事馆注册。但1916年春转为前社长黄群(进步党员)经营。接着与德国断绝关系,以我国人波多博之名义在我领事馆注册,但1916年秋起,完全成为梁启超一派的机关报。排日运动发生后,受到外界胁迫就取消了在日本方面的注册,改在法国总领事馆注册。总是致力于鼓吹新思想,利用排日运动,巧妙地迎合学生、工人等。在北京设通讯员,为旧《国民公报》主笔、现《北京晨报》记者孙几伊。近来与《北京晨报》接上关系。日刊,十二页至十四页,发行量六千份,有轮转印刷机
民国日报(中文)	旧国民党派	邵仲辉(号力子)	叶楚伧(又号湘君)	纯国民党机关报,孙文一派经营。1916年1月创刊。在党派关系上,对于北京政府总是持反对态度。因为刊登激进报道,受到过交通部处分,被禁止邮寄。1921年初上述处分被解除。读者以上海学生界及西南诸省居多,特别是因发行副刊"觉悟",适应学生的趣向。排日骚动以来,一直攻击日本,尤其是军阀。排日态度不亚于《新闻报》及《商报》等美国系统报纸,而且在致力宣传新思想方面,不逊色于《时事新报》。日刊,十二页至十四页,发行量三千份

① 应为1916年10月,此处记载的时间有误。
② 应为1911年5月18日。

(续表)

名　称	主　义	持有人	主　笔	备　考
中华新报（中文）	政学会机关报（准民党色彩）	吴应图	张炽章	1915年10月反对袁世凯帝政而创刊，由旧国民党议员、前农商总会长谷钟秀主管。一时声价高涨，但随着袁死而南北统一，谷等干部进入北京政界，该报为旧国民党党员吴敬恒等人执掌，并再次转入谷钟秀等政学会派手中，李述膺、曾松乔等人负责经营。接着为该报创刊尽力、担任营业部主任的欧阳振声成为名义上的社长，与汪复炎等人共同负责经营。时至今日，吴应图任经理，张耀曾、谷钟秀等七人任股东，负有无限责任 作为岑春煊一派的机关报，带有准民党色彩。由于致力于攻击北方政府，因此受到交通部禁止邮寄的处分。1921年起处分解除，该报虽然还未在外国领事馆注册，但总社位于法租界，因此正在接受法国方面的保护。主笔张炽章在学识与文笔方面均为当地新闻记者中佼佼者，所以比较上层者乐意购阅此报。因政学会近来丧失势力，经营也逐渐出现困难，正在请求各方面融资。该报过去刊登过排日报道，但近来对日感情良好，特别是对于山东、二十一条等外交问题，评论甚为公平。日刊，十二页至十四页，发行量六千份
新申报（中文）	新交通系机关报	席子佩	袁道冲（号太虚）	前上海总商会会长朱葆三等人与英国人共同出资，以资本十万元股份而创办，由前《申报》经营者席子佩负责经营。欧洲战争开始后英国人方面不希望维持该报。1918年7月间断绝与其关系，此后归席子佩单独经营。但因财源匮乏，经营逐渐变得困难，频繁来请求日本人方面的援助，由于席本人尚未被日方谅解，所以交涉并不顺利。接着与法国人之间发生诉讼事件，向英、美两国领事馆申请注册，亦被拒绝。由于在日本总领事馆也未获受理，席取得葡萄牙国籍，在该国领事馆注册。因此，有关该报社的对外关系事件，正在受葡国保护。在前主笔钱芥尘经手下成为安福派机关报，1920年11月钱辞职，当时的副经理钟朴岑替之，断绝与安福派的关系，成为交通系陆宗舆一派机关报，但现在其关系淡薄 1921年9月钟朴岑辞任，11月聘袁道冲为总编辑。袁为浙江人，加上聘为副主笔的陆保权之兄达材为淞沪护军使何丰林（为浙江督军卢永祥派）秘书，因而传说该报好像与浙江卢督军有特殊关系。该报又通过营业部长沈能毅，亦与英美烟草公司发生关系。其结果便是一直拒绝南洋兄弟烟草公司的广告。此点与《时报》相同。该报仅次于《申报》《新闻报》等，内容丰富。因购阅费低廉，销路大为扩大，得到了许多读者，但安福派垮台后好像发行量稍减，目前约一万二千份。日刊，十二页至十四页
国语日报（中文）	国语统一	王博谦	同前	1920年1月创刊，《北京日报》经理王博谦经营。本来是标榜中国国语统一而创刊，所以报道全部使用白话，社论及评论附有注音字母。在普通中国人中并不那么受珍视，加上报面狭小，报道内容贫乏，几乎无影响力。因王博谦个人原因，倾向于拥护北京政府。日刊，八页，发行量约一千份

(续表)

名　称	主　义	持有人	主　笔	备　考
商报(中文)	实业机关报	汤节之	陈布雷 陈铁生	1921年1月创刊①，实业界新人的机关报，广东人汤节之及宁波人虞洽卿等人经营。汤为留美出身，精通英语，曾任温宗尧的随员，现兼任上海总商会董事、广肇公所副会长、上海各路商界联合会代表、美国水火保险公司买办，同时为上海学生联合会赞助者，是新思想派人物。而虞洽卿为上海证券物品交易所代表，在该报创刊之际，曾与已故的李纯各自出资三万元。主笔有原《民强报》主笔陈布雷及精武体育会陈铁生两人。副主笔有原上海学生联合会日刊主笔潘公展。另外，与美国籍犹太人E.G. Sokolsky、温宗尧、李登辉、胡适等有关系。上述有关者多数为排日亲美人物，加上从英美烟草公司等接受补助，因而在当地的中国报纸中对日态度最差。日刊，十六页至二十页。报道之内容丰富，编辑之外观巧妙。据说在实业界及学生界读者不少。发行量约一万份
市场日刊(中文)	无固定主义	陈海天	郑纯铁	1921年创刊，发行量极少，不足为论
太平洋报(中文)	无固定主义	陆保权	李敏齐	《新申报》副主笔陆保权经营，1921年创刊，发行量极少，不足为论
四民报②(中文)	尊孔主义，中朝联络	股份制 代表　林福成	喻血轮	先于华盛顿会议，以二十万元资本(实交七万元)创办，发行量据称五千份，但报纸内容贫乏，影响力、价值还未被认可。只是如上述主义所示，经营者中有几分知名度的人较多，林福成是全国孔教会会长，喻血轮为原汉口《中西日报》主笔，总理史允之为广东中学校长 与政党无关系，但对广东政府友好，并且正在声援朝鲜独立运动。林福成有许多朝鲜友人
上海日报(日文)	拥护日本人	井手三郎	岛田数雄	日刊，发行量约二千份
上海日日新闻(日文)	同上	宫地贯道	同上	日刊，发行量约二千份
上海经济日报(日文)	上海证券交易所机关报	深町作次郎	同上	日刊，发行量约一千份
上海(日文)	拥护日本人，介绍中国情况	西本省三	同上	周刊，发行量约一千份
东方通信	拥护日本政策，介绍日本情况，发布中国问题通讯	社长　宗方小太郎	上海支社长波多博	以往总社设于上海，1921年将其迁往东京，在上海、北京、汉口、奉天、广东设分社。以日文、中文、英文，向上海的所有中文报纸、二家日文报社及上海Times、上海Mercury等提供电讯，1921年春起向Daily News，同年11月起向China Press等提供。在汉口，向所有中文报纸及一家日文报纸，在北京，向十几家中文报社、北京Daily News、North China Standard、《新支那》、《天津日报》提供电讯 1919年排日运动爆发，自此上海各中文报纸准备拒绝刊登该通讯，但各报社意见不一致，均未明确注明"东方通信"而刊登，而当初几乎全部公开以"东方通信"名义刊登的

---

① 1921年1月1日创刊。
② 1921年9月28日创刊。

(续表)

名　称	主　义	持有人	主　笔	备　考
大同通讯（电讯）	安福派机关报	马凤池	同前	1918年秋安福系徐树铮等人创立的中孚通讯社,在1920年直皖争斗后改称为大同通讯社。在上海向《时报》《新申报》及《民国日报》三家报社提供电讯
联合通讯	唐绍仪、伍廷芳等人的机关报	李时蕊	同前	1919年1月创设,起初由湖南督军张敬尧出资,全部发布书面通讯。其后由唐绍仪、伍廷芳等一派的民党经营,有时通过电讯向各家报社介绍上海情况
国闻通讯	浙江督军机关报	胡霖	同前	社长胡霖曾为天津《大公报》(安福派)主笔,但直皖战争后暂且雌伏,但其后任北京《新社会报》主笔。1921年秋来当地,创设此通讯社。因留日出身,对日本方面良好。聘请 North China Daily News 记者陈汉明为英文翻译,也向当地各英文报纸提供通讯。目前,在当地的各家通讯社中设备配备尤为齐全,且最具有影响力

二、上海的外文报纸概况（附外文通讯）

在上海的外文报纸中,作为日刊英文报纸,早报有 North China Daily News, Shanghai Times, China Press, 晚报有 Shanghai Mercury, Evening Star, Shanghai Gazette, 共六种。另外,作为法文报有 L'Echo de Chine, 作为俄文报有 Шанхайскае Жизнь, Русское эхо, Шанхайское Ноъое Ьреце 等,而英文报纸以外的报纸,读者范围有限,因此影响力亦不大。

上述之内, North China Daily News, Shanghai Times 及 Shanghai Mercury 三者为英国系统报纸, China Press, Evening Star 属于美国系统报纸, Shanghai Gazette 属于广东孙文一派。外文报纸中最有影响力,而且在东方各地广泛拥有读者的是 North China Daily News, 在历史及内容上都优于其他报纸,即除了英、美、法及英属各地的书面通讯刊登有益的信息之外,其北京电报及通讯、来自中国各地的通讯也均有值得看的内容。并且,有关地方上的新闻也是报道正确,时而还综合译载中文报纸的论调。其社论几乎成了上海新闻界的中枢,每当时事问题爆发之际,各家中文报纸必然会汉译其社论转载,似乎真的具有指导当地舆论的识见和信用。其对日本的态度大体上公允,该报一向认为日本有温和的和平论者,同时也有以侵略为能事的军阀主义者。对于后者则加以极端攻击。因此,对于日本对华政策的批评颇为严厉,并不留情。前些年发生排日运动时,该报亦发表排日性评论,但这种评论并非是以排日为目的而发,鉴于最近华盛顿会议我方的公正态度,一改昔日的排日性评论,逐渐登载与日本有关的批评。对于中国政府的政策,该报总是毫不留情地指责、攻击,特别排斥南方孙文一派,拥护吴佩孚,反对取消治外法权,认为各国将北京政府作为中国的代表性政府对待是与事实不符的。

China Press 在美国人和中国人中间拥有比较多的读者。该报以夸张的标题来吸引读者注意,特别是其排日通讯,不管真伪如何便登出来,有迎合人心之嫌。然而,说到社论,大多是引用他人之说而敷衍读者,没有特别可称为自己主义定见的见识。因此,其社论罕有被中文报纸译载的。由于其报道上屡屡卖弄轰动性文字,也就为中文报纸提供了翻译材料。另外,该报最近不标明其出处而转载中文报纸的报道,有引起不读中文报纸的外国读者误解之虞。总之,该报的报道信誉不高,华盛顿会议召开时,为了以电讯报道会议的情况,与 Public Ledger 一起在华盛顿共同派驻特别通讯员,刊登带有几分排日色彩的电讯,为充实报面而大加努力,据称读者大有增加。另外,在华盛顿会议召开前后,该报计划发行 Evening Star 作为其晚刊,在各公司下午四点下班前在市内出售此晚报。这亦是按美国式编辑法使用大型活字印刷。总之,可以认为该报是仅次于 North China Daily News 而有影响力的外文报纸。

Shanghai Times 及 Shanghai Mercury 两报对日感情良好,两报相似点是一直主张日英在东方的合作,但其发行量远少于上述两报,但这两家报社均拥有 Job-Publishing 作为副业,以此取得相当的营业成绩。Shanghai Times 逐渐改良报面,从北京及东京订购书面通讯,还发行周日号,插入许多照相版,具有全年无休发行的特色。Shanghai Mercury 则作为晚报具有历史特色,因此在英国人和日本人中间拥有相当的读者,最近更换执行董事及主笔,企图对内部进行改革完善,努力改良报面。

至于 Shanghai Gazette,是英文报纸中最弱的,似乎靠中国人及俄国人这两方面的读者而持续发行。并不特别刊登社论,试图以刊登排日报道迎合人气,但该报及 China Press 两报没有 Job-Publishing。China Press 拥有相当读者,但该报因报面不得体、读者少而处于营业困难状态。另外,有关俄、法文报纸,不像英文报纸那样拥有普通读者,因而没有特别可记述之点。以往在当地发行的俄文报纸,前年开始陆续创刊,与大量俄国人流入当地相呼应,是一个值得注意的现象。

还有,当地的外国报纸通讯员如下:

(A) *London Times*:*North China Daily News* 的 Green

(B) *Morning Post*:上海 *Mercury* 的 Clark

(C) *Manchester Guardian*:上海英国商业会议所的 Gill

(D) *Chicago Tribune*:*China Press* 的 J.E. Doyle

(E) *Manila Star*:同上

(F) *South China Morning Post*:同上

(G) *New York Herald*:*China Press* 的 Jabin Sue 许建屏(中国人)

(H) *Baltimore*:同上

(I) *San Francisco Chronicle*:同上

名 称	主 义	持有人	主 笔	备 考
North China Daily News [字林西报](英文)	拥护英国政策及该国人利益	董事 H. E. Morriss (董事会会长) G. Morris G. H. Timms (英国人) 总经理 R. W. Davis	O. M. Green	东方最老的报纸,1854 年 7 月创刊。股东有皮克伍德家族的亲戚即亨利·马立斯一家,乐迪·坎贝尔的遗属,以及其他主要侨居上海的英国人。英国总领事馆的公布机关,在上海俱乐部、工部局、China Association 等中有影响力。是英国人在中国的代表性报纸,经营状态良好,目前正在建新报社。据说将来有发行周日号的计划。日刊,发行量约四千三百份。反对所谓的日本军阀外交,随着我对华政策的改善,其对日本的论调也正在缓和。该报社另外发行周刊 North China Herald
The Shanghai Mercury [文汇报](英文)	拥护英国政策,对日本有好感,态度公允	董事 J. D. Clark H. P. King A. J. Hughes T. Sahara 总经理 W. J. Davey	R. T. Peyton-griffin	仅次于《字林西报》的老报,晚报。日本、英国人股东占大多数。对日本的评论公正、稳健、同情,具有老报的态度与面貌。最近与时俱进,计划改良版面。日刊,发行量约一千份。发行周刊 *The Ceretial Empire*
The Shanghai Times [泰晤士报](英文)	拥护英国政策,对日本特别具有好感	社长 E. A. Nottingham (英国人)	W. A. Donaldson (英国人)	原社长 John O. Shea 死后,转为现任社长诺丁汉姆经营。1915 年 7 月进行活字改良,1917 年再购入整行排铸机,改善报面,逐渐改良。1921 年末开始发行周日号(插入照相版),具有全年无休发行的特色。日刊,发行量约两千五百份,周日号三千五百份
The China Press [大陆报](英文)	拥护美国政策,排日	股份大部分属于已故 Edward I. Ezra 所有,目前由 Theodone Sopher 为 Ezra 遗孀管理	Herbert Webb (美国人)	该报社依据美国特拉华州法律组成。自前主持人托马斯·密勒时代起,总是极力反对日本,但此人离开该报社以后,稍微改变态度,不再如同过去那样刊登排日报道。但山东问题引发以来,终于再次大肆刊登排日报道,尤其是在 1920 年间英国人 Ezra 收购之时。由于中国排日风潮普遍衰退,已经缺乏排日材料,近来又在议论西伯利亚问题。日刊,发行量声称约五千份,但据说四千份左右

定期调查报告　　（秘）1922年6月15日　　有关中国（附香港、西伯利亚）报纸、通讯的调查

(续表)

名　称	主　义	持有人	主　笔	备　考
The Evening Star [星报]（英文）	为 The China Press 的晚报		The China Press 的 D. Doyle 担任	该报作为 China Press 的晚刊，于1921年末创刊。在各公司下班时间下午四时左右前发行，页数较少，但外观、内容均与 China Press 无大差异，发行量声称一千五百份，而据说实际不到八百份左右
Shanghai Gazette [上海沪报]（英文）	拥护民党，排日	持有人　中国人财团，据说近来与俄国人有关系	Collinth H. Lee（英籍）中国人	1918年5月创刊。曾经任北京 Gazette 主持人的陈友仁，在该报被勒令停办之后来上海，召集志同道合者创办的晚报。致力于拥护民党，刊登排日报道。1918年7月陈友仁离开上海以来，英籍华人 Collinth Lee 担任主笔。其手下有英美人记者。最近，陈友仁回上海，传说颇为活跃。发行量一千份以下，经营萧条
L'Echo de Chine [中法新汇报]（法文）	拥护法国利益，有排日倾向	法国天主教会	A. Vandelet	上海法国官方及天主教的机关报。由于是法文，所以不像英文报纸那样拥有众多读者，但在中国情况研究与法国文学方面有特色。日刊，发行量约四百份
Шанхайскае Жизнь [上海生活日报]（俄文）		合作经营 代表 Semeskko	Editorial Collective; Chief Eeditor Semeskko	1919年6月由 G. F. Semeskko 发行，最初为周刊，后来变更为日报。从创刊当初起，接受西伯利亚购买消费合作社补助，刊登社会主义社论，逐渐接近激进派。1920年11月通过驻北京赤塔远东政府代表尤林，得到该政府资助以来，成为纯激进主义机关报，与赤塔政府频繁联系。赤塔政府通过该报，致力于向居住在东方尤其是中国、日本的俄国人宣传激进主义。发行量约七百份
Русское эхо [俄国回声报]（俄文）		Shendrikoff	同前	反激进派报纸，同时也抱有排日主义，这是基于主笔 Shendrikoff 的排日思想。接受泛西伯利亚白脱同业公会(All-Siberian Butter Manufacturers)的补助，发行量约六百份
Шанхайское Ноьое Ьреце（俄文）		Gidroitz	同前	反激进派、奉行君主主义的晚报。该报没有固定订阅者，大半免费发放，但据说接受奉行君主主义的俄国人补助。系最近创刊，基础薄弱，发行量约四百份
Russian Free Thought（英文）		Koteneff	同前	反激进派报纸，支持海参崴梅尔格卢夫①政府，依赖该政府补助，但本月初旬随着海参崴政府汇款中止，不得已停刊。主笔 Koteneff 现在在海参崴，停刊前发行量约五百份

---

① 原文为"メルコロフ"，具体所指待查，此处为音译。

(续表)

名称	主义	持有人	主笔	备考
中美通讯	对中国人鼓吹亲美主义	Carl Craw		主要以书面通讯发布欧美人有关中国的看法或有关中国的调查等，兼营广告代理
路透电报	从事报纸通讯、商业通讯	路透电报社	W. Turner（远东总经理）	将路透社来自欧美各国的通讯分发到中国各地及日本之中心枢纽，并且称作 Pacific Service，除了将来自日本及中国各地的消息发送至中国及日本之外，也发送法国及美国通过无线电讯发出的通讯及来自各地的书面通讯，而且还提供希望获得商业通讯的商店。1921年秋左右国际通讯社关闭其上海分社，将其事务全部委托路透社
联合通讯社 Associated Press of America		Associated Press	China Press 职员 C. J. Laval	将中国各种报道发送至美国
United Press		United Press	China Press	同上
中华共同通讯 China Bureau of Public Information	和平会议后为向欧美提供排日通讯而设立，但现在停止工作		E. S. Sokolsky	当地排日旺盛之际声援学生运动，相当活跃，但现在不干任何事情
Dalta News Agency			Baranovsky	赤塔政府系统的通讯社，在 Шанхайскае Жизнь 报纸印刷部印刷，以俄国尤其是赤塔政府相关通讯为主
Rosta News Agency			Semeskks	莫斯科政府系统的通讯社，与 Dalta 通讯一样，在 Шанхайскае Жизнь 报纸印刷部印刷，主要处理莫斯科政府的相关通讯
Far Eastern Review（英文）	以东亚财政、工商报道为主，拥护美国利益，对日本有好感	George Bronson Rea	Carroll P. Lunt（上海出生的美国人）	东方月刊英文杂志之巨擘。在矿山、铁路报道上有特长，也刊登有关产业、贸易的政论。一向对我方舞弄种毒笔，但和平会议后改变其态度，不如说是对日本表示善意，而尝试攻击美国对东方及日本的政策。发行量四千份
The Weekly Review of the Far East（英文）		Millard Publishing Co., Incorporated (Delaware) J. B. Powell	Don. P. Patterson（美国人）	1917年5月创刊。以远东，尤其是中国政治、经济研究为主的周刊杂志。对于日本总是持反对态度。主笔 Thomas Millard 辞去主笔后，居住在北京的中国人 Hollington Tong（董显光）与 Powell 一起，每期登载排日报道，但最近发出一些公平的议论。该刊物原名 Millard's Review，1921年中期起与 Millard 断绝关系，改称现在的名称。作为美国系统机关杂志，发行量约四千份（主要向美国分发）
China Observer [公评周刊]（英文）	维护意大利利益	名义上所有者 F. Parlani（实际为 G. D. Musso 及意大利领事）	G. Missemer	时而刊登排日报道，接受意大利总领事馆的补助。意国律师 Musso 也与其有关系。周刊，发行量三百份

(续表)

名　称	主　义	持有人	主　笔	备　考
Lloyd's Weekly（英文）	政治报道较少	G. T. Lloyds（英国人）	G. T. Lloyds	主要刊登有关上海地区的社会报道,周刊,发行量三百份
Finance and Commerce［中国远东商业金融报］（英文）	与 Far Eastern Geographical Establish-ment 有关系,对日本怀有善意	E. J. Dingle	E. J. Dingle	1920年1月创刊,以帮助中国通商发展为目的,刊登涉及各个方面的有益的经济报道。周刊,发行量约二千份
Shipping and Engineering（英文）	为有关船舶和造船业的杂志	Edward Evans & Sons	Edward Sons	在船舶业者中间拥有相当订阅者,周刊
На тумбцне（俄文）			Krasnikoff（or Kareline）均署名	反激进派杂志,不定期发行,一年发行三四次

南京

名　称	主　义	持有人	主　笔	备　考
江苏省公报（中文）	江苏省长公署公布机关	江苏省长公署		1912年创刊（日刊）,为江苏省长公署官报。刊登省长公署的命令、告示、公文、指令等。发行量约六百份
江苏省议会汇刊（中文）	刊登省议会议案及议事	江苏省议会		议会召开期间的日刊,其他时间临时发行,发行量约六百份
大江南日报（中文）		王润身	同前	1914年3月创刊,日刊。发行量约二千份,八页。据说正在接受中国官方补助
南方日报（中文）		王春生	同前	1915年7月创刊,日刊。当时称为《南方话报》,但1917年5月改名为《南方日报》。发行量约二千五百份。据说正在接受中国官方补助金,十二页
立言报（中文）		吴新民	同前	1921年6月创刊,日刊,据说官方提供若干补助。发行量约六百份,四页
新政闻报（中文）		方灏	同前	1918年创刊,日刊。发行量约六百份,四页
新中华报（中文）		于纬文	同前	1913年创刊,日刊。最初称为《金陵话报》,但1916年9月改为现名。据说中国官方提供若干补助。发行量约一千份,四页
大中华报（中文）		陈晴辉	同前	1916年9月创刊,日刊。发行量约八百份,普通报纸一半大小,四页
社报（中文）		王家福	同前	1918年创刊,日刊。发行量约六百份,四页
江苏日报（中文）		蒋玉书	同前	1921年5月1日创刊,日刊。发行量约二百三十份,四页
谏皱报（中文）		吴学仁	同前	1921年10月1日创刊,日刊。发行量约二百份,四页

镇江

名　称	主　义	持有人	主　笔	备　考
自强报(中文)		张逸珊	同前	1918年8月创刊①,日刊。只在镇江近郊被购阅,有批评说该报胁迫鸦片走私者获取不当之财。发行量约二百份

芜湖

名　称	主　义	持有人	主　笔	备　考
皖江日报(中文)		谭明卿	同前	1909年11月创刊,日刊。发行量约一千六百多份,四页
工商报(中文)		张九皋	同前	1915年10月创刊,日刊,发行量约八百份

安庆

名　称	主　义	持有人	主　笔	备　考
安徽公报(中文)	安徽省长公署的公布机关	安徽省长公署		为安徽省长公署官报。刊登命令、告示、公文、指令等。每三日一次,发行量约五百份
民嵒报(中文)	省长机关报	合资组织 代表 吴霭航	谢申伯	1913年2月创刊,日刊。据说中国官方提供若干补助。发行量约七百份

苏州

名　称	主　义	持有人	主　笔	备　考
苏州日报(中文)		石雨声	洪野航	1912年创刊,日刊,发行量五百份,主要购阅者为商界
苏醒日报(中文)		陈寿霖	龚傲霜	1913年创刊,日刊,发行量约二百份,主要订购者为家庭
吴县市乡公报(中文)		颜心介	张愿圃	1916年创刊,日刊,发行量四百份,主要订阅者为政学界
平江日报(中文)		柳济安	金南屏	1919年创刊,日刊,发行量三百份,主要订阅者为学界
民苏日报(中文)		李惕安	金天涯	1920年创刊,日刊,发行量三百份,主要订阅者为商学界
苏州商报(中文)		方益荪	沈情虎	1920年创刊②,日刊,发行量二百份,主要订阅者为商界
新江报(中文)		庞独笑	顾且平	1921年创刊,日刊,发行量六百份,主要订阅者为学界

---

①②　一说1919年创刊。

(续表)

名称	主义	持有人	主笔	备考
正大日报(中文)		木田月	孙壹衣	1921年创刊,日刊,发行量六百份,主要订阅者为政学界,1922年3月10日停刊
吴语(中文)		马飞黄	金南屏	1917年创刊,日刊,发行量一千份,主要订阅者为烟花巷
吴声(中文)		洪野航	同前	1918年创刊,日刊,发行量六百份,同上
晨报(中文)		周天愁	同前	1920年创刊,日刊,发行量八百份,同上

备考:均仅为地方性小报纸,《苏醒日报》《吴县市乡公报》《民苏报》排日色彩显著,当地无通讯社。

杭州

名称	主义	持有人	主笔	备考
全浙公报(中文)	开发社会,收回权益	股份制	程光甫	1909年5月创刊,发行量一千八百多份,日刊,十页。接受省长公署补助,资本金一万弗
之江日报(中文)	开发国民知识,培育社会道德	陈勉之	徐冕伯	1913年4月创刊,发行量三千一百多份,日刊,八页。接受督军公署补助,资本金三万弗
浙江民报(中文)	扩大民权	李乾孙	许菁僧	1916年8月创刊①,发行量二千九百多份,日刊,六页。以前为国民党机关报,但最近标榜不偏不党。资本金五千弗
浙江商报(中文)	振兴商业	陆佑之	同前	1921年10月创刊②,发行量一千五百多份,日刊,十页。据闻为杭州总商会机关报。资本金三万弗
杭州报(中文)	标榜民主主义,专门攻击官方	合资组织	许祖谦	1921年11月创刊,发行量一千六百多份,日刊,八页。声称资本金五千弗,但据说以二千弗创业
浙江公报(中文)	公布法令、规则	省长公署	陈简文	1913年创刊,发行量一千二百多份,日刊
Hangchow Community News(英文)	报道基督教相关事项及传道消息	Hangchow Union Committee	Roberta Eitch	1920年6月创刊,发行量五百份,小型,四页

通讯员

相关报纸	通讯员姓名
新闻报(上海)	孙炳如
申报(上海)	倪慕侠
新申报(上海)	吴翼肯

备考:在杭州无通讯社,也没有职业性从事报纸通讯的外国人。

---

① 应为1913年4月15日创刊。
② 1921年10月10日创刊。

绍兴

名　称	主　义	持有人	主　笔	备　考
越铎日报（中文）	开发民智，监督社会	股份制	张心斋	1912年5月创刊①，发行量一千多份，日刊，六页，资本金五千弗

九江

名　称	主　义	持有人	主　笔	备　考
九江时报（中文）	启发民智，奖励实业	杨绳武（号幼农）	同前	1920年10月10日创刊，日刊，八页。作为附录发行烟花巷内容的《小时报》。主笔杨绳武为江西南昌人，南京师范学校出身。1920年7月在南昌发行《民铎报》，被督军勒令停刊，10月10日在九江创办《九江时报》。目前未刊登排日报道，日本商品、银行等的广告正不断增加。现在据称发行量二千份，但实际数量约不到一千份

南昌

名　称	主　义	持有人	主　笔	备　考
新民报（中文）	原为国民党机关报，省政府的机关报《实报》停刊后，成为官方的半机关报	姜凯	余小虎	原名《江西民报》，1920年8月前后起停刊，于1921年10月前后改称《新民报》发刊，八页，发行量达二千四百份。现与《大江报》并立，最有影响，报道也比较丰富
大江报（中文）	原为共和党机关报，现在也与民党派接近	邓天民	王镇凡	清朝末年左右创刊，日刊，八页，发行量一千七百份左右，有不少排日的报道
中庸报（中文）	普及教育，启发民智	严启仁	王小天	1917年创刊，日刊，八页，发行量约五百份。在学界拥有诸多读者，有时登载排日报道
正义报（中文）	启发民智，奖励实业	涂聘侯	郭承青	1918年左右创刊，日刊，发行量二三百份
和平报（中文）	伸张民力	许振藻	刘晓初	1921年创刊，日刊，资本金一千弗以上。许振藻为江西省议会议员。发行量约六百份
江西匡报（中文）	启发民智	郭振廷	同前	1919年左右创刊，日刊，1920年8月起停刊，1921年5月起再度发行，发行量约四百份
江声日报（中文）	启发民智	饶汝庸	饶伯润	1920年创刊，日刊，八页。1921年11月停刊，转移至九江，正在筹备，欲继续开业
江西公报（中文）	发布法令及官厅的公文的机关	江西省长公署		每三日发行一次，发行量约一千份以内
教育月报（中文）	江西教育会机关杂志	江西教育会	王小香	每月发行，发行量约四百份
新铎月刊（中文）	研究小学教育	桂汝丹	同前	1921年4月创刊，每月发行，发行量约四百份

---

① 1912年1月3日创刊。

赣州

名　　称	主　　义	持有人	主　　笔	备　　考
赣报(中文)				最初名为《赣州商会公报》,1921年改名为《赣报》
微言报(中文)				

参考:

一、南昌发行的中文报纸全都商量约定不登载日本公司、商品的广告。

二、南昌发行的《江西新报》(原国民党系的机关报)和《实报》实力相当,报道也丰富。特别是前者于1916年前后创刊,发行量达二千份以上,是省内最具影响力的报纸,但违反督军等的意思,刊登了关于稻米出口事件的报道,而后者也因为登载与江西金融政策有关的报道触怒了督军等人。前者于1921年9月前后,后者于1921年10月前后被督军勒令停止发行。

三、位于南昌的江西警务处发行的《警察周报》因经费不足,于1921年10月起停刊。

四、现在没有看到或听到九江设有独立的通讯社。南昌及九江的报社与北京、天津、上海、汉口等地的报社建立有联系,互相提供通讯。南昌的报社向九江派遣的通讯员有十二人,但似乎并没有身负通讯任务而被派遣的外国人。在江西内地的外国传教士中有将通讯工作作为副业者。

汉口

汉口的中国报纸概观

武汉的报纸被公认者有十三种(王止敬的《武汉晚刊》与李圣言的《武昌晚报》不包括在内)。总体上来说只是将从同一通讯社得到的通讯以及电讯按原样登载,虽然极少有尝试撰写社论或评论的,但没有始终一贯的观点。汉口的中文报纸中,不依靠任何一方的金钱资助能维持经营的,仅《汉口新闻报》及《汉口中西报》两家而已,其他报纸皆依靠补助金维持。此外,因报道内容比较准确公正而有信誉的有《汉口新闻报》《汉口中西报》以及《汉口晚报》三报,《大陆报》《大汉报》《公论日报》《正义报》等次之。日中问题发生之际,一直避免登载过激报道或者转载的有《汉口新闻报》《大汉报》这两种报纸。

另外,武汉的中国报纸,似乎没有从欧美各国的任何一国得到出资或补助费的。

名　　称	主　　义	社　　长	主　　笔	备　　考
国民新报(中文)	批判政治,湖北崇正俱乐部派,原王占元的机关报,近来不断接近直系	李逸林	尹鋆玉、刘云集(本名刘清丞)(编辑员)刘辅之、黄自超	1912年4月创刊,十二页,日刊。由现任社长李逸林的父亲李华堂(李振)创刊,最初仅有四千元的资本,其后得到王占元(当时的湖北督军)方面一万元的补助,整顿印刷机和其他设备,又收到每月一千元的补助金,顺利发展起来。至1922年,现在已成为拥有二万五千元资本金的合资组织。因基础巩固,李华堂将该报社转让给儿子,自己就任汉口货捐局局长。发行量一千三百份左右,武汉的购阅者占五百份,地方上的购阅者占八百份。每月广告收入有一千元左右。社址为汉口中国街后花楼笃安里
汉口中西报(中文)	原以报道经济为主,近来鼓吹促进民治,为超然派	王华轩(本名王志铭)	喻琴轩(本名喻任民)(编辑员)王治生、喻耕屑	1906年创刊,一度停刊,1913年3月复刊①,为十二页的日刊报纸。王华轩主持,以四千元的资本开始事业,近来资金达到一万五千元,拥有印刷机。发行量一千六百份,据称在武汉投递八百份,在地方上投递八百份。广告收入有一千五百元以上。社址为汉口中国街张美之巷

---

① 1913年9月15日复刊。

(续表)

名　称	主　义	社　长	主　笔	备　考
汉口新闻报(中文)	以报道经济为主,标榜不偏不党,虽一度靠近湖北崇正派,但近来似乎远离党派	张云渊	凤竹荪(编辑员)曾辛公、王子珩、叶规余	1913年创刊①,一度停刊,1915年5月复刊,至去年为止,十四页,近来增为十六页。最初由张、凤两人合资二千元创业,之后增资,据说目前以八千五百元左右的资本经营。发行量一千五百份,据称向地方上邮递五百份。广告收入有一千五百元,印刷依靠博文印刷公司。社址为汉口英租界致祥里
武汉商报(中文)	旧交通系及南洋兄弟烟草公司的机关报	黄霄九	杜李书(编辑员)盛了庵、项杰生	1920年4月创刊,为十四页的日刊报纸。以南洋烟草公司的补助,加上梁士诒等的出资和补助,成立合资组织,发展至拥有资本金四万元,拥有印刷机,且使用新式活字。发行量一千一百份,据说向地方上邮递八百份。广告收入七百元左右。社址为汉口中国街慎源里
大汉报(中文)	革新政治,国民党及在北京湖北同乡会的机关报	胡石庵(副社长)祝润湘	胡石庵、蔡寄鸥、易雪泥(编辑员)丁愚庵(本名丁愚逸)、哈东方、朱伯厘	创刊经过了十一年,段芝贵的时代被查封过四年,此后一直经营困难,直至现在。据称是资本二万元的合资组织,但未得到确认。具备印刷机,在自己公司印刷。为十二页的日刊报纸,发行量一千三百份,向地方上邮递五百份。广告收入有八百元。社址为日本租界槐荫里
公论日报(中文)	汉口各团联合会及红十字社的机关报	王民仆	同前(编辑员)余逸庵、段弼臣、沈幼如	1919年2月,由王民仆之兄王琴甫以资本四千元创刊,及至王民仆经营,得到亲戚王森甫六千元的融通,资金增加到一万元。曾一度被安福派收买,现已和安福派无关联。目前资本为一万元,拥有印刷机,发行十二页日刊。发行量一千份,其中武汉六百份,向地方上投递四百份。广告收入在八百元左右。发行和印刷所均在汉口中国街方正里
汉江日报(中文)	湖北崇正俱乐部机关报	邓梓卿(本名邓博文)	任美华(编辑员)聂醉仁	1920年2月创刊,至去年为止是四页的日刊报纸,近来变为八页。资本一千元,印刷一直依靠《汉口中西报》。发行量一百五十份,其中武汉一百份,向地方上分发五十份。广告收入有二百元。发行所为汉口中国街董家巷
汉口大陆报(中文)	湖北绅商徐荣廷的机关报	王道济(副社长)张云渊	王古愚(编辑员)黄蠡生、萧怀先、赵秋舫、李甸珠	1919年5月创刊,为十二页的日刊报纸。原有资本三千元,据称被徐荣廷收购后资本变为五千元。印刷委托博文印刷公司,发行量七百份,其中向地方上邮递四百份,在武汉投递三百份。广告收入有六百元。发行所为汉口中国街猪巷维安里
正义报(中文)	接近研究系及国民党,与湖北平社俱乐部也有联络	马孝田(本名马宙伯)	濮清云、刘菊波(编辑员)万荫群、蔡寄鸥、黄蠡生	1919年9月创刊,为十六页的日刊报纸。最初以六千元的资本创刊,其后渐次寻找出资人,或甘于做直系、研究系、安福系、或王占元等的御用报纸,至今已积累资金三万五千元。发行量八百份左右,向地方上邮递三百份。拥有印刷机,广告收入有八百元。社址为汉口中国街正街周家巷

① 1914年5月28日创刊。

定期调查报告　　（秘)1922 年 6 月 15 日　　有关中国(附香港、西伯利亚)报纸、通讯的调查

(续表)

名　　称	主　　义	社　　长	主　　笔	备　　考
汉口晚报(中文)				该报由汉口中西报社兼营,为四页晚报,仅在武汉有读者,印刷量五百份。虽已发刊十年,但中间经常停刊。近来该报得到专用资金一千元,广告收入每月也达二百元,业绩转好
江声报(中文)	宣传新文化,研究系及赵恒惕的机关报	盛时 (副社长) 欧阳翥	汤颇公 (编辑员) 杨锦仲、周长宪、罗普仲	1921 年 11 月 25 日创刊①,十二页,日刊。由前长江日报社长唐蟒出资设立,后被赵恒惕等买收,从赵处每月领取三百元补助费。资本金八千元,印刷委托商务馆印刷部,发行量武汉三百份,地方上为五百份,合计八百份。广告收入有五百元。发行所为中国街皮业公所左巷
大中日报(中文)	湖北平社俱乐部机关报	陈觉民	同前 (编辑员) 鲍贵三	发刊还不满一年,为四页日刊小报。资本金一千五百元,印刷依靠公论日报社,发行量勉强有一百五十份,其中一百份发送至地方上,五十份在武汉三镇分发。广告收入有一百元。发行所在汉口中国街苗家码头
白话报(白话)	施宜学会机关报	秦海峰	萧良丞 (编辑员) 余长庚、罗寿恒	1921 年 9 月发刊,为两页日刊报纸。资本金仅有六百元。在国民新报社印刷,发行量仅四五百份
湖广新报(中文)	日中亲善	笹川洁	徐祝平	1919 年 2 月创刊,八页,日刊,有社论栏,报纸十分得体。发行量一千份
汉口日报(日文)	当地日侨的向上发展	冈幸七郎	同前	1907 年 8 月创刊,四页,日刊,发行量约九百份。在中国人中也有购阅者,因中国报纸的译载广为中国人所知
汉口日日新闻(日文)	当地日侨的向上发展	奥野四郎	同前	1918 年 1 月创刊,六页,日刊,发行量约六百份。由上海日日新闻社长宫内贯道创刊,其后将一切盘给本间文彦,本间死后转至现任社长经营
鹤唳(日文)	当地日侨的向上发展	田岛利三郎	同前	1913 年 12 月创刊,为四页周刊,发行量约二百份
Central China Post [楚报](英文)	拥护英国人的利益	John Archibald	同前	1912 年创刊,八页,日刊,发行量约一千四五百份。评论大体上稳健,报道比较准确。1917 年夏德国人 F.Newel 经营的 *Hankow Daily News*(《中西日报》)停止发行以后,是汉口唯一的英文报纸。作为协约国的机关报,在欧洲大战期间很活跃,对日本时时出现猜疑的笔调。1919 年中国学生的排日运动发生后,常常毫无忌惮地指出中国的弱点,告诫其养成实力,极力说明排日等的无谓,登载对我国有利的社论,恰好与日本希望的言论一致
东方通信		社长　宗方小太郎	汉口支社长 冈幸七郎	

---

① 1920 年 6 月创刊。

开封
开封的中国报纸概观

开封的中国报纸是纯粹的乡下报纸,多数是根据各地报纸的剪报编辑而成。吴佩孚驻扎在洛阳后巴结其势力,将吴的主张用大字登载,有不顾河南督军的倾向。主要报道中值得一看的只有省议会的情况,其他多为旧闻。在汉口阅读其报时,发现是在看已经过了两周的事情。这种情况并不少见。

名 称	主 义	社 长	主 笔	备 考
新中州报(中文)	福中公司的机关报	孙鋟铣	同前	创刊约达八年,六页,日刊,发行量约六百份。虽无政治关系,但因福中公司的关系,不登载有损督军、省长公署的报道
大同日报(中文)	督军的机关报	张干丞	同前	创刊三年半,四页,日刊。创刊当初发行量仅有一百五六十份,但逐渐获得发展,目前发行五百余份。登载御用报道、电讯与其他报道,比别的报纸迅速
两河日报(中文)	援助学生运动	方干臣	鲍荫樾	原为半御用报纸,近来一味援助学生的政治运动。四页,日刊,发行量四百份,报道无可看之处
新豫日报(中文)	振兴教育	韩自步	同前	六页,日刊,发行量三百份。一般认为该报是学生报纸,但并不具备诸如支持排斥督军运动等的性质。因为关注振兴教育才被称为学生报纸的

长沙

名 称	主 义	持有人	主 笔	备 考
湖南日报	代表舆论,发表政见	伍芊农、杨绩苏	陶孝宗、王瀨六	合资组织,湖南政府每月补助二百元,每日发行一千六百余份
大公报	代表民意,发表政见	朱矫、贝允昕	张启汉、龙彝、赵翙	合资组织,湖南政府每月补助二百元,每日发行二千余份
民治日报①	改良社会	张慎庵	马张冰	合资组织,湖南政府每月补助二百元,每日发刊七百余份
民国日报②	代表民意,提倡实业	包道平	朱凤蔚	合资组织,湖南政府每月补助二百元,每日发刊八百余份

备考:无日本及外国报纸。

通讯员

姓 名	国 籍	职 业	通 讯 去 向
陈步周	中国	雅礼医院医生	上海方面
陈用宾	同上		汉口方面
沃伦	英国	循道会牧师	伦敦方面
古川与八	日本	出口商	《大阪朝日新闻》《大阪每日新闻》《东京时事新报》

---

① 一说1913年创刊。
② 1916年创刊。

沙市

名　称	主　义	持有人	主　笔	备　考
长江商务报（中文）	振兴商务，提倡实业	侯伯章	侯伯章	1921年7月14日创刊，日刊，发行量约三千份，据称资本金三千弗，但未经核实。以营利为本位，似仍未与官方建立任何特殊关系，但对于我国颇有理解，对当地日侨官民有好感。主笔侯伯章为当地居民，曾在汉口从事业，亦在北京的学校做过教师，过去大多在外地，故在当地的信誉、声望都不太高。但仍努力工作，社运逐渐顺利向上。现无印刷机，委托其他印刷业者印刷，至今年年末理应会购置印刷机

重庆

名　称	主　义	持有人	主　笔	备　考
商务日报（中文）	总商会机关报	重庆总商会	陈振羽	1920年12月20日创刊①，日刊，重庆总商会的机关报，发行量约一千一百份
西方日报（中文）	熊克武机关报	熊克武	张伟才、邓兆临、曾踅化	1919年10月创刊②，日刊，作为排日报纸总是舞弄毒笔。为熊克武系的机关报，发行量约九百份
民苏日报（中文）	熊克武机关报	但懋辛	萧彬臣、王剑奎、漆美泉	1916年8月创刊③，日刊，在重庆镇守使熊克武的援助下创办，曾一度停刊，1920年11月复刊。为熊克武系的机关报，发行量约六百份
民治新闻（中文）	刘湘机关报	刘湘	邓希如	1921年6月创刊，日刊，刘湘的机关报，发行量约八百份
新蜀报（中文）	第二军系机关报	第二军军界	宋南轩	1921年1月创刊④，日刊，第二军系统的机关报，发行量约八百份
晨钟日报（中文）	刘湘机关报	刘湘	刘铁秋、陈恒初	1921年6月创刊，日刊，刘湘的机关报，发行量约五百份
军事日刊（中文）		袁彬	张叔高	1921年8月创刊，日刊，发行量约八百份
益州通信（中文）		刘湘	汪伯渊	1921年9月创刊，每月发行十余次，每期发行量约二百份
新四川通信（中文）		但懋辛	戴嘘伯	1921年1月1日创刊，每月发行十余次，每期发行量约四百份
万州工商日报（中文）⑤	第二军系机关报	杨知	杨知	日刊，第二军系统的机关报，发行量约四百份
平民（中文）	与外交后援会有关系，带有排日色彩	罗法言	曾小容	1922年4月20日创刊，日刊，四页，社址为白菓巷
民报（中文）	与外交后援会有关系，带有排日色彩	曾晓旭	陈德芸、张仲山	1922年4月19日创刊，日刊，六页，社址为东华观内

---

① 应为1914年4月25日创刊。
② 一说1920年3月创刊。
③ 1916年8月1日创刊。
④ 应为1921年2月1日创刊。
⑤ 1921年创刊。

另外，1922年1月起还会有《蜀声日报》发刊。

上述各报纸虽然分别标榜着启发民智、研究军事或者振兴商务等主义，但除《商务日报》外，其他均为军界有权有势者的机关报，而且，这些报纸将上海、北京方面的排日报道加以润色，叫嚣对外强硬，或努力诽谤对手。就是说，《西方日报》《民苏日报》《新四川通信》属于第一军系统，《民治新闻》《新蜀报》《晨钟日报》《军事日刊》《益州通信》属于第二军系统。

成都

名　称	主　义	持有人	主　笔	备　考
国民公报（中文）	不偏不党	李澄波	李澄波	日刊，发行量二千八百份
川报（中文）	启发商务	蒋孟常	曾啸谷	进步党机关报，日刊，发行量二千七百份
四川日刊（中文）	提倡自治	尹燮璜	倪心阶	熊克武系机关报，日刊，发行量一千四百份
觉民报（中文）	提倡自治	杨子耘	江子伦	孙文系机关报，日刊，发行量一千二百份①
中正日报（中文）	提倡自治	陈见非	胡镜安	刘湘系机关报（反对四川省议会），日刊，发行量五百五十份②
国民新闻（中文）	提倡自治	熊子龙	施居父	孙文系机关报，日刊，发行量五百份
新世纪（中文）③	鼓吹平等主义	昌尔大	刘砚僧	月刊杂志，发行量一千份

华南等地区

福州

名　称	主　义	持有人	主　笔	备　考
福建公报（中文）	福建政府公布机关	福建省长公署		1912年1月创刊，日报，福建政府之官报，刊登命令、告示、公文、指令等
闽报（中文）	日中亲善，拥护我方对福建政策	台北善邻协会	山中宽太郎	福建最早的报纸，原为隔日发行，自1915年10月起改为日报，目前发行量二千七百份左右
公道报（中文）	借教会之名，标榜指导、启发人心，实际上是李汝统个人的营利工具，为金钱所左右	去年夏天持有人名义变更为美国人纳尔逊，实际由李经营	吴伯彦	1920年1月创刊，日报，目前发行量约三百余份，属于美国系统，排日论调居多
健报（中文）	与国民党一同攻击交通派	郑作枢	陈鸣凤	本报于1914年由林长民发起④，为进步党机关日报，由林长民、刘崇佑、刘以芬及私立法政学校教员、学生等的研究会派负责经营，相当有影响力。历来是排日的急先锋，但近来笔锋稍有转变，发行量一千份左右

---

① 1916年10月2日出版，一说10月15日出版。
② 前身为《中论》月刊，1917年3月19日创刊。出版两期即停。1921年6月6日改名《中正日报》创刊。
③ 1921年10月10日出版。
④ 应为1916年7月创刊。

名　称	主　义	持有人	主　笔	备　考
福建日报(中文)	原为安福系,其没落后由福州当地学校校长团维持,无固定主义	经理　陈曾亮	姚大钧	1918年9月创刊①,日报,号称发行量几千份,实际为七八百份。相关者虽大多对日本表示谅解,但受环境影响也刊登排日报道
求是报(中文)	无主义、党派,随波逐流	经理　李承绶	郭无衍	1916年9月创刊②,日报,号称发行量七百份左右,影响微小,主要靠政府的补助和一部分商界的援助。虽然也有排日论调,但只是随波逐流
新闻报(中文)	军阀主义	林少解	林少解	1919年创刊,日报,近来影响微弱
华同日报(中文)	可称为新国会派或总统派	施景琛	王梅痴、黄莲孙、陈祖琴等人的合议制	1916年11月创刊,日报,号称发行量七百份,在各乡农民中比较有影响力。施社长为亲日派,论调稳健
民生报(中文)	可称为金钱主义,政府性色彩少	杨愚谷	张香浦	1914年8月创刊,日报,发行量二百份左右,在接受政府补助方面,以该报最多。论调稳健平和,少有排日倾向
正言报(中文)	无党派关系	李于盈	同前	1918年创刊③,隔日发行,号称发行量二百份,有仅为单纯剪报之感
舆论报(中文)	无党派关系,其主义在于保护文艺	邵召屏	高泽人	1919年创刊,日报,发行量一百五十份左右。如主义所示,刊登剧评,在论调上无特别需要记载之处
平报(中文)	无党派关系,为金钱所左右	林幼英	同前	1919年4月创刊,隔日发行,发行量一百份左右,作为言论机关没有价值
超然报(中文)④	无主义		陈廷杨	隔日发行,在论调上无特别需要记载之处
三民报(中文)			聂浩然	不定期发行,无特别之处
健华新报(中文)⑤	促进实业	张鸣珂	同前	同为1921年创刊,或隔日发行,或为周报,发行时日尚短,其影响力、发行量等均未达到需要特别记载的程度
寄声报(中文)	鼓吹政治进步	王宏斌	同前	
化风报(中文)	扶持风化,鼓吹实业	社长　陈奋侯　经理　陈焜	陈冷时	
东南报(中文)	促进实业	黄赘	同前	
福州时报(日文)	报道时事	山中宽太郎	同前	1918年4月发行⑥,一周发行两次,唯一的日文报纸,发行量约四百五十份

通讯

八闽通讯	将每日探访所得发布给当地各主要报社、厦门的《江声社》以及上海申报社等
福州通讯	仅为名目,其价值几乎未得到认可

---

① 一说5月创刊。
② 1913年上半年创刊,一度停刊,1916年9月1日复刊。
③ 应为1917年4月创刊。
④ 1921年1月创刊。
⑤ 应为《建华新报》,1921年8月创刊。
⑥ 一说1920年10月创刊。

厦门

名称	主义	持有人	主笔	备考
全闽新日报(中文)	鼓吹日本文明,拥护我帝国利益,启发台湾人,以及为台湾人谋取方便	林景仁(台湾人)	顾问江保生(台湾人)为临时代理	1907年8月创刊,发行量不足八百份,但仍然有历史性的名声。原为台湾人与中国人共同出资,1920年7月以后,由林景仁(林尔嘉的长子)担任社长,在台北善邻协会援助下,招聘了内地人担任主笔,实行各种改良,日报,八页
江声日报(中文)	开发产业,改善教育	周彬川	黄悟生①	前身为《民钟日报》,1918年11月创刊,从爪哇泗水的华侨处获得资金(约五千元),借用英国人的名义。1921年6月以后成为纯粹的中国报纸,始终坚持排外论调,日报,八页,发行量一千一百份
思明报(中文)	启发人心,提倡产业		吴钝民	1920年9月创刊②,日报,八页,是纯粹的中国报纸,排外倾向强烈,发行量五百份
厦声报(中文)			苏眇公	1921年4月创刊③,为美国籍,排日倾向强烈,日报,八页,发行量七百三十份
厦门商报(中文)	发展商业			厦门杂货商行会的机关报,1921年10月创刊④,着重于刊登各地商况等,出资者中有数名台湾人,日报,八页,发行量六百份

广东
广东报社概况

广东报社的数量现在达三十五家,但增减无常,一年中兴废的小报可达十家。在广西派督军时代,一时达到过四十三家报社。其原因是对于当时发行四页以上四六版⑤的报社而言,每月作为恒例,由公开赌博协会、山票(抽彩的一种)协会、铺票(一种抽彩)协会以广告费名义,各馈送百元以上,合计至少三百元。另外有廉价承包印刷报纸的排字所。报道材料月额约三十元,以报界公会分发的通讯为基本材料,加上改编每日从香港用火车捎来的中国报纸电讯,作为专电加以利用,这样要发行一种报纸就很容易了。这也就形成了有几分文笔者二三人聚集在一起创办泡沫报纸的倾向。但是,这些报纸发行量多则不出四五百份,而且经营者只是以上述馈送金和广告费为目的,无任何主义定见。因而,动辄利用他人弱点而试图胁迫,若对此不理会,就揭发对手的私生活,已经习以为常。

陈炯明强行禁赌以来,无法继续收取上述馈送金,终于使得此种恶性报纸逐渐消失。现在,除了《七十二行商报》《广东晨报》《广东群报》《国华报》《粤商公报》《羊城报》《新民国报》等八九家报社以外,其他都是所谓"编外报纸",并且都不是党派机关报。就购阅者而言,有的有政治方面的兴趣,有的具有新思想。此外,好像还有这种情况,如果街上二三户订阅某一种报纸,在传阅以后,到了傍晚送报员便以大约半价回购,再按普通购阅费向地方上的订阅者邮寄。因此在人口百万的广东,现在三十多家报社每日发行的报纸总份数不出六七万份,由此可以察知普通读者的知识程度。就记者方面而言,不了解内外情况,每发生一起事件,往往是先通过由上海发来的报纸,解读上海方面的舆论趋势,然后写出论稿。因此,广东的报纸舆论被上海报纸左右,同时比上海晚一周至十日也是常例。再如报纸对日本的舆论,没有任何基础知识,读者方面也倾向于喜欢浅薄的谩骂,因而一些报纸以无意义地刊登排日报道为得策。并且,依靠金钱上的运作,无论何时,都会成为出资者的机关报。这样,

---

① 1920年报告为"黄悟曾"。
② 一说7月21日创刊。
③ 一说1920年创刊。
④ 10月10日创刊。
⑤ 日语表示纸张尺寸的专用名词,约270×410毫米。

当涉及某个人或某家公司的利害关系时,往往会引起意外的指责攻击。

总之,与北京、上海相比,广东的报纸也好,记者、读者也好,均更为低级。这是不可否认的事实。

报社工人的罢工

旧历年底,有报纸排字工举行的罢工。他们的工资一向是报社管伙食费,每月最高十二元,最少五六元,但职工工会组织后对于各报社,要求工资增加五成,工作时间八小时,每月特别补贴按二日份额支付,每日拣字数以一千八百字为限度,每超过此限度一千字增加三十仙(以前为二十仙)等。报纸工会当初主张增加二成工资,其他应该是无条件的。双方争议未达成一致,到了12月22日工人方面按照宣言实行罢工,但过了数日,结局是工资增加四成,其他未答应,双方达成妥协,宣告告一段落。目前工人方面仍想使资方承认上述条件,正在筹集第二次罢工的准备资金。另一方面,就小报而言,来自工人方面的各种要求不断,报方不堪其烦,因经营上的困难,本旧历年末过后(年末收款结束后),据说其三分之一会因支撑困难关门。

名 称	主 义	持有人	主 笔	备 考
国华报(中文)	交通系	合资组织 代表 王泽民(香港医学校毕业,现为陈总司令之咨议,广东番禺县人)、李执中(湖南国会议员)	陈柱廷(原《七十二行商报》《商权报》记者,广东省香山县人)	1913年10月创刊①,最初称《国报》,原本由康有为、梁启超等出资,是进步党的机关报。特色是小说与剧评,受到一般社会的喜爱。几年前因刊登广西军与广东军冲突的报道而被勒令停止发行,其间改名为《国华报》。该报原本持反对民党的态度,但广东军占优势后稍微改变了其主义。发行量一万二千份,日报
七十二行商报(中文)	稳健,无所属	合资组织 代表 罗啸璈(1914年曾任都督府民政司内务科长,现任述善中学坤维学校理事、广州总商会理事、广东精武体育总务部长之要职,是广东报界第一流的实力派,广东省南海县人)	苏其澍(广东省南海县人,高等学校文科毕业,现为陈总司令之咨议)、陈宝尊(广东法政学校毕业,原为述善学校职员,现任商会调查员)	1906年7月创刊②,在1902年收购粤汉铁道的热潮中,七十二行商人等将其作为机关报而创办。目前几乎完全属于罗啸璈个人所有,在政治上无固定主义,采取中立态度,暂且不妨视为稳健,标榜自身为经济报纸,在香港及其他诸港拥有读者,其中忠实读者很多。广告相当多,是广州报纸界一权威。发行量七千份,日报
广州晨报(中文)	国民党系	夏重民(广东人,曾任上海及香港的《晨报》主任,现为广三铁路局长)	陈三郎(曾任元帅府秘书及《岭南新报》记者,现为广三铁路局秘书,湖北省人)	民党没收《中华新报》后改名而成,1920年9月创刊③。《中华新报》由广西派官方及容伯挺等出资,是纯粹的政学会机关报,广西派失势后被孙文系的夏重民强行夺取,改为现名,成为孙文一派的机关报,愈发致力于提倡中国化政策与过激社会主义。据传接受孙文每月三百元的补助,发行量三千份,日报
广东群报(中文)	过激社会主义	合资组织 代表 陈公博(北京大学毕业,过激社会主义者,现为陈总司令之咨议,广东台山人)	陈秋霖(曾为《闽星报》执笔,过激社会主义者,广东东莞人)	1920年8月创刊④,是北京大学广东学生等的社会主义及新文化运动的宣传机关,论调激进,据传与俄国工农政府有关联,在近日报业职工罢工之际,因破坏报业团体而被报业公会排斥。在失去会员资格的同时,报纸同业者还决议完全不与其交换报纸。该报目前每月接受陈炯明三百元的补助,主要受青年学生喜爱,近来加入了白话文报道。发行量二千五百份,日报

---

① 1915年创刊。
② 应为1906年9月15日创刊。
③④ 一说1920年10月创刊。

(续表)

名称	主义	持有人	主笔	备考
粤商公报(中文)	商团机关报,无所属	粤省公安会会员及商团团员合办 代表 陈卿云(现任《七十二行商报》会计、方便医院总理、粤商团第八分团长之要职,广东新会人)	甘六持(南洋烟草公司秘书,广东三水人)、唐璞元①(原《人声报》记者)	1920年9月创刊②,商团团友组办的商人机关报,模仿《七十二行商报》,在一部分商团中有影响力,发行量二千五百份,日报
广州共和报(中文)	无所属	合资组织 代表 宋季辑(广东鹤山县人,曾任孙大元帅府咨议)	杨桂芬(回教徒)	1912年2月创刊③。因刊登色情小说而受下层社会欢迎,1919年7月排日风潮时,因刊登煽动性报道危害治安,被勒令停刊三个月。此报社表面上是合资组织,实际为宋季辑个人经营。发行量五千余份,日报
人权报(中文)	无所属	合资组织 代表 李文治(广东南海县人)	李孟哲(原《南越报》记者)	1911年3月创刊,由民党系人组织而成,致力于鼓吹革命,在外华侨中拥有许多读者,但影响力不比往昔。无固定主义、主张,其方针受利益左右,发行量六千份,日报
羊城报(中文)	稳健	钟勉(字宰泉,广东番禺县人)	赵秀石(广东南海县人,江门商团团长,现任财政厅咨议)、梁憬丹(广东南海县人,法政专门学校毕业)	1906年由广东旧绅中的革新派创刊④,日报。在清末的学制改革中名声大噪,其后有逐渐衰退的倾向。政党色彩虽不浓厚,但动辄发表排日性论调,1917年末发生排日风潮时,对于先施公司发生的学生暴动事件,刊登颇具煽动性的报道,因此一度被当时的警察厅长魏邦平查封。本报创刊时名为《羊城报》,进入民国时代后改名为《羊城新报》,是广东报纸中衰退最早的。几天前遭遇火灾,转移到第八甫,改为现名。发行量二千五百份,日报
新民国报(中文)	民党系	刘裁甫(广东台山人,国会议员,新当选台山县长)	余伯贤(广东台山人)	1918年创刊,由当时的众议院议长吴景濂从众议院经费中支出二万元创刊。最初以李怀霜为主笔,接受岑春煊的军政府每月五百元的补助,其后资金难以为继,李也因主义不同而离职,汤漪等人入社,成为益友社系的机关报,汤也因政见不和而离开,田达人、甄冈公相继加入,再由民党派刘裁甫接手。发行量两千份,日报
Canton Times [广东时报](英文)	孙文政府机关报	合资组织 代表 李锦纶(外交部特派广东交涉员,广东台山县人)	刘壮(广东台山县人,美国大学毕业)、徐章(法政专门学校毕业)	1918年10月创刊⑤,最初由黄宪昭发行,作为军政府外交部发表政见的机关报,依靠伍廷芳的补助创刊。以前因刊登西南应该出现第三政府的报道,而被莫荣新勒令停刊两个月,其后与黄宪昭断绝关系,由李锦纶接手,每月接受政府五百元补助。发行量三百余份,日报

---

① 又作"唐朴元""唐朴园""唐璞园"。
② 一说1921年创刊。
③ 应为1912年8月创刊。
④ 应为1903年2月12日创刊。
⑤ 应为1914年3月6日创刊。

定期调查报告　　（秘）1922年6月15日　　有关中国(附香港、西伯利亚)报纸、通讯的调查

(续表)

名　称	主　义	持有人	主　笔	备　考
新报(中文)	民党系,排日报纸	合资组织 代表　李抗希(广东台山县人,法政专门学校毕业,现为律师兼《真共和报》《快报》《新国华报》主笔)	李大醒(广东台山人,原述善中学校教员)	1915年6月创刊,由美国华工出资,纯民党系报纸。在过去的排日风潮中因刊登煽动学生的报道,其一帮记者被拘留。莫荣新任督军时,因刊登东江战事、石龙大火的报道而被勒令停刊两个月。近来最为反对日本方出资的交易所。发行量二千五百份,日报
真共和报(中文)	无所属,排日报纸	合资组织 代表　李抗希(《新报》《快报》《新国华报》《广东报》的经营者,广东台山人,李有葡萄牙国籍,因其手段颇为恶毒而有"报棍"之称,即报业无赖)	张国威(原《工人早报》记者,广东台山人)	1919年8月创刊,为夺取《广州共和报》的市场而强迫各界。在两广战争中刊登广西军的丑事,销量很大,近来读者减少。激烈反对交易所。发行量五千余份,日报
新国华报(中文)	民党系,排日报纸	合资组织 代表　李抗希	卢博浪(原《工人早报》记者,现任陈总司令之咨议,广东台山人)	1921年5月创刊①,兼营《新报》,欲抢夺《国华报》的市场。在主义上稍偏向民党,尚未加入报业公会,刊登反对交易所的报道
广东报(中文)	排日报纸	合资组织,李抗希(由英美烟草公司及江孔殷出资,目前李为其代表者)	李抗希	1920年3月创刊,由绅商江孔殷之子江仲雅组织创办。作为省议会大同系的机关报,致力于提倡实业。李接手后变为无所属,刊登排日报道
快报(中文)	无所属	合资组织 代表　邓圣安(广东台山人)	李抗希(广东台山人)	1916年10月创刊,烟花巷方面的淫猥内容居多,最受下层社会欢迎。无主义、主张,诸如电讯、社论、政治报道,不过是转载香港报纸,近来刊登反对交易所的报道。发行量一千五百份,晚报
总商会新报(中文)		刘公誉(即刘镛尚)(广东南海县人)	同前	1908年3月创刊②。最初由广州总商会出资,为纯粹的商会机关报,进入民国时期后脱离商会,莫荣新、陈炯明督军时代,接受补助,但经营上用人不当,日渐衰微。发行量三百份,晚报
新国报(中文)		梁质庵(原《总商会报》记者,现任陈廉伯秘书,兼交易所文牍科科员,广东南海县人)	同前	1916年创刊,原名《华国报》,无主义、主张,接受陈廉伯每月二百元的补助,发行量二百份,日报
互助报(中文)	宣传共产主义	互助社出资 代表　谢英伯(国会议员,互助社社长,广东梅县人)	王切豪(互助社社员,广东台山县人)	1922年5月创刊,宣传工人互助主义,作为国民党及工人的机关报,对交易所进行猛烈攻击

---

① 一说1921年3月创刊。
② 应为1913年创刊。

(续表)

名　称	主　义	持有人	主　笔	备　考
大公报(中文)	天主教机关报,与法国领事馆有关系	天主教会出资　代表　周生(广东香山县人)	黎丕烈(原孙大元帅府咨议,广东香山县人)	1915年5月创刊①。天主教的机关报,在主义上略接近民党,无影响力,但其印刷机械、活字等借用自法国领事,有法国领事馆机关报的嫌疑。发行量四百份,晚报
南越报(中文)	有排日倾向	合资组织　代表　孔量存(原《人权报》记者,广东番禺县人)	邝尧阶(原《民意报》记者,广东番禺人)	1909年3月创刊②。清末鼓吹革命颇为努力,曾受袁世凯褒奖,进入民国时期后屡次更换总理,主义亦不固定。1915年反对广西系的赌博,时任总理李涯泉被广西军杀害,其后本报被转让给民党,经营不到两个月,因刊登程潜在湖南省被马济枪杀一事而被勒令停刊一个月,尔后每月接受粤路总理刘焕的补助。目前无所属,发行量二千份,日报
振东报(中文)	无所属	邝杰之(广东台山人,美国医学校毕业,曾任民军统领,陈炯明回到广东后协助陈攻击莫荣新,现任广西省第一师团长刘镇寰之咨议)	梁伯华(原《粤报》记者)、邝鸣相(法政专门学校毕业,广东台山人)	1918年3月创刊。最初由刘镛尚经营,张锦芳任省长时每月接受张锦芳的补助金,接着成为杨永泰的机关报,现在无所属。发行量五百份,日报
中外商报(中文)		合资组织　代表　陈家声(广东番禺县人)	陈孟威(广东花县人)	1921年3月创刊,资本极少。现在无所属,尚未加入报界公会,无影响力,发行量五百份,日报
商权报(中文)	粤商团机关报	刘汉雄(南海县人)	刘少平(南海县人)	1912年1月创刊。初为广东省商团机关报,接受陈廉伯的补助,近年经营用人不当,日见衰微。与《总商会新报》《新国报》在同一报社出版,发行量三百份,日报
新岭南报(中文)		合资组织　代表　毛文明(广东东莞人)	卢汰余(广东南海县人)	1921年2月创刊,无所属,尚未加入报界公会,无影响力。目前尚未解决职工罢工问题,处于停刊中。发行量三百份,日报
新粤声报(中文)		合资组织　代表　李肇用(原《民意报》记者,广东香山县人)	朱华公(广东顺德县人)	1921年2月创刊,现在无所属,尚未加入报界公会。无影响力,发行量二百五十份,日报
崇德日报(中文)		由有志学生出资创刊,代表为严耀卿(广东番禺县人)	崔剑卿(广东番禺县人)	1921年3月创刊,由少数学生出资组织,最初为周报,后改为现名。资本极少,尚未加入报界公会,发行量三百份
新大陆报(中文)	有倾向民党的嫌疑	陈述公(广东花县人,原香港《循环日报》记者)	邝玉衡(原《岭南新报》记者,广东番禺县人)	1921年8月创刊,现在无所属,尚未加入报界公会。由原《民治日报》改名而来,发行量三百份,日报
新中华报(中文)	民党系,排日报纸	合资组织　吴耀明(广东台山县人)	伍天一(广东台山县人)	1921年5月创刊,尚未加入报界公会,致力于排日,无影响力,发行量二百份,日报

① 一说1912年创刊。
② 应为1909年6月22日创刊。

(续表)

名 称	主 义	持有人	主 笔	备 考
现象报(中文)	劳动者机关报,排日	合资组织 代表　廖球(向业派报①兼广东、香港各报代理,南海县人)	郭唯灭(民党系,番禺县人,在报界以容易激愤而闻名)	1921年6月创刊,由粤路公司协理刘焕投资二千元创办,劳动者机关报。关于交易所刊登排日性的报道,一律不刊登交易所的广告,曾因此问题攻击《群报》而被起诉,又因攻击《晨报》及广三铁路局,局长夏重民率兵破坏本报社,致使本报停刊十余日,其后又因刊登消防队员的失职问题而被公安局勒令停刊,现在又开始出版。完全没有主义、主张,只是一味寻找他人短处加以攻击。发行量七百份,日报
国是报(中文)		合资组织 代表　刘伯明	同前	1917年1月创刊。最初以学界机关报而闻名,接着接受财政总长杨永泰的补助,其间以与杨主义不和为理由而脱离。无影响力。现在因鸦片事件与《民意报》一同被查封,目前处于停刊中
民意报(中文)	民党系	合资组织 代表　钟天游	邝尧楷	1916年10月创刊。曾为李耀汉之机关报,其后接受翟汪、古日光及广东电车公司等补助,因鸦片事件与《国是报》一同被查封,目前处于停刊中
粤报(中文)	广东派机关报	李克成	余招年	1917年1月作为陈炯明、魏邦平等广东派之机关报创刊,但影响力不大,发行量二千份(晚报)。目前尚未解决报社职工罢工问题,处于休刊中
中华民国政府公报(中文)	总统府官报	总统府		1920年12月,名为《军政府公报》创刊。1921年5月7日起改为现名发行,刊登大总统府的公文、叙任及辞令,不定期发行
广东公报(中文)	广东省长公署公布机关	省长公署		1912年8月1日创刊,刊登省政府方面的公电、公报、叙任及辞令。1917年6月20日广东省自治之前刊登北京政府的命令,其后完全不再刊登,日报
广东东方日报(日文)		八田厚志	广户理数	1921年8月29日创刊,由东方通信社广东支社社长八田厚志创办,1922年1月1日起交由广户理数全权经营。发行量三百份,日报

此外,作为基督教宣传机关报,还有由广州岭南学校发行的《学生季报》(四季发行)、《青年周刊》(周报)、《南风月刊》(月报),由广州东山神道学校发行的《神道月刊》(月报)及由广州东山美华浸会不定期发行的《新东方报》(英文)等小刊物。

通讯

名 称	主 义	组 织	备 考
民治通讯	孙文派之机关	个人 每月接受孙文政府及其他各处的补贴	冯自由经营,其为南方政府内政部司长兼秘书,是华侨选出的参议院议员,以香港、广东的各报社为主要客户,每日发行四十份
黎明通讯	省长公署之机关	个人	由广东《群报》记者俞华山经营,其特色为社会新闻,每日发行量三十份
太平洋通讯	省长公署及盐运使署之机关	个人 每月接受外交部二百元的补贴	由盐运使署秘书兼参众两议院秘书谢良牧主持经营,关于省长公署、盐运使署、参众两院的报道相对较正确,每日发行约三十份

---

① 原文如此,可能有漏字。

(续表)

名　　称	主　　义	组　　织	备　　考
劳动通讯	宣传社会主义文化事业	广东群报	时日尚浅,未取得业绩
南方通讯	中立	个人	由原《南国日报》记者孔仲南主持,原本以排日而闻名,目前持中立态度,未取得业绩
岭桥通讯	无所属	个人	过去由路透社驻广东人员黄宪昭经营,现在由原《广东报》记者吴瑞川经营,以社会新闻为主,经营不振
时事通讯	无所属	个人	由探访记者崔啸苹经营,经营不振,无固定主义、主张
执中通讯	无所属	个人	探访记者张杰三在探访之余,为发送通讯而创办,每月收费二三元左右。本社从 1920 年末开始工作,但中途停止发送
青年通讯	排日	学生团	由学生团干部、排日分子张启荣经营,以社会、学界消息为主,业绩不佳
东方通信			1918 年 6 月广东支社开设,现支社长八田厚志

上述通讯社中以民治通讯与太平洋通讯最有实力,黎明通讯及岭桥通讯次之,其余通讯几乎无影响力,业绩亦不佳。

上述中国通讯以每月提供十元为定规,但对于中国的报社则以半价提供。

汕头

名　　称	主　　义	持有人	主　笔	备　　考
公言日报(中文)	拥护共和	张逸珊	丘星五	本报为日报(每周一休刊),作为大埔县人的机关报而知名,资本金也由该地出身者出资,1913 年发刊。因报道正确且迅速,读者以好感相迎,但近来因其他报纸大量涌现,经营渐渐走下坡路,目前发行量八百份左右。排日报道很多
民声日报(中文)	拥护军政府	陈有恒	谢伊唐	本报为 1920 年 1 月创刊,日报(周日休刊),资本金四千元,发行量一千二百份左右,号称学生之机关报
汕头晨报(中文)	拥护共和	陈简民	陈无那	本报为国民党之机关报,因受南洋华侨援助,资金丰富,1921 年发行以来发展顺利,现在发行量已达一千三百份左右,日报(周一休刊)
潮商公报(中文)	奖励实业	杜宝珊	杜石珊	本报亦为国民党之机关报,报道稳健公平,以迅速报道实业界的状况为特色,1921 年创刊,资金七千元,日报(周一休刊),呈政府机关报之观
新潮日报(中文)	拥护共和	合资	李伯乐	1921 年创刊,资金二千元,发行量七百份,此次因刊登反对学生的报道而受到部分好评
大岭东日报(中文)	拥护共和	吴子寿	许无畏	1918 年 11 月创刊,由潮州府下出身者及南洋华侨出资,是本地人的机关报,常与外地人经营的报纸发生笔战。拥护学生,日报(周一休刊),发行量一千四百份左右。有不少排日报道
平报(中文)	社会主义	合资	钱热储	本报为 1920 年创刊,目前发行量一千二百份左右,日报(周一休刊),外地人的机关报,也可说是下层劳动者的机关报,多少带有社会主义的倾向,尤其是连续译载克鲁泡特金、马克思等学说。与《公言日报》一同大肆刊登排日报道

云南

1921年云南言论界之概要

1921年之云南报界，本年二月因唐继尧没落，顾品珍执政，军政两界的新旧更替，引起政局巨变。因此，原本作为唐继尧之机关报，在云南言论界最具影响力的《义声报》，为确立其新立场而改名为《民声报》，使得面目一新。此外最引人注目的是，蛰伏已久的罗佩金创刊《云南日报》，扩张其新势力。其他报纸也趁政变之机，试图各自发展，云南报界一时颇显活力。顾品珍向来少有政党、政派色彩，态度极为公平，不像唐继尧时代那样积极操纵报纸，将各报社首脑都任命为总司令部的咨谋官，每月给予五十元，亲自利用报纸等，也避免打压一些报纸。因此，没有为顾品珍的施政极力辩护的报纸，也未出现肆意攻击其施政的报纸。与年初的活跃相比，报界比较平静地结束了一年。

在报道、评论上尤其值得关注的是，文化运动、社会改造论稍显颓势，上半年抬头的自治运动也未持久，逐渐衰落。因华盛顿会议的召开，排日报道也多少有增加的趋势。对于中国南北方的政局，隐约可以看到不少支持广东政府、攻击政学会或主张北伐的言辞，这不是因报社经营者的政党、政派立场，主要原因是南方政府宣传之巧妙，以及为了迎合青年学生等喜欢具有挑衅性报道的读者。

在排日报道方面，最值得高兴的现象是，《救国日刊》及其后身《复旦日报》的评论力度减弱，甚至还产生了亲日倾向。《新云南日报》的主持人丁怀瑾是虔诚的基督教徒，与亲美主义相关联，总是致力于鼓吹排日思想。由其担任会长的报界公会的通讯中，带有排日性口吻的通讯有增加的趋势。

有关报纸的版面、外貌及印刷活字，没有任何改良的痕迹。至于发行，《中华新报》《滇声报》《均报》《国是报》《新民报》及《复旦日报》六报在官印局，《民声报》《新云南日报》《实业日刊》及《微言报》四报在开智公司印刷，没有一家报社拥有自己的印刷机。

关于报纸的经营，各个报社都没有固定资本，创业费多则一二千元，少则数百元，仅此而已。《新云南日报》每月支出八百元，发行量一度达到五百份，曾令业内羡慕，但年内已陷入停刊的命运。其他各报社除总司令部支付的五十元外，还接受警察厅每月二十元的补助，以此为基础经营。因发行量增加会导致经营困难，各报社都努力控制发行量。就此也就不难想象报纸一般都很不成熟。

报界公会既是通讯机关，又要维护报界的共同利益，以《新云南日报》的丁怀瑾为会长，《中华新报》的邓质仙为副会长，虽为报界代表，却不见有什么新活动。今年五月，《民声报》《新云南日报》《云南中华新闻》《均报》及《滇声报》五报设立报界俱进会，以期望相互交换通讯，统一评论。在刘祖武就任政务厅长的同时，于省长公署内设立滇南通讯处，向当地报界发布通讯，并向省外发布云南的信息，这是通讯上稍稍值得关注的进步，其他通讯机关则没有值得关注之处。

名　　称	主　　义	持有人	主　笔	备　　考
云南公报（中文）	省长公署公布机关	省长公署		1913年创刊，发行量六百份
云南盐政公报（中文）	盐运公署公布机关	盐运公署		1919年1月创刊，发行量三百份
云南实业公报（中文）	奖励及指导实业	实业厅		1920年11月创刊，发行量约三百份，刊登实业厅的公文及其调查事项，调查以翻译之物居多，无特别价值
民声报（中文）	以革新政治、促进自治为主义	何慧青	李巨裁、沈耕云	1916年2月创刊，发行量二百五十份。本报原为唐继尧之机关报，1921年2月，其失势后改名为《民声报》，并且采取中立态度
新云南日报（中文）	致力于鼓吹自治，罗佩金一派之机关报	丁怀瑾	吴默荃	1921年3月15日创刊，1921年12月停刊，应该会继续发行，发行量三百五十份。丁怀瑾为虔诚的基督教徒，刊登排日报道

(续表)

名　称	主　义	持有人	主　笔	备　考
云南中华新报	无政党关系	邓质彬	邓质公	本报原名《中华民报》，1913 年创刊，1917 年 9 月改为现名，为政学系之机关报，目前失去政党色彩，发行量一百五十份
滇声报(中文)	准民党	唐质仙	唐质仙	本报是 1912 年为对抗进步党系的《共和滇报》而由马幼伯作为民党系的机关报创刊，曾一度停刊，1914 年 5 月复刊。尔后失去政党色彩，发行量二百份
共和报(中文)	进步党系机关报	彭愚夫	王潜夫	本报于 1912 年受蔡锷支持创刊，是当时最具影响力的报纸。蔡锷死后失去后援，曾一度停刊，受迤西同乡会支持于 1920 年复刊，1921 年 8 月再次停刊。停刊前发行量二百份
均报(中文)	准民党，鼓吹文化运动	段奇僧	邓质公	1919 年创刊，发行量一百份。曾一度受到民党系李宗黄的支持，其失势后专注于营利，政党色彩稀薄
国是日报(中文)	无固定主义、主张，无政党关系，内容稳健	何小泉	彭伯英	1915 年 4 月创刊①，发行量一百五十份。本报原与唐继尧的秘书长由云龙有关联，自去年起完全断绝关系。本报接受中法实业银行经理黄子衡的援助，对法国有利的报道居多
民觉报(中文)	民党机关报	张槐三	龚仲钧	1920 年 7 月 1 日创刊。本报以云南民党之元老黄玉田为后援，是民党唯一的机关报。因反对唐继尧，创刊一年后停刊，1921 年 4 月复刊，因经营不善，发行仅两个月后又停刊
新民报(中文)	以自治及改良政治为主义，稍有民党色彩	陈天民	徐越雄	1921 年 9 月 1 日创刊，发行量一百五十份
复旦日报(中文)	改良政治，提倡实业，无政党关系，与上海救国团有关联	刘国澍	邓绍元	1921 年 11 月创刊，发行量二百份。本报由原《救国日刊》同仁所组织，貌似鼓吹排日的机关报，但其排日不过是宣传自己的手段。相关的人都具有显著的亲日倾向，其报道的逐渐变化值得注意
实业日报(中文)	以奖励实业、引导工商为主，无政党关系	冯韵清	林月梅	本报为原商务总会之机关报，于 1914 年创刊，因经营困难，1920 年 12 月停刊，1921 年 9 月 20 日复刊
微言报(中文)	正当评论时事，以改良社会为主义，无政党关系	黄微尘	罗问庐	1921 年 10 月创刊，发行量一百份。本报由南洋烟草公司云南分店的经理黄侠禅出资，实际目的为用于其营业广告
救国日刊(中文)	鼓吹文化运动，宣传排日			1918 年 11 月创刊。1921 年 9 月因中法实业银行停业事件攻击政府，主笔张相时被迫逃亡而停刊，变身为《复旦日报》

---

① 1914 年创刊。

定期调查报告　　（秘）1922年6月15日　　有关中国（附香港、西伯利亚）报纸、通讯的调查

香港

名　称	主　义	持有人	主　笔	备　考
循环日报（中文）	中立	股份制 经理　温俊臣	何冰甫	早报，十二页，创立后经过48年，报道丰富，评论稳健，立场公正，最具信用，在当地中文报纸中出类拔萃。发行量七千份，显示出坚实的经营样貌，财政状态极佳
华商总会报（中文）	华商机关报	华商总会员	谭荔垣	1919年4月1日创刊，早报，十二页。因是当地中国商人的机关报，将工商类报道视为生命。比较缺乏政党色彩，故而评论稳健，但感觉在地方时事问题的报道上不够迅速。发行量一千五百份，仍有发展余地
华字日报（中文）	中立	合资组织 Lawe Bingham 陈文言 经理　何汝明	何福昌	五十余年前创刊，早报，十二页，报道清新，评论公正，与《循环日报》同对当地中国知识阶层有影响力。近来无论对北京政府还是广东政府都持不偏不党的态度，评价良好。发行量三千份
共和报（中文）	保护商民的利益，反广东派	伍宪子	伍宪子	早报，十二页。1904年康有为的高徒徐勤等人创办的《商报》的后身，其后多次变更经营者。反广东政府的色彩极其浓厚，论调激烈。因不断攻击孙逸仙、陈炯明的不良行为，去年11月底该报在广东遭遇禁售的厄运。发行量八百份
大光报（中文）	耶稣教主义	股份制	黄岭观	早报，十二页。1913年3月创刊，持有基督教主义，购阅者也主要属于此类人。全力拥护广东政府。创刊以来接连损失，近来以崭新的编辑方法，不断尝试飞跃，因此情况逐渐转好。发行量四千五百份
香江晨报（中文）	国民党机关报	夏重民	黄燕清	早报，十二页，1919年2月创刊，为国民党机关报，由其出资创办，宣传广东派。评论、报道与《大光报》如出一辙，笔锋最为辛辣，讥议北方派，动辄有走极端的倾向，但颇为上进，踏实发展。发行量一千五百份
香江晚报（中文）	无主义	钟梅谱	梁栋朝	晚报，六页，1921年11月21日创刊。内容贫弱，报道与评论均不值一看，但似乎想在文艺方面出人头地。目前影响力极微，前景不免难测。发行量三四百份左右
Hongkong Daily Press［孖剌报］（英文）	政厅的公布机关	股份制 总经理　H. A. Cartwright	同前	早报，十二页，1877年创刊①，发行量一千份。该报为香港政厅的半机关报，从政厅接受若干补助金。评论稳健、报道准确，当地英文报纸之翘楚。近来因中国人对英国的感情不佳，作为其牵制政策，似有大肆报道山东问题，以此引起中国人的注意，达到缓和作用的迹象。另在当地厅和广东政府之间缺少融通，在此现状下，将笔锋转向孙派机关报，频繁试加论战。另外，该报与上海 North China Daily News 之间有特殊关系。另发行周报 Hongkong Weekly Press 及 China Overland Trade Report
South China Morning Post［南华早报］（英文）	无一定主义	股份制 总经理 B. Whylie	T. Petrie	早报，十二页，1906年创刊。创刊以来事业极度不振，近来因努力挽回，情况逐渐转好。发行量有一千五百份。股东为英、美、意各国人。因大股东为美国人，被认为是亲美派，对日本的感情比较良好

---

① 应为1857年10月1日创刊。

(续表)

名 称	主 义	持有人	主 笔	备 考
Hongkong Telegraph［土蔑报］（英文）	保护侨民	Morning Post A. Morley	Alfred Hicks	晚报,十二页,1881年创刊。最初为中国人的合资组织,1903年由美国牙科医生诺贝尔以一万弗收购并加以改革,影响逐渐增加。1915年又转由 South China Morning Post 社进行经营,但编辑干部与该报社完全不同。发行量一千二百份,报道迅速丰富,具有美国报纸的色彩,而且喜好评论地方上的时事问题
China Mail［德臣报］（英文）	无主义	合资组织 承借营业人 G. W. C. Burnett W. M. Hamphrey	G. W. C. Burnett	晚报,十页,1840年创刊,发行量七百份。评论报道均散漫,与其他报纸相比颇为逊色,比较富有文学宗教趣味。另发行名为 Overland and China Report 的周报
香港日报（日文）	无一定主义	井手元一	井手元一	晚报,四页,1909年9月1日创刊,发行量三百五十份
南支那新报（日文）	无一定主义	平井真澄	同前	早报,四页,1921年7月创刊,发行量三百份

通讯员

所属报社	通讯员姓名	摘 要
路透社	J. P. Braza	主业为印刷业,是香港和华南等地区的通讯员
大阪朝日新闻社	井手元一	香港日报社长
大阪每日新闻社	平井真澄	南支那新报社长

中国（附香港、西伯利亚）的报纸统计表

地 名	中 文	日 文	英 文	法 文	俄 文	其 他	官 报	通 讯	合 计
奉 天	3	3	—	—	—	蒙古文1 日文杂志9 日文周刊1	1	3	21
抚 顺	—	1	—	—	—	—	—	—	1
本溪湖	—	—	—	—	—	—	—	1	1
哈尔滨	13	1	1	—	8	日文杂志1 俄文周刊1	—	1	26
齐齐哈尔	2	—	—	—	—	—	1	—	3
黑 河	2	—	—	—	—	—	—	—	2
满洲里	—	—	—	—	2	—	—	—	2
吉 林	4	1	—	—	—	—	1	—	6
长 春	5	3	—	—	—	日文杂志1	—	—	9
四平街	—	1	—	—	—	—	—	—	1

(续表)

地名	中文	日文	英文	法文	俄文	其他	官报	通讯	合计
龙井村	—	1	—	—	—	朝鲜文 1	—	—	2
辽阳	—	1	—	—	—	—	—	—	1
牛庄	1	1	—	—	—	—	—	—	2
铁岭	—	1	—	—	—	日、中文 1	—	—	2
开原	—	—	—	—	—	日、中文 1	—	—	1
郑家屯	—	—	—	—	—	—	—	1	1
安东	—	1	—	—	—	日文杂志 2	—	1	4
热河	1	—	—	—	—	—	—	—	1
北京	78	1	4	2	—	日文杂志 1 日文周刊 1	7	29	123
天津	16	2	3	1	—	英、中文 1 日文杂志 1 日文周刊 1 英文周刊 2 英文杂志 1	1	7	36
济南	14	2	—	—	—	—	1	3	20
芝罘	7	—	1	—	—	—	—	—	8
上海	13	3	7	1	3	日文周刊 1 英文杂志 1 英文周刊 5 俄文杂志 1	—	12	47
南京	9	—	—	—	—	—	2	—	11
镇江	1	—	—	—	—	—	—	—	1
芜湖	2	—	—	—	—	—	—	—	2
安庆	1	—	—	—	—	—	1	—	2
苏州	11	—	—	—	—	—	—	—	11
杭州	5	—	1	—	—	—	1	—	7
绍兴	1	—	—	—	—	—	—	—	1
九江	1	—	—	—	—	—	—	—	1
南昌	7	—	—	—	—	中文杂志 2	1	—	10
赣州	2	—	—	—	—	—	—	—	2
汉口	14	2	1	—	—	日文周刊 1	—	1	19
开封	4	—	—	—	—	—	—	—	4
长沙	4	—	—	—	—	—	—	—	4

(续表)

地 名	中 文	日 文	英 文	法 文	俄 文	其 他	官 报	通 讯	合 计
沙 市	1	—	—	—	—	—	—	—	1
重 庆	10	—	—	—	—	—	—	2	12
成 都	6	—	—	—	—	中文杂志1	—	—	7
福 州	17	1	—	—	—	—	1	2	21
厦 门	5	—	—	—	—	—	—	—	5
广 东	31	1	1	—	—	—	2	10	45
汕 头	7	—	—	—	—	—	—	—	7
云 南	13	—	—	—	—	—	3	—	16
总 计	311	27	19	4	13	各种报纸5 周刊13 ⎫39 月刊21 ⎭	23	73	509
附①									
香 港	7	2	4	—	—	—	—	—	13

① 西伯利亚的数据未记录。

1923年初报告的各地报刊、通讯社、通讯员状况[①]

[①] 由于缺少1923年外务省编辑印刷的报告集,编者查阅了日本外务省外交史料馆档案中各地领事馆的原始报告,予以补充。以下均按照原始报告翻译,由于部分原始报告遗失,有些城市(例如北京)的相关内容缺失。另外,为了保持统一性,此处目录基本上按照1922年报告的目录顺序编排,但对于新出现的城市,则基本参照1924年报告的目录顺序。——编者

1923 年初报告的各地报刊、通讯社、通讯员状况
目　录

东北地区 …………………………… 380
　大连 ………………………………… 380
　奉天 ………………………………… 380
　新民府 ……………………………… 383
　抚顺 ………………………………… 383
　本溪湖 ……………………………… 383
　哈尔滨 ……………………………… 384
　齐齐哈尔 …………………………… 386
　黑河 ………………………………… 387
　满洲里 ……………………………… 387
　吉林　附农安 ……………………… 387
　长春　附四平街 …………………… 388
　间岛 ………………………………… 389
　局子街 ……………………………… 389
　辽阳 ………………………………… 390
　牛庄 ………………………………… 390
　铁岭　附开原 ……………………… 391
　郑家屯 ……………………………… 391
　安东 ………………………………… 391
　热河 ………………………………… 391
　张家口 ……………………………… 392

华北、西北等地区 ………………… 392
　天津 ………………………………… 392

　青岛 ………………………………… 395
　芝罘 ………………………………… 395

华东、华中等地区 ………………… 396
　上海 ………………………………… 396
　芜湖　附安庆 ……………………… 404
　苏州　附无锡、常州 ……………… 405
　杭州　附绍兴、诸暨、平湖、海宁、宁波、
　　　　温州 ………………………… 406
　九江　附南昌、赣州 ……………… 408
　汉口　附开封、西安 ……………… 409
　长沙 ………………………………… 412
　沙市 ………………………………… 413
　宜昌 ………………………………… 413

华南等地区 ………………………… 413
　福州 ………………………………… 413
　厦门 ………………………………… 415
　广东 ………………………………… 415
　汕头 ………………………………… 422
　云南 ………………………………… 422
　香港 ………………………………… 423

东 北 地 区

大连(1923年1月30日报告)

报纸名称	主义	系统	持有人	主笔	创立时间	发行量	备考
辽东新报(日文)	不定	无政党关系	有限股份公司辽东新报社	难波胜治	1905年10月①	38 076份	
满洲日日新闻(日文)	不定	政友系	有限股份公司满洲日日新闻社	马场力	1907年11月	27 122份	
大连新闻(日文)	不定	无政党关系	有限股份公司大连新闻社	宝性确成	1920年3月	15 535份	
泰东日报(中文)	不定	无政党关系	金子平吉	平山武靖	1908年10月②	2 152份	
Manchuria Daily News(英文)	不定	无政党关系	滨村善吉	滨村善吉	1912年8月	906份	
满洲商业新报(日文)	不定	无政党关系	有限股份公司大连经济日报社	无	1917年12月	4 000份	
关东新闻(日文)	不定	政友系	水野吉太郎	下元幸治	1920年5月	3 730份	
日本电报(日文)	不定	无政党关系	日报电报通信社	无	1920年8月	156份	
日满通信(日文)	不定	无政党关系	津上善七	无	1921年4月	301份	
满洲报(中文)	不定	无政党关系	西片朝三	森井国雄	1922年7月	7 645份	
周刊极东(日文)	不定	无政党关系	森山守次	无	1922年12月	5 000份	

奉天(1923年1月22日报告)

报纸名称	发行地	主义	持有人	主笔	备考
奉天公报(中文)	奉天	官报	奉天省长公署政务厅		省长公署的公布机关,日刊,发行量一千三百份
东三省民报(中文)	同上	民治主义	洪维国、赵锄非	宋辽鹤	以东三省民治促进会为中心的张作霖的御用报纸。据说作为开办费获得了银三十五万元的补助。1922年10月20日发行第一号,笔力雄劲,发行量四千两百份,有时登载排日性报道
东报(中文)	同上		张悟凤		张作霖之子张学良身边原军事杂志社一帮人组织发行的报纸,尤其与当地政界各方面有联系。张继■时时以此发表政界情况。1922年10月20日发行第一号,发行量四千七百份,富有排日性气氛

---

① 一说为1905年11月。
② 一说为1908年11月。

(续表)

报纸名称	发行地	主　义	持有人	主　笔	备　考
东三省公报(中文)	同上	半官半民,主张扩张国权	王希哲	王希哲	继承前清时代的《东三省日报》,于1912年2月改为现名,个人经营,中国官方和总商会每年提供补助。发行量约五千份。体现官方之意,未登载排日报道
醒时报(中文)	同上	作为主义没有特别引人注目之处	张子岐	张维祺	1909年2月创刊,日刊,个人经营,资金不丰裕,发行量一千五百份。据说与回教徒多有联络
盛京时报(中文)	同上	日中亲善,"满蒙"开发	中岛真雄		1906年10月创刊①,日刊,资本金十二万圆,发行量一万三千份,是东三省有影响的中文报纸。因前主笔菊池贞二外游不在,评论栏失去很多光彩。有变更公司组织的计划
大陆日日新闻(日文)	同上	登载政治及其他一般时事,论调不稳健	高桥忠次郎	大宫钦次	当初称《奉天日日新闻》,1917年1月改为现名,日刊,发行量三千五百份
奉天新闻(日文)	同上	不偏不党,以"满蒙"开发为主义	佐藤善雄	佐藤善雄	1917年9月创刊,日刊,奉天总领事馆发布公告的机关,在奉天日文报纸中最有信誉。发行量约三千七百份。1922年度外务省补助六千圆
奉天每日新闻(日文)	同上	论调平稳	松宫干树	松宫干树	原为《中外通信》,1920年6月改名,日刊,发行量约四千五百份
东方通信支社(日文、中文)	同上	拥护日本政策,介绍日本情况,中国问题通讯	社长　宗方小太郎	奉天支店长佐藤善雄	1921年1月在奉天设立支社,2月1日开始每日发行两次,发行量日文约三百份,中文约五百份
满洲通信(日文)	同上	发布时事问题、政治、经济通讯	武内忠次郎	赤松纯平	1914年8月创刊,日刊,发行量一百六十份
共同通信②(日文)	同上		内山石松		1917年1月创刊,北京《共同通信》的支局,因经营困难,今年6月以后停刊
奉天电报通信(日文)	同上	无值得特笔之处	渡边义一	大宫钦次	1922年6月创刊,日刊,发行量约两百份
商业通信(日文)	同上	报道各股市行情等	山本近平	椎野铎太郎	1922年1月创刊,月刊,发行量约两百份
奉天商况日报(日文)	同上	登载股权交易及行情	内山石松	森山守次	1921年6月28日创刊,日刊,发行量六百份
兴信所内报(日文)	同上	介绍商工业者	津久居平吉	金森直次郎	1921年2月12日创刊,日刊,发行量一百三十八份
南满医学会杂志(日文)	同上	医学研究的发表机构	南满医学堂	南满医学堂教授　椎野铎太郎	1913年创刊,一年发行四次。会员一年预付三圆作为会费。另外,接受关东厅年额五百圆的补助而经营。发行量四百份

① 应为1906年9月1日创刊。
② 即共同通信社支社。

(续表)

报纸名称	发行地	主 义	持有人	主 笔	备 考
大亚(日文)	同上	目的在于探究宗教、教育、经济、地理等,谋求日中亲善	中野天心	中野天心	1919年1月创刊,每月发行一次,发行量五百份。由会员组织提供经费维持,每人会费年额十二圆,因会员少而经营困难
大陆民报(日文)	同上	以公正的时事评论为主义,欲成大陆青年之指南	由井滨权平	中野天心	1916年11月以《东亚公论》为名创刊,1921年改为现名,每月发行三次,发行量仅不足两百份。因经营困难,1922年2月停刊
新满洲(日文)	同上	以时事评论为主义,同时鼓吹艺术趣味	金谷真	中野天心	1918年7月创刊,每月发行一次,发行量两百左右,因经营困难,时时停刊
奉天商业会议所月报(日文)	同上	调查各种产业,提供资料,统计,报告当地一般商况	奉天商业会议所	河野仲之助	1907年7月创刊,当初称《奉天商业会议所报告》,1913年5月改称《奉天商业会议所月报》,1920年4月改为《满蒙经济时报》,1922年10月改名为《奉天商业会议所月报》,作为月刊发行,发行量约七百份
奉天商报(日文)	同上	一般食品的研究、商况报告	奉天食品组合	中山晴夫	1922年4月创刊,月刊,会员组织,不收会费而分发,发行量八百份
满洲野球周报(日文)	同上	普及棒球技术	石原博	森山守次	1922年10月创刊,月刊,创刊后因种种故障还未发行

报纸、杂志通讯员

名 称	总社所在地	支局所在地	通讯员姓名	备 考
大阪朝日新闻支局	大阪	奉天	特派员冈山源六	作为特派员,相当活跃,时时发出重要通讯
大阪每日新闻支局	同上	同上	同上名村寅雄	同上
满洲日日新闻支局	大连	同上	支局长久留宗一	作为专任支局长相当活跃,每天发出奉天通讯,时时有重要通讯
辽东新闻支局	同上	同上	同上菊地秋四郎	同上
京城日报支局	京城	同上	同上新田新太郎	同上
大连新闻支局	大连	同上	同上高桥勇人	同上
泰东日报分社	同上	同上	通讯员荻原明伦	以下通讯员在工作之余,编发通讯。通讯往往不值一看
大连经济日报奉天支局	同上	同上	同上皆川秀孝	
长野新闻奉天支局	长野	同上	同上中山晴夫	
哈尔滨日日新闻奉天支局	哈尔滨	同上	同上安达隆成	
北满日报支局	同上	同上	同上田原茂	
日华の实业满洲总支局	东京	同上	同上田原茂	
大陆社支局	大连	同上	同上吉田千垂	
大陆自由评论奉天支局	福冈	同上	同上末永寅太郎	

(续表)

名　称	总社所在地	支局所在地	通讯员姓名	备　考
大连周报社支局	大连	同上	同上同上	
国境通信社奉天支局	安东	同上	同上本永隆辉	
东亚电报通信社支局	京城	同上	同上本石忠一郎	
东方通信奉天支局	东京	同上	支局长佐藤善吉	奉天新闻社长,兼支局长,相当活跃
朝鲜日报社支局	京城	同上	同上申明球	
东亚日报社支局	同上	同上	同上闵凤根	
关东报奉天支局	大连	同上	通讯员戴紫云	
满洲割烹研钻会杂志社支局	同上	同上	同上本永隆辉	处于有名无实状态,无任何活动
杂志《笑》支社	营口	同上	同上下川喜久三	相当活跃

新民府(1923年1月10日报告)
当地没有日本、中国,以及其他国家的人经营的报纸。

抚顺(1923年1月22日报告)
报纸杂志

报纸名称	发行地	主　义	持有人	主笔	备　考
抚顺新报(日文)	抚顺	无特别之处	洼田利平	洼田利平	日刊,七百份
旭光(杂志)	抚顺	宣传金光教教义	松原龙太郎	照井浅治郎	月刊,一百份

通讯员

名　称	总社所在地	通讯员姓名	备　考
辽东新报支局	大连	土屋文藏	
满洲日日新闻支局	同上	洼田利平	
大连新闻支局	同上	高桥勇八	兼大连新闻奉天支局的通讯工作
奉天每日新闻支局	奉天	田村寿明	
奉天新闻支局	同上	高田忠良	
大陆日日新闻支局	同上	熊建三郎	

本溪湖(1923年1月22日报告)
报纸杂志

报纸名称	发行地	主　义	持有人	主　笔	备　考
实业通信(日文)	本溪湖	经济	冈定起	田中重策	1921年1月1日创刊,周刊,发行量一千份

通讯员

名　　称	总社所在地	通讯员姓名	备　　考
大陆日日新闻支局(日文)	奉天	西松广马	在主业以外从事通讯业务,故通讯不值得一看
奉天每日新闻支局	同上	伊藤唯熊	同上
奉天新闻支局	同上	中林林平	同上
满洲日日新闻支局	大连	野村一郎	同上
大连新闻支局	同上	百田宪	大连新闻记者,兼实业通信记者,相当活跃
笑(杂志)	营口	高取完一	在主业以外从事通讯业务,故通讯不值得一看

哈尔滨(1923年1月19日报告)

中文

报纸名称	主义系统	持有人	主　笔	备　　考
国际协报(中文)	社会开发	张复生	张复生	1918年8月创刊①,日刊,发行量四五百份,由东省铁路督办公所补助。排日内容已减少
东陲商报(中文)	同上	尹捷卿	王中甫	1918年4月创刊②,日刊,发行量三四百份
东三省商报(中文)	同上,以及有关实业报道	吴春雷	叶元宰	1921年12月创刊,日刊,发行量四五百份,由南洋兄弟烟草公司补助
滨江时报(中文)	社会开发	范聘卿	范聘卿	1921年4月创刊③,日刊,发行量四五百份,登载排日性报道
滨江午报(中文)	民智开发	赵郁卿	赵郁卿	1921年6月创刊,日刊,发行量夏季一千份,冬季四百份左右,白话报。定价低廉,因而主要受到下层社会欢迎
广告大观(中文)	商业奖励	周趾民	周趾民	1921年4月创刊,日刊,发行量二三百份
滨江商务公报(中文)	同上	高仙洲	周趾民	1922年11月1日创刊,日刊,发行量二三百份
东明报(中文)		宋文卿	李润青	1922年创刊,烟花巷方面内容居多,小报,发行量很少
福报(中文)	工艺教育所、福儿院的机关报	工艺教育所	孙斗山	1922年创刊,日刊,发行量两百左右的小报
大北日报(中文)	日中亲善,满蒙开发	中岛真雄	中国人王冷佛	奉天《盛京时报》的东北北部版,1922年10月1日创刊,日刊,发行量两千五百份,内容丰富

参考:《滨江晚报》《滨江醒民画报》《民报》《大同报》《士报》《农报》《哈长正俗日报》(均为中国人经营的中文报纸)在1922年间停刊。

---

① 一说该报1918年7月1日在吉林省长春市创刊,1919年10月迁到哈尔滨。
② 一说1917年5月24日创刊。
③ 一说1921年3月15日创刊。

通讯员

姓　名	国　籍	备　考
周趾民	中国	向北京、上海等中国各要地发送东北北部的通讯

其他通讯员省略。

俄文

名　称	主　义	持有人	主　笔	备　考
Свет(俄文)	帝政派,反过激主义	格里高利·萨特夫斯基·卢杰夫斯基	同前	1919年4月创刊,以谢苗诺夫将军提供的资金创立,现在由持有人以自己的费用经营。持有人现任中东铁路总事务局次长,在当地讨论会作为上述党派的骁将,其言论为人倾听。俄国东正教徒和哈尔滨非社会主义团体为其后援,可称是其机关报。完全是亲日主义
Русский голос(俄文)		艾斯·武维瓦斯特罗琴	同前	1920年7月创刊,日报,发行量约两千份。有中东铁路方面做后援(借用机械、房屋等),色彩为拥护立宪民主党,隶属旧鄂木斯克政府①官员的系统,霍尔瓦特派,亲日
Заря(俄文)	标榜中立	其报社	艾姆·莱姆毕齐·尤托夫杜威里	1920年创刊,日刊,晚报,号称发行量四千份。主笔为原俄国首都立宪民主党报纸 Речь② 的记者,属社会主义温和派,反过激主义。报道以煽动性内容居多,消息迅速,因而销路广,广告最多
Рупор(俄文)	社会民主	阿鲁伊莫夫	同前	1921年夏创刊,日刊晚报,发行量约两千份,社会主义。主笔曾在美国系统的 Дальневосточное время 任主笔,此报停刊后复归该报
Далекая окраина	社会革命	戴庞泰莱约夫	同前	1920年创刊。该报在海参崴发行日久,地位重要,是梅德集奇政府时代的机关报。特德李库斯将军白色政权时代,不堪压迫,在此地再刊,发行量约两千份。色彩为社会革命党系统,作为上述党派登载排日报道
Новости жизни③(俄文)	社会民主	"贝察琪"合伙公司	伊·艾弗·普罗库米由雷卢(真名克里奥林)记者(社员)切鲁尼夫斯基	1909年创刊,日报,发行量约三千份。越来越接近过激派,长春会议以后,与Dalta通讯相呼应,成为过激派的双翼。版面规整,报道比较准确,资金方面有犹太系做后盾,是最有影响的报纸。通常登载排日报道,向中国方面献媚,拥护"赤塔"政府④,在当地以机关报自任
Трибуна(俄文)	共产主义	阿·茹秋林	阿·茹秋林、斯莱诺夫	1922年7月《俄罗斯》停刊后改名发行的日刊报纸。中东铁路沿线铁路事业委员会的机关报,亦代表职业同盟会的利益。完全排日
Коммерческий телеграф(俄文)		维·亚·琪利金	同前	1921年1月创刊,周报,每周一发行。与奥斯特洛乌莫夫长官有私交,登载中东铁路调查资料,反过激派系统

---

① 即"Временное Всероссийское правительство",1918年11月3日建立于鄂木斯克。
② 原文为"レーチ",试还原成俄语,疑似"Речь"。
③ 亦译《新生活报》,1917年报告译为《新生涯》,1920年译为《时事新报》。
④ 即1920年4月6日成立的"远东共和国"。

英文

名　　称	主　义	持有人	主　笔	备　考
Russian Daily News		亨利·维希	同前	1918年创刊,日刊,发行量约三百份,登载电讯、俄国报纸评论、有关欧美人来往的报道,处于财政困难状态

日文

名　　称	主　义	持有人	主　笔	备　考
哈尔滨日日新闻（日文）		有限股份公司社长　儿玉右二	副社长　矶部检三 主笔　阿部信一	1922年1月创刊①,日刊
哈尔滨内外通信（日文）		大河原厚仁	同前	1922年8月创刊,日刊,晚刊,主要目的在于介绍东北北部及俄国国内的经济状况
露亚时报（日文）		哈尔滨商品陈列馆	森御荫	1919年1月创刊,月刊杂志
哈尔滨日本商业会议所②（日文）		哈尔滨日本商业会议所	中村义秋	1922年1月创刊,月刊杂志

通讯员

阿·伊·莫金	Rosta通讯员
折桥庆治	东方通信社支局长
下野哲四郎	亚普达③通讯社（总社）（将日文电讯翻译成俄文后分发）
近藤义晴	大阪每日新闻社及东京日日新闻社
大河原厚仁	《辽东新报》《时事新报》
■木宽三郎	大阪朝日新闻社及东京朝日新闻社
小此木良三	《长春实业新闻》
大塚良三	《满洲日日新闻》
周趾民（中国人）	将地方消息发往北京、上海等中国重要各地

齐齐哈尔（1923年1月15日报告）

名　　称	主　义	持有人	主　笔	备　考
黑龙江公报（中文）	省官报	黑龙江省长公署	政务厅总务科长　谢德相	1914年创刊,日刊,登载法令、公文、告示等的官报,发行量约八百份
黑龙江报（中文）	扩张国权	魏毓兰（号馨钥）	同前	1916年1月创刊,日刊,每月接受广信公司小洋六十元补助,发行量约两千份
通俗教育报（中文）	启发民智,教育普及	黑龙江教育会	薛殿冀	1914年12月创刊,日刊,该省教育会机关报,每月接受广信公司小洋一百元补助,发行量约八百份

---

① 一说为1922年11月创刊。
② 原文如此,应为《哈尔滨日本商业会议所报》。
③ 原文为"ヤプタ",此处为音译。

齐齐哈尔的通讯员

通讯员姓名	通讯报名	在齐齐哈尔的销售份数	备 考
高祥(号云升)	盛京时报	150 份	1916 年 4 月开设
同上	上海新申报	50 份	1918 年 6 月开设
安瑞亨	东三省公报	110 份	1920 年 8 月 13 日开设
崔品乡	上海申报	200 份	1917 年 12 月 10 日开设
韩绰如	泰东日报	55 份	1917 年 7 月开设
高祥	大北新报	25 份	1922 年 8 月 14 日开设

黑河(1923 年 1 月 15 日报告)

名 称	主 义	持有人	主 笔	备 考
黑河日报(中文)	开发民智	黑河日报社	陈凤岐	1920 年 9 月创刊,发行量六百份

黑河的通讯员

通讯员姓名	通讯报名	在黑河的销售份数	备 考
张捷三	盛京时报	80 份	1912 年 3 月开设
刘乃轩	顺天时报	40 份	1918 年 3 月开设
丁孝廷	东三省公报	20 份	1919 年 3 月开设
赵荣先	天津益世报	50 份	1918 年 3 月开设
赵信玉	新闻报	200 份	1922 年 2 月开设
丁孝廷	申报	100 份	1922 年 3 月开设
张希齐	泰东日报	20 份	1922 年 3 月开设

满洲里(1923 年 1 月 8 日报告)

名 称	主 义	持有人	主 笔	备 考
Наш путь(俄文)	共产	公司	伊万米哈利松	1922 年 2 月创刊,发行量二百五十份,日刊。声称是无政党关系的民主报纸,曾经是赤塔政府以及该政府垮台后俄国在满洲里的代表性机关报。作为拥护苏维埃俄国政府的主张、反对白党的宣传机关,其发行费用由前记代表提供

吉林 附农安(1923 年 1 月 22 日报告)

名 称	地 址	经营者	主笔	发行量	发行期号	发行日	备 考
吉林时报(日文)	省城商埠地	儿玉多一	同前	450 份	568	周刊,每周三	每月外务省补助五十圆
吉林公报(中文)	吉林城门	省公署	范禹辰	700 份	2179	日刊	省公署官报(杂志形状)
新共和报(中文)	同上	江大峰	高伯尹	160 份	1812	日刊	无补助金

(续表)

名　称	地　址	经营者	主笔	发行量	发行期号	发行日	备　考
通俗报（中文）	同上	教育厅	初兆声	900 份	663	每周一、三、五	每月补助两百元，主要为教育机关报
吉长日报（中文）	同上	顾植	魏邵卿	1900 份	3932	日刊	无直接补助金，但带有省公署机关报性质
东省日报（中文）	省城商埠地	泉廉治	沙烽午	1000 份	115	日刊	无补助金

农安
通讯员

报纸名	通讯员姓名	所在地
盛京时报、大北新报、吉长日报	刘杰忠	农安
关东报	郑亚山、鲁应祐	同上
东三省民报、奉天东报	王尊三	同上
大东日报	王慎思	同上
东三省公报	杨景峰	同上
国际协报	刘朝栋	同上
民国日报	张乐山	同上
盛京时报	周贤赢	长岭

长春　附四平街（1923 年 1 月 23 日报告）

名　称	主　义	持有人	主　笔	备　考
大东日报（中文）		吴耀	韩筱严	日刊，1915 年 8 月创刊，资本现大洋两千元，报道比较准确，发行量约六百五十份
醒民报（中文）		刘革清	侯文英	日刊，1918 年 4 月创刊，内容贫弱，发行量约八十份。基础薄弱，似乎令人感到维持困难
正俗日报（中文）		贾甫知	同前	日刊，1919 年 10 月创刊，资本现大洋三千元，有吉林官银号、实业家作后援，发行量约三百份
通俗日报（中文）		陈澈	同前	日刊，1921 年 9 月创刊，资本现大洋八百元。为了在中流社会以下赢得读者，以白话报道，内容低级，发行量约四百份
道德日报（中文）		陈政玉	同前	日刊，1922 年创刊，道德会机关报，接受该会补助，发行量约三百份左右，内容还未充实
北满日报（日文）		箱田琢磨	泉廉治	日刊，1909 年 1 月创刊，长春日本领事馆的公布机关，发行量约一千八百份
长春实业新闻（日文）		十河荣忠	老木近信	日刊，1920 年 12 月创刊，重点在于经济报道，发行量约两千三百份
长春商业时报（日文）		伊月利平	同前	日刊，1915 年 1 月创刊，油印小型报纸，近来停刊，发行量约五千份
北满商势调查辑录（日文）		杉浦义一	稻垣兵治	月刊杂志，1921 年 4 月 20 日初刊发行，不能每月定期刊行，1922 年 12 月发行第五号，发行量约一千份

通讯员

所属报社	总社所在地	通讯员姓名	备考
辽东新报社	大连	柏原孝久	兼大阪每日新闻社通讯员、长春实业新闻社监事
大连经济日报社	同上	得丸助太郎	兼《长春实业新闻》记者、奉天新闻社通讯员
大连新闻社	同上	高桥胜藏	兼长春《北满日报》记者、京城日报社、东京时事新闻社通讯员
极东周报社	同上	木村茂	兼大连满洲公论社通讯员
大陆社	同上	江阪正切	
满洲新报社	营口	杉浦义一	《北满商势调查辑录》发行人,兼满洲通信社(奉天)通讯员
北满通信社	哈尔滨	竹内藤一	
哈尔滨日日新闻社	同上	藤田■藏	兼满洲日日新闻社(大连)的探访
京城日日新闻社	京城	池田盘根	以卖药为主业
朝鲜日报社	同上	崔洛九	
满鲜演艺通报社	同上	上原浅吉	
大阪朝日新闻社	大阪	稻垣兵治	以调查为主业,除了该社通讯员外,还兼任朝鲜新闻社(京城)通讯员
东方通信社	东京	金光太目治	

四平街

名 称	主 义	持有人	主 笔	备 考
四洮新闻(日文)		泉水幸太郎、樱井教辅	渡边知功	日刊,1920年10月创刊,内容贫弱,发行量约六百五十份

间岛(1923年1月19日报告)

名 称	主 义	持有人	主 笔	备 考
间岛新报(日文)(朝鲜文)	开发当地,宣传文化	代表 安东贞元	矢萩富橘	本报为我帝国官方的机关报。1921年7月创刊,创办费外务省提供五千圆,朝鲜总督府提供五千圆,另外年额七千圆的补助金由外务省和朝鲜总督府平均分担。日文报纸为大型,朝鲜文报纸为小型,日刊。发行量日文约一千五百份,朝鲜文约八百份。创办时间短,经营极其困难

局子街(1923年1月24日报告)

名 称	主 义	持有人	主 笔	备 考
延边时报(中文)	维护国权	似由程永年、刘彭禄等共同经营	程永年	本报为与我方《间岛新报》对抗的中方机关报,曾经停刊过,后称《延边实报》再度兴办,1922年8月27日发行。经营费用有些似乎来自中国官方,定价过高,并且报道也因不具备通讯机关而欠新意。另外,当地文化水平低,购阅者甚少,因而经营似有困难,往往临时停刊。日刊,发行量四百份,印刷委托文具兼杂货商新文书社

报刊通讯员

报社名称	总社所在地	通讯员姓名
间岛新报（日文、朝鲜文）	龙井村	孙定龙（朝鲜人）
东亚日报（朝鲜文）	京城	张英淑（同上）
朝鲜新闻（日文、朝鲜文）	同上	同上
东三省公报（中文）	奉天	张郁文（中国人）
泰东新闻（中文）	哈尔滨	孙济民（同上）
吉长日报（中文）	吉林	刘玉山（同上）
盛京时报（中文）	奉天	陈少洋（同上）

辽阳（1923年1月6日报告）

名 称	主 义	持有人	主 笔	备 考
辽鞍每日新闻①（日文）	旨在报道政治、经济及其他社会一般状况，以稳健的指导、宣传为理想	渡边德重（山梨县人）	渡边德重	辽阳日本领事馆、辽阳警务署、满铁地方事务所、辽阳居留民会等发布公告用报纸，发行量约一千份

牛庄（1923年1月12日报告）

名 称	主 义	持有人	主 笔	创立时间	发行量	地 址	其他参考事项
满洲新报（日文）	开发"满蒙"及发扬日本固有的国民性	冈部次郎	小川义和	1907年12月创立，1908年2月11日发行	三千四百零八份（日刊）	营口新市街南本街	该报具有极为稳健的主张，专心致力于开发"满蒙"，振兴实业，不鼓吹危险思想
营商日报（中文）	振兴、发展商业	潘达球（营口总商会长）	高景房（山东省黄县人）	1907年10月1日	一千三百份（日刊）	营口旧市街西大街	营口总商会的机关报，资本金奉票两千五百元，营口总商会创办。以购报费和广告费维持经营，在对日关系上无特别之处
营口经济日报（日文）	介绍一般经济情况	落合丑彦	平山梅藏	1922年3月创办，1922年5月13日发行	四百五十份	营口旧市街永世街	主要报道当地我国人经营的证券信托有限股份公司交易所、信托有限股份公司交易所等的交易状况，其他报道内容薄弱。据称资本金两万五千圆，仍无印刷厂

---

① 旧名为《辽阳每日新闻》《辽阳新报》。

铁岭 附开原(1923年1月13日报告)

名　称	主　义	持有人	主　笔	备　考
铁岭时报(日文)	以时事报道为主,谋求通商发展	西尾信	本田兼三	1911年8月1日创刊,日刊,为登载驻铁岭领事馆及居留民会公告的报纸,发行量五百份
铁岭每日新闻(日文及中文)	以时事报道为主	罗率真	城了	1917年11月发刊,日刊,发行量五百份

开原

名　称	主　义	持有人	主　笔	备　考
开原新报(日文)	时事报道为主,谋求促进通商	迫田采之助	川上净介	1919年2月11日创刊,发行量五百五十余份。1922年7月迫田采之助从前持有人山根谦一手中盘下。本新报原为中文、日文,近来改为日文
开原实业时报(日文)	报道经济状况,促进地方商工业发展	篠田仙十郎	田下改正	1922年12月5日获得发行许可,1923年1月1日发行第一号后停刊

郑家屯(1923年1月11日报告)

名　称	主　义	持有人	主　笔	备　考
蒙古通信(日文)	旨在介绍蒙古情况	真继义太郎	同前	停刊中

安东(1923年1月8日报告)

报纸名称	主　义	持有人	主　笔	备　考
安东新报(日文)	地方的机关报,以经济报道为主	川俣笃	近藤良吉	1906年10月17日创立,发行量约一千八百份,日刊
满鲜时报(日文)	以经济报道为主	中村英	同前	1922年7月4日创立,发行量约千份,周刊(在安东当地发行,《国境通信》之后身)
南满洲ダイヤモンド(日文)	以经济报道为主	小仓松太郎	同前	1920年2月10日创立,发行量约六百份(目前正停刊)
满鲜纵横评论(日文)	以政治及社会报道为主	上田务	同前	1921年2月14日创立,发行量约八百份(目前正停刊)

热河(1923年1月14日报告)

报纸名称	主　义	持有人	主　笔	备　考
新闻简报(中文)	无固定主义	谢景义	同前	热河道尹公署员的副业,收集官员更迭及诉讼事件,发行日不定,向官署分发,定价不一定,逢年过节捐助五元乃至十元

张家口(1923年1月8日报告)

名 称	主 义	持有人	主 笔	备 考
长城日报(中文)		吴雨田	牛振文	1922年12月创刊,察哈尔都统署官员秘密合资经营,该都统署机关报。日刊,小型,四页,有逐步扩大计划。资本金四千元,察哈尔都统署每月提供四百元补助

华北、西北等地区

天津(1923年1月29日报告)

名 称	主 义	持有人	主 笔	备 考
直隶公报(中文)	直隶省公署的公布机关	直隶省		1896年创刊①,由官报②改称而来,发行量约二千份
天津日日新闻③(中文)	日中亲善	方若	郭心培④	1901年创刊⑤,日刊,发行量约九百份,《国闻报》之后身。皖直之争时,直系打压极甚,但未屈服。无大影响,近来销路稍有扩大倾向。以亲日主张贯彻始终
大公报(中文)	无固定主义	合资组织	翁湛之	1902年创刊。初为倪嗣冲的机关报,王郅隆掌握实权,1920年随着安福系的没落而一时停刊,接着立刻更迭干部而复刊至今。资金依然由王提供,但其地盘已不如昔日。目前对我方持不即不离的态度。日刊,发行量约一千五百份
时闻报(中文)	亲日	李大义	刘静远	1904年创刊,报道稳健,具有相当价值,影响不大,日刊,发行量约九百份
益世报(中文)(晚报)(白话)	亲美	刘俊卿	樊子镕	1915年创刊,与天主教有关。至1921年中期,是天津排日报纸的急先锋,但近来报道明显稳健。持有人刘俊卿是曹锟派,不登载有害于直系的报道,表面上伪装中立。有轮转机一台,其影响在华北居首,日刊,发行量约八千份。晚报自1922年末开始发行,仍未有影响
京津泰晤士报(中文)	民主主义	熊少豪	胡稼秋	1917年创刊,日刊,发行量一千份。起初称 Peking & Tientsin Times 的中文部,自1921年前后与其断绝关系,现在并不拥护英国。熊是英籍香港人。至最近为止,该报与《益世报》同称为最激烈的排日报纸,但近来此倾向渐渐转弱。似乎有黎元洪作后盾,亦对孙文派示好

---

① 应为1902年12月25日创刊。
② 即《北洋官报》。
③ 又名《日日新闻》。
④ 1920年报告为"郭心田"。
⑤ 1900年冬以该名出版。

(续表)

名　称	主　义	持有人	主　笔	备　考
河北日报(中文)	拥护直系	边守靖	杨振波	1919年创刊,日刊,发行量约一千五百份。在直系的排日时期,激烈攻击日本,但现已不然。报道、影响均无大价值
大中华商报(中文)	杨以德的机关报	萧润波	董郁有	1920年创刊,日刊,发行量约五百份,《戆言报》之后身,据闻为杨以德出资,排日性报道多
新民意报(中文)	社会性新文化主义	刘铁庵	马千里	1920年创刊,日刊,发行量约一千份。初为吴佩孚的机关报,目前一味宣传社会性新文化主义,以旧各界联合会的领袖为同人,致力于攻击官僚、军阀、旧道德。近来有步《北京晨报》后尘之倾向
启明报(中文)	无固定主义	尹小隐	同前	1920年创刊,起初称《启明日报》。创刊当时盲目鼓吹排日主义,版面稍振,发行量约一千份,但1922年前后开始资金短缺,价值大跌,现在勉强维持
华北新闻(中文)	中立	周拂尘	何懒云	1921年创刊,日刊,发行量约一千份。起初为上海《新申报》记者孙东吴经营,由交通系及奉系提供帮助,1922年夏奉系失败后资金断绝,转为周经营。目前纸张、印刷均不佳,报道、评论与《益世报》相比,有好有差
北方时报(中文)	无固定主义	谢介石	解仁甫	1922年创刊,日刊,发行量约一千份,张勋派出资,对日本有好感,仍几乎无影响
天津晚报(中文)	无固定主义	蓝军恒	毛壮侯	1922年创刊,日刊,发行量约五百份,几乎无影响
实闻报(中文)	无固定主义	李静泉	尹益三	1918年创刊,日刊,发行量三百份
经世日报(中文)	无固定主义	金仲荪	朱考亭	1922年创刊,日刊,发行量约四百份
济时报(中文)	无固定主义	王醉生	刘兰台	1922年创刊,日刊,发行量约五百份,据闻徐世昌提供补助
旭日报(中文)	娱乐报纸	周琴舫	朱子久	1912年创刊,日刊,发行量约三百份,以烟花巷内容为主
民报(中文)	不明	姚静轩	同前	1922年创刊,日刊,发行量约四百份
京话宏言报(中文)	无固定主义	王逸■	傅仲民	1922年创刊,日刊,发行量约三百份,陈光远出资
晨 白话午报(中文) 晚	无固定主义	刘敬臣	张笔侠	1916年①创刊,日刊,分早、中、晚三次发行,发行量约两千份,在天津少年、平民阶层中被广泛阅读,总体看来排日性报道居多
天津画报逍遥报	娱乐报纸	刘敬臣	张笔侠	主要供娱乐目的,无其他意义
天津日报(日文)	拥护日本	西村博	西村博	由《北清时报》和《北支那每日新闻》合并改名而来。1910年创刊,发行量一千份,报道不太有活力

① 1922年报告为"1912年"。——审译

(续表)

名称	主义	持有人	主笔	备考
京津日日新闻（日文）	拥护日本	森川照太	同前	1918年创刊，发行量约一千份，早晚两次发行
天津经济新报（日文）	报道经济情况	小宫山繁	同前	1920年创刊，周刊，发行量约三百份。另外，每日发行号外，报道重大事件
津津（日文）	无固定主义	武田守信	同前	1919年创刊，月刊杂志。主要发表当地日侨的言论、文艺作品，曾一时停刊，1922年9月复刊，发行量约九百份
Peking & Tientsin Times 京津泰晤士报（英文）	维护英国利益	Tientsin Press Co., Ltd.	H.G.W. Woodhead	1894年创刊，周刊，1904年改为日刊①。英国人的机关报，鼓吹排日主义，发行量约一千份，报道、评论具有相当权威
China Illustrated Review	维护英国利益	Tientsin Press Co., Ltd.	H.G.W. Woodhead	每周日发行，周刊杂志
North China Daily Mail（英文）	亲日	T. G. Fisher	Cowen	1914年创刊，晚报，发行量五百份。对日本有好感，但无大影响力
North China Sunday Times（英文）		同上	同上	每周日发行，发行量三百份
North China Star（英文）	美国宣传机关	英、美、法、中国人的合资组织，美国人掌握实权	C. J. Fox	1918年创刊，日刊，发行量三千份。具有排日性。价格低廉，故在天津英文报纸中读者最多
North China Commerce（英文）	商业报道	Rassmussen	Rassmussen	1919年创刊，月刊杂志。发行量约二百份
China Advertiser（英文）	日本宣传机关	松村利男	同前	1919年创刊，日刊，发行量二千份，大部分免费捐赠。天津日本人经营的唯一的英文报纸。当初由我驻屯军补助②，目前由我方补助
The China Sun（英、中文）	普及英语	M. Y. Loo	孙哲民	1919年创刊，日刊，英文内容附上中文翻译发行，几乎无影响力
Русское слово	反激进主义	Skoloky	同前	1920年创刊，天津唯一的俄文报纸，无大影响
北方通信（中文）	亲日	郑育才	刘晋岑	1920年创刊，接受我驻屯军补助，1922年末势必停止发行
华北通信（中文）	中立	周拂尘		1921年创刊，新闻翻译社的后身，1922年秋开始在北京设支局，向天津各报提供北京专电。天津各报的省内报道用此通讯居多。每日约发行四次，每次四十份左右。
东方通信（日、英、中文）		天津支社	社长 藤泽豹二	每日发行两三次，约五十份，近来得到中文报纸重用
Reuter's Agener		路透社	P. D. Evans	处理路透社电讯

---

① 1902年改为日刊。
② 指驻扎在天津的日军。

青岛(1923 年 2 月 15 日报告)

名　称	社长及主任	主　编	备　考
济南日报青岛版(中文)	支局长　中岛勇一	张海鳌	《济南日报》总社在济南,1921 年 6 月 22 日发行青岛版,日刊,发行量约一千四百份。在山东、东北、天津、北京等各地有售
青岛新报(日文)	楠正秋	关野直次	1915 年 1 月 15 日创刊,日刊,发行量六千五百份,以青岛为主,亦销往中国其他各地。原守备军机关报,随着行政移交,其关系断绝
大青岛报(中文)	楠正秋	鄚洗元	1915 年 6 月 15 日创刊,日刊,发行量约一千份,与《青岛新报》一样,与原守备军有关系
青岛商况日报(日文)	楠正秋	神野良隆	1920 年 9 月 24 日创刊,日刊,发行量约五百份,以青岛为主,在日本及中国各地有销路。以交易所为主的经济状况报道机关
山东经济时报(日文)	榎米吉	榎米吉	1918 年 7 月 15 日创刊,每月发行两次的杂志,发行量约一千份,以青岛为主,在日本及中国各地有销路。内容以经济状况为主,并且翻译登载欧美人等对于日中问题的看法。在社论等中,总是攻击原青岛守备军的施政情况
青岛日日新闻(日文)	小川雄藏	山田春三	1922 年 11 月 30 日创刊,日刊,发行量声称约三千份,销路是以青岛为中心的中国各地
青岛实业日报(日文)	渡边文治	藤宗静也	1919 年 10 月 15 日创刊,日刊,发行量约一千四百份。在青岛、日本、中国有销路。以经济报道为主,亦报道时事问题
いなづま(日文)	荒木■郎	杉野峰三	1921 年 5 月 1 日创刊,每月发行两次,始称《山东之妇人》,1922 年 8 月改为现名,发行量约一千份
Tsingtao Leader[青岛导报](英文)	星野米藏	木下乙市	1922 年 6 月创刊,每周发行两次,发行量约八百份,登载经济、政治、教育及社会内容。发送给青岛、中国及欧美各地商业会议所
中国青岛报	伊筱农	胡宪民	1920 年创刊,日刊,发行量三百份。据闻为刘子山的机关报
日本电报通信	支局主任　中岛喜一	中岛喜一	1922 年 12 月 12 日开设支局,现在发行五十五份,内容除了时事问题以外,亦登载经济状况

备考:督办公署官报《胶澳公报》《胶澳日报》1923 年发行,其他守备军统治时期允许发行而仍未发行者有《青岛自治日报》《新青岛报》《晨旦画报》等。

芝罘(1923 年 1 月 6 日报告)

名　称	主　义	持有人	主　笔	备　考
芝罘日报(中文)	启发民智	张心初、王宗儒	张心初	1907 年我国人桑名贞治郎创刊,当地最老的报纸。排日运动爆发以来,因销售锐减,经营困难,今年 5 月转给王、张两人,仍继承过去的主义、方针,对日本有好感。日刊,发行量约三百五十份
钟声报(中文)	扩大民权,普及教育	丁训初	晨刊　李英才 晚刊　林竹冈	1913 年创刊,1920 年起作为晚报《明星报》发行。青岛问题发生以来,迎合部分人心,总是舞弄文笔,激烈鼓吹排日,但现已大大缓和。日刊,发行量晨报约八百份,晚约五百份
芝罘商报(中文)	拥护商民	李循芳	王端友	1915 年创刊,评论稳健,日刊,发行量约四百份

(续表)

名　称	主　义	持有人	主　笔	备　考
胶东新报(中文)	扩大民权	郑千里	同前	1917年创刊。最近因财政困难，与 Chefoo Daily News 合并，目前停刊，决定明年开春复刊。日刊，发行量仅过百
爱国报(中文)	开发民智	褚宗周	牟又尼	1919年创刊，排日色彩仍浓，日刊，发行量约七百份
大民报(中文)	鼓吹自治，提倡实业	张宗濂	李伯泉	今年6月创刊，稍具排日倾向，日刊，发行量约一百五十份
新报(中文)	发扬民治，社会教育	娄子周	同前	今年7月创刊，对日态度比较良好，作为附录发行《小新报》。日刊，发行量约三百份
通俗白话报(中文)	迎合人心	孟蔼言	同前	今年9月创刊，石板印刷，口语小报，受下层社会欢迎。日刊，发行量约四百份
Chefoo Daily News (英文)	美国系	W. M. Coruwell	(英文)Coruwell (中文)载辉廷	1917年创刊，山东省唯一的日刊英文报纸。当初为英国人的事业，1917年起美国人 Coruwel 独立经营。山东问题发生以来，时时登载排日评论，但近来颇为缓和。今年10月起作为附录发行《烟台英文日报(中文)》，但与《胶东新报》合并以来停刊。日刊，发行量约两百份

华东、华中等地区

上海(1923年3月27日报告)
上海中文报纸界状况(1922年度)
一、报界概况

上海的中文报纸在1922年末有十二种，即《申报》《新闻报》《时事新报》《神州日报》《时报》(以上报纸为前清时代创刊)，以及《民国日报》《中华新报》《新申报》《商报》《市场公报》《中国晚报》《中外大事汇报》(以上报纸为民国以后创刊)。其中《申报》《新闻报》两报历史悠久，根基扎实，报道内容丰富，处于一流地位。《市场公报》《中国晚报》及《中外大事汇报》三种，基础薄弱，内容不值得阅读。其余报纸大同小异，作为中文报纸很优秀。过去，《新申报》与《申报》、《商报》与《新闻报》对抗，在经营上处于竞争状态，《申报》《新闻报》两报因此发行量有所减少，时至本年度，《新申报》《商报》经济状况均不如意，加上人才缺乏，经营上出现挫折。

就最近各报经营方针而言，均避免通过表面上互相攻击而竞争，主要以充实内容、改善报面等来竞争。这种倾向十分显著，即或开设文艺栏、英文栏等，或聚焦于社会问题、劳动问题，鼓吹文化主义，或购置新式印刷设备，附录照相版发行，诸如此类。

二、对日态度的改善

华盛顿会议以来，日本的对华政策光明正大，因为逐渐被普通中国人感知，各中文报纸的对日论调亦大大改善，尤其是山东问题的解决，一扫数年来喧嚣至极的排日风潮。以具体事实而言，各中文报纸开始登载日本方面的广告便是一例。说到中文报纸排斥日本方面的广告，山东问题发生以来，当排日风潮普遍激烈之时，一向以排日亲美为主义，同时又以广告申请而盈利的《新闻报》操纵日报公会，拒绝各报协商，此后有不少经营出现困难的报纸希望撤销此决议，登载日本方面的广告，但总是因为受周围各种状况压迫，无实现的机会。但鄙人自去年春天以来，与东方通信社的波多齐心协力，极力游说、劝导平时与我方有直接、间接关系的各家报社，结果，随着时局变化，自1922年秋季开始，《神州日报》《中华新报》《新申报》《民国日报》等首先登载日本方面的广告，接着，《申报》等其他报纸仿效之，出现值得彼此欣慰的现象。唯一遗憾的是，现因经济界不景气，在中文报纸上刊登的日方广告显著减少，结果广告数量很少，远远未能恢复至排日风潮以前的状态。

与此相关，需要附带说一下的是本年度各报社的经营状况。两三年来作为风潮一时搅动上海经济界的交易所热，在本年度发生激烈的波动，数个基础薄弱的交易所相继倒闭，过去登满各交易所广告的中文报纸广告栏因此突然冷清,结果是各报社收入锐减,均陷入经营困难之中。不得不认为这或许是促使前述中文报纸登载日方广告的原因之一。

三、报纸的更名、停刊

本年度新设一家,关闭三家,发生重要变化者具体如下:

(1)《旭报》:1922年10月10日国庆纪念日发刊,但仅仅发行三周就停刊了。据闻该报由张作霖出资一万元创办,但福建动乱发生后,张作霖命令旭报社汇给王永泉银五千元,报社因此立刻无法经营而停刊。

(2)《四民报》:1921年末在华盛顿会议召开前创刊,以尊孔和中韩联合为主义。发起人之一林泽丰(孔教会中的富豪)自不待言,经理史允之等均无经营报纸的经验和能力,结果财务上混乱,1922年秋停刊。

(3)《国语日报》:1920年1月创刊,以国语统一注音、普及字母为主义。因为一般中国人日常阅读报纸时感到不需要注音字母,读者甚少,而且进入本年度后,交易所陆续倒闭,一向作为该报财源的日市、夜市交易所及大昌烟公司等的援助中断,以至于最终停刊。

(4)《商报》:1921年1月广东及宁波有影响的实业家等发起创刊,广东人汤节之任经理。今年发生女办事员在席上自杀的离奇事件,汤节之与此有关,审判的结果是被判刑三年(汤目前正在申诉)。商报社广东人的势力被宁波人驱逐,宁波人李徵五任总理,徐朗西任经理。因此变动,经营有些不景气。

四、日报公会现状

《申报》《时事新报》声明退出后,日报公会完全由《新闻报》掌控。《新闻报》经理汪汉溪让其部下吴树人负责一切日常事务。近来汪汉溪利用日报公会接近外国同业者,例如,过去诺思克利夫子爵①、威廉阿姆博士等来上海时,举行欢迎会,自己作为会长发表祝词演说,其他报社因此感到愤愤不平,将来会发生什么问题难以预料。

日报公会的维持费,每月由各报社随意交付,其金额为五元乃至四十元不等,但欢迎会等由报社主办时,费用由该社单独负担。

日报公会的日常工作是,将北京发来的大总统命令等电报当天油印分送给各报社。有办事员两人,送信者两人,一个月的经费约两百元。

名称	主义	持有人	主笔	备考
申报(中文)	中立派	史量才(号家修)	陈景韩	1872年4月创刊,作为中国最老的报纸基础坚固,有信誉。及至1912年归现任社长史家修经营,一时在德国领事馆注册,而1916年则以冈田有民的名义在日本总领事馆注册。其后排日风潮爆发,受到周围压迫,取消在我方登记,在法国领事馆注册。总是对我国持有好感,排日风潮激烈时,仍能持冷静态度,论调有极为稳健之处。尤其是对王正廷等所谓外交派有好感,因此,对山东问题悬案条约总是采取善意的态度。1922年间有接近直系的痕迹,直奉争斗之际,其倾向终于可窥,但此后在大总统选举问题上似乎对曹锟及天津派不满,或许在接近吴佩孚一派。社长史家修不仅是言论界重要人物,在实业界亦有相当影响。主笔陈景韩号"冷",兼《时报》总编,其次为律师杨荫杭(号老圃)。另外在北京有秦墨哂任通讯员
新闻报(中文)	实业派	汪龙标(号汉溪)	李伯虞(号浩然)	1893年创刊,股份制,美国系报纸,依据美国法律在巴尔的摩注册。股东中以理事长Forgasson为首,中国实业界中有力人士居多。在上海中文报纸中排日倾向最浓,来自北京等地中伤日本的电讯不少。至于报道内容丰富这一点上,并不逊色于《申报》,但其态度有几分不认真之嫌。以上海为中心,在苏州、杭州、南京方面亦拥有不少读者。社长汪汉溪执日报公会牛耳,其子汪伯奇任《新闻报》协理。主笔李浩然之外,还有副主笔许墨斋(号东雷)、严独鹤(号知我)两人,另外,在北京有特派员张继斋及其子张亚庸。该报基础牢固,经营状态优良,据称,一般广告不预先付款则不登载。日刊,十六页乃至二十页,发行量达二万五千份,在上海报纸中位居第一。使用优质轮转机,经营上总是处于与《申报》竞争的地位

---

① 即英国现代新闻事业奠基人、《每日邮报》创办人艾尔弗雷德·哈姆斯沃思。

(续表)

名　称	主　义	持有人	主　笔	备　考
时报（中文）	中立派	狄楚青	陈景韩（号冷）	1904年创刊。旧保皇党领袖康有为出资，现社长狄楚青（康之门生）自创办之初就主持经营，1907年以宗方小太郎之名义在日本总领事馆注册。然而，1919年间排日运动激烈之时，仿效《申报》之例取消在我方的注册，在法国总领事馆注册。报道稳健，党派色彩一向几乎看不到，但据闻近来正在接近奉系。有关外交问题，总是持冷静态度，但在山东问题悬案条约上对政府加以攻击，这或许是对直系不满的结果。时报社除了本报外，还经营书店有正书局。主笔陈景韩，号"冷"，兼任《申报》总编，监督有狄楚青之弟狄南士。在北京有通讯员徐彬。日刊，十四页乃至十六页，每周发行副刊《时事画报》。发行量约一万份
神州日报（中文）	中立派	余洵（号谷民）	吴瑞书（号麟）	1906年创刊。初期为《民立报》社长于右任经营，其后成为皖系机关报。一时带有革命党色彩，鼓吹排日，经营逐渐困难，1916年2月由北京政府收购。1921年①又归旧《大共和报》经营者钱芥尘经营，接着转至日本留学出身者、现任社长余洵经营，同时以神崎正助的名义在日本总领事馆注册。此后，因山东问题及其他问题引起激烈排日运动时，总是努力为日本的立场辩护。该报与国内党派无关系，自由评论，但直奉战争时对吴佩孚一派的横暴十分不满，转而对孙文派有好感。日刊，十二页，发行文艺副刊《晶报》。上海一带有读者，发行量约六千份
时事新报（中文）	研究会系	张烈	张东荪	研究系梁启超一派的机关报，登载白话评论，致力于宣传新思想，政治界、教育界读者居多。最初《舆论报》和《时事报》合并后称为《舆论时事报》，但1909年左右改称为现名②。与商务印书馆有关系。革命后归共和党及进步党陈敬第和孟森经营。1914年被德国人盘下，在该国领事馆注册。1916年春转为前社长黄群（进步党员）经营，接着与德国断绝关系，以波多博之名义在日本总领事馆注册。1916年秋起，完全成为梁启超一派的机关报。排日运动发生之际，受到周围迫害，取消在我方的登记，改在法国总领事馆注册。在内政方面，因个人原因，对吴佩孚一派有好感，对曹锟、黎元洪等流露不满之色。在北京《北京晨报》的孙几伊任通讯员，另外，与最近设立的中国通讯社有关联。日刊，十二页乃至十六页，发行量约六千份
民国日报（中文）	孙文派	邵仲辉（号力子）	叶楚伧	1916年1月创刊。完全是孙文一派的机关报，总是将孙文派当做正式政府宣传，以北京政府为非法政府，过去曾登载过激报道攻击北京政府，结果被交通部禁止邮寄报纸，1921年初才得以解禁。读者以上海学生界及西南读者居多。发行副刊《觉悟》，努力鼓吹新思想。在外交问题上，对北京政府持反对态度并加以攻击，有关华盛顿会议则否认北京政府派遣的全权代表，有关山东问题亦总是痛骂日本军阀，迎合学生的排日风潮。日刊，十二页乃至十四页，发行量约四千份
中华新报（中文）	政学会派	吴应图	张炽章（号季鸾）	1915年10月反对袁世凯帝政而创刊，由旧国民党议员、前农商总会长谷钟秀主持。一时声价高涨，但随着袁死南北统一，谷等干部奔赴北京政界之后，由旧国民党员吴敬恒等人主持，接着又转归谷钟秀等政学会派经营，李述膺、曾松乔等人被委以经营之任，而为该报创刊尽过力、担任营业部主任的欧阳振声成为名义上的社长，与汪复炎等人共同负责经营。现在吴应图担任经理，张耀曾、谷钟秀等七人为股东，负无限责任。该报作为政学会机关报，带有准民党色彩，曾经攻击北京政府为非法政府，与《民国日报》一样被交通部禁止邮寄，1921年前后获解禁。在外交问题上，评论慎重，主笔张季鸾（用一苇之号）从大局出发总是公平、堂堂正正发表意见，这在上海中文报纸中很罕见。对于日本国内的主要日文报纸自不待言，连有关外交的杂志等亦悉心关注，充分了解日本。最近接近孙文派与岑春煊一派，强硬反对曹锟一派的贿选总统事件。经理吴应图与张季鸾均为留日出身，精通日语。北京有通讯员陈匿名。日刊，十二页乃至十六页，发行量约六千份

---

① 应为1916年10月。此处记载的时间有误。

② 应为1911年5月18日。

(续表)

名称	主义	持有人	主笔	备考
新申报（中文）	中立派	冈田有民	席子佩	由上海总商会总理朱葆三等人与英国人共同出资创办，前《申报》经营者席子佩负责经营。欧洲大战爆发后，英方不准备将该报维持下去，1918年7月脱离关系。此后归席子佩单独经营，因财源匮乏，向日本人方面求援，未果。接着与法国人之间发生诉讼，向日、英、美领事馆申请注册，均被拒绝，于是成为葡萄牙的保护民（Grotage），在该国总领事馆注册。其后经前主笔钱芥尘之手，成为安福系机关报，1920年10月钱辞职，当时的副经理钟朴岑取而代之，断绝与安福系关系，成为新交通系陆宗舆一派的机关报，现在似乎与其没有关系。1922年7月间对报社进行整顿，同时取消在葡萄牙方面的注册，以冈田有民的名义在日本总领事馆注册，总编为孙叔子（号东吴），在北京有通讯员叶德争。该报仅次于《申报》《新闻报》，内容丰富。对日本有好感。日刊，十六页，发行量约一万两千份
商报（中文）	实业派	李微五	裘由辛（号辛）	1921年1月创刊，由广东人汤节之及宁波人虞洽卿等有实力的实业家出资经营。广东方面以广肇公所，宁波方面以上海证券物品交易所为后援，社内分为两派，彼此争斗颇多，广东方面居优势。汤节之在经理位置上进行运筹，充实内容，改善编辑与版面，想以此对抗《申报》《新闻报》等。1922年间偶遇女办事员在席上自杀这一罕见事件，汤与此相关而被问罪，社内部分人员产生动摇，例如自创立时就参与的美国犹太人E. G. Sokolsky退出。现在完全归宁波人经营，除了总经理李微五以外，还有经理徐朗西，在对社内进行改革的同时，由宁波人出资五万元整理债务，但营业状态仍未恢复，最近似乎接近张作霖，接受补助，对奉系、孙文派友好，对吴佩孚一派加以攻击。创刊以来总是登载排日内容，1921年末鄙人①上任以来，通过鄙人的旧交索考尔斯基与汤节之之间达成谅解，1922年春开始该报态度一变，对日本表示好意。日刊，十六页，发行量据称有一万份
市场日刊（中文）	广告用	陈海天	邓钝铁	1921年间创刊，贫弱的广告报纸，无政治色彩，发行量极少
中国晚报（中文）	无固定主义	沈卓吾	张冥飞	上海唯一的中文晚报，其内容不值得阅读
中外大事汇报（中文）	无主义			我国人荒牧某等与中国人共同经营，八页，日刊，内容极其贫乏
上海日报（日文）	拥护日本人	井手三郎	岛田数雄（号太堂）	日刊，十页，发行量约两千份
上海日日新闻（日文）	同上	宫地贯道	同前	日刊，十页，发行量约两千份
上海经济日报（日文）	上海证券交易所机关报	深町作次	同前	日刊，八页，发行量约一千份
上海（日文）	拥护日本人，介绍中国情况	西本省三（号白川）	同前	周刊，发行量约一千份
东方通信	拥护日本政策，介绍日本情况，发布中国问题通讯	社长 宗方小太郎	上海支社长 波多博	曾将总社设于上海，但1921年将总社迁至东京，在上海、北京、汉口、奉天、广东各地设分社。在上海，向日文、中文报纸，以及上海 Times、上海 Mercury、《字林西报》等英文报纸提供电讯。在汉口，向各中文报纸及一家日文报纸，在北京向十多家中文报纸、北京 Daily News、《华北正报》《新支那》及《天津日报》提供电讯。1919年排日运动时，上海的各中文报纸自不待言，像不满日本对华政策的《大陆报》《字林西报》也不登载该社的电讯，即使登载在中文报纸中，也因惧怕周围的指责，而不注明"东方通信"，而现在则公开注明，无须忌惮

---

① 此处为报告撰写者的自称。

(续表)

名　称	主　义	持有人	主　笔	备　考
日本电报通信（电讯）	以经济电讯为主	上海支社长 儿玉璋一	同前	总社在东京，1920年11月设立上海支社，以电讯形式，主要将日本内地的经济消息发布给以日本方面为主的公司，以及部分中国公司，此外亦以电讯发布一般消息。本来该社的目的不仅在于向我国实业家发布经济电讯，亦向中国人以及外侨提供。不过，由于经济不景气，需求者仅限于我国人和部分中国人。最近开始代理在中文报纸登载的日本方面的广告
大同通讯（电讯）	安福系机关	马凤池	同前	原为1918年秋安福系徐树铮等创立的中孚通讯社，1920年直隶、皖系两派争斗后，改称大同通讯社，设总社于上海，向《时报》《新申报》《民国日报》三社提供电讯。在北京设有支社。徐树铮、曾毓隽等的机关
联合通讯	吴景濂派	李时蕊	同前	1919年1月张敬尧出资创办，书面通讯后来与唐绍仪、伍廷芳等接上关系，但最近则似吴景濂派的机关。现在除了在上海有总社外，未设支社。上海的通讯仅限于一部分
世界通讯	不明			1921年创办，在上海翻译外国通讯发布，无支社，经费不足。据闻与华俄通讯（Delta）社有关系，真伪不明
国闻通讯（电讯、翻译通讯）	卢永祥派	胡霖	同前	1921年末创办，浙江军务督办卢永祥的机关。社长胡霖曾经担任天津《大公报》（安福派机关报）的主笔，直皖战争后任北京《新社会报》主笔，1921年来上海创办本社，日本留学出身，精通日语与日本情况，对日本有好感。通讯以电讯及翻译稿提供给各中文报纸，并且让《字林西报》记者陈汉明翻译成英文，提供给各英文报纸。总社在上海，北京有支社，各地设通讯员，经费充分，设备整齐，在上海各通讯社中最为优秀。该社除了通讯业外，与中国及各国报纸杂志之间有特约关系，代理广告
中国通讯（翻译）	研究系	周孝庵	同前	1922年创办，与研究系有关系。周孝庵曾经是《时事新报》记者。因经费不足，仅仅是向上海的部分中文报纸提供翻译稿
正义通讯	孙文派	梁晋朴	同前	1922年创办，属于孙文派，主要提供来自西南各地的通讯，经费少，无支社
公平通讯	赵恒惕等的机关	凌布超	同前	1922年创办，赵恒惕及刘湘等的机关，提供来自湖南方面的通讯，经费不足，无支社

上海外文报纸概况

上海的外文报纸中，作为日刊英文报纸有五种，晨报有 *North China Daily News*、*Shanghai Times*、*China Press*，晚报有 *Shanghai Mercury*、*Evening News*。另外，作为法文报有 *L'Echo de Chine*，作为俄文报有 *Новая Шанхайскае Жизнь* 等，而英文报纸以外的报纸读者范围有限，因此影响力亦不大。

North China Daily News，*Shanghai Times* 及 *Shanghai Mercury* 三者为英国系统报纸，*China Press* 属于美国系统报纸，*Evening News* 属于广东孙文系统。在外文报纸中 *North China Daily News* 最有影响力，而且在东方各地广泛拥有读者。其历史及内容也远胜于其他各种报纸，不仅仅刊登来自英、法、美及英属各地的书面通讯，提供有益材料，还能看到来自北京的电讯和通讯以及中国各地的通讯。并且，有关地方上的新闻，报道正确，时而综合译载中文报纸的论调，其社论为上海新闻界之中枢。当发生重大时事问题之际，中文报纸中大多翻译其社论的全部或摘要，看起来具有指导当地舆论的知见和信誉。其对日本的态度大致公平，该报一向认为日本有温和的和平论者，同时也有以侵略为能事的军阀主义者，对于后者则加以极端攻击。因此，对于日本对华政策的批评颇为严厉，并不留情。前些年发生排日运动时，该报亦发表排日性评论，但鉴于华盛顿会议我方的公正态度，以及我对华政策的改善，一改昔日的排日性评论，不如说是回避与日本有关的评论。另外，对于归还青岛等问题，虽然有时登载过对我方不利的通讯，但最近已不登载此种带有偏见的通讯。感到这应该是我方在解决威海卫问题上所采取的政策的结果。对于中国政府的政策，该报总是指责攻击，排斥南方孙文一派（最近其态度似稍有变化），拥护吴佩孚，反对以取消治外法权、废除厘金为条件而准许关税附加税，认为各国将北京政府作为中国的代表性政府对待是与事实不符合的。

China Press 在美国人和中国人中间拥有比较多的读者。该报以夸张的标题来吸引读者注意，特别是其排日通讯，不管真伪如何便登出来，有迎合人心之嫌。然而，排日性报道、电讯均是通讯员所发或投稿，由该报社记者执笔者几乎没有。直奉战争后，由于没有什么特别的排日材料，一般排日风潮熄灭，最近看不到任何排日内容了。该报

的社论多为引用他人之说,止于敷衍,并没有特别能称得上自己的主义与知见。该报的报道总体而言信誉不高。总之,该报的影响仅次于 North China Daily News,尤其在中国人中是具有不可小觑的影响力的外文报纸。

Shanghai Times 及 Shanghai Mercury 对日感情良好,两报相似点是都一直主张日英在东方的合作,但其发行量远少于上述两报,但这两家报社均拥有 Job-Publishing 作为副业,以此取得相当好的营业成绩。Shanghai Times 逐渐改良报面,从北京及东京订购书面通讯,还发行周日号,插入许多照相版,具有全年无休发行的特色。Shanghai Mercury 则作为晚报具有历史特色,因此在英国人和日本人中间拥有相当的读者,最近准备对内部加以改革、改善,计划改良纸面。

Evening News 在英文报纸中最为贫弱,1922 年 11 月由 Evening Star 与 Shanghai Gazette 两晚报合并改名而成,与此前两晚报相比,面貌稍有改变,在中国人及部分外国人之间拥有读者,但没有刊登过可特别引起注意的社论。该报与 China Press 在同处印刷,而且有共同记者,因此刊登同一报道的情况不少。该报与 China Press 均没有 Job-Publishing,又因读者不多,营业状况似乎不好。

至于俄、法文报纸,不如英文报纸那样拥有普通读者,不值得特别报告,但以往一直在本地发行的俄文报纸、杂志这三四年来陆续创刊,其中宣传激进主义的也不少,这与大量俄国人流入当地情况相对应,是一个值得注意的现象。

当地的外国报纸通讯员如下:

(1) London Times：North China Daily News 的 Green
(2) Morning Post：Shanghai Mercury①
(3) Manchester Guardian：上海英国商业会议所的 Gall
(4) Chicago Tribune：Weekly Review 主笔 Powell
(5) Manila Star：China Press 的 Jerry Doyle
(6) South China Morning Post：Lloyd Weekly 的主笔 G.T. Lloyd
(7) Baltimore Sun、San Francisco Chronicle：China Press 的 Jabin Sue 许建屏(中国人)
(8) Public Ledger、New York Evening Post：中国经济讨论处上海支部
(9) Saturday Evening Pos、Japan Advertiser：Sokolsky

名 称	主 义	持有人	主 笔	备 考
The North-China Daily News〔字林西报〕(英文)	拥护英国政策及该国人利益	董事 H. E. Morriss, G. Morris, H. G. Timms 经理 R. W. Davis	O. M. Green(英国人)	东方最老的报纸,1854 年 7 月创刊。股东有皮克伍德家族的亲戚即亨利·马立斯一家,乐迪·坎贝尔的遗属,以及其他主要侨居上海的英国人。英国总领事馆的公布机关,在上海俱乐部、工部局、China Association 等中有影响力。是英国人在中国的代表性报纸,经营状态良好,目前正在建新报社,日刊,发行量约五千份。一直反对日本的所谓军阀外交,但随着我对华政策的改善,论调亦在缓和。该社另外发行周刊 North China Herald
The Shanghai Mercury〔文汇报〕(英文)	拥护英国政策,对日本特别有好感	董事 H. P. King, T. Sahara, W. J. Davey 经理 W. J. Davey	W. A. Donaldson、G. M. Conway	仅次于《字林西报》的老报,晚报。日本、英国人股东占大多数。对日本的评论公正、稳健、同情,具有老报的态度与面貌,最近与时共进,计划改良版面。日刊,发行量约一千份。发行周刊 The Celestial Empire
The Shanghai Times〔泰晤士报〕(英文)	拥护英国政策,对日本特别具有好感	社长兼经理 E. A. Nottingham (英国人)	G. B. Sager	老社长 John O. Shea 死后,转为现任社长诺丁汉姆经营。1915 年 7 月进行活字改良,1917 年再购入整行排铸机,改善报面,逐渐改良。1921 年末开始发行有照相版的周日号,具有全年无休发行的特色。日刊,发行量约两千九百份,周日号三千五百份

---

① 原文缺少通讯员姓名。

(续表)

名　称	主　义	持有人	主　笔	备　考
The China Press[大陆报](英文)	拥护美国政策	Hugo Reiss（巴西人）、S. Fessenden（美国人）、Idarold, Dollas（美国人）、Chang Pao-Son, Chang Niehyun, C. L. Seitg	经理兼主笔 G. H. Webb	总社根据美国特拉华州法设立。自前主管汤姆斯·密勒时代起,总是极力反对日本,但随着此人离开该社,态度稍微改变,不像以往那样登载排日报道,但山东问题发生以来,频繁刊登排日报道。1922年,就归还山东、直奉战争等屡屡登载排日性通讯、投稿、漫画等。同年9月以后,缺乏排日材料,最近极为平静。该报大部分股票与上海Hotel公司的股票属于已故Edward Ezra所有。由于1921年此人死亡,1922年5月此人所持股份与Hotel股份一起转卖给香港Hotel公司。10月,该报股份被香港Hotel公司卖给美国人与中国人组成的当地一团体,其中的中国人(主要为国民党员)占六成五分,但实际上仍未付清全部股金,因此在美、中股东之间造成矛盾。本报中国读者颇多,在中国人中的影响不可小觑。日刊,发行量据称有五千份,实际也就四千份左右
The Evening News[大晚报](英文)	拥护民党,排日	民党所属中国人持有 经理 R. Llewellyn Jones	C. H. Lee C. J. Laval	该报作为China Press的晚报,由1921年末创刊的Evening Star(《星报》)与1918年5月创刊的Shanghai Gazette(《英文沪报》)两晚报于1922年11月合并后改名而成。Shanghai Gazette由前北京Gazette主管陈友仁(Eugen Chen)被勒令停止发行其报后,来当地创刊。与以往两报相比,纸面外观也稍微改变。为国民党机关报,经陈友仁之手较多发表孙文方面的意见。合并后时日尚浅,还未看到什么排日性报道。晚报,发行量应在五六百份
L'Echo de Chine[中法新汇报](法文)	拥护法国利益,有排日性倾向	法国天主教会 经理 A. Vandelet	A. Vandelet	上海法国官方及天主教的机关报。由于为法文,所以不像英文报纸那样拥有众多读者,但在有关中国情况研究与法国文学方面有特色。经营状态还不错。日刊,发行量约四百份
Ноьал Шанхайская Жизнь[上海生活日报](俄文)	宣传俄国激进思想	经理兼主笔 M. L. Goorman	同前	《上海生活》1919年6月由G. F. Semeskko发行,最初为周刊,后来变更为日刊报纸。从创刊当初起,就接受西伯利亚购买消费合作社补助,刊登社会主义性评论,逐渐接近激进派。1920年11月通过驻北京赤塔远东政府代表尤林,得到该政府资助以来,结果成为纯激进主义机关报。赤塔政府通过该报,致力于向居住在东方尤其是中国、日本的俄罗斯人宣传激进主义。赤塔政府与莫斯科政府合并以来,成为莫斯科政府的机关报。1922年10月改为现名,但内容上好像没有任何变化,论旨比较稳健。日刊,发行量一千五百份
Русское эхо(俄文)	反激进派	Shendrikoff	同前	反激进派报纸,同时持有排日主义,因资金匮乏,1922年9月前后停刊。停刊前发行量约六百份

(续表)

名　称	主　义	持有人	主　笔	备　考
Шанхайское новоевремяреие（俄文）	君主主义	S. Ts. Gidroitz	实际主笔为季德罗伊茨之妻 Mane Zvedich	反激进派，敬奉君主主义，晚报。该报无一定的购阅者，大半为免费赠阅，据闻得到信奉君主主义的法国人补助。1921年创刊，基础薄弱，发行量约四百份
The New Russia（英文）	宣传激进思想	名义人 H. Bourier	H. Bourier（法国籍）	1922年11月创刊的政治经济杂志，有组织地宣传激进主义，投稿人主要是居住于莫斯科的俄国人，对教师、学生、学校及图书馆购阅费打折。据闻，中国官方未将该杂志作为报纸注册，因此是作为第一种邮递物邮寄。周刊，发行量不明
Russian Economic Review［经济周刊］（俄文）	介绍俄国经济情况	P. Th. Rialikoff	（负责英文栏目）H. G. Mende	1922年11月创刊，以介绍俄国经济状况为目的，无政治色彩，似纯经济杂志。据闻现任主笔为陆军军官，曾任圣彼得堡陆军大学教官。每号有数页英文栏目，周刊，发行量不明
Deutsch China Nachrichten(German China News)（德、英、中文）		Richter & Co.，（进出口商）	G. W. Richter	1922年9月创刊，据称为中国唯一的德语杂志。进入1923年1月仅仅发行了一次，是否计划继续发行，不得而知。周刊，发行量号称三千份，理应不过数百份
路透社电报（Reuters）	报纸通讯、商业通讯	路透社电报公司	W. Turner（远东总经理）	将路透社来自欧美各国的通讯分发到中国各地及日本之中心枢纽，并且称作 Pacific Service，除了将来自日本及中国各地的消息发送至中国及日本之外，也发送法国及美国通过无线电讯发出的通讯及来自各地的书面通讯，而且还提供给希望获得商业通讯的商店。1921年秋左右国际通讯社关闭其上海分社，将其事务全部委托路透社
Associated Press of America		Associated Presss 社	Evening News 职员 C. J. Laval	向美国发送中国的各种通讯
United Press		United Press 社	China Press	同上
Dalta News Agency			M. G. Baranovsky	赤塔政府系统的通讯社，负责该政府方面的通讯。该政府与莫斯科政府合并后，巴拉若夫斯基离开此地，该通讯社关闭
Far Eastern Review［远东时报］（英文）	以东亚财政、工商报道为主，拥护美国利益，对日本有好感	发行兼主笔 George Bronson Rea 等（美国人）	经理 Wm. C. Rea	东方月刊英文杂志之巨擘。在矿山、铁路报道上有特长，亦刊登有关产业、贸易的政论，一向对我方舞弄种种毒笔，但和平会议后其态度改变，对日本示好，而尝试攻击美国对东方及日本的政策。发行量约四千份
Millard's Review［密勒氏评论报］（英文）	拥护美国政策，排日	Millard Publishing Co., Inc.（Delaware）	J. B. Powell	1917年5月创刊。以远东，尤其是中国政治、经济研究为主的周刊杂志。对于日本总是持反对态度。主笔汤姆斯·密勒辞任以后，居住于北京的中国人 Hollington Tong（董显光）与 Powell 一起，每期登载排日报道，但华盛顿会议以来，其论调显著缓和。原名为 Millard's Review，但1921年中期起断绝与 Millard 的关系，改为现名，作为美国系统的机关杂志具有相当影响。发行量约四千份（主要发送美国，据说约两千份是免费赠阅）

(续表)

名　称	主　义	持有人	主　笔	备　考
China Observer[公评周刊](英文)	维护意大利利益	名义上所有者 F. Parlani（实际上是 G. M. Musso 及意大利总领事馆）	F. Parlani	有时刊登排日报道，接受意大利总领事馆的补助。意大利律师穆索也与其有关系。周刊，发行量两百至三百份
Lloyd's Weekly[劳合周报](英文)	政治方面报道少	G. F. Lloyd	同前	主要刊登有关上海地区的社会报道，周刊，发行量五百份
Finance & Commerce（China & Far East）[中国远东商业金融报](英文)	与 Far Eastern Geographical Establishment 有关系，对日本怀有善意	E. J. Dingle	F. L. Pratt	1920 年 1 月创刊，以帮助中国通商发展为目的，刊登涉及各个方面的有益的经济报道。周刊，发行量一千份
Shipping and Engineering（英文杂志）	为有关船舶和造船业的杂志	Edward Evans & Sons	C. W. Hampson	在船舶业者中间拥有相当信誉，周刊，发行量约六百份
Chinese Economic Monthly（英文杂志）	经济情况	总社在北京，由 W. H. Donald 主管	Ges Sokolsky	Sokolsky 曾为 China Bureau of Public Information 主任，但巴黎和会一结束就将上述通讯停刊，同时新创立该通讯社。总社在北京，由 Donald 负责，上海分社以每月九百弗的承包工作。北京支付费用极不规则，有时五六个月也不汇款过来，使得工作非常困难，但最近该经费由关税收入中补助，对经营十分有利

芜湖　附安庆（1923 年 1 月 30 日报告）

名　称	主　义	持有人	主　笔	备　考
皖江日报（中文）	中立	谭明卿	同前	1909 年 11 月创刊①，日刊。据称发行量约一千六百份，四页
工商日报（中文）	振兴商业	张九皋	同前	1915 年 10 月创刊②，日刊，发行量约八百份

安庆

名　称	主　义	持有人	主　笔	备　考
安徽公报（中文）	安徽省长公署的公布机关	安徽省长公署		安徽省长公署官报，刊登命令、告示、公文、指令等。每隔三日发行一次，发行量约五百份
民嵒报（中文）	省长机关报	合资组织 代表人　吴霭航	同前	1913 年 2 月创刊③，日刊，据说官方每月提供三百元补助，发行量约一千三百份
皖铎报（中文）	中立	管敬朋	同前	1919 年创刊④，日刊，发行量约一千两百份
民智报（中文）	国民党	任子鸿	同前	1922 年创刊，日刊，发行量约一千份

---

① 应为 1910 年 12 月 2 日创刊。
② 10 月 20 日创刊。
③ 应为 1912 年 6 月 1 日创刊。
④ 一说 1914 年创刊。

(续表)

名　称	主　义	持有人	主　笔	备　考
自治报(中文)	中立	王一鸣	同前	1920年创刊,日刊,发行量约一千份
社刊(中文)	中立	胡孔礼	同前	1919年创刊①,日刊,发行量约七百份
平议报(中文)	中立			1922年创刊②,日刊,发行量一千份,轮流担任主笔
中报(中文)	中立	戴含冰	同前	1922年创刊,日刊,发行量约一千份
江声报(中文)	国民党	孔繁章	同前	1922年创刊,日刊,发行量约一千份
劝业报(中文)	实业厅机关报	实业厅		1921年创刊,日刊,发行量约七百份,据称中国官方每月提供一百元补助
警刊(中文)	警务处机关报	警务处		1922年创刊,日刊,发行量约五百份,据称中国官方每月提供七十元补助
通俗讲演报(中文)	启发民智			周刊

苏州　附无锡、常州(1923年2月25日报告)

苏州报纸概况

以1922年底为时点,苏州发行的报纸有十种,就其数量而言并不少,但纸面之外貌、报道与评论之内容当然都很贫弱。再说发行量,以烟花巷为唯一得意客户的《吴语》超过一千份,其他报纸中,《市乡公报》六百份是最多的,一般不出三四百份,而且无印刷厂,均委托新明公司印刷所及市乡印刷所印刷发行,除了标题与评论可见区别外,报道的内容几乎大同小异。苏州报界的发展极其迟缓,应该是因为苏州偏离中央及地方政治中心,没有值得关注的政治问题,同时地方民众亦忌讳加入到政党政派圈内,有关政论极为低调。而且,与上海在地理上十分接近,受到上海报纸的影响,上海的报社在苏州设支局的有《新闻报》《申报》《时报》《新申报》四社,其分发数量,《新闻报》三千七百份,《申报》六百份,《新申报》五百份,《时报》四百份,其他如《时事新报》《中华新报》《商报》等则邮寄而来,数量不详,估计各一两百份。其购买者为真正的读者,与苏州各报的购买者过半为义务性的相比,其实际影响之大足以值得注意。

苏州领事馆负责之地无锡,有《锡报》《新无锡》等两三社,其他诸如常熟、常州各地亦有报纸发行,其具体情况不详。

名　称	主　义	持有人	主　笔	备　考
苏州日报(中文)	无固定主义、主张	石雨声	洪野航	1912年创刊,日刊,发行三百六十份,以商民购阅者居多
苏醒报③(中文)	无固定主义、主张	陈寿霖	陶铸禹	1913年9月创刊④,发行量四百二十份
吴县市乡公报(中文)	提倡自治	颜心介	郭随庵	1916年2月创刊,市政公益所、市民公社的机关报,市内有地位者购阅,发行量六百三十份
吴语(中文)	提倡文艺趣味	马飞黄	胡绣龙	1916年10月创刊,以登载烟花巷、演艺界的内容、评论为特色。为上述业界广泛购阅,发行量一千两百份

---

① 一说1920年创刊。
② 应为1921年创刊。
③ 1922年报告为《苏醒日报》,应为《苏醒日报》。
④ 一说为1912年创刊。

(续表)

名　称	主　义	持有人	主　笔	备　考
平江日报(中文)	无固定主义、主张	梅雨时	沈情虎	1919年4月创刊,发行量三百八十份,学界购阅者居多
吴声报(中文)	同上	洪野航	洪野航	1919年5月创刊,发行量两百七十份
苏州商报(中文)	拥护、发展商权	方益荪	周星北	1919年9月创刊,发行量三百五十份,购阅者主要在商界
民苏日报(中文)	无固定主义、主张	李惕庵①	高小帆	1920年11月创刊,发行量四百份
晨报(中文)	同上	汪遭恨	黄振亚	1921年②4月创刊,发行量四百三十份
独一报(中文)	同上	张一泮	同前	1922年6月创刊,发行量三百七十份

无锡

名　称	主　义	持有人	主　笔	备　考
锡报(中文)	不详	蒋子均	不详	1913年创刊③,发行量两千份
新无锡(中文)	不详	不详	不详	1912年创刊④
无锡新报(中文)	不详	不详	不详	1922年创刊⑤

常州

名　称	主　义	持有人	主　笔	备　考
常州日报(中文)	不详	不详	不详	不详
武进新报	不详	不详	不详	不详

杭州　附绍兴、诸暨、平湖、海宁、宁波、温州(1923年1月24日报告)
报纸杂志调查(1922年末)
杭州

名　称	主　义	持有人	主　笔	备　考
全浙公报(中文)	开发社会,收回权益	有限股份公司	陈光甫	1909年5月创刊,发行量一千四百份,日刊,十页。接受省长公署补助,资本金一万弗
之江日报(中文)	开发国民知识,培育社会道德	陈勉之	徐冕伯	1913年4月创刊⑥,发行量两千一百份,日刊,八页。接受督军公署补助,资本金三万弗

---

① 1922年报告为"李惕安"。
② 1922年报告为"1920年"。
③ 应为1912年10月1日创刊。前身是《锡金日报》。
④ 应为1922年9月1日创刊。
⑤ 另有《新无锡》报,1913年9月11日创刊,与此报的关系待查。
⑥ 4月1日创刊。

(续表)

名称	主义	持有人	主笔	备考
浙江民报(中文)	扩张民权	李乾荪	许菩孙①	1916年8月创刊②,发行量二千二百份,日刊,六页。以前为国民党机关报,但最近标榜不偏不党。资本金五千弗
浙江商报(中文)	开发产业	合资公司	陆佑之	1921年10月创刊③,发行量一千三百份,日刊,十页。有传闻说为杭州总商会机关报,资本金三万弗
杭州报(中文)	民主主义	合资公司	许祖谦	1921年11月创刊,发行量一千七百份,日刊,八页,资本金五千弗
浙江公报(中文)	公布法令、规定	省长公署	陈简文	1913年创刊,发行量一千五百份,日刊
新浙江(中文)	促进自治、提倡文化	合资公司	查人伟	1922年9月创刊④,发行量一千份,日刊,八页,资本金三千弗
嘉言报(中文)	促进文化	合资公司	赵守礼	1921年6月创刊⑤,发行量六百份,日刊,四页,资本金一千弗
Hangchow Community News(英文)	报道基督教相关事项及传道消息	Hangchow Union Committee	Roberta Eitch	1920年6月创刊,发行量五百份,小型四页

浙江省内杭州以外之地

所在地		名称	主义	持有人	主笔	备考
绍兴	中文	越铎日报	开发民智,监督社会	有限股份公司	张心斋	1912年5月创刊⑥,发行量一千份,六页,日刊,资本五千弗
诸暨县	同上	诸暨民报	开发民智		赵天本	1920年9月创刊⑦,四页,隔日发行
平湖	同上	民声报	民主主义		陆允中	1920年6月创刊,小型六页,日刊,资本一千弗
海宁	同上	平民	提倡自治		张秋翁	1922年10月创刊,小型八页,每月发行四次
海宁	同上	潵钟	唤醒社会	合资组织	朱益谦	1922年7月创刊,小型四页,非卖品
海宁	同上	海宁日报	提倡自治,普及教育	合资组织	朱宇苍	1922年6月创刊,发行量六百份,四页,日刊,资本一千弗
宁波	同上	时事公报	提倡商业		汪兆平	1920年6月创刊⑧,发行量两千份,十二页,资本两千弗,日刊
宁波	同上	四明日报	开发社会		叶莞	1910年创刊,发行量一千五百份,十二页,日刊,资本两千弗
温州	同上	瓯海公报	收回权益			1921年7月创刊⑨,四页,日刊
温州	同上	温处公报	扩大民权,收回权益			1907年创刊,六页,日刊

① 1922年报告为许菩僧。
② 一说1913年4月15日创刊。
③ 1921年10月10日创刊。
④ 1922年9月25日创刊。
⑤ 一说1921年7月创刊。
⑥ 应为1912年1月3日创刊。
⑦ 应为1919年9月创刊。
⑧ 1920年6月1日创刊。
⑨ 应为1917年1月《瓯括日报》创刊,同年6月改本名。

杭州的报纸通讯员调查(1922年末)

相关报纸	通讯员姓名	年龄	出身	履历	每月津贴	住址
新闻报(上海)	孙炳如	40岁	前清附生	杭州商会书记员	40元	杭州城内东平巷
申报(同上)	倪慕侠	45岁	前清两级师范学堂毕业		同上	同上鬭富一桥巷
新申报(同上)	周商甫	39岁	前清附生	省议会议员	同上	同上柴木巷

备考：杭州没有通讯社，也没有从事职业性报纸通讯的外国人。

九江　附南昌、赣州(1923年1月29日报告)

名　称	主　义	持有人	主　笔	备　考
江声日报(中文)	开发民智，奖励实业	饶汝庸	饶伯润	1920年于南昌创刊，1921年11月停刊①，搬迁至九江后继续之前的事业，日刊，八页。另有副刊《江声小报》，登载烟花巷新闻。接受督军公署补助，发行量约一千份
长江日报(中文)	日中亲善，伸张日本人的利益	梅田拨雄		1922年12月创刊，日刊，八页，经营似乎极其困难，发行量约一百份(1923年2月1日停刊)

备考：在九江发行的《九江时报》因经营困难，1922年12月停刊。

南昌

名　称	主　义	持有人	主　笔	备　考
新民报(中文)	原国民党机关报，现省政府机关报《实报》停刊后，成为半官方机关报	姜凯	余小虎	原名《江西民报》，1920年8月前后停刊，1921年10月前后改称《新民报》②。日刊，八页，发行量达两千两百份，内容比较丰富
和平报(中文)	发展民力	邓戴民	王巨川	1921年创刊，日刊，八页，资本金一千弗以上，发行量约一千份
中庸报(中文)	普及教育，开发民智	严启仁	王小天	1917年创刊，日刊，八页，发行量约三百份。读者学界居多，有时登载排日报道
正义报(中文)	启发民智	涂聘侯	郭承青	约1918年创刊，日刊，发行量三百份
工商报(中文)	振兴商工	熊甸青	同前	1920年11月创刊，日刊，主要读者在商界，发行量约两百份
新世界(中文)	启发民智，中立	曹公度	同前	1922年创刊，日刊，发行量两百份
贡潮日报(中文)	启发民智，奖励实业	杨绳武(号幼农)	同前	1922年9月创刊，日刊，八页，主笔杨绳武原为《九江时报》持有人。接受督军公署补助，发行量六百份
教育月报(中文)	江西教育会机关杂志	江西教育会	王小香	每月发行，发行量约四百份
新铎月报(中文)	研究小学教育	桂汝丹	同前	1922年4月创刊，每月发行，发行量约四百份

---

① 一说1919年创办，1922年由南昌迁九江。
② 一说前身为《江西民报》，1918年创刊。

赣州

名　称	主　义	持有人	主　笔	备　考
赣报(中文)				最初称《赣州商会公报》①，1921年改称《赣报》

备考：
南昌发行的中文报纸，根据洽谈均不登载日本商家、商品的广告。
在九江发行的《九江时报》因经营困难，1922年12月停刊。
在九江，现仍未见独立的通讯社建立，南昌和九江的报纸，均与北京、天津、上海、汉口等地的报社联系，互发通讯，南昌的报社也有一两家向九江派遣通讯员的。似乎没有外国人带此任务接受派遣。江西内地的外国传教士中，有人发通讯作为副业。

汉口　附开封、西安(1923年1月30日报告)

汉口中国报纸概况

当地中国人经营的报纸，现在虽有23种，但有信誉且基础牢固者仅《汉口新闻报》《国民新报》《汉口中西报》《武汉商报》四报。其报道的内容不准确者居多，未设社论专栏，只不过是不时登载短评。在对日问题上，与地方上的报道雷同，几乎不主动登载评论，前些时候日本在当地驻军撤退时，似乎完全没有出现评论。另外，1922年间创办的十多种报纸，不过是与其他报社有关的记者脱离原社后独立创办，并没有出现特别进步的报纸。还有，各报与欧美各国都无关系，未接受其出资或补助。

中国人经营

名　称	主义系统	社　长	主　笔	编　辑	备　注
汉口新闻报(中文)	以经济报道为主，无政党关系	张云渊(江苏无锡人)	凤竹荪(江苏人)	曾莘如(湖北黄冈县人) 王子珩(湖北襄阳人) 徐辑夫(上海人)	1913年由现任社长创刊②，临时停刊过，1915年5月复刊直至今日。十六页，日刊(晨)，实业界购阅者居多，是有信誉的报纸之一。据称发行量三千五百份
国民新报(中文)	湖北督军机关	李逸林(湖北应山县人)	许子敬(湖北应城县人)	尹玉亭(湖北应山县人) 刘辅之(湖北安陆县人) 刘挫尘(湖北应山县人)	1912年4月创刊③，十二页，日刊(晨)，由现任报社长李逸林之父、现任汉口货捐局长李华堂创刊。资本金两万五千元，合资组织，发行量一年来为一千数百份，有些年份超过三千份，据说现在仅仅七百份左右。印刷及发行地在中国街
汉口中西报(中文)	无政党关系，采取超然主义	王华轩(湖北黄冈县人)	喻任民(湖北黄冈县人)	王小东(湖北黄冈县人) 喻血钟(同上) 叶扬如(同上)	1906年现任社长创刊，第一次革命时停刊，1913年3月复刊，十二页，日刊(晨)，去年以来发行四页晚刊，据称资本金一万五千元，发行量三千份。据言投递数量当地和地方上各占一半。印刷及发行地在中国街
正义报(中文)	与西南国民党相通，湖北平社俱乐部机关报	马宙伯(湖北黄陂县人)	马宙伯	蔡寄鸥(湖北黄梅人) 陈敬轩(湖北黄陂人) 李卓吾(湖北武昌人)	1919年9月现任社长马宙伯创刊④，最初以六千元资本经营，现今有四五万元资产。该报或通直系，或通安福系，或通民党，有时又通官僚，完全专注于金钱，因此，当在汉口设立我方交易所时，亦登载种种反对论调。其作为原宜沙海关监督兼交涉员，有时连载排日内容，为了金钱不择手段，发挥了劣等人格，现在收到若干钱财，就会调转笔锋，而没有一定之主义。本报是颇为危险之报。十六页，日刊(晨)，据称发行量两千五百份。报社原位于法租界，现迁至中国街

---

① 《赣州商会公报》创刊于1909年。
② 应为1914年5月28日创刊。
③ 一说1918年4月创刊。
④ 应为4月20日创刊。

(续表)

名 称	主义系统	社 长	主 笔	编 辑	备 注
汉口大陆报（中文）	湖北督军萧耀南的机关报	王道济（湖北宜昌人）	王道济	萧怀先①（武昌人） 董蠡生（湖北黄陂县人） 叶聘三（湖北江夏人）	1919年5月张云渊创刊后②，与现社长兼主笔王道济共同经营，但因经营困难，为徐荣廷盘下，现又转被萧督军盘下。张云渊其后担任报社顾问，现在仍保留关系。十二页，日刊（晨），据称发行量一千六百份
公论日报（中文）	武汉各团联合会的机关报	王民仆（湖北武昌人）	王民仆	余逸庵（武昌人） 殷弼臣（湖北咸宁人）	1919年2月现任社长之兄琴甫创刊③，一时称作安福派的机关报，现在似乎没有关系，十二页，日刊（晨），据称发行量一千份
大汉报（中文）	政治革新，民党机关	胡石庵（湖北天门县人）	胡石庵	丁愚庵（浙江杭州人） 朱钝根（扬州宝应人） 哈东方（武昌人） 向庸言（湖北沙市人） 蔡寄鸥（湖北黄梅人）	第一次革命时现任社长创刊，在段芝贵任湖北督军时期被封，一时改称《天声报》，改头换面。1917年再兴，十二页，日刊（晨），发行量一千五百份上下，印刷所及发行所在日本租界
武汉商报（中文）	旧交通系机关报	王春轩（安徽人）	盛了庵（南京人）	邹碧痕（湖北夏口县人） 贺平阶（湖北咸宁人）	1920年4月④广东人黄宵九创刊，传说一时由南洋兄弟烟草公司提供相当资金，使其成为机关报。十二页，日刊（晨），据称发行量一千份
汉江日报（中文）	湖北崇正俱乐部机关报	邓博文（生于江苏，转籍湖北夏口县）	刘博文	聂醉仁（湖北汉川人） 刘素臣（湖北武昌人）	1920年2月现任社长创刊，八页，日刊（晨），据说发行量不足三百份
江声报（中文）	湖南赵恒惕的机关报	欧阳惠周（湖南平江人）	周长宪（湖南长沙人）	杨锦仲（湖南人） 龚张斧（湖南人）	1921年11月现任社长及唐蟒创刊⑤，十二页，日刊，赵恒惕至今每月提供三百元补助，据称发行量七百份
大中日报（中文）	湖北平社俱乐部机关报	陈恩久（湖北恩施县人）	陈恩久	鲍贵三（湖北黄冈县人）	1921年现任社长创刊，四页，日刊，据称发行量三百份
白话报（中文白话）	施宜学会机关报	马遂尘（湖北人）	马遂尘	罗寿恒（武昌人） 余长庚（湖北黄冈人）	1921年9月秦海峰创刊的日刊报纸，据称发行量两千五百份
午报（中文）	湖北籍军人机关报	童德鸿（武昌人）	阮文光（四川省人）	李子实（武昌人）	1922年2月现任社长创刊⑥，四页，日刊（正午），据称发行量五百份
捷报（中文）	湖北省长公署机关报	李作栋（湖北沔阳县人）	程稚侯（武昌人）	朱春驹（湖北人）	1922年1月湖北当选国会议员王铁公创刊，同年7月现任社长盘下。四页，日刊（晨），据称发行量五百份

---

① 一说"萧怀善"。
② 5月21日创刊。
③ 2月6日创刊。
④ 一说1916年10月创刊。
⑤ 应为1920年6月创刊。
⑥ 一说1920年创刊。

(续表)

名 称	主义系统	社 长	主 笔	编 辑	备 注
民德报(中文)	湖北各税局局长机关报	耿毓英(山东人)	鄢从龙(湖北枣阳县人)	李昴轩(湖北黄梅人) 谢璟公(湖北人) 周拂尘(湖北人) 童毓芳(湖北人)	1922年9月创刊,十二页,日刊(晨),据称发行量三百份
时事新报(中文)	研究系及红十字会机关报	吴斌甫(湖北夏口县人)	黄伯纯(湖北黄陂县人)	刘维宗(湖北黄陂县人)	1922年5月创刊①,十二页,日刊(晨),据称发行量一千两百份
汉口时报(中文)	湖北籍军人的机关报	汤盘(湖北圻水县人)	哈东方(武昌人)	哈东方	1922年4月夏蓉于创刊②,8月归现任社长所有,八页,日刊(晨),据称发行量五百份
日日新报(中文)	湖北督军机关报	汤铭新(湖北孝感县人)	蒋补堂(湖北天门县人)	萧楚女(汉阳人)	1922年6月创刊③,最初八页,日刊(晨),最近四页,据称发行量三百份
真报(中文)	民党系人员与工人团体的机关报	郭郡伯(宜昌人)	郭寄生(宜昌人)	马鸣和(武昌人)	1922年9月创刊④,十页,日刊(晨),据称发行量一千份
鄂报(中文)	湖北律师会机关报	李锦公(湖北天门县人)	李锦公	叶松筠(武昌人)	1922年12月创刊,四页,日刊(晨),据说发行量三百份,社长兼主笔李锦公是留日学生
好报(中文)	支持工人主张的机关报	李康丞(湖北夏口县人)	易雪泥(湖北黄陂县人)	易雪泥	1922年11月创刊,二页,日刊(晨),据说发行量四百份
光国报(中文)	湖北籍军人机关报	龚光国(湖北黄梅人)	李襄宇(湖北汉川人)	李襄宇	1922年12月创刊⑤,八页,日刊(晨),据称发行量六百份
一报	湖北崇正俱乐部机关报	艾祖瑞(湖北新堤人)	陈省齐(湖北沔阳县人)	李定一(湖北黄冈县人) 邓瘦秋(湖北人) 陈东阜(湖北人)	1922年4月创刊,八页,日刊(晨),据称发行量五百份

日本人经营

名 称	主义系统	社 长	主 笔	编 辑	备 注
湖广新报(中文)	日中亲善	笹川洁	徐祝平	四人	1919年2月创刊,八页,日刊(晨),去年发行量近三千份,但今年发行量仅平均七百份
汉口日报(日文)	使当地日侨发展	冈幸七郎	冈幸七郎	四人	1907年8月现任社长创刊,六页,日刊,据称发行量八百份。购阅者过半为与汉口有关的居住于日本国内或其他地方的人。论调稳健,并且报道有信誉,财政亦宽裕

---

① 一说1921年创刊。
② 一说1921年创刊。
③ 一说1922年7月创刊。
④ 应为1922年10月10日创刊。
⑤ 一说1923年2月创刊。

(续表)

名称	主义系统	社长	主笔	编辑	备注
汉口日日新闻(日文)	使当地日侨发展	奥野四郎	佐藤国之助	四人	1918年1月宫地贯道创刊,其后本间文彦经营。在此期间由于本间去世而转为现任社长经营。八页,日刊(晨),据称发行量九百份,购阅者大多在汉口,寄送其他地方者甚少
汉口公论(日文)	使当地日侨发展	田岛利三郎	田岛利三郎	田岛利三郎	1913年12月以《鹤唳》为名创刊,八页,周刊,1922年3月改称《汉口公论》,据称发行量三百份

英国人经营

名称	主义系统	社长	主笔	编辑	备注
Central China Post[楚报](英文)	拥护英国人的利益	John Are-hibald	同前		1912年创刊,十四页,日刊(晨)。论旨稳健,报道比较正确。欧洲大战期间,有时对日本却玩弄猜疑的笔调,但及至1919年中国学生排日盲动,总是以公正的论调开导中国人,感到恰似代言了日本所欲言者
The Wu-Han Argus[武汉晚报](英文)	拥护英国人的利益	Peter Lng-lis	同前		1922年10月创刊,十页,晚报,主笔有在上海担任报社记者的经验,是英文《楚报》的姐妹版,论旨亦稳健

开封
开封中国报纸概况

河南省开封市有《新中州报》(日刊)、《大同日报》(日刊)、《两河日报》(日刊)、《新豫州日报》(日刊)四报,但都未能脱离乡下报纸之域,其报道大致为转载上海、北京各地报纸的内容,发行量超过六百者亦无,不值得评论。另外,未听说以上各报与欧美各国有关系。

西安
西安中国报纸概况

陕西省西安有《新秦日报》(日刊)、《陕西日报》(日刊)、《民生日报》(日刊)三报,均为内容贫乏的四页小报。与开封的报纸相比更无价值,除了等上海、天津、北京的报纸到达后转载以外,只不过报道督军、省长公署发布的消息,发行量多者不超过五百份。

长沙(1923年2月1日报告)

名称	主义	持有人	主笔	备考
大公报(中文)	提倡自治,扩大民意	贝允昕 朱让栩	李抱一、张平子、龙兼公	合资,湖南省政府每月提供四百元补助
民治报(中文)	同上	张慎庵	马惕冰	同上
民国日报(中文)	发抒党见,辅助政府	包道平	戴佐中 张少武	同上
湖南商报(中文)	振兴商务,灌输常识	戴荣阶	李忠烺 陈严华	合资,湖南省政府每月提供两百元补助,商会每月提供两百元补助
大湖南报(中文)	发抒党见,尊重法权	张伯英	舒守均	合资,湖南省政府每月提供两百元补助
湘江日报(中文)	代表舆论,监督政府	龚饮冰	谭介夫	同上
自治新报(中文)	励进自治,伸张民权	郭向武	梁素佛	同上

(续表)

名　称	主　义	持有人	主　笔	备　考
民本日晚报(中文)①	代表民意,发表政见	许笑隐	刘逸哉、谢同甫	同上
工报(中文)	促进文明,改良工艺	方莘根	张秋尘、程一中	同上
霹雳报②(中文)	唤醒同胞,鼓吹自治	杨绩荪	唐伯球、吴海若	合资
明星报(中文)	督促政党,遵循省宪	宾鸿飞、程一中	黄觉非	同上
湖南日报(中文)	改良社会,发抒政见	伍芊农	曹子桓、陶孝宗	合资,湖南政府每月提供两百元补助
民业日报(中文)		刘节庵	郑天疣	同上

备考:无日本及其他外文报纸。

沙市(1923年1月10日报告)

名　称	主　义	持有人	主　笔	备　考
长江商务报(中文)	振兴商务,提倡实业	侯伯章	同前	1921年7月14日创刊,日刊,六页,发行量约三千份,据称资本金三千弗,主笔侯伯章自营。今年7月改为股份制,同时购买印刷设备,开始自家印刷。侯主笔是沙市人,在北京当过教员,亦在汉口短期从事过报业,有此经验。对于我国颇有理解,对侨居我官民亦有好感。

宜昌(1923年1月1日报告)

名　称	主　义	持有人	主　笔	备　考
宜昌日报(中文)	四川第二军长杨森一派的机关报	冯骧	范啸野	1922年11月5日创刊,目前非活字印刷,以石版印刷,规模小,据称发行量一千份。对日感情不恶

华南等地区

福州(1923年1月27日报告)
报纸杂志

报纸名称	主　义	持有人	主　笔	备　考
福建公报(中文)	福建政府的公布机关	福建省长公署		1912年1月创刊,1922年10月督军李厚基从福州逃亡后停刊,同年11月复刊。日刊,其内容为福建政府官报,登载命令、告示、公文、指令等
闽报(中文)	日中亲善,旨在使中国人了解日本的立场与公正的真意	台北善邻协会	山中宽太郎	福建最老的报纸,其专电比其他报纸迅速、准确,因而得到中国官民的广泛信任。日刊,目前发行量四千份左右

---

① 《民本日报》是否有晚刊,存疑。
② 应为《霹雳晚刊》。

(续表)

报纸名称	主　义	持有人	主　笔	备　考
公道报(中文)	标榜以基督教主义帮助开发世道人心	弼履仁	李汝统	1920年1月发行的日刊报纸,目前发行量约一千份。属于美国系统,排日论居多
健报(中文)	拥护进步党	郑作枢	黄锡候	本报1914年由林民发起创办①,进步党的机关报。1922年秋天发生变乱时,临时停刊,12月复刊。日刊,发行量约五百份
福建日报(中文)	安福系,但在该系没落后仅追逐潮流	梁志和	姚大钧	1918年9月创刊,日刊,发行量约三百份
求是报(中文)	无固定主义	李承绶	郭云展	1916年9月创刊②,日刊,发行量五百份左右
华同日报(中文)	属于进步党	施景琛	施锡畴	1916年11月创刊,日刊,发行量约六百份,内容稳健,对日感情良好
民生报(中文)	属于国民党,提倡闽人治闽	陈冠鸿	陈冠鸿	1914年8月创刊,日刊,发行量两百多份
新福建报(中文)③	属于国民党,鼓吹三民主义	陈群	翁吉云	这次变乱④后,作为国民党的机关报而发行,发行量约五百份
闽光报(中文)	民治主义	赵信	赵凯	1922年12月创刊,日刊,发行量三百份左右
正报(中文)	无固定主义	林平	林平	数年前创刊⑤,发行时间不定的日报,发行量两百份左右,林炳章提供补助
光华日报(中文)	同上	陈爱涛	张文琦	1922年10月创刊,日刊,发行量三百份左右
实报(中文)	同上	刘荃藩	邱啸云	隔日发行的报纸,发行量一百份左右
超然报(中文)	同上	梁肖程	陈鸿衍	
政治日报(中文)	同上	陈奋候	陈奋候	以上为周报,发行量不足百份,作为报纸几乎没有价值
寄声报(中文)	同上	王恒冰	王恒冰	
三民报(中文)	同上	聂浩然	聂浩然	
八闽新报(中文)⑥	同上	廖孝颖	廖孝颖	
福州时报(日文)	时事报道	山中宽太郎	山中宽太郎	1918年4月创刊,一周发行两次的日文报纸,发行量四百五十份左右
八闽通讯社				将每日探访所得提供给当地的主要报社、厦门及上海的报社
福州通讯社		齐均		最近创立,由日本大学出身者齐均经营,向当地报社提供从本地及各地获得的消息

---

① 应为1916年7月创刊。
② 应为1913年创刊。
③ 1922年创刊。
④ 指粤军进入福建,督军李厚基1922年10月被驱逐出福州。
⑤ 1917年8月创刊。
⑥ 1920年1月创刊。

厦门(1923年3月27日报告)

名　　称	主　　义	持有人	主　笔	备　　考
全闽新日报(中文)	鼓吹日本文明,拥护我帝国利益,促进台湾人发展与其利益	林景仁(台湾人)	宫川次郎	1907年8月创刊,被视为纯台湾总督府机关报,发行量约八百份。原为台湾人、中国人共同出资经营,1920年7月,以林景仁为社长,依靠台湾善邻协会支持,招聘日本人,正在加以改良。日刊,八页,近来发行量约五百份
江声日报(中文)	奖励产业,改善教育	周彬川	黄悟生	1918年11月创刊。由南洋华侨有志者出资,一时借用英国人的名义,1921年6月以来,完全变成中国报纸。论调总是进行排日。日刊,八页,据称发行量约一千两百份,实际上似乎在八百份左右
思明报(中文)	开发人心,提倡产业		吴纯民	1920年9月创刊①,日刊,八页,纯中国报纸,排日倾向强烈,发行量五百份
厦声日报(中文)	提倡商业,报道时事		苏眇公	1921年4月创刊②,美国籍,排日色彩颇浓,日刊,八页,发行量约七百份
厦门商报(中文)	振兴商业			厦门杂货商行会的机关报,1921年10月创刊。主要报道内外商况、经济状况,时事性报道较少。出资人中有台湾籍者数名。日刊,八页,发行量约六百份
民钟日报(中文)	鼓吹爱国观念,培养民主思想,振兴工业	经理　王雨亭	梁冰贤	南洋华侨共同出资,1918年创办③。尔后闽粤兵变发生时,因福建省当局的误解被勒令停刊,1922年6月复刊,一时陷入经营困难,近来似乎获得闽南自治促进会的一些补助。论调稍有偏颇之嫌,与其他中国报纸相比,总是毫无忌惮发表言论。日刊,八页,发行量未详,因创刊日浅,不及上述各报
南支那(日文)	对在厦门的日侨进行各种报道	宫川次郎	同前	1922年7月创刊,周刊,半版,四页,发行量约三百份

广东(1923年2月27日报告)

一、广东的报社、通讯社概况

1922年6月政变前,大部分报纸属于民党系的宣传机关。政权一变,归陈炯明之手后,民党系各机关报消失,加上陈派进行严格的报纸审查,结果各报都带上了陈炯明派的色彩,在孙派占优势的时代,繁盛的过激派思想,以及有关劳动运动的宣传,完全销声匿迹。

作为与广东报社相关而活动最为显著的机关有二,一为报界公会,二为派报人。

(一)报界公会

前清时代称粤省报界公会,是一微弱的报社联合组织,进入民国后,公开收取公积金,购买土地,改名为广东报界公会。1913年其会场建成,其后制定会规,向会员收取一百五十元的基本金,开始分发稿件,具备了理应能够保护会员商业权利、对抗印刷工人团体压力的巨大力量。现在加入报界公会者有《羊城晚报》《七十二行商报》《南越报》《人权报》《共和报》《新报》《英文时报》《大公报》《粤商公报》《星报》《现象报》《国华报》《大同报》。

---

① 一说7月21日创刊。
② 一说1920年创刊。
③ 一说1916年10月1日创刊。

(二)派报人

在广东,有称为派报人的承包报纸销售的报贩,他们与报社约定好每天的份数,进行投递或叫卖。因此,像《七十二行商报》那种基础稳固的报纸,定价稍高而订阅者固定,对派报人而言赚钱少而不受欢迎,但对其他报纸,一份能赚取一分八厘(铜仙三个)的利润,因而大受欢迎。此等派报人团结起来左右报社盛衰之例屡屡发生,例如,派报人等约定好想增加利润时,或者要求报社降低报纸批发价格时,如果得不到回应,就共同拒售此报,使得报馆关门。

1921年派报公会成立,愈加蛮横之极,1922年6月各报社准备涨价三毫,派报公会竭力反对,报界公会亦与各报社齐心协力与其对抗,终于酿成事件。当时,各报馆专门雇用了投递员,但在长期形成的习惯上无法与派报人对抗,最后不了了之。报界公会现在仍在苦思善后对策。

名 称	主 义	持有人	主 笔	备 考
七十二行商报(中文)	稳健,无所属	合资组织(商界出资) 罗啸璈 1914年任都督府民政司内务科长。现任坤维女子师范学校与广州总商会理事、商团评议员、上海广东精武会干事等职。广东报界元老,广东南海县人	陈宝尊 广东法政学校毕业,曾任述善学校教师,现兼任商会调查员,南海县人	1906年7月创刊①。时值收回粤汉铁路路权热正旺之季,七十二行商创办该报为其机关报,但现在几乎为罗啸璈个人所有。总是登载中立稳健的报道,在香港等其他地方的知识阶层拥有读者。因为总是标榜是经济报纸,因而受到商界欢迎,广告之多在广东报纸中居首,每月平均约有三千元广告费收入。每月经费约一千六百元,资本约七千元,发行量约八千份(日刊),职工有三十人
羊城报(中文)	无固定主义	绅商的合办组织 钟勉 广东番禺人	赵秀石 广东南海县人,江门商团团长,现任财政厅咨议 梁燕廷 北京陆军学校毕业,南海县人	1906年6月创刊②,广东最老的报纸。开始由广东旧绅士中革新派创办,清末学制改革时名声大振,但后来经营不善,日渐衰退。本报始称《羊城报》,进入民国后称《羊城日报》,后又改为现名。缺乏政治色彩,但稍有变故就登载煽动性排日报道。1921年以来,遭到两次火灾,印刷设备和活字等被烧毁破损,现在勉强维持发行。本报表面上是钟勉之所有,掌握全权者则为赵秀石。资本约四千元,每月经费约九百元,职工十六人,发行量约两千份(日刊)
南越报	不固定	合资公司 李竹多 《国华时报》《人权报》总理,南海县人	孔量存 前《人权报》记者,南海县人	1909年3月创刊③。清末致力于鼓吹革命,曾经获得袁世凯的奖状。进入民国,经营者屡屡更迭,经营甚为不振。今年1月《国华报》被封,发行《国华时报》这一报纸。《国华时报》畅销,本报便作为其附属业务而经营。前商会联合会长刘焕每月提供补助。资本约两千元。印刷设备与《国华报》合用一台,本社专用两台。有职工三十六人,每月经费约一千五百元,发行量约一千份(日刊)。今年11月16日遭火灾,现在仍停刊
天游报(中文)	无主义	邓叔裕 个人经营,南海县人	同前	1911年创刊④,专门刊登烟花巷淫猥内容,在下层社会销量多,发行量五百份,还未加入报界公会

---

① 应为1906年9月15日创刊。
② 应为1903年2月12日创刊。
③ 一说1909年6月22日。
④ 此前报告皆说1914年创刊。

(续表)

名　称	主　义	持有人	主　笔	备　考
人权报（中文）	无所属	合资组织 李竹多（前载）	李孟哲　前《南越报》记者，新会县人	1911年3月创刊，由民党系人物创办，致力于鼓吹革命，在国外华侨中拥有读者，具有影响力。因利益改变主义。由于受到陈炯明派怀疑，屡遭停刊。发行量四千份（日刊）。印刷机械两台，职工二十人，经费一千元
广州共和报（中文）	不固定	合资公司 宋季缉　前孙文时代元帅府咨议，鹤山人	杨桂芬　回教徒	1912年2月创刊①，淫猥内容居多，受到下层社会欢迎。1919年因登载煽动排日的报道而被停刊三个月。该社表面上是合资公司，实为宋季缉个人所有。宋因一时惹上官司逃至香港，该报表面上以假名徐文甫发行。资本三千元，印刷机械两台，职工二十五人，一个月经费约一千元，发行量六千份（日刊）
商权报（中文）	粤商团机关	刘汉雄　南海县人	刘少平　南海县人	1912年1月创刊。初为广东省商团机关报，公安会副会长刘仲平创办，刘去世后由刘少平与张镜黎合办经营，曾经受总商会长陈廉伯的补助，张离开后经营不佳，陈廉伯亦断绝关系后，无独立之能力，近来借助远东公司之力，与《新报》共同经营。刘汉雄仅仅是名义上的持有人，实为刘少平个人所有。资本两千元，印刷机一台，职工十六人，每月经费六百元，发行量五十份（日刊）
国华报（中文）	原属交通系，近来倾向于陈炯明派	合资公司 王泽民　香港医校毕业，番禺县人	陈柱廷　前《七十二行商报》《商权报》记者，香山县人	1913年10月创刊②。初称《国报》，由康有为、梁启超等出资创办的进步党机关报。1920年因登载有关广西军事方面的报道而被勒令停刊，尔后改称《国华报》发行。孙文回粤时，因登载北京政府照片，被当时的军政府司法部长徐谦下令停刊，今年1月16日，又因歌颂梁士诒内阁而遭孙派停刊。6月16日发生政变，7月在陈炯明监督之下复刊，稍倾向于陈派。资本一万一千元，印刷机械五台，每月经费约一千二百元，发行量八千份（日刊）
新报（中文）	民党系排日报纸	合资组织 代表　李抗希　广东台山县人，广东法政专门学校毕业，现加入葡萄牙国籍，律师，兼《新国华报》《真共和报》《快报》《时事快报》《广东报》经理	苏哲明　广东高等学堂文科毕业，前《商权报》《七十二行商报》记者	1915年6月创刊③，在美华侨出资创办的纯民党系报纸。排日风潮四起时，因致力于煽动学生，报社被当时的警察厅长魏邦平查封。莫荣新统治时期因报道石龙大火亦被勒令停刊两个月。经常刊登排日性评论。资本约五千元，印刷机械六台，职工七十一人（六报合计），发行量一千份（日刊）
大公报（中文）	天主教的宣传机关报，与法国总领事馆有关系	天主教会出资 周生　香山县人	黎丕烈　前孙中山时代元帅府咨议，香山县人	1915年④创刊。宣传天主教，并且是法国的机关报。当地天主教会每月补助三百元。发行量四百份（日刊），印刷机械两台，职工十五人，资本约三千元，每月经费约七百元

---

① 应为1912年8月创刊。
② 应为1915年创刊。
③ 应为1914年3月6日创刊。
④ 一说1912年创刊。

(续表)

名　称	主　义	持有人	主　笔	备　考
新民国报（中文）	原属民党系，但政变后主义不定	刘裁甫　国会议员，台山县长，国民党员	邝筱侣　广东法政专门学校毕业，前《中华新报》记者，台山县人	1918年创刊。当初是吴景濂从众议院经费中支出两万元创办，以李怀霜为主笔，岑春煊军政府时期每月接受五百元补助。此后资本跟不上，李退出，汤漪之取而代之，于是成为益友社机关报。但汤亦因政见不合而离开，田达人、甄冏公等相继经营，成绩亦不佳，民党派的刘裁甫接下经营。民党的色彩鲜明，但近来时值政变多事之秋，其论调亦不固定。发行量两千份（日刊），资本一万五千元，印刷机械一台
晨钟报（中文）	陈炯明的机关报	钟声　省议会议长，惠阳县人	陈天球　省议会议员，惠阳县人	1920年9月创刊①，继承原《中华新报》而成。1920年莫荣新被驱逐，孙中山回粤后，被怀疑是政学会的机关报，被夏重民没收，改名为《广州晨报》。今年粤军驱逐孙中山后②，陈炯明将其没收作为机关报，每月由总司令部提供所有经费，发行量两千份
振东报（中文）	无党派关系，主义稳健	邝鸣相　桂军第一师刘震寰的军法处长，美国留学出身，台山县人	梁伯华　前《粤报》人员，台山县人	1918年3月创刊。初为刘镛尚经营，张锦芳任省长时，每月提供补助，此后成为政学会系杨永泰的机关报。邝鸣相承办后，无党派关系，影响亦无。发行量三百份（日刊），资本一千元，每月经费一百五十元，与《天游报》一样
粤商公报（中文）	粤商商团及粤商维持公安会的机关报，无党派关系	陈卿云　方便医院总理，粤商团军第八分团团长，兼《七十二行商报》会计科长，新会县人	甘六持　前《羊城报》主笔，三水县人。唐朴元　前《人声报》记者，南海县人	1920年9月创刊③。商团团员、商团军维持公安会员等组织创办，谋求商团的发展，模仿《七十二行商报》，在部分商界有影响。发行量二千五百份（日刊），资本八千元，每月经费九百元，印刷机械两台，职工十八人
广东报（中文）	无所属	合资组织 李抗希　初为英美烟草公司及江孔殷出资，以李为代表，目前几乎归李个人经营，台山县人	卢博朗　台山县人	1920年3月创刊。初为英美烟草公司及省议会大同系的机关报，完全致力于实业方面的报道，后与英美烟草公司断绝关系，《真共和报》的李抗希接手下来。目前商界联合会的刘焕每月提供补助
现象报（中文）	排日报	廖球　南海县人	郭唯灭　番禺县人	1921年6月创刊，商界联合会会长刘焕出资两千元创办，是劳动者的机关报。因揭人缺点，加上属于民党系而猛烈攻击他派，屡屡被勒令停刊，是排外性报纸，尤其是排日激烈。发行量一千份（日刊），现在资本八千元，每月经费约一千元

---

① 这是指《广州晨报》的创刊日期，并非《晨钟报》。
② 指1922年6月的事。
③ 一说1921年创刊。

(续表)

名　称	主　义	持有人	主　笔	备　考
英文时报 Canton Times［广东时报］（英文）	民党机关报	合资组织 李锦纶　香山县人，孙文政府时代特派员、交涉员。6月政变以来辞去交涉员一职	刘壮　美国大学毕业生，台山县人	1918年7月创刊①。初为黄宪昭发起，作为军政府的机关报，由伍廷芳提供补助创办，后被莫荣新勒令停刊两个月。与黄宪昭断绝关系后，李锦纶每月接受孙文政府五百元补助，6月政变以来，美国留学生会提供补助，勉强发行，发行量三百份（日刊）
时事快报（中文）	无党派关系，稳健	李抗希（前载）	同前	1922年12月25日创刊，《新国华报》每日下午七点发行，该报登载其余下的内容发行，与《新国华报》的增刊无异，发行量八千份（日刊）
星报（中文）	陈炯明的机关报，而且是学生界的文化宣传机关	广州学生界的合办组织 代表　陈秋霖　前《群报》主笔、《闽星报》记者，东莞县人	邓瑞仁　东莞县人	1920年创刊。初称《群报》，北京大学毕业生陈公博出资创办，是北京大学广东学生新文化运动的机关报。当时与俄国工农政府大有关系，陈炯明亦每月提供三百元补助。6月政变之际，因有人伪造传单散发，群报社遭到怀疑，被勒令停刊，陈公博亦立刻断绝关系。今年9月陈秋霖将报纸改为现名，成为广东学生的新文化运动宣传机关。发行量两千五百份（日刊）
真共和报（中文）	无党派关系，主义稳健	李抗希（前载）	余梦芸　台山县人	1919年8月创刊。起初嫉妒《广州共和报》的经营状况，添加了"真"字，无特别色彩。发行量七千份（日刊）
中外商报（中文）	无所属，主义稳健	合办组织 代表　陈家声　番禺县人	陈孟威　花县人	1921年3月创刊，资本少，几乎无影响。委托其他报社印刷，发行量约两百份
新国华报（中文）	有限股份公司，李抗希拥有大多数股份，民党系	李抗希（前载）	卢博郎②　曾任民党报记者，现兼《国华时报》主笔，台山县人	1922年③创刊。因与《国华报》的资本家等打官司，加上"新"字，想以此承袭下来。今年10月因反对陈席儒借款而被起诉，现仍未解决。发行量七千五百份（晚报）
国华时报（中文）	无党派关系，主义稳健	李竹多　个人经营，南海县人	卢博郎　（前载）台山县人	1922年7月创刊。《南越报》部分出资者等兼营，起初是因《国华报》被勒令停刊时，添加"时"字而想争夺其营业地盘，发行量四千份（日刊）
国华早报（中文）	主义不固定	邝楚公　前《民意报》记者，台山县人	陈述公　番禺县人	1922年创刊。由《现象报》主笔郭唯灭出资创办，在《国华报》被勒令停刊时，增加"早"字想承袭《国华报》的营业地盘。无党派关系，主义不固定。发行量三千五百份（日刊）
南华早报（中文）	无党派关系，主义不固定	陈铁魂	同前	1922年8月创刊。附属《大公报》发行，后转至陈手中，表面上设于广东河南兴隆里八号，但实际上印刷、编辑、发行等在大公报馆进行。发行量两百份（日刊）

---

① 1922年报告说是1918年10月创刊。
② 此人人名写法不一。1922年报告为"卢博浪"，上文《广东报》主笔为"卢博朗"。
③ 一说1921年5月创刊，一说3月创刊。

(续表)

名称	主义	持有人	主笔	备考
世界日报(中文)	无主义	黄鸣臬	同前	1922年12月23日出版,表面上将编辑处设于别处,实际上为《民义报》经营,发行量四百份(日刊)
非非星期报(中文)	无主义			《天游报》兼营,每周日发行的周刊,登载各报摘录
神州商报(中文)	无主义	李日宣 台山县人	同前	1922年4月创刊,1919年9月有同名报纸,但翌年停刊。目前,与前《神州商报》无关系。无财力,与商业无关的小报,发行量一百份(日刊)
司法日刊(中文)	高等审判厅的发布机关	广东高等审判厅		1922年1月创刊①,高等审判厅用来发布司法时事。以往注册、广告类多刊登于《七十二行商报》,现大部分被本报所夺。资本三千元,机器一台,职工十五人,发行量五百份(日刊)
商报(中文)	无主义	黄伯健	同前	1922年6月创刊,附属于《天游报》发行的小报,与商业无关,发行量约一百份
振东新报(中文)	无主义	邝鸣相(前载)	同前	1918年3月创刊,其间曾经停刊过,但改称《天游报》发行,发行量约六十份(日刊)
民义报(中文)				1922年12月23日创刊,兼营《世界日报》,发行量约六十份(日刊)
快报(中文)	登载烟花巷淫猥内容	李抗希(前载)	黄学固 福建省人,广东法政专门学校毕业	1916年10月创刊②,由于登载烟花巷淫猥内容,在下层社会受到欢迎而畅销,发行量约七百份(晚报)
大同报(中文)	陈炯明派	饶芙棠 梅县人,担任过前清时代众议院议员、广东教育司长、潮循道道尹等	钟独佛(前载)	1922年1月创刊,1922年11月16日遭火灾,大同系的人物离开后,陈派的曾景星等经营,财力弱,经营困难
广东公报(中文)	省长公署的官报	广东省长公署政务厅		在广东省城内新丰街官印刷局发行
广东东方日报(日文)		山濑悟一	同前	1921年8月29日创刊,前东方通信社广东支部长八田厚志创办,广东唯一的日文报纸,发行量约三百份(日刊)

此外,有广州岭南大学学生发行的《学生季报》(一年四次)、《青年周刊》(周刊)、《南凤月刊》(月刊)。广州东山神学校的《神道月刊》等以宣传基督教为主,其他关于文化运动的有青年会的《珠江评论》(周日报),以及有关劳动运动的爱群通讯社发行的《爱群周刊》。

---

① 应为1922年2月7日创刊。
② 一说1917年创刊。

通讯社

黎明通讯社	陈炯明派的机关	俞华山个人经营	广东《群报》记者俞华山经营,今年6月16日政变后被陈炯明收买①,每月接受五百元补助,每日发行三十五份
平民通讯社	陈炯明的机关	莫如德个人经营	由陈炯明提供补助而经营,资本少,通讯亦少。莫被通讯社界视为不良分子
岭桥通讯社	略接近陈炯明派	朱宪民个人经营	前路透社派驻广东人员黄宪昭经营,后转至广东《群报》记者吴瑞川之手,再经苏怀宪之手,转归朱宪民经营。因经营得法,通讯亦迅速,受到各报社欢迎
时事通讯社	无所属	崔啸屏个人经营	近来增加通讯员四处活动,故业绩良好,社界报道居多,无固定的主义、主张
执中通讯社	无所属	黄硕棠个人经营	身为探访记者,探访余暇发行通讯,兼营和平社、大陆社、春秋社等,但通讯都一样
和平通讯社	同上		
大陆通讯社	同上		
春秋通讯社	同上		
南方通讯社	无所属	孔仲南个人经营	仅以赚取通讯费为目的,几乎不购买通讯,兼营羊城社
羊城通讯社	同上		
世界新闻社	无所属	陈愚公个人经营	以政治通讯为主,无影响
爱群通讯社	劳动者的机关	潘兆銮个人经营	鼓吹劳动运动,各工会提供补助,发行《爱群周刊》
自由通讯社	鼓吹女子解放		以社会报道为主,兼营南方女子通讯社
南方女子通讯社	同上		虽名为女子通讯社,但兼营自由社,旨在提倡女子解放、女子职业解放。该社使用女记者
东方通信社广东支社(日本人经营)			1918年6月开办,支社长山濑悟一

附:个人探访员与香港报纸专电经理人

一、个人探访员

指通过各社雇用、每月一家收取五元费用的通讯员,现有如下四人:

杨公民　称公民通讯社

陈文赫

杨实公

张楚翘

二、香港报纸专电经理人

广州的电讯,除了东方通信社的电讯以外,所有专电由香港的循环、华字两报社利用广九铁路送来,经理人从各报社收取25元至30元,提供电讯。"路透社电"亦采用同样方法。现在的经理人有以下两人:

招安甫　香港《循环日报》专电经理人

张镜黎　香港《华字日报》专电经理人

---

① 这里日语原文是"買收"。"買收"有"收购、盘下""收买"之意。这里的实际情况是"收购"还是"收买"有待查考,姑且先译成"收买"。

汕头（1923年1月10日报告）

名　称	主　义	持有人	主　笔	备　考
公言日报	拥护共和	张逸珊	丘星五	日刊（周日及其他休息日的次日停刊），大埔县人的机关报，1913年创刊。报道迅速，内容准确，获得读者好评。资金由大埔县人提供，目前发行量约八百份。有关日本及日本人的报道最为迅速，故登载的排日报道居多
平报	社会主义	合资	钱热储	1920年创刊，日刊（周日及其他休息日的次日停刊），嘉应州人的机关报。总是努力宣传近代新思想，以社会改造的先锋自居作全面评论，支持劳动者。报道比较公平，对于近年来的排日问题态度良好。目前发行量一千六百份左右。该报的特点是有时发行号外
大岭东日报（中文）	拥护共和	吴子寿	许无畏	1918年11月创刊，日刊（周日及其他休息日的次日停刊）。在当地报纸中最有影响，目前发行量约一千八百份，由潮州府出身者及南洋华侨出资。作为当地人的机关报，总是与外地人经营的报纸笔战，支持学生。该报是当地报纸中最致力于报道的，与其他报纸纯粹为地方报纸相比，对天下大势，事无巨细均进行报道
潮商公报	奖励实业	杜宝珊	杜石珊	该报为国民党机关报，报道稳健公平，报道经济界消息最为迅速是其特色。目前发行量七百余份，日刊（周日及其他休息日的次日停刊）
潮声日报	民主主义	合资	詹天眼	准备自1923年1月起每日发行，资本六千元的合资组织。社长为庄元哲（二十七岁，广东潮阳县人），主笔、记者均聘年少锐气者。标榜自由平等、民主主义，宣传社会改造，还重视教育。据闻会发行专门性研究的特别号

云南（1923年2月20日报告）

名　称	主　义	持有人	主　笔	备　考
云南公报（中文）	省长公署的公布机关	省长公署		1913年创刊，发行量六百份
云南盐政公报（中文）	盐运使公署的公布机关	盐运使公署		1919年1月创刊，发行量三百份
云南实业公报（中文）	奖励与指导实业	实业司		1920年11月创刊，发行量三百份，登载实业公司的公文及其调查事项。调查以我国及外国的译文居多，并无特别价值
民治日报（中文）	唐继尧的宣传机关报	惠大我	惠大我	1922年6月创刊，发行量八百份。过去以《义声报》作为云南政府的机关报，今年唐继尧自香港归滇后，新发行此报
义声报（中文）	刷新政治，促进自治	李巨裁	孙小楼	1916年创刊①，发行量四百份。原政府御用报纸，《民治日报》发行后，与政府无关，但实际上仍显示出《民治日报》附属报纸之态

---

① 1月10日创刊。

(续表)

名称	主义	持有人	主笔	备考
复旦报(中文)	改良政治,提倡实业,与政党无关	刘国澍	邓绍先、范悲秋	1922年11月创刊①,发行量四百份,由原《救国日报》改名而来。与上海救国团有关系,有排日色彩
金碧日报(中文)	奖励美术、新文化,与政党无关	陆思孝	郭尧夫	1922年1月创刊②,发行量三百份
均报(中文)	准民党派的报纸,鼓吹文化	段祈生	段祈生	1919年创刊③,发行量两百份,与民党联系,是其口舌机关,谋求该党的发展
微言(中文)	提倡爱国、爱国货,呼吁保护文化	黄微尘	罗问庐	1921年10月创刊④,发行量三百份,由南洋兄弟烟草公司云南分店经理黄禅侠出资,借此帮助其扩大商业
道新报(中文)	提倡孔教,主张道德	太运震	太赤霞	1922年10月创刊,发行量两百份,纯粹的宗教性旧道德报纸

香港(1923年1月25日报告)

名称	主义	持有人	主笔	备考
循环日报(中文)	中立	股份制 经理 温俊臣	何冰甫	早报,十二页,创立已四十九年。报道丰富正确,论旨稳健,立场公正,最有信誉,在当地报纸中独占鳌头。发行量七千份,显示出坚实的经营态势,财政状况良好
华商总会报(中文)	华商机关报	华商总会员	谭荔桓	1919年4月1日创刊,早报,十二页。当地中国商人的机关报,故以商工报道为生命,比较缺少政党色彩,论旨稳健,但报道地方上时事问题时欠迅速。发行量一千七八百份
华字日报(中文)	中立	合资组织 Lowe Bingham 陈文言 经理 何汝明	何福昌	创立后五十余年,早报,十二页。报道清新,论旨公正。与《循环日报》在当地中国知识阶层中有影响,近来对于北京政府和广东政府均采取不偏不倚的态度,评价高。发行量三千份
大光报(中文)	耶稣教主义	股份制 经理 黎纪南	黄太藻	早报,十二页,1913年3月创刊。以基督教为主旨,购阅者也主要属于此类人,全力拥护孙派。创立以来损失不断,近来以崭新的编辑方法试图飞跃发展,正在逐渐向好。发行量四千五百份
香江晨报(中文)	国民党机关报	经理 周某	李树南	早报,十二页,1919年2月创刊,国民党机关报,由其出资创办。宣传孙派,论旨、报道均与《大光报》同轨,笔锋最为辛辣,诽议北方派,动辄有走极端之嫌疑,但呈进取态度,扎实发展。近来在南洋方面也有了读者,发行量二千份
香江晚报(中文)	无主义	经理 梁国英	王燕清	晚报,六页,1921年11月21日创刊。内容贫弱,报道、论旨均似乎不值得看,几乎处于停刊的惨境。发行量三四百份左右

---

① ④ 一说12月创刊。
② 一说1919年12月创刊。
③ 一说1920年5月24日创刊。

(续表)

名　　　称	主　　义	持有人	主　笔	备　　考
Hongkong Daily Press［孖剌报］（英文）	有帝国主义色彩	股份制 总经理 H. A. Cartwright	同前	早报，十二页，1877年创刊[1]，发行量一千份。香港政厅的半机关报，据称从政厅接受若干补助金，但有疑点。香港英文报纸中的翘楚。对孙逸仙一向持反对态度，为当地上流社会普遍购阅。另外发行周报 Hongkong Weekly Press 及 China Overland Trade Report
South China Morning Post［南华早报］（英文）	无一定主义	股份制 总经理 B. Wylie	T. Petrie	早报，十二页，1906年创刊。创办以来事业极为不振，经过努力，近来颇呈好况，发行量约两千份。股东除了一人是美国人外，均为英国人，对日本感情良好
Hongkong Telegraph［香港电讯报］（英文）	无特别之主义	股份制 与 South China Morning Post 为同一经理 A. Monley	Alfred Hicks	晚报，十二页，1881年创刊。最初为中国人的合资组织，发行量仅有八百份左右，1903年由美国牙科医生诺贝尔以一万弗盘下并加以改革，逐渐扩大影响。1915年10月又由 South China Morning Post 社进行经营，但编辑干部与该报社完全不同。发行量一千两百份，报道迅速、内容丰富，喜好评论地方上的问题
China Mail［德臣报］（英文）	无特别之主义	合资组织 经理 G. W. C. Burnett	同前	晚报，十页，1840年创刊，发行量七百份。评论、报道散漫，与其他报纸相比有所逊色，比较富有文学趣味。另外发行周报 Overland and China Report
香港日报（日文）	无固定主义	井手元一	同前	晚报，六页，1909年9月1日创刊，发行量四百份
南支那新报（日文）	无固定主义	野津真一	同前	早报，四页，1921年7月创刊，发行量三百五十份
共和报（中文）				去年间停刊

通讯员

所属社名	通讯员名	摘　要
路透社	J. P. Braga	主业是印刷业，香港、中国南方地区的通讯员
大阪朝日新闻	井手元一	香港日报社长

---

[1] 1857年10月1日创刊。